Hesse
Grundzüge des Verfassungsrechts
der Bundesrepublik Deutschland

Grundzüge
des Verfassungsrechts
der Bundesrepublik Deutschland

von

Dr. Dr. h. c. mult. Konrad Hesse

Professor an der Universität Freiburg i. Br.
Richter des Bundesverfassungsgerichts a. D.

Neudruck der 20. Auflage

CFM

C. F. Müller Verlag
Heidelberg

Die Deutsche Bibliothek – CIP-Einheitsaufnahme

Hesse, Konrad:
Grundzüge des Verfassungsrechts der Bundesrepublik Deutschland / von Konrad Hesse. –
Neudruck der 20. Aufl. – Heidelberg : Müller Verl., 1999.
 ISBN 3-8114-7499-5

Gedruckt auf säurefreiem, alterungsbeständigen Papier aus 100% chlorfrei gebleichtem Zellstoff
(DIN – ISO 9706). Aus Gründen des Umweltschutzes Umschlag ohne Kunststoffbeschichtung.

© 1999 C. F. Müller Verlag, Hüthig GmbH, Heidelberg
Printed in Germany
Satz: Lichtsatz Michael Glaese GmbH, Hemsbach
Druck und Bindung: Books on Demand, Norderstedt
ISBN 3-8114-7499-5

Vorwort

Die Vollendung der deutschen Einheit und die Fortentwicklung der Europäischen Gemeinschaft zur Europäischen Union haben einen neuen Abschnitt deutscher Geschichte und mit ihr der deutschen Verfassungsentwicklung eingeleitet.

Die *deutsche Einigung* hat freilich weder zu einer neuen noch zu einer wesentlich veränderten Verfassung geführt. Die Verfassungsreform, die gemäß der Empfehlung des Art. 5 des Einigungsvertrages in Angriff genommen worden ist, ist ohne Erfolg geblieben. Zu grundlegenderen Veränderungen ist es nicht gekommen, und die Änderungen, welche das Grundgesetz schließlich erfahren hat, weisen so gut wie keinen Zusammenhang mit der großen Aufgabe der Gewinnung der inneren deutschen Einheit auf, die nicht zuletzt auch eine Frage der Verfassung gewesen wäre. Ob hier eine Chance vertan oder nur Fehlentwicklungen vermieden worden sind, mag unterschiedlich beantwortet werden können. Jedenfalls liegt in dem Verzicht auf Mehr das wichtigste Ergebnis dieser ersten Phase gesamtdeutscher Verfassungsentwicklung: ein Festhalten an jahrzehntelang bewährten Ausformungen der freiheitlichen Demokratie, des sozialen Rechtsstaates und des Bundesstaates, im besonderen auch der Grundrechte, einem traditionsbildenden Faktor, dessen Bedeutung für das deutsche Verfassungsleben kaum überschätzt werden kann. Allerdings kann das die Suche nach neuen Lösungen nicht entbehrlich machen, wenn veränderte Bedingungen der Gegenwart und der Zukunft dies notwendig werden lassen.

Um so tiefer gehen die Auswirkungen der fortschreitenden *europäischen Einigung*, die mit dem Inkrafttreten des Unionsvertrages von Maastricht eine neue Stufe erreicht hat. Über Veränderungen im Text der Verfassung hinaus bedeuten sie nichts weniger als den Anbruch einer neuen Ära, in welcher der nationale Staat sich zu einem Staat hin wandelt, der nur noch als Teil eines größeren Ganzen begriffen werden kann und dessen Verfassung ihre bisherige Suprematie und Reichweite verloren hat. Hier öffnet sich ein weites Feld neuer grundsätzlicher Fragestellungen nicht nur der Staats- und der Verfassungstheorie, sondern auch der Verfassungsrechtslehre, die sich nicht mehr allein auf die Bearbeitung des geltenden nationalen Staatsrechts auf der Grundlage überkommener Sichtweisen beschränken kann, sondern sich in erhöhtem Maße den inter- und übernationalen Zusammenhängen sowie den Problemen künftiger verfassungsrechtlicher Gestaltung, der Verfassungspolitik, zuwenden muß. –

Wie bisher sucht die vorliegende Neuauflage dieser Entwicklung gerecht zu werden. Ergänzungen wurden notwendig durch die dicht aufeinander folgenden Änderungen des Grundgesetzes seit dem 40. Änderungsgesetz vom 20. Dezember 1993, durch Änderungen wichtiger Gesetze, wie namentlich des Parteien- oder des Bundesverfassungsgerichtsgesetzes, nicht zuletzt durch verfassungsgerichtliche Leitentscheidungen der letzten Jahre, insbesondere die Urteile zum Schwangerschaftsabbruch, zum Vertrag von Maastricht und zu bewaffneten Einsätzen der Bundeswehr. Hinzu treten Vervollständigungen, beispielsweise zu den neuen Landesverfassungen oder der aktuellen Problematik von Staatszielbestimmungen, und veränderte, gelegentlich stärker betonte Akzentuierungen wie etwa die Bedeutung von Rechtsvergleichung für die Verfassungsinterpretation. Die Verfassungsrechtsprechung, die weiterhin umfassend nachgewiesen wird, ist bis Band 91 der Entscheidungen des Bundesverfassungsgerichts eingearbeitet.

Unverändert geblieben sind Ansatz und Konzeption der früheren Auflagen dieses Buches. Die Verfassung wird als ein, wenn auch von Widersprüchen nicht freies Ganzes betrachtet, das keine Trennung und Verselbständigung von Staatsorganisationsrecht und Grundrechtsordnung verträgt, wie sie – nicht nur – durch die Entwicklung der Juristenausbildung nahegelegt und geeignet ist, den Blick für das Wesentliche unserer verfassungsmäßigen Ordnung: den engen Zusammenhang zwischen dem Ganzen und allen Teilen dieser Ordnung zu verstellen. Erst die Einsicht in deren Grundlagen und Grundzusammenhänge, ihre „Grundzüge" im Sinne des Fundamentalen und Exemplarischen, ermöglicht die notwendige Orientierung, die heute durch die ins Unübersehbare gewachsene Fülle des Stoffes zunehmend erschwert wird. Zugleich ist sie Bedingung nicht nur selbständiger und kompetenter Auseinandersetzung, sondern auch sachgemäßer Bearbeitung praktischer verfassungsrechtlicher und verfassungspolitischer Fragestellungen. Darüber hinaus suchen die folgenden Ausführungen auch in Einzelfragen knapp und zuverlässig über den gegenwärtigen Stand des Verfassungsrechts der Bundesrepublik Deutschland zu unterrichten und durch weiterführende Hinweise umfassendere Information zu ermöglichen.

Erneut sehr zu Dank verpflichtet bin ich dem Verlag C. F. Müller für sorgfältige verlegerische Betreuung auch dieser Auflage sowie dem Setzer für die mühevolle drucktechnische Einarbeitung der zahlreichen Ergänzungen und Änderungen.

Freiburg i. Br., Juli 1995   *Konrad Hesse*

Vorwort zur ersten Auflage[*]

Dieses Buch sucht Grundzüge des geltenden Verfassungsrechts auf der Grundlage eines zeitgemäßen Verständnissen des Ganzen der Verfassung herauszuarbeiten. Daß es an einem solchen Verständnis heute noch fehlt, daß daher die Bemühung um jenes Ganze eine vordringliche Aufgabe ist, schien mir eine Darstellung wie die vorliegende notwendig zu machen. Diese soll in erster Linie der Lehre dienen. Doch geht es nicht um grundrißhaft vereinfachende und leicht eingehende Vermittlung notwendigen Mindestwissens auf dem Boden herrschender Meinungen, sondern darum, die selbständige Erarbeitung und Beherrschung des Stoffes, kritische Orientierung und sachgemäße Bewältigung von praktischen verfassungsrechtlichen Problemen wenn nicht zu ermöglichen, so doch zu erleichtern.

Bei dieser Aufgabenstellung bedurfte es der Auswahl – über die sich immer streiten läßt. Gelegentlich war angesichts der heutigen verfassungstheoretischen Lage die Beschränkung auf einen Entwurf unvermeidlich. Während die Verfassungsrechtsprechung, in der das geltende Verfassungsrecht weithin seine konkrete Gestalt und Wirksamkeit gewinnt, möglichst umfassende Berücksichtigung findet, wurde im Interesse der Übersichtlichkeit und der Begrenzung des Umfangs auf eine Auseinandersetzung mit der Literatur nahezu durchweg verzichtet. Ich habe gemeint, diese Mängel in Kauf nehmen zu sollen. Nicht nur darum will das Buch indessen kritisch gelesen werden.

Professor Dr. Horst Ehmke in Freiburg schulde ich vielmals Dank für Rat und Kritik. Für ihre Anregungen und Hinweise zu danken habe ich auch den Assistenten am Institut für öffentliches Recht der Universität Freiburg Dr. Friedrich Müller, Dr. Peter Häberle, Referendar Rolf Meyer und Referendar Roland Geitmann sowie den Mitgliedern meines staatsrechtlichen Seminars, in dem die meisten der hier erörterten Grundfragen diskutiert worden sind.

Freiburg i. Br., November 1966   *Konrad Hesse*

---

[*] Rudolf Smend zum 15. Januar 1967

Inhaltsverzeichnis

Zweiter Teil.
Grundlagen der verfassungsmäßigen Ordnung des Grundgesetzes

Dritter Teil. Grundzüge der Ausgestaltung

Abkürzungen

ABl.	Amtsblatt
AcP	Archiv für die civilistische Praxis
AöR	Archiv des öffentlichen Rechts
ARSP	Archiv für Rechts- und Sozialphilosophie
BAGE	Entscheidungen des Bundesarbeitsgerichts
BBG	Bundesbeamtengesetz
BGB	Bürgerliches Gesetzbuch
BGBl.	Bundesgesetzblatt
BGH	Bundesgerichtshof
BGHSt.	Entscheidungen des Bundesgerichtshofs in Strafsachen
BGHZ	Entscheidungen des Bundesgerichtshofs in Zivilsachen
BRDrucks.	Verhandlungen des Bundesrates, Drucksachen
BSGE	Entscheidungen des Bundessozialgerichts
BTDrucks.	Verhandlungen des Deutschen Bundestags, Drucksachen
BVerfGE	Entscheidungen des Bundesverfassungsgerichts
BVerfGG	Gesetz über das Bundesverfassungsgericht
BVerwGE	Entscheidungen des Bundesverwaltungsgerichts
BWG	Bundeswahlgesetz
DJT	Deutscher Juristentag
DÖV	Die öffentliche Verwaltung
DRiG	Deutsches Richtergesetz
DVBl.	Deutsches Verwaltungsblatt
EG	Europäische Gemeinschaft
EGV	Vertrag zur Gründung der Europäischen Gemeinschaft
EuGH	Sammlung der Rechtsprechung des Gerichtshofes (der Europäischen Gemeinschaften)
EuGRZ	Europäische Grundrechte Zeitschrift
EV	Vertrag zwischen der Bundesrepublik Deutschland und der Deutschen Demokratischen Republik über die Herstellung der Einheit Deutschlands – Einigungsvertrag – vom 31. 8. 1990
GBl.	Gesetzblatt
GG	Grundgesetz für die Bundesrepublik Deutschland
GMBl.	Gemeinsames Ministerialblatt
GOBR	Geschäftsordnung des Bundesrates
GOBReg.	Geschäftsordnung der Bundesregierung
GOBT	Geschäftsordnung des Deutschen Bundestages
HdBStR	Handbuch des Staatsrechts der Bundesrepublik Deutschland, herausgegeben von Josef Isensee und Paul Kirchhof, I bis VII, 1987 bis 1992
HdBDStR I, II	Handbuch des Deutschen Staatsrechts, herausgegeben von Gerhard Anschütz und Richard Thoma, 2 Bde., 1930 und 1932
HdBVerfR	Handbuch des Verfassungsrechts, herausgegeben von Ernst Benda, Werner Maihofer, Hans-Jochen Vogel, 2. Auflage, 1994
HDSW	Handwörterbuch der Sozialwissenschaften
JA	Juristische Arbeitsblätter

JöR	Jahrbuch des öffentlichen Rechts
JuS	Juristische Schulung
JZ	Juristenzeitung
MDR	Monatsschrift für Deutsches Recht
NATO	North Atlantic Treaty Organisation
NF	Neue Folge
NJW	Neue Juristische Wochenschrift
NVwZ	Neue Zeitschrift für Verwaltungsrecht
OVG	Oberverwaltungsgericht
Pol. Viertel-jahresschr.	Politische Vierteljahresschrift – Zeitschrift der Deutschen Vereinigung für Politische Wissenschaften
RGBl.	Reichsgesetzblatt
StGB	Strafgesetzbuch
StGH	Staatsgerichtshof
StPO	Strafprozeßordnung
VVDStRL	Veröffentlichungen der Vereinigung der Deutschen Staatsrechtslehrer
VwGO	Verwaltungsgerichtsordnung
WEU	Westeuropäische Union
WRV	Verfassung des Deutschen Reichs (Weimarer Verfassung) vom 11. August 1919
Z. ausl. öff. R. u. VR	Zeitschrift für ausländisches öffentliches Recht und Völkerrecht
ZevKR	Zeitschrift für evangelisches Kirchenrecht
ZgesStW	Zeitschrift für die gesamte Staatswissenschaft
ZHR	Zeitschrift für das gesamte Handelsrecht und Wirtschaftsrecht

ERSTER TEIL

Verfassung

§ 1   Begriff und Eigenart der Verfassung

I. Die Fragestellung

Das Verstehen des geltenden Verfassungsrechts setzt ein Verständnis seines Ge-   1
genstandes voraus: der Verfassung. Erst auf dem Grunde eines solchen Verständnisses bietet das geltende Verfassungsrecht die Möglichkeit, verfassungsrechtliche Probleme zu erfassen und sachgemäß zu bewältigen. Deshalb ist die Frage
nach der Verfassung nicht nur der Verfassungstheorie, sondern auch der Verfassungsrechtslehre unabweisbar gestellt.

Was ist Verfassung? Die Richtung, in die diese Frage zielen muß, hängt von der
Aufgabe ab, die mit dem zu gewinnenden Begriff gelöst werden soll; sie kann darum für die Verfassungstheorie eine andere sein[1] als für die Verfassungsrechtslehre. Die Frage nach einem abstrakten Verfassungsbegriff, in dem das Gemeinsame
aller oder doch zahlreicher geschichtlicher Verfassungen unter Vernachlässigung
zeitlicher und räumlicher Besonderheiten erfaßt werden soll, kann für die Verfassungstheorie sinnvoll sein. Für die Verfassungsrechtslehre wäre ein solcher Begriff ungeeignet, ein Verständnis zu begründen, das die Bewältigung praktischer,
hic et nunc gestellter verfassungsrechtlicher Probleme zu leiten imstande wäre.
Da die Normativität der geltenden Verfassung die einer geschichtlich-konkreten
Ordnung und das Leben, das sie ordnen soll, geschichtlich-konkretes Leben ist,
kann im Rahmen der Aufgabe einer Darstellung der Grundzüge des geltenden Verfassungsrechts nur nach der *heutigen, individuell-konkreten Verfassung gefragt*
werden.

Diese Frage läßt sich nicht im Rückgriff auf einen feststehenden oder doch wenigstens über-   2
wiegend anerkannten Verfassungsbegriff beantworten. Denn die *heutige Verfassungsrechts-*
lehre hat Begriff und Eigenart der Verfassung, auch wenn sich weitgehende Übereinstimmungen finden, nicht bis zu dem Konsens einer „herrschenden Meinung" geklärt. Das jeweils zugrundeliegende Verständnis des heutigen Staates und der heutigen Verfassung wird
oft eher vorausgesetzt als explizit begründet[2]. Zudem sind manche geschichtliche Voraussetzungen älterer Staatsrechtslehre entfallen; neue Problemstellungen, wie sie sich insbesondere aus der zunehmenden europäischen Integration ergeben, sind bisher kaum erfaßt
und geklärt.

Auch die *Verfassungsrechtsprechung*, im besonderen diejenige des Bundesverfassungsge-   3
richts, läßt keine eindeutige Antwort auf die Frage nach der Verfassung sichtbar werden.
Eine unmittelbare Antwort kann ohnehin nicht Aufgabe der Judikatur sein. Das Verständnis der Verfassung bildet für sie nur den – oft höchst wirkungskräftigen – Hintergrund, vor

---

1 So etwa bei *K. Loewenstein*, Verfassungslehre (1959) S. III ff., 127 ff.
2 Wenn in neuerer Zeit der im wesentlichen empirisch beschreibende Begriff des „Verfassungsstaates" als Ansatz in den Vordergrund tritt, so wird der enge Zusammenhang von Staat und Verfassung
   deutlich (etwa *J. Isensee*, Staat und Verfassung, HdBStR I, § 13 Rdn. 125 ff.). „Verfassungsstaat" bezeichnet einen *Staatstypus* dessen Verfassung in den Bereichen der Grundrechte und des staatlichen
   Aufbaus allgemeine Prinzipien und damit Gemeinsamkeiten aufweist, welche in der neueren europäischen Entwicklung zunehmend Bedeutung gewonnen haben; insofern umschreibt der Begriff
   Richtpunkte für das Verständnis und die Entwicklung der Verfassung. Vgl. dazu *P. Häberle*, Gemein-
   europäisches Verfassungsrecht, in: ders., Rechtsvergleichung im Kraftfeld des Verfassungsstaates
   (1992) S. 71 ff.

dem die jeweiligen Streitfragen zu entscheiden sind. Die diesen Hintergrund bestimmenden Erwägungen können in den Gründen der Entscheidung nicht ausdrücklich und in voller Breite entfaltet werden; sie beschränken sich auf einzelne, im jeweiligen Zusammenhang wesentliche Züge, und sie können zwischen den beiden Senaten des Gerichts differieren oder sich mit der Besetzung des Gerichts ändern.

Mit diesen Einschränkungen erscheint das Verfassungsverständnis des *Bundesverfassungsgerichts* vor allem dadurch gekennzeichnet, daß es kein formales, sondern ein inhaltliches ist; die Verfassung wird als materielle Einheit begriffen[3]. Deren Inhalte werden häufig, vor allem in der älteren Rechtsprechung, als grundlegende, der positiven Rechtsordnung vorausliegende[4] Werte bezeichnet, die sich unter Aufnahme der Traditionen der liberal-repräsentativen parlamentarischen Demokratie[5], des liberalen Rechtsstaates[6] und des Bundesstaates[7] sowie unter Hinzufügung neuer Prinzipien, namentlich des Sozialstaates[8], in den Entscheidungen des Verfassungsgebers zu einer „Wertordnung" verbunden haben[9] und ein Staatswesen konstituieren, das weltanschaulich neutral[10], aber nicht wertneutral ist[11].

Dieses allgemeine, mehr vorausgesetzte als begründete Verständnis der Verfassung läßt Wesentliches deutlich werden. Freilich umfaßt es nur einzelne Aspekte, und es wirft mit dem Gedanken einer „Wertordnung" mehr Fragen auf, als es beantwortet. Ob sich das Wesentliche der Verfassung in „Wert"-setzungen erschöpft, was die verfassungsmäßig normierten „Werte" sind, warum und inwiefern sie eine „Ordnung" oder gar ein „System"[12] bilden, wie es zu erklären ist, daß die Verfassung sich wandeln kann[13], und welche Grenzen solchem Wandel gezogen sind: das alles darf für eine hinreichende Fundierung nicht offenbleiben.

4   Fehlt es damit an einem feststehenden oder überwiegend anerkannten Verfassungsbegriff, so fehlt es doch nicht an Beiträgen der älteren und neueren Verfassungsrechtslehre, an die der im folgenden zu entwickelnde Verfassungsbegriff, wenn auch in abweichendem Ansatz und in andersartiger Akzentuierung, anknüpfen kann. Insbesondere steht dieser Begriff nahe dem von *R. Smend* entwickelten Begriff der Verfassung als rechtlicher Ordnung des Prozesses staatlicher Integration[14]; er sucht diesen indessen mit *H. Heller* in erster Linie als einen Prozeß bewußten, planmäßigen, organisierten Zusammenwirkens[15] zu erfassen. Er berührt sich mit *R. Bäumlins* Verständnis der Verfassung als eines stabilisierenden, stets der Aktualisierung bedürftigen Verhaltensentwurfs unter der Idee des „Richtigen"[16], sucht aber mehr die individuelle Konkretheit der inhaltlichen Prinzipien der verfassungsmäßigen

---

3 BVerfGE 1, 14 (32), st. Rspr., vgl. etwa noch BVerfGE 49, 24 (56) m. w. Nachw.
4 Z. B. BVerfGE 3, 225 (233); vgl. aber etwa BVerfGE 10, 59 (81).
5 Z. B. BVerfGE 4, 144 (148).
6 Z. B. BVerfGE 5, 85 (197, 379).
7 Z. B. BVerfGE 1, 299 (314 f.).
8 Z. B. BVerfGE 5, 85 (379); 14, 288 (296).
9 Z. B. BVerfGE 6, 32 (41); 10, 59 (81); 12, 45 (51); 13, 46 (51); 13, 97 (107); 14, 288 (391); 21, 362 (371 f.); 27, 253 (283); 30, 1 (19) m. w. Nachw. Vgl. dazu unten Rdn. 299. In der neueren Rechtsprechung erscheint der Begriff nur noch seltener, besonders, wenn an ältere Argumentationsfiguren angeknüpft wird (so zu Art. 6 GG etwa BVerfGE 76, 1 [49] m. w. Nachw.: „wertentscheidende Grundsatznorm").
10 BVerfGE 12, 1 (4); 19, 206 (216); 27, 195 (201).
11 Z. B. BVerfGE 2, 1 (12); 5, 85 (134 ff.); 6, 32 (40 f.); 7, 198 (205).
12 Z. B. BVerfGE 5, 85 (139); 28, 243 (259).
13 BVerfGE 2, 380 (401); 3, 407 (422); vgl. auch BVerfGE 7, 342 (351).
14 *R. Smend*, Verfassung und Verfassungsrecht, Staatsrechtliche Abhandlungen (2. Aufl. 1968) S. 189.
15 *H. Heller*, Staatslehre (1934) insbes. S. 228 ff.
16 *R. Bäumlin*, Staat, Recht und Geschichte (1961) S. 17, 24 und passim; vgl. dazu *K. Hesse*, JZ 1963, 485.

Ordnung sowie das normative Moment, die bindende Kraft der Verfassung und damit die relative Statik und Konstanz der Verfassung zu betonen. In dieser Tendenz rückt er in die Nähe des von *W. Kägi* vertretenen Verständnisses der Verfassung als rechtlicher Grundordnung des Staates[17]; jedoch sucht er stärker die Momente der Geschichtlichkeit, der strukturellen Offenheit, des „Dynamischen" zu erfassen. Wesentliche Übereinstimmung besteht schließlich mit *H. Ehmkes* Verständnis der Verfassung als Beschränkung und Rationalisierung der Macht und als Gewährleistung eines freien politischen Lebensprozesses[18]; doch wird versucht, die Besonderheiten der geschriebenen Verfassung und deren Tragweite deutlicher sichtbar zu machen. Davon abgesehen kann in vielem auf moderne Beiträge zur Staats- und Verfassungstheorie zurückgegriffen werden[19].

II. Politische Einheit und rechtliche Ordnung als Aufgabe

Das, was im Sinne der hier gestellten und umgrenzten Frage „Verfassung" ist, **5** kann nur von der Aufgabe und der Funktion der Verfassung in der Wirklichkeit geschichtlich-konkreten Lebens her erfaßt werden. In dieser sind politische Einheit und rechtliche Ordnung unvermeidlich aufgegeben.

Aufgegeben ist die *politische Einheit* des Staates[20]. Denn Staat und staatliche Ge- **6** walt können nicht als etwas Vorfindliches vorausgesetzt werden. Sie gewinnen Wirklichkeit nur, sofern es gelingt, die in der Wirklichkeit menschlichen Lebens bestehende Vielheit der Interessen, Bestrebungen und Verhaltensweisen zu einheitlichem Handeln und Wirken zu verbinden, politische Einheit zu bilden. Dieses Einswerden der Vielheit ist niemals endgültig abgeschlossen, so daß es ohne weiteres als gegeben vorausgesetzt werden könnte, sondern ein ständiger Prozeß und darum stets auch aufgegeben. Es ist eine Aufgabe, die solange keinem Belieben

---

17 *W. Kägi*, Die Verfassung als rechtliche Grundordnung des Staates (1945) S. 40 ff.
18 *H. Ehmke*, Grenzen der Verfassungsänderung (1953) bes. S. 88 f.; *ders.*, Prinzipien der Verfassungsinterpretation, VVDStRL 20 (1963) S. 61 ff.
19 Im besonderen sind zu nennen: *U. Scheuner*, Das Wesen des Staates und der Begriff des Politischen in der neueren Staatslehre, in: *ders.*, Staatstheorie und Staatsrecht. Gesammelte Schriften, hrsg. von J. Listl und W. Rüfner (1978) S. 45 ff.; *ders.*, Verfassung, ebd. S. 171 ff.; *ders.*, Staat, ebd. S. 19 ff.; *H. Krüger*, Art. Verfassung, HDSW 11 (1961) S. 72 ff.; *ders.*, Allgemeine Staatslehre (2. Aufl. 1966); *P. Badura*, Art. Verfassung, Ev. Staatslexikon (3. Aufl. 1987) Sp. 3737 ff.; *ders.*, Verfassung und Verfassungsgesetz, in: Festschrift für Ulrich Scheuner (1973), S. 19 ff.; *ders.*, Art. Verfassung, Lexikon des Rechts (1984) 5/760; *ders.*, Staatsrecht (1986) Rdnr. 7 ff.; *A. Hollerbach*, Ideologie und Verfassung, in: Ideologie und Recht, hrsg. von W. Maihofer (1968) S. 37 ff.; *R. Herzog*, Allgemeine Staatslehre (1971) bes. S. 308 ff.; *E. W. Böckenförde*, Die verfassungstheoretische Unterscheidung von Staat und Gesellschaft als Bedingung der individuellen Freiheit (1973); *J. P. Müller*, Soziale Grundrechte in der Verfassung? (2. Aufl. 1981); *B.-O. Bryde*, Verfassungsentwicklung (1982); *K. Stern*, Das Staatsrecht der Bundesrepublik Deutschland I (2. Aufl. 1984) S. 69 ff.; *Isensee* (Anm. 2) bes. Rdn. 121 ff.; *H. Hofmann*, Zur Idee des Staatsgrundgesetzes, in: Recht–Politik–Verfassung (1986) S. 261 ff. (bes. zu den geschichtlichen und geistesgeschichtlichen Wurzeln); *D. Grimm*, Die Zukunft der Verfassung (1991); *J.-F. Aubert*, La Constitution son contenu son usage, Referate zum 125. Schweizerischen Juristentag (1991) S. 9 ff.; *K. Eichenberger*, Sinn und Bedeutung einer Verfassung, ebd. S. 143 ff.
20 Vgl. hierzu auch *Bäumlin* (Anm. 16) insbes. S. 18 f.; *Scheuner*, Staat (Anm. 19) S. 24 ff.; *ders.*, Das Wesen des Staates (Anm. 19) S. 73; *ders.*, Konsens und Pluralismus als verfassungsrechtliches Problem, in: Staatstheorie und Staatsrecht (Anm. 19) S. 135 ff.

unterliegt, als menschliches Zusammenleben nur im Staat und durch den Staat möglich ist.

Schon daraus, daß der zentrale Begriff „politische Einheitsbildung" einen konkreten geschichtlichen Prozeß im Auge hat, ergibt sich, daß es ihm um anderes geht als die abstrakte und statische Einheit einer gedachten juristischen Person „Staat". Ebensowenig bezeichnet er eine vorausgesetzte oder anzustrebende substantielle Einheit völkischer, religiöser, weltanschaulicher oder sonstiger Art, auch nicht eine Erlebniseinheit – so sehr Momente solcher Art einheitsbildend wirken mögen. Sondern die ständig neu zu gewinnende politische Einheit im hier zugrundegelegten Sinne ist eine durch Einigung oder Kompromiß, durch stillschweigende Zustimmung oder bloße Hinnahme und Respektierung, unter Umständen sogar durch erfolgreich ausgeübten Zwang ermöglichte und bewirkte *Handlungseinheit*, also eine Einheit *funktioneller* Art. Diese ist Voraussetzung dafür, daß innerhalb eines bestimmten Gebietes verbindliche Entscheidungen getroffen werden können und befolgt werden, daß also „Staat" besteht und nicht Anarchie oder Bürgerkrieg.

7 „Politische Einheitsbildung" bedeutet nicht die Herstellung eines harmonischen Zustandes allgemeiner Übereinstimmung, vollends nicht die Aufhebung sozialer, politischer oder organisatorisch-institutioneller Differenzierungen durch totale Gleichschaltung. Sie ist nicht ohne die Existenz und die Bedeutung von Konflikten für das menschliche Zusammenleben zu denken. Konflikte vermögen vor Erstarrung, vor einem Stehenbleiben in überlebten Formen zu bewahren; sie sind, wenn auch nicht allein, bewegende Kraft, ohne die geschichtlicher Wandel sich nicht vollziehen würde[21]. Fehlen sie oder werden sie unterdrückt, so kann dies zu dem Immobilismus einer Stabilisierung des Bestehenden, das heißt aber zur Unfähigkeit führen, sich gewandelten Verhältnissen anzupassen und neue Gestaltungen hervorzubringen: der Bruch mit dem Bestehenden wird dann eines Tages unvermeidlich und die Erschütterung um so tiefer. Nur ist es nicht allein von Bedeutung, daß es Konflikte gibt, sondern auch, daß sie geregelt und bewältigt werden. Der Konflikt als solcher enthält noch nicht die neue Gestaltung, sondern erst das Ergebnis, zu dem er führt. Und für sich allein vermag der Konflikt menschliches Leben und Zusammenleben nicht zu ermöglichen. Deshalb kommt es darauf an, sowohl dem Konflikt und seinen Wirkungen Raum zu geben als auch – nicht zuletzt durch die Art der Regelung von Konflikten – die Herstellung und Erhaltung politischer Einheit zu gewährleisten, weder um politischer Einheit willen den Konflikt zu ignorieren oder zu verdrängen noch um des Konfliktes willen politische Einheit preiszugeben.

8 Der Vergangenheit mochte diese Einheit – obwohl sie auch damals geschichtliche, nach innen und außen erkämpfte, verteidigte, erhaltene und fortgebildete Einheit war – in ihrer Verkörperung durch die Person des Herrschers, im Zeichen relativ konstanter Lebensverhältnisse und des Glaubens an allgemein gültige, rationale, sich über die Geschichte erhebende Ordnungen als selbstverständlich erscheinen; sie mochte darum der Staatsrechtslehre als Anknüpfungspunkt für ein statisches Verständnis dienen, das den Staat als in sich und für sich bestehende substanzhafte Wesenheit betrachtete und lediglich danach fragte, als was diese Wesenheit zu begreifen sei (z. B. als „sittlicher Organismus", als „sittliches Reich" in der Staatsrechtslehre der Mitte des 19. Jahrh. oder in der Formalisierung und Entleerung der positivistischen Staatsrechtslehre der Jahrhundertwende als juristische Person), während deren Gegebenheit ganz außer Zweifel stand.

---

21 *R. Dahrendorf*, Die Funktionen sozialer Konflikte, in: Gesellschaft und Freiheit (1961) S. 112 ff.; *ders.*, Elemente einer Theorie des sozialen Konfliktes, ebenda S. 197 ff.; *ders.*, Gesellschaft und Demokratie in Deutschland (1965) S. 171 ff.

Heutigem Staatsverständnis, das der Geschichtlichkeit seines Gegenstandes (und 9
seiner eigenen Geschichtlichkeit) innegeworden ist, des „Einbruchs der Zeit", der
diese zur „Kategorie der inneren Struktur von Staat und Recht" werden läßt[22], ist
der Rückgriff auf derartige Vorstellungen vom Staat als einer jenseits realer geschichtlicher Kräfte stehenden, vorgegebenen, wesenhaft-zuständlichen Einheit
verwehrt; dies um so mehr, als die moderne industrielle Entwicklung und die Veränderungen, die sie hervorgebracht hat, es nicht mehr zulassen, das Problem der
Bildung politischer Einheit zu übergehen und den „Staat" von seinem soziologischen Substrat zu isolieren.

Die wissenschaftliche, technische und industrielle Entwicklung, die mit ihr Hand
in Hand gehende Bevölkerungsvermehrung, Spezialisierung, Arbeitsteilung und
in ihrer Folge die wachsende Verflechtung und der raschere Wandel der Lebensverhältnisse haben die Aufgaben des Staates gesteigert und verändert, zu seiner „Plu-
ralisierung" und seiner „Demokratisierung" geführt. Sie haben den Staat vor neue
und wachsende Aufgaben gestellt, weil das moderne wirtschaftliche, soziale und
kulturelle Leben der Planung, Lenkung und Gestaltung bedarf, weil es die Aufgabe der „Daseinsvorsorge"[23] in wachsendem Maße hervortreten läßt und weil soziale Sicherung und Hilfe mehr und mehr als eine Aufgabe des Staates angesehen
werden. In dem Maße, in dem damit staatliches Wirken Bedeutung für das wirtschaftliche und soziale Leben gewinnt und in dem sich die Abhängigkeit des Einzelnen von diesem Wirken vermehrt, wird der Staat in den Kampf der im Zuge der
gleichen Entwicklung entstehenden großen, untereinander gegensätzlichen ökonomischen Gruppen gezogen und das Wesen politischer Auseinandersetzungen
verändert. Hatten die sozialen Gruppen ihre Gegensätze bisher unter- und außerhalb des festen Rahmens der staatlichen Ordnung ausgetragen, so richten sie ihr
Streben und ihre Erwartungen nunmehr unmittelbar auf die politische Macht und
ihr Zentrum, den regierenden und verwaltenden Staat[24]. War die politische Auseinandersetzung bisher Sache begrenzter Schichten gewesen, so wird sie nunmehr Sache der Massen, denen das allgemeine Wahlrecht die Möglichkeit einer Einflußnahme eröffnet. Der demokratische Staat der Gegenwart, der kein einheitliches
Subjekt der Herrschaft mehr kennt, wird zu einem Stück (was nicht bedeutet: zur)
Selbstorganisation der modernen Industriegesellschaft, deren Konflikte in den
Prozeß politischer Einheits- und staatlicher Willensbildung eingehen und hier ausgetragen und befriedet werden müssen. Es ist nicht mehr möglich, von diesem
Aspekt seiner Wirklichkeit abzusehen.

---

22 *Bäumlin* (Anm. 16) S. 8 ff. – freilich unter starker Betonung des Dynamisch-Prozeßhaften (S. 13,
38 und passim).

23 Dieser von *E. Forsthoff* (Die Verwaltung als Leistungsträger [1938], jetzt gekürzt in: Rechtsfragen
der leistenden Verwaltung [1959] S. 22 ff.) geprägte Begriff bezeichnet die Versorgung mit Leistungen (z. B. Elektrizität, Wasser, Verkehrsmittel usw.), die heute für den Einzelnen wie für die Gesamtheit existenznotwendig und deshalb zur Aufgabe öffentlicher Verwaltung geworden ist; sie
läßt neben die überkommene Problematik der Sicherung der individuellen Freiheit vor ungesetzli-
chen Eingriffen das Problem gesicherter Teilhabe an jenen Leistungen treten.

24 *U. Scheuner*, Das Wesen des Staates (Anm. 19) S. 70; *P. v. Oertzen*, Die soziale Funktion des staatsrechtlichen Positivismus. Eine wissenssoziologische Studie über die Entstehung des formalisti-
schen Positivismus in der deutschen Staatsrechtswissenschaft (1974) S. 305.

10 Nur wo daher die Aufgabe gelöst wird, politische Einheit zu bilden und zu erhalten, wird der Staat zur Realität und ist er als einheitlicher Handlungs- und Wirkungszusammenhang „gegeben". Der Staat läßt sich nur erfassen, wenn er in diesen beiden Dimensionen, als stets zu bildende, zu bewahrende und fortzubildende Einheit und als Handeln und Wirken der auf dieser Grundlage konstituierten „Gewalten" begriffen wird.

Beide sind dabei in mehrfachen Rückkoppelungen aufeinander bezogen. Denn Inhalt und Erfolg des Wirkens der staatlichen Gewalten sind von dem Gelingen politischer Einheitsbildung abhängig; diese hängt ihrerseits von jenem Inhalt und Erfolg ab, der zu einem wesentlichen Teil dafür maßgebend ist, ob der „Staat" Zustimmung und Unterstützung findet, weshalb Richtung und Mittel des staatlichen Wirkens sich weitgehend an vorhandener oder zu erwartender Zustimmung und Unterstützung orientieren müssen. Wenn daher im folgenden zur Kennzeichnung des Prozesses politischer Einheitsbildung der Begriff „politische Einheit", zu der des Wirkens der staatlichen Gewalten der Begriff „Staat" verwendet wird, so dient diese Unterscheidung nur der Verdeutlichung; sie darf nicht darüber hinwegtäuschen, daß es sich nur um Aspekte eines einheitlichen, wenn auch komplexen Zusammenhanges handelt.

11 Dieser umfaßt nicht das Ganze menschlichen Zusammenlebens innerhalb des Staatsgebietes. Es fragt sich, wie er sich zu diesem „Ganzen" verhält.

Das herkömmliche Verständnis geht hier von der Unterscheidung von „*Staat"* und „*Gesellschaft"* aus und stellt den Staat als vorhandene Einheit der „Gesellschaft" als vorhandener Vielheit unverbunden gegenüber. Dieser Dualismus wurzelt noch in vordemokratischen liberalen Vorstellungen der Zeit vor 1918, die Ausdruck des Verhältnisses der sich in monarchischer Regierung und Beamtenapparat verkörpernden staatlichen Gewalt und einer von politischer Bestimmung und Gestaltung weithin ausgeschlossenen „Gesellschaft" waren, deren Leben sich prinzipiell selbst regulierte, während der „Staat" nur die Voraussetzungen dieses eigengesetzlichen Ablaufs zu gewährleisten und im Falle von Störungen einzugreifen hatte.

Die Voraussetzungen eines solchen Dualismus sind jedoch im demokratischen und sozialen Staat der Gegenwart entfallen. „Gesellschaftliches" Leben ist ohne die organisierende, planende, verantwortliche Gestaltung durch den Staat nicht mehr möglich. Umgekehrt konstituiert sich der demokratische „Staat" erst in „gesellschaftlichem" Zusammenwirken. Auch gesellschaftliches Leben steht in mehr oder minder engen Zusammenhängen mit dem staatlichen Leben im Vorgang politischer Einheitsbildung. Die heutige Bedeutung des Staates für das wirtschaftliche und soziale Leben wie die „gesellschaftliche" Einflußnahme auf das staatliche Wirken oder sogar die „gesellschaftliche" Beteiligung an ihm schließen eine unverbundene Gegenüberstellung aus.

Insofern vermag daher das Begriffspaar „Staat" und „Gesellschaft" jenes Verhältnis nicht sachgemäß zum Ausdruck zu bringen[25]. Anders, wenn die Unterscheidung als Ausdruck einer *funktionellen Differenzierung* verstanden wird[26]; doch dürfen dabei Überreste der früheren Anschauung nicht in die Gegenwart transponiert werden. – Die einleuchtende Differenzierung von „politischem Gemeinwesen" als dem „Gesamtverband" und „government" als zusammenfassender Bezeichnung der Institutionen der Meinungs- und Willensbildung, der Führungs-, Koordinierungs- und Lenkungsinstitutionen innerhalb des Gesamtverbandes[27] würde für eine Darstellung der Grundzüge des geltenden Verfassungsrechts zu der

---

25 *H. Ehmke,* „Staat" und „Gesellschaft" als verfassungstheoretisches Problem, in: Staatsverfassung und Kirchenordnung, Festgabe für R. Smend zum 80. Geburtstag (1962) S. 24 f.
26 So im wesentlichen bei *Böckenförde* (Anm. 19) S. 21 ff.
27 *Ehmke* (Anm. 25) S. 45.

Notwendigkeit führen, auf den Begriff des „Staates" zu verzichten oder ihn zumindest in einer schwer fixierbaren Bedeutung zu verwenden. Deshalb soll die Differenzierung von Staatlichem und Nicht-Staatlichem im menschlichen Zusammenwirken innerhalb des Staatsgebietes hier dadurch zum Ausdruck gebracht werden, daß als beide umfassend der Begriff des „Gemeinwesens" verwendet wird, während der Begriff „Staat" der engeren Bedeutung als Handeln und Wirken der im Wege politischer Einheitsbildung konstituierten Gewalten vorbehalten bleibt. „Politische Einheit", „Staat" und „Gemeinwesen" werden hier also als Bezeichnungen unterschiedlicher Wirkungszusammenhänge verwendet, die weithin von denselben Menschen getragen werden und darum nicht im Sinne eines getrennten Nebeneinander und nur zur besseren Veranschaulichung als „Bereiche" verstanden werden dürfen. – Daß eine solche, durch die hier gestellte Aufgabe bestimmte terminologische Fixierung ebenso wie die zuvor entwickelten Aspekte nur skizzenhaft bleiben kann und wesentliche Fragen der Problematik unerörtert lassen muß, versteht sich dabei von selbst[28].

Wenn politische Einheit und mit ihr der Staat erst in menschlichem Handeln existent werden, so schließt die Aufgegebenheit dieses Handelns die Notwendigkeit ein, das Zusammenwirken, das zur Bildung politischer Einheit führen soll und in dem staatliche Aufgaben erfüllt werden sollen, zu organisieren. Nur durch planmäßiges, bewußtes, d. h. aber organisiertes Zusammenwirken[29] kann politische Einheit entstehen. Da diese Entstehung ein ständiger Prozeß ist, bedarf sie eines geordneten Verfahrens, wenn anders sie nicht der Zufälligkeit regelloser Machtkämpfe überlassen bleiben soll; nicht minder bedarf der Staat, um in seinen Gewalten handlungsfähig zu werden, der Konstituierung dieser Gewalten durch Organisation, und um seine Aufgabe erfüllen zu können, der Verfahrensregelungen: organisiertes, verfahrensmäßig geordnetes Zusammenwirken macht *rechtliche Ordnung* notwendig, und zwar nicht eine beliebige, sondern eine bestimmte Ordnung, die den Erfolg einheitsbildenden Zusammenwirkens und die Erfüllung der staatlichen Aufgaben gewährleistet und die einen Mißbrauch der um jener Aufgabenerfüllung willen anvertrauten oder respektierten Machtbefugnisse ausschließt – wobei solche Gewährleistung und Sicherung nicht nur eine Frage der Normierung, sondern vor allem auch der Aktualisierung rechtlicher Ordnung ist.

Rechtliche Ordnung ist darüber hinaus in einem *umfassenderen Sinne* aufgegeben. **13** Das Gemeinwesen bedarf ihrer, weil menschliches Zusammenleben ohne sie nicht möglich wäre, vollends in der Lage der Gegenwart, die die Notwendigkeit umfassender sachlicher Ordnung und Zuordnung der Verhältnisse und Bereiche wirtschaftlichen und sozialen Lebens begründet. Wie der Staat ist diese Ordnung nicht in einem von menschlichem Sein und menschlichem Wirken losgelösten, in sich und für sich bestehenden übergeschichtlichen Recht oder in den Objektivierungen einer vorfindlichen „Wertordnung" vorgegeben; sondern sie muß als geschichtliche Ordnung durch menschliches Wirken geschaffen, in Geltung gesetzt, bewahrt und fortgebildet werden. Nur wenn geschichtliches Recht – bewußt oder unbewußt – in menschli-

12 (marginal)

---

28 Für Weiteres ist zu verweisen auf die neue Darstellung bei *E.-W. Böckenförde*, Art. Staat und Gesellschaft, Staatslexikon 5 (7. Aufl. 1989) Sp. 288 ff. Vgl. ferner: *K. Hesse*, Bemerkungen zur heutigen Problematik und Tragweite der Unterscheidung von Staat und Gesellschaft, DÖV 1975, 437 ff.; *W. Schmidt*, Die Entscheidungsfreiheit des einzelnen zwischen staatlicher Herrschaft und gesellschaftlicher Macht, AöR 101 (1976) S. 24 ff.; *H. H. Rupp*, Die Unterscheidung von Staat und Gesellschaft, HdBStR I, § 28 bes. Rdn. 44 ff.
29 *Heller* (Anm. 15) S. 88 ff., 228 ff.; *Böckenförde* (Anm. 19) S. 24 ff.

ches Verhalten eingeht, gewinnt es Leben und wird es existent. Diese Aktualisierung bedarf der Stützung und Gewährleistung durch den Staat: rechtliche Ordnung muß in weiten Teilen durch die staatlichen Gewalten formuliert und verbindlich gesetzt, sie muß konkretisiert und ihre Durchsetzung muß gesichert werden. Staat und Recht stehen daher auch insoweit nicht beziehungslos nebeneinander; sie sind in vielfältiger Weise aufeinander angewiesen und voneinander abhängig.

14 Rechtliche Ordnung in diesem weiten Sinne ist nicht als Ordnung um der Ordnung willen, sondern als *inhaltlich bestimmte, „richtige" und deshalb legitime Ordnung* aufgegeben. Kriterien der „Richtigkeit" sind dabei bewährte Tradition, aber auch deren Gegenteil: geschichtliche Erfahrungen, die erwiesen haben, was nicht „richtig" ist und darum nicht als Recht angesehen werden darf, im Zusammenhang hiermit Rechtsgrundsätze, die sich in der Rechtserfahrung der Generationen gebildet haben und durch sie bestätigt worden sind, sowie die Leitbilder der lebenden Generation für die Gestaltung der Gegenwart und die der Zukunft.

15 Um menschliches Verhalten bestimmen zu können, bedarf dieses geschichtliche Recht prinzipiell der „Annahme", die ihrerseits auf der grundsätzlichen Einigkeit über die Aufgegebenheit der Inhalte der rechtlichen Ordnung beruht – auch dort, wo solche Annahme nur die Anerkennung der Verbindlichkeit rechtlicher Normierungen, nicht aber freie Zustimmung zu ihnen enthält. Dieser grundsätzliche Konsens gewährleistet nicht notwendig „Richtigkeit", wohl aber den dauerhaften Bestand rechtlicher Ordnung. Wo er fehlt, mag autoritärer Zwang an seine Stelle treten; gesicherte, als legitim und deshalb als aufgegeben angesehene Ordnung vermag er nicht zu begründen.

III. Die Verfassung und ihre Bedeutung für das Gemeinwesen

1. Begriff

16 Weder von einem vorgegebenen, von menschlichem Wirken unabhängigen Staat noch von einem vorfindlichen Recht kann daher ausgegangen werden, sondern nur von den dargestellten Aufgaben. Um diesen gerecht werden zu können, bedarf es einer konstituierenden Ordnung: der Verfassung.

17 Die Verfassung ist die *rechtliche Grundordnung des Gemeinwesens*. Sie bestimmt die Leitprinzipien, nach denen politische Einheit sich bilden und staatliche Aufgaben wahrgenommen werden sollen. Sie regelt Verfahren der Bewältigung von Konflikten innerhalb des Gemeinwesens. Sie ordnet die Organisation und das Verfahren politischer Einheitsbildung und staatlichen Wirkens. Sie schafft Grundlagen und normiert Grundzüge rechtlicher Gesamtordnung. In allem ist sie „der grundlegende, auf bestimmte Sinnprinzipien ausgerichtete Strukturplan für die Rechtsgestalt eines Gemeinwesens"[30].

---

30 *Hollerbach* (Anm. 19) S. 46. Hierzu und zum folgenden näher: *K. Hesse*, Verfassung und Verfassungsrecht, HdBVerfR, § 1 Rdn. 4 ff. Zu den modernen Problemveränderungen ebd. Rdn. 26 ff.

Als rechtliche Grundordnung des Gemeinwesens ist die Verfassung nicht auf eine Ordnung   18
staatlichen Lebens beschränkt. Ihre Regelungen erfassen – besonders deutlich in Gewährleistungen wie denen der Ehe und Familie, des Eigentums, der Bildung und des Wirkens sozialer Gruppen oder der Freiheit von Kunst und Wissenschaft – auch Grundlagen der Ordnung nicht-staatlichen Lebens. Darum reicht „Verfassungs"-Recht einerseits weiter als
„Staats"-Recht, das der Wortbedeutung und der Sache nach nur Recht des Staates bezeichnet; andererseits ist es enger begrenzt, insofern Staatsrecht auch Recht des Staates umfassen kann, das nicht zur *Grund*ordnung des Gemeinwesens zu rechnen ist. Die Begriffe sind
also nur zu einem Teil identisch[31]. Da die Verfassung die Voraussetzungen der Schaffung,
Geltung und Durchsetzung der Normen der übrigen Rechtsordnung herstellt und deren Inhalt weitgehend bestimmt, wird sie zu einem Element der Einheit der Gesamtrechtsordnung des Gemeinwesens, innerhalb deren sie eine Isolierung von Verfassungsrecht und anderen Rechtsgebieten, im besonderen vom Privatrecht, ebenso ausschließt wie ein unver-
bundenes Nebeneinander jener Rechtsgebiete selbst.

2. Struktur und Funktion

a) Die Regelungen der Verfassung sind weder vollständig noch vollkommen.   19
Zwar werden zahlreiche Fragen staatlicher Ordnung bis in Einzelheiten hinein normiert; aber weite Bereiche, auch solche des im engeren Sinne staatlichen Lebens,
werden nur durch Bestimmungen von mehr oder minder großer *inhaltlicher Weite
und Unbestimmtheit*, manche sogar überhaupt nicht geordnet.

Die Verfassung ist also keine Ordnung der Totalität gebietsgesellschaftlichen Zusammen-   20
wirkens, und dieses Wirken ist keineswegs bloßer „Verfassungsvollzug". Ebensowenig ist
sie eine bereits abgeschlossene – logisch-axiomatische oder werthierarchische – systematische Einheit. Ihre Elemente hängen jedoch voneinander ab und wirken aufeinander zurück,
und erst das Zusammenspiel aller ergibt das Ganze der konkreten Gestaltung des Gemeinwesens durch die Verfassung. Das bedeutet nicht, daß dieses Zusammenspiel von Spannungen und Widersprüchen frei sei, wohl aber, daß die Verfassung erst voll verstanden und richtig interpretiert werden kann, wenn sie in diesem Sinne als *Einheit* begriffen wird[32], und
daß Verfassungsrecht weit mehr auf Zusammenordnung als auf Ab- und Ausgrenzung gerichtet ist[33].

Die Unvollständigkeit der Verfassung kann ihren Grund darin haben, daß es einer   21
verfassungsrechtlichen Regelung *nicht bedarf*. Die Verfassung kodifiziert nicht,
sondern sie regelt nur – oft mehr punktuell und nur in Grundzügen – das, was als
wichtig und der Festlegung bedürftig erscheint; alles andere wird stillschweigend
vorausgesetzt oder der Gestaltung oder Konkretisierung durch die übrige Rechtsordnung überlassen. Darum erhebt die Verfassung von vornherein nicht den Anspruch der Lückenlosigkeit oder gar systematischer Geschlossenheit.

---

31 Zu ihrer Reichweite näher: *Stern* (Anm. 19) S. 7 ff.; *E.-W. Böckenförde*, Die Eigenart des Staats-
    rechts und der Staatsrechtswissenschaft, in: Festschrift für Hans Ulrich Scupin (1983) S. 317 ff.
32 BVerfGE 1, 14 (32), st. Rspr.; vgl. noch BVerfG 49, 24 (56) m. w. Nachw. – *Bäumlin* (Anm. 16)
    S. 27 und passim; *Ehmke*, Prinzipien der Verfassungsinterpretation (Anm. 18) S. 77 f.; *U. Scheu-
    ner*, VVDStRL 20 (1963) S. 125 f. Kritisch: *F. Müller*, Die Einheit der Verfassung (1979) bes.
    S. 225 ff.; *ders.*, Juristische Methodik (5. Aufl. 1993) S. 216 ff.
33 *H. Krüger*, Verfassungswandlung und Verfassungsgerichtsbarkeit, in: Staatsverfassung und Kir-
    chenordnung, Festgabe für R. Smend zum 80. Geburtstag (1962) S. 159.

22 Es kann der Verfassung aber auch darum gehen, einen Lebensbereich rechtlicher Normierung nicht oder nur in einzelnen Beziehungen zu unterwerfen; sie läßt bestimmte Fragen, etwa solche der „Wirtschaftsverfassung", *bewußt offen* , um hier freier Auseinandersetzung, Entscheidung und Gestaltung Raum zu lassen[34]. Sie kann schließlich unvollständig und unvollkommen bleiben, weil bestimmte Wirkungszusammenhänge, etwa Außenpolitik oder die Aktivität der politischen Parteien, wegen ihrer besonderen Eigenart einer detaillierten rechtlichen Normierung *nicht* oder *nur schwer zugänglich* sind; freilich kann gerade auch hier das Bestreben, freie Gestaltung zu ermöglichen, das primäre sein.

23 In Überschneidung mit solchen speziellen Gründen und über sie hinaus muß die Verfassung endlich unvollkommen und unvollständig bleiben, weil das Leben, das sie ordnen will, geschichtliches Leben ist und darum geschichtlichen Veränderungen unterliegt. Diese Veränderlichkeit kennzeichnet in besonderem Maße die von der Verfassung geregelten Lebensverhältnisse. Deshalb läßt Verfassungsrecht sich nur in begrenztem Maße und nur um den Preis häufiger Verfassungsänderungen spezifizieren, evident und vorausberechenbar machen. Soll die Verfassung die Bewältigung der Vielfalt geschichtlich sich wandelnder Problemlagen ermöglichen, so muß ihr Inhalt notwendig „*in die Zeit hinein offen*" bleiben[35].

24 b) Diese Offenheit und Weite der Verfassung bedeutet freilich nicht Auflösung in eine totale Dynamik, in der die Verfassung außerstande wäre, dem Leben des Gemeinwesens leitenden Halt zu geben. Die Verfassung läßt nicht nur offen, sondern sie legt auch verbindlich fest, was nicht offen bleiben soll.

25 Nicht offen bleiben sollen die *Grundlagen der Ordnung des Gemeinwesens*. Indem sowohl die Leitprinzipien, nach denen politische Einheit sich bilden und staatliche Aufgaben wahrgenommen werden sollen, als auch die Grundzüge aufgegebener rechtlicher Gesamtordnung verbindlich festgelegt werden, sollen jene Grundlagen dem ständigen Kampf der Gruppen und Richtungen entrückt, soll ein fester Bestand dessen geschaffen werden, was nicht mehr in Frage gestellt und zu stellen ist und was daher nicht neuer Verständigung und Entscheidung bedarf. Die Verfassung sucht einen festen Bestand dessen zu schaffen, was als entschieden anzusehen ist, stabilisierend und entlastend zu wirken.

26 Nicht offen bleiben sollen aber auch *der staatliche Aufbau und das Verfahren*, in dem von der Verfassung offen gelassene Fragen zu entscheiden sind.

27 Deshalb konstituiert die Verfassung Organe, denen nach ihrer sachlichen Eigenart unterschiedene, bestimmte und begrenzte Aufgabenbereiche staatlichen Wirkens und die Machtbefugnisse anvertraut werden, die zur sachgemäßen Wahrnehmung jener Aufgaben erforderlich sind: die Verfassung begründet *Kompetenzen* und schafft damit im Umfang des jeweiligen Auftrages rechtmäßige staatliche Gewalt. Sie sucht die Zusammensetzung und Ausgestaltung der Organe in einer Weise zu regeln, die der Eigenart ihrer Aufgabe entspricht und deshalb die sachgemäße Wahrnehmung ihrer Funktionen gewährleistet. Sie ordnet die unterschiedlichen

---

34 Vgl. BVerfGE 50, 290 (336 ff.) m. w. Nachw.
35 *Bäumlin* (Anm. 16) S. 15. Grundsätzlich zur Bedeutung von „Öffentlichkeit" für die Verfassung: *P. Häberle*, Öffentlichkeit und Verfassung, Zeitschr. f. Politik 16 (1969) S. 273 ff.

Funktionen einander zu und sucht dadurch zu erreichen, daß diese einander sachgemäß ergänzen, daß Zusammenarbeit, Verantwortung und Kontrolle sichergestellt werden und ein Mißbrauch von Kompetenzen verhindert wird.

Über diese Regelungen des staatlichen Aufbaues hinaus legt die Verfassung *Verfahren* fest, die die Bewältigung von Konflikten ermöglichen sollen, in denen sich der Prozeß politischer Einheitsbildung vollzieht und die die Entscheidung offener Fragen durch die staatlichen Organe an klare, einsehbare, nach Möglichkeit ein sachgemäßes Ergebnis gewährleistende Regeln binden sollen. Die Bedeutung solcher Festlegungen ist um so größer, je mehr die Verfassung sich in ihren sachlichen Fixierungen offen hält, weil bei aller notwendigen sachlichen Offenheit für unterschiedliche Zielsetzungen doch der Verwirklichung dieser Zielsetzungen feste Form gegeben und damit auch insoweit jene stabilisierende[36] und entlastende Wirkung erreicht wird, die sachliche Offenheit erst ermöglicht. **28**

c) Sowohl durch das, was sie offen läßt, wie durch das, was sie nicht offen läßt, bringt die Verfassung Wirkungen hervor, die ihre *Funktion* im Leben des Gemeinwesens ausmachen. **29**

Verfassungsrecht schafft Regeln politischen Handelns und Entscheidens; es gibt der Politik leitende Richtpunkte, aber es kann sie nicht ersetzen. Deshalb läßt die Verfassung Raum für das Wirken der politischen Kräfte. Wenn sie zahlreiche Fragen des staatlichen Lebens nicht oder nur in Umrissen regelt, so liegt darin nicht nur ein Verzicht auf festlegende Normierung oder eine Verweisung auf konkretisierende Aktualisierung, sondern oft auch eine verfassungskräftige Gewährleistung freier Auseinandersetzung und freier Entscheidung dieser Fragen. Daß diese Freiheit nicht in wechselnde Zielsetzungen ausschließende und dem Wirken unterschiedlicher Kräfte nicht mehr zugängliche Geschlossenheit verwandelt werden kann, sucht die Verfassung durch die Art ihrer sachlichen, organisatorischen und verfahrensmäßigen Fixierungen sicherzustellen. **30**

Deren Funktion liegt freilich nicht nur in dieser Sicherstellung. Durch ihre sachlichen Fixierungen wie auch durch die Festlegung des staatlichen Aufbaus und die verfassungsmäßige Regelung des Prozesses politischer Einheitsbildung und staatlichen Wirkens konstituiert die Verfassung staatliche Einheit, gibt sie dem Leben des Gemeinwesens Form, sichert sie überpersonale Kontinuität[37] und wirkt sie darum stabilisierend. Zugleich macht sie dadurch politische Einheitsbildung und staatliches Wirken einsehbar und verstehbar, ermöglicht sie bewußte Anteilnahme, bewahrt sie vor einem Rückfall ins Ungeformte und Undifferenzierte[38] und wirkt sie darum rationalisierend. Durch die Ordnung des Verfahrens politischer Einheitsbildung, durch stets limitierte Begründung staatlicher Machtbefugnisse, durch bindende verfahrensmäßige Regelung der Wahrnehmung dieser Befugnisse und durch die Kontrolle der staatlichen Gewalten sucht sie staatliche Macht zu begrenzen und vor einem Mißbrauch dieser Macht zu bewahren: in ihrer einen frei- **31**

---

36 Vgl. hierzu auch *Bäumlin* (Anm. 16) S. 43; *H. Krüger*, Allgemeine Staatslehre (Anm. 19) S. 197 ff., 835.
37 *Scheuner*, Staat (Anm. 19) S. 33.
38 *M. Imboden*, Die Staatsformen (1959) S. 110 f.

en politischen Prozeß ermöglichenden und gewährleistenden, konstituierenden, stabilisierenden, rationalisierenden, machtbegrenzenden und in alledem individuelle Freiheit sichernden Funktion besteht die *Eigenart der Verfassung*.

3. Die Verfassung als geschriebene Verfassung

32 Die stabilisierende und rationalisierende Wirkung der Verfassung wird verstärkt, wenn die Verfassung geschriebene Verfassung ist.

Wird ihr Inhalt in einer Urkunde festgelegt, so hat dies denselben Sinn wie jede andere Beurkundung: über das, was beurkundet wird, sollen Rechtsklarheit und Rechtsgewißheit geschaffen werden. Gewiß bieten auch viele dieser urkundlichen Festlegungen die Möglichkeit unterschiedlichen Verständnisses, vollends, wenn sie näherer Konkretisierung bedürfen. Aber indem sie den Inhalt der Verfassung in einen Text faßt, der mit den Mitteln der Textinterpretation auszulegen ist, begrenzt die geschriebene Verfassung die Möglichkeiten unterschiedlichen Verständnisses (vgl. dazu unten Rdn. 77 f.) und gibt sie konkretisierender Aktualisierung feste Richtpunkte. Im geschriebenen Text der Verfassung entstehen damit Fixierungen, die die stabilisierende, rationalisierende und Freiheit sichernde Wirkung der Verfassung wesentlich steigern.

33 Dieser Sinn geht verloren, wenn die geschriebene Verfassung nicht mehr als strikt bindend angesehen wird. Wenn der Richter und mit dem gleichen Recht der Politiker und jeder andere – heute oft in falsch verstandener Abkehr von positivistischer Rechtsauffassung – glauben, sich über das geschriebene Verfassungsrecht hinwegsetzen zu können, so mögen die Lösungen, die auf diese Weise gewonnen werden, manchmal sachgemäßer sein als die einer buchstabengetreueren Interpretation. Zugleich ist jedoch der Weg freigemacht, auf dem die Verfassung überspielt werden kann durch die Berufung auf jedes beliebige, angeblich höhere Interesse, dessen höherer Rang in aller Regel bestritten sein wird. Der Grundgedanke der geschriebenen Verfassung ist dann preisgegeben zugunsten der Verunsicherung durch einen ständigen Kampf der Mächte und Meinungen, die sich in ihrer Argumentation nicht mehr auf eine gemeinsame Grundlage beziehen können.

34 Die Bindung an die geschriebene Verfassung schließt *ungeschriebenes Verfassungsrecht* nicht aus[39]. Auch in ihrer Fixierung durch die Verfassungsurkunde wird die Verfassung nicht zum „lückenlosen" System. Sie bedarf vielmehr der Ergänzung durch ungeschriebenes Verfassungsrecht, das aber eben wegen dieser nur ergänzenden Funktion niemals gänzlich losgelöst von der geschriebenen Verfassung entstehen und bestehen kann, sondern immer nur als Entfaltung, Vervollständigung oder Fortbildung der Prinzipien der geschriebenen Verfassung und immer im Einklang mit diesen Prinzipien[40]. Um der Funktion der geschriebenen Ver-

---

39 Dazu (in manchem von der im Text vertretenen Auffassung abweichend) *H. Huber*, Probleme des ungeschriebenen Verfassungsrechts, in: Rechtstheorie, Verfassungsrecht, Völkerrecht (1971) S. 329 ff. Zur Problematik des Verfassungsgewohnheitsrechts: *Chr. Tomuschat*, Verfassungsgewohnheitsrecht? Eine Untersuchung zum Staatsrecht der Bundesrepublik Deutschland (1972).

40 BVerfGE 2, 380 (403). – Mißverständlich ist es freilich, wenn das Bundesverfassungsgericht die Grundlagen ungeschriebenen Verfassungsrechts im „vorverfassungsmäßigen Gesamtbild" des Verfassungsgesetzgebers sucht, das, indem es die einzelnen Sätze der Verfassung verbindet und innerlich zusammenhält, gerade zum allein maßgeblichen *verfassungsmäßigen* Gesamtbild geworden ist.

fassung willen ist es nicht möglich, sich unter Berufung auf ungeschriebenes Recht über geschriebenes Verfassungsrecht hinwegzusetzen.

Dieser Vorrang läßt freilich die geschriebene Verfassung nicht zur letzten Quelle 35
des Rechts werden. Als geschriebene Verfassung begründet die Verfassung notwendig Legalität, aber nicht notwendig Legitimität, wenngleich bereits in ihrer Legalität ein Stück – häufig übersehener – Legitimität liegt (unten Rdn. 197). Darüber hinaus verdankt sie ihre Legitimität der Einigkeit über ihre Inhalte oder doch wenigstens der Respektierung ihrer Inhalte. Selbst volle Einigkeit vermag indessen nicht die Möglichkeit eines Widerspruchs zwischen der Verfassung und obersten Prinzipien des Rechts als dem letzten Grund der Legitimität auszuschließen. Deren Verbindlichkeit kann freilich von keiner anderen Instanz festgestellt werden als dem Rechtsgewissen. Sie vermögen deshalb ein Recht zum Widerstand zu begründen, aber sie können wegen jenes Widerspruchs nicht die Gestalt der Legalität der Verfassung annehmen.

4. „Starrheit" und „Beweglichkeit" der Verfassung

Wenn die Verfassung Offenheit und Weite der rechtlichen Normierung mit ver- 36
bindlicher Festlegung verbindet, so liegt das Entscheidende offenbar gerade in der *Polarität dieser Elemente*. Die Frage nach der „Starrheit" oder nach der „Beweglichkeit" der Verfassung ist daher keine Frage einer Alternative, sondern eine Frage der „richtigen" Zuordnung dieser Momente.

Beide sind um der Aufgabe der Verfassung willen notwendig, die Offenheit und 37
Weite, weil nur sie es ermöglichen, dem geschichtlichen Wandel und der Differenziertheit der Lebensverhältnisse gerecht zu werden, die verbindlichen Festlegungen, weil sie in ihrer stabilisierenden Wirkung jene relative Konstanz schaffen, die allein das Leben des Gemeinwesens vor der Auflösung in ständigen, unübersehbaren und nicht mehr zu bewältigenden Wechsel zu bewahren vermag. Der Zuordnung dieser Momente bedarf es, damit beide ihre Aufgabe erfüllen können. Das Beharrende darf nicht zum Hindernis werden, wo Bewegung und Fortschreiten aufgegeben sind; sonst geht die Entwicklung über die rechtliche Normierung hinweg. Das Bewegende darf nicht die stabilisierende Wirkung der verbindlichen Fixierungen aufheben; sonst bleibt die Aufgabe rechtlicher Grundordnung des Gemeinwesens unbewältigt.

Erst in zweiter Linie ist das Problem „starrer" und „beweglicher" Verfassung ein 38
solches (etwa durch die Erfordernisse qualifizierter Mehrheiten, einer Volksabstimmung oder gar durch den Ausschluß bestimmter Änderungen) erschwerter oder erleichterter *Verfassungsänderung*. Denn die Frage einer Verfassungsänderung entsteht erst dort, wo nicht bereits die Weite und Offenheit der Verfassung es ermöglicht, einer Problemlage gerecht zu werden. Je enger und detaillierter die sachlichen Normierungen der Verfassung sind, desto eher wird freilich dieser Punkt erreicht sein.

Unter „Verfassungsänderung" wird hier ausschließlich die Änderung des Textes der Verfas- 39
sung verstanden. Sie ist zu unterscheiden von der „*Verfassungsdurchbrechung*", d. h. der

15

Abweichung vom Text im Einzelfall (ohne Änderung des Textes), wie sie in der Staatspraxis der Weimarer Republik unter der Voraussetzung des Zustandekommens der für Verfassungsänderungen erforderlichen Mehrheiten als zulässig angesehen wurde. Sie ist schließlich abzuheben gegen den *„Verfassungswandel"*, der nicht den Text als solchen – dieser bleibt unverändert –, sondern die Konkretisierung des Inhalts der Verfassungsnormen betrifft; diese kann namentlich angesichts der Weite und Offenheit vieler Verfassungsbestimmungen unter veränderten Voraussetzungen zu unterschiedlichen Ergebnissen führen (unten Rdn. 45 ff.) und insoweit einen „Wandel" bewirken. Die Problematik der Verfassungsänderung beginnt dort, wo die Möglichkeiten eines Verfassungswandels enden.

40   Werden Verfassungsänderungen in einer Verfassung erschwert, die einem Wandel nur geringen Raum läßt, dann ist es in der Tat berechtigt, von einer „starren" Verfassung zu sprechen; wenn hier auch der Inhalt der Normierungen der Verfassung in relativer Eindeutigkeit feststeht, ist die Verfassung doch schwerlich in der Lage, ihre Aufgabe in der geschichtlichen Wirklichkeit des Lebens des Gemeinwesens zu erfüllen. Nicht viel besser steht es, wenn eine Verfassung, die einem Wandel nur geringen Raum läßt, dadurch „beweglich" gemacht wird, daß sie jederzeit und ohne Erschwerungen geändert werden kann. Zwar ermöglicht diese Lösung raschere Anpassung bei größerer Eindeutigkeit des Verfassungstextes; aber auch hier vermag die Verfassung ihre Aufgabe als rechtliche Grundordnung des Gemeinwesens nicht zu erfüllen, weil sie um einen wesentlichen Teil ihrer stabilisierenden Wirkung gebracht wird. Dagegen entspricht es dem Sinn und der Aufgabe der Verfassung, wenn Verfassungswandlungen in den durch den Text gezogenen Grenzen Raum gelassen wird, Verfassungsänderungen jedoch erschwert werden; eine solche Lösung bewirkt gleichzeitig jene relative Elastizität und jene relative Stabilität, auf die es um der sachgemäßen Funktion der Verfassung willen ankommt.

5. Die „Verwirklichung" der Verfassung

41   Die Verfassung besteht aus Normen. In diesen liegen Anforderungen an menschliches Verhalten, noch nicht dieses Verhalten selbst; sie bleiben toter Buchstabe und bewirken nichts, wenn der Inhalt jener Anforderungen nicht in menschliches Verhalten eingeht. Verfassungsrecht läßt sich insoweit von menschlichem Handeln nicht ablösen. Erst indem es durch dieses und in diesem „verwirklicht" wird, gewinnt es die Realität gelebter, geschichtliche Wirklichkeit formender und gestaltender Ordnung und vermag es seine Funktion im Leben des Gemeinwesens (oben Rdn. 31) zu erfüllen.

42   a) Diese Verwirklichung versteht sich nicht von selbst. Sie hängt davon ab, inwieweit die Verfassung menschliches Verhalten tatsächlich motiviert und bestimmt, inwieweit also ihre Normen nicht nur hypothetisch, sondern real „gelten". Solche reale Geltung erlangt die Verfassung noch nicht dadurch, daß sie gegeben wird. Verfassunggebung ist in dem, was sie ist und in dem, was sie schafft, verkannt, wenn sie als einmaliger *Willensakt* der „verfassunggebenden Gewalt" verstanden wird[41], einer

---

41 *C. Schmitt*, Verfassungslehre (1928) S. 75 ff. Vgl. dazu *Ehmke*, Grenzen der Verfassungsänderung
   (Anm. 18) S. 86 f.; *D. Murswiek*, Die verfassunggebende Gewalt nach dem Grundgesetz für die
   Bundesrepublik Deutschland (1978); *E.-W. Böckenförde*, Die verfassunggebende Gewalt des Vol-

Ur-Gewalt, aus der sich alle konstituierte Gewalt herleitet und deren Gebote kraft ihres Willens zu befolgen sind. Denn auch die „verfassunggebende Gewalt" entsteht und gestaltet durch geschichtliches menschliches Wirken, in aller Regel das einer verfassunggebenden Versammlung, und das, was sie schafft, ist nicht mehr, freilich auch nicht weniger als eine Formulierung dessen, worüber man sich einig ist oder von Verfassungs wegen einig sein soll, im Text der Verfassung. Der Wille des historischen Verfassunggebers vermag die reale Geltung der so geschaffenen Verfassung nicht zu begründen und vollends nicht zu erhalten. Inwieweit es der Verfassung gelingt, diese Geltung zu gewinnen, ist vielmehr eine Frage ihrer *normativen Kraft*, ihrer Fähigkeit, in der Wirklichkeit geschichtlichen Lebens bestimmend und regulierend zu wirken.

Diese ist einerseits bedingt durch die *Realisierungsmöglichkeit* der Inhalte der Verfassung. Je mehr deren Sätze an die Gegebenheiten der geschichtlichen Situation anknüpfen und das bewahren und fortzubilden suchen, was schon in der individuellen Beschaffenheit der Gegenwart angelegt ist, desto eher können sie normierende Wirkung entfalten. Wo die Verfassung den geistigen, sozialen, politischen oder ökonomischen Entwicklungsstand ihrer Zeit ignoriert, fehlt ihr der unerläßliche Keim ihrer Lebenskraft und vermag sie nicht zu erreichen, daß der Zustand, den sie im Widerspruch zu diesem Entwicklungsstand normiert, eintritt. Ihre Lebens- und Wirkungskraft beruht darauf, daß sie sich mit den spontanen Kräften und lebendigen Tendenzen der Zeit zu verbinden vermag, daß sie diese Kräfte zur Entfaltung bringt und einander zuordnet, daß sie vom Gegenstand her bestimmte Gesamtordnung konkreter Lebensverhältnisse ist. **43**

Anderseits ist die normative Kraft der Verfassung bedingt durch den je *aktuellen Willen* der am Verfassungsleben Beteiligten, die Inhalte der Verfassung zu realisieren. Da die Verfassung, wie alle rechtliche Ordnung, der Aktualisierung durch menschliches Wirken bedarf, hängt ihre normierende Kraft von der Bereitschaft ab, ihre Inhalte als verbindlich zu betrachten und von der Entschlossenheit, diese Inhalte auch gegen Widerstände zu verwirklichen; dies um so mehr, als die Aktualisierung der Verfassung nicht im gleichen Umfang wie die Aktualisierung anderen Rechts durch die staatlichen Gewalten – die erst in eben dieser Aktualisierung konstituiert werden – gestützt und gewährleistet werden kann. **44**

Es kommt deshalb entscheidend auf jenen Willen an, der seinerseits auf dem grundsätzlichen Konsens beruht, der rechtlicher Ordnung dauerhaften Bestand sichert (vgl. oben Rdn. 15); die Einigkeit des historischen Verfassunggebers muß prinzipiell unter denen fortbestehen, deren Wirken und Zusammenwirken er in den Normen der Verfassung zu leiten und zu bestimmen unternahm. Je stärker der „Wille zur Verfassung" ist, desto weiter vermag er die Grenzen der Realisierungsmöglichkeit der Verfassung hinauszurücken. Ganz beseitigen kann er sie nicht.

---

kes – Ein Grenzbegriff des Verfassungsrechts (1986); *P. Häberle* , Die verfassungsgebende Gewalt des Volkes im Verfassungsstaat – eine vergleichende Textstufenanalyse, AöR 112 (1987) S. 54 ff.; *P. Kirchhof*, Die Identität der Verfassung in ihren unabänderlichen Inhalten, HdBStR I, § 19 Rdn. 15 ff.; *H.-P. Schneider*, Die verfassunggebende Gewalt, HdBStR VII, § 158.

Nur in dem Maße, in dem beide Voraussetzungen gegeben sind, vermag die Verfassung normative Kraft zu entfalten[42].

45 b) Unter dem Aspekt der Bedingungen der Verwirklichung von Verfassungsrecht können Verfassung und „Wirklichkeit" also nicht voneinander isoliert werden. Das gleiche gilt für den *Vorgang der Verwirklichung* selbst. Der Inhalt einer Verfassungsnorm läßt sich in aller Regel nicht allein auf der Grundlage der – vor allem in Gestalt eines sprachlichen Textes zum Ausdruck kommenden – Anforderungen realisieren, die in der Norm enthalten sind, und zwar um so weniger, je allgemeiner, unvollständiger, unbestimmter der Text der Norm gefaßt ist. Um menschliches Verhalten in der jeweiligen Situation leiten zu können, bedarf deshalb die meist mehr oder minder fragmentarische Norm der Konkretisierung. Diese ist nur möglich, indem neben dem normativen Kontext die Besonderheiten der konkreten Lebensverhältnisse, auf die die Norm bezogen ist, in das Verfahren einbezogen werden: das die Verfassungsnorm realisierende Wirken kann an diesen Besonderheiten nicht vorbeigehen, wenn es nicht die Problemlage verfehlen will, um deren Bewältigung es der Verfassung geht.

So können z. B. Inhalt und Tragweite der verfassungsrechtlichen Eigentumsgarantie nur unter Berücksichtigung der sozialen und wirtschaftlichen Funktion des Eigentums im modernen Sozialstaat bestimmt werden (vgl. unten Rdn. 443). – Die verfassungsrechtliche Normierung der Rundfunkfreiheit läßt sich sachgemäß nur unter Berücksichtigung der sich rasch wandelnden Verhältnisse des Rundfunks, im besonderen auch seiner technischen Möglichkeiten verwirklichen[43], weshalb Ausgestaltung und Sicherung dieser Freiheit hier andere sein müssen als etwa die der Meinungsäußerungsfreiheit in der Presse.

46 Die Konkretisierung des Inhalts einer Verfassungsnorm und dessen Verwirklichung sind daher nur möglich unter Heranziehung der Verhältnisse der „Wirklichkeit", die diese Norm zu ordnen bestimmt ist. Die, oft schon rechtlich geformten, Besonderheiten dieser Verhältnisse bilden den „Normbereich", der aus der Gesamtheit der von einer Vorschrift betroffenen Gegebenheiten der sozialen Welt durch die vor allem im Wortlaut der Norm ausgedrückte Anordnung, das „Normprogramm", als Bestandteil des Normativtatbestandes herausgehoben wird[44]. Da diese Besonderheiten und mit ihnen der „Normbereich" geschichtlichen Veränderungen unterliegen, können die Ergebnisse der Normkonkretisierung sich ändern, obwohl der Normtext (und damit im wesentlichen das „Normprogramm") identisch bleibt. Daraus ergibt sich ein ständiger, mehr oder minder erheblicher *„Verfassungswandel"*, der sich nicht leicht erfassen läßt und darum selten deutlich wird[45].

---

42 Zum Ganzen näher *K. Hesse*, Die normative Kraft der Verfassung (1959) S. 9 ff.
43 Vgl. dazu BVerfGE 12, 205 (260 ff.); 57, 295 (322 ff.); 73, 118 (154 ff.); 74, 297 (350 f.); 83, 238 (298).
44 *F. Müller*, Normbereiche von Einzelgrundrechten in der Rechtsprechung des Bundesverfassungsgerichts (1968) S. 9 ff. m. w. Nachw. Die Norm wird damit „als sachgeprägtes Ordnungsmodell verstanden, als verbindlicher Entwurf einer Teilordnung der Rechtsgemeinschaft, die der Rechtssatz abbildet und in das Ordnende und das zu Ordnende notwendig zusammengehören und einander in der Praxis der Rechtsverwirklichung unabdingbar ergänzen und gegenseitig fundieren" (ebenda S. 9). Vgl. auch *F. Müller*, Thesen zur Struktur von Rechtsnormen, ARSP LVI (1970) insbes. S. 504 f.; *ders.*, (zusammenfassend), Juristische Methodik (5. Aufl. 1993) S. 270 ff.
45 Dazu *E. W. Böckenförde*, Anmerkungen zum Begriff Verfassungswandel, in: Festschrift für Peter Lerche (1993) S. 3 ff. Zur Problematik eingehend: *Bryde* (Anm. 19) S. 20 ff., 254 ff.

c) Allerdings sind die Möglichkeiten eines solchen Verfassungswandels begrenzt **47** (unten Rdn. 77), und sie ändern nichts daran, daß die Verwirklichung der Verfassungsnormen stets an eben diese Normen gebunden bleibt. Inhalte, die im Widerspruch zu ihnen realisiert werden, können deshalb auch nicht „Verfassungswirklichkeit", d. h. verwirklichte Verfassung sein, jedenfalls dann nicht, wenn der Begriff mehr enthalten soll als eine Gedankenlosigkeit. Die Verwirklichung von Verfassungsnormen muß zwar unvermeidlich, teils mehr, teils weniger hinter den Anforderungen zurückbleiben, die diese Normen an menschliches Verhalten stellen, und die Gegenüberstellung von Verfassungsrecht und Verfassungswirklichkeit hat ihre Berechtigung, wenn sie diese Differenz umschreiben soll. Aber es gibt keine Verfassungswirklichkeit contra constitutionem. Die Behauptung eines Widerspruchs zwischen Verfassungsrecht und Verfassungswirklichkeit ist geeignet, die wahre Problemlage nicht nur zu verdunkeln, sondern auch zu verschieben. Indem nämlich verfassungswidrige Wirklichkeit als Verfassungswirklichkeit bezeichnet wird, wird dieser Wirklichkeit eine normierende Kraft beigemessen, und diese erscheint als normierende Kraft der „Wirklichkeit" von vornherein der normierenden Kraft des „Rechts" überlegen. Die Bezeichnung verfassungswidriger Wirklichkeit als Verfassungswirklichkeit enthält daher eine – oft freilich unbewußte – Option gegen die Verfassung, die verfassungsrechtlicher Betrachtung versagt ist.

Das bedeutet nicht, daß es im Leben des Gemeinwesens keine Wirklichkeit geben **48** könnte, die mit der Verfassung in Widerspruch steht oder daß solche Wirklichkeit als belanglos anzusehen wäre. Es kommt vielmehr gerade darauf an, das Augenmerk auf sie zu richten und das zu tun, was notwendig ist, um die Entstehung verfassungswidriger Wirklichkeit zu verhindern oder die Wirklichkeit wieder in Übereinstimmung mit der Verfassung zu bringen. Die rechtliche Betrachtung und Argumentation, die an die Normativität der Verfassung gebunden ist, bedarf daher der Ergänzung durch *verfassungspolitische* Erwägungen, die darauf zielen, diese Übereinstimmung zu erhalten oder zu schaffen, die Voraussetzungen normgemäßer Verwirklichung der Verfassung herzustellen oder aber die Verfassung zu ändern.

§ 2 Verfassungsinterpretation

I. Notwendigkeit, Bedeutung und Aufgabe der Verfassungsinterpretation

49 Verfassungsinterpretation im hier zu erörternden engeren Sinne[1] wird notwendig und zum Problem, wenn eine verfassungsrechtliche Frage zu beantworten ist, die sich an Hand der Verfassung nicht eindeutig entscheiden läßt. Wo Zweifel nicht bestehen, wird nicht interpretiert und bedarf es auch oft keiner Interpretation[2]. Nicht jede Verwirklichung verfassungsrechtlicher Normierungen ist „Interpretation", während im Vorgang der Verfassungsinterpretation stets die Verfassung aktualisiert wird.

So handelt es sich nicht um Interpretation, wohl aber um Aktualisierung, wenn der Inhalt von Verfassungsnormen verwirklicht wird und Zweifel über die Verfassungsmäßigkeit dieses Wirkens nicht auftauchen, der Vorgang der Verwirklichung möglicherweise nicht einmal bewußt wird – etwa in der Gründung einer Vereinigung, der Wahl des Parlaments, dem Erlaß von Gesetzen, Verwaltungsakten oder richterlichen Entscheidungen in Ausübung der (verfassungsmäßig begrenzten) Kompetenzen[3]. Ebensowenig wird Interpretation notwendig, wenn Verfassungsbestimmungen eindeutig sind, obwohl es auch hier um einen – strukturell einfachen – Vorgang des „Verstehens" und damit im weiteren Sinne um „Auslegung" geht.

50 Für das Verfassungsrecht ist Interpretation von entscheidender Bedeutung, weil angesichts der Offenheit und Weite der Verfassung Interpretationsprobleme häufiger entstehen als in Rechtsbereichen, deren Normierungen mehr in das Detail gehen. Diese Bedeutung wird gesteigert in einer verfassungsmäßigen Ordnung mit umfassend ausgebauter *Verfassungsgerichtsbarkeit* wie der des Grundgesetzes. Wenn das Verfassungsgericht hier die Verfassung mit verbindlicher Wirkung nicht nur für die Bürger, sondern auch für die übrigen Staatsorgane interpretiert (vgl. § 31 BVerfGG), so kann der diese Bindung begründende und legitimierende Gedanke der Bindung aller staatlichen Gewalt an die Verfassung nur dann zur Wirklichkeit werden, wenn die Entscheidungen des Gerichts den Inhalt der *Verfas-*

---

1 Aus der neueren Literatur hervorzuheben: *E. Forsthoff,* Zur Problematik der Verfassungsauslegung (1961); *P. Schneider* und *H. Ehmke,* Prinzipien der Verfassungsinterpretation, VVDStRL 20 (1963) S. 1 ff., 53 ff.; *F. Müller,* Normstruktur und Normativität. Zum Verhältnis von Recht und Wirklichkeit in der juristischen Hermeneutik, entwickelt an Fragen der Verfassungsinterpretation (1966); *ders.,* Juristische Methodik (5. Aufl. 1993); *M. Kriele,* Theorie der Rechtsgewinnung (2. Aufl. 1976); *E. Stein,* Juristische Auslegungslehren und wissenschaftliche Methodik, in: Recht im Dienst des Friedens, Festschrift f. E. Menzel (1975) S. 3 ff.; *E. W. Böckenförde,* Die Methoden der Verfassungsinterpretation, NJW 1976, 2089 ff.; *F. Ossenbühl,* Die Interpretation der Grundrechte in der Rechtsprechung des Bundesverfassungsgerichts, NJW 1976, 2100 ff., sowie die Beiträge zu dem Sammelband: Probleme der Verfassungsinterpretation, hrsg. v. *R. Dreier* und *F. Schwegmann* (1976) m. w. Nachw. S. 329 ff. – der Band enthält zum Teil auch die vorgenannten Schriften; *K. Stern,* Das Staatsrecht der Bundesrepublik Deutschland I (2. Aufl. 1984) S. 123 ff.; *B. Schlink,* Bemerkungen zum Stand der Methodendiskussion in der Verfassungsrechtswissenschaft, Der Staat 19 (1980) S. 73 ff.; *B. O. Bryde,* Verfassungsentwicklung (1982) S. 254 ff.; *H.-J. Koch,* Die Begründung von Grundrechtsinterpretationen, EuGRZ 1986, 345 ff.; *Chr. Starck,* Die Verfassungsauslegung, HdBStR VII, § 164; *W. Brugger,* Konkretisierung des Rechts und Auslegung der Gesetze, AöR 119 (1995) S. 1 ff.

2 BVerfGE 1, 263 (264).

3 Vgl. jedoch (von einem weiteren Begriff der Interpretation ausgehend) *Ehmke* (Anm. 1) S. 68 f.

sung – wenn auch in der Interpretation des Gerichts – zum Ausdruck bringen. Obwohl das Gericht befugt ist, diesen Inhalt verbindlich festzulegen, steht es doch nicht über der Verfassung, der es seine Existenz verdankt. Für die Erfüllung der Aufgabe des Gerichts und für das Verfassungsleben im ganzen ist es deshalb wesentlich, wie die Problematik der Verfassungsinterpretation bewältigt wird.

Aufgabe der Interpretation ist es, das verfassungsmäßig „richtige" Ergebnis in einem rationalen und kontrollierbaren Verfahren zu finden, dieses Ergebnis rational und kontrollierbar zu begründen und auf diese Weise Rechtsgewißheit und Voraussehbarkeit zu schaffen – nicht etwa nur, um der Entscheidung willen zu entscheiden.   51

Diese Aufgabe erscheint freilich in der Gegenwart weniger denn je bewältigt. In der Judikatur und in weiten Teilen des Schrifttums haben ein weiterhin unkritisch und inkonsequent praktizierter Positivismus ebenso wie Bemühungen, den Positivismus durch einen unkritischen Rückgriff auf „Werte" zu überwinden, zu wachsender Verunsicherung geführt. Die Kritik, die sich hiergegen wendet[4], ist berechtigt. Soweit sie freilich die Ausbreitung der sog. „geisteswissenschaftlichen Methode" – die mit jenem unkritischen werthierarchischen Denken keineswegs identisch ist – für diese Verunsicherung verantwortlich machen möchte und den Ausweg in einer Rückkehr zu den traditionellen Auslegungsregeln sucht, geht sie an dem komplexen Problem heutiger Verfassungsauslegung vorbei[5].   52

II. Die herkömmlichen Interpretationsregeln

1. Inhalt

Die herkömmliche Interpretationslehre sucht in aller Regel den (objektiven) Willen der Norm oder den (subjektiven) Willen des Normgebers zu ermitteln, indem sie den Wortlaut, die Entstehungsgeschichte, den systematischen Zusammenhang der Norm, die Geschichte der Regelung und den Sinn und Zweck, das „telos", die „ratio" der Norm ins Auge faßt[6]. Dem auf diese Weise ohne Rücksicht auf das zur Entscheidung stehende konkrete Problem festgestellten Inhalt der Norm soll dann der zu regelnde Lebenssachverhalt im Wege des syllogistischen Schlusses subsumiert und auf diese Weise die Entscheidung gefunden werden. Dem Anspruch nach besteht Interpretation – auch Verfassungsinterpretation – also prinzipiell im bloßen Nachvollzug eines präexistenten (objektiven oder subjektiven) Willens, der durch jene Methoden unabhängig von dem zu lösenden Problem mit objektiver Gewißheit ermittelt werden kann.   53

---

4 Insbes. (freilich nicht die Interpretation des Grundgesetzes behandelnd) *W. Weischedel*, Recht und Ethik (1956); *E. Forsthoff*, Die Umbildung des Verfassungsgesetzes, Festschrift für Carl Schmitt (1959) S. 35 ff.; *H. Goerlich*, Wertordnung und Grundgesetz (1973).

5 *A. Hollerbach* , Auflösung der rechtsstaatlichen Verfassung? AöR 85 (1960) S. 241 ff.; *Müller*, Juristische Methodik (Anm. 1) S. 76 ff.

6 Sie geht insoweit über die von *Savigny* formulierten – nach *Forsthoff* (Umbildung [Anm. 4] S. 36; Zur Problematik der Verfassungsauslegung [Anm. 1] S. 39) „klassischen" – Elemente der Gesetzesinterpretation: das grammatische, logische, historische und systematische hinaus; vgl. dazu *Hollerbach* (Anm. 5) S. 258.

54 Auch das Bundesverfassungsgericht hat sich ausdrücklich auf den Boden dieser Lehre gestellt. Es entscheidet sich, wenn auch nicht eindeutig, für die „objektive Theorie" der Interpretation: „Maßgebend für die Auslegung einer Gesetzesvorschrift ist der in dieser zum Ausdruck kommende objektivierte Wille des Gesetzgebers, so wie er sich aus dem Wortlaut der Gesetzesbestimmung und dem Sinnzusammenhang ergibt, in den diese hineingestellt ist. Nicht entscheidend ist dagegen die subjektive Vorstellung der am Gesetzgebungsverfahren beteiligten Organe oder einzelner ihrer Mitglieder über die Bedeutung der Bestimmung. Der Entstehungsgeschichte einer Vorschrift kommt für deren Auslegung nur insofern Bedeutung zu, als sie die Richtigkeit der nach den angegebenen Grundsätzen ermittelten Auslegung bestätigt oder Zweifel behebt, die auf dem angegebenen Weg allein nicht ausgeräumt werden können."[7] Diesem Auslegungsziel dienen nach den Worten des Gerichts „die Auslegung aus dem Wortlaut der Norm (grammatische Auslegung), aus ihrem Zusammenhang (systematische Auslegung), aus ihrem Zweck (teleologische Auslegung) und aus den Gesetzesmaterialien und der Entstehungsgeschichte (historische Auslegung)"[8], wobei diese Auslegungselemente einander stützen und ergänzen, indem z. B. aus dem Sinnzusammenhang oder der Entstehungsgeschichte auf die Wortbedeutung oder den Zweck der Norm geschlossen wird.

2. Fragwürdigkeit

55 Schon erstes näheres Zusehen zeigt indessen die Fragwürdigkeit dieser Lehre.

56 Das *Ziel der Interpretation* kann nur bedingt in der Ermittlung eines in der Verfassung vorgegebenen objektiven oder subjektiven „Willens" bestehen. Ganz abgesehen von der Fragwürdigkeit der Grundlagen dieser These – sie beruht letztlich auf dem in der Pandekten-Wissenschaft des 19. Jahrhunderts ausgebildeten und von der damaligen Staatsrechtswissenschaft übernommenen Willensdogma im Recht, das ein sachgemäßes Verständnis der modernen Verfassung für sich allein nicht mehr ermöglicht –, bedeutet ein solcher Ausgangspunkt nichts anderes als eine Verschleierung der wirklichen Sachlage. Denn in Fällen, für deren Lösung die Verfassung keine eindeutigen Maßstäbe enthält, d. h. aber in allen Fällen der Verfassungsinterpretation, haben die Verfassung oder der Verfassungsgeber in Wahrheit noch nicht entschieden, sondern nur mehr oder weniger zahlreiche unvollständige Anhaltspunkte für die Entscheidung gegeben. Wo nichts Eindeutiges gewollt ist, kann kein wirklicher, sondern allenfalls ein vermuteter oder fiktiver Wille ermittelt werden, und darüber vermögen auch alle Verlegenheitsformeln wie etwa die vom „denkenden Gehorsam" des Interpreten nicht hinwegzuhelfen. Die Ermittlung des vorgegebenen objektiven Willens der Verfassung oder des subjektiven Willens des Verfassungsgebers als „Ziel" der Auslegung betrachten, heißt also, etwas nachvollziehen wollen, was nicht real präexistent ist, und damit die Problematik der Verfassungsinterpretation schon im Ansatz verfehlen. Der Sache nach kann Interpretation immer nur bedingt ein Nachvollziehen und vollends keine Subsumtion sein. Sie muß vielmehr davon ausgehen, daß ihr „Ziel" nicht bereits real existent ist.

---

7 BVerfGE 1, 299 (312), st. Rspr., vgl. noch BVerfGE 62, 1 (45) m. w. Nachw.
8 BVerfGE 11, 126 (130); vgl. auch BVerfGE 35, 263 (278 f.).

Auch die einzelnen *„Methoden" der Interpretation* geben für sich betrachtet keine 57
zureichenden Richtlinien. Der Wortlaut sagt häufig noch nichts Eindeutiges über
die Wortbedeutung und läßt die Frage entstehen, wonach – etwa dem allgemeinen
oder einem speziellen juristischen Sprachgebrauch, der jeweiligen Funktion des
Begriffes[9] – sich diese Bedeutung bestimmt. „Systematische Interpretation" kann
unterschiedlich gehandhabt werden, je nachdem, ob der formale Zusammenhang
der Einordnung der Norm an einer bestimmten Stelle des Gesetzes oder ihr sachlicher Zusammenhang ins Auge gefaßt wird. „Teleologische Interpretation" ist
kaum mehr als ein Blankett, weil mit der Regel, daß nach dem Sinn eines Rechtssatzes zu fragen ist, nichts für die entscheidende Frage gewonnen ist, wie dieser Sinn
zu ermitteln sei. Unklar ist schließlich das Verhältnis der einzelnen Methoden zueinander. Es ist eine offene Frage, welcher von ihnen jeweils zu folgen oder der Vorzug zu geben ist, vollends, wenn sie zu unterschiedlichen Ergebnissen führen.

Die Bedenken, die hier auftreten, müssen sich verstärken angesichts der Tatsache, 58
daß die Praxis verfassungsrechtlicher Interpretation sich von den von ihr selbst
anerkannten Interpretationsregeln oft weit entfernt.

So hat das Bundesverfassungsgericht in einzelnen seiner Entscheidungen den Wortlaut einer Bestimmung als unübersteigbare Grenze der Interpretation angesehen[10]; es läßt anderseits den Wortlaut einer Norm zurücktreten, wenn eine sinnvolle Anwendung des Gesetzes
sie fordert[11] oder wenn dies „einer Wertentscheidung der Verfassung besser entspricht"[12],
und es hat im Kehl-Urteil die Art. 32 und 59 GG „in sinngemäßer Anwendung und Fortbildung der Grundsätze des GG" abweichend von ihrem Wortlaut ausgelegt[13], indem es den
„auswärtigen Staaten" „staatsähnliche Subjekte des Völkerrechts" gleichgestellt hat. Wie
schon die frühe Rechtsprechung zeigt, hat es in Abweichung von seinen eigenen Grundsätzen die Entstehungsgeschichte als entscheidendes, nicht nur Zweifel behebendes Argument verwendet, ohne dies näher zu begründen[14]. Es ist über den Kanon der als maßgeblich
angesehenen Auslegungsmethoden hinausgegangen, indem es z. B. auf weiter zurückliegende Entwicklungen als die unmittelbare Entstehungsgeschichte der Norm zurückgegriffen hat[15]. Es hat schließlich den Boden herkömmlicher Interpretation verlassen, indem es
sachbezogene Grundsätze funktionell- oder materiellrechtlicher Art – etwa die Aufgabenverteilung zwischen gesetzgebender und rechtsprechender Gewalt[16] oder den Grundsatz
der Einheit der Verfassung[17] – als maßgeblich für die Auslegung angesehen und indem es
in der Berücksichtigung von politischen, soziologischen, historischen Zusammenhängen[18]

---

9 So z. B. in der je nach der Funktion des Begriffs unterschiedlichen Interpretation des Begriffs „verfassungsmäßige Ordnung" durch das Bundesverfassungsgericht (BVerfGE 6, 32 [38]).
10 Z. B. BVerfGE 8, 38 (41).
11 BVerfGE 9, 89 (104 f.); 14, 260 (262); 22, 28 (37); 35, 263 (278 f.).
12 BVerfGE 8, 210 (221).
13 BVerfGE 2, 347 (374 f.); vgl. schon BVerfGE 1, 351 (366 f.).
14 Z. B. BVerfGE 2, 266 (276); 4, 299 (304 f.). Vgl. auch BVerfGE 33, 125 (153 f.); *M. Sachs,* Die Entstehungsgeschichte des Grundgesetzes als Mittel der Verfassungsauslegung in der Rechtsprechung des Bundesverfassungsgerichts, DVBl. 1984, 80 f.
15 Z. B. BVerfGE 12, 205 (230 ff.); 61, 149 (175 ff.).
16 Z. B. BVerfGE 4, 219 (233 f.); 1, 97 (100 f.); 2, 213 (224 ff.); 4, 31 (40); 10, 20 (40). – Die hier gezogenen Grenzen freilich unsicher und nicht gleichbleibend: vgl. einerseits BVerfGE 7, 377 (411 f.),
  anderseits BVerfGE 10, 354 (370 f.).
17 Z. B. BVerfGE 3, 225 (231); 28, 243 (261); 34, 165 (183) m. w. Nachw.
18 Z. B. BVerfGE 1, 144 (148 f.); 1, 208 (247 ff.); 7, 58 (95); 3, 288 (301); 5, 85 (129 ff.); 3, 377 (397);
  9, 305 (323 f.). Ähnliches gilt, wenn das Gericht die Möglichkeit des Bedeutungswandels einer
  Norm anerkennt: z. B. BVerfGE 2, 380 (401); 3, 407 (422); 7, 342 (351).

und von Gesichtspunkten der Sachgemäßheit des Ergebnisses[19] dem zu regelnden Sachverhalt Bedeutung für die Inhaltsbestimmung der Norm beigemessen hat; hier hat die Urteilsbildung des Gerichts mit jenen Regeln kaum mehr etwas zu tun[20], und dies gilt vollends für seine jüngere Praxis, in der sorgfältige und tief eindringende Sachverhalts- und Sachbereichsanalysen mit Recht eine entscheidende Rolle spielen.

59 Die „herkömmlichen Auslegungsregeln", zu denen das Bundesverfassungsgericht sich ausdrücklich bekennt, geben damit nur begrenzten Aufschluß über die Art und Weise, in der das Gericht zu seinen Entscheidungen gelangt. Wenn stattdessen eine Fülle unterschiedlicher Gesichtspunkte hervortritt und feste Grundsätze der Verwendung dieser Gesichtspunkte sich nur bedingt erkennen lassen, so liegen die Gründe dafür nicht in mangelnder juristischer Korrektheit – so sehr auch Entscheidungen des Bundesverfassungsgerichts kritikwürdig sein können –, sondern im häufigen Versagen jener Regeln. Die Beschränkung auf die „herkömmlichen Auslegungsregeln" verkennt das Ziel der Verfassungsinterpretation; sie läßt die innere Struktur und die Bedingtheiten des Interpretationsvorgangs weithin außer Betracht und kann daher die Aufgabe richtiger Interpretation nach festen Grundsätzen auch nur bedingt bewältigen. Wenn die Praxis jenen Regeln gegenüber eine Hinwendung zu sach- und problemgebundener Auslegung vollzieht, so ist das kein Zufall, sondern Ausdruck und Folge eben dieser Sachlage. Um so notwendiger ist es freilich, sich Rechenschaft über das eigene Tun zu geben, nicht ein Verfahren der Urteilsbildung zu postulieren, das sich nicht einhalten läßt, sondern den *wirklichen* Bedingungen, Möglichkeiten und Grenzen der Verfassungsinterpretation nachzugehen.

III. Verfassungsinterpretation als Konkretisierung

60 Verfassungsinterpretation ist Konkretisierung. Gerade das, was als Inhalt der Verfassung noch nicht eindeutig ist, soll unter Einbeziehung der zu ordnenden „Wirklichkeit" (oben Rdn. 45 f.) bestimmt werden. Insofern trägt juristische Interpretation schöpferischen Charakter: der Inhalt der interpretierten Norm vollendet sich erst in der Auslegung[21]; freilich trägt sie auch nur insofern schöpferischen Charakter: das auslegende Tun bleibt an die Norm gebunden[22].

---

19 Z. B. BVerfGE 1, 264 (275); 4, 322 (328 f.); 6, 309 (352); 12, 45 (56).
20 Vgl. auch etwa BVerfGE 3, 58 ff. (85 ff.) – die zur Entscheidung stehende Frage einer Grundrechtsverletzung wird erst S. 135 ff. erörtert –; BVerfGE 6, 32 (35 f.); 6, 309 (339 f.). Verlassen ist der Boden einer Interpretation der einschlägigen Bestimmungen des Grundgesetzes z. B. in BVerfGE 25, 352 (358 ff.). Vgl. auch die kritische Würdigung *F. Müllers*, Juristische Methodik (Anm. 1) S. 34 ff., 61.
21 Hier liegt bei aller Unterschiedlichkeit der Fragestellungen und Arbeitsweisen der modernen geisteswissenschaftlichen und der speziell juristischen Hermeneutik das beiden Gemeinsame. Vgl. *H. G. Gadamer*, Wahrheit und Methode (2. Aufl. 1965) S. 307, 312 f., 315. Zum produktiven Charakter juristischer Interpretation allgemein: *J. Esser*, Grundsatz und Norm in der richterlichen Fortbildung des Privatrechts (2. Aufl. 1964) S. 250 ff.
22 Zum Folgenden kritisch: *Böckenförde* (Anm. 1) S. 2095 f., 2097 f.

1. Bedingungen der Verfassungsinterpretation

Konkretisierung setzt ein „Verstehen" des Inhalts der zu konkretisierenden Norm **61**
voraus. Dieses läßt sich nicht von dem „Vorverständnis" des Interpreten und von
dem jeweils zu lösenden konkreten Problem ablösen.

a) Der Interpret kann den Inhalt der Norm nicht von einem außerhalb des ge- **62**
schichtlichen Seins liegenden, gleichsam archimedischen Punkt aus erfassen, sondern nur aus der konkreten geschichtlichen Situation heraus, in der er sich befindet, deren Gewordenheit seine Denkinhalte geprägt hat und sein Wissen und seine
Vor-Urteile bestimmt. Er versteht den Inhalt der Norm von einem *Vor-Verständnis*
her, das es ihm erst möglich macht, mit gewissen Erwartungen auf die Norm zu sehen, sich einen Sinn des Ganzen vorauszuwerfen und zu einem Vorentwurf zu gelangen, der dann im tieferen Eindringen der Bewährung, Korrektur und Revision
bedarf, bis sich als Ergebnis ständiger Annäherung der jeweils revidierten Entwürfe an die „Sache" die Einheit des Sinns eindeutig festlegt[23].

Wegen dieser Vor-Urteilshaftigkeit allen Verstehens kommt es darauf an, die Anti- **63**
zipationen des Vor-Verständnisses nicht einfach zu vollziehen, sondern sie selber
bewußt zu machen und zu begründen, um so dem Grundgebot aller Auslegung zu
entsprechen: sich gegen die Willkür von Einfällen und die Beschränktheit unmerk-
licher Denkgewohnheiten abzuschirmen und den Blick „auf die Sachen selber" zu
richten. Die damit sich stellende Aufgabe der Begründung des Vor-Verständnisses
ist vor allem eine Aufgabe der Verfassungstheorie, die ihrerseits keine beliebige
ist, wenn sie im Blick auf die konkrete Verfassungsordnung gewonnen und in fort-
währendem Geben und Nehmen durch die konkrete Fallpraxis bestätigt und korrigiert wird.

b) Nur gedanklich, nicht im realen Vorgang von dieser Bedingung der Verfas- **64**
sungsinterpretation unterscheidbar ist die zweite: „Verstehen" und damit Konkretisierung ist nur im Blick auf ein *konkretes Problem* möglich. Der Interpret muß
die Norm, die er verstehen will, auf dieses Problem beziehen, wenn er ihren hic et
nunc maßgeblichen Inhalt bestimmen will. Diese Bestimmung und die „Anwendung" der Norm auf den konkreten Fall sind ein einheitlicher Vorgang, nicht nachträgliche Anwendung von etwas Gegebenem, Allgemeinem, das zunächst in sich
verstanden wird, auf einen Sachverhalt. Es gibt keine von konkreten Problemen
unabhängige Verfassungsinterpretation.

Auch die Erfassung des Problems setzt dabei ein „Verstehen" voraus; sie ist dar- **65**
um gleichfalls von dem Vor-Verständnis des Interpreten abhängig, das seinerseits
der verfassungstheoretischen Begründung bedarf. Verfassungstheorie wird damit
zur Bedingung sowohl des Norm- wie des Problemverständnisses.

---

23 Hierzu (und zum folgenden) *Gadamer* (Anm. 21) S. 250 ff.; *Müller* (Anm. 1) Normstruktur und
Normativität, S. 49 ff.; Juristische Methodik, bes. S. 25, 163 ff., 218, 241 f.

2. Das Verfahren der Konkretisierung von Verfassungsnormen

66 Die Bindung der Interpretation an die zu konkretisierende Norm, an das Vor-Verständnis des Interpreten und an das jeweils zu lösende konkrete Problem bedeutet negativ, daß es keine selbständige, von diesen Faktoren gelöste Interpretationsmethode geben kann, positiv, daß das Verfahren der Konkretisierung von dem Gegenstand der Interpretation, der Verfassung, und dem jeweiligen Problem bestimmt sein muß.

67 Wenn die Verfassung wie gezeigt kein abgeschlossenes und einheitliches – logisch-axiomatisches oder werthierarchisches – System enthält und die Interpretation ihrer Normen nicht nur im Nachvollziehen von etwas Vorgegebenem bestehen kann, so erfordert sie ein Verfahren der Konkretisierung, das diesem Tatbestand entspricht: in normativ gelenktem und begrenztem, d. h. aber normativ gebundenem[24] „topischem" Vorgehen müssen leitende Gesichtspunkte gefunden und erwiesen werden, die im Wege der inventio aufgesucht, im Für und Wider des Meinungsmäßigen gebraucht werden und die Entscheidung möglichst einleuchtend und überzeugend begründen (topoi). Enthalten diese Gesichtspunkte sachlich passende und ergiebige Prämissen, so ermöglichen sie Folgerungen, die zur Lösung des Problems führen oder doch beitragen. Dabei steht es nicht im Belieben des Interpreten, welche topoi er aus der Vielzahl der möglichen Gesichtspunkte heranziehen will. Er darf einerseits nur solche Gesichtspunkte zur Konkretisierung verwenden, die problembezogen sind; die Bestimmung durch das Problem schließt sachfremde topoi aus. Anderseits ist er auf die Erfassung dessen gewiesen, was die zu konkretisierende Verfassungsnorm in ihrem „Normprogramm" und ihrem „Normbereich" (oben Rdn. 46) an Konkretisierungselementen liefert und was die Verfassung an Direktiven für die Verwendbarkeit, Zuordnung und Bewertung dieser Elemente bei der Problemlösung enthält.

68 a) Da das *„Normprogramm"* im wesentlichen im Text der zu konkretisierenden Norm enthalten ist, ist es in seiner für die Problemlösung maßgeblichen Bedeutung im Wege der Textinterpretation zu erfassen. In diesem Zusammenhang gewinnen die herkömmlichen Auslegungs-,,Methoden" ihren Stellenwert: Wort-, historische, genetische und systematische Interpretation ermöglichen die Herausarbeitung von Konkretisierungselementen, wobei namentlich die historischen, genetischen und systematischen Gesichtspunkte helfen können, mögliche Sinnvarianten in dem vom Wortlaut abgesteckten Spielraum zu präzisieren[25]; der „teleologische" Gesichtspunkt vermag zwar eine wesentliche Fragerichtung anzuzeigen, doch ermöglicht er für sich allein keine ausreichende Antwort, weil „Sinn und Zweck" der Vorschrift nur insoweit einwandfrei festzulegen sind, als sie mit Hilfe der anderen Elemente belegt werden können[26]. Erleichtert wird diese Arbeit in der Regel durch Vorentscheidun-

---

24 Darin liegt der wesentliche Unterschied gegenüber „reiner" Topik (vgl. auch unten 3.). Zu dieser: *Th. Viehweg*, Topik und Jurisprudenz (5. Aufl. 1974); *R. Bäumlin*, Staat, Recht und Geschichte (1961) S. 27 f.; *W. Hennis*, Politik und praktische Philosophie (1963) S. 89 ff.; *Müller* (Anm. 1) Normstruktur und Normativität, S. 56 ff.; *ders.*, Juristische Methodik, S. 92 ff.; *Kriele* (Anm. 1) S. 114 ff.; *G. Otte*, Zwanzig Jahre Topik-Diskussion: Ertrag und Aufgabe, Rechtstheorie 1 (1970) S. 183 ff.

25 *Müller*, Juristische Methodik (Anm. 1) S. 207.

26 *Müller*, Juristische Methodik (Anm. 1) S. 208.

gen gleichgelagerter Fälle und im Zusammenhang damit durch die Dogmatik des Verfassungsrechts. Beide geben einen mehr oder minder sicheren, normativ freilich nicht bindenden Anhalt dafür, was als „richtiges" Textverständnis anerkannt ist.

b) Regelmäßig ermöglicht die bloße Textinterpretation noch keine hinreichend genaue Konkretisierung. Hier ist die problembezogene Herausarbeitung von Gesichtspunkten des *„Normbereichs"* unverzichtbar: da es den Normen der Verfassung um die zu ordnende Wirklichkeit konkreter Lebenssachverhalte geht, gilt es, diese in der vom Normprogramm bestimmten Fragestellung in ihrer sachlichen, oft auch in ihrer rechtlich geformten Gestalt und Eigenart zu erfassen (vgl. die Beispiele Rdn. 45). Dieses Vorgehen liefert nicht nur zusätzliche Elemente näherer Konkretisierung sowie rationaler und kontrollierbarer Begründung[27], sondern es verbürgt auch (innerhalb der Grenzen von Verfassungsinterpretation, vgl. unten 3.) zu einem wesentlichen Teil *sachgemäße* Problemlösung; es bedeutet also das Gegenteil eines den Juristen häufig zum Vorwurf gemachten einseitigen und blinden „Normativismus". Im besonderen ermöglicht es schließlich in den häufigen Fällen, in denen es auf das Verhältnis mehrerer Normen ankommt (etwa bei der Begrenzung von Grundrechten) eine Lösung auf der Grundlage *sachlicher Zuordnung* der jeweiligen Lebensverhältnisse oder -bereiche und eine Darlegung der Sachgesichtspunkte, die diese Zuordnung tragen; insofern trägt es systematischen Charakter, der über den systematischen Gesichtspunkt bei der Auslegung der Normtexte hinausreicht, freilich eng mit diesem zusammengehört.

c) Leitende und begrenzende Bedeutung für die Heranziehung, Zuordnung und Bewertung der so zu erarbeitenden Gesichtspunkte der Problemlösung kommt den *Prinzipien der Verfassungsinterpretation* zu.

aa) Hierher gehört zunächst das Prinzip der *Einheit der Verfassung.* Der Zusammenhang und die Interdependenz der einzelnen Elemente der Verfassung (oben Rdn. 20) begründen die Notwendigkeit, nie nur auf die einzelne Norm, sondern immer auch auf den Gesamtzusammenhang zu sehen, in den sie zu stellen ist; alle Verfassungsnormen sind so zu interpretieren, daß Widersprüche zu anderen Verfassungsnormen vermieden werden. Nur eine solche Problemlösung entpricht diesem Grundsatz, die sich im Einklang mit den Grundentscheidungen der Verfassung und frei von einseitiger Beschränkung auf Teilaspekte hält[28].

Das gleiche gilt für die in europäischem und internationalem Recht gewährleisteten Menschenrechte, deren Entwicklung und wachsende Bedeutung dazu geführt hat, daß Grundrechte heute nicht mehr nur eine Angelegenheit des nationalen Verfassungsrechts sind. Soweit diese Rechte, wie vor allem die Grundrechte der Europäischen Menschenrechtskonvention und die Grundrechte der EG, auch in der Bundesrepublik geltendes Recht sind, müssen sie bei der Auslegung der Grundrechte des GG berücksichtigt werden (vgl. unten Rdn. 278). Über dieses Zusammenwachsen hinaus macht die Entwicklung der Gegenwart bei der Lösung verfassungsrechtlicher Probleme allgemein und in zunehmendem Maße *Rechtsvergleichung* erforderlich, die mit Recht als unentbehrlicher Bestandteil moderner Verfassungsinterpretation bezeichnet worden ist[29].

69

70

71

---

27 *Müller*, Juristische Methodik (Anm. 1) S. 147 ff., 277 ff. Zu der Bedeutung, die dabei einer Folgeanalyse zukommt, ebd. S. 245.

28 Hierzu ausführlich *Ehmke* (Anm. 1) S. 77 ff.

29 *P. Häberle*, Textstufen als Entwicklungswege des Verfassungsstaates, in: *ders.*, Rechtsvergleichung im Kraftfeld des Verfassungsstaates (1992) S. 3 ff. – Rechtsvergleichung als „fünfte" Auslegungsmethode, S. 36 ff.; *ders.*, Das Konzept der Grundrechte, in: *ders.*, Europäische Rechtskultur (1994) S. 306 f.

72 bb) In engem Zusammenhang damit steht das Prinzip *praktischer Konkordanz*[30]: verfassungsrechtlich geschützte Rechtsgüter müssen in der Problemlösung einander so zugeordnet werden, daß jedes von ihnen Wirklichkeit gewinnt. Wo Kollisionen entstehen, darf nicht in vorschneller „Güterabwägung" oder gar abstrakter „Wertabwägung" eines auf Kosten des anderen realisiert werden[31]. Vielmehr stellt das Prinzip der Einheit der Verfassung die Aufgabe einer Optimierung: *beiden* Gütern müssen Grenzen gezogen werden, damit beide zu optimaler Wirksamkeit gelangen können. Die Grenzziehungen müssen daher im jeweiligen konkreten Falle verhältnismäßig sein; sie dürfen nicht weiter gehen als es notwendig ist, um die Konkordanz beider Rechtsgüter herzustellen. „Verhältnismäßigkeit"[32] bezeichnet in diesem Zusammenhang eine Relation zweier variabler Größen, und zwar diejenige, die jener Optimierungsaufgabe am besten gerecht wird, nicht eine Relation zwischen einem konstanten „Zweck" und einem oder mehreren variablen „Mitteln". Sie wird deutlich etwa an der (mißverständlich so bezeichneten) „Wechselwirkung" von Meinungsfreiheit und begrenzendem allgemeinen Gesetz in Art. 5 GG[33]: es geht um praktische Konkordanz durch „verhältnismäßige" Zuordnung der Meinungsfreiheit einer-, der durch „allgemeine Gesetze" geschützten Rechtsgüter anderseits. Darüber, was im einzelnen Fall verhältnismäßig *ist*, sagt das Prinzip nichts; es weist jedoch als in der Verfassung enthaltene und darum verbindliche Direktive die Richtung und es bestimmt das Verfahren, in denen eine verfassungsmäßige Lösung allein gesucht werden darf. – „Güterabwägung" entbehrt für ihre Wertungen einer solchen Direktive; ihr fehlt nicht nur der stützende Halt, sondern sie gerät auch stets in die Gefahr, die Einheit der Verfassung preiszugeben. Gleiches gilt, wenn das Verhältnis von verfassungsrechtlichen Freiheitsgewährungen und -beschränkungen im Sinne einer *Ausgangsvermutung zugunsten der Freiheit* (in dubio pro libertate) bestimmt wird, weshalb es nicht möglich ist, in dieser Vermutung ein Prinzip der Verfassungsinterpretation zu erblicken[34].

73 cc) Ein Prinzip der Verfassungsinterpretation ist der Maßstab *funktioneller Richtigkeit*. Wenn die Verfassung die jeweilige Aufgabe und das Zusammenwirken der Träger staatlicher Funktionen in einer bestimmten Weise ordnet, so hat das auslegende Organ sich im Rahmen der ihm zugewiesenen Funktionen zu halten; es darf nicht durch die Art und Weise und das Ergebnis seiner Interpretation die Verteilung der Funktionen verschieben[35]. Im besonderen gilt dies für das Verhältnis von Gesetzgeber und Verfassungsgericht: da dem Verfassungsgericht gegenüber dem Gesetzgeber nur eine kontrollierende Funktion zukommt, ist ihm eine Interpretation versagt, die zu einer Einengung der Gestaltungsfreiheit des Gesetzgebers über die durch die Verfassung gezogenen Grenzen hinaus oder zu einer Gestaltung durch das Gericht selbst führen würde (unten Rdn. 570).

---

30 Als Auslegungsprinzip der „Harmonisierung" hervorgehoben von *U. Scheuner*, VVDStRL 20 (1963) S. 125; vgl. auch *dens.*, VVDStRL 22 (1965) S. 53 und *P. Lerche*, Übermaß und Verfassungsrecht (1961) bes. S. 125 ff., der den „Gedanken des nach beiden Seiten hin schonendsten Ausgleichs" hervorhebt. Näher dazu *ders.*, Grundrechtsschranken, HdBStR, § 122 Rdn. 3 ff.; *Müller*, Juristische Methodik (Anm. 1) S. 221 f.

31 Vollends ist es unzulässig, verfassungsmäßig *nicht* geschützten „höheren Gemeinschaftsgütern" – die sich beliebig behaupten lassen – den Vorrang zu geben und damit nicht nur die Einheit der Verfassung, sondern auch die Verfassung schlechthin zu überspielen. – Sofern die Wertungen einer Güterabwägung „allein von der Verfassungsebene aus" bestimmt werden (*P. Häberle*, Die Wesensgehaltgarantie des Art. 19 Abs. 2 Grundgesetz [3. Aufl. 1983] S. 32), kommt ein so verstandenes Güterabwägungsprinzip dem Prinzip praktischer Konkordanz nahe. Zum Prinzip der Güterabwägung eingehend: *Müller*, Normstruktur und Normativität (Anm. 1) S. 207 ff.; Juristische Methodik S. 64 ff.

32 Zum Begriff vgl. *Lerche* (Anm. 30) S. 19 ff.

33 BVerfGE 7, 198 (208 f.). Vgl. auch unten Rdn. 317 ff.

34 Z. B. *P. Schneider*, In dubio pro libertate, in: Hundert Jahre deutsches Rechtsleben, Festschrift zum hundertjährigen Bestehen des Deutschen Juristentages II (1960) S. 263 ff.

35 Hierzu ausführlich *Ehmke* (Anm. 1) S. 73 ff. Vgl. auch unten IV 2.

dd) Ein Prinzip der Bewertung der Relevanz der erarbeiteten Gesichtspunkte ist der Maß- 74
stab *integrierender Wirkung*: wenn es der Verfassung um die Herstellung und Erhaltung politischer Einheit geht, dann bedeutet das die Notwendigkeit, bei der Lösung verfassungsrechtlicher Probleme denjenigen Gesichtspunkten den Vorzug zu geben, die einheitsstiftend und -erhaltend wirken. Freilich kann dieser aufgegebene Erfolg dann nicht maßgeblich sein, wenn er nur „in nicht genau verfassungsmäßigen Bahnen" erreicht werden könnte[36], weil damit die Grenze der Verfassungsinterpretation überschritten würde (vgl. unten 3).

ee) Ein Maßstab der Verfassungsinterpretation, der allerdings in dem oben Gesagten be- 75
reits weitgehend enthalten ist[37], ist endlich die *normative Kraft der Verfassung* (vgl. oben Rdn. 42 ff.). Da die Verfassung aktualisiert werden will, die geschichtlichen Möglichkeiten und Bedingungen dieser Aktualisierung sich aber wandeln, ist bei der Lösung verfassungsrechtlicher Probleme denjenigen Gesichtspunkten der Vorzug zu geben, die unter den jeweiligen Voraussetzungen den Normen der Verfassung zu optimaler Wirkungskraft verhelfen.

Ein in dieser Weise der Eigenart der Verfassung entsprechendes problembezoge- 76
nes, normativ geleitetes und begrenztes topisches Vorgehen, das sich der Bedeutung des „Vorverständnisses" bewußt ist, wird am ehesten zu tragfähigen, rational begründbaren und kontrollierbaren Ergebnissen gelangen. Gewiß läßt sich juristische Entscheidung gerade auch im Verfassungsrecht nicht bis zum letzten rationalisieren; aber das kann nur bedeuten, daß es auf die *mögliche* Rationalität ankommt, nicht, daß reflektierte Methodik überhaupt entbehrlich wäre. Die „Richtigkeit" der Ergebnisse, die in dem dargelegten Verfahren der Konkretisierung von Verfassungsnormen gewonnen werden, ist darum keine solche einer exakten Beweisbarkeit wie der naturwissenschaftlichen; diese kann im Bereich juristischer Interpretation niemals mehr als eine Fiktion und Lebenslüge der Juristen bleiben, hinter der sich unausgesprochen und unkontrollierbar die wahren Gründe der Entscheidung oder auch nur schweigende Dezision verbergen. Gegenüber dem Anspruch absoluter Richtigkeit, die sich nicht erweisen läßt und oft die ratio decidendi nicht einmal offenlegt, erscheint mit einer relativen Richtigkeit, die die Begrenztheit ihres Anspruchs eingesteht, die aber in dieser Begrenztheit einsichtig, überzeugend und wenigstens zu einem gewissen Grade voraussehbar gemacht werden kann, manches gewonnen, und zwar nicht nur ein Stück juristischer Redlichkeit, sondern auch – begrenzte – Rechtsgewißheit.

3. Grenzen der Verfassungsinterpretation

Interpretation ist an etwas Gesetztes gebunden[38]. Deshalb liegen die Grenzen der 77
Verfassungsinterpretation dort, wo keine verbindliche Setzung der Verfassung vorhanden ist, wo die Möglichkeiten eines sinnvollen Verständnisses des Normtextes enden oder wo eine Lösung in eindeutigen Widerspruch zum Normtext treten würde. Verbindliche Setzungen können dabei auch in ungeschriebenem Verfassungsrecht enthalten sein. Da indessen ungeschriebenes Recht mit der constitutio scrip-

---

36 So aber *R. Smend*, Verfassung und Verfassungsrecht, Staatsrechtl. Abhandlungen (2. Aufl. 1968) S. 190.
37 *Müller*, Juristische Methodik (Anm. 1) S. 222 f.
38 *Gadamer* (Anm. 21) S. 312.

ta nicht in Widerspruch treten darf (vgl. oben Rdn. 34), ist diese eine unübersteigbare Grenze der Verfassungsinterpretation[39]. Diese Grenze ist Voraussetzung der rationalisierenden, stabilisierenden und machtbegrenzenden Funktion der Verfassung (vgl. oben Rdn. 31). Sie schließt die Möglichkeit eines Verfassungswandels durch Interpretation ein; sie schließt eine Verfassungsdurchbrechung – die Abweichung vom Text im Einzelfalle – und eine Verfassungsänderung durch Interpretation aus. Wo der Interpret sich über die Verfassung hinwegsetzt, interpretiert er nicht mehr, sondern er ändert oder durchbricht die Verfassung. Beides ist ihm durch das geltende Recht verwehrt. Auch wenn ein Problem sich daher durch Konkretisierung nicht angemessen lösen läßt, hat der Richter, der an die Verfassung gebunden ist, keine freie Wahl der topoi[40].

78 Es ist diese Sachlage, die das „Problemdenken" im Verfassungsrecht limitiert. Dieses nimmt seinen Ausgang vom Primat des Problems[41], kann daher den Text des Rechtssatzes nur im Rahmen grundsätzlich austauschbarer topoi sehen und bei der Problemlösung gegebenenfalls von ihm absehen, womit dann die Grenzen der Interpretation überschritten sind. Für die vom Primat des Textes ausgehende Verfassungsinterpretation ist der Text unübersteigbare Grenze ihres Tuns. Die Breite der Verständnismöglichkeiten des Textes steckt das Feld ihrer topischen Möglichkeiten ab. Topik kann also im Rahmen der Verfassungsinterpretation nur eine begrenzte Rolle spielen; dies um so mehr, als Verfassungsrecht als die Gesamtordnung begründendes und auf Zusammenordnung angelegtes Recht nicht punktuell, vom Einzelproblem her, verstanden werden darf, wie dies im Privatrecht, dem die moderne juristische Interpretationslehre die Rückbesinnung auf die Topik verdankt, möglich sein mag.

IV. Verfassungskonforme Auslegung

79 In der neueren verfassungsrechtlichen Entwicklung ist zunehmend ein Interpretationsprinzip hervorgetreten, das zwar das Bestehen einer Verfassungsgerichtsbarkeit nicht voraussetzt, seine Ausbildung und praktische Ausgestaltung aber dem Ausbau der Verfassungsgerichtsbarkeit im Grundgesetz verdankt: der Grundsatz der verfassungskonformen Auslegung[42]. In der Judikatur des Bundesverfassungsgerichts hat dieser Grundsatz steigende Bedeutung gewonnen; obwohl in seiner Tragweite noch nicht voll geklärt, gehört er zum Bestand ständiger Rechtsprechung des Gerichts.

---

39 Vgl. auch *Müller* (Anm. 1) Normstruktur und Normativität, S. 160 f.; *ders.,* Juristische Methodik, S. 97 ff., 182 ff., 292 f.; *ders.,* Juristische Methodik und politisches System (1976) S. 78; demgegenüber *Bryde* (Anm. 1) S. 267 ff.

40 So aber offenbar *Ehmke* (Anm. 1) S. 60, nach dem sich das Gericht über den Wortlaut der Verfassung hinwegsetzen kann, wenn er keinen Ansatz für eine sinnvolle Problemlösung bietet.

41 Etwa *Viehweg* (Anm. 24) S. 31 f. und passim.

42 Hierzu näher: *Müller* (Anm. 1) Juristische Methodik S. 85 ff.; *H. Spanner,* Die verfassungskonforme Auslegung in der Rechtsprechung des Bundesverfassungsgerichts, AöR 91 (1966) S. 503 ff.; *H. Bogs,* Die verfassungskonforme Auslegung von Gesetzen (1966); *H. Simon,* Die verfassungskonforme Gesetzesauslegung, EuGRZ 74, 85 ff.; *R. Zippelius,* Verfassungskonforme Auslegung von Gesetzen, in: Bundesverfassungsgericht und Grundgesetz II (1976) S. 108 ff. m. w. N. S. 109; *K. A. Bettermann,* Die verfassungskonforme Auslegung, Grenzen und Gefahren (1986).

1. Inhalt und materiellrechtliche Grundlagen

Nach dem Grundsatz ist ein Gesetz nicht für nichtig zu erklären, wenn es im Ein- **80**
klang mit der Verfassung ausgelegt werden kann[43]. Dieser „Einklang" ist nicht
nur dann vorhanden, wenn das Gesetz ohne die Heranziehung verfassungsrechtlicher Gesichtspunkte eine Auslegung zuläßt, die mit der Verfassung vereinbar ist;
er kann auch dadurch hergestellt werden, daß ein mehrdeutiger oder unbestimmter Inhalt des Gesetzes durch Inhalte der Verfassung bestimmt wird[44]. Im Rahmen
verfassungskonformer Auslegung sind Verfassungsnormen also nicht nur „Prü-
fungsnormen", sondern auch „Sachnormen" zur Inhaltsbestimmung einfacher Gesetze. Dagegen ist verfassungskonforme Auslegung nicht gegen „Wortlaut und
Sinn"[45] oder gegen „das gesetzgeberische Ziel"[46] möglich[47]. Der subjektive Wille des Gesetzgebers soll dabei nicht entscheidend sein; es kommt vielmehr darauf
an, das Maximum dessen aufrechtzuerhalten, was er gewollt hat[48]. In keinem Fall
darf ein Gesetz für nichtig erklärt werden, wenn die Verfassungswidrigkeit nicht
evident ist, sondern nur Bedenken bestehen, mögen diese auch noch so ernst
sein[49].

Der Gedanke, den der Grundsatz verfassungskonformer Auslegung zur Geltung **81**
bringt, ist nur bedingt der der „Beachtung der grundgesetzlichen Wertordnung"[50]
bei der Interpretation einfacher Gesetze. Der Grundsatz findet seine Wurzel vielmehr in dem Prinzip der *Einheit der Rechtsordnung*: um dieser Einheit willen müssen Gesetze, die unter der Geltung des Grundgesetzes erlassen worden sind, im
Einklang mit der Verfassung ausgelegt und muß aus früherer Zeit fortgeltendes
Recht der neuen Verfassungslage angepaßt werden. Sofern der Richter hierüber
entscheidet, hat er die Konkretisierung der Verfassung durch den Gesetzgeber an
Hand einer eigenen Konkretisierung der Verfassung und des Gesetzes zu überprüfen.

2. Funktionellrechtliche Grenzen

Wegen dieser Lage ist verfassungskonforme Auslegung von wesentlicher funktio- **82**
nellrechtlicher Bedeutung. Es bedarf einer Zuordnung der Funktionen der an dem
Konkretisierungsvorgang beteiligten Organe, die der materiellrechtlichen Aufga-

---

43 BVerfGE 2, 266 (282); st. Rspr., vgl. etwa noch BVerfGE 48, 40 (45 f.); 64, 229 (241 f.); 88, 145
(166 f.); 90, 263 (274 f.), jeweils m. w. Nachw. Problematisch die Ausdehnung auf die Auslegung
verfassungsändernder Gesetze: BVerfGE 30, 1 (17 ff., 34). Vgl. dazu *P. Häberle*, Die Abhörentscheidung des Bundesverfassungsgerichts vom 15. 12. 1970, JZ 1971, 145 (148 f.).
44 Z. B. BVerfGE 11, 168 (190); 41, 65 (86); 59, 336 (350 ff.).
45 Z. B. BVerfGE 2, 380 (398); 18, 97 (111); ferner etwa BVerfGE 63, 131 (147 f.); vgl. aber BVerfGE
30, 83 (88).
46 Z. B. BVerfGE 8, 28 (34); ferner etwa BVerfGE 70, 35 (63 f.) m. w. Nachw. – abw. Meinung.
47 Deshalb verfassungskonforme Auslegung z. B. abgelehnt in BVerfGE 8, 28 (34 f.); 8, 71 (78 f.); 9,
83 (87); 20, 150 (160 f.); 34, 165 (199 f.); 42, 176 (189 f.).
48 Z. B. BVerfGE 8, 28 (34); 9, 194 (200); 12, 45 (61).
49 Z. B. BVerfGE 9, 167 (174); 12, 281 (296).
50 Z. B. BVerfGE 13, 46 (51); 19, 1 (8).

be entspricht. Dies gilt für das Verhältnis von Verfassungsgerichtsbarkeit und Gesetzgebung einer-, für das von Verfassungsgerichtsbarkeit und übrigen Gerichtsbarkeiten anderseits.

83 a) Im Verhältnis von *Verfassungsgerichtsbarkeit und Gesetzgebung* stellt sich die Frage, wer in erster Linie zur Konkretisierung der Verfassung berufen ist. Wenn es verfassungskonformer Auslegung darum geht, die Gültigkeit des Gesetzes nach Möglichkeit aufrechtzuerhalten, so erweist sich der Grundsatz funktionellrechtlich als ein Prinzip richterlicher Zurückhaltung gegenüber dem Gesetzgeber und als ein Prinzip des Vorrangs des Gesetzgebers bei der Konkretisierung der Verfassung[51]. Der demokratische Gesetzgeber hat die Vermutung der Verfassungsmäßigkeit seines Wollens und Handelns für sich; ihm ist die rechtliche Gestaltung der Lebensverhältnisse in erster Linie aufgetragen. Dem Verfassungsgericht ist es verwehrt, dem Gesetzgeber diesen Vorrang streitig zu machen und damit eine Verschiebung verfassungsrechtlich zugewiesener Funktionen herbeizuführen. Allerdings ist der Vorrang des demokratischen Gesetzgebers mit dem Preis einer Umdeutung des Gesetzesinhalts durch das Verfassungsgericht erkauft; er kann wertlos werden, wenn der Preis zu hoch wird, wenn der Inhalt, den das Gericht dem Gesetz in verfassungskonformer Auslegung gibt, nicht mehr ein minus, sondern ein aliud gegenüber dem ursprünglichen Gesetzesinhalt enthält. In diesem Falle greift das Gericht sogar stärker in die Befugnisse des Gesetzgebers ein als bei einer Nichtigerklärung, weil es selbst positiv inhaltlich gestaltet, während die neue Gestaltung bei der Nichtigerklärung Sache des Gesetzgebers bleibt[52]. Je mehr das Gericht den Gesetzgeber korrigiert, desto mehr nähert es sich auch den funktionellrechtlichen Grenzen verfassungskonformer Auslegung, die freilich schwer mit voller Schärfe gezogen werden können[53].

84 b) Im Verhältnis der *Verfassungsgerichtsbarkeit zu den übrigen Gerichtsbarkeiten* stellt sich die Frage, wer in erster Linie zur Konkretisierung der Gesetze berufen ist. Auch hier ist eine scharfe Scheidung nicht möglich: mit der Einrichtung der Gerichtsbarkeiten der Art. 95 und 96 GG weist das Grundgesetz die Interpretation einfacher Gesetze zwar prinzipell den Gerichten jener Gerichtsbarkeiten zu; aber es schließt das Bundesverfassungsgericht nicht schlechthin von jeder Interpretation einfacher Gesetze aus, weil die zu dessen Zuständigkeit gehörende Normenkontrolle (Art. 93 Abs. 1 Nr. 2, 100 Abs. 1 GG) eine solche Interpretation voraussetzt. Wenn das Verfassungsgericht sich hier über die Interpretation des Gesetzes durch die übrigen Gerichtsbarkeiten hinwegsetzt[54], so scheint dies im Interesse der „Normerhaltung" (oben a) gerechtfertigt. Aber es bleibt die Frage, wie weit

---

51 Vgl. auch *Ehmke* (Anm. 1) S. 68 f.

52 Ausnahmen mögen hier gelten, wenn nur *eine* Regelung denkbar ist, die den Geboten der Verfassung Rechnung trägt; z. B. BVerfGE 2, 336 (340 f.).

53 Sie sind eindeutig überschritten in BVerfGE 9, 194 (199 f.). Vgl. auch BVerfGE 33, 52 (65 ff., insbes. 69 sowie die abw. Meinung ebd. S. 78, 80 ff.); 35, 263 (278 ff.).

54 Das Bundesverfassungsgericht nimmt in ständiger Rechtsprechung die Befugnis zur Interpretation einfacher Gesetze unter dem Aspekt ihrer Verfassungsmäßigkeit in Anspruch. Vgl. z. B. BVerfGE 10, 340 (345) m. w. Nachw.

dieser Vorrang der verfassungsgerichtlichen Interpretation gehen kann, ohne das Verfassungsgericht, das als ein besonderes Gericht der Verfassungsgerichtsbarkeit konstituiert ist, zu einem obersten Zivil-, Straf- und Verwaltungsgericht zu machen[55].

3. Auswirkungen für die Verfassungsinterpretation: gesetzeskonforme Auslegung der Verfassung

„Verfassungskonforme Auslegung" stellt nicht nur die Frage nach dem Inhalt des **85** zu prüfenden Gesetzes, sondern auch die Frage nach dem Inhalt der Verfassung, an dem das Gesetz gemessen werden soll. Sie erfordert daher sowohl Gesetzes- wie Verfassungsinterpretation. Da der materiell- wie der funktionellrechtliche Zusammenhang in die Richtung einer Aufrechterhaltung des Gesetzes weist, wird verfassungskonforme Auslegung die zu interpretierende Verfassungsnorm nach Möglichkeit in dem Sinne auslegen, in dem der Gesetzgeber sie konkretisiert hat. Verfassungskonforme Auslegung von Gesetzen ist daher in ihrer Rückwirkung auf die Verfassungsinterpretation gesetzeskonforme Auslegung der Verfassung[56]. Sie erweist sich darin als ein weiteres – sozusagen mittelbares – Prinzip der Verfassungsinterpretation durch die Gerichte. Zugleich bestätigt diese Wirkung die enge Wechselbezogenheit von Verfassung und Gesetz und damit den Gedanken der Einheit der Rechtsordnung.

---

55 *Ehmke* (Anm. 1) S. 75, der mit Recht auch auf die insoweit bestehende bundesstaatsrechtliche Problematik verfassungskonformer Auslegung hinweist.
56 Auch wenn das interpretierende Gericht dies nicht ausspricht. Vgl. etwa BVerfGE 12, 45 (53 ff.).

§ 3 Das Grundgesetz und der Umfang seiner Geltung

I. Das Grundgesetz

1. Der Begriff „Grundgesetz"

86 Die Verwendung des Begriffes „Grundgesetz" im geltenden deutschen Verfassungsrecht knüpft nicht an die überkommene Bedeutung an.

Das Recht des Reiches vor 1806 und das Recht des Deutschen Bundes verstand unter „Grundgesetzen" Fundamentalnormen, die von besonderer Beständigkeit und Dauerhaftigkeit sein sollten, die jedoch stets nur einzelne Fragen oder Fragenkomplexe von besonderer Wichtigkeit zum Gegenstand hatten, so daß mehrere Grundgesetze galten und weitere hinzutreten konnten. In diesem Sinne bezeichnete sich als Grundgesetz erstmals die Wahlkapitulation Ferdinands III. von 1636, gehörten zu den Reichsgrundgesetzen der Westfälische Friede von 1648 und der Reichsdeputationshauptschluß von 1803 und umfaßte das Recht des Deutschen Bundes mehrere Grundgesetze, insbesondere die deutsche Bundesakte von 1815, die Wiener Schlußakte von 1820 und die sogenannten organischen Gesetze[1].

87 In vollständiger Lösung von dieser Tradition sollte der Begriff „Grundgesetz" im geltenden Verfassungsrecht die Besonderheit zum Ausdruck bringen, die sich für die Konstituierung der staatlichen Ordnung aus der Lage nach der deutschen Kapitulation im Jahre 1945 ergeben hatte. An dem Verfassungswerk von 1949 konnte das deutsche Volk nicht in seiner Gesamtheit beteiligt werden. Es bestand noch keine volle Handlungsfreiheit. Die Teilung Deutschlands sollte durch das Verfassungswerk nicht vertieft oder perpetuiert werden. Angesichts dieser Lage[2] war zunächst nur an ein möglichst knappes Organisationsstatut, nicht an eine „Vollverfassung" gedacht, eine Absicht, von der indessen im Verlauf der Verhandlungen des Parlamentarischen Rates kaum mehr etwas übriggeblieben ist. Gleichwohl sollte im Hinblick auf die deutsche Lage das Provisorische des Verfassungswerks zum Ausdruck gebracht werden. So hat das Grundgesetz das staatliche Leben nach den Worten der Präambel nur „für eine Übergangszeit" geordnet; das gesamte deutsche Volk blieb aufgefordert, in freier Selbstbestimmung die Einheit und Freiheit Deutschlands zu vollenden; die neue Ordnung wurde in Art. 146 GG unter den Vorbehalt einer Verfassung gestellt, „die von dem deutschen Volke in freier Entscheidung beschlossen worden ist".

88 Der Begriff des Grundgesetzes unterschied sich also von dem früheren dadurch, daß er nicht eine Teil-, sondern die Gesamtordnung des staatlichen Lebens, nicht

---

1 *F. Hartung*, Deutsche Verfassungsgeschichte vom 15. Jahrhundert bis zur Gegenwart (8. Aufl. 1964) S. 27. Vgl. auch *C. Schmitt*, Verfassungslehre (1928) S. 43, 48; *Ch. Link*, Herrschaftsordnung und bürgerliche Freiheit (1979) S. 178 ff.; *H. Hofmann*, Zur Idee des Staatsgrundgesetzes, in: Recht–Politik–Verfassung (1986) S. 275 ff.

2 Eingehend zur Entwicklung der Deutschlandfrage: *K. Doehring*, Staatsrecht der Bundesrepublik Deutschland (3. Aufl. 1984) S. 52 ff.; *G. Ress*, Die Rechtslage Deutschlands nach dem Grundlagenvertrag vom 21. 12. 1972 (1978); *R. Bernhardt* und *N. Achterberg*, Deutschland nach 30 Jahren Grundgesetz, VVDStRL 38 (1980) S. 7 ff., 55 ff.; *J. Frowein*, Die Entwicklung der Rechtslage Deutschlands von 1945 bis zur Wiedervereinigung 1990, HdBVerfR, § 2; *R. Bernhardt*, Die deutsche Teilung und der Status Gesamtdeutschlands, HdBStR I, § 8.

eine beständige und dauerhafte, sondern eine *vorläufige Ordnung* bezeichnen wollte. Das zweite Merkmal begründete zugleich den Unterschied zum Begriff der Verfassung. Tatsächlich hat sich indessen das zunächst nur als Provisorium gedachte Grundgesetz mehr und mehr als dauerhafte Ordnung und daher auch in diesem Sinne als „Verfassung" erwiesen. Die Unterschiedlichkeit der Terminologie begründet daher keine für diese Darstellung wesentlichen Unterschiede in der Sache, so daß insoweit kein Hindernis besteht, das Grundgesetz als „Verfassung" zu verstehen.

2. Grundgesetz und Landesverfassungen

Neben dem Grundgesetz konstituieren auch die Verfassungen der Länder der Bundesrepublik für ihren Geltungsbereich verfassungsrechtliche Ordnung[3]. Dieser ist indessen durch das Grundgesetz ein fester Rahmen gezogen, so daß die Landesverfassungen im Umfang grundrechtlicher Gewährleistungen wie in der Regelung der staatlichen Organisation nur wenig von der verfassungsmäßigen Ordnung des Grundgesetzes abweichen können.   **89**

Dies folgt zunächst schon aus der unmittelbaren Geltung des Grundgesetzes in den Ländern. Es ergibt sich aus der Homogenitätsklausel des Art. 28 Abs. 1 GG, nach der die verfassungsmäßige Ordnung in den Ländern den Grundsätzen des republikanischen, demokratischen und sozialen Rechtsstaats im Sinne des Grundgesetzes entsprechen muß, und aus der Kollisionsregel des Art. 31 GG, kraft deren (nur) bei einem Widerspruch zwischen Grundgesetz und Landesverfassungen dem Grundgesetz als Bundesrecht der Vorrang gebührt[4]. Deshalb müssen die Landesverfassungen in den *Regelungen der staatlichen Organisation* grundsätzlich mit dem Grundgesetz übereinstimmen und bleibt nur in den Einzelheiten Raum für Besonderheiten. Soweit sie *Grundrechte* nicht gewährleisten, hat es bei der Gewährleistung der auch in den Ländern und gegenüber den Ländern geltenden Grundrechte des Grundgesetzes sein Bewenden. Ebensowenig entsteht ein Unterschied der materiellen Rechtslage, wenn die Landesverfassungen in Übereinstimmung mit dem Grundgesetz Grundrechte gewährleisten (Art. 142 GG) oder die Grundrechte des Grundgesetzes im Wege einer Verweisung rezipiert haben. Soweit die Landesverfassungen endlich weitergehende Grundrechte gewährleisten, dürfen sie sich wegen Art. 31 GG nicht in Widerspruch zu der verfassungsmäßigen Ordnung des Grundgesetzes setzen. Was hiernach an Differenzen bleibt, ist von begrenzter Tragweite.   **90**

Das bedeutet indessen nicht, daß den Landesverfassungen keine nennenswerte praktische Bedeutung zukommt. Ihre Bedeutung für das *Verfassungsleben in den Ländern* ist eher gewachsen. Das gilt für die Verfassungen der alten, im besonderen Maße jedoch für diejenigen der neuen Länder der Bundesrepublik. Diese haben sich, ebenso wie schon ein Teil der ursprünglichen Bundesländer, bei ihrer

---

3 Texte in: *Chr. Pestalozza*, Verfassungen der deutschen Bundesländer (5. Aufl. 1995). Aus der Literatur: *W. Graf Vitzthum*, Die Bedeutung gliedstaatlichen Verfassungsrechts in der Gegenwart, VVDStRL 46 (1988) S. 7 ff.

4 Vgl. dazu BVerfGE 36, 342 (360 ff.).

Verfassungsgebung nicht auf die unerläßlichen organisatorischen Bestimmungen beschränkt, sondern, zwar weitgehend mit Regelungen des Grundgesetzes übereinstimmend, aber auch eigene Wege gehend, „ *Vollverfassungen*" geschaffen[5]. Kennzeichnend sind namentlich umfassende, zum Teil neue Grundrechts- und Staatszielbestimmungen (unten Rdn. 208), beträchtlich über die Regelungen des Grundgesetzes hinausgehende Elemente unmittelbarer Demokratie (Volksinitiative, Volksbegehren, Volksentscheid, vgl. unten Rdn. 148) sowie durchgehend die Einrichtung von Verfassungsgerichtshöfen mit weitreichenden Zuständigkeiten. Darin erweisen sich diese Verfassungen als Versuche einer Annäherung an ein Verfassungsmodell, das den heutigen Gegebenheiten besser entsprechen soll als das des Grundgesetzes. Zugleich sind die Landesverfassungen geprägt durch die besondere Eigenart der Länder, Ausdruck ihrer (namentlich jüngeren) Geschichte und damit Grundlage ihrer Individualität, ihrer Eigenstaatlichkeit und eines eigenen Verfassungslebens. In dieser integrierenden Funktion sind sie wesentliches Element der bundesstaatlichen Ordnung des Grundgesetzes (unten Rdn. 220).

91 Gewicht für die verfassungsrechtliche Gesamtordnung gewinnen die Landesverfassungen vor allem dort, wo sie vom Grundgesetz (meist nur in Teilen) ausgesparte, in die ausschließliche Zuständigkeit der Länder fallende Grundlagen der Ordnung des Gemeinwesens normieren, z. B. des Schul- und Hochschul- oder des Kommunalrechts. Von diesen im Rahmen der hier darzustellenden Grundzüge nicht zu verfolgenden Normierungen abgesehen, ist es indessen das Grundgesetz, das wegen seines Vorrangs und seines Einflusses auf das Verfassungsrecht der Länder, den Gesamtbestand des in der Bundesrepublik geltenden Verfassungsrechts maßgeblich bestimmt. Die nachfolgende Darstellung beschränkt sich daher auf das Grundgesetz. Soweit Grundgesetz und Landesverfassungen inhaltlich übereinstimmen, gilt das für das Grundgesetz Gesagte auch für die Landesverfassungen.

3. Geltungsbereich und Geltungsumfang des Grundgesetzes vor der Einigung Deutschlands

92 a) Die erzwungene, nicht als endgültig angesehene Spaltung Deutschlands und das Bestreben, diese Spaltung nicht zu vertiefen, haben nicht nur zur Wahl der Bezeichnung „Grundgesetz", sondern auch dazu geführt, daß das Grundgesetz anders als Art. 2 der Weimarer Reichsverfassung keine Bestimmung über das „Bundesgebiet" enthält. Es hat sich in (dem inzwischen aufgehobenen) Art. 23 Satz 1 darauf beschränkt, seinen *Geltungsbereich* zu normieren. Dieser umfaßte „zunächst" die bei Inkrafttreten des Grundgesetzes bestehenden westdeutschen Länder sowie Groß-Berlin. Nach Art. 23 Satz 2 GG war das Grundgesetz in anderen Teilen Deutschlands nach deren Beitritt in Kraft zu setzen. Auf der Grundlage ei-

---

5 Eingehend dargestellt, dokumentiert und gewürdigt von *P. Häberle*, Die Verfassungsentwicklung in den fünf neuen Bundesländern, JöR 41 (1993) S. 69 ff.; *ders.*, Die Verfassungsentwicklung in den fünf neuen Bundesländern Deutschlands 1991 bis 1992, JöR 42 (1994) S. 149 ff.; *ders.*, Die Schlußphase der Verfassungsentwicklung in den fünf neuen Bundesländern, JöR 43 (1995) S. 355 ff. Vgl. auch *Chr. Starck*, Die Verfassungen der neuen deutschen Bundesländer (1994).

nes solchen Beitritts gilt das Grundgesetz seit dem 1. Januar 1957 auch im Saarland.

Trotz der Einbeziehung Groß-Berlins in den Geltungsbereich des Grundgesetzes **93** hat das Grundgesetz in Ost-Berlin nicht und in *West-Berlin* nur beschränkt gegolten[6].

Diese Beschränkungen beruhten auf Vorbehalten, die in Nr. 4 des Genehmigungsschreibens der Militärgouverneure zum Grundgesetz vom 12. 5. 1949 enthalten und gemäß Art. 2 Satz 1 des Vertrages über die Beziehungen zwischen der Bundesrepublik Deutschland und den Drei Mächten (Deutschlandvertrag) vom 26. 5. 1952 in der Fassung des Pariser Protokolls vom 23. Oktober 1954 (BGBl. 1955 II S. 405) beibehalten worden waren (vgl. unten Rdn. 94). Sie enthielten ein prinzipielles Verbot politisch bedeutsamer Einwirkungen des Bundes auf die Berliner Landesgewalt, das die Anwendung zahlreicher Bestimmungen des Grundgesetzes auf Berlin ausschloß, so daß im Umfang ihrer Reichweite von einer Geltung des Grundgesetzes in Berlin nicht ausgegangen werden konnte. So waren die Berliner Abgeordneten im Bundestag – die nicht wie die übrigen Bundestagsabgeordneten unmittelbar vom Volk, sondern vom Berliner Abgeordnetenhaus gewählt wurden – nicht stimmberechtigt. Das Gleiche galt für die Berliner Vertreter im Bundesrat (Art. 144 Abs. 2 GG)[7]. Bundesgesetze bedurften in Berlin einer besonderen Inkraftsetzung durch das Abgeordnetenhaus. Ebenso unterlag die Jurisdiktion des Bundesverfassungsgerichts in Berlin weitreichenden Beschränkungen[8].

b) Die Anwendung des Grundgesetzes war bis zur Vereinigung Deutschlands **94** nicht nur in Berlin beschränkt. In seinem ganzen Geltungsbereich ergaben sich ferner Beschränkungen durch fortgeltendes *Besatzungsrecht*[9].

Als Folge der bedingungslosen Kapitulation und der vollständigen Besetzung Deutschlands im Jahre 1945 hatten die Alliierten in der Vier-Mächte-Erklärung vom 5. 6. 1945 die oberste Regierungsgewalt in Deutschland übernommen. Ursprüngliches Organ ihrer Wahrnehmung war der am 30. 8. 1945 errichtete Alliierte Kontrollrat. Nachdem dieser im Jahre 1948 funktionsunfähig geworden war, wurde die oberste Gewalt im Bereich der westlichen Besatzungszonen durch die Militärregierungen Frankreichs, Großbritanniens und der Vereinigten Staaten, später durch die Hohe Alliierte Kommission für Deutschland ausgeübt; sie wurde durch das Besatzungsstatut vom 6. 8. 1949 sowie das revidierte Besatzungsstatut vom 6. 3. 1951 begrenzt. Das von den Besatzungsmächten gesetzte Recht wurde vom Grundgesetz ebensowenig berührt wie die von deutschen Stellen auf bindende Anordnung der Besatzungsmächte vor Inkrafttreten des Grundgesetzes erlassenen Rechtsvorschriften.

Diese Rechtslage änderte der Vertrag zur Regelung aus Krieg und Besatzung entstandener Fragen vom 26. 5. 1952 in der Fassung des Pariser Protokolls vom 23. 10. 1954 (Überleitungsvertrag, BGBl. 1955 II S. 405). Die Organe des Bundes und der Länder erhielten die Befugnis, Besatzungsrecht aufzuheben und zu ändern[10]. Ausgenommen blieben die im Deutschlandvertrag und seinen Zusatzverträgen vorbehaltenen Rechte, denen das Zustimmungsgesetz vom 24. 3. 1955 (BGBl. II S. 213) die Kraft innerstaatlichen Rechts verlieh.

---

6 Vgl. dazu *H. Schiedermair*, Der völkerrechtliche Status Berlins nach dem Viermächte-Abkommen vom 3. September 1971 (1975); *Ch. Pestalozza*, Berlin – ein deutsches Land, JuS 1983, 241 ff.; *R. Scholz*, Berlin – Status und nationale Aufgabe, DÖV 1987, 358 ff.; *ders.*, Der Status Berlins, HdBStR I, § 9.

7 Die nunmehr gegenstandslose Bestimmung wurde bislang nicht gestrichen.

8 Vgl. dazu BVerfGE 7, 1 (14 f.); 7, 190 (192); 19, 377 (385); 37, 57 (60) m. w. Nachw.

9 Dazu *M. Bothe*, Art. Besatzungsrecht, Staatslexikon 1 (7. Aufl. 1985) Sp. 699 ff.

10 Eine Besonderheit galt für Kontrollratsrecht, vgl. Art. 1 Abs. 1 und 2 des Überleitungsvertrages. Dazu BVerfGE 36, 146 (172); BVerwGE 81, 1 (14).

Diese Rechte betrafen vor allem die von den Drei Mächten bisher ausgeübten oder innegehabten Rechte und Verantwortlichkeiten in bezug auf Berlin (oben Rdn. 93) und auf Deutschland als Ganzes einschließlich der Wiedervereinigung und einer friedensvertraglichen Regelung (Art. 2 des Deutschlandvertrages, vgl. auch Art. 6 und 7). Ferner umfaßten sie Rechte auf militärischem Gebiet (insbesondere Art. 4 und 5 des Deutschlandvertrages). Sie behielten ihren Vorrang vor dem Grundgesetz, während das von ihnen nicht umfaßte Besatzungsrecht seinen Vorrang vor dem Grundgesetz und der deutschen Gesetzgebung verlor; es ist allerdings ohne Rücksicht auf seine Vereinbarkeit mit dem Grundgesetz in Kraft geblieben, soweit es nicht von den nach dem Grundgesetz zuständigen Organen des Bundes und der Länder aufgehoben worden ist.

II. Das Grundgesetz als gesamtdeutsche Verfassung

1. Die rechtlichen Grundlagen der deutschen Vereinigung

95 a) Durch den *Beitritt der Deutschen Demokratischen Republik* nach Art. 23 Satz 2 GG a. F. hat die Teilung Deutschlands am 3. Oktober 1990 ihr Ende gefunden.

Die Frage der Anwendbarkeit dieser Bestimmung auf die DDR ist mit Recht bejaht worden. Art. 23 Satz 2 GG stand in innerem Zusammenhang mit dem grundgesetzlichen Gebot einer Wiedervereinigung; er brachte zum Ausdruck, daß die Bundesrepublik Deutschland sich als gebietlich unvollständig verstand und offen war für den erstrebten Zuwachs der „anderen Teile Deutschlands"[11]. Der daneben sich bietende Weg des Art. 146 GG a. F., der bestimmte, daß das Grundgesetz mit dem Inkrafttreten einer von dem deutschen Volke in freier Entscheidung beschlossenen Verfassung seine Gültigkeit verliere, war zwar bei der Entstehung des Grundgesetzes als der gegebene Weg zur deutschen Vereinigung angesehen worden; er hätte indessen zu einer nicht unerheblichen Verzögerung, wenn nicht zum Scheitern des Einigungswerkes geführt und ist daher nicht eingeschlagen worden.

Der Beitritt nach Art. 23 Satz 2 GG setzte eine in freier Willensbildung zustande gekommene Erklärung des anderen Teiles Deutschlands voraus, die einer Annahme durch die Bundesrepublik nicht bedurfte und deren Verpflichtung begründete, das Grundgesetz in dem anderen Teil durch einen Akt der Legislative in Kraft zu setzen[12]. Das schloß *Vereinbarungen vor dem Beitritt* nicht aus, wie sie in dem Vertrag über die Schaffung einer Währungs-, Wirtschafts- und Sozialunion zwischen der Bundesrepublik Deutschland und der Deutschen Demokratischen Republik vom 18. 5. 1990 (Staatsvertrag, BGBl. II S. 537), dem Vertrag zur Vorbereitung und Durchführung der ersten gesamtdeutschen Wahl des Deutschen Bundestages zwischen der Bundesrepublik Deutschland und der Deutschen Demokratischen Republik vom 3. 8. 1990 (Wahlvertrag, BGBl. II S. 822, geändert durch den Vertrag vom 28. 8. 1990, BGBl. II S. 831) und dem Vertrag zwischen der Bundesrepublik Deutschland und der Deutschen Demokratischen Republik über die Herstel-

---

11 BVerfGE 36, 1 (28).

12 Hierzu und zum folgenden: *K. Stern*, Die Wiederherstellung der deutschen Einheit, in: Verträge und Rechtsakte zur deutschen Einheit, hrsg. von Klaus Stern und Bruno Schmidt-Bleibtreu, Bd. 2 (1990) S. 20 ff.; *W. Binne*, Verfassungsrechtliche Überlegungen zu einem „Beitritt" der DDR nach Art. 23 GG, JuS 1990, 446 ff.; *H. Weis*, Verfassungsrechtliche Fragen im Zusammenhang mit der Herstellung der Einheit Deutschlands, AöR 116 (1991) S. 2 ff.

lung der Einheit Deutschlands – Einigungsvertrag – vom 31. 8. 1990 (BGBl. II S. 889) getroffen worden sind.

Die Verträge haben Voraussetzungen und Auswirkungen des Beitritts festgelegt. Sie sind damit zu konstituierenden Elementen der deutschen Vereinigung geworden[13].

Der dargelegten Rechtslage gemäß sind der Beitritt der Deutschen Demokratischen Republik und die Inkraftsetzung des Grundgesetzes vollzogen worden: Mit dem Wirksamwerden des Beitrittsbeschlusses der Volkskammer vom 23. 8. 1990 (abgedruckt in BGBl. I S. 2058) sind die Länder Brandenburg, Mecklenburg-Vorpommern, Sachsen, Sachsen-Anhalt und Thüringen am 3. Oktober 1990 zu Ländern der Bundesrepublik Deutschland, Ostberlin zu einem Teil des Landes Berlin geworden (Art. 1 EV). Nach Art. 3 EV in Verbindung mit Art. 1 des Zustimmungsgesetzes zum Einigungsvertrag vom 23. 9. 1990 (BGBl. II S. 885) ist das Grundgesetz mit dem Wirksamwerden des Beitritts in den genannten Ländern sowie in dem Teile des Landes Berlin, in dem es bisher nicht galt, mit den sich aus Art. 4 des Vertrages ergebenden Änderungen und vorbehaltlich anderer Bestimmung im Einigungsvertrag in Kraft getreten. Der Einigungsvertrag bleibt nach Wirksamwerden des Beitritts als Bundesrecht geltendes Recht (Art. 45 Abs. 2 EV). Das Grundgesetz ist nunmehr gesamtdeutsche Verfassung.

b) Ebenso wie das Einigungswerk selbst war auch die uneingeschränkte Geltung **96** des Grundgesetzes im vereinten Deutschland abhängig von dem Einverständnis der ehemaligen Besatzungsmächte. Die Vier-Mächte-Verantwortung bestand noch fort; auf der Seite der Bundesrepublik standen die Rechte und Verantwortlichkeiten des Art. 2 des Deutschlandsvertrages (oben Rdn. 93 f.) einem alleinigen Vorgehen entgegen. Gleichzeitig mit dem Prozeß der deutschen Einigung fanden deshalb Verhandlungen zwischen der Bundesrepublik, der DDR und den Vier Mächten statt, welche zu dem *Vertrag über die abschließende Regelung in bezug auf Deutschland* vom 12. 9. 1990 (BGBl. II S. 1318) – „Zwei-Plus-Vier-Vertrag" – geführt haben, dem der Bundestag mit dem Gesetz vom 11. 10. 1990 (BGBl. II S. 1317) zugestimmt hat[14].

Zu den Kernstücken des Vertrages gehört die Beendigung der Rechte und Verantwortlichkeiten der Vier Mächte in bezug auf Berlin und auf Deutschland als Ganzes. Die entsprechenden damit zusammenhängenden vierseitigen Vereinbarungen, Beschlüsse und Praktiken werden beendet und alle entsprechenden Einrichtungen der Vier Mächte aufgelöst (Art. 7 Abs. 1). Die endgültigen Außengrenzen des vereinten Deutschlands werden die Grenzen der Bundesrepublik und der Deutschen Demokratischen Republik sein (Art. 1). Die Bundesrepublik und die Deutsche Demokratische Republik bekräftigen den Verzicht des vereinten Deutsch-

---

13 Dazu *Stern* (Anm. 12) S. 33 ff.; *K. D. Schnappauf*, Der Einigungsvertrag, DVBl. 1990, 1250 f.; *V. Busse*, Das vertragliche Werk der deutschen Einheit und die Änderungen von Verfassungsrecht, DÖV 1991, 345 ff.
14 Dazu *Frowein* (Anm. 2) § 2 Rdn. 23 ff.; *D. Rauschning*, Beendigung der Nachkriegszeit mit dem Vertrag über die abschließende Regelung in bezug auf Deutschland, DVBl. 1990, 1275 ff.; *D. Blumenwitz*, Der Vertrag vom 12. 9. 1990 über die abschließende Regelung in bezug auf Deutschland, NJW 1990, 3041 ff.

lands auf Herstellung, Besitz und Verfügungsgewalt über atomare, biologische und chemische Waffen; sie werden dessen Streitkräfte innerhalb von drei bis vier Jahren auf eine Personalstärke von 370 000 Mann reduzieren (Art. 3). In einer Erklärung vom 1. 10. 1990 haben die Vier Mächte die Wirksamkeit ihrer Rechte und Verantwortlichkeiten mit dem Zeitpunkt der Vereinigung ausgesetzt (deutscher Wortlaut in der Bekanntmachung vom 2. 10. 1990, BGBl. II S. 1331). Nach der Ratifizierung durch alle Vertragspartner ist der Zwei-Plus-Vier-Vertrag am 15. März 1991 in Kraft getreten (vgl. Art. 8 f.). Das vereinte Deutschland hat damit nunmehr volle Souveränität über seine inneren und äußeren Angelegenheiten (Art. 7 Abs. 2).

2. Beitrittsbedingte Änderungen des Grundgesetzes und Sonderregelungen des Einigungsvertrages

97 Die mit dem Wirksamwerden des Beitritts nach Art. 3 des Einigungsvertrages verbundenen *Änderungen des Grundgesetzes* enthält Art. 4 des Vertrages. Der Umstand, daß die gesetzgebenden Körperschaften über diese Verfassungsänderungen – mit den Mehrheiten des Art. 79 Abs. 2 GG – nur in der Form eines Zustimmungsgesetzes nach Art. 59 Abs. 2 GG befinden konnten, ist auf die Verfassungsmäßigkeit der Änderungen ohne Einfluß (vgl. auch unten Rdn. 698 f.)[15].

Notwendig durch den Beitritt bedingt sind diejenigen Änderungen, welche das Wiedervereinigungsgebot des Grundgesetzes betreffen. Dieses ist mit der Vereinigung – auch als etwaige Grundlage von Gebietsansprüchen auf Teile des Reichsgebietes nach dem Stand vom 31. 12. 1937 – obsolet worden (vgl. auch Art. 1 Abs. 4 Satz 2 Zwei-Plus-Vier-Vertrag). Demgemäß ist die Präambel des Grundgesetzes neu gefaßt und ist Art. 23 GG aufgehoben worden (Art. 4 Nr. 1 und 2 EV). Hingegen ist der ebenfalls als Positivierung des Wiedervereinigungsgebots verstandene und insoweit gegenstandslose Art. 146 a. F. nicht aufgehoben, sondern neu gefaßt worden. Danach verliert „dieses Grundgesetz, das nach Vollendung der Einheit und Freiheit Deutschlands für das gesamte deutsche Volk gilt, . . . seine Gültigkeit an dem Tage, an dem eine Verfassung in Kraft tritt, die von dem deutschen Volke in freier Entscheidung beschlossen worden ist" (Art. 4 Nr. 6 EV, dazu unten Rdn. 100, 707)[16].

---

15 Nach dem Beschluß des Bundesverfassungsgerichts vom 18. 9. 1990 hat das eingeschlagene Verfahren seine verfassungsrechtliche Grundlage in Art. 23 Satz 2 GG in Verbindung mit dem Wiedervereinigungsgebot des Grundgesetzes (BVerfGE 82, 316 [320 f.]). Vgl. dazu *M. Herdegen*, Die Verfassungsänderungen im Einigungsvertrag (1991) S. 4 ff.; *Schnappauf* (Anm. 13) S. 1251; *W. Heintschel v. Heinegg*, Die Mitwirkungsrechte der Abgeordneten des Deutschen Bundestages und das Zustimmungsgesetz zum Einigungsvertrag zwischen der Bundesrepublik Deutschland und der Deutschen Demokratischen Republik, DVBl. 1990, 1270 ff.; *E. Klein*, Der Einigungsvertrag, DÖV 1991, 570 f.

16 Hierzu und zum folgenden: Denkschrift (der Bundesregierung) zum Einigungsvertrag, BT-Drucks. 11/7760, S. 355 ff.; *Weis* (Anm. 12) S. 26 ff.; *Stern* (Anm. 12) S. 41 ff.; *Schnappauf* (Anm. 13) S. 1251 f.; *Busse* (Anm. 13) S. 345 ff.; *Herdegen* (Anm. 15) S. 41 ff.; *Klein* (Anm. 15) S. 572 ff.

Nicht ohne weiteres als „beitrittsbedingt" erweist sich die Neufassung des Art. 51 Abs. 2 GG, mit der das Stimmgewicht derjenigen Länder im Bundesrat, die mehr als sieben Millionen Einwohner haben (Baden-Württemberg, Bayern, Niedersachsen und Nordrhein-Westfalen) von fünf auf sechs Stimmen erhöht worden ist (Art. 4 Nr. 3 EV).

Speziell das Gebiet der ehemaligen DDR betreffen die Ergänzungen des **98** Art. 135a GG (Art. 4 Nr. 4 EV) und der neu eingefügte Art. 143 GG (Art. 4 Nr. 5 EV). Danach kann Recht im Gebiet der ehemaligen DDR längstens bis zum 31. Dezember 1992 von den Bestimmungen des Grundgesetzes abweichen, soweit und solange infolge der unterschiedlichen Verhältnisse die völlige Anpassung an die grundgesetzliche Ordnung nicht erreicht werden kann; Abweichungen dürfen indessen nicht gegen Art. 19 Abs. 2 GG (Wesensgehalt der Grundrechte) verstoßen und müssen mit den in Art. 79 Abs. 3 GG genannten elementaren Verfassungsgrundsätzen (Art. 1 und 20 GG) vereinbar sein (Art. 143 Abs. 1). Abweichungen von den Abschnitten II, VIII, VIII a, IX, X und XI des Grundgesetzes sind längstens bis zum 31. Dezember 1995 zulässig (Art. 143 Abs. 2). Nach Art. 143 Abs. 3 GG haben Art. 41 des Einigungsvertrages und Regelungen zu seiner Durchführung auch insoweit Bestand, als sie vorsehen, daß Eingriffe in das Eigentum auf dem Gebiet der ehemaligen DDR nicht rückgängig gemacht werden.

Diese Bestimmung betrifft die weitreichenden Enteignungen, welche in den Jahren 1945 bis 1949 auf besatzungsrechtlicher oder besatzungshoheitlicher Grundlage vorgenommen worden sind. Nach dem Urteil des Bundesverfassungsgerichts vom 23. April 1991 ist sie mit Art. 79 Abs. 3 GG vereinbar (vgl. unten Rdn. 699). Doch gebietet Art. 3 Abs. 1 GG, daß der Gesetzgeber für diese Enteignungen eine Ausgleichsregelung schafft[17].

Den Ausnahmen von der Regel des Art. 3 EV liegt der Gedanke zugrunde, daß das Grundgesetz für die neu hinzugetretenen Teile Deutschlands in Teilbereichen nur stufenweise in Kraft gesetzt werden könne. Dazu enthält der Einigungsvertrag selbst ausdrückliche Bestimmungen. So wird der im XI. Abschnitt des Grundgesetzes enthaltene Art. 131 GG nach Art. 6 des Vertrages „vorerst" nicht in Kraft gesetzt oder wird nach Art. 7 Abs. 1 EV die Finanzverfassung der Bundesrepublik (Abschnitt VIII a und X des Grundgesetzes) auf das Gebiet der ehemaligen DDR nur insoweit erstreckt, als der Vertrag nichts anderes bestimmt (vgl. Art. 7 Abs. 2 bis 6 EV).

3. Verfassungsreform

Über die durch Art. 4 EV bereits bewirkten Verfassungsänderungen hinaus enthält Art. 5 EV eine Regelung für *„künftige Verfassungsänderungen"*: Die Regierungen der beiden Vertragsparteien „empfehlen" den gesetzgebenden Körperschaften des vereinten Deutschlands, sich innerhalb von zwei Jahren mit den im Zusammenhang mit der deutschen Einigung aufgeworfenen Fragen zur Änderung oder Ergänzung des Grundgesetzes „zu befassen"; insbesondere werden genannt **99**

---

17 BVerfGE 84, 90 (117 ff.). Aus dem Schrifttum: *Stern* (Anm. 12) S. 43 f.; *Weis* (Anm. 12) S. 27 f.; *Herdegen* (Anm. 15) S. 17 ff.; *P. Badura*, Der Verfassungsauftrag der Eigentumsgarantie im wiedervereinigten Deutschland, DVBl. 1990, 1256 ff.; *Klein* (Anm. 15) S. 574 f.

das Verhältnis von Bund und Ländern, eine Neugliederung für den Raum Berlin-Brandenburg, die Aufnahme von Staatszielbestimmungen in das Grundgesetz sowie die Frage der Anwendung des Art. 146 GG und in deren Rahmen einer Volksabstimmung.

100 Diese Bestimmung des Einigungsvertrages erweist sich als Versuch eines politischen Kompromisses in der lebhaft umstrittenen Frage, ob es bei der mit dem Beitritt verbundenen Erstreckung der Geltung des Grundgesetzes auf das gesamte Deutschland sein Bewenden haben solle oder ob es noch der Schaffung einer Verfassung bedürfe, „die vom deutschen Volke in freier Entscheidung beschlossen worden ist" (Art. 146 n. F. GG)[18]. Der Sinn dieses Kompromisses wurde darin erblickt, das geänderte Grundgesetz einer Volksabstimmung zugänglich zu machen, die allerdings erst noch im Verfahren des Art. 79 GG zu beschließen wäre[19]. In dieser gewollten, wenngleich mit dem eindeutigen Wortlaut des Artikels unvereinbaren Bedeutung wäre Art. 146 n. F. im Sinne des Art. 5 EV „angewendet", wenn über im Zusammenhang mit der deutschen Einigung stehende Verfassungsänderungen eine Volksabstimmung durchgeführt würde. Damit ist nicht mehr zu rechnen, so daß die Bestimmung jedenfalls insoweit gegenstandslos geworden ist[20].

Durch übereinstimmende Beschlüsse vom 28. und 29. November 1991 haben Bundestag und Bundesrat eine *Gemeinsame Verfassungskommission* eingesetzt, in die sie je 32 ihrer Mitglieder sowie 32 Stellvertreter entsandt haben. Aufgabe der Kommission war es, über Verfassungsänderungen und -ergänzungen zu beraten, die den gesetzgebenden Körperschaften vorgeschlagen werden sollten; insbesondere sollte sie sich mit den in Art. 5 EV genannten Grundgesetzänderungen befassen sowie mit Änderungen, die mit der Verwirklichung der Europäischen Union erforderlich werden[21]. Die Änderungs- oder Ergänzungsvorschläge der Kommission bedurften einer Zwei-Drittel-Mehrheit. Mit dem Abschluß ihrer Arbeit hat sie unter dem 5. November 1993 einen außerordentlich aufschlußreichen Bericht vorgelegt (BT-Drucks. 12/6000), in dem ihre Aufgabe, Verfahren und Arbeitsweise sowie ihre Empfehlungen dargestellt werden.

Die Empfehlungen der Kommission zum Thema „Europa" sind bereits vor dem Abschluß ihrer Arbeit in dem 38. Änderungsgesetz zum Grundgesetz weitgehend realisiert worden

---

18 Vgl. dazu die Berichte und Diskussionen auf der Sondertagung der Vereinigung der Deutschen Staatsrechtslehrer am 27. 4. 1990, VVDStRL 49 (1990) und die Beiträge des Sammelwerkes von *B. Guggenberger* und *T. Stein* (Hrsg.), Die Verfassungsdiskussion im Jahr der deutschen Einheit (1991); *P. Häberle*, Die Kontroverse um die Reform des deutschen Grundgesetzes, Zeitschrift für Politik 39 (1992) S. 233 ff.; *E. G. Mahrenholz*, Die Verfassung und das Volk (1992).

19 Vgl. Beschlußempfehlung und Bericht des Ausschusses für deutsche Einheit, BT-Drucks. 11/7920 S. 14; Bundesinnenminister *Dr. Schäuble*, Sten. Prot. 11. Wp. 22. Sitzung vom 5. 9. 1990, S. 17491; Abg. *Däubler-Gmelin*, ebd. S. 17498.

20 Zu der Auseinandersetzung über die Deutung des Artikels: *J. Isensee*, Schlußbestimmung des Grundgesetzes: Art. 146, HdBStR VII, § 166 Rdn. 48 ff. Neuere Auffassungen zur Auslegung des Art. 146 n. F. verstehen die Vorschrift als Regelung für eine Ablösung des Grundgesetzes unter Bindung an Art. 79 Abs. 3 GG (*H.-P. Schneider*, Die verfassunggebende Gewalt, HdBStR VII, § 158 Rdn. 38) oder (enger) als Erneuerungsermächtigung für den an Art. 79 GG gebundenen Gesetzgeber (*P. Kirchhof*, Europäische Integration, ebd. § 189 Rdn. 19 ff.; ähnlich *P. Badura*, ebd. § 160 Rdn. 19; *Isensee*, Rdn. 61).

21 Der Bundesrat hat eine aus den Regierungschefs der Länder und je einem weiteren Regierungsmitglied bestehende Kommission gebildet, deren Arbeitsschwerpunkt auf der verfassungsrechtlichen Seite einer Stärkung des Föderalismus liegen sollte. Diese Kommission hat in ihrem Bericht (BR-Drucks. 360/92) weitgehende Änderungen des Grundgesetzes vorgeschlagen, denen sich die Gemeinsame Verfassungskommission nur zu einem Teil angeschlossen hat.

(unten Rdn. 106). Im übrigen hat sie einzelne punktuelle Änderungen oder Ergänzungen vorgeschlagen[22], die ganz überwiegend in das 42. Änderungsgesetz zum Grundgesetz aufgenommen worden sind. Sie betrafen im wesentlichen die Aufnahme des Staatszieles „Umweltschutz", Änderungen oder Ergänzungen bei den Gesetzgebungskompetenzen, dem Verfahren der Bundesgesetzgebung und der Ausführung der Bundesgesetze sowie der Neugliederung des Bundesgebietes. Einige grundlegendere Änderungen und Ergänzungen wurden zwar eingehend beraten, haben aber nicht die erforderliche Zwei-Drittel-Mehrheit gefunden. Dazu gehörten vor allem eine Änderung oder Aufnahme einzelner Grundrechte, die Einführung weiterer Staatszielbestimmungen (vgl. unten Rdn. 208), Bestimmungen über eine vermehrte Bürgerbeteiligung (Volksinitiative, Volksbegehren, Volksentscheid [vgl. Rdn. 148]), das Parlamentsrecht und Aspekte des Wahlrechts. Einer der wichtigsten Punkte, die Finanzordnung des Grundgesetzes, ist ausgeklammert worden. Auf eine Empfehlung zu der Frage einer abschließenden Volksabstimmung über das geänderte Grundgesetz, die eine Änderung des Art. 146 GG vorausgesetzt hätte, wurde ebenso verzichtet wie auf eine Empfehlung zu den intensiv beratenen Fragen des Asylrechts und der Auslandseinsätze der Bundeswehr, die inzwischen Gegenstand aktueller Auseinandersetzung zwischen Regierungs- und Oppositionsparteien sowie innerhalb der Regierungskoalition geworden waren[23].

Insgesamt hat mithin das Unternehmen der Verfassungsreform – abgesehen von den neuen Europa-Artikeln, deren Bewährung noch ungewiß ist – kaum zu einem Erfolg geführt[24]. Es wird deshalb bis auf weiteres im wesentlichen bei der bisherigen Verfassungslage bleiben.

III. Verfassungsrecht und Völkerrecht

Neben dem durch das Grundgesetz normierten Verfassungsrecht kann geltendem Recht kraft besonderer Bestimmung des Grundgesetzes ein ähnlicher Rang zukommen wie dem Verfassungsrecht. Dies ist der Fall für die „allgemeinen Regeln des Völkerrechts", die nach Art. 25 GG Bestandteil des Bundesrechts sind, den Gesetzen vorgehen und unmittelbar Rechte und Pflichten für die Bewohner des Bundesgebietes erzeugen.   **101**

Völkerrecht regelt die Beziehungen zwischen Staaten und anderen Völkerrechtssubjekten; nur ausnahmsweise verpflichtet und berechtigt es auch Einzelpersonen. Es ist innerstaatlich nicht schlechthin automatisch und unmittelbar verbindlich, sondern wird als eine gegenüber dem innerstaatlichen Recht selbständige   **102**

---

22 BT-Drucks. 12/6000, S. 15 ff. Zu den beratenen Problemstellungen und der Arbeit der Kommission: *Häberle* (Anm. 18) S. 297 ff.; *R. Rubel*, Das neue Grundgesetz. Zum Stande der Reformbemühungen, JA 1992, 265 ff.; JA 1993, 12 ff., 296 ff.

23 Demgemäß ist das 39. Änderungsgesetz zum Grundgesetz unabhängig von der Kommissionsarbeit an der Verfassungsreform entstanden. Das gleiche gilt für das 40. und 41. Änderungsgesetz (Bahn- und Postreform, unten Rdn. 247).

24 Zu den Ursachen vgl. *Rubel* (Anm. 22) JA 1993, 303 f.; *D. Grimm*, Verfassungsreform in falscher Hand? Zum Stand der Diskussion um das Grundgesetz, Merkur Heft 525 (1992) S. 1059 ff., der mit Recht darauf hingewiesen hat, daß die Verfassungsreform mit der Entscheidung für die lediglich aus Mitgliedern von Bundestag und Bundesrat, also ausschließlich aus aktiven Parteipolitikern, bestehende Verfassungskommission dem Bonner Routinebetrieb überlassen worden sei; damit seien Augenblicksbedürfnisse und Wahltermine in den Vordergrund gerückt, während Probleme mit Spätfolgen und grundsätzliche Strukturschwächen der Verfassung zurückgetreten seien.

Rechtsordnung angesehen, so daß beide Ordnungen prinzipiell voneinander unabhängig sind und Konflikte zwischen ihnen entstehen können – auch wenn dieses dualistische Verständnis vielfach Abschwächungen erfährt[25]. Völkerrecht bedarf daher, um innerstaatlich für die staatlichen Gewalten und für Einzelpersonen Geltung zu erlangen, grundsätzlich der Umwandlung in innerstaatliches Recht (Transformation)[26].

103 Eine solche Umwandlung bewirkt Art. 25 GG, wenn er die *allgemeinen Regeln des Völkerrechts* zu Bestandteilen des Bundesrechts erklärt. Darunter sind diejenigen Regeln des Völkerrechts zu verstehen, die von der weitaus größeren Zahl der Staaten – nicht notwendigerweise von der Bundesrepublik – anerkannt werden[27], z. B. die Regeln über die Rechtsstellung ausländischer Gesandtschaften[28] oder Sätze des Kriegsrechts, wie das Verbot der Plünderung oder der menschenunwürdigen Behandlung von Gefangenen. Diesen Regeln gibt Art. 25 GG Vorrang vor den Gesetzen und damit auch vor rangniedrigeren Rechtsnormen, so daß sie jede staatliche Rechtsnorm brechen, die hinter ihnen zurückbleibt oder ihnen widerspricht, nicht dagegen vor der Verfassung selbst, auf der jene innerstaatliche Geltung als Bundesrecht beruht und die kein im Rang über ihr stehendes Bundesrecht kennt. Die allgemeinen Regeln des Völkerrechts werden damit kraft Verfassungsrechts für die gesetzgebende, vollziehende und rechtsprechende Gewalt unmittelbar verbindlich. Soweit sie als völkerrechtliche Regeln Rechte und Pflichten für den Einzelnen begründen, erzeugen sie auch unmittelbar Rechte und Pflichten für die Bewohner des Bundesgebietes. In diesem Umfang gewährleistet Art. 25 GG die Übereinstimmung von völkerrechtlicher und innerstaatlicher Rechtsordnung, eine Gewährleistung, in der sich die „Völkerrechtsfreundlichkeit" des Grundgesetzes deutlich manifestiert.

104 *Andere Regeln des Völkerrechts* bedürfen dagegen, um innerstaatliche Geltung zu erlangen, jeweils einer speziellen Transformation. Soweit es sich um völkerrechtliche Verträge handelt, die die politischen Beziehungen des Bundes regeln oder sich auf Gegenstände der Bundesgesetzgebung beziehen[29], geschieht dies durch die in Art. 59 Abs. 2 GG vorgeschriebene Zustimmung oder Mitwirkung der ge-

---

25 Vgl. etwa *F. Berber*, Lehrbuch des Völkerrechts I (2. Aufl. 1975) S. 92 ff.; *A. Verdross–B. Simma*, Universelles Völkerrecht (3. Aufl. 1985) S. 539 ff.; *W. Rudolf*, Völkerrecht und deutsches Recht (1967) S. 141 ff.; *R. Geiger*, Grundgesetz und Völkerrecht (2. Aufl. 1994) S. 15 f.; *O. Kimminich*, Einführung in das Völkerrecht (4. Aufl. 1990) S. 253 ff.

26 Dieser bislang vorherrschenden Lehre tritt die *„Vollzugstheorie"* entgegen, nach der Sätze des Völkerrechts kraft des in dem Zustimmungsgesetz liegenden „Vollzugsbefehls" als *Völkerrecht* innerstaatliche Geltung erlangen. Zu den unterschiedlichen Auswirkungen beider Lehren, auf die hier nicht einzugehen ist: *A. Bleckmann*, Grundgesetz und Völkerrecht (1975) S. 258 ff.; *Geiger* (Anm. 25) S. 158 ff.; *K. Ipsen*, Völkerrecht (3. Aufl. 1990) § 73 Rdn. 4 ff.

27 BVerfGE 15, 25 (34); 16, 27 (33); 46, 342 (367 ff.). Zur Problematik eingehend: *H. Steinberger*, Allgemeine Regeln des Völkerrechts, HdBStR VII § 173, Rdn. 37 ff.; *W. K. Geck*, Das Bundesverfassungsgericht und die allgemeinen Regeln des Völkerrechts, in: Bundesverfassungsgericht und Grundgesetz II (1976) S. 127 ff. – Sofern die Frage der Existenz oder der Tragweite einer solchen Regel in einem Rechtsstreit zweifelhaft wird, hat das Gericht die Entscheidung des Bundesverfassungsgerichts einzuholen (Art. 100 Abs. 2 GG); vgl. dazu BVerfGE 23, 288 (315 ff.); 46, 342 (358 ff.).

28 Vgl. dazu BVerfGE 15, 25 (35).

29 Zur Reichweite dieser Voraussetzungen BVerfGE 1, 372 (380 ff., 388 ff.).

setzgebenden Körperschaften in der Form eines Bundesgesetzes (unten Rdn. 534)[30]; bei Verwaltungsabkommen bedarf es zu einer Transformation der Beteiligung der nach innerstaatlichem Recht zuständigen Organe.

IV. Verfassungsrecht und europäisches Gemeinschaftsrecht

1. Bestand und Eigenart des Gemeinschaftsrechts

Für das Verhältnis des Grundgesetzes zu dem Recht der europäischen Gemein- **105** schaften: Europäische Gemeinschaft für Kohle und Stahl, Europäische Wirtschaftsgemeinschaft, Europäische Atomgemeinschaft, nunmehr zusammengefaßt in der Europäischen Union[31], gelten die für das Völkerrecht entwickelten Grundsätze nicht. Zwar beruht die Existenz der Gemeinschaften auf völkerrechtlichen Verträgen[32]. Aber das mit diesen Verträgen geschaffene (Primär-)Recht und das auf ihrer Grundlage von den Gemeinschaften geschaffene (Sekundär-)Recht unterscheidet sich wesentlich von (transformiertem) Völkerrecht[33]. Das Primärrecht gilt als gegenüber dem nationalen Recht selbständiges Recht unmittelbar in den Mitgliedstaaten. Ebenso ist das Sekundärrecht aufgrund der in den Gemeinschaftsverträgen vorgesehenen Normsetzungsbefugnis von Gemeinschaftsorganen für die Mitgliedstaaten und, soweit es als Verordnung ergeht, deren Angehörige unmittelbar verbindlich (vgl. Art. 189 Abs. 2 EGV). Gemeinschaftsrecht ist da-

---

30 Dazu *R. Bernhardt*, Verfassungsrecht und völkerrechtliche Verträge, HdBStR VII, § 174 Rdn. 11 ff. Übersichten über die Rechtsprechung des Bundesverfassungsgerichts zu völkerrechtlichen Problemen bei *O. Kimminich*, Das Völkerrecht in der Rechtsprechung des Bundesverfassungsgerichts, AöR 93 (1968) S. 485 ff.; *H. Steinberger*, Entwicklungslinien in der neueren Rechtsprechung des Bundesverfassungsgerichts zu völkerrechtlichen Fragen, Z. ausl. öff. R. u. VR. 48 (1988) S. 1 ff.

31 Die weiteren internationalen Gemeinschaften, in die die Bundesrepublik eingefügt ist, namentlich die WEU und die NATO, können hier außer Betracht bleiben, da sie nicht, wie die drei Gemeinschaften, auch Rechtsetzungs- und Rechtsprechungsbefugnisse ausüben. Zur NATO und WEU vgl. *F. Kirchhof*, Bundeswehr, HdBStR III, § 78 Rdn. 21 ff.

32 Vertrag über die Gründung der Europäischen Gemeinschaft für Kohle und Stahl vom 18. 5. 1951 (BGBl. 1952 II S. 447); Vertrag zur Gründung der Europäischen Wirtschaftsgemeinschaft vom 25. 3. 1957 (BGBl. II S. 766); Vertrag zur Gründung der Europäischen Atomgemeinschaft vom 25. 3. 1957 (BGBl. II S. 1014); Vertrag über die Europäische Union vom 7. 2. 1992 (BGBl. II S. 1252). – Seit dem 1. 7. 1967 werden die Befugnisse der Gemeinschaften von einheitlichen Organen wahrgenommen (Fusionsvertrag, BGBl. 1965 II S. 1454). Wesentliche Änderungen und Ergänzungen der Verträge enthält die Einheitliche Europäische Akte vom 17./18. Februar 1986 (BGBl. II S. 1104). Der Unionsvertrag „stellt eine neue Stufe bei der Verwirklichung der immer engeren Union der Völker Europas dar"; Grundlage der Union sind die Europäischen Gemeinschaften, ergänzt durch die mit dem Vertrag eingeführten Politiken und Formen der Zusammenarbeit (Art. A Abs. 2 und 3 Satz 1; vgl. ferner die Art. B bis F des Vertrages).

33 Die Darstellung folgt im wesentlichen der Lehre *H. P. Ipsens* (Europäisches Gemeinschaftsrecht [1972] S. 255 ff., bes. S. 262 und 277 ff.; *ders.*, VVDStRL 23 [1966] S. 128 ff.; *ders.*, Die Bundesrepublik Deutschland in den Europäischen Gemeinschaften, HdBStR VII, § 181, bes. Rdn. 57 ff.) und *W. von Simson/J. Schwarze*, Europäische Integration und Grundgesetz, Maastricht und die Folgen, HdBVerfR § 4. – Übersichten über den Inhalt des Unionsvertrages bei *A. Bleckmann*, Der Vertrag über die Europäische Union, DVBl. 1992, 335 ff.; *Th. Oppermann/C. D. Classen*, Die Europäische Gemeinschaft vor der Europäischen Union, NJW 1993, 5 ff.

her in der Bundesrepublik nicht, wie transformiertes Völkerrecht, Bestandteil des Bundesrechts, sondern ein selbständiger Rechtskomplex eigener Art, dessen Geltungsgrund seine Herkunft aus der öffentlichen Gemeinschaftsgewalt ist, der freilich insoweit in das nationale Recht hineinragt, als die zugrunde liegenden Verträge gem. Art. 59 Abs. 2 GG auch deutsches Recht geworden sind.

2. Verfassungsrechtliche Grundlagen und Grenzen innerstaatlicher Verbindlichkeit

106 Die innerstaatliche Geltung des Gemeinschaftsrechts beruht auf der Verfassungsentscheidung zur gesamtaktlichen Errichtung der Gemeinschaften, an der teilzunehmen die Bundesrepublik durch Art. 24 Abs. 1 GG ermächtigt war[34]. Neben diese Bestimmung ist aufgrund des 38. Änderungsgesetzes zum Grundgesetz vom 28. 12. 1992 (BGBl. I S. 2086) ein neuer speziell der europäischen Integration geltender Artikel 23 getreten. Nach diesem wirkt die Bundesrepublik Deutschland bei der Verwirklichung der Europäischen Union mit, die demokratischen, rechtsstaatlichen, sozialen und föderativen Grundsätzen und dem Grundsatz der Subsidiarität verpflichtet ist und einen dem Grundgesetz im wesentlichen vergleichbaren Grundrechtsschutz gewährleistet. Hierzu kann der Bund durch Gesetz mit Zustimmung des Bundesrates Hoheitsrechte (auch solche der Länder) übertragen. Für die Begründung der Europäischen Union sowie für Änderungen ihrer vertraglichen Grundlagen und vergleichbarer Regelungen, durch die das Grundgesetz seinem Inhalt nach geändert oder ergänzt wird oder solche Änderungen oder Ergänzungen ermöglicht werden, wird die Einhaltung des Verfahrens und der Grenzen der Verfassungsänderung (Art. 79 Abs. 2 und 3) vorgeschrieben (Art. 23 Abs. 1). Weiterhin werden umfassende Mitwirkungsrechte des Bundestages, des Bundesrates sowie der Länder begründet (Art. 23 Abs. 2 bis 6). Näheres dazu ist durch die Gesetze über die Zusammenarbeit von Bundesregierung und Deutschem Bundestag in Angelegenheiten der Europäischen Union vom 12. 3. 1993 (BGBl. I S. 311) und über die Zusammenarbeit von Bund und Ländern in Angelegenheiten der Europäischen Union vom gleichen Tage (BGBl. I S. 313, vgl. unten Rdn. 623) geregelt.

---

34 *Ipsen*, Europäisches Gemeinschaftsrecht (Anm. 33). In einer ähnlichen Linie auch die Rechtsprechung des Bundesverfassungsgerichts: Gemeinschaftsrecht und innerstaatliches Recht als zwei selbständige voneinander verschiedene Rechtsordnungen; das von den Verträgen und auf ihrer Grundlage gesetzte Recht als aus einer „autonomen Quelle" fließend (BVerfGE 22, 293 [296 f.]; vgl. auch BVerfGE 31, 145 [173 f.]). Später hat das Gericht den Aspekt der Öffnung der deutschen Rechtsordnung stärker betont, durch die der „ausschließliche Herrschaftsanspruch der Bundesrepublik Deutschland im Geltungsbereich des Grundgesetzes zurückgenommen und der unmittelbaren Geltung und Anwendung eines Rechts aus anderer Quelle innerhalb des staatlichen Herrschaftsbereichs Raum gelassen" werde (BVerfGE 37, 271 [280]; 58, 1 [28]; 73, 339 [374 f.]) Nach dem Maastricht-Urteil des Gerichts ergeben sich Geltungs- und Anwendungsvorrang des Gemeinschaftsrechts im deutschen Hoheitsbereich allein aus dem Rechtsanwendungsbefehl des deutschen Zustimmungsgesetzes zu den Verträgen (BVerfGE 89, 155 [190], vgl. auch BVerfGE 73 (339 [375]). Vgl. dazu *H. Steinberger*, Die Europäische Union im Lichte der Entscheidung des Bundesverfassungsgerichts vom 12. Oktober 1993, in: Festschrift für Rudolf Bernhardt (1995) S. 1321 ff.

Die unmittelbare Geltung des Gemeinschaftsrechts und sein Vorrang vor dem na- **107**
tionalen Recht sind Voraussetzung der Funktionsfähigkeit der Gemeinschaft; diese kann nicht von der Übereinstimmung ihres Rechts mit den möglicherweise unterschiedlichen Normierungen des nationalen Rechts der Mitgliedstaaten abhängig gemacht werden. Deshalb kann Gemeinschaftsrecht durch nationales Recht
weder aufgehoben noch geändert werden. Im Falle einer Kollision geht es grundsätzlich dem nationalen Recht vor[35]. Für das deutsche Verfassungsrecht gilt das
freilich nicht ohne Einschränkung.

Wie nunmehr auch Art. 23 Abs. 1 GG zeigt, öffnet das Grundgesetz die innerstaatliche Rechtsordnung dem Vorrang und dem unmittelbaren Durchgriff von Gemeinschaftsrecht nur insoweit, als dieses Recht nicht „die Identität der geltenden
Verfassung der Bundesrepublik Deutschland durch Einbruch in die sie konstituierenden Strukturen aufheben würde"[36]. Geltungs- und Anwendungsvorrang des
Gemeinschaftsrechts finden damit in der Bundesrepublik eine unaufhebbare
Schranke an den in Art. 79 Abs. 3 GG normierten Grenzen einer Verfassungsänderung (unten Rdn. 700 ff.). Bedeutung hat das für die Frage gewonnen, ob der Vorrang des Gemeinschaftsrechts vor den Grundrechten und weiteren tragenden Prinzipien des Grundgesetzes Halt zu machen habe.

3. Die Verfassungsrechtsprechung: „Solange I und II", „Maastricht"

Im Blick auf die *Grundrechte* stellt sich das Vorrangproblem, weil der wesentli- **108**
che Inhalt der Grundrechte in allen derzeitigen Mitgliedstaaten der Union gewährleistet und der Kernbestand der Grundrechte auch im Gemeinschaftsrecht anerkannt und geschützt wird, tiefergehende Widersprüche zum Inhalt der deutschen
verfassungsmäßigen Ordnung, im besonderen zu den auf die menschliche Person
bezogenen Grundrechten also nicht auftreten können[37]. Das Bundesverfassungsgericht hat die Grundrechtsgewährleistungen des Gemeinschaftsrechts zunächst
nicht für ausreichend gehalten: solange der allgemein verbindliche Grundrechts-
standard des Gemeinschaftsrechts dem des Grundgesetzes noch nicht mit Sicherheit adäquat sei, greife daher der erwähnte Vorbehalt ein[38]. In „Fortbildung seines
Verfahrensrechts" hat sich das Gericht für zuständig gehalten, sekundäres Ge-

---

35 *Ipsen* (Anm. 33) HdBStR VII § 181 Rdn. 58 f.
36 BVerfGE 37, 271 (279 f.); vgl. auch BVerfGE 58, 1 (40); 73, 339 (375 f.), in diesen Entscheidungen
   aus einem immanenten Vorbehalt des Art. 24 GG hergeleitet.
37 Zum Grundrechtsschutz im Europäischen Gemeinschaftsrecht: Grundrechtsschutz in Europa,
   hrsg. von *H. Mosler, R. Bernhardt, M. Hilf* (1979) S. 51 ff.; *P. Pescatore*, Bestand und Bedeutung
   der Grundrechte in den Europäischen Gemeinschaften, EuGRZ 1978, 441 ff.; *I. Pernice*, Grund-
   rechtsgehalte im Europäischen Gemeinschaftsrecht (1979); *M. A. Dauses*, Der Schutz der Grundrechte in der Europäischen Gemeinschaft, JöR NF 31 (1982) S. 1 ff.; *J. Schwarze*, Schutz der
   Grundrechte in der Europäischen Gemeinschaft, EuGRZ 1986, 293 ff.; *M. Zuleeg*, Der Schutz der
   Menschenrechte im Gemeinschaftsrecht, DÖV 1992, 937 ff. – Nach Art. F Abs. 2 des Unionsvertrages achtet die Union die Grundrechte, wie sie in der Europäischen Menschenrechtskonvention
   (unten Rdn. 278) gewährleistet sind und wie sie sich aus den gemeinsamen Verfassungsüberliefe-
   rungen der Mitgliedstaaten als allgemeinen Grundsätze des Gemeinschaftsrechts ergeben.
38 BVerfGE 37, 271 (277 ff. – „Solange I"). Anders das Minderheitsvotum, ebd. S. 291 ff.

meinschaftsrecht im Normenkontrollverfahren auf seine Vereinbarkeit mit den Grundrechten des Grundgesetzes zu überprüfen und gegebenenfalls seine Unanwendbarkeit festzustellen[39]. Später hat das Gericht im Hinblick auf die zwischenzeitliche Entwicklung des gemeinschaftsrechtlichen Grundrechtsstandards die „Solange-Formel" umgekehrt: solange die Europäischen Gemeinschaften insbesondere die Rechtsprechung des Europäischen Gerichtshofes, einen wirksamen, dem vom Grundgesetz gebotenen im wesentlichen gleichkommenden Schutz der Grundrechte gegenüber der Hoheitsgewalt der Gemeinschaften generell gewährleisten, werde das Bundesverfassungsgericht seine Gerichtsbarkeit über die Anwendbarkeit von abgeleitetem Gemeinschaftsrecht, das als Rechtsgrundlage für ein Verhalten deutscher Gerichte oder Behörden im Hoheitsbereich der Bundesrepublik Deutschland in Anspruch genommen werde, nicht mehr ausüben und dieses nicht mehr am Maßstab des Grundgesetzes messen; entsprechende Vorlagen nach Art. 100 Abs. 1 GG seien somit unzulässig[40].

Die Vereinbarkeit von Gemeinschaftsrecht mit einem tragenden Strukturprinzip des Grundgesetzes hat das Gericht in seinem Urteil zum Unionsvertrag von *Maastricht* eingehend überprüft[41]. Den Maßstab bildet das demokratische Prinzip: Werde demokratische Legitimation der Gemeinschaftsgewalt, wie gegenwärtig, durch die Staatsvölker der Mitgliedstaaten über die nationalen Parlamente vermittelt, so seien der Ausdehnung der Aufgaben und Befugnisse der Europäischen Gemeinschaften von diesem Prinzip her Grenzen gesetzt. Dem deutschen Bundestag müßten Aufgaben und Befugnisse von substantiellem Gewicht bleiben; das rechtsverbindliche unmittelbare Tätigwerden der Europäischen Gemeinschaften im innerstaatlichen Raum müsse für den (demokratischen) Gesetzgeber voraussehbar im Vertrag umschrieben und durch ihn im Zustimmungsgesetz hinreichend bestimmt normiert worden sein. Spätere wesentliche Änderungen des im Unionsvertrage angelegten Integrationsprogramms und seiner Handlungsermächtigungen wären mithin nicht mehr von dem Zustimmungsgesetz zu diesem Vertrag gedeckt. „Würden etwa europäische Einrichtungen oder Organe den Unionsvertrag in einer Weise handhaben oder fortbilden, die von dem Vertrag wie er dem deutschen Zustimmungsgesetz zugrunde liege, nicht mehr gedeckt wäre, so wären die

---

39 BVerfGE 37, 271 (281 ff.), auch dagegen das Minderheitsvotum, ebd. S. 300 ff. Ergänzend und abschwächend später BVerfGE 52, 187 (199 ff.); 58, 1 (26 ff., bes. S. 40 f.); 59, 63 (83 ff.).

40 BVerfGE 73, 339 (375 ff. – „Solange II"), mit einer Abweichung bestätigt in BVerfGE 89, 155 (174 f.). Wie das Bundesverfassungsgericht hinzufügt, übt es seine Gerichtsbarkeit über die Anwendbarkeit von abgeleitetem Gemeinschaftsrecht in Deutschland in einem „Kooperationsverhältnis" aus, in dem der Europäische Gerichtshof den Grundrechtsschutz in jedem Einzelfall für das gesamte Gebiet der Europäischen Gemeinschaften garantiert, das Bundesverfassungsgericht sich deshalb auf eine generelle Gewährleistung des unabdingbaren Grundrechtsstandards beschränken kann. Soweit hiernach der Europäische Gerichtshof zu entscheiden hat, ist er im Sinne des Art. 101 Abs. 1 GG gesetzlicher Richter.

41 BVerfGE 89, 155. Zu dem Urteil: *Steinberger* (Anm. 34) S. 1313 ff.; *J. A. Frowein*, Das Maastricht-Urteil und die Grenzen der Verfassungsgerichtsbarkeit, ZaöR u. VR 1994, S. 1 ff.; *U. Everling*, Das Maastricht-Urteil des Bundesverfassungsgerichts und seine Bedeutung für die Entwicklung der Europäischen Union, Integration, 17. Jahrg. 3/94, Beilage zur Europäischen Zeitung 7–8 1994, bes. S. 165 ff.; *Chr. Tomuschat*, Europäische Union unter der Aufsicht des Bundesverfassungsgerichts, EuGRZ 1993, 489 ff.; *J. Kokott*, Deutschland im Rahmen der Europäischen Union – zum Vertrag von Maastricht, AöR 119 (1994) S. 207 ff.

daraus hervorgehenden Rechtsakte im deutschen Hoheitsbereich nicht verbindlich. Die deutschen Staatsorgane wären aus verfassungsrechtlichen Gründen gehindert, diese Rechtsakte in Deutschland anzuwenden". Dementsprechend prüfe
das Bundesverfassungsgericht, ob Rechtsakte der europäischen Einrichtungen
und Organe sich in den Grenzen der ihnen eingeräumten Hoheitsrechte hielten
oder aus ihnen ausbrächen[42].

Wie das Gericht im weiteren ausgeführt hat, genügt der Unionsvertrag diesen Anforderungen: der notwendige Einfluß des Bundestages sei durch Art. 23 Abs. 1
bis 3 GG sowie durch seinen Einfluß auf die Europapolitik der Bundesregierung
durch deren parlamentarische Verantwortlichkeit (Art. 63, 67 GG) gewährleistet.
Der Unionsvertrag genüge den dargelegten Bestimmtheitserfordernissen, was die
parlamentarische Verantwortbarkeit des Zustimmungsgesetzes zu dem Vertrag be-
gründe. Die Besorgnis, die Europäische Gemeinschaft werde aufgrund ihrer weit-
gesteckten Ziele ohne erneute parlamentarische Rechtsanwendungsbefehle sich
zu einer politischen Union mit nicht voraussehbaren Hoheitsrechten entwickeln,
sei nicht begründet[43]. Im Ergebnis respektiert der Unionsvertrag von Maastricht
die Identität der grundgesetzlichen Ordnung[44].

4. Staat und Verfassung im Fortgang der europäischen Integration

Soweit hiernach die Ausübung öffentlicher, einschließlich rechtsetzender Gewalt   **109**
sowie die Existenz, unmittelbare Geltung und Wirksamkeit von Gemeinschafts-
normen neben den Normen der nationalen Rechtsordnung anerkannt werden, verliert die Verfassung im Umfang des Verzichts auf ausschließliche Hoheitsgewalt
einen Teil ihrer bisherigen Tragweite und Bedeutung. Zugleich führt die fortschrei-
tende europäische Integration zu Verschiebungen in der verfassungsmäßigen Ordnung. Das zeigt sich etwa im Bereich der bundesstaatlichen Ordnung (vgl. unten
Rdn. 623). Es gilt für die parlamentarische Demokratie, sowohl im Bund wie in
den Ländern: Reichweite und Bedeutung der nationalen politischen Willensbildung durch das demokratisch gewählte Parlament werden zugunsten einer im wesentlichen exekutivischen Willensbildung durch die zuständigen Organe der Europäischen Gemeinschaften beschränkt (vgl. unten Rdn. 163). Ähnliches gilt für die
Funktionen der parlamentarisch verantwortlichen Bundesregierung. Diese wirkt
zwar im Rat an der europäischen Willensbildung mit und übt damit in gewisser
Weise auch dem Parlament verlorengehende Befugnisse aus; doch kann solche
Mitbestimmung den Verlust nationaler parlamentarischer Eigenbestimmung
nicht voll ausgleichen, dies namentlich dann, wenn der Rat mit Mehrheit seiner Mitglieder entscheidet und die Bundesrepublik überstimmt wird (vgl.
Art. 148 EGV). Auch auf das Wirken und die Bedeutung der Verfassungsgerichtsbarkeit kann dieser Wandel nicht ohne Auswirkungen bleiben.

---

42 BVerfGE 89, 155 (182 ff., insbes. 186 ff.), das wörtliche Zitat S. 188; vgl. auch S. 195. Die Passage
   ist auf nachhaltige Kritik gestoßen, vgl. Anm. 41.
43 BVerfGE 89, 155 (190 ff.).
44 BVerfGE 89, 155 (212).

Es wäre indessen verfehlt, diese Entwicklung allein unter dem Blickwinkel eines Verlustes nationaler staatlicher Souveränität[45] sowie des Endes der Suprematie der Verfassung zu sehen – und zu beklagen. In der modernen Welt der Massenvernichtungswaffen, der globalen ökologischen Bedrohungen wie der globalen wirtschaftlichen Verflechtungen und der durch sie bedingten organisatorischen Vernetzungen läßt sich eine Reihe öffentlicher Aufgaben, allem voran diejenige der Friedenssicherung, nicht mehr im herkömmlichen nationalen Rahmen bewältigen. Es werden Ordnungen erforderlich, welche über diesen Rahmen hinausgreifen. Diesen Notwendigkeiten sucht das Grundgesetz durch die Ermächtigung der Art. 23 und 24 Abs. 1 und 1 a zu entsprechen. Es dokumentiert mit diesen Bestimmungen im Geiste der Präambel („. . . als gleichberechtigtes Glied in einem vereinten Europa dem Frieden der Welt zu dienen . . .") seine Offenheit für eine europäische Integration, es schafft mit ihnen die verfassungsrechtlich notwendigen Grundlagen für die Beteiligung an den im Zuge dieser Integration entstehenden Einrichtungen, und es billigt die Konsequenzen, die sich daraus für Staat und Verfassung ergeben.

110 Dies ist von prinzipieller Bedeutung für das Verständnis der Verfassung wie das des Staates.

111 In dem Maße, in dem staatliche Ordnungsaufgaben von Einrichtungen der Europäischen Union übernommen werden, verändert sich der Charakter der Verfassung als rechtlicher Grundordnung des Gemeinwesens. Wenn Art. 23 und 24 GG es zulassen, daß außerhalb der Verfassung und ihrer Bindungen stehende öffentliche Gewalt geschaffen werden kann, daß im Rahmen der dargelegten Grenzen bedeutende Änderungen des bestehenden Gesamtrechtszustandes ohne Änderung der Verfassung herbeigeführt werden können und daß der Geltungsbereich des Rechts der Gemeinschaft zunehmend erweitert werden kann, so bedeutet das zwar nicht die Preisgabe systematischer Geschlossenheit der Verfassung, die diese ohnehin nicht beanspruchen kann, wohl aber einen Verzicht auf ihre allumfassende Geltung und ihren Primat in der rechtlichen Ordnung des Gemeinwesens: ihre Normativität kann jeweils nur noch denjenigen nicht ein für allemal feststehenden Bereich erfassen, den die neuen, das nationale Recht überlagernden Ordnungen freilassen. Die Verfassung weist insoweit – dies ist das grundsätzlich Neue – über sich selbst hinaus.

112 In ähnlicher Weise wird dem durch das Grundgesetz konstituierten Staat zwar nicht, wie eine verbreitete Auffassung dies annimmt, sein Charakter als Träger prinzipiell unumschränkter Gewalt genommen, weil eine solche im modernen Verfassungsstaat ohnehin nicht besteht; wohl aber werden die dem Staat bisher eignende Geschlossenheit und sein Monopol der Ausübung (begrenzter) öffentlicher Gewalt relativiert. Dies macht ein Verständnis des Staates und seiner Aufgaben notwendig, das den Staat mehr als bisher als ein offenes, bewegliches Gebilde begreift[46], und schließt endgültig Staatsauffassungen aus, die ihren Mittelpunkt lediglich in dem Monopol legitimer physischer Gewaltsamkeit *(Max Weber)* finden.

---

45 Zum Ende der Nationalstaatlichkeit: *Steinberger* (Anm. 34) S. 1324 ff.
46 *U. Scheuner*, VVDStRL 23 (1966) S. 109.

Diese Wandlungen machen indessen Staat und Verfassung nicht gegenstandslos.   113
Die Kompetenzen der Gemeinschaftsorgane sind begrenzt; und die die Gemeinschaften konstituierenden Verträge können nur durch die Staaten selbst geändert
oder ergänzt werden. Welche Form auch immer die Europäische Gemeinschaft
künftig erhalten wird: ihr Bestand wird stets den Bestand der Mitgliedstaaten und
mit diesen den Bestand ihrer Verfassungen voraussetzen[47]. Auch wird die künftige Europäische Union ihre Aufgaben nur wirksam erfüllen können, wenn sie de-
zentralisiert aufgebaut ist und hierbei dem Grundsatz der Subsidiarität folgt, die
Gemeinschaft also auf das beschränkt, was einheitlicher Regelung durch die Gemeinschaft bedarf[48]. Auch dann ist allerdings der tiefgehende Wandel unverkennbar: die Entwicklung des Staates vom überkommenen, souveränen, in sich geschlossenen Nationalstaat zum heutigen international verflochtenen und supranatio-
nal eingebundenen Staat findet ihre Entsprechung in dem Verlust der Suprematie und der bisherigen Reichweite seiner Verfassung. Als Verfassung eines Mitgliedstaates der Europäischen Gemeinschaft muß die Verfassung die durch das europäische Recht gezogenen Grenzen respektieren; ihre Inhalte werden durch die
Verschränkungen mit der europäischen Gemeinschaftsordnung mitbestimmt. Zugleich wächst indessen ihre Bedeutung als wesentliches Element der europäischen Einigung. Denn wie die anderen mitgliedstaatlichen Verfassungen steht sie
zu der europäischen Gemeinschaftsordnung in einem Verhältnis wechselseitiger
Bedingtheit und Einflußnahme, das geeignet ist, zu einer – fortschreitenden – Konkordanz von Staats- und Europarecht zu führen[49]. Mit dem Bestand mitgliedstaat-
licher Einheit bleiben auch deren Grundlagen: politische Einheitsbildung und
staatliches Wirken in ihrer Ordnung durch die Verfassung sowie der Bestand der
nationalen Rechtsordnung vorausgesetzt. Die Verfassung, deren Gegenstand diese Grundlagen sind, behält daher auch dann ihre Bedeutung, wenn sich in jener
Entwicklung eine Dämmerung des Nationalstaats vollzieht. Der Wandel, der sich
hier abzeichnet, darf indessen nicht aus dem Auge verloren werden, wenn die Betrachtung sich im folgenden dem Inhalt des geltenden Verfassungsrechts zuwen-
det.

---

47 Dazu BVerfGE 75, 223 (242); 89, 155 (190). *H. P. Ipsen*, 40 Jahre Grundgesetz der Bundesrepublik
   Deutschland, JöR NF 38 (1989) S. 37 f.; *P. Kirchhof*, Der deutsche Staat im Prozeß der europäischen Integration, HdBStR VII, § 183 Rdn. 55 ff. Grundlegend zu den elementaren Voraussetzungen „innerer Art" für ein funktionierendes Europa, die ohne die Mitgliedstaaten als „Staaten" nicht
   gegeben wären: *W. v. Simson*, Die Rolle des Staates in der Europäischen Gemeinschaft, in: Europa
   1992. Markt, Staat, Gemeinschaft, Europarecht Beih. I/1992 S. 37 ff. Vgl. ferner *v. Simson/Schwar-
   ze* (Anm. 33) § 4 Rdn. 137 ff. – Nach Art. F Abs. 1 des Unionsvertrages achtet die Union die „nationale Identität ihrer Mitgliedstaaten, deren Regierungssysteme auf demokratischen Grundsätzen beruhen".
48 Der Grundsatz ist nunmehr normiert in Art. 3 b Abs. 2 des Unionsvertrages. Zu seiner Bedeutung,
   die bereits Gegenstand umfangreicher Auseinandersetzungen ist, vgl. etwa *J. Frowein*, Verfas-
   sungsperspektiven der Europäischen Gemeinschaft, in: Europa 1992 (Anm. 47) S. 63 (68 ff.).
49 *J. Schwarze*, Das Staatsrecht in Europa, JZ 1993, 591 ff.

ZWEITER TEIL

Grundlagen der verfassungsmäßigen Ordnung des Grundgesetzes

§ 4 Überblick

Als rechtliche Grundlage des Gemeinwesens bestimmt die Verfassung, wie ge- **114**
zeigt, die Leitprinzipien, nach denen politische Einheit sich bilden soll und staatliche Aufgaben wahrzunehmen sind. Das Grundgesetz benennt diese Prinzipien in
der Präambel und in den Art. 1, 20 und 28.

Nach der nicht zum normativen Teil der Verfassung gehörenden, gleichwohl un- **115**
mittelbar rechtliche Bedeutung entfaltenden[1] und für die Organe der politischen
Leitung verbindlichen[2] *Präambel* ist die Einheit und Freiheit Deutschlands in freier Selbstbestimmung vollendet. Es geht nicht mehr darum, „dem staatlichen Leben für eine Übergangszeit eine neue Ordnung zu geben" (vgl. oben Rdn. 97); sondern das Grundgesetz gilt nunmehr für das gesamte Deutsche Volk, dem die Aufgabe gestellt ist, als gleichberechtigtes Glied in einem vereinten Europa dem Frieden der Welt zu dienen.

Dieser Aufgabe kommt zwar unmittelbare Geltung zu; sie kann aber auf verschie- **116**
denen Wegen und nur nach Maßgabe der politischen Möglichkeiten verfolgt werden. Demgegenüber normiert der *Eingangsartikel des Grundgesetzes* das unbe-
dingte und in der Art seiner Realisierung unverfügbare oberste Prinzip der verfassungsmäßigen Ordnung[3]: die Unantastbarkeit der Würde des Menschen und die
Verpflichtung aller staatlichen Gewalt, sie zu achten und zu schützen. Weit entfernt von einer abstrakten Formel oder bloßen Deklamation, der juristische Bedeutung abgeht, kommt diesem Prinzip das volle Gewicht einer normativen Grundlegung dieses geschichtlich-konkreten Gemeinwesens zu, dessen Legitimität nach
einer Zeit der Unmenschlichkeit und im Zeichen gegenwärtig-latenter Gefährdung der „Würde des Menschen" in der Achtung und im Schutz der Menschlich-
keit liegt[4]. Das Bild des Menschen, von dem das Grundgesetz in Art. 1 ausgeht,
darf dabei weder individualistisch noch kollektivistisch mißverstanden oder umge-
deutet werden. Für die verfassungsmäßige Ordnung des Grundgesetzes ist der
Mensch weder isoliertes, seiner geschichtlichen Bedingtheit entkleidetes Individuum noch wesenloses Partikel moderner „Masse". Er wird vielmehr als „Person" verstanden[5]: von unverfügbarem Eigenwert, zu freier Entfaltung bestimmt,
zugleich aber auch Glied von Gemeinschaften, von Ehe und Familie (Art. 6 GG),
Kirchen (Art. 140 GG), sozialen und politischen Gruppen (Art. 9 und 21 GG), der
politischen Gemeinden (Art. 28 Abs. 2 GG), nicht zuletzt auch des Staates, damit
in den mannigfachsten zwischenmenschlichen Bezügen stehend, durch diese Bezüge in seiner konkreten Individualität wesentlich geformt, aber auch berufen,

---

1 Vgl. dazu BVerfGE 5, 85 (127); 36, 1 (17).
2 BVerfGE 5, 85 (127 f.); 12, 45 (51 f.); 36, 1 (17).
3 Vgl. dazu BVerfGE 6, 32 (36); 10, 59 (81); 12, 45 (53); 27, 1 (6); 30, 1 (25 ff., 39 f.); 45, 187 (227)
   m. w. Nachw. Aus der Lit.: *E. Benda,* Menschenwürde und Persönlichkeitsrecht, HdBVerfR § 6; *P.
   Häberle,* Das Menschenbild im Verfassungsstaat (1988); *ders.,* Die Menschenwürde als Grundlage
   der staatlichen Gemeinschaft, HdBStR I, § 20 bes. Rdn. 5 ff., 58 ff.
4 BVerfGE 18, 112 (117).
5 Vgl. BVerfGE 4, 7 (15 f.), st. Rspr., vgl. noch BVerfGE 65, 1 (44) m. w. Nachw.

menschliches Zusammenleben verantwortlich mitzugestalten. Erst so, nicht nur als Schranke oder Schutzverpflichtung staatlicher Gewalt verstanden, wird der Inhalt des Art. 1 GG und werden die Menschenrechte, zu denen das deutsche Volk sich um dieses Inhalts willen „als Grundlage jeder menschlichen Gemeinschaft" bekennt (Art. 1 Abs. 2 GG), zur Voraussetzung freier Selbstbestimmung, auf der die vom Grundgesetz konstituierte Ordnung staatlichen Lebens beruhen soll.

117   Auf dieser Basis ordnet das Grundgesetz das heutige Staatswesen als Republik, Demokratie, sozialer Rechtsstaat und Bundesstaat (Art. 20, 28 GG).

118   Art. 1 WRV hatte die Verfassung noch mit den Worten: „Das Deutsche Reich ist eine Republik" eingeleitet. Das Grundgesetz enthält keinen entsprechenden Satz. Es setzt in Art. 20 Abs. 1 die republikanische Staatsform für den Bund voraus und bestimmt in Art. 28 Abs. 1, daß die verfassungsmäßige Ordnung in den Ländern den Grundsätzen des *republikanischen*, demokratischen und sozialen Rechtsstaates *im Sinne dieses Grundgesetzes* entsprechen müsse. Verfassungsmäßigen Ausdruck findet die republikanische Staatsform des Bundes nur noch in der Bezeichnung „Bundesrepublik Deutschland"[6].

119   Das deutet auf einen Rückgang der Bedeutung der republikanischen Staatsform hin, und in dem *engeren Sinne* eines Ausschlusses jeder Regierungsgewalt aus eigenem Recht, im besonderen der monarchischen, erscheint sie heute in der Tat unproblematisch – anders als für die Weimarer Reichsverfassung, die sich noch gegenüber einer monarchischen Vergangenheit polemisch abzusetzen hatte.

120   Doch gilt das nicht, wenn der Begriff der Republik in seiner älteren und *weiteren Bedeutung* verstanden wird. In dieser bezeichnet er das „gemeine Wesen" (res publica), in dem alle öffentliche Gewalt auf die Gemeinschaft zurückzuführen und dem „gemeinen Besten" (salus publica) zu dienen verpflichtet ist, in dem nach der Formel *Kants* „die freien Menschen und gleichen Untertanen auch Bürger sind", die keinen anderen als den verfassungs- und gesetzmäßigen Gehorsam schulden und denen öffentliche Rechte, besonders das der Mitwirkung bei der Gesetzgebung zukommen: den wahrhaften und freien Staat im Gegensatz zur Despotie, in der es nichts anderes gibt als die Willkür der Machthaber.

121   In der verfassungsmäßigen Ordnung des Grundgesetzes überschneiden diese Inhalte sich mit denen der Demokratie und des Rechtsstaates, mit denen sie sich geschichtlich verbunden haben und in die sie heute weithin eingegangen sind. Namentlich in den Gedanken des „gemeinen Wesens" und der Verpflichtung der Regierenden auf die salus publica behält jedoch das republikanische Element auch innerhalb dieser Ordnung die Bedeutung eines positiven Leitprinzips.

122   In der engeren Bedeutung des Begriffs ist die Festlegung auf die Republik in Art. 20 Abs. 1 GG ebenfalls wesentlich. Da die Grundsätze des Art. 20 GG jeder Verfassungsänderung entzogen sind (Art. 79 Abs. 3 GG), ist der Übergang zur Monarchie auch im Wege der Verfassungsänderung ausgeschlossen. Davon abge-

---

6 Zur Bedeutung des republikanischen Prinzips näher: *K. Stern*, Das Staatsrecht der Bundesrepublik Deutschland I (2. Aufl. 1984) S. 575 ff.; *W. Henke*, Die Republik, HdBStR I, § 21; *J. Isensee*, Art. Republik, Staatslexikon 4 (7. Aufl. 1988) Sp. 882 ff.

sehen verbietet die Entscheidung für die Republik ein Verständnis des Wesens staatlicher Gewalt, das seine Wurzeln noch im monarchischen Prinzip (vgl. Art. 57 der Wiener Schlußakte) hat und in Anknüpfung an die auf diesem Prinzip beruhende Staatslehre staatliche Gewalt auch heute als prinzipiell unbeschränkt und vorverfassungsmäßig gegeben begreift.

Der Übergang zur (im engeren Sinne) republikanischen Ordnung in Bund (Reich)   123 und Ländern hat die Grundlage des *Bundesstaatsprinzips* gegenüber der Zeit vor 1918 entscheidend verändert. Nach der Präambel der Reichsverfassung von 1871 war das Reich ein ewiger Bund der deutschen Fürsten und Freien Städte „zum Schutz des Bundesgebiets und des innerhalb desselben gültigen Rechts sowie zur Pflege der Wohlfahrt des Deutschen Volkes". Diese dynastisch-bündische Grundlage, die Fürsten-, nicht die Volkssouveränität, legitimierte und prägte die in der Verfassung geschaffene Ordnung des Reiches, und demgemäß war es das bundesstaatliche Element, das – besonders deutlich in der Einrichtung des aus Vertretern der verbündeten Regierungen bestehenden obersten Reichsorgans, des Bundesrats – die Organisation des Reiches und die Eigenart seiner Staatlichkeit primär bestimmte.

In der verfassungsmäßigen Ordnung des Grundgesetzes hat das Bundesstaatsprin-   124 zip, ebenso wie schon in der Weimarer Reichsverfassung, diese ältere Bedeutung verloren. Das dynastische Element ist mit dem Übergang zur republikanischen Staatsform in den Ländern entfallen; das bündische ist ersetzt durch die Einheit des Deutschen Volkes „in den Ländern" (Präambel des Grundgesetzes). Wenn das Grundgesetz wie die Weimarer Reichsverfassung gleichwohl an einer bundesstaatlichen Ordnung festhält, so bedeutet das nicht nur, daß die Grundlagen und die Struktur der bundesstaatlichen Ordnung sich gewandelt haben, sondern auch, daß das Bundesstaatsprinzip nicht mehr das primär bestimmende Element staatlicher Gesamtordnung ist.

Die Stelle dieses Elements nimmt in der verfassungsmäßigen Ordnung des Grund-   125 gesetzes das *demokratische Prinzip* ein. Der Satz: „Alle Staatsgewalt geht vom Volke aus" (Art. 20 Abs. 2 Satz 1 GG, Art. 1 Abs. 2 WRV) bezeichnet die Grundlage der durch das Grundgesetz konstituierten Staatlichkeit, die in der Bundesflagge durch die Farben der nationaldemokratischen Einheits- und Freiheitsbewegung Deutschlands symbolisiert wird (Art. 22 GG). Mit dem demokratischen verbindet sich das *Rechtsstaatsprinzip*, das im Grundgesetz eine stärkere Betonung erfährt als in der Weimarer Reichsverfassung und vollends in der Reichsverfassung von 1871 –auch dies eine Reaktion auf die Mißachtung rechtsstaatlicher Grundsätze in der Zeit des nationalsozialistischen Regimes – und, in der spezifischen Form des „sozialen Rechtsstaats" (Art. 20, 28 Abs. 1 GG), eine notwendige Ergänzung und Fortbildung überkommener Rechtsstaatlichkeit.

In dieser, gegenüber der Vergangenheit teils veränderten teils beibehaltenen Ver-   126 teilung der Gewichte bestimmen Republik, Demokratie, sozialer Rechtsstaat und Bundesstaat die verfassungsmäßige Ordnung des Grundgesetzes. Das Prinzip der Republik bedarf keiner weiteren Konkretisierung, so daß es insoweit bei der Festlegung in Art. 20 und 28 GG sein Bewenden hat. Anders die Prinzipien der Demokratie, des sozialen Rechtsstaates und des Bundesstaates, die in Art. 20 und 28 GG zunächst nur grundsätzlich bezeichnet werden, konkrete Gestalt jedoch erst in zahlreichen weiteren Grundsätzen, Einzelnormierungen und den zwischen diesen bestehenden Zusammenhängen finden. Sie bedürfen daher der näheren Erörterung.

§ 5 Demokratie

127 Es gibt kaum einen verfassungsrechtlichen Begriff, dem so unterschiedliche Deutungen gegeben werden wie dem der Demokratie. Obwohl das demokratische Prinzip die verfassungsmäßige Ordnung des Grundgesetzes primär bestimmt, besteht darüber, was „Demokratie" ist, eine Fülle verschiedener, oft gegensätzlicher Auffassungen. Dieser Vielfalt gegenüber kann die *verfassungsrechtlich maßgebliche Bedeutung des Begriffs* nur anhand der konkreten Ausformung der Demokratie durch die Verfassung gewonnen werden. So sehr diese ihrerseits auf bestimmten geschichtlichen – auch „ideengeschichtlichen" – Voraussetzungen beruht und so wenig verfassungsrechtliches Verstehen sich von den geschichtlichen Bedingungen und den konkreten Problemen seines Gegenstandes ablösen läßt, muß dieser normative Ausgangspunkt festgehalten werden, wenn die juristische Aufgabe, um die es geht, nicht verfehlt werden soll[1].

128 Diesen für eine verfassungsrechtliche Betrachtung gebotenen Ansatz hat das Bundesverfassungsgericht nicht immer konsequent eingehalten. Das Gericht hat sein Demokratieverständnis nicht nur an Hand einer „Gesamtinterpretation des Grundgesetzes und seiner Einordnung in die moderne Verfassungsgeschichte" entwickelt[2], sondern in dieses Verständnis auch Elemente eingebaut, die anderer und ganz unterschiedlicher Herkunft sind.

Diese Heterogenität mußte zu Spannungen führen, die sich namentlich in der Rechtsprechung zur Frage des Mandatsverlusts bei dem Verbot einer Partei ausgewirkt haben (unten

---

1 Aus der neueren Literatur: *H. Peters*, Art. Demokratie, Statatslexikon Bd. 2 (6. Aufl, 1958) Sp. 560 ff.; *ders.*, Geschichtliche Entwicklung und Grundfragen der Verfassung (1969) S. 164 ff.; *W. Abendroth*, Das Grundgesetz (1966) S. 71 ff.; *G. Leibholz*, Strukturprobleme der modernen Demokratie (3. Aufl. 1967); *E. Fraenkel*, Die repräsentative und plebiszitäre Komponente im demokratischen Verfassungsstaat (1958); *ders.*, Der Pluralismus als Strukturelement der freiheitlich-rechtsstaatlichen Demokratie, in: Deutschland und die westlichen Demokratien (5. Aufl. 1973) S. 113 ff., 197 ff.; *R. Bäumlin*, Art. Demokratie I, Ev. Staatslexikon (3. Aufl. 1987) Sp. 458 ff.; *H. F. Zacher*, Freiheitliche Demokratie (1969); *W. v. Simson* und *M. Kriele*, Das demokratische Prinzip im Grundgesetz, VVDStRL 29 (1971) S. 3 ff., 46 ff.; *H.-P. Schneider*, Die parlamentarische Opposition im Verfassungsrecht der Bundesrepublik Deutschland, I (1974); *U. Scheuner*, Konsens und Pluralismus als verfassungsrechtliches Problem, in: *ders.*, Staatstheorie und Staatsrecht, hrsg. von *J. Listl* und *W. Rüfner* (1978) S. 135 ff.; *K. Stern*, Das Staatsrecht der Bundesrepublik Deutschland I (2. Aufl. 1984) S. 587 ff.; *W. Leisner*, Demokratie, Selbstzerstörung einer Staatsform? (1979); *E. W. Böckenförde*, Demokratie als Verfassungsprinzip, HdBStR I, § 22; *ders.*, Demokratische Willensbildung und Repräsentation, HdBStR II, § 30; *P. Badura*, Die parlamentarische Demokratie, HdBStR I § 23; *R. A. Rhinow*, Grundprobleme der schweizerischen Demokratie, Referate und Mitteilungen des Schweizerischen Juristenvereins 118 (1984) S. 117 ff.; *J. P. Müller*, Demokratische Gerechtigkeit (1993); *W. Maihofer*, Prinzipien freiheitlicher Demokratie, HdBVerfR, § 12. Unter politikwissenschaftlichen Aspekten hervorzuheben: *F. Scharpf*, Demokratie zwischen Utopie und Anpassung (1970).
2 BVerfGE 5, 85 (112).

Rdn. 601). Wenn das Gericht hier einen Widerspruch zwischen Elementen des Parteienstaates und solchen liberal-repräsentativer Demokratie konstatiert hat, so wird darin weniger eine Inkonsequenz des Grundgesetzes als eine inkonsequente „Gesamtinterpretation" des Grundgesetzes sichtbar, die das Bedenkliche solchen Vorgehens zeigt[3].

Bei der Bestimmung des in den Art. 10 Abs. 2, 11 Abs. 2, 18, 21 Abs. 2, 87a Abs. 4 und 91 Abs. 1 GG verwendeten Begriffs der „freiheitlichen demokratischen Grundordnung" fügt das Gericht Elementen der demokratischen Ordnung Grundbestandteile der rechtsstaatlichen Ordnung – dagegen nicht der bundesstaatlichen Ordnung – hinzu. Es versteht unter der freiheitlichen demokratischen Grundordnung eine Ordnung, „die unter Ausschluß jeglicher Gewalt- und Willkürherrschaft eine rechtsstaatliche Herrschaftsordnung auf der Grundlage der Selbstbestimmung des Volkes nach dem Willen der jeweiligen Mehrheit und der Freiheit und Gleichheit darstellt. Zu den grundlegenden Prinzipien dieser Ordnung sind mindestens zu rechnen: die Achtung vor den im Grundgesetz konkretisierten Menschenrechten, vor allem vor dem Recht der Persönlichkeit auf Leben und freie Entfaltung, die Volkssouveränität, die Gewaltenteilung, die Verantwortlichkeit der Regierung, die Gesetzmäßigkeit der Verwaltung, die Unabhängigkeit der Gerichte, das Mehrparteienprinzip und die Chancengleichheit für alle politischen Parteien mit dem Recht auf verfassungsmäßige Bildung und Ausübung einer Opposition"[4].

So sehr sich über einzelne Bestandteile dieser Definition streiten läßt, scheint die Weite der Fassung des Begriffs als solche doch gerechtfertigt. Der Begriff der „freiheitlichen demokratischen Grundordnung" ist in Normierungen enthalten, die dem Schutz der Fundamente der verfassungsmäßigen Ordnung dienen; zu diesen gehört nicht nur die demokratische Ordnung in dem hier zu erörternden engeren Sinne. Zudem stehen Rechtsstaat und Demokratie im Verfassungsgefüge des Grundgesetzes in einem Verhältnis enger Wechselbezogenheit, so daß in der Tat eine „freiheitliche demokratische Grundordnung" nicht ohne Rechtsstaatlichkeit bestehen könnte.

Das Grundgesetz normiert „Demokratie" nicht im Sinne eines vollständigen und **129** vollkommenen Modells, sondern nur in einzelnen Grundzügen, indem es die für die Funktion demokratischer Ordnung unerläßlichen Regeln schafft und indem es Grundlagen und Grundstrukturen dieser Ordnung verfassungsmäßig zu sichern sucht. Innerhalb dieses Rahmens überläßt es die Frage nach dem Inhalt von Demokratie der freien politischen Auseinandersetzung; es gibt also Raum für die Verwirklichung unterschiedlicher Vorstellungen. – Die folgende Darstellung beschränkt sich auf die verfassungsrechtliche Normierung.

I. Die demokratische Ordnung im Verfassungsgefüge

Das demokratische Prinzip ist das Leitprinzip der Ordnung des politischen Prozes- **130** ses, in dem staatliche Gewalt geschaffen und in dem staatliche Gewalt wirksam wird. Diese soll nach Art. 20 Abs. 2 Satz 1 GG vom Volke ausgehen.

---

3 Zu der Deutung des Art. 20 Abs. 2 Satz 1 GG (Alle Staatsgewalt geht vom Volke aus.) in der neueren Rechtsprechung des Gerichts und den daraus entwickelten Erfordernissen hinreichender, auf das Volk zurückgehender Legitimation alles amtlichen Handelns mit Entscheidungscharakter (BVerfGE 83, 37 [50 ff.]; 83, 60, [bes. S. 71 ff.]) mit Recht kritisch: *B.-O. Bryde*, Die bundesrepublikanische Volksdemokratie als Irrweg der Demokratietheorie, Staatswissenschaften und Staatspraxis (1994) S. 305 ff., bes. S. 315, 317 ff.
4 BVerfGE 2, 1 (12 f.).

131 Damit entscheidet das Grundgesetz sich nicht für eine Herrschaft des Volkes im Sinne identitärer Demokratie.

Das Verständnis der Demokratie als Selbstregierung des Volkes entspricht zwar einer auf dem europäischen Kontinent lange Zeit verbreiteten Bestimmung ihres Wesens. Aber der Versuch, *Identität von Regierenden und Regierten*[5] ohne Vermittlung in die Wirklichkeit umzusetzen, kann nicht gelingen; er trägt die Gefahr in sich, in totale Herrschaft umzuschlagen. Auch die unmittelbare Demokratie, die der Selbstregierung des Volkes am nächsten kommt, ist Herrschaft von Menschen über andere Menschen, und zwar der Mehrheit über die Minderheit; selbst im Falle der Einstimmigkeit ist sie noch Herrschaft derjenigen, die an der Abstimmung beteiligt waren, über die Nicht-Stimmberechtigten, und die Behauptung der Identität von Regierenden und Regierten ist nichts anderes als eine Identifikation von Mehrheitsherrschaft und Volksherrschaft. Noch weniger entspricht die Annahme einer solchen Identität den wahren Herrschaftsverhältnissen der unter den Bedingungen moderner Staatlichkeit vorherrschenden mittelbaren Demokratie. Das Volk kann nicht selbst über alle Angelegenheiten des staatlichen Lebens entscheiden; es bedarf „besonderer Organe" der Leitung und Willensbildung. Hier läßt sich „Identität" von Regierenden und Regierten nur auf der Grundlage einer weiteren Identifikation behaupten, nämlich der der Herrschaft jener Organe mit der des Volkes. Das gilt auch für das Modell der *Rätedemokratie*, das, unterschiedlicher geschichtlicher Ausformung fähig, seinem Grundgedanken nach echte Selbstregierung des Volkes dadurch anstrebt, daß Räte gewählt werden, die die gesetzgebende und vollziehende Gewalt in sich vereinigen, an Aufträge des Volkes gebunden sind (imperatives Mandat) und ebenso wie die Beamten und Richter jederzeit abberufen werden können. Daß eine solche Regierungsform Herrschaft von Menschen über andere Menschen aufheben oder auch nur erheblich einschränken könnte, daß sie Schutz gegen Oligarchisierung bietet, daß sie den Bürgern mehr Entscheidungsgewalt (und damit letztlich mehr Selbstbestimmung) vermittelt als ein parlamentarisches System, hat sich empirisch nicht bestätigt und kann unter den Bedingungen des modernen Staates auch nicht erwartet werden. So sind Identifikationen solcher Art zwar geeignet, die Realität der Herrschaft Weniger zu verschleiern oder hinwegzufingieren und über die wahren Herrschaftsverhältnisse zu täuschen; aber sie ermöglichen kein realistisches Verständnis der Demokratie.

Hiervon abgesehen muß identitäre Demokratie die Existenz von *Konflikten* leugnen. Da voraussetzungsgemäß alle dasselbe wollen, kennt sie nichts anderes als politische Einheit. Aber diese ist nicht etwas jeweils Herzustellendes, zu Erhaltendes und stets Gefährdetes; sondern sie ist – der Behauptung nach – substantielle, vorhandene und endgültige Einheit, ein ungeschichtlich statischer Zustand. Da Konflikte mit solcher Einheit unvereinbar sind, müssen sie unterdrückt werden.

Es ist daher kein Zufall, wenn dieses Verständnis der Demokratie ein bevorzugtes Mittel ist, den Widerspruch zwischen abstrakten und utopischen Staats- und Ge-

---

5 Vgl. hierzu *C. Schmitt*, Die geistesgeschichtliche Lage des heutigen Parlamentarismus (1923) S. 30 ff.; *ders.*, Verfassungslehre (1928) S. 234 ff.

sellschaftslehren und der empirischen Wirklichkeit zu überbrücken. Damit wird indessen dieser Widerspruch nicht gelöst. Reale Demokratie vermag ein solches Verständnis weder zu schaffen noch zu schützen.

Ähnliches gilt für entgegengesetzte Positionen, die ihr Verständnis von „Demokratie" in einseitiger Anpassung an eine als unveränderbar vorausgesetzte Wirklichkeit zu entwikkeln suchen. Zwar wird hier der Widerspruch zwischen Theorie und Wirklichkeit vermieden. Doch geschieht dies um den Preis einer Reduktion des normativen Charakters von „Demokratie", über der das demokratische Prinzip seine Funktion als *Leit*prinzip verliert und „Demokratie" ebenfalls, hier zugunsten einer normlosen Wirklichkeit, in Gefahr gerät, verfehlt zu werden. **132**

Die Bedeutung der Begründung staatlicher Gewalt durch die Demokratie des Grundgesetzes und mit ihr die Eigenart dieser Demokratie erschließen sich demgegenüber nur einem Denken, das sowohl den normativen Charakter als auch die realen Bedingungen und Vorgänge jener Begründung in das Verständnis der Demokratie einbezieht. Das Grundgesetz normiert mit der Entscheidung für die Demokratie keine abstrakte, von der wirklichen und augenblicklichen Gesellschaft abgelöste Doktrin, gleichgültig welcher Herkunft, sondern eine konkrete Ordnung heutiger geschichtlicher Wirklichkeit. Diese kann nicht von einem einheitlichen Volkswillen als Voraussetzung einer Selbstregierung des Volkes ausgehen, sondern nur von ihrer realen Grundvoraussetzung: der Unterschiedlichkeit und Gegensätzlichkeit der Meinungen, Interessen, Willensrichtungen und Bestrebungen und damit der Existenz von Konflikten innerhalb des Volkes. Von hier aus fingiert der Satz, daß alle Staatsgewalt vom Volke ausgeht, nicht eine Willenseinheit des Volkes, sondern er setzt jene Vielfalt und Gegensätzlichkeit voraus, die stets erneut die Herstellung politischer Einheit als Bedingung der Entstehung und des Wirkens staatlicher Gewalt notwendig macht. Der politische Prozeß, in dem dies geschieht, soll nach Art. 20 Abs. 2 Satz 1 GG als ein freier und offener Prozeß *Sache des ganzen Volkes* sein, nicht einer „staatstragenden" Schicht, mag sie die Mehrheit oder nur eine Minderheit des Volkes umfassen: alle Angehörigen des Volkes sind politisch gleichberechtigt; alle sollen die real gleiche Chance haben, sich in organisiertem Zusammenwirken nach den Regeln der Verfassung durchzusetzen und, wenn ihnen dies gelingt, in Parlament und Regierung staatliche Gewalt auszuüben. – Diese geht damit in einem unmittelbareren Sinne „vom Volke aus" als die Gewalt der übrigen „besonderen Organe" (Art. 20 Abs. 2 Satz 2 GG), die zwar in ihrer verfassungsmäßigen Bindung an die Akte von Parlament und Regierung auf die gleiche Grundlage zurückführt, jenseits dieser Bindung aber allein auf der Verfassung[6] und damit letztlich auf der Anerkennung und Annahme durch das Volk beruht (oben Rdn. 15). **133**

Im Rahmen der demokratischen Ordnung des Grundgesetzes wird daher Herrschaft von Menschen über andere Menschen begründet und ausgeübt. Aber es handelt sich nicht um eine Herrschaft aus eigenem Recht. Die politische Herrschaft von Parlament und Regierung ist von der Mehrheit des Volkes anvertraute, verantwortliche, zeitlich und sachlich begrenzte Herrschaft, die der Kritik und Kontrolle **134**

---

6 Vgl. dazu BVerfGE 49, 89 (124 f.); 68, 1 (89).

unterliegt und die modifiziert und ergänzt wird durch Anteilnahme des Volkes an der politischen Willensbildung.

135 Hierbei läßt es die demokratische Ordnung des Grundgesetzes nicht bewenden. Als Ordnung eines freien und offenen politischen Prozesses geht es ihr nicht nur um die Begründung zeitlich und sachlich begrenzter, von der Mehrheit des Volkes legitimierter Herrschaft, sondern zugleich auch um *pluralistische Initiativen und Alternativen.* Sie gibt daher der Verfolgung unterschiedlicher politischer Ziele ebenso Raum wie Konflikten, und sie ermöglicht deren Austragung; sie sichert auch unter diesem Aspekt die gleiche Chance zur Durchsetzung jener Ziele und eröffnet Möglichkeiten der Mitwirkung und Einflußnahme auch für diejenigen Gruppen, die nicht zu der die Herrschaft tragenden Mehrheit gehören. Insofern geht die Beteiligung der Minderheiten am politischen Prozeß über die eines bloßen Überstimmtwerdens hinaus, und nur unter dieser Voraussetzung kann die Beteiligung des ganzen Volkes am politischen Prozeß in einem pluralistischen Gemeinwesen Realität gewinnen.

136 In dieser Bedeutung läßt sich Demokratie im Sinne des Grundgesetzes nicht auf die Alternative einer Regierung „durch" das Volk oder einer Regierung „für" das Volk zurückführen. Bei allen ihren greifbaren Schwächen gibt es doch unter den Voraussetzungen der Gegenwart keine andere Form, die den Bedingungen des modernen pluralistischen Gemeinwesens eher zu entsprechen (vgl. oben Rdn. 5 ff.), darum Anerkennung und Annahme zu finden vermag und damit einen als legitim empfundenen Staat zu begründen imstande wäre, dies freilich unter der Voraussetzung, daß die Realität demokratischer Ordnung nicht zu weit hinter ihrem normativen Anspruch zurückbleibt[7]. – Es ist diese Bedeutung, in der die demokratische Ordnung zugleich weitere wesentliche Funktionen entfaltet.

137 Demokratie ermöglicht im Verfassungsgefüge des Grundgesetzes *Herstellung überpersonaler Kontinuität.* Im demokratischen Staat ist die staatliche Gewalt nicht an eine bestimmte Person gebunden und ist die Ordnung des Zusammenwirkens im politischen Prozeß nicht auf eine bestimmte Person zugeschnitten. Deshalb ist die Kontinuität der politischen Ordnung keine Frage einzelner Personen – dafür freilich eine solche stets erneuter Aktualisierung demokratischer Ordnung.

138 Demokratie ist im Verfassungsgefüge des Grundgesetzes Form der *Rationalisierung des politischen Prozesses.* Sie schafft Rationalität durch das ihr eigene Verfahren der politischen Willensbildung und durch die Publizität dieses Verfahrens. Das demokratische Verfahren politischer Willensbildung führt zu einer Formung der ungeformten Willensrichtungen. Es ermöglicht Entscheidung nach festen Regeln. Es begründet Verantwortung und schafft Möglichkeiten, diese Verantwortung zu realisieren. Es läßt den Vorgang der politischen Willensbildung nicht im Dunkeln der Abmachungen oder Entschlüsse von unkontrollierten Machthabern, sondern rückt ihn prinzipiell in das Licht der Öffentlichkeit. Die damit gewonnene Rationalität des politischen Prozesses ist freilich weniger eine solche funktionel-

---

7 Grundlegend zur Problematik: *Scharpf* (Anm. 1) S. 21 ff., bes. zur Kritik der unterschiedlichen Spielarten des Pluralismus- (S. 43 ff.), des Partizipations- (S. 54 ff.) und speziell des Rätemodells (S. 64 f.).

ler Reibungslosigkeit, dafür um so mehr eine solche der Einsehbarkeit, Überschaubarkeit, Verstehbarkeit: substantielle Rationalität, die tätige Anteilnahme erst ermöglicht und Grundlage staatlicher Legitimität ist.

Demokratie ist im Verfassungsgefüge des Grundgesetzes endlich Form der *Begrenzung staatlicher Macht*. Die Herrschaftsbefugnisse, die sie begründet, sind von vornherein begrenzt, nur auf Zeit anvertraut, und selbst das Volk, von dem alle Staatsgewalt ausgeht, ist durch die Verfassung gebunden. Die Beteiligung unterschiedlicher politischer Kräfte am politischen Prozeß trägt dazu bei, die Einhaltung dieser Grenzen zu sichern; denn sie führt zu einer gewissen Selbstgesetzlichkeit gegenseitiger Kontrolle und Begrenzung und ist daher geeignet, Machtmißbrauch zu verhüten. **139**

II. Grundzüge der demokratischen Ordnung des Grundgesetzes

1. Einigungs- und Mehrheitsprinzip

Demokratische Ordnung muß, wie jede politische Ordnung, die Frage beantworten, wie angesichts des Neben- und Gegeneinanders der unterschiedlichen partikularen Willen ein verbindlicher Wille zu bilden ist. Diese Antwort muß ihren Grundprinzipien entsprechen. **140**

Freie politische Willensbildung beruht in erster Linie auf *Einigung*. Die klare Regelung schwebender Fragen durch eine starke Autorität mag um vieles einfacher sein als das komplizierte, mühsame und häufig unerquickliche Ringen und Aushandeln unter den Beteiligten, das nicht einmal immer zur Herstellung eines Einverständnisses führt. Wo jedoch im Wege der Verständigung ein Ausgleich gefunden wird, dem alle Betroffenen zugestimmt haben, wird das Ergebnis überzeugen und Zwang unnötig machen; es wird, weil alle beteiligten Interessen optimal berücksichtigt werden, oft auch sachlich richtiger sein als im Falle einseitiger Regelung durch diejenigen, die die Macht haben zu entscheiden. Deshalb sind auf allen Stufen der politischen Willensbildung Ausgleich und Verständigung in erster Linie aufgegeben, beruht das demokratische Verfahren der Willensbildung geradezu darauf, daß so weit wie möglich freie Einigung angestrebt und erzielt wird. Da eine Einigung in aller Regel dem eigenen Interesse der Regierenden entspricht und die Realisierung der getroffenen Entscheidung von der Zustimmung der Betroffenen abhängen kann, läßt auch die politische Praxis eine Tendenz zum Einigungsprinzip erkennen. **141**

Es können in der demokratischen Ordnung Fragen auftauchen, die gar nicht anders als durch Verständigung gelöst werden können, in denen also ein Zwang zur Verständigung besteht. Von diesen Fällen abgesehen, gibt es allerdings keine Einigung um jeden Preis. Da Einigung immer nur das Minimum enthält, über das *alle* Beteiligten sich verständigen können, kann das Erfordernis der Einigung zum Immobilismus führen; und Einigung, die überhaupt keine Sachentscheidung, son- **142** dern einen den fortbestehenden Dissens lediglich überdeckenden Formelkompromiß[8] enthält, kann zur Gefahr werden. Es muß deshalb ein Modus bestehen, der eine Sachentscheidung gegebenenfalls auch ohne Einigung ermöglicht. Dieser Modus ist das *Mehrheitsprinzip*, nicht, weil der Mehrheitswille bereits als solcher der sachlich richtigere ist, sondern weil bei Entscheidung durch die Mehrheit wenigstens dieser keine Aktionen aufgezwungen werden, die sie mißbilligt. Während im Falle der Einigung das Freiheitsprinzip voll verwirklicht ist und die integrierende Kraft der erzielten Lösung darauf beruht, daß alle Beteiligten ihr zugestimmt haben und selbst für sie verantwortlich sind, enthält die Mehrheitsentscheidung einen Entscheidungsmodus, der diese Wirkungen zu einem wesentlichen Teil hervorbringt. Das Mehrheitsprinzip wirkt einheitsbildend dadurch, daß die Gewinnung der Mehrheit bereits die vorherige Einigung und Zusammenfassung der überwiegenden Zahl partikularer Interessen und Bestrebungen notwendig macht, daß also eine Gruppe nur dann Aussicht hat, ihre Ziele zu verwirklichen, wenn sie sich zum Anwalt einer möglichst breiten Skala von Partikularinteressen macht, und wenn es ihr gelingt, diese Interessen bereits in sich vereinheitlichend auszugleichen.

143 Freilich vermag diese partiell einheitsbildende Wirkung das Mehrheitsprinzip nur im Hinblick auf die Mehrheit zu legitimieren. Im Hinblick auf die Minderheiten enthält es einen sachlich gerechtfertigten Entscheidungsmodus nur unter zwei Grundvoraussetzungen: einmal bedarf es jedenfalls prinzipieller Einigkeit darüber, daß Mehrheit den Ausschlag geben und daß es im Zeichen demokratischer Gleichheit auf die wirklich oder vermeintlich bessere Einsicht der Dissentierenden nicht ankommen soll. Zum anderen muß die *Möglichkeit* unterschiedlicher und sich verändernder Mehrheitsverhältnisse bestehen, so daß die bei einer Entscheidung Unterliegenden die real gleiche Chance haben, in einem späteren Falle die Mehrheit zu gewinnen; erst dadurch erhält die Mehrheitsentscheidung volle demokratische Legitimität. Dies hängt davon ab, daß es innerhalb des Gemeinwesens zwar zahlreiche relative Gegensätze, aber keinen grundsätzlichen und unüberbrückbaren Gegensatz gibt. Wo jene Grundvoraussetzungen fehlen, geht die ratio des Mehrheitsprinzips in einem wesentlichen Teil verloren, und es bedarf anderer, sachgemäßerer Formen zur Lösung des Problems, wie unter solchen Voraussetzungen eine Entscheidung getroffen werden soll[9].

144 In Fällen, in denen es zur Entscheidung einer *qualifizierten Mehrheit* bedarf, nähert sich das Mehrheits- dem Einigungsprinzip an. Eine solche Mehrheit fordert die Verfassung regelmäßig bei grundlegenden Entscheidungen, namentlich einer Verfassungsänderung (Art. 79 Abs. 2 GG). Auch darin erweist sich die Bedeutung freier Einigung für die demokratische Ordnung: die Grundlagen dieser Ordnung sollen auf möglichst breiter freier Anerkennung und Zustimmung beruhen, weil sie nur dann Festigkeit des Gemeinwesens verbürgen. Daß eine Sperrminorität auf diese Weise ihren Willen dem Willen der Mehrheit wirksam entgegenset-

---

8 Hierzu *C. Schmitt*, Verfassungslehre (Anm. 5) S. 31 f.
9 Grundlegend zur Problematik: *U. Scheuner*, Das Mehrheitsprinzip in der Demokratie (1973) bes. S. 35 ff.

zen kann, wird um dieses integrierenden Erfolges willen, aber auch im Interesse des Schutzes der Minderheit in Kauf genommen.

2. Unmittelbare politische Willensbildung des Volkes

a) Politische Willensbildung durch das Volk selbst vollzieht sich zunächst in der **145** Wahl des *Parlaments* (Art. 20 Abs. 2 Satz 2 GG). Zum Kernbestandteil demokratischer Ordnung wird dieser Vorgang dadurch, daß das Parlament auf der Grundlage einer Wahl durch das ganze Volk gebildet wird, nicht, wie die älteren ständischen Vertretungen, durch den Zusammentritt von geborenen oder berufenen Vertretern, nicht durch Ernennung oder Kooptation, und daß das Wahlverfahren durch die Prinzipien der Freiheit und Gleichheit bestimmt ist: nur wenn die Wahl eine freie ist, vermag sie demokratische Legitimität zu vermitteln, und nur, wenn alle Angehörigen des Volkes in gleicher Weise wahlberechtigt sind und jede Stimme das gleiche Gewicht hat, besteht Wahlrechtsgleichheit als Grundbedingung moderner Demokratie, in der es keine Stufung der politischen Rechte mehr gibt.

Diese Grundvoraussetzungen demokratischer Wahlen suchen Art. 38 Abs. 1 **146** Satz 1 GG für die Wahl der Abgeordneten des Deutschen Bundestages und Art. 28 Abs. 1 Satz 2 GG für die Wahlen der Volksvertretungen in den Ländern, Kreisen und Gemeinden (mit der Ausnahme des Art. 28 Abs. 1 Satz 4 GG) durch die Grundsätze allgemeiner, unmittelbarer, freier, gleicher und geheimer Wahlen zu gewährleisten[10].

„Allgemein" ist eine Wahl nur dann, wenn der Kreis der Wahlberechtigten prinzipiell alle Staatsbürger umfaßt; es ist unzulässig, bestimmten Schichten oder Gruppen die Wahlberechtigung vorzuenthalten, etwa das Stimmrecht an einen Vermögenszensus zu binden, wie dies im Wahlrecht des 19. Jahrhunderts weithin der Fall war. Dagegen kann die Wahlberechtigung von einem Mindestalter (nach Art. 38 Abs. 2 GG 18 Jahre für das aktive, das Alter, mit dem die Volljährigkeit eintritt, für das passive Wahlrecht) und von sachlich gerechtfertigten formalen Voraussetzungen, etwa der Eintragung in die Wählerliste, abhängig gemacht werden und kann das Wahlrecht unter eng begrenzten Voraussetzungen ausgeschlossen sein (z. B. § 13 BWG)[11]. *Unmittelbar* ist eine Wahl nur, wenn sichergestellt ist, „daß die gewählten Vertreter maßgeblich von den Wählern, also durch die Stimmabga-

---

10 Zum folgenden näher: *H. Meyer*, Wahlgrundsätze und Wahlverfahren, HdBStR II, § 38 Rdn. 1 ff.
11 Vgl. dazu BVerfGE 36, 139 (141 f.) m. w. Nachw. Nach dem Urteil des Gerichts vom 31. 10. 1990 (BVerfGE 83, 37 [50 ff.]) schließen Art. 20 Abs. 2 Satz 1 und Art. 28 Abs. 1 GG die gesetzliche Einführung eines Wahlrechts für Ausländer bei den Wahlen zu den Vertretungskörperschaften in Bund, Ländern und Gemeinden aus; vgl. auch BVerfGE 83, 60 (70 ff.). Zu der Frage einerseits *H. Quaritsch*, Staatsangehörigkeit und Wahlrecht, DÖV 1983, 1 ff.; *J. Isensee*, Staat und Verfassung, HdBStR I, § 13 Rdn. 113; *Böckenförde* (Anm. 1) HdBStR I, § 22 Rdn. 27 f., andererseits *H. Meyer*, Wahlgrundsätze und Wahlverfahren, HdBStR II, § 38 Rdn. 4 ff., der auf Art. 116 Abs. 1 GG hinweist, nach dem das Wahlrecht auch Personen zukommen kann, die nicht deutsche Staatsangehörige sind. – Nach dem durch das 38. Änderungsgesetz zum GG eingeführten Art. 28 Abs. 1 Satz 3 GG sind nunmehr auch Staatsangehörige eines Mitgliedstaates der EG nach Maßgabe von Recht der EG bei Wahlen in den Kreisen und Gemeinden wahlberechtigt und wählbar; vgl. dazu Art. 8 b Abs. 1 des Unionsvertrages (oben Rdn. 105 Anm. 32).

be und bei der Stimmabgabe bestimmt werden", nicht etwa erst durch die nachträgliche Einschiebung einer Instanz, die nach ihrem Ermessen die Abgeordneten auswählt[12]; daher ist insbesondere eine Zwischenschaltung von Wahlmännern ausgeschlossen. *Frei* ist eine Wahl nur, wenn jeder unmittelbare oder mittelbare Zwang oder Druck unterbleibt, der die Entschließungsfreiheit des Wählers beeinträchtigen könnte – was dem Versuch einer Einflußnahme durch Wahlpropaganda freilich nicht entgegensteht[13]; dies setzt strikte Wahrung des *Wahlgeheimnisses* voraus. *Gleich* ist die Wahl endlich nur, wenn jede Stimme das gleiche Gewicht, den gleichen „Zählwert" und grundsätzlich den gleichen Erfolgswert hat, also in gleicher Weise bei der Zuteilung von Mandaten zu berücksichtigen ist[14]. Insoweit sind je nach der Art des Wahlsystems begrenzte Differenzierungen zulässig, die sich aus der unvermeidlichen technischen Unvollkommenheit des Wahlrechts, aber auch aus der Aufgabe der Wahlen ergeben können, gesicherte Mehrheitsverhältnisse zu schaffen und die Bildung einer aktionsfähigen Regierung zu ermöglichen.

So ist es nach der Rechtsprechung des Bundesverfassungsgerichts mit dem Grundsatz der Wahlrechtsgleichheit vereinbar, wenn Parteien, die weniger als 5% der Stimmen erhalten haben, bei der Zuteilung von Mandaten nicht berücksichtigt werden, so daß die für diese Parteien abgegebenen Stimmen einen ungleichen Erfolgswert haben[15]. Dagegen verstößt gegen diesen Grundsatz eine Gestaltung des Wahlrechts, die geeignet ist, das Ergebnis der Wahlen einseitig zugunsten einer oder mehrerer Gruppen zu beeinflussen („Wahlkreisgeometrie")[16].

147   Im Rahmen dieser Grundsätze überläßt das Grundgesetz die Ausgestaltung des Wahlrechts der Konkretisierung durch den Gesetzgeber (Art. 38 Abs. 3 GG). Anders als die Weimarer Reichsverfassung, die die Verhältniswahl bindend vorgeschrieben hatte, läßt es insbesondere die Frage des *Wahlsystems* offen. Das Bundeswahlgesetz hat in dieser Frage dem System einer *personalisierten Verhältniswahl* – bei der sich der Wähler im Prinzip für eine (Landes-)Liste entscheidet und die Mandate nach dem Verhältnis der Summen der auf jede Liste entfallenden Stimmen auf die Bewerber verteilt werden – gegenüber der Mehrheitswahl – bei der in jedem Wahlkreis ein Kandidat mit relativer oder absoluter Mehrheit (ggf. mit Stichentscheid) zu wählen ist – den Vorzug gegeben (§§ 1, 4–6 BWG, vgl. dazu unten Rdn. 594 f.).

---

12 BVerfGE 3, 45 (49); 7, 63 (68); 7, 77 (84 f.); 47, 253 (279).

13 BVerfGE 66, 369 (380) m. w. Nachw. Zur Wahlwerbung durch die Regierung: BVerfGE 44, 125 (148 ff.); 63, 230 (243 f.).

14 Seit BVerfGE 1, 208 (244 ff.) st. Rspr., vgl. noch BVerfGE 34, 81 (100); 79, 161 (166) m. w. Nachw.

15 BVerfGE 6, 84 (89 ff.), st. Rspr.; zusammenfassend BVerfGE 51, 222 (234 ff.); 82, 322 (337 ff.). Eine abweichende Beurteilung kann sich bei einer wesentlichen Änderung der Verhältnisse innerhalb des Staates als notwendig erweisen. Dies war bei der kurzfristig vor der Wahl zum ersten gesamtdeutschen Bundestag eintretenden erheblichen Erweiterung des räumlichen Geltungsbereichs des Bundeswahlgesetzes um ein Gebiet anderer Parteienstruktur der Fall (BVerfGE 82, 322 [339 ff.]).

16 Vgl. dazu BVerfGE 16, 130 (136 ff.). – Eine Gesamtübersicht gibt *J. Frowein*, Die Rechtsprechung des Bundesverfassungsgerichts zum Wahlrecht, AöR 99 (1974) S. 72 ff.

Das geltende Wahlrecht trägt daher die Schwächen der Verhältniswahl gegenüber der Mehrheitswahl in sich, nämlich ihre ein Vielparteiensystem begünstigenden Wirkungen, die darin liegende Gefahr unsicherer Mehrheiten und geringerer Stabilität der Regierung, den Zwang zu Koalitionen und damit den geringeren Einfluß des Wählers auf die Regierungsbildung, die schwächere Verbindung zwischen Abgeordneten und Wählern. Diese Schwächen nimmt es in Kauf zugunsten der legitimierenden Wirkung der Verhältniswahl (die ein genaues Spiegelbild der politischen Kräfte im Parlament entstehen läßt und darum als gerechter empfunden wird), der Möglichkeit einer zuverlässigeren „Planung" der Fraktionen, einer angemessenen Vertretung unterschiedlicher Interessen im Parlament und der gleichen – freilich durch die 5%-Klausel beschränkten – Chance von Minderheitsgruppen, die das Mehrheitssystem nicht zu gewährleisten vermag[17].

b) Nur im engsten Rahmen vollzieht sich in der verfassungsmäßigen Ordnung des **148**
Grundgesetzes unmittelbare politische Willensbildung durch das Volk in *„Abstimmungen"* (Art. 20 Abs. 2 Satz 2 GG). Im Gegensatz zu der Weimarer Reichsverfassung sind die Institute des Volksentscheides – bei dem das Volk über eine ihm vorgelegte Sachfrage entscheidet – und des Volksbegehrens – durch das von einer bestimmten Zahl von Bürgern die Schaffung einer bestimmten Regelung verlangt werden kann – auf den Fall der Neugliederung des Bundesgebietes beschränkt (Art. 29, 118 GG)[18].

c) Mit der politischen Willensbildung durch Wahlen und Abstimmungen ist der **149**
Einfluß des Volkes auf die politische Willensbildung nicht abschließend umschrieben. Das Volk ist außerhalb von Wahlen und Abstimmungen nicht schlechthin von jedem Einfluß auf die Bestimmung der politischen Gesamtrichtung ausgeschlossen. Indem das Grundgesetz der Bildung einer öffentlichen Meinung und einer „Vorformung des politischen Willens"[19] Raum gibt, gibt es dem – pluralistisch differenzierten – Volk größeres Gewicht, als es bei vordergründiger Betrachtung den Anschein hat.

Durch das Grundrecht der Meinungsfreiheit (Art. 5 GG) schafft das Grundgesetz **150**
ein wichtiges und nicht zu übersehendes Korrektiv der Mediatisierung durch die „besonderen Organe" des Art. 20 Abs. 2: es ermöglicht die Bildung einer *öffentlichen Meinung*, die sich gegenüber der amtlichen Meinung in Parlament, Regierung und Verwaltung immer wieder zur Geltung zu bringen sucht und – schon im

---

17 Zu den Wirkungen der Verhältnis- und der Mehrheitswahl näher: Grundlagen des Deutschen Wahlrechts, Bericht der vom Bundesminister des Innern eingesetzten Wahlrechtskommission (1955) S. 39 ff. Zur Neugestaltung des Bundestagswahlrechts, Bericht des vom Bundesminister des Innern eingesetzten Beirats für Fragen der Wahlrechtsreform (1968) S. 15 ff., 24 ff.; *W. Hennis*, Parlamentarische Opposition und Industriegesellschaft, in: Politik als praktische Wissenschaft (1968) S. 110 ff.; *H. Meyer*, Wahlsystem und Verfassungsordnung (1973).

18 Weitergehend der überwiegende Teil der Landesverfassungen, z. B. Bayerische Verf. Art. 71 ff., Hessische Verf. Art. 116 ff. und durchgehend die Verfassungen der neuen Bundesländer, z. B. Brandenburg, Art. 76 ff., Sachsen, Art. 71 ff. Hierdurch hat die seit längerem geführte Diskussion um die Aufnahme von Formen unmittelbarer Demokratie in das Grundgesetz neue Nahrung erhalten und Anlaß zu eingehender Beratung in der Gemeinsamen Verfassungskommission (oben Rdn. 100) gegeben. Keiner der Anträge auf Einführung von Verfahren der Volksinitiative, des Volksbegehrens und des Volksentscheids hat indessen die notwendige Zweidrittel-Mehrheit gefunden. Über die für und gegen eine Aufnahme geltend gemachten Gründe unterrichtet eingehend und aufschlußreich der abschließende Bericht der Kommission (BT-Drucks. 12/6000 S. 84 ff.)

19 *U. Scheuner*, Der Staat und die intermediären Kräfte, Zeitschr. f. ev. Ethik 1 (1957) S. 34 ff.; BVerfGE 8, 104 (112 ff.); 14, 121 (132).

Hinblick auf die kommenden Wahlen – auch Geltung verschafft, so daß das Volk auch außerhalb der Wahlen Einfluß auf die Bestimmung der politischen Gesamtrichtung gewinnt[20]. Freilich ist auch öffentliche Meinung nur in seltenen Fällen spontan vorhanden. Sie verdankt unter modernen Verhältnissen ihre Impulse und ihre Wirksamkeit weithin den elektronischen Medien und ist schon darum kein unfehlbarer Maßstab der Richtigkeit. Aber ihre Funktion im Prozeß der politischen Willensbildung ist Bestandteil der demokratischen Ordnung des Grundgesetzes und kann deshalb nicht außer Betracht gelassen werden.

151 Gleiches gilt für die *„Vorformung des politischen Willens"*. Sie spielt sich in einem Bereich ab, in dem die Entscheidungen noch nicht fallen, in dem sie aber vorbereitet und durch eine öffentliche Auseinandersetzung der verschiedenen Strömungen ermöglicht werden. Dieser Bereich ist das Feld der „intermediären Kräfte", der organisierten Gruppeninteressen. In ihm werden Zielsetzungen hervorgebracht, formuliert und durch organisiertes Zusammenwirken vertreten. Träger dieser Vorformung sind die Verbände[21], namentlich aber die politischen Parteien, die zugleich die auf diese Weise formierten Bestrebungen auf der nächsten Stufe, der der institutionalisierten Willensbildung in Parlament und Regierung, zur Geltung zu bringen haben, während die Verbände auf die noch nicht verbindliche, politisch freilich oft um so wirksamere Vorformung beschränkt sind. Verbände und Parteien sind unter den Bedingungen der Gegenwart notwendige Faktoren demokratischer Willensbildung, weil politische Antriebe nur noch in geringem Maße von Einzelpersonen ausgehen, weil sie der Sammlung, Sichtung und des vermittelnden Ausgleichs bedürfen, weil sie nur durch das Mittel gruppenmäßigen Zusammenschlusses Aussicht haben, verwirklicht zu werden, und weil sie die Sachkenntnis der unmittelbar Betroffenen in den Prozeß der politischen Willensbildung einbringen[22]. Indem das Grundgesetz die Existenz und die Tätigkeit der Verbände und Parteien durch die Gewährleistungen der Vereinigungsfreiheit (Art. 9), der Meinungsfreiheit (Art. 5) und der Mitwirkung der Parteien bei der politischen Willensbildung des Volkes (Art. 21 Abs. 1 Satz 1) ermöglicht, fügt es der demokratischen Ordnung ein weiteres Element unmittelbarer politischer Willensbildung des Volkes ein[23].

---

20 Darüber, daß öffentliche Meinung nicht identisch ist mit dem Ergebnis demoskopischer Umfragen, daß diese Umfragen öffentliche Meinung im Gegenteil zu verfälschen und zu gefährden drohen, vgl. *W. Hennis*, Meinungsforschung und repräsentative Demokratie (1957) S. 32 ff.

21 Zu ihrer Funktion: *E. W. Böckenförde*, Die politische Funktion wirtschaftlich-sozialer Verbände und Interessenträger in der sozialstaatlichen Demokratie, Der Staat 15 (1976) S. 457 ff.; *W. Schmidt*, Gesellschaftliche Machtbildung durch Verbände, Der Staat 17 (1978) S. 244 ff. Beide Beiträge abgedruckt in: Staat und Verbände, hrsg. von *R. Steinberg* (1985) S. 305 ff. und 341 ff.; dort auch wichtige weitere Arbeiten und eine Bibliographie. Ferner: *D. Grimm*, Verbände, HdBVerfR § 15; *J. H. Kaiser*, Verbände, HdBStR II, § 34. In einem erweiterten grundrechtstheoretischen Ansatz: *P. Häberle*, Verbände als Gegenstand demokratischer Verfassungslehre, ZHR 145 (1981) S. 473 ff.

22 Zur Notwendigkeit politischer Parteien vgl. BVerfGE 1, 208 (225); 52, 63 (82) m. w. Nachw.

23 Das rechtfertigt nicht eine Identifizierung der Parteien mit dem organisierten Volk in seiner Differenzierung (*G. Leibholz*, Der Parteienstaat des Bonner Grundgesetzes, Recht, Staat, Wirtschaft III [1951] S. 106; Der Strukturwandel der modernen Demokratie [1952] S. 31 – jetzt auch in: Strukturprobleme der modernen Demokratie [Anm. 1] S. 121; Verfassungsrechtliche Stellung und innere Ordnung der Parteien, Verh. des 38. DJT [1951] C S. 10).

d) In diesen Formen der Anteilnahme und bestimmenden Gestaltung durch das 152
Volk lebt Demokratie von der *Publizität des politischen Prozesses.* Wahlen und
Abstimmungen können die ihnen zukommende Funktion nur erfüllen, wenn der
Bürger in die Lage versetzt wird, sich ein Urteil über die zu entscheidenden Fragen zu bilden – mag die Antwort auf manche dieser Fragen auch nur noch dem Experten möglich sein –, und wenn er von der Amtsführung der politisch Führenden
genügend weiß, um ihr seine Billigung geben oder sie verwerfen zu können. Öffentliche Meinung setzt Einsicht in die öffentlichen Zustände voraus. Vorformung
des politischen Willens ist nur möglich in öffentlicher Auseinandersetzung der unterschiedlichen Meinungen und Bestrebungen. Nur wo Publizität herrscht, kann
es auch Verantwortung der Regierenden und das Bewußtsein der Verantwortlichkeit bei den Regierten geben. In allem ist Demokratie nach ihrem Grundprinzip
eine Sache mündiger, informierter Staatsbürger, nicht einer unwissenden, dump-
fen, nur von Affekten und irrationalen Wünschen geleiteten Masse, die von wohl-
oder übelmeinenden Regierenden über die Frage ihres eigenen Schicksals im Dunkeln gelassen wird.

3. Legitimation der Herrschaft durch die Mehrheit des Volkes; gleiche Chance und Schutz der Minderheiten

Soweit das Volk nicht unmittelbar an der politischen Willensbildung beteiligt ist, 153
ist diese ebenso wie die politische Gesamtleitung Sache „besonderer Organe"
(Art. 20 Abs. 2 GG), gibt es also auch in der Demokratie Regierende und Regier-
te. Um so mehr kommt es darauf an, auch diese Seite politischer Ordnung demokratisch auszugestalten: die notwendige politische Führung durch einzelne soll
keine dem Volk aufgezwungene, sondern von der Mehrheit des Volkes *anvertraute und legitimierte, dem Volke verantwortliche Herrschaft* sein. Sie bedarf der Legitimation nicht nur an irgendeinem Anfangspunkt, sondern dauernd, und deshalb
muß die Legitimation in regelmäßigen Zeitabständen erneuert werden.

Legitimation der Regierenden durch die Mehrheit des Volkes bedeutet freilich 154
nicht, daß für die Ziele und die Aktivitäten der nicht zu dieser Mehrheit gehörenden Teile des Volkes kein Raum sei, vollends nicht, daß Minderheiten der von der
Mehrheit legitimierten Herrschaft schutzlos preisgegeben seien. Wäre Demokratie im Sinne des Grundgesetzes nichts anderes als Mehrheitsherrschaft, dann würde sie die Möglichkeit einer Mehrheitsdiktatur enthalten, die sich von einer Min-
derheitsdiktatur lediglich durch die geringere Zahl der Unterdrückten unterscheidet. Konflikte könnten ebenso verdrängt werden wie in einer demokratischen Ordnung fiktiver Selbstregierung des Volkes (oben Rdn. 131). Wenn in einem pluralistischen Gemeinwesen der politische Prozeß Sache des ganzen Volkes sein soll,
dann kommt es nicht nur auf die Mehrheit, sondern auch auf die Minderheiten an.
Das Grundgesetz betrachtet deshalb die Minderheiten nicht als Gruppen, die im
Irrtum über das Wahre und Richtige sind[24] und im Namen eines fingierten Ge-

---

24 Vgl. dazu auch BVerfGE 5, 85 (224).

meinwillens unterdrückt oder ausgeschaltet werden dürfen[25]. Es sichert vielmehr die Position von Minderheiten, und es sichert damit zugleich die reale Möglichkeit der Austragung von Konflikten. Dies sucht es dadurch zu bewirken, daß es im Rahmen des institutionell Möglichen mit dem Prinzip der Legitimation der Herrschaft durch die Mehrheit des Volkes unlösbar die Gewährleistung der real gleichen Chance der Minderheiten verbindet, einmal zur Mehrheit zu werden – womit es zugleich der Problematik des Mehrheitsprinzips (oben 1) gerecht zu werden versucht – und daß es auch diejenigen Minderheiten schützt, die tatsächlich keine Aussicht haben, einmal zur Mehrheit zu werden oder die eine solche Mehrheit nicht anstreben.

155 a) *Freie Legitimation der Herrschaft* durch die Mehrheit des Volkes setzt nicht nur die Freiheit des Legitimationsvorganges selbst, sondern auch die Möglichkeit einer freien Wahl zwischen mehreren politischen Gruppen und Richtungen voraus, in der zugleich die Verantwortlichkeit der bisherigen Führungsgruppe dadurch realisiert werden kann, daß ihr die erneute Legitimation versagt und eine andere Führungsgruppe legitimiert wird. Die demokratische Ordnung muß daher verhindern, daß eine Führungsgruppe sich ein für allemal in den Besitz der politischen Macht setzen kann und dann nicht mehr erneuter Legitimation bedarf. Das Grundgesetz gewährleistet dies durch regelmäßige freie und gleiche Wahlen (Art. 38, 28 GG), die sich auch darin als Kernstück freiheitlicher Demokratie erweisen.

156 b) Die freie Wahl zwischen *mehreren* Führungsgruppen und die *gleiche Chance der Minderheit*, einmal zur Mehrheit zu werden, gewährleistet es durch das Mehrparteiensystem[26], die Gründungsfreiheit (Art. 21 Abs. 1 Satz 2 GG) und die Chancengleichheit politischer Parteien[27], die nicht nur Wahlrechtsgleichheit, sondern auch das Recht freier Kritik, freier Werbung und Gleichheit der Chancen bei der Werbung umschließt und insoweit durch die Grundrechte der Art. 3, 5, 8 und 9 GG garantiert ist. Diese Grundrechte sind es zugleich, die den verfassungsrechtlichen Schutz der Minderheiten schlechthin bewirken, auch derjenigen, die eine parlamentarische Vertretung nicht anstreben und sich daher nicht als Parteien organisieren.

157 c) Auf diese Weise schafft das Grundgesetz die *Möglichkeit* eines Systems *alternativer Regierung*. Die Minderheit bietet die Alternative zu der augenblicklich herrschenden Gesamtrichtung. Sie ist legitime Opposition, potentielle Mehrheit, wie umgekehrt die herrschende Mehrheit stets potentielle Minderheit bleibt. Die Möglichkeit eines Wechsels der politischen Führungsgruppen wirkt einheitsbildend, weil die Minderheit nicht dauernd von der Herrschaft ausgeschlossen wird und weil sie in dem Bestreben, zur Mehrheit zu werden, möglichst viele partikulare Interessen in sich ausgleichen muß. Zugleich bewirkt dieses Nebeneinander ein gewisses Gleichgewicht der politischen Kräfte mit der Folge, daß die Gefahr eines Machtmißbrauchs vermindert wird. Die Gewährleistung gleicher Chancen er-

---

25 Zu der Frage, inwieweit eine parlamentarische Mehrheit die Minderheit von der Beteiligung an der Arbeit des Parlaments ausschließen darf, vgl. BVerfGE 70, 324 (363 ff.) und die abw. Meinungen ebd. S. 367 ff., 381 ff.

26 BVerfGE 2, 1 (13, 69); 5, 85 (224).

27 Z. B. BVerfGE 1, 208 (242, 255); 3, 19 (26); 6, 273 (280 f.). Vgl. Rdn. 146, 176.

weist sich damit auch als wirksame *Sicherung der Freiheit des politischen Prozesses und der individuellen Freiheit*, die als reale Freiheit nicht nur eine Frage von Abwehrrechten des Bürgers gegen den Staat, sondern vor allem eine Frage der Konstituierung und Begrenzung staatlicher Macht ist: Mehrparteiensystem und Chancengleichheit sind Bestandteile des Prinzips der *Gewaltenteilung* in seinem Element der Gewaltenbalancierung (unten Rdn. 496).

Freilich kann die Verfassung immer nur die *Möglichkeit* eines Wechsels der politischen Führungsgruppen gewährleisten, nicht die tatsächliche Existenz einer hinreichend starken, auf dem Boden der Verfassung stehenden Opposition, die ein solches System alternativer Regierung voraussetzt und die Bedingung seiner Wirkungen ist. Die Verfassung läßt deshalb auch Raum für eine Ausgestaltung, bei der die großen politischen Führungsgruppen gemeinsam regieren. Hier ist dann wirksame verfassungsmäßige Opposition nicht mehr möglich. Doch bleibt es bei der Notwendigkeit wiederkehrender freier Legitimation und dem Schutz der Minderheiten, so daß die Gefahr einer Mehrheitsdiktatur wesentlich gemindert, eine endgültige Verfestigung der Zusammensetzung der regierenden Mehrheit und ihrer politischen Gesamtrichtung ausgeschlossen wird. **158**

4. Freiheit und Offenheit des politischen Prozesses

a) Die durch das Grundgesetz konstituierte demokratische Ordnung beruht auf der Anerkennung der Begrenztheit menschlichen Erkennens, der Einsicht, daß niemand unfehlbar ist, und auf der Erfahrung, daß ideologische Totalitätsansprüche noch immer der Feind personaler Freiheit gewesen sind. Sie schließt deshalb die Absolutierung jedes Wahrheitsanspruchs aus, und sie ist selbst keinem bestimmten religiösen oder weltanschaulichen Leitbild verpflichtet. Das Grundgesetz kennt weder einen „über" den partikularen Auffassungen und Interessen stehenden Staat noch eine sonstige Instanz, die, im sicheren und endgültigen Besitz der „Wahrheit", berechtigt wäre, diese verbindlich vorzuschreiben, zu ihr zu zwingen oder Andersdenkende unter Berufung auf sie zu unterdrücken – sei es auch um ihres eigenen, von ihnen selbst nur nicht hinreichend erkannten Interesses willen. Kompetent für die Entscheidung über die Richtigkeit einer Religion oder Weltanschauung ist allein der – gleichberechtigte – Einzelne, auch wenn dieser irren kann. Aus diesem Grund gewährleistet und schützt der durch das Grundgesetz konstituierte Staat das religiöse und weltanschauliche Bekenntnis; aber er ist selbst *religiös und weltanschaulich neutral*[28], nicht religiös und weltanschaulich indifferent[29]. Glaube, Bekenntnis und Kirche liegen ebenso wie das weltanschauliche Bekenntnis jenseits seiner Aufgaben, und es ist diese Neutralität, durch die sich dieser Staat sowohl vom Staat älterer Prägung als auch vom modernen totalitären Staat – mag er sich auch als „Demokratie" bezeichnen – unterscheidet. **159**

---

28 BVerfGE 12, 1 (4); 19, 206 (216); 27, 195 (201).
29 Dazu näher *K. Hesse*, Freie Kirche im demokratischen Gemeinwesen, ZevKR 11 (1965) S. 354 f., 359 f.

160 Diese Neutralität darf nicht mit Relativismus ineinsgesetzt werden. Die demokratische Ordnung des Grundgesetzes ist nicht eine Ordnung, deren Inhalt in totaler Inhaltslosigkeit besteht, die lediglich einen Komplex formaler Spielregeln für den politischen Prozeß zur Verfügung stellt und dadurch einen gewissen Schutz der Minderheiten bewirkt[30]. Sondern ihre Grundelemente: die gleichberechtigte Beteiligung aller Bürger am politischen Prozeß, Einigungs- und Mehrheitsprinzip, die Art der Legitimation der Herrschaft, die gleiche Chance und der Schutz der Minderheiten, die religiöse und weltanschauliche Neutralität des Staates konstituieren in ihrem unlösbaren Zusammenhang eine Ordnung, in der sachliche Grundprinzipien, nämlich die der Freiheit und Gleichheit, konkreten Inhalt gewinnen. Mit diesem Inhalt, nicht mit einer Religion oder Weltanschauung[31], identifiziert sich das demokratische Staatswesen. Es bedingt und begrenzt die *Offenheit demokratischer Ordnung* für unterschiedliche politische Richtungen und kennzeichnet damit die Eigenart dieser Ordnung gegenüber allen „geschlossenen Systemen". In der Anerkennung der Existenz und Notwendigkeit gegensätzlicher Auffassungen und Interessen bietet die demokratische Ordnung des Grundgesetzes Raum für das Leben und die Auseinandersetzung der jeweiligen geistigen, politischen und sozialen Kräfte; sie enthält daher im Gegensatz zu jenen Systemen die Möglichkeit geschichtlicher Fortentwicklung.

161 b) Diese Freiheit und Offenheit des politischen Prozesses zu gewährleisten, ist eine der wichtigsten *demokratischen Funktionen der Grundrechte*. Die Freiheit des religiösen oder weltanschaulichen Bekenntnisses wie die religiöse und weltanschauliche Neutralität des Staates begründet und sichert Art. 4 GG. Die freie Bildung und Verbreitung politischer Anschauungen, die ständige geistige Auseinandersetzung, den Kampf der Meinungen ermöglicht das Grundrecht der freien Meinungsäußerung (Art. 5 GG), das auch darum „für eine freiheitlich-demokratische Staatsordnung ... schlechthin konstituierend" ist[32]. Das Recht, für politische Auffassungen zu werben und Gruppen zu bilden, die sie zur Geltung bringen sollen – Grundvoraussetzungen der „Vorformung" des politischen Willens –, ist ebenfalls durch das Grundrecht der Meinungsfreiheit, darüber hinaus durch die Versammlungs- und Vereinigungsfreiheit (Art. 8, 9 GG), für politische Parteien durch Art. 21 Abs. 1 GG gewährleistet. Neben der Sicherung der Position von Minderheiten ist es diese Seite der verfassungsmäßigen Ordnung, die die enge Zusammengehörigkeit von Grundrechten und Demokratie in besonderer Deutlichkeit hervortreten läßt.

---

30 *H. Kelsen*, Vom Wesen und Wert der Demokratie (2. Aufl. 1929) S. 101 ff.

31 Zu diesem Prinzip der Nicht-Identifikation näher *H. Krüger*, Allgemeine Staatslehre (2. Aufl. 1966) S. 178 ff.; *A. Hollerbach*, Ideologie und Verfassung, in: Ideologie und Recht, hrsg. von W. Maihofer (1968) S. 52 ff.; *K. Schlaich*, Neutralität als verfassungsrechtliches Prinzip (1972) S. 236 ff. – Zur Bedeutung des Inhalts demokratischer Ordnung für den Begriff des „öffentlichen Interesses": *P. Häberle*, Gemeinwohljudikatur und Bundesverfassungsgericht, AöR 95 (1970) S. 86 ff., insbes. S. 260 ff.

32 BVerfGE 7, 198 (208).

5. Probleme heutiger demokratischer Ordnung

Es wurde oben gezeigt, daß die moderne technische Entwicklung und deren Auswirkungen **162** weithin zu der gegenwärtigen Ausformung demokratischer Ordnung geführt haben (Rdn. 9). Eben diese Entwicklung ist es indessen auch, die die Hauptprobleme heutiger Demokratie entstehen läßt.

a) Sie hat zunächst den *Spielraum politischer Willensbildung, den die Offenheit der demo-* **163** *kratischen Ordnung ermöglichen soll, merklich verengt*[33] und zu Gewichtsverlagerungen zwischen dem Parlament einer-, Regierung und Verwaltung anderseits, sowie zu Erschwerungen der Rolle der Opposition geführt. Der Staat sieht sich heute, namentlich im Bereich der „Daseinsvorsorge" (vgl. oben Rdn. 9), vielfach vor Aufgaben gestellt, denen er sich nicht entziehen kann und deren Erfüllung nur begrenzte oder keine Alternative zuläßt; statt dessen kommt es hier darauf an, die „Resultante einer komplexen Tatsachensituation" zu ermitteln, eine Aufgabe, die materiell eher Verwaltung als politische Entscheidung ist[34]. Verstärkt wird diese Verengungstendenz durch die Notwendigkeit, Entscheidungen zu treffen, die auf lange Sicht, oft sogar überhaupt nicht mehr umkehrbar sind, sowie durch die Unumgänglichkeit umfassender Planung, die langfristige Zielsetzungen und langfristige Bindungen, insbesondere auch von Haushaltmitteln, sowie eine Abstimmung mit anderen Planungen notwendig macht; dies läßt partielle Änderungen oder einen Wechsel der Ziele nicht mehr ohne weiteres zu. In die gleiche Richtung wirken die zunehmende internationale Verflechtung sowie die Tätigkeit supranationaler Organisationen, deren Regelungen innerstaatlicher politischer Willensbildung keinen Raum mehr lassen. In besonderem Maße gilt das für die Einfügung in die Europäische Union (oben Rdn. 105 ff.). Das insoweit bestehende und sich zunehmend erweiternde demokratische Defizit wird wegen der nur rudimentären Zuständigkeiten des demokratisch gewählten Europäischen Parlaments auch nicht im Rahmen der Gemeinschaft kompensiert.

Innerhalb des verbliebenen Spielraums erweist es sich als außerordentlich schwierig, Entscheidungen, die im allgemeinen Interesse liegen, gegen den Widerstand mächtiger Gruppen durchzusetzen. Vollends ist Demokratie, wie sie das Grundgesetz konstituiert, aus strukturellen Gründen kaum zu umfassenden und grundsätzlichen Veränderungen in der Lage[35]; es ist die Frage gestellt worden, ob sie „den Anforderungen gegenwärtiger und künftiger Lagen unserer Lebensumstände" noch gerecht werden könne[36].

b) Auch der übrige Kernbestand demokratischer Ordnung wird im Zeichen der modernen **164** technisch-wissenschaftlichen Entwicklung problematisch, im besonderen die Beteiligung des ganzen Volkes am politischen Prozeß. Demokratie ist, wie gezeigt, in der unmittelbaren politischen Willensbildung, in Legitimierung und Kontrolle der Regierenden auf aktive und verantwortliche Bürger angewiesen. Indes ist die Zahl der Fragen, auf die sich diese Beteiligung bezieht, wesentlich gewachsen, und die Fragen sind vielfach so kompliziert geworden, daß nur wenige sie kompetent beurteilen können; aus beiden Gründen kann es über

---

33 Vgl. hierzu *E. Forsthoff*, Strukturwandlungen der modernen Demokratie (1964) S. 16 ff.

34 *Forsthoff*, Strukturwandlungen (Anm. 33) S. 16. – In scharfer Zuspitzung dieses Gedankens hat *H. Schelsky* die Ansicht vertreten, daß unter modernen Voraussetzungen die Idee der Demokratie sozusagen ihre klassische Substanz verliere: an die Stelle eines politischen Volkswillens trete die Sachgesetzlichkeit der wissenschaftlich-technischen Zivilisation. Im „technischen" Staat der Gegenwart und Zukunft könne es bei optimal entwickelten wissenschaftlichen und technischen Kenntnissen nur noch jeweils eine wissenschaftlich als richtig erwiesene Lösung für die sich stellenden Probleme geben. Wenn damit die politische Entscheidung zur technisch-wissenschaftlichen Entscheidung werde, so bedeute das die Aufhebung der Voraussetzungen demokratischer Willensbildung (Der Mensch in der wissenschaftlichen Zivilisation [1961] S. 21 ff.).

35 Dazu näher *Scharpf* (Anm. 1) S. 50 f.; *Böckenförde* (Anm. 1) HdBStR I, § 22 Rdn. 73.

36 *H.-P. Ipsen*, Über das Grundgesetz – nach 25 Jahren, DÖV 1974, 302.

die Wahlen hinaus nur eine partielle Beteiligung der politisch aktiven Bürger geben[37]. Und selbst diese begrenzten Möglichkeiten sind durch die modernen Techniken der merklichen und unmerklichen Beeinflussung gefährdet, die rationale Meinungsbildung, Entscheidung und Kontrolle durch Manipulation zu unterlaufen drohen[38]. Im Zusammenhang mit den unter a) dargelegten Schwierigkeiten ist das alles geeignet, das Gefühl der Ohnmacht und der Vergeblichkeit entstehen zu lassen und zu Resignation zu führen: „alles könnte anders sein – und fast nichts kann ich ändern"[39].

165 c) So bedeutsam diese Tatbestände sind, so sehr gilt es freilich, voreilige Folgerungen zu vermeiden.

Der Ausweg wird nicht in einer neuen Ablösung des – nunmehr in einem technokratischen Regime verkörperten – Staates von der Gesellschaft, also in einem Abbau von Demokratie gesucht werden dürfen. Mag ein solcher Staat sich auch rechtsstaatlich binden, so steht die Freiheit in ihm doch auf schwachen Füßen. Denn diese läßt sich, namentlich in Krisenzeiten, wirksam nur durch das Volk und mit dem Volk, niemals jedoch ohne das Volk bewahren. Deshalb ist Demokratie ihre Grundbedingung. Auch wenn sie ihre Risiken und ihren Preis hat, gibt es für ein Gemeinwesen, das freie Selbstbestimmung und Entfaltung der Menschen ermöglichen will, keine erkennbare Alternative.

Statt einer nur scheinbar unvermeidlichen Anpassung wird es vielmehr darauf ankommen zu sehen, daß es weniger echte Sachzwänge gibt als behauptet wird, daß deshalb eine Fülle von Fragen (namentlich solche der Präferenz von Programmen) bleibt, die demokratischer Willensbildung zugänglich sind und im demokratischen Prozeß entschieden werden müssen, wenn die Entscheidung Aussicht auf Befolgung und Bestand haben soll, daß schließlich gerade eine demokratische Ordnung wie die des Grundgesetzes geeignet ist, totaler Manipulation die Erfolgschance zu nehmen, weil sie die Monopolisierung der modernen Techniken der Einflußnahme verhindert und die Möglichkeit offenhält, sich solcher Einflußnahme zu entziehen. Darüber hinaus wird es um differenzierte Korrekturen und Ergänzungen gehen[40], zu denen im besonderen die Förderung von Partizipation dort gehört, wo sie mit der sachlichen Eigenart der Aufgabe vereinbar ist und mehr sein kann als ein, möglicherweise irreführendes, Etikett.

6. Die politischen Parteien in der demokratischen Ordnung des Grundgesetzes

166 Um in der von der Verfassung normierten oder vorausgesetzten Weise funktionieren zu können, bedarf die parlamentarische Demokratie des Wirkens politischer Parteien, das seinerseits eine – freilich begrenzte – rechtliche Ordnung notwendig macht, wenn es seine Aufgabe sachgemäß erfüllen soll. Im Staatsrecht der Weimarer Republik war diese Ordnung auf einige Regelungen der Wahlgesetze beschränkt, während die Reichsverfassung selbst, von der abwehrenden Formel des Art. 130 Abs. 1 („Die Beamten sind Diener der Gesamtheit, nicht einer Partei.") abgesehen, die politischen Parteien ignorierte[41] und hierin eine Entwicklung fortsetzte, in der es nicht gelungen war, die Parteien in die politische Ordnung einzufügen, in der darum das Parteiwesen außerhalb der Verfassung und weithin im Ge-

---

37 Vgl. auch *Böckenförde* (Anm. 1) HdBStR I, § 22 Rdn. 70 ff.
38 Vgl. dazu *Schelsky* (Anm. 34) S. 30 f.; ferner etwa *J. Habermas*, Technik und Wissenschaft als „Ideologie" (1968) S. 96 ff.
39 *N. Luhmann*, Komplexität und Demokratie, in: Politische Planung (1971) S. 44.
40 Dazu *Scharpf* (Anm. 1) S. 66 ff.
41 *H. Triepel*, Die Staatsverfassung und die politischen Parteien (2. Aufl. 1930) S. 24 ff.

gensatz zum Regierungssystem gestanden hatte. Demgegenüber zählt das Grundgesetz die politischen Parteien ausdrücklich zu den integrierenden Bestandteilen demokratischer Ordnung[42]. Es weist ihnen bestimmte Funktionen zu und normiert im Zusammenhang damit die Grundlagen der rechtlichen Ordnung des Parteiwesens; die nähere Ausgestaltung überträgt es dem Bundesgesetzgeber (Art. 21 Abs. 3 GG), der diesem Auftrag insbesondere durch das *Parteiengesetz* vom 24. 7. 1967 (BGBl. I S. 773) nachgekommen ist[43]. Die vom Grundgesetz vorausgesetzte und geregelte Funktion der Parteien ist maßgebend für den Begriff der politischen Partei, ihre Aufgaben und ihren verfassungsrechtlichen Status.

a) Nach § 2 Abs. 1 des Parteiengesetzes sind politische Parteien „Vereinigungen von Bürgern, die dauernd oder für längere Zeit für den Bereich des Bundes oder eines Landes auf die politische Willensbildung Einfluß nehmen und an der Vertretung des Volkes im Deutschen Bundestag oder einem Landtag mitwirken wollen", sofern sie eine gewisse organisatorische Gewähr für die Ernsthaftigkeit ihrer Zielsetzungen bieten[44]. **167**

Nicht unter den Begriff der politischen Parteien fallen damit *Wählervereinigungen*, d. h. Gruppen, die nur vorübergehend zusammentreten, um für bestimmte Wahlen Kandidaten aufzustellen, weil diesen das Moment der Dauer fehlt. Auch *Kommunalparteien*, d. h. Gruppen, deren Ziele sich auf die Mitwirkung bei der Willensbildung in den Gemeinden und Gemeindeverbänden beschränken („Rathausparteien"), werden von dieser Begriffsbestimmung nicht umfaßt. Das Gesetz folgt hier der Rechtsprechung des Bundesverfassungsgerichts, das den Kommunalparteien die Eigenschaft einer politischen Partei im Hinblick auf den begrenzten, auf örtliche Verwaltungsaufgaben beschränkten Wirkungskreis der Kommunalvertretungen abgesprochen hat. Zugleich hat das Gericht indessen mit Recht auf die Bedeutung der Parteien für die Kommunalpolitik hingewiesen und deshalb denjenigen politischen Parteien, die mindestens auf Landesebene organisiert und tätig sind, die Möglichkeit eröffnet, ihr Recht auf Chancengleichheit bei Kommunalwahlen im Wege der Organstreitigkeit geltend zu machen[45]. Ist damit anerkannt, daß die Parteien auch dann im Sinne des Art. 21 GG an der politischen Willensbildung des Volkes mitwirken, wenn sie im kommunalen Bereich tätig werden, so erscheint es nicht gerechtfertigt, Kommunalparteien von der Geltung des Art. 21 GG auszunehmen und auf den verfassungsrechtlichen Schutz des Art. 9 GG zu verweisen[46]. **168**

---

42 BVerfGE 1, 208 (225), st. Rspr. Vgl. etwa noch BVerfGE 52, 63 (82 f.); 85, 264 (284 f.).

43 Mit späteren Änderungen; Bekanntmachung der Neufassung vom 31. 1. 1994 (BGBl. I S. 149). Vgl. ferner §§ 18, 20, 21, 27, 46 BWG und §§ 43 ff. BVerfGG. Aus der Literatur: *U. Scheuner*, Parteiengesetz und Verfassungsrecht, DÖV 1968, 88 ff.; *G. Leibholz*, Das Parteiengesetz von 1967, in: Festschrift für Adolf Arndt (1969) S. 179 ff. Zum Parteienrecht insgesamt: *W. Henke*, Das Recht der politischen Parteien (2. Aufl. 1972); *K. H. Seifert*, Die politischen Parteien im Recht der Bundesrepublik Deutschland (1975); *D. Tsatsos/M. Morlok*, Parteienrecht (1982); *D. Grimm*, Die politischen Parteien, HdBVerfR, § 14; *Ph. Kunig*, Parteien, HdBStR II, § 33; *H. Maurer*, Die Rechtsstellung der politischen Parteien, JuS 1991, 881 ff. Zur heutigen Situation der Parteien in der Bundesrepublik: *M. Stolleis*, Parteienstaatlichkeit – Krisensymptome des demokratischen Verfassungsstaates? VVDStRL 44 (1986) S. 7 ff.

44 Vgl. dazu BVerfGE 47, 198 (222) m. w. Nachw.; 89, 266 (269 f.); 91, 262 (266 ff.) m. w. Nachw.; 91, 276 (284 ff.); BVerwGE 74, 176 (180 f.). Rechtliche Ordnung des Parteiwesens, Bericht der vom Bundesminister d. Innern eingesetzten Parteirechtskommission (2. Aufl. 1958) S. 123 ff.

45 BVerfGE 6, 367 (372 f.).

46 Zur Frage der Neben-, Tarn- oder Ersatzorganisationen vgl. § 33 ParteienG; Bericht der Parteienrechtskommission (Anm. 44) S. 136, 138 f. und unten Rdn. 718.

169 b) Wenn die politischen Parteien bei der politischen Willensbildung des Volkes mitzuwirken haben (Art. 21 Abs. 1 Satz 1 GG), so wird der Inhalt der damit gestellten Aufgabe nur deutlich im Sachzusammenhang der demokratischen Ordnung des Grundgesetzes als einer Ordnung von der Mehrheit des Volkes legitimierter Herrschaft, gleicher Chance der Minderheiten und eines freien und offenen politischen Prozesses. Es ist die *Aufgabe* der Parteien, politische Führer auszulesen und heranzubilden, sie dem Volke zu präsentieren und um eine Mehrheit für sie zu werben. Sie haben als Regierungsparteien die unerläßliche Funktion eines Bindegliedes in der Legitimationskette zwischen Volk und politischer Führung. Als Oppositions- und damit als potentiellen Mehrheitsparteien obliegt ihnen die Kritik, die Kontrolle und damit die Mäßigung der Macht der herrschenden Führungsgruppe sowie die Entwicklung von Alternativen zu der augenblicklich herrschenden Gesamtrichtung, ohne die ein Wechsel der regierenden Personen und jener Gesamtrichtung nicht möglich ist. Sowohl bei Wahlen und Abstimmungen (Art. 20 Abs. 2 Satz 2 GG) als auch bei der „Vorformung des politischen Willens" (oben Rdn. 151) und bei der institutionalisierten Willensbildung in Parlament und Regierung sollen sie Träger und Mittler des von der demokratischen Ordnung des Grundgesetzes intendierten freien und offenen politischen Prozesses sein (vgl. auch § 1 ParteienG).

170 Eine Mitwirkung jenseits des Bereichs der politischen Willensbildung ist den Parteien dagegen versagt. Es gehört nicht zu ihren Aufgaben, Einfluß auf die Rechtsprechung und – mit der Ausnahme des Wirkens kommunaler Vertretungskörperschaften (Art. 28 Abs. 1 Satz 3 GG) – auf die Verwaltung zu nehmen. Rechtsprechung und Verwaltung unterliegen anderen Gesetzlichkeiten als die „politische Willensbildung"; die Erfüllung ihrer Aufgaben kann durch eine „Mitwirkung" der Parteien darum nicht gefördert werden. Zudem schafft gerade die politische Neutralität von Rechtsprechung und Verwaltung dasjenige Moment der Kontinuität, das alternative Regierung erst ermöglicht (unten Rdn. 196, 272).

171 Inwieweit die Parteien ihre Aufgaben in der demokratischen Ordnung erfüllen können, ist weithin eine Frage des *Parteiensystems*, das wesentlich von der Ausgestaltung des Wahlrechts abhängt (oben Rdn. 147). Das Einparteisystem ist mit der freiheitlichen Demokratie unvereinbar. Unter den einzelnen Spielarten des Mehrparteiensystems ermöglicht es ein Zweiparteiensystem besser als ein Viel- oder Allparteiensystem (in dem alle Parteien an der Regierung beteiligt sind), die gestellten Aufgaben zu bewältigen.

Das Zweiparteiensystem zwingt die Parteien dazu, mehr als in einem Vielparteiensystem um ihre Legitimierung besorgt zu sein. Wenn es notwendig ist, die absolute Mehrheit aller Mandate zu gewinnen, muß die Partei möglichst weite Bevölkerungsschichten zu gewinnen suchen; das verbietet einseitige Interessenverfolgung und führt zu der Notwendigkeit, unterschiedliche Interessen bereits innerhalb der Partei auszugleichen, freilich auch zu stärkerer organisatorischer Verfestigung der Parteien und strenger Disziplin in den Fraktionen. In einem Zweiparteiensystem müssen keine Verpflichtungen zwischen den Parteien eingegangen werden, was in einem Vielparteiensystem mit seinem Zwang zur Koalition regelmäßig der Fall ist. Die Unabhängigkeit von der Mitsprache oder dem Veto eines Partners stärkt die Macht der Regierungspartei; dies macht es eher möglich, politische Konzeptionen unverwässert zu realisieren, allgemeinen oder nicht hinreichend organisierbaren Interessen Rechnung zu tragen und Widerstände einzelner Machtgruppen zu überwinden. Das Volk kann mit seiner Mehrheit effektiv bestimmen, wer regieren soll, und es kann die Regierung effektiv verantwortlich machen, indem es die Regierungspartei – ohne neue Koalitionsmöglichkeit – abwählt. Infolgedessen ist ihm eher die Möglichkeit einer wirklichen Wahl gegeben als in einem Vielparteiensystem, besonders, wenn in diesem entscheidende Fragen erst nach der Wahl in Koalitionsvereinbarungen geregelt werden. Im Zweiparteiensystem ist daher der wirkliche Einfluß des Wählers insgesamt stärker als in einem Viel- und vollends in einem Allparteiensystem. In diesem gibt es keine vor den Wahlen bestimmbare politische Richtung und keine klare Verantwortlichkeit; es kommt mehr auf die Beziehungen der Parteien untereinander als auf den Willen des Wählers an; eine Verschiebung der Mehrheitsverhältnisse führt in der Regel nur zu einer Änderung der quotenmäßigen Beteiligung an der Regierung. Immerhin ist auch hier, im Gegensatz zum Einparteiensystem, zumindest die Möglichkeit einer Opposition erhalten, die sich dann in die Koalition hinein verlagert[47].

Das Grundgesetz beschränkt sich auf eine Entscheidung für ein – offenes (Art. 21 Abs. 1 Satz 2 GG) – Mehrparteiensystem; es läßt daher allen diesen Schattierungen des Mehrparteiensystems Raum.

c) Der *verfassungsrechtliche Status* der politischen Parteien ist Voraussetzung, nicht Folge ihrer sachgemäßen Mitwirkung bei der politischen Willensbildung; er ist ein Status der Freiheit, der Gleichheit und der Öffentlichkeit. 172

aa) Die *Freiheit der politischen Parteien* umfaßt die äußere und die innere Parteifreiheit. 173

Die äußere Parteifreiheit schützt die Partei vor staatlichen Eingriffen und Einflüssen. Die Gründung von Parteien, der Beitritt und Austritt sind frei (Art. 21 Abs. 1 Satz 2 GG); anders als sonstige Vereinigungen (Art. 9 Abs. 2 GG) genießen die Parteien einen erhöhten Schutz gegen Auflösung („Parteienprivileg" – unten Rdn. 716)[48]. Eine Partei darf nur durch Spruch des Bundesverfassungsgerichts und nur dann verboten werden, wenn sie den Bestand der Bundesrepublik Deutschland gefährdet oder die freiheitliche demokratische Grundordnung beeinträchtigen oder beseitigen will (Art. 21 Abs. 2 GG). Die Parteien dürfen in ihrem Wirken weder staatlichen Bindungen unterworfen noch in sonstiger Weise staatlich-institutionell verfestigt werden; das Grundgesetz will sie als freie Gebilde erhalten, weil sie sonst nicht mehr imstande wären, Träger und Mittler des durch Art. 21 und die politischen Freiheitsrechte intendierten und gewährleisteten freien politischen Prozesses zu sein. – Sehr viel schwieriger ist es demgegenüber, die Freiheit der Parteien vor äußeren Einflüssen nichtstaatlicher Art zu erhalten, obwohl diese Einflüsse bedenklicher sein können als staatliche. Hier versagen rechtliche Sicherungen; es kommt alles auf die eigene Widerstandskraft der Parteien an. 174

Die innere Parteifreiheit sucht Art. 21 Abs. 1 Satz 3 GG durch die Forderung zu gewährleisten, daß die innere Ordnung der Parteien demokratischen Grundsätzen entsprechen müsse. Dieser Satz beschränkt und relativiert nicht die Freiheit der Parteien im Sinne einer inhaltlichen Festlegung ihrer inneren Ordnung, sondern er 175

---

47 Hierzu und zu den Auswirkungen des Wahlsystems auf das Parteiensystem vgl. den Bericht zur Wahlrechtsreform (oben Anm. 17) S. 15 ff., 26 ff. sowie *Hennis* (Anm. 17) S. 209 ff.; *Scharpf* (Anm. 1) S. 76 ff.
48 BVerfGE 17, 155 (166) m. w. Nachw.

will im Gegenteil die innere Freiheit der Parteien herstellen und gewährleisten, um auf diese Weise die Freiheit des politischen Prozesses an seiner Quelle zu sichern. Deshalb richtet er sich gegen alle Tendenzen, die eine freie politische Willensbildung in den Parteien unmöglich machen oder beeinträchtigen würden. In diesem Sinne suchen die ausgestaltenden Regelungen des Parteiengesetzes vor allem die Mitbestimmung der Parteimitglieder und deren Stellung sowie die regelmäßig zu erneuernde demokratische Legitimation der leitenden Organe zu sichern (§§ 9ff., 15, 17)[49].

176 bb) Wie die Funktion der politischen Parteien innerhalb des freien politischen Prozesses der Demokratie eine verfassungsrechtliche Stellung der Freiheit bedingt, so bedingt das Prinzip der gleichen Chance einen Status der *Gleichheit der politischen Parteien*. Freiheit und Gleichheit stehen dabei in engem inneren Zusammenhang, insofern das Verbot jeglicher Einflußnahme auf Gründung, Bestand und Tätigkeit der politischen Parteien sich zugleich als Garantie ihrer gleichen Chance, die gleiche Chance sich als Sicherung ihrer Freiheit erweist.

Die Gleichheit der politischen Parteien ist grundsätzlich schematische Gleichheit: eine rechtliche Unterscheidung zwischen großen und kleinen, Regierungs- und Oppositionsparteien ist unzulässig. Freilich läßt sich dieser Grundsatz nicht ausnahmslos verwirklichen, wenn die Wahlen zur Entstehung eines aktionsfähigen, zu klarer Mehrheitsbildung fähigen Parlaments und damit zu stabilen Regierungsverhältnissen führen sollen und wenn der Prozeß der politischen Willensbildung durchsichtig bleiben und klare Verantwortlichkeit ermöglichen soll. Soweit diese Aufgaben demokratischer Ordnung es notwendig machen, sind Modifikationen des Status der Gleichheit zulässig, auch wenn sie unvermeidlich als Prämie auf den Besitz der politischen Macht wirken und eine gewisse Erstarrung des bestehenden Parteiensystems zur Folge haben können. Die Maßstäbe dieser Modifikationen lassen sich allerdings nicht leicht bestimmen; sie müssen bei der Gestaltung des Wahl- und des Parlamentsrechts andere sein als etwa bei der Werbung in Rundfunk und Fernsehen oder einer Finanzierung politischer Parteien aus staatlichen Haushaltsmitteln[50]. Auch von solchen Einschränkungen abgesehen, vermag die rechtlich gleiche Chance den Parteien nicht ohne weiteres ihre tatsächlich gleiche Chance zu sichern, weil die unterschiedliche Unterstützung, die ihnen durch

---

49 Über die weiteren – wirksameren – Garantien der inneren Parteifreiheit durch den bundesstaatlichen Aufbau und die Gewährleistung des freien Mandats (Art. 38 Abs. 1 Satz 2 GG) vgl. unten Rdn. 227 und 601 f. *H. Trautmann*, Innerparteiliche Demokratie im Parteienstaat (1975).

50 Aus der umfangreichen Rechtsprechung des BVerfG zu dieser Frage vgl. BVerfGE 14, 121 (132 ff.); 20, 56 (116 ff.); 24, 300 (340 ff.); 47, 198 (225 ff.); 82, 322 (337 ff.), jeweils m. w. Nachw. Zur Chancengleichheit von Wählergemeinschaften: BVerfGE 69, 92 (106 ff.); 78, 350 (357 ff.); BVerwGE 35, 344 (347 ff.). – Aus der Literatur: *Henke* (Anm. 43) S. 241 ff.; *H.-R. Lipphardt*, Die Gleichheit der politischen Parteien vor der öffentlichen Gewalt (1975) m. w. Nachw.; *Grimm* (Anm. 43) § 14 Rdn. 42 ff.; *H. H. v. Arnim*, Der strenge und der formale Gleichheitssatz, DÖV 1984, 85 ff.; *Kunig* (Anm. 43) Rdn. 62 ff. Wenn § 5 des Parteiengesetzes bei Förderung durch Träger öffentlicher Gewalt Abstufungen „nach der Bedeutung der Parteien bis zu dem für die Erreichung ihres Zweckes erforderlichen Mindestmaß" zuläßt, so wird damit schwerlich ein hinreichend konkreter Maßstab normiert und eine unangemessene Bevorzugung großer Parteien kaum ausgeschlossen; vgl. aber BVerfGE 24, 300 (354 f.). Aufschlußreich BVerwGE 47, 280 (286 ff.).

Geldgeber, Verbände oder die Presse zuteil wird, sich rechtlicher Einflußnahme entzieht.

cc) Wenn der Status der Parteien nicht der eines staatlichen Organs sein kann, so 177
bedeutet das angesichts ihrer verfassungsmäßigen Aufgaben nicht, daß die rechtliche Stellung der Parteien keine andere sei als die eines privaten Vereins. Soweit ihre verfassungsrechtlichen Aufgaben in Frage stehen, betrachtet das Bundesverfassungsgericht sie deshalb als „Verfassungsorgane", mit der Folge, daß sie (falls auch der Antragsgegner im Organstreit parteifähig ist) ihre Rechte im Wege des Organstreits vor dem Bundesverfassungsgericht verfolgen können (Art. 93 Abs. 1 Nr. 1 GG)[51], während sie im übrigen wie „jedermann" das Recht der Verfassungsbeschwerde haben (Art. 93 Abs. 1 Nr. 4a GG, § 90 BVerfGG)[52]. Darin kommt zum Ausdruck, daß der verfassungsrechtliche Status der politischen Parteien ein singulärer *öffentlicher* Status ist. Dieser findet seine Wurzel nicht im Bereich organisierter Staatlichkeit, sondern in jenem Übergangsbereich von „Nicht-Staatlichem" und „Staatlichem", der das Feld politischer Einheitsbildung ist (oben Rdn. 11), innerhalb dessen Aufgabe und Wirken der politischen Parteien sich jedoch von dem Wirken anderer Faktoren der „Vorformung des politischen Willens", etwa der Verbände oder der Presse, wesentlich abheben.

Nicht nur die Bestimmung der rechtlichen Stellung, sondern auch die rechtliche 178
Qualifikation des Tätigwerdens der politischen Parteien richtet sich nach deren Funktion im Rahmen der demokratischen Ordnung des Grundgesetzes. Von Bedeutung ist hier namentlich die Frage nach dem Charakter von *Koalitionsvereinbarungen*. Diese enthalten keine rechtlichen Vereinbarungen, sie sind insbesondere nicht verfassungsrechtliche Verträge[53], sondern politische Absprachen, die freilich nur in den von der Verfassung gezogenen Grenzen zulässig sind[54].

d) Um zu verhindern, daß anonyme Finanzkräfte das Wirken der Parteien steuern, 179
schreibt Art. 21 Abs. 1 Satz 4 GG vor, daß die Parteien über die *Herkunft und Verwendung ihrer Mittel* sowie ihr Vermögen öffentlich Rechenschaft geben müssen. So eindeutig der Sinn dieser Vorschrift ist, so schwer ist sie zu realisieren. Ganz abgesehen von den zahlreichen Möglichkeiten einer Umgehung muß eine namentliche Nennung der Geldgeber die Spenden an die Parteien weithin zum Versiegen bringen; sie benachteiligt daher diejenigen Parteien, die zu ihrer Finanzierung vorwiegend auf Spenden angewiesen sind. Wird dagegen auf eine namentliche Nennung verzichtet und nur Rechenschaft über die quotenmäßige Zusammensetzung der Mittel (Einkünfte aus Beiträgen, Spenden, Vermögen usw.) gegeben, so ver-

---

51 St. (nicht ganz einheitliche) Rspr.; vgl. etwa BVerfGE 24, 260 (263); 27, 152 (157); 73, 40 (65 ff.) m. w. Nachw. Vgl. auch unten Rdn. 679 Anm. 12.

52 BVerfGE 6, 273 (276 f.); 47, 198 (223) m. w. Nachw. – Unabhängig von ihrer äußeren Rechtsform kann jede Partei unter ihrem Namen klagen und verklagt werden (§ 3 ParteienG).

53 *Ch. Sasse*, Koalitionsvereinbarungen und Grundgesetz, JZ 1961, 719 ff.; *K. H. Friauf*, Zur Problematik des verfassungsrechtlichen Vertrages, AöR 88 (1963) S. 307 ff. m. w. Nachw.

54 So zutreffend gegenüber meiner früheren Auffassung, daß es sich um rechtliche Vereinbarungen besonderer Art handle (VVDStRL 17 [1959] S. 45), *A. Schüle*, Koalitionsvereinbarungen im Lichte des Verfassungsrechts (1964) S. 52 ff. und besonders die Besprechung dieses Buches durch *P. Häberle*, Zeitschrift f. Politik NF 12 (1965) S. 296. Aus neuerer Zeit: *I. v. Münch*, Rechtliche und politische Probleme von Koalitionsvereinbarungen (1992).

mag eine solche Rechenschaft über deren „Herkunft" gerade keinen Aufschluß über die Finanzquellen zu geben[55]. Das Parteiengesetz sucht in §§ 23 ff. eine Lösung, indem es grundsätzlich die Angabe der quotenmäßigen Zusammensetzung genügen läßt; nur bei größeren Spenden, bei denen eine maßgebliche Einflußnahme auf die Politik der Partei naheliegt, ist namentliche Nennung vorgeschrieben (Publizitätsgrenze).

Die frühere Grenze von 40 000 DM verstieß, wie das Bundesverfassungsgericht festgestellt hat, gegen das Grundgesetz[56]. § 25 Abs. 2 PartG schreibt nunmehr bei Spenden von jährlich über 20 000 DM die Angabe des Namens und der Anschrift des Spenders sowie der Gesamthöhe der Spende im Rechenschaftsbericht vor. Bestimmte Spenden (etwa solche von politischen Stiftungen oder als gemeinnützig anerkannten Vereinigungen sind von der Berechtigung der Parteien zur Annahme ausgeschlossen (§ 25 Abs. 1; vgl. § 23 a Abs. 2). Damit soll vor allem eine Umgehung der Pflicht zur namentlichen Nennung von Spendern verhindert werden.

Der Rechenschaftsbericht muß von einem Wirtschaftsprüfer oder einer Wirtschaftsprüfungsgesellschaft sowie von dem Präsidenten des Bundestages nach Maßgabe der §§ 29 bis 31 geprüft werden (§ 23 Abs. 2 und 3). Der Bundestagspräsident hat dem Bundestag jährlich über die Entwicklung der Parteifinanzen sowie über die Rechenschaftsberichte der Parteien zu berichten. Sein Bericht wird als Bundestagsdrucksache verteilt (§ 23 Abs. 5). Solange ein ordnungsgemäßer Rechenschaftsbericht nicht eingereicht ist, dürfen staatliche Mittel nicht festgesetzt und ausgezahlt werden (§ 23 Abs. 4).

180 e) Die wachsenden Schwierigkeiten, die notwendigen Mittel für die Tätigkeit der Parteien aufzubringen, haben die Aktualität der Frage nach einer mittelbaren oder unmittelbaren *Finanzierung der Parteien aus staatlichen Haushaltsmitteln* wesentlich gesteigert[57].

181 Die verfassungsrechtliche Problematik dieser Frage ist eine solche der (äußeren) Parteifreiheit und der Chancengleichheit der politischen Parteien. Eine Finanzierung aus staatlichen Haushaltsmitteln vermag die Parteien von dem Einfluß privater Geldgeber unabhängiger zu machen und insofern auch zu einer größeren Annäherung an eine tatsächliche Gleichheit der Chancen zu führen. Auf der anderen Seite kann eine staatliche Finanzierung den um ihrer Aufgabe willen unerläßlichen Charakter der Parteien als freier, nicht-staatlicher Gebilde in Frage stellen und zu einer Verschiebung der politischen Kräfteverhältnisse führen; das Gebot der Chancengleichheit läßt in der Frage des Verteilungsschlüssels wesentliche Schwierigkeiten entstehen, und die Finanzierung aus anderen Quellen bleibt eben-

---

55 Vgl. hierzu den Bericht der Parteienrechtskommission (Anm. 44) S. 184 ff.
56 BVerfGE 85, 264 (318 ff.).
57 Hierzu und zur Problematik etwa: *Th. Eschenburg*, Probleme der modernen Parteifinanzierung (1961); *W. Kewenig*, Die Problematik der unmittelbaren staatlichen Parteifinanzierung, DÖV 1964, 829 ff.; *H. Plate*, Parteifinanzierung und Grundgesetz, Rechtsfragen von Rechenschaftspflicht und Staatszuschüssen (1966); *K. Zweigert*, Parteifinanzierung und Parteifreiheit, in: Festschrift für Adolf Arndt (1969) S. 499 ff.; *Grimm* (Anm. 43) § 14 Rdn. 48 ff.; *Kunig* (Anm. 43) Rdn. 69 ff.; *H. H. v. Arnim*, Die Partei, der Abgeordnete und das Geld (1991); *H. Hofmann*, Die Neuregelung der staatlichen Parteienfinanzierung, DÖV 1994, 504 ff.

so bestehen wie die Unterstützung durch andere Organisationen und Einrichtungen, so daß die tatsächliche Ungleichheit der Chancen nicht gänzlich beseitigt wird.

Das Bundesverfassungsgericht hatte in dem Urteil vom 19. 7. 1966 seine frühere **182** Rechtsprechung[58] dahin korrigiert, daß eine Finanzierung der allgemeinen Tätigkeit der Parteien aus staatlichen Haushaltsmitteln mit Art. 20 Abs. 2, 21 Abs. 1 GG unvereinbar sei, daß jedoch den Parteien die notwendigen Kosten eines angemessenen Wahlkampfes ersetzt werden könnten[59].

An diese Entscheidung hatte die Regelung der *unmittelbaren staatlichen Parteienfinanzierung* durch §§ 18 ff. des Parteiengesetzes angeknüpft. Danach wurden die Wahlkampfkosten der Parteien mit (zuletzt) 5 DM für jeden bei einer Bundestagswahl Wahlberechtigten pauschaliert. Der damit sich ergebende Gesamtbetrag wurde grundsätzlich auf diejenigen Parteien verteilt, die nach dem endgültigen Wahlergebnis mindestens 0,5 v. H. der im Wahlgebiet abgegebenen gültigen Zweitstimmen erhalten hatten; Maßstab der Verteilung war das Verhältnis der im Wahlgebiet auf die Parteien entfallenden Zweitstimmen. Entsprechende Regelungen konnten von den Ländern für Landtagswahlen getroffen werden.

Das 6. Änderungsgesetz zum Parteiengesetz vom 31. 1. 1994 (BGBl. I S. 142) hat eine grundsätzliche Abkehr von der Wahlkampfkostenerstattung vollzogen und die bisherige Regelung durch ein System allgemeiner staatlicher Teilfinanzierung der Tätigkeit der politischen Parteien ersetzt (§ 18 Abs. 1). Grundgedanken und Inhalt der Neuregelung sind weitgehend vorgezeichnet in dem Urteil des Bundesverfassungsgerichts vom 9. April 1992. In diesem hat das Gericht seine bisherige, der von ihm selbst gebilligten Realität der staatlichen Parteienfinanzierung seit langem nicht mehr entsprechende Rechtsauffassung aufgegeben, daß das Grundgesetz nur die Erstattung der notwendigen Kosten eines angemessenen Wahlkampfes erlaube: die Mitwirkung der Parteien bei der politischen Willensbildung des Volkes beschränke sich nicht auf die unmittelbare Wahlvorbereitung. Verfassungsrechtlich zulässig sei deshalb auch eine staatliche Finanzierung der *allgemein* den Parteien nach dem Grundgesetz obliegenden Tätigkeit. Doch erlaube der Grundsatz der Staatsfreiheit neben der vorrangigen Selbstfinanzierung der Parteien nur eine Teilfinanzierung aus staatlichen Mitteln. Die vom Grundgesetz vorausgesetzte Staatsfreiheit der Parteien fordere nicht nur die Gewährleistung ihrer Unabhängigkeit vom Staat, sondern auch, daß die Parteien sich ihren Charakter als frei gebildete, im gesellschaftlich-politischen Bereich wurzelnde Gruppen bewahrten, welche nicht nur politisch, sondern auch wirtschaftlich und organisatorisch auf die Zustimmung und Unterstützung der Bürger angewiesen bleiben. Eine Entfremdung der Parteien von ihrer mitgliedschaftlichen Basis und der Bürgerschaft insgesamt könne nur dadurch vermieden werden, daß der politische Prozeß offen, der Parteienwettbewerb erhalten und die Rückbindung der Parteiführung an ihre gesellschaftliche Basis erhalten bleibe.

Von hier aus hat das Gericht Maßgaben entwickelt, die garantieren sollen, daß die Parteien entsprechend ihrer Mittlerfunktion angemessen ausgestattet werden und

---

58 Bes. BVerfGE 8, 51 (63); 12, 276 (280).
59 BVerfGE 20, 56 (96 ff.). Das Urteil hat vielfältige Kritik gefunden. Vgl. etwa *H. Zwirner*, Bundesverfassungsgericht und Parteienfinanzierung, AöR 93 (1968) S. 81 ff., bes. S. 109 ff. m. w. Nachw.

daß die Entscheidung über den Umfang sowie die Verteilung staatlicher Leistungen an die politischen Parteien im Prinzip beim Bürger selbst bleibt. Insofern hat es die staatlichen Zuschüsse in Beziehung zu den eigenen Mitteln der Parteien gesetzt und ausgesprochen, daß das Gesamtvolumen der aus staatlichen Quellen fließenden Einnahmen die Summe der selbst erwirtschafteten Einnahmen der Parteien nicht übersteigen dürfe (relative Obergrenze). Darüber hinaus hat es eine absolute Obergrenze markiert, die bewirken soll, daß das zur Erfüllung der Funktionen der Parteien unerläßliche Maß nicht überschritten wird. Schließlich hat es dem Grundsatz der Gleichheit der Parteien und der staatlichen Neutralität gegenüber der Parteienkonkurrenz dadurch Rechnung getragen, daß es als Maßstab der Mittelverteilung an die einzelnen Parteien deren Wahlerfolg, die Mitgliederzahl und den Spendenumfang festgelegt hat[60]. Diese Konzeption staatlicher Teilfinanzierung der den Parteien nach dem Grundgesetz obliegenden Tätigkeit und die bestimmenden Maßstäbe sind nunmehr in §§ 18 ff. des Parteiengesetzes aufgenommen.

Die Parteien erhalten jährlich eine deutsche Mark für jede bei Europa-, Bundestags- und Landtagswahlen für ihre Liste abgegebene gültige Zweitstimme (§ 18 Abs. 3 Nr. 1). Das gleiche gilt, wenn im Lande eine Liste für eine Partei nicht zugelassen war, für jede in einem Wahl- oder Stimmkreis abgegebene gültige Stimme (Abs. 3 Nr. 2). Für die hiernach erzielten bis zu 5 Mio. gültigen Stimmen erhöht sich der genannte Betrag auf 1,30 DM je Stimme (Abs. 3 Satz 2). Hinzu treten 0,50 DM für jede deutsche Mark, welche die Parteien als Mitgliedsbeitrag oder rechtmäßig erlangte Spende erhalten haben; dabei werden allerdings nur Zuwendungen bis zu 6 000 DM je natürliche Person berücksichtigt (§ 18 Abs. 3 Satz 1 Nr. 3).

Anspruch auf staatliche Mittel gem. Abs. 3 haben nur Parteien, die nach dem endgültigen Wahlergebnis der jeweils letzten Europa- oder Bundestagswahl mindestens 0,5 v. H. oder einer Landtagswahl 1,0 v. H., im Wahl- oder Stimmkreis 10 v. H. der gültigen Stimmen erreicht haben. Dies gilt nicht für Parteien nationaler Minderheiten (§ 18 Abs. 4). Den anspruchsberechtigten Parteien sind auf Antrag Abschlagszahlungen zu gewähren (§ 20).

Das Gesetz normiert ferner im Sinne des Urteils vom 9. April 1992 eine relative (§ 18 Abs. 5) und eine absolute Obergrenze, die im Zeitpunkt seines Inkrafttretens 230 Mio. DM beträgt (§ 18 Abs. 2). Preissteigerungen der für die Parteien bedeutsamen Ausgaben hat eine vom Bundespräsidenten berufene Kommission unabhängiger Sachverständiger jährlich festzustellen, die das Ergebnis ihrer Erhebung dem Präsidenten des Bundestages vorlegt (§ 18 Abs. 6). Vor Änderungen der Struktur und der Höhe der staatlichen Finanzierung, die über die Feststellung von Preissteigerungen hinausgehen, hat diese Kommission dem Bundestag Empfehlungen vorzulegen (§ 18 Abs. 7).

Auch die *mittelbare staatliche Parteienfinanzierung* ist, soweit sie die steuerliche Abzugsfähigkeit von Mitgliedsbeiträgen und Spenden an die politischen Parteien betrifft, im Anschluß an das Urteil des Bundesverfassungsgerichts vom 9. April 1992 neu geregelt worden.

---

60 BVerfGE 85, 264 (285 ff.).

Eine steuerliche Begünstigung von Spenden an politische Parteien kann zu einer mit dem Grundsatz der Chancengleichheit nicht zu vereinbarenden Veränderung der Wettbewerbslage führen, wenn Sie zu einer Bevorzugung von Parteien führt, die im wesentlichen von einkommensstarken Bevölkerungskreisen unterstützt werden. Verfassungsrechtlich unbedenklich sind hingegen Spenden natürlicher Personen, wenn die Zuwendungen innerhalb einer Größenordnung verbleiben, die für den durchschnittlichen Einkommenbezieher erreichbar ist[61]. Demgemäß ist die steuerliche Abzugsfähigkeit von Zuwendungen dieser Personen nach §§ 10 b und 34 g Einkommensteuergesetz drastisch herabgesetzt worden (zur Publizitätsgrenze oben Rdn. 179). Die bisherigen Steuervergünstigungen für Spenden von Körperschaften und Personenvereinigungen und Vermögensmassen im Sinne des § 1 Abs. 1 des Körperschaftsteuergesetzes an politische Parteien, die das Bundesverfassungsgericht für verfassungswidrig erachtet hat[62], wurde abgeschafft.

§ 6   Sozialer Rechtsstaat

Die verfassungsmäßige Ordnung der Bundesrepublik soll die eines sozialen Rechtsstaates sein. Dies ist in Art. 28 Abs. 1 GG für die Länder ausdrücklich normiert, für den Bund vorausgesetzt (... „im Sinne dieses Grundgesetzes" ...); wesentliche Elemente umschreibt Art. 20 GG. Die Frage nach dem Inhalt und der Bedeutung dieser grundsätzlichen Festlegung hat eine gesicherte Antwort noch nicht gefunden. Es besteht Einigkeit darüber, daß bestimmte Rechte oder Grundsätze wie die Grundrechte, der Grundsatz der Gesetzmäßigkeit der Verwaltung oder der der Gewaltenteilung wesentliche Elemente der rechtsstaatlichen Ordnung des Grundgesetzes sind[1]. Aber diese Elemente selbst werden durchaus unterschiedlich gedeutet, und über die Gesamtgestalt heutiger rechtsstaatlicher Ordnung wie ihre Bedeutung im Verfassungsgefüge des Grundgesetzes bestehen divergierende Auffassungen[2]. **183**

Dieser Vielfalt gegenüber kann die *verfassungsrechtliche Bestimmung* des Begriffs des sozialen Rechtsstaates und seiner Einfügung in die verfassungsmäßige Ordnung des Grundgesetzes nicht von einem vor- oder außerverfassungsmäßigen Bild des Rechtsstaates ausgehen, so wenig die Rechtsstaatlichkeit des Grundgesetzes von der Tradition des Rechtsstaatsgedankens in Deutschland getrennt und so **184**

---

61 BVcrfGE 85, 264 (316).
62 BVerfGE 85, 264 (315, 317 f.).

1 Repräsentativ etwa *Maunz-Dürig*, Grundgesetz, Abschn. VII zu Art. 20 GG.
2 Die beste neuere Behandlung des Rechtsstaatsprinzips findet sich bei *U. Scheuner*, Die neuere Entwicklung des Rechtsstaates in Deutschland, in: *ders.*, Staatstheorie und Staatsrecht, hrsg. von *J. Listl* und *W. Rüfner* (1978) S. 185 ff. und *E.-W. Böckenförde*, Entstehung und Wandel des Rechtsstaatsbegriffs, in: Festschrift für Adolf Arndt (1969) S. 54 ff. Vgl. auch *U. Scheuner*, Begriff und Entwicklung des Rechtsstaats, in: Macht und Recht, hrsg. von H. Dombois und E. Wilkens (1956) S. 76 ff.; demgegenüber die schroffe Gegenposition *E. Forsthoffs*, Die Umbildung des Verfassungsgesetzes, in: Festschrift für C. Schmitt (1959) S. 35 ff. Aus neuerer Zeit: *E. Benda*, Der soziale Rechtsstaat, HdBVerfR § 17 Rdn. 1 ff.; *Ph. Kunig*, Das Rechtsstaatsprinzip (1986); *E. Schmidt-Aßmann*, Der Rechtsstaat, HdBStR I § 24. – Berechtigte Bedenken gegen tatsächliche Entwicklungen in der Bundesrepublik bei *H. Sendler*, 40 Jahre Rechtsstaat des Grundgesetzes: mehr Schatten als Licht? DÖV 1989, 482 ff.

wenig auch hier das verfassungsrechtliche Verstehen von den geschichtlichen Bedingungen und den konkreten Problemen seines Gegenstandes abgelöst werden kann. Sie hat sich vielmehr an der konkreten Ausgestaltung zu orientieren, die das Rechtsstaatsprinzip im Grundgesetz gefunden hat.

185   In der Judikatur des Bundesverfassungsgerichts ist diese Orientierung nicht immer deutlich geworden, so, wenn das Gericht von einem „vorverfassungsmäßigen Gesamtbild" des Rechtsstaats[3] ausgegangen ist oder ausdrücklich die „Tradition des liberalen bürgerlichen Rechtsstaats" aufgenommen hat[4]. Mit Recht hat das Gericht indessen auf eine Gesamtdefinition verzichtet, da eine solche, anders als bei dem Begriff der Demokratie, bisher nicht gefordert war. Es versteht das Rechtsstaatsprinzip als „Grundentscheidung"[5] oder als „leitendes Prinzip"[6], das über die Gebote der Voraussehbarkeit, der Rechtssicherheit und der materiellen Richtigkeit oder Gerechtigkeit hinaus keine in allen Einzelheiten eindeutig bestimmten Gebote oder Verbote von Verfassungsrang enthalte und „der Konkretisierung je nach den sachlichen Gegebenheiten" bedürfe[7]. Die Frage nach seinem spezifischen Inhalt beantwortet es in behutsam kontinuierlichem Fortschreiten jeweils nur soweit, als es zur Entscheidung des gegebenen Falles notwendig ist. Es hat auf diese Weise das Rechtsstaatsprinzip fortentwickelt und nach zahlreichen Richtungen hin konkret entfaltet. Von wesentlicher Bedeutung sind in diesem Zusammenhang namentlich das Gebot des Vertrauensschutzes[8], der Grundsatz der Verhältnismäßigkeit[9] und das Recht auf ein faires Verfahren[10], die aus dem Rechtsstaatsprinzip abgeleitet werden und damit Verfassungsrang gewinnen.

I. Die rechtsstaatliche Ordnung im Verfassungsgefüge

186   Die Bedeutung der rechtsstaatlichen Ordnung erschöpft sich nicht, wie das überkommene Verständnis dies annimmt, in der Sicherung von Grundsätzen des Rechts und der bloßen Beschränkung staatlicher Gewalt zugunsten der Freiheit des Einzelnen. Das Rechtsstaatsprinzip setzt im Verfassungsgefüge des Grundgesetzes nicht eine vorhandene politische Einheit und unumschränkte Gewalt voraus, die es nur nachträglich mit Schranken zu umgeben gilt; wie die demokratische Ordnung normiert vielmehr auch die rechtsstaatliche Ordnung des Grundgesetzes Prinzipien und Verfahrensregeln, in denen die Grundlagen rechtlicher Gesamtordnung geschaffen werden, in deren Aktualisierung politische Einheit hervorgebracht und gefestigt wird, in deren Verwirklichung das durch die Verfassung konstituierte Staatswesen konkret-geschichtliche Gestalt gewinnt[11].

---

3   BVerfGE 2, 380 (403).
4   BVerfGE 5, 85 (197).
5   BVerfGE 6, 32 (41).
6   BVerfGE 6, 55 (72); 20, 323 (331).
7   BVerfGE 7, 89 (92 f.), st. Rspr.; vgl. noch BVerfGE 45, 187 (246); 59, 128 (164 f.) m. w. Nachw.; 65, 283 (290).
8   Etwa BVerfGE 30, 392 (403); 43, 242 (286); 49, 168 (185).
9   Etwa BVerfGE 19, 342 (348 f.); 35, 382 (400 f.); 61, 126 (134).
10 Für das Strafverfahren etwa BVerfGE 38, 105 (111); 46, 202 (210); 49, 24 (55); 57, 250 (274 f.); 63, 45 (60 f.); 66, 313 (318 f.); 78, 123 (126) m. w. Nachw. Zum Verfassungsrang der damit in engem Zusammenhang stehenden Unschuldsvermutung BVerfGE 74, 358 (369 ff.); 82, 106 (114 ff.) m. w. Nachw. Für den Zivilprozeß: BVerfGE 91, 176 (180 ff.).
11 Dazu und zum folgenden näher: *K. Hesse*, Der Rechtsstaat im Verfassungssystem des Grundgesetzes, in: Staatsverfassung und Kirchenordnung. Festgabe für R. Smend zum 80. Geburtstag (1962) S. 71 ff.

Der soziale Rechtsstaat begründet und festigt politische Einheit sachlich durch sei- **187** ne *Legitimität*: wenn die Ordnung des Gemeinwesens nach einer Zeit des Unrechts und der Bindungslosigkeit der politischen Gewalten durch die Bindung dieser Gewalten an das Recht und durch den Schutz des Rechts, durch die Anerkennung der Menschenrechte und fundamentaler Rechtsgrundsätze, durch die Wahrnehmung sozialstaatlicher Aufgaben bestimmt ist, so entfaltet sie darin legitimierende Wirkung; in der auf freier Zustimmung beruhenden Einigkeit über diese Grundlagen entsteht zu einem wesentlichen Teil der grundsätzliche Konsens, der das Gemeinwesen über alle Spannungen hinweg im letzten zusammenhält, und bildet sich politische Einheit.

Der soziale Rechtsstaat begründet politische Einheit funktionell, indem er durch **188** *Schaffung und Zuordnung von Funktionen und Kompetenzen* die Voraussetzungen staatlichen Tätigwerdens herstellt und diese Tätigkeit selbst in einer Weise regelt, die seinen inhaltlichen Prinzipien entspricht. Insbesondere sind es die rechtsstaatlichen Bestandteile der Verfassung, die die vollziehende und die rechtsprechende Gewalt konstituieren und insoweit das, was als „Staat" bezeichnet wird, erst handlungsfähig machen. Der Rechtsstaat festigt politische Einheit, indem er neben der Dynamik des politischen Prozesses relativ feste, bleibende, beharrende Ordnungen und in ihrer personellen Besetzung konstante Organe entstehen läßt und dem staatlichen Leben stabilisierende Elemente einfügt: der Staat gewinnt Struktur, die er allein im Wechsel der unübersehbar zahllosen Integrationsprozesse nicht gewinnen könnte[12].

In dieser stabilisierenden Wirkung ist der Rechtsstaat zugleich *Form der Herstel-* **189** *lung von Kontinuität*. Während die Demokratie die politische Ordnung von der Bindung an bestimmte Personen unabhängig macht, bewirkt der Rechtsstaat die Unabhängigkeit des staatlichen Aufbaus von dem Wechsel der politischen Führungsgruppen und der politischen Gesamtrichtung; er verbürgt über allem Wechsel relative Kontinuität und wird damit zur Vorbedingung jenes Wechsels, der unter den Bedingungen des modernen Staates seine Dynamik nur dann ohne Nachteil zu entfalten vermag, wenn er auf die politische Gesamtleitung und Willensbildung beschränkt bleibt.

Der Rechtsstaat ist im Verfassungsgefüge des Grundgesetzes *Form der Rationali-* **190** *sierung des staatlichen Lebens*. Die Begründung und Zuordnung der Kompetenzen und die Regelung der Wahrnehmung dieser Kompetenzen sollen es ermöglichen, die staatlichen Aufgaben zweckmäßig und effektiv zu erfüllen; sie dienen zugleich der Aufgabe, das staatliche Handeln für diejenigen, die sich nach ihm richten sollen, berechenbar zu machen, Rechtsklarheit und Rechtssicherheit zu schaffen. Durch die Ordnungen des Rechtsstaates werden dem staatlichen Leben Geformtheit, Verstehbarkeit, Übersichtlichkeit und Klarheit vermittelt, die Grundlage bewußter, verantwortlicher und tätiger Anteilnahme an den öffentlichen Angelegenheiten und damit Grundbedingung des freien politischen Lebensprozesses in der Demokratie sind.

---

12 *H. Heller*, Staatslehre (1934) S. 194.

191 Der Rechtsstaat ist im Verfassungsgefüge des Grundgesetzes endlich *Form der Begrenzung staatlicher Macht*. Er bewirkt diese nicht durch Ausgrenzung einer „staats- und rechtsfreien Sphäre" des Einzelnen, weil diese Sphäre unvermögend wäre, Wirklichkeit zu gewinnen und einen Zustand realer Freiheit zu gewährleisten, um den es dem Grundgesetz allein geht. Sondern er verbürgt Freiheit durch eine *freiheitliche Gesamtordnung*, die einerseits die Bereiche staatlichen Wirkens bindend ausgestaltet und in einer Weise einander zuordnet, die Machtmißbrauch nach Möglichkeit ausschließt, andererseits auf einem rechtlich gewährleisteten, ausgestalteten und geschützten freiheitlichen Status des Einzelnen beruht.

II. Grundzüge der rechtsstaatlichen Ordnung des Grundgesetzes

192 Der Rechtsstaat des Grundgesetzes ist deshalb mehr als ein bloßes „System rechtstechnischer Kunstgriffe zur Gewährleistung gesetzlicher Freiheit"[13]. Seine formellen Grundelemente sind um ihrer sachlichen Auswirkungen willen von wesentlicher Bedeutung, und zwar um so mehr, als sie „die Bedingungen ihrer Wirkungsweise in sich selbst" tragen[14]. Aber sie verkörpern nicht das Ganze rechtsstaatlicher Ordnung. Zu dieser gehören, wie schon Art. 1 Abs. 1, 3, 19 Abs. 2 GG und die Formel vom sozialen Rechtsstaat deutlich machen, nicht minder materielle Grundelemente, die ein nur formelles Verständnis im Sinne der überkommenen deutschen Doktrin[15] ausschließen. Erst in der Verbindung von Form und konkretem Inhalt wird die Eigenart der rechtsstaatlichen Ordnung des Grundgesetzes erkennbar.

1. Das Recht als Ordnungsfaktor und der Primat des Rechts

193 a) In einem allgemeinen Sinne gibt die Verfassung durch ihre rechtsstaatliche Ordnung dem Staat und seiner Wirksamkeit *Maß und Form*. Im Sinne des *Gewaltenteilungsprinzips* werden Funktionen unterschieden und Organe geschaffen, die diese Funktionen verantwortlich wahrzunehmen haben und der Eigenart ihrer Aufgabe entsprechend gestaltet werden. Der staatliche Aufbau wird damit gegliedert und begrenzt. Die Wirksamkeit der staatlichen Organe wird durch die Zuweisung von Kompetenzen – die immer begrenzt sind – und durch feste, klare und verbindliche Verfahrensregeln „in Form gebracht".

194 Darüber hinaus schafft, gestaltet und gewährleistet der Rechtsstaat die rechtliche Gesamtordnung, die für die Existenz des Einzelnen wie für das Zusammenleben innerhalb des Gemeinwesens unerläßlich ist. Das spezifische Mittel dieser Ordnung ist das *Gesetz*. Es bestimmt den Rechtszustand des Einzelnen, ordnet die Lebensverhältnisse und ordnet sie einander zu. In dieser umfassenden, nicht auf eine

---

13 *Forsthoff* (Anm. 2) S. 61.
14 *E. Forsthoff*, Begriff und Wesen des sozialen Rechtsstaates, VVDStRL 12 (1954) S. 16.
15 Repräsentiert etwa durch *R. Thoma*, Rechtsstaatsidee und Verwaltungsrechtswissenschaft, JöR 4 (1910) S. 196 ff.

Abgrenzung von individueller und staatlicher Sphäre reduzierbaren Bedeutung ist der Rechtsstaat Gesetzesstaat, gewinnt das Leben des Gemeinwesens durch rechtliche Ordnung Form und Gestalt.

b) Die allgemeine Bedeutung der Formung und Ordnung durch das Recht hat die **195** rechtsstaatliche Ordnung des Grundgesetzes mit dem überkommenen Rechtsstaat gemein. Ihre besondere Eigenart zeigt sich erst in weiteren Elementen. Zu diesen gehört der *Primat des Rechts*, den das Grundgesetz allgemein in Art. 20 Abs. 3, speziell für die Grundrechte in Art. 1 Abs. 3 positiviert hat.

Primat des Rechts bedeutet nicht totale rechtliche Durchnormierung. Es gibt auch im Rechtsstaat weite Lebensbereiche, die nicht oder nur in Teilen rechtlich geordnet sind. Dort jedoch, wo rechtliche Normierungen bestehen, kommt dem Recht der Vorrang vor allen anderen Maßstäben zu. Es bindet auch dann, wenn dies einmal unbequem wird, wenn Notwendigkeit oder Nützlichkeit in Gestalt von „staatspolitischen" Gründen, „überwiegenden staatlichen Interessen" o. ä. Abweichungen von der Legalität zu fordern scheinen. Nur dann kann der Rechtsstaat seine legitimierende und stabilisierende Wirkung entfalten, wenn das Recht auch gegenüber Widerständen behauptet wird.

Primat des Rechts bedeutet auch nicht Sachferne oder Unbeweglichkeit. Denn die Bindung an das Recht wird erst in der Aktualisierung und Konkretisierung seiner Normen wirklich; diese lassen sich nicht von den Lebensverhältnissen, von deren sachlicher Eigenart und von deren Wandel ablösen. Die damit gegebene Elastizität und Wandlungsfähigkeit endet freilich dort, wo die Grenzen der Interpretation liegen (oben Rdn. 77). Diese Grenzen werden auch nicht durch die Formel *„Gesetz und Recht"* in Art. 20 Abs. 3 GG aufgehoben, die die Existenz ungeschriebenen Rechts anerkennt und die vollziehende und rechtsprechende Gewalt an dieses bindet; die Formel eröffnet keine Möglichkeit, sich unter Berufung auf das „Recht" über das „Gesetz" hinwegzusetzen, weil dies zu einer Verschiebung der verfassungsmäßigen Funktionen führen und die lex scripta um die rationalisierende und stabilisierende Wirkung bringen würde, die ihr nach der Verfassung zukommen soll[16].

Der Primat des Rechts bewirkt feste Rechtsbindung nicht nur der Regierten, sondern auch der Regierenden, nicht nur der Minorität, sondern auch der Majorität; er gewinnt damit wesentliche Bedeutung für die Eigenart der durch das Grundgesetz konstituierten Staatlichkeit.

Feste Rechtsbindung sichert nämlich bis zu einem gewissen Grade die *Unpartei-* **196** *lichkeit des Rechts.* Durch die Unverbrüchlichkeit des Rechts werden die Lebensbereiche, die es ordnet, zu einem Gebiet, das dem Wechselspiel der politischen Bestrebungen nicht ohne weiteres offensteht. Zwar kann eine Mehrheit Recht setzen, das im wesentlichen ihren Interessen entspricht; aber dieses Recht muß verfassungsmäßig sein; es kann sich, weil jede Rechtsetzung im Rechtsstaat Selbstbindung bedeutet, auch gegen sie selbst wenden. Recht kann daher nur bedingt zum Ausdruck partikularer Interessen werden; es bleibt kraft seines Primats eine rela-

---

16 Deshalb nicht haltbar BVerfGE 34, 269 (286 ff.).

tiv eigenständige Größe, und diese relative Unabhängigkeit des Rechts von wechselnden Interessen und politischen Richtungen teilt sich denjenigen mit, die das Recht anzuwenden haben: der vollziehenden und rechtsprechenden Gewalt. Diese sind in dem Umfang, in dem sie an das Recht gebunden sind, Einflüssen anderer Art entzogen; sie gewinnen insoweit gegenüber den politischen Gewalten jene Selbständigkeit, um die es dem Gewaltenteilungsprinzip zu tun ist. Im gleichen Maße bewirkt der Rechtsstaat *unparteiische Ausübung staatlicher Gewalt*. Er bewahrt Staat und Recht davor, zu bloßen Instrumenten politischer Machthaber zu werden.

197 Das ändert freilich nichts daran, daß das „Recht", an das die staatlichen Gewalten und die Bürger gebunden sind, zum überwiegenden Teil auf Mehrheitsentscheidungen von gesetzgebenden Körperschaften beruht. „Primat des Rechts" bedeutet insoweit Bindung an eine, möglicherweise lange zurückliegende, Mehrheitsentscheidung. Infolgedessen ist das Problem der Rechtfertigung dieser Bindung nicht nur ein rechtsstaatliches, sondern auch ein demokratisches, und zwar der dargestellten, auf dem Primat des Rechts beruhenden Wirkungen des Rechtsstaats einer-, des Mehrheitsprinzips anderseits (vgl. oben Rdn. 142 f.). Beide Elemente kennzeichnen Inhalt und Eigenart der *Legalität*. Diese läßt sich im Rahmen der verfassungsmäßigen Ordnung des Grundgesetzes nicht als ein nur formales, in den Dienst jedes beliebigen Zweckes zu stellendes Prinzip begreifen und in dieser Bedeutung einer letztlich den Ausschlag gebenden sachlichen Legitimität entgegensetzen [17]; sondern sie begründet wegen jenes rechtsstaatlich-demokratischen Zusammenhangs ihrerseits Legitimität. Nur dies vermag den Vorteil zu rechtfertigen, der in der „Prämie auf den legalen Machtbesitz" liegt [18]. Bei – begrenzten und unbegrenzten – „Regelverletzungen" steht deshalb nicht – behauptete – Legitimität gegen „bloß formale" Legalität, sondern gegen Legitimität. – Noch immer haben totalitäre Bestrebungen ihren Kampf mit der Behauptung einer höheren Legitimität geführt, „Legitimität" gegen „Legalität" ausgespielt und versucht, diese Legalität aufzuweichen, um dann, wenn sie ihr Ziel erreicht hatten, um so strikter auf der Einhaltung *ihrer* Gesetzlichkeit zu bestehen [19].

198 Der Primat des Rechts findet Gestalt im Vorrang der Verfassung und im Vorrang des Gesetzes; er wird gesichert durch eine nahezu unumschränkte richterliche Kontrolle.

199 Nach dem Prinzip des *Vorrangs der Verfassung* darf sich kein staatlicher Akt mit dieser in Widerspruch setzen [20]. Auch die Gesetzgebung ist an die verfassungsmäßige Ordnung gebunden (Art. 20 Abs. 3 GG); das Grundgesetz verbietet Verfassungsdurchbrechungen (Art. 79 Abs. 1) und die Aushöhlung von Grundrechten (Art. 19 Abs. 2). Erstmals in der deutschen Verfassungsgeschichte ist damit der Verfassung – auch gegenüber dem Gesetzgeber – uneingeschränkt bindende Kraft verliehen.

200 Kraft des *Vorrangs des Gesetzes* gehen staatliche Akte, die in den Formen der Gesetzgebung erlassen werden, allen übrigen staatlichen Akten vor. Soweit gesetzli-

---

17 Zur antithetischen Aufspaltung von Legalität und Legitimität vgl. *C. Schmitt*, Das Problem der Legalität, in: Verfassungsrechtliche Aufsätze (1958), S. 448 ff.

18 Zu dieser dreifachen, auf Ermessenshandhabung, Legalitätsvermutung und sofortige Vollziehbarkeit begründeten Prämie: *C. Schmitt*, Legalität und Legitimität, in: Verfassungsrechtliche Aufsätze (1958), S. 288 f.

19 Vgl. auch *Böckenförde* (Anm. 2) S. 74.

20 Dazu *R. Wahl*, Der Vorrang der Verfassung, Der Staat 20 (1981) S. 485 ff.; *ders.*, Der Vorrang der Verfassung und die Selbständigkeit des Gesetzesrechts, NVwZ 1984, 401 ff.

che Regelungen bestehen, sind alle staatlichen Gewalten an diese gebunden (vgl. dazu unten Rdn. 508).

Dagegen ist der Vorbehalt des Gesetzes in Art. 20 Abs. 3 GG nicht ausdrücklich normiert. 201 Nach diesem Grundsatz bedürfen bestimmte staatliche Akte (nach der herkömmlichen Formel „Eingriffe in Freiheit und Eigentum") der Grundlage in einem förmlichen Gesetz (vgl. dazu unten Rdn. 508 f.). Der Grundsatz ist indessen in Art. 20 Abs. 3 GG vorausgesetzt, weil anderenfalls die Frage, in welchem Umfang die vollziehende und die rechtsprechende Gewalt an das Gesetz gebunden sein sollen, offenbliebe und der Vorrang des Gesetzes seinen Sinn verlöre. Wie weit der Vorbehalt des Gesetzes im einzelnen reicht, läßt sich freilich der Bestimmung nicht entnehmen.

Die durch den Vorrang von Verfassung und Gesetz bewirkte Bindung bliebe allerdings unvollkommen, wenn die staatlichen Stellen, die an das Recht gebunden sind, auch selbst darüber entscheiden könnten, ob jene Bindung eingehalten ist. 202

Deshalb unterliegt die Frage dieser Einhaltung im Rechtsstaat des Grundgesetzes der Kontrolle durch Organe, die nicht in eigener Sache entscheiden. Indem der Rechtsstaat *umfassenden gerichtlichen Rechtsschutz* gegen alle Akte der öffentlichen Gewalt gewährleistet (Art. 19 Abs. 4 GG), schützt er nicht nur den Einzelnen in seinen subjektiven Rechten, sondern sichert auch die Bindung der staatlichen Gewalten an Verfassung und Gesetz. Wenn diese Sicherung weitgehend von der Aktualisierung des subjektiven Rechts auf Rechtsschutz abhängt, so zeigt sich auch hierin der für die verfassungsmäßige Ordnung des Grundgesetzes charakteristische Zusammenhang von individuellem Status und objektiver Ordnung.

2. Weitere Elemente der Rechtsstaatlichkeit

Für den Rechtsstaat des Grundgesetzes ist der Inhalt der Normierungen, denen 203 der Primat des Rechts zukommt, nicht ohne Belang; der Primat des Rechts gilt nicht nur im Sinne der Bindung an das Recht als solches, sondern auch der Bindung an bestimmte Inhalte des Rechts. Erst durch für alle staatliche Gewalten verbindliche Positivierung solcher Inhalte, wie sie sich namentlich in den Grundrechten (vgl. Art. 1 Abs. 3 GG) und in der Formel vom „sozialen Rechtsstaat" finden, wird der Rechtsstaat im vollen Sinne zum materiellen Rechtsstaat.

a) Der Rechtsstaat gewährleistet *Freiheit*, indem er in den Grundrechten der 204 Art. 2, 4, 5, 8–13 GG konkrete Freiheiten als verfassungsmäßige Rechte ausgestaltet und umgrenzt, indem er die Bereiche individuellen und sozialen Lebens und staatlichen Wirkens bindend rechtlich ordnet, dabei jedoch freiheitlicher Entfaltung und Selbstgestaltung Raum läßt, und indem er zu verhindern sucht, daß einzelne Inhaber jedweder Macht den Titel der Freiheit in Anspruch nehmen, um die Freiheit anderer einzuschränken oder zu beseitigen.

Der Rechtsstaat gewährleistet *Gleichheit* namentlich durch das Grundrecht des 205 Art. 3 GG. In dem Gebot der Gleichheit aller vor dem Gesetz verwirklicht er eine elementare Forderung des Rechtsgefühls: jeder hat sich in gleicher Weise den von der Rechtsordnung statuierten Pflichten zu unterwerfen, jeder hat andererseits in gleicher Weise Anspruch auf Schutz der ihm nach der Rechtsordnung zukommenden Rechte durch die Gemeinschaft. Die Diskriminierungsverbote des Art. 3 Abs. 2 und 3 GG konkretisieren Grundgebote inhaltlicher Gleichheit[21], und ohne Beziehung auf bestimmte Tatbestände gebietet der allgemeine Gleichheitssatz, gleiche Tatbestände gleich zu behandeln, jedem das Seine zukommen zu lassen[22]; er zeigt damit einen Richtpunkt, auf den hin alle staatliche Tätigkeit sich zu orientieren hat. – Wenn der Inhalt des Gleichheitssatzes in der Judikatur ins Negative gewendet und als Verbot unsachlicher Differenzierung oder willkürlicher Behandlung verstanden wird, so sind solche Formeln, mögen sie auch im Interesse der Beschränkung richterlicher Nachprüfung unentbehrlich sein, geeignet, die sachliche Tragweite des Prinzips zu verkürzen (vgl. unten Rdn. 439).

206 b) Darüber hinaus gibt das Grundgesetz der rechtsstaatlichen Ordnung ihr Gepräge durch den Schutz des *Eigentums* und des Erbrechts (Art. 14) und eine Reihe von *Rechtsgrundsätzen*, die nur in einem weiteren Sinne mit der Gewährleistung von Freiheit oder Gleichheit zusammenhängen. Hierher gehören das Verbot, die deutsche Staatsangehörigkeit zu entziehen, das Auslieferungsverbot und das Asylrecht (Art. 16, 16 a). Grundvoraussetzungen gerechten Richtens gewährleisten die Garantien der sachlichen und persönlichen Unabhängigkeit der Richter (Art. 97), des Verbots von Ausnahmegerichten (Art. 101 Abs. 1 Satz 1), des gesetzlichen Richters (Art. 101 Abs. 1 Satz 2) und des rechtlichen Gehörs (Art. 103 Abs. 1), Grundgebote gerechten Strafens das ex-post-facto-Verbot des Art. 103 Abs. 2 und das Verbot mehrmaliger Bestrafung derselben Tat (Art. 103 Abs. 3); fundamentale Verfahrensgarantien bei Freiheitsentziehungen und -beschränkungen enthalten die habeas-corpus-Bestimmungen des Art. 104; den Ausgleich von Schädigungen durch die öffentliche Gewalt gewährleistet der Grundsatz der Amtshaftung (Art. 34). Hinzu treten weitere Ausformungen, die nur in Teilen ausdrücklich positiviert sind. Zu ihnen gehören neben den schon erwähnten (oben Rdn. 185) der Vorbehalt des Gesetzes[23] und im Zusammenhang mit ihm Bestimmtheitserfordernisse, die an eine gesetzliche Regelung zu stellen sind, namentlich bei der Ermächtigung zum Erlaß von Rechtsverordnungen (Art. 80 Abs. 1 Satz 2 GG – vgl. unten Rdn. 527 f.), bei der Bestimmung des gesetzlichen Richters (Art. 101 Abs. 1 Satz 2 – vgl. unten Rdn. 556), bei der gesetzlichen Bestimmung der Strafbarkeit im Sinne des Art. 103 Abs. 2 GG (vgl. unten Rdn. 558) und bei der einem Gesetz vorbehaltenen Begrenzung von Freiheitsrechten (unten Rdn. 314); neben diesen hat die Rechtsprechung Bestimmtheitserfordernisse auch unmittelbar auf rechtsstaatliche Grundsätze zurückgeführt[24].

---

21 Vgl. auch Art. 33 Abs. 3 GG, 136 Abs. 2 WRV i. V. m. Art. 140 GG; über weitere Spezifikationen des Gleichheitsprinzips im Grundgesetz: *H. P. Ipsen*, Gleichheit, in: Die Grundrechte, hrsg. von Neumann-Nipperdey-Scheuner II (1954) S. 120; *M. Sachs*, Besondere Gleichheitsgarantien, HdBStR V, § 126.

22 Dazu näher *K. Hesse*, Der Gleichheitsgrundsatz im Staatsrecht, AöR 77 (1951/52) S. 172 ff., 197 ff., 213 ff.; *Ipsen* (Anm. 21) S. 177 ff; *P. Kirchhof*, Der allgemeine Gleichheitssatz, HdBStR V, § 124.

23 – der zugleich ein Grundsatz demokratischer Ordnung ist (unten Rdn. 508).

24 Vgl. insbes. BVerfGE 8, 274 (325 f.); 9, 137 (147 ff.); 24, 119 (152); 35, 348 (358 f.); 49, 168 (181 f.); 56, 1 (12 f.) m. w. Nachw. Aus der Lit.: *R. Geitmann*, Bundesverfassungsgericht und „offene" Normen (1971), mit einer Übersicht über die Rspr. (S. 168 ff.).

III. Das Sozialstaatsprinzip

Entscheidendes Kennzeichen der rechtsstaatlichen Ordnung des Grundgesetzes **207** ist es endlich, daß sie die eines „sozialen" Rechtsstaates ist.

1. Soziale Grundrechte und Staatszielbestimmungen in der rechtsstaatlichen Verfassung?

a) Das Grundgesetz beschränkt seine grundrechtlichen Gewährleistungen im wesentlichen **208** auf die klassischen Menschenrechte, zu denen einige besondere Garantien und Grundsatz- regelungen treten (z. B. Art. 5 Abs. 3, Art. 6, 7). Dagegen verzichtet es auf *„soziale Grund- rechte"*, wie sie in mehreren Landesverfassungen enthalten sind[25]. Gewährleistungen sol- cher Art, wie etwa das Recht auf Arbeit, auf ein angemessenes Arbeitsentgelt oder das Recht auf Wohnung, sind jedoch von gänzlich anderer Struktur als die der klassischen Grundrechte. Sie lassen sich nicht schon dadurch realisieren, daß sie ausgestaltet, respek- tiert und geschützt werden, sondern verlangen staatliche Aktionen zur Verwirklichung des in ihnen enthaltenen sozialen Programms, die regelmäßig ein Tätigwerden nicht nur des Ge- setzgebers, sondern auch der Verwaltung erfordern. Anders als bei den klassischen Grund- rechten hat der Staat die Voraussetzungen der Erfüllung dieses Programms nicht ohne weite- res in den Händen; die Verwirklichung sozialer Grundrechte kann zudem oft zu einer Beein- trächtigung der Freiheitsrechte anderer führen. Derartige Rechte können daher nicht, wie dies für die Grundrechtsauffassung des Grundgesetzes wesentlich ist, unmittelbare, gericht- lich verfolgbare Ansprüche des Bürgers begründen.

b) Im Ergebnis unterscheiden sich soziale Grundrechte deshalb kaum von *Staatszielbestim- mungen*, d. h. Verfassungsnormen, welche Aufgaben und Richtung gegenwärtigen und künftigen staatlichen Handelns verbindlich festlegen[26]. Die verfassungsrechtlich festge- schriebenen Zielsetzungen erhalten damit Vorrang vor politischen Zielsetzungen; insoweit wird die Gestaltungsfreiheit des Gesetzgebers eingeschränkt.

Für sich allein vermögen Staatszielbestimmungen nichts zu bewirken; sie sind darauf ange- wiesen, vom Gesetzgeber aufgenommen und je nach den Problemen und Möglichkeiten der Zeit in unmittelbar geltendes Recht umgesetzt und realisiert zu werden. In den Aufga- benbereichen der Verwaltung und Rechtsprechung können sie maßgebend für die Interpre- tation des Rechts werden, insbesondere für die Interpretation unbestimmter und Ermessens- begriffe sowie für die Abwägung zwischen widerstreitenden Belangen. Alles dies setzt in- dessen voraus, daß der Staat zur Verwirklichung der normierten Staatsziele imstande ist.

---

25 *z. B.* Bayerische Verfassung Art. 166 ff.; Hessische Verfassung Art. 27 ff. Aus der Lit.: *G. Brun- ner*, Die Problematik der sozialen Grundrechte (1971); *J. P. Müller*, Soziale Grundrechte in der Ver- fassung (2. Aufl. 1981); *P. Badura*, Das Prinzip der sozialen Grundrechte und seine Verwirklichung im Recht der Bundesrepublik Deutschland, Der Staat 14 (1975) S. 17 ff.; *W. Schmidt*, Soziale Grundrechte im Verfassungsrecht der Bundesrepublik Deutschland, Der Staat, Beiheft 5 (1981) S. 9 ff.; *J. Lücke*, Soziale Grundrechte als Staatszielbestimmungen und Gesetzgebungsaufträge, AöR 107 (1982) S. 15 ff.; *D. Murswiek*, Grundrechte als Teilhaberechte, soziale Grundrechte, HdBStR V, § 112 Rdn. 40 ff.

26 Dazu, die Grundproblematik sehr gut darstellend, der Bericht der Gemeinsamen Verfassungskom- mission (Rdn. 100), BT-Drucks. 12/6000, S. 77 ff.; *U. Scheuner*, Staatszielbestimmungen, in: *ders.*, Staatstheorie und Staatsrecht (Anm. 1) S. 223 ff.; *E. Wienholtz*, Arbeit, Kultur und Umwelt als Gegenstand verfassungsrechtlicher Staatszielbestimmungen, AöR 109 (1984) S. 523 ff.; *H. H. Klein*, Staatsziele im Verfassungsgesetz – empfiehlt es sich, ein Staatsziel Umweltschutz in das Grundgesetz aufzunehmen? DVBl. 1991, 729 ff.

Das ist im Blick auf die europäische Entwicklung keineswegs mehr selbstverständlich; vor allem für die Realisierung wirtschaftlicher und sozialer Staatsziele wird dem Bund und noch mehr den Ländern häufig die Zuständigkeit fehlen. Aber auch dort, wo der Staat zuständig ist, kann die Verwirklichung von Staatszielen seine Kapazität übersteigen, weil er über die Mittel der Verwirklichung oft nicht selbst verfügt. Er verspricht dann in der Verfassung etwas, was er nicht halten kann und so können Erwartungen, die sich an Staatszielbestimmungen der Verfassung knüpfen, leicht enttäuscht werden; die integrierende Wirkung der Verfassung kann in ihr Gegenteil umschlagen.

In die neuen Verfassungen der ostdeutschen Bundesländer sind zahlreiche Staatszielbestimmungen aufgenommen worden. Diese verpflichten in verschiedenen Formulierungen den Staat das, was in den einschlägigen Abschnitten (von Grundrechten nicht immer klar abgrenzbar) als Staatsziel bezeichnet wird, zu schützen, zu fördern oder anzustreben und sein Handeln danach einzurichten (so die Verfassungen des Freistaats Sachsen Art. 13, des Freistaats Thüringen, Art. 43); ihre Sachgebiete reichen von den natürlichen Grundlagen des Lebens über Kultur, Bildung, wirtschaftliche und soziale Zielsetzungen bis hin zum Sport.

Dem Grundgesetz ist durch das 42. Änderungsgesetz lediglich der *Umweltschutz* als neue Staatzielbestimmung eingefügt worden. Nach Art. 20 a schützt der Staat auch in Verantwortung für die künftigen Generationen die natürlichen Lebensgrundlagen im Rahmen der verfassungsmäßigen Ordnung durch die Gesetzgebung und nach Maßgabe von Gesetz und Recht durch die vollziehende Gewalt und Rechtsprechung. Im einzelnen benannte soziale Staatsziele, wie die Sorge für die existentiellen Bedürfnisse: Arbeit, ausreichende Wohnung und soziale Sicherheit haben hingegen keine Aufnahme in das Grundgesetz gefunden[27]. Stattdessen beschränkt das Grundgesetz sich auf eine *allgemeine Staatszielbestimmung*: die Formel vom sozialen Rechtsstaat. Die Weite dieser Formel erschwert eine Bestimmung ihres Inhalts, und so ist dieser Inhalt noch immer umstritten[28].

---

27 Hierzu eingehend der Bericht der Gemeinsamen Verfassungskommission (Anm. 26) S. 75 ff.

28 Nach ständiger Rechtsprechung des Bundesverfassungsgerichts enthält das Sozialstaatsprinzip die – in den Entscheidungen jeweils näher entfalteten – Pflicht des Staates, für eine gerechte Sozialordnung zu sorgen (z. B. BVerfGE 5, 85 [198]; 22, 180 [204]; 27, 253 [283]; 35, 202 [235 f.]; 59, 231 [262 f.];); bei deren Erfüllung kommt dem Gesetzgeber ein weiter Gestaltungsspielraum zu (BVerfGE 18, 257 [273]; 29, 221 [235]). Daneben gewinnt das Prinzip Bedeutung für die Auslegung von Grundrechten, besonders dann, wenn über die Verfassungsmäßigkeit von Regelungen der Gewährung staatlicher Leistungen zu entscheiden ist (vgl. etwa BVerfGE 33, 303 [331 f.]; 36, 237 [248 f. – abw. Meinung]; 38, 187 [197]; 39, 316 [326 f.]; 42, 176 [188]; 42, 263 [298]; 42, 291 [313 f.]); allerdings vermag das Sozialstaatsprinzip den Grundrechten keine unmittelbaren Schranken zu ziehen (BVerfGE 59, 231 [262 f.]). Aus dem Schrifttum insbes. *C. F. Menger*, Der Begriff des sozialen Rechtsstaates im Bonner Grundgesetz (1953); *E. Forsthoff* und *O. Bachof*, Begriff und Wesen des sozialen Rechtsstaats, VVDStRL 12 (1954) S. 8 ff., 37 ff.; *W. Abendroth*, Zum Begriff des demokratischen und sozialen Rechtsstaates im Grundgesetz der Bundesrepublik Deutschland, in: Aus Geschichte und Politik, Festschrift für Ludwig Bergstraesser (1954) S. 279 ff.; *H. Peters*, Geschichtliche Entwicklung und Grundfragen der Verfassung (1969) S. 200 ff.; *H. H. Hartwich*, Sozialstaatspostulat und gesellschaftlicher status quo (1970); *D. Suhr*, Rechtsstaatlichkeit und Sozialstaatlichkeit, Der Staat 9 (1970) S. 67 ff.; *H. Ridder*, Die soziale Ordnung des Grundgesetzes (1975) S. 35 ff.; *K. Stern*, Das Staatsrecht der Bundesrepublik Deutschland I (2. Aufl. 1984) S. 872 ff.; *Benda* (Anm. 2) § 17 Rdn. 80 ff. Grundlegend: *H. F. Zacher*, Das soziale Staatsziel, HdBStR I, § 25; *P. Badura*, Der Sozialstaat, DÖV 1989, 491 ff.

2. Inhalt und Bedeutung des Sozialstaatsprinzips

Mit der Formel vom sozialen Rechtsstaat nimmt das Grundgesetz die Gegebenhei- **209** ten der modernen technischen, wirtschaftlichen und sozialen Entwicklung in sich auf, normiert es Aufgaben, die sich angesichts dieser Entwicklung ergeben, und stellt es die Erfüllung dieser Aufgaben unter die Gebote des Rechtsstaates.

a) Die zunehmende Technisierung und Spezialisierung, die Komplizierung der Le- **210** bensverhältnisse in der modernen Industriegesellschaft machen immer weitergehende Intervention, Lenkung und planende Gestaltung durch den Staat notwendig. Sie stellen den Staat vor neue, ihm bisher unbekannte Aufgaben und bewirken das Vordringen des Staates in bisher der Selbstregulierung überlassene Bereiche; sie erhöhen die Bedeutung des Staates für das wirtschaftliche und soziale Leben; sie vermehren die Abhängigkeit des Einzelnen von den Auswirkungen der staatlichen Tätigkeit.

Hat sich der „Staat" damit weithin in Bereiche ausgedehnt, die bisher nichtstaatlicher Selbstregulierung überlassen waren, so führt dieselbe Entwicklung zu einer Ausdehnung der „Gesellschaft" in Bereiche, die bisher „staatlicher" Regelung und Entscheidung vorbehalten waren. Die unterschiedlichen sozialen Erwartungen, im besonderen diejenigen sozialer Sicherung, richten sich auf den Staat; sie suchen sich nicht nur im Bereich politischer Willensbildung, sondern auch überall dort Geltung zu verschaffen, wo jenseits dieses Bereichs sozialstaatliche Aufgaben wahrgenommen werden. So wird es zur entscheidenden Aufgabe, die Gegensätze der Auffassungen und Interessen in permanenter Auseinandersetzung und Befriedung zu meistern, und es wird zur Kernfrage der politischen Ordnung, ob sie dieser Aufgabe gerecht zu werden vermag.

In welchem Grade und in welchem Umfang diese Entwicklung die Eigenart heutiger Staatlichkeit bestimmt, wird deutlich an demjenigen Dokument, das zusammenfassend die Vielfalt und Fülle heutiger staatlicher Aktivitäten auf wirtschaftlichem und sozialem Gebiet widerspiegelt, dem Haushaltsplan. So dient der überwiegende Teil der im Bundeshaushalt veranschlagten Ausgaben dem sozialen Ausgleich, der sozialen Sicherung, der Wirtschaftsförderung und Aufgaben der Daseinsvorsorge. Gesteigertes Gewicht kommt den sozialstaatlichen Verpflichtungen bei dem Aufbau in den neuen Bundesländern zu. Auch wenn diese Situation vor dem Hintergrund der bundesstaatlichen Zuständigkeitsverteilung (die die wirtschaftlichen und sozialen Aufgaben vorwiegend beim Bund lokalisiert) gesehen werden muß, mindert das nicht ihre Bedeutung.

Der Wandel des Staates, den diese Entwicklung bewirkt (vgl. oben Rdn. 9), be- **211** trifft nicht nur die Art und Weise politischer Einheits- und Willensbildung, wie sie für die moderne Demokratie charakteristisch ist, sondern auch die *Eigenart moderner Verwaltung.* Diese ist über ihren überkommenen Rahmen als „Eingriffsverwaltung" hinausgewachsen und weithin zur „Leistungsverwaltung" geworden. Sie hat nunmehr Aufgaben umfassender planender Gestaltung, Fürsorge und Vorsorge wahrzunehmen, hinter denen die herkömmlichen punktuellen „Eingriffe" an Bedeutung weit zurücktreten, – weshalb sich auch die vorzugsweise an Befehl und Verbot orientierten Formen des „klassischen" Verwaltungsrechts vielfach als unzureichend erweisen, die veränderte Wirklichkeit rechtlich zu bewältigen. Neben die klassischen Formen der Rechtsetzung und Vollziehung treten daher in zunehmendem Maße neue Formen staatlichen Tätigwerdens, wie das „Maßnahmegesetz"[29], das an Zahl und Bedeutung das klassische Gesetz bereits weit überflügelt hat, der Plan[30] und die Leistungsgewährung, die vor allem in der Form der Subvention die moderne Problematik weithin bestimmt[31]. Wachsende Bedeutung gewinnt kooperatives Verwaltungshandeln in Gestalt von Verträgen und Absprachen zwischen der Verwaltung und Privaten[32].

212 b) Wenn angesichts dieser Lage das Grundgesetz das von ihm konstituierte Staatswesen als „sozialen Rechtsstaat" bezeichnet, so bedeutet das nicht nur eine notgedrungene Anerkennung einer nicht mehr wegzuleugnenden Gegebenheit. Sondern es bedeutet, daß die *Aufgaben des Staates* sich nicht mehr im Schützenden, Bewahrenden, nur gelegentlich Intervenierenden erschöpfen. Der Staat des Grundgesetzes ist planender, lenkender, leistender, verteilender, individuelles wie soziales Leben erst ermöglichender Staat, und dies ist ihm durch die Formel vom sozialen Rechtsstaat von Verfassungs wegen als Aufgabe gestellt.

213 Diese Aufgabe begründet nicht nur eine „Sozialpflichtigkeit" des Gemeinwesens gegenüber seinen Gliedern, also die Pflicht zu sozialer Fürsorge, Daseinsvorsorge und sozialer Befriedung, sondern auch Sozialpflichtigkeiten der Glieder des Gemeinwesens untereinander sowie gegenüber dem Gemeinwesen: Schutz-, Beistands-, Fürsorgepflichten und Pflichten kollektiver Selbsthilfe, Bindungen des Eigentums, Abgabe- und Leistungspflichten, die den Staat erst in den Stand setzen, seine Sozialaufgaben zu erfüllen[33]. Wenn alle diese Sozialpflichtigkeiten auch der Konkretisierung und Realisierung durch die einfache Gesetzgebung, häufig auch durch administratives Tätigwerden bedürfen, so bleibt doch das Sozialstaatsprinzip ein *Verfassungsprinzip*: es verpflichtet und legitimiert den Gesetzgeber und die vollziehende Gewalt zur Wahrnehmung sozialstaatlicher Aufgaben – ohne mit seinem allgemeinen Auftrag individuelle Ansprüche auf eine solche Wahrnehmung oder konkrete Handlungsanweisungen zu begründen. Es gewährleistet in ihrem Kern diejenigen Rechtsbereiche, die zum Wesen des sozialen Rechtsstaates gehören, wie etwa das Arbeitsschutz- und Arbeitszeitrecht, das Sozialhilfe-, Versorgungs- oder Sozialversicherungsrecht, das Betriebsverfassungs- oder Tarifvertragsrecht. Eine grundsätzliche Abkehr von den zum Grundbestand des sozialen Rechtsstaates gehörenden Einrichtungen ist verfassungsrechtlich ausgeschlossen.

214 c) Die Erfüllung dieser Aufgaben steht im vollen Umfang *unter den Geboten des Rechtsstaates*. Im sozialen Rechtsstaat muß auch das gestaltende und gewährende

---

29 Dazu *K. Huber*, Maßnahmegesetz und Rechtsgesetz (1963); BVerfGE 24, 33 (52); 25, 371 (396 f.) m. w. Nachw.

30 Dazu *K. Stern*, Das Staatsrecht der Bundesrepublik Deutschland II (1980) S. 700 ff.; *H. Maurer*, Allgemeines Verwaltungsrecht (7. Aufl. 1990) S. 356 ff. Vgl. auch unten Rdn. 501 Anm. 2.

31 Dazu *H. P. Ipsen* und *H. F. Zacher*, Verwaltung durch Subventionen, VVDStRL 25 (1967) S. 257 ff., 308 ff.; *H. P. Ipsen*, Subventionen, HdBStR IV, § 92.

32 Dazu *J. Burmeister und W. Krebs*, Verträge und Absprachen zwischen der Verwaltung und Privaten, VVDStRL 52 (1993) S. 190 ff., 281 ff.

33 Zu den im Sozialstaatsprinzip enthaltenen Sozialpflichtigkeiten näher: *E. R. Huber*, Der Streit um das Wirtschaftsverfassungsrecht, DÖV 1956, 201 f.; *ders.*, Rechtsstaat und Sozialstaat in der modernen Industriegesellschaft, in: Nationalstaat und Verfassungsstaat (1965) S. 262 ff.

Wirken der staatlichen Gewalten „in Form gebracht" sein, sind jene Gewalten rechtlich gebunden, bleibt nicht ein Bereich unbegrenzter, ungebundener, gestaltloser Wohlfahrtspflege, die ein wirksameres Mittel illegitimer Machtausübung wäre als Befehl oder Zwang. Das gestaltende und gewährende Wirken der staatlichen Gewalten soll voran dem Ziel der Sicherung menschenwürdiger Existenz dienen. Es gilt der Gleichheit im Sinne gerechter sozialer Zuordnung. Es dient der Freiheit, die nach der uns von der liberalen Welt des 19. Jahrhunderts trennenden Zeit der sozialen Umbrüche und Inflationen nicht mehr nur eine Frage des Schutzes vor staatlichen Eingriffen, sondern zugleich auch einer umfassenden staatlichen Wirksamkeit ist, durch die allein sie Wirklichkeit gewinnen kann.

Für den Arbeitslosen ist Berufsfreiheit nutzlos. Lernfreiheit und freie Wahl der Ausbildungsstätte helfen nur demjenigen, der finanziell in der Lage ist, die gewünschte Ausbildung zu absolvieren, und dem solche Ausbildungsstätten zur Verfügung stehen. Die Garantie des Eigentums hat nur für Eigentümer, die Freiheit der Wohnung nur für diejenigen reale Bedeutung, die eine Wohnung besitzen. Sollen diese und andere Freiheiten mehr sein als Freiheiten ohne Inhalt, so setzen sie auch mehr voraus als ein Verbot staatlicher Eingriffe, nämlich jenes System planender, fördernder und erhaltender Maßnahmen, der Wirtschafts- und Sozialpolitik, der Kultur- und der Bildungspolitik, der Gesundheits- und Familienpolitik, das den heutigen Sozialstaat kennzeichnet, z. B. in Bausparprämien, Wohnungs- und Kindergeld oder der staatlichen Unterstützung von Berufsausbildung und -fortbildung.

Zugleich findet jedoch das Sozialstaatsprinzip in den Geboten materieller Rechts- **215** staatlichkeit auch seine *Grenze:* eine umfassende staatliche Fürsorge, die das Gemeinwesen in einen Wohlfahrts- oder Versorgungsstaat verwandeln möchte und selbstverantwortliche Freiheit aufhebt, entspricht nicht mehr dem Prinzip des sozialen Rechtsstaates. Freilich läßt sich diese Grenze nicht scharf ziehen. Sie läßt zudem weiten Raum für unterschiedliche Gestaltungen. Die Formel vom sozialen Rechtsstaat enthält daher zwar für den konkretisierenden Gesetzgeber einen verbindlichen Auftrag, aber keine verbindlichen Richtlinien für die Erfüllung dieses Auftrages. – Die Neigung, alles Wünschenswerte in sie hineinzulegen und es auf diese Weise als Verfassungsgebot auszugeben, verkennt die Bedeutung der Formel, gerade auch im Kontext der demokratischen Ordnung des Grundgesetzes. Vielmehr eröffnet das Prinzip den unterschiedlichen sozialen und wirtschaftlichen Kräften die Möglichkeit, über die verfassungsmäßige Beteiligung an der politischen Willensbildung ihre Bewertungsmaßstäbe für die Gestaltung der sozialstaatlichen Ordnung zur Geltung zu bringen.

§ 7   Bundesstaat

216   Neben Demokratie und sozialen Rechtsstaat tritt in der verfassungsmäßigen Ordnung des Grundgesetzes als dritte Grundform dieser Ordnung der Bundesstaat.

217   Wenn Art. 20 Abs. 1 GG die Bundesrepublik als Bundesstaat bezeichnet, so ist auch hier nicht auf einen feststehenden, der Verfassung vorgegebenen Begriff verwiesen. Der verfassungsrechtliche Begriff des Bundesstaates umschließt zwar allgemeine Merkmale, die auch anderen bundesstaatlichen Ordnungen eigen sind; er bezeichnet insofern eine Zusammenfassung mehrerer staatlicher Organisationen und Rechtsordnungen, und zwar derjenigen der „Gliedstaaten" und derjenigen des „Gesamtstaates"[1], wobei Gesamtstaat und Gliedstaaten einander in der Weise zugeordnet werden, daß die staatlichen Kompetenzen zwischen ihnen aufgeteilt, daß den Gliedstaaten durch ein besonderes Organ bestimmte Einflußmöglichkeiten auf den Gesamtstaat, dem Gesamtstaat bestimmte Einflußmöglichkeiten auf die Gliedstaaten eingeräumt sind und daß eine gewisse Homogenität der gesamt- und gliedstaatlichen Ordnungen hergestellt und gewährleistet wird. Aber bei aller Gemeinsamkeit der grundsätzlichen Struktur ist doch jeder Bundesstaat eine konkret-geschichtliche Individualität. Bundesstaatliche Ordnung erfährt infolge der unterschiedlichen historischen, politischen, sozialen und wirtschaftlichen Bedingtheiten und infolge der unterschiedlichen Aufgaben, die sie zu erfüllen hat, auch ganz unterschiedliche Ausprägungen. Schon deshalb kann die verfassungsrechtliche Betrachtung nicht an einen „vorverfassungsmäßigen" Bundesstaatsbegriff anknüpfen. Eine solche Anknüpfung ist ihr um so mehr verwehrt, als der für sie maßgebliche Begriff des Bundesstaates ein normativer Begriff ist. Ebensowenig wie das Verständnis der Demokratie und des sozialen Rechtsstaates läßt sich deshalb das Verständnis der bundesstaatlichen Ordnung des Grundgesetzes von ihrer Ausformung durch die Verfassung ablösen.

218   In der Judikatur des Bundesverfassungsgerichts wird dieser Ansatz nicht immer deutlich. Das Gericht entwickelt sein Verständnis des Bundesstaates ähnlich wie das des Rechtsstaa-

---

1 Dazu und zum folgenden: *O. Kimminich*, Der Bundesstaat, HdBStR I, § 26. – Das namentlich von *H. Kelsen* (Allgemeine Staatslehre [1925, Neudruck 1966] S. 199 f.) und *H. Nawiasky* (Allgemeine Staatslehre, 3. Teil [1956] S. 151 ff.) entwickelte Verständnis des Bundesstaates im Sinne einer *dreigliedrigen* Ordnung von Gesamtstaat, Oberstaat und Gliedstaaten, dem auch das Bundesverfassungsgericht einige Zeit zugeneigt hat (BVerfGE 6, 309 [340, 364]), kann jedenfalls für die bundesstaatliche Ordnung des Grundgesetzes als überwunden gelten und ist deshalb nicht weiter zu verfolgen. Vgl. dazu *J. H. Kaiser*, Die Erfüllung völkerrechtlicher Verträge des Bundes durch die Länder. Zum Konkordatsurteil des Bundesverfassungsgerichts, Z. ausl. öff. R. u. VR. 18 (1957/58) S. 530 ff. und BVerfGE 13, 54 (77 f.).
Auch die herrschende *Zweigliedrigkeitslehre*, nach der der Bundesstaat als ein aus echten „Staaten" (dem Gesamtstaat und den Gliedstaaten) zusammengesetzter Staat zu verstehen ist, hat in jüngerer Zeit wieder Gegner gefunden (*W. Schmidt*, Das Verhältnis von Bund und Ländern im demokratischen Bundesstaat des Grundgesetzes, AöR 87 [1962] S. 253 ff.; *W. Hempel*, Der demokratische Bundesstaat [1969] S. 177 ff.; aus dem früheren Schrifttum vor allem: *A. Haenel*, Studien zum Deutschen Staatsrechte I [1873] S. 63, 241). Mit Recht ist darauf hingewiesen worden, daß diese Lehre auf einer staatstheoretischen Voraussetzung beruhe, die heute nicht mehr zu halten sei, nämlich der, daß das entscheidende Moment des Staates in seiner Eigenschaft als statisch-starres Herrschaftssubjekt liege (*Hempel*, S. 55 ff., 94 ff.).

tes, indem es das Bundesstaatsprinzip nur jeweils im Hinblick auf die anstehende Entscheidung konkretisiert. Aber es hat dabei mehrfach Gesichtspunkte herangezogen, die sich nicht aus der Verfassung ergeben, so etwa, wenn unmittelbar auf das „Wesen des Bundesstaates" zurückgegriffen[2] oder wenn auf traditionelle Gehalte Bezug genommen wird, deren Realität heute fragwürdig geworden ist; dies gilt namentlich für den Gedanken des „Bündnisses", der für die föderative Ordnung der Reichsverfassung von 1871 tragend war, vom Gericht aber nicht einmal als historischer Ursprung, sondern als „begriffliche" Voraussetzung des Bundesstaates verstanden worden ist[3], für das föderative Prinzip[4] oder die Selbständigkeit der Länder[5]. Die Rechtsprechung ist daher durch ein eher traditionalistisches Verständnis gekennzeichnet, das die Eigenart heutiger Bundesstaatlichkeit in ihrer Auswirkung auf die Interpretation bundesstaatsrechtlicher Normierungen kaum sichtbar werden läßt und den modernen Bedingtheiten der bundesstaatlichen Ordnung nur schwer gerecht zu werden vermag, auch wenn es neuere Aspekte bundesstaatlicher Ordnung hervortreten läßt[6].

I. Die bundesstaatliche Ordnung im Verfassungsgefüge

Bundesstaatliche Ordnung ist Form föderativer Gestaltung.

„Föderalismus"[7] bezeichnet als politisches Grundprinzip die freie Einung von differenzierten, grundsätzlich gleichberechtigten, in der Regel regionalen politischen Gesamtheiten, die auf diese Weise zu gemeinschaftlichem Zusammenwirken verbunden werden sollen. Dieser weitgespannte und elastische Grundgedanke kann durchaus unterschiedliche geschichtlich sich wandelnde Konkretisierungen erfahren, die weitgehend von Sinn und Aufgabe der föderativen Ordnung abhängen. Nicht ohne weiteres bedingt föderative Ausgestaltung den Vorrang der engeren gegenüber der weiteren Gemeinschaft, der nur subsidiäre Funktionen zukommen; Föderalismus und Subsidiaritätsprinzip stehen nicht notwendig im Zusammenhang.

Sinn und Aufgabe föderativer Ordnung können einmal darin bestehen, *politische Einheit* zu bilden und zu erhalten, ohne die Besonderheit der Glieder aufzuheben, Mannigfaltigkeit und Einheit miteinander zu verbinden. Dies setzt eine gewisse Homogenität der Glieder voraus, ebenso aber die Unterschiedlichkeit ihrer Indivi-

219

---

2 BVerfGE 4, 115 (141): „Die völlige Uniformität der Beamtenbesoldung ... folgt weder aus dem Wesen des Bundesstaates noch aus der Verfassungsordnung der Bundesrepublik Deutschland".

3 BVerfGE 13, 54 (78), vgl. auch BVerfGE 1, 299 (315).

4 Z. B. BVerfGE 1, 299 (315).

5 Z. B. BVerfGE 3, 58 (158); 4, 178 (189); 6, 309 (346 f.); 11, 77 (88); 22, 267 (270); 36, 342 (360 f.).

6 Z. B. BVerfGE 12, 205 (229); 55, 274 (318 f.) (gewaltenteilende Wirkung des bundesstaatlichen Aufbaus). Zum Ganzen vgl. *W. Rudolf*, Die Bundesstaatlichkeit in der Rechtsprechung des Bundesverfassungsgerichts, in: Bundesverfassungsgericht und Grundgesetz (1976) II S. 233 ff.

7 Zu diesem Begriff: *C. J. Friedrich*, Nationaler und internationaler Föderalismus in Theorie und Praxis, Pol. Vierteljahresschr. 5 (1964) S. 154 ff.; *H. Maier*, Der Föderalismus – Ursprünge und Wandlungen, AöR 115 (1990) S. 213 ff.; *J. Isensee*, Der Föderalismus und der Verfassungsstaat der Gegenwart, ebd. S. 248 ff.; *P. Lerche*, Prinzipien des deutschen Föderalismus, in: Deutschland und sein Grundgesetz, hrsg. von P. Kirchhof und D. P. Kommers (1990) S. 79 ff.; *P. Häberle*, Aktuelle Probleme des deutschen Föderalismus, Die Verwaltung 24 (1991) S. 169 ff.; *P. Badura*, Die „Kunst der föderalen Form" – Der Bundesstaat in Europa und die europäische Föderation, in: Festschrift für Peter Lerche (1993) S. 371 ff.

dualität, deren Gewährleistung Bedingung des Zusammenschlusses ist. Umgekehrt kann föderative Ordnung der *Aufgliederung* eines bislang einheitlichen politischen Gesamtkörpers dienen, der durch den föderativen Aufbau vor gänzlicher Desintegration bewahrt werden soll. Ihre Aufgabe und Funktion kann sich schließlich mit Erfordernissen sachgemäßer Organisation verbinden und der Ergänzung und Verstärkung demokratischer und rechtsstaatlicher Ordnung dienen. Insofern mag „Föderalismus" sich von überkommenen Vorstellungen lösen. Er wird damit indessen nicht zum überlebten Prinzip.

Es kennzeichnet die Bundesstaatlichkeit der Bundesrepublik Deutschland, daß sich in ihr die Funktion föderativer Ordnung von derjenigen politischer Einheitsbildung mehr auf diese dritte Funktion verlagert hat.

1. Bundesstaatlichkeit als Form politischer Einheitsbildung

220 Die Voraussetzungen föderativer Einheitsbildung: eine gegebene Differenziertheit der Gliedstaaten, deren Individualität durch den bundesmäßigen Aufbau erhalten, gesichert und zu gemeinschaftlichem Zusammenwirken in der Einheit des Gesamtstaates verbunden werden soll, sind in der Bundesrepublik Deutschland weitgehend entfallen. Insoweit läßt sich das auf ihnen beruhende – der Realität des Reiches von 1871 entsprechende – Verständnis auf den durch das Grundgesetz konstituierten Bundesstaat nicht mehr übertragen[8].

Die Einzelstaaten der Zeit nach 1871 waren historisch gewachsene Staatswesen mit je eigener, durch Geschichte, Stammesbewußtsein und angestammtes Herrscherhaus geprägter Individualität. Deshalb setzte die Schaffung und Erhaltung der deutschen Einheit damals nicht eine Vernichtung und Nivellierung dieser Individualität, sondern ihre Bewahrung und Indienststellung für den Gesamtstaat voraus. Demgegenüber hatten die nach 1945 in Westdeutschland gebildeten Länder – abgesehen von Bayern und den beiden Hansestädten – so gut wie nichts mehr mit den geschichtlichen deutschen Einzelstaaten gemein. Zum überwiegenden Teil waren sie mehr oder minder zufällige Schöpfungen der damaligen Besatzungsmächte. So fehlte ihnen die prägende Kraft der Tradition. In langjähriger organisatorischer Verfestigung und Gewöhnung an die neue Ordnung hat sich indessen auch in den Neuschöpfungen ein gewisses Bewußtsein regionaler Individualität herausgebildet. In Ostdeutschland sind die bald nach Kriegsende entstandenen Länder nach kurzer Zeit (1952) durch ein System totaler Gleichschaltung ersetzt worden. Doch hat hier der Gedanke föderativer Einheitsbildung nach der deutschen Einigung und Bildung der neuen Bundesländer eine Neubelebung erfahren: die – auch durch die jüngere Vergangenheit geprägte – besondere Individualität dieser Länder hat in der bundesstaatlichen Ordnung Raum finden können und ein gewisses, von dem „des Westens" unterschiedenes Eigenleben ermöglicht. – In ganz Deutschland sind die Unterschiede der deutschem Stämme sowohl durch die Flüchtlingsbewegungen seit 1945 als auch durch die hohe Mobilität der Bevölkerung überdeckt und verwischt.

Zu diesem Wandel der Bedingtheiten einer Eigenständigkeit der Länder treten die Wirkungen der Entwicklung zum modernen Sozialstaat: Der Kreis der Aufgaben, die sich ihrer Natur nach in der Beschränkung auf den jeweiligen Landesbereich bewältigen lassen, ist im Zeichen des steigenden Gewichts der Technik, der Wirtschaft und des Verkehrs, der ge-

---

8 Zum folgenden näher: *K. Hesse*, Der unitarische Bundesstaat (1962) S. 12 ff.

wachsenen Verflechtungen und Interdependenzen des wirtschaftlichen und sozialen Lebens, der gestiegenen Planungs-, Lenkungs- und Verteilungsaufgaben zusammengeschmolzen. Selbst angestammte Landesaufgaben wie diejenigen des Bildungswesens lassen sich heute nur noch bedingt in der Begrenztheit des Landesbereichs bewältigen. Die Einheitlichkeit und Gleichmäßigkeit, die der Sozialstaat verlangt, treten in Widerspruch zu der Aufgabe des überkommenen Bundesstaates, regionale Vielfalt zu bewahren. Daran dürfte sich, jedenfalls auf längere Sicht, auch nach dem Hinzutreten der neuen Bundesländer wenig ändern.

Ausdruck findet dies in der Verlagerung des Schwerpunktes politischen Lebens auf den Bund, die sich deutlich im Aufbau und der Aktivität der heutigen politischen Parteien widerspiegelt: die Parteien als die bestimmenden Faktoren der politischen Ordnung haben sich – von der charakteristischen Ausnahme der bayerischen CSU abgesehen – auf Bundesebene konstituiert; sie orientieren ihre Ziele und ihre Tätigkeit an Gesichtspunkten der Bundespolitik, während die Länder für sie weithin nur noch unter dem Aspekt ihrer Bedeutung für die Bundespolitik von Interesse sind.

Diese Bedingungen moderner Bundesstaatlichkeit haben zu einer weitgehenden *sachlichen Unitarisierung* des durch das Grundgesetz konstituierten Bundesstaates geführt. Die Initiativen und der Einfluß des Bundes haben nicht nur auf den Gebieten der Gesetzgebung, sondern auch auf denen der vollziehenden und rechtsprechenden Gewalt erheblich zugenommen. Selbst dort, wo den Ländern noch die Möglichkeit eigener Gestaltung verblieben ist, findet sich eine weitgehende Selbstkoordinierung von Bund und Ländern, namentlich aber der Länder untereinander mit der Wirkung einer sachlichen Angleichung der landesrechtlichen Zustände und einer gleichförmigen Verwaltungspraxis. In Gemeinschaftseinrichtungen der Länder sowie des Bundes und der Länder[9] wird ein verstärkter Zug zur Kooperation sichtbar. Dem Verlust individueller Eigenart und politischen Eigenlebens in den Ländern korrespondiert dabei eine Mehrung des Gewichts desjenigen Organs, durch das die Länder an der Bundesgewalt beteiligt sind: des Bundesrates, in dem sich nicht die gleichen politischen Kräfte verkörpern wie in Bundestag und Bundesregierung und in dem sich das spezifisch administrative Element in den Ländern zur Geltung bringt. Was die Länder an eigenständiger Gestaltungsmöglichkeit verloren haben, haben sie an Einfluß auf den Gesamtstaat gewonnen. Dies bestätigt eine schon für die Weimarer Republik von *Rudolf Smend* getroffene Feststellung, nach der angesichts der starken sachlichen Unitarisierung im modernen Bundesstaat an die Stelle der den Ländern verlorengegangenen Landesgewalt das Moment ihrer Beteiligung an der Reichsgewalt getreten sei[10].

Der deutsche Bundesstaat hat sich daher gewandelt. Zwar leben auch heute noch Teile jener älteren Schichten fort, die zu den Grundlagen überkommener bundesstaatlicher Ordnung gehören; für die Festigung der neugewonnenen deutschen Einheit sind sie unentbehrlich. Aber in dem Maße, in dem die Voraussetzungen bundesmäßiger Einheitsbildung entfallen sind, ist diese selbst als Aufgabe und Sinn der bundesstaatlichen Ordnung fragwürdig geworden. Das überkommene, die Verbindung von „Mannigfaltigkeit und Einheit" in den Mittelpunkt stellende Verständnis der bundesstaatlichen Ordnung vermag daher deren Funktion im Verfassungsgefüge des Grundgesetzes nur insoweit sichtbar zu machen, als das Bundesstaatsprinzip auch heute integrierend wirkt. Darüber hinaus ist dieses Verständnis zur Bewältigung der praktischen Probleme heutiger Bundesstaatlichkeit außer-

---

9 Zur (umstrittenen) Frage der Verfassungsmäßigkeit der zugrundeliegenden Vereinbarungen: BVerwGE 22, 299 (305 ff.); 23, 194 (197 f.).
10 Verfassung und Verfassungsrecht, Staatsrechtliche Abhandlungen (2. Aufl. 1968) S. 270.

stande. Es endet in einer Inkongruenz von Prinzip, modernen Bedingungen und Erscheinungsformen des heutigen Bundesstaates, die letztlich die normative Kraft der Verfassung in Gefahr bringen muß.

2. Bundesstaatlichkeit als komplementäres Element der demokratischen und rechtsstaatlichen Ordnung

223 Der Bundesstaat des Grundgesetzes dient nur noch zu einem Teil der Aufgabe der Bewahrung regionaler Vielfalt und *bundesmäßiger* Einheitsbildung. Dementsprechend liegt das Schwergewicht heutiger bundesstaatlicher Ordnung weniger in eigenständigen und unverbundenen Gestaltungsmöglichkeiten der einzelnen Länder als in den Auswirkungen des föderativen Aufbaus für die Gestalt und das Leben des gesamten Gemeinwesens.

224 a) Der bundesstaatliche Aufbau vervollständigt und verstärkt die *demokratische Ordnung* des Grundgesetzes, indem er Inhalt und Wirkungen dieser Ordnung nicht auf die Spitze des staatlichen Aufbaus beschränkt, sondern der „Basis" näher rückt: er schafft Möglichkeiten sachnaher und eigenverantwortlicher demokratischer Entscheidung und Gestaltung, deren Bedeutung namentlich bei einem Vergleich mit straff zentralisierten Staatswesen sichtbar wird.

225 Darüber hinaus entfaltet der bundesstaatliche Aufbau eine *Minderheiten schützende Wirkung*. Denn er erschwert es der Majorität, regionale Minderheiten zu beeinträchtigen; zumindest im engeren Rahmen eines Landes wird es der regionalen Minderheit erleichtert, sich im Spiel der politischen Kräfte zur Geltung zu bringen.

226 Im Zusammenhang damit ermöglicht es der bundesstaatliche Aufbau, regional variierenden Mehrheitsverhältnissen besser gerecht zu werden. Das ist von wesentlicher Bedeutung für den *Einbau der Opposition in die demokratische Ordnung* und die Realisierung des Prinzips alternativer politischer Führung. Denn Oppositionsparteien im Bund können dort, wo sie in den Ländern die Mehrheit besitzen, zur Regierungspartei werden und staatliche Verantwortung übernehmen. Dadurch wird ihnen die Möglichkeit zu eigenen Leistungen eröffnet, bleiben sie nicht nur auf die Kritik beschränkt und erhalten sie Gelegenheit, ihre Führer in der Wahrnehmung staatlicher Geschäfte zu schulen, so daß sie, wenn sie einmal im Bund die Mehrheit gewinnen, über ein hinreichend geschultes politisches Personal verfügen und ein reibungsloser Wechsel gewährleistet ist.

227 Der bundesstaatliche Aufbau schafft schließlich in der für den Bund unanfechtbaren Eigenstaatlichkeit der Länder Positionen, aus denen heraus die regionalen Parteigremien gegenüber Tendenzen straffer Zentralisierung und Unterordnung unter die Gesamtparteiführung Unabhängigkeit und Selbständigkeit entfalten können. Er bewirkt eine *Auflockerung der inneren Ordnung der Parteien*, die sich mit den Mitteln des dezentralisierten Einheitsstaates nicht erzielen läßt und wirksamer ist als die Bestimmung des Art. 21 Abs. 1 Satz 3 GG, nach der die innere Ordnung der Parteien demokratischen Grundsätzen entsprechen muß. In ähnlicher Weise sind mit dem bundesstaatlichen Aufbau auch gewisse Tendenzen einer Auflockerung

der inneren Ordnung der Verbände verbunden, weil die maßgebliche Rolle des Bundesrates den Verbandseinfluß anzieht, dieser jedoch angesichts der Tatsache, daß die Entscheidungen des Bundesrates weitgehend durch Vorentscheidungen der Verwaltungsstellen in den Ländern präjudiziert werden, bereits im regionalen Bereich ansetzen muß und damit zur Aufgabe der lokalen Verbandsorganisation wird.

Daneben bleiben *Wirkungen* erhalten, die schon dem *Bundesstaat überkommener* **228** *Prägung* eigentümlich waren. Wenn staatliches Wirken – namentlich soweit es den Bürger unmittelbar betrifft – Sache von Organen der Länder ist, so rücken Staat und Einzelner einander näher. Im engeren Bereich eines Landes können die staatlichen Angelegenheiten noch im Übersehbaren, Durchschaubaren, Verstehbaren gehalten werden. Die Gliederung in Länder bietet die Möglichkeit bewußter Anteilnahme und Mitbestimmung, die ihrerseits Voraussetzung einer sachgemäßen Beteiligung an den Angelegenheiten von Gesamtbedeutung ist[11]. Auch insoweit schafft der bundesstaatliche Aufbau wesentliche Voraussetzungen demokratischen Lebens.

b) Der bundesstaatliche Aufbau vervollständigt die *Ordnung des sozialen Rechts-* **229** *staats* durch die ihm eigenen gewaltenteilenden Wirkungen. In diesen geht es primär um eine *Zuordnung* der differenzierten Gewalten, die auf Vielfalt der Initiativen, sachgemäße Wahrnehmung der staatlichen Aufgaben, Zusammenwirken und Leistungsfähigkeit angelegt ist, zugleich jedoch durch gegenseitige Mitwirkungs- und Kontrollbefugnisse einem Machtmißbrauch zu wehren, Freiheitlichkeit zu sichern und Voraussetzungen der Verhütung, gegebenenfalls der Bewältigung von Konflikten zu schaffen sucht (unten Rdn. 492 ff.)[12].

Die Aspekte der Differenzierung und Zuordnung gewinnen im Zuge der neueren **230** Entwicklung zunehmende Bedeutung. Der hohen Komplexität der Anforderungen im modernen Gemeinwesen entspricht ein *dezentrales*, autonome politische Entscheidungseinheiten auf nationaler, regionaler (und lokaler) Stufe ausdifferenzierendes *politisches System* eher als ein zentralistisches.

Das gilt besonders im Blick auf die heute, vor allem im Rahmen der Wirtschaftspolitik, in den Vordergrund tretenden Aufgaben der Verbesserung der „Infrastrukturen", die in einer gewissen gegenläufigen Tendenz zu der auf anderen Gebieten unverzichtbar gewordenen Einheitlichkeit und Gleichmäßigkeit *regional* bezogene Aktivitäten erforderlich machen; zu deren Wahrnehmung sind regionale Entscheidungseinheiten – freilich nur bei hinreichender finanzieller und administrativer Ausstattung – besser in der Lage als die zentrale, weil sie die jeweiligen räumlichen Gegebenheiten und Interessen besser kennen als diese. Zugleich führt die Verteilung der Entscheidungsfunktionen zwischen den autonomen Zentren unterschiedlicher Stufe zu einer Entlastung der Spitze von Problemverarbeitungs- und Entscheidungsaufgaben, wodurch deren Leistungsfähigkeit gehoben wird[13].

Mit dem dezentralen Aufbau verbindet sich die den Bundesstaat kennzeichnende **231** *vertikale Gewaltenteilung*. Die Gesetzgebungs-, Vollziehungs- und Rechtspre-

---

11 *M. Imboden*, Die Staatsformen (1959) S. 82 ff.
12 Dem kommt, wenn ich recht sehe, der Gedanke nahe, daß der eigentliche Sinn bundesstaatlicher Ordnung in der „Wohlverteilung der Gewalten" im Sinne einer Homogenisierung der Verfahrensweisen bestehe (*P. Lerche*, Föderalismus als nationales Ordnungsprinzip, VVDStRL 21 [1964] S. 83 ff.).
13 Grundlegend dazu: *R. Schnur*, Politische Entscheidung und räumliche Interessen, Die Verwaltung 3 (1970) S. 257 ff.

chungskompetenzen werden zwischen Bund und Ländern geteilt, dies indessen so, daß vielfach die Wahrnehmung staatlicher Aufgaben der Ergänzung durch ein Tätigwerden des anderen Teils bedarf, daß also die Aufgliederung sogleich mit einer Verschränkung verbunden wird, wie etwa in der Rahmengesetzgebung (Art. 75 GG), dem landeseigenen Vollzug von Bundesgesetzen (Art. 84 GG) oder der Aufgliederung der Rechtsprechungsfunktionen (Art. 92 GG). Zugleich enthält diese Aufteilung Elemente einer Gewaltenbalancierung, die dazu beiträgt, das Aufkommen einer omnipotenten Staatsgewalt zu verhindern[14].

232 Mit der vertikalen Gewaltenteilung verknüpft der Bundesstaat des Grundgesetzes ein Stück *horizontaler Gewaltenteilung.* Durch die Einrichtung des Bundesrates bringt er neben den politischen Elementen der demokratischen Ordnung das *administrative Element* im Prozeß der Willensbildung des Bundes zur Geltung, ohne das im planenden, lenkenden und verteilenden Staat der Gegenwart eine sachgemäße Willensbildung nicht mehr möglich ist. Die Einrichtung des Bundesrates schafft weiterhin eine Zuordnung innerhalb der vollziehenden Gewalt, indem sie die mehr durch das Grundsätzliche und Richtunggebende bestimmte Aufgabe der Bundesexekutive mit der mehr auf die sachgemäße Ausgestaltung und das Konkrete gerichteten Aufgabe der Länderexekutive verknüpft, ein Zusammenhang, der in der oft hervorgehobenen Aufgabe des Bundesrates, die Verwaltungserfahrung der Länder für die Bundesgesetzgebung fruchtbar zu machen, Ausdruck findet. Schließlich führt auch diese Form der Gewaltenteilung zu einer gewissen Gewaltenbalancierung, und zwar zwischen Bundestag und Bundesregierung einer-, dem Bundesrat anderseits: mit der politischen und rechtlichen Kontrolle innerhalb der obersten Bundesorgane verknüpft die bundesstaatliche Ordnung des Grundgesetzes eine Kontrolle der wichtigsten Organe durch die Länderexekutive.

233 c) Nimmt man schließlich noch die allgemeinen Vorzüge föderativer Gestaltung: die Chance des Experiments im kleineren Bereich, des Wettbewerbs unter den Ländern und die mit der Mehrzahl politischer Entscheidungszentren verbundene geringere Krisenempfindlichkeit hinzu, so zeigt sich, daß die Bundesstaatlichkeit des Grundgesetzes auch unter den Voraussetzungen der Gegenwart Wirkungen entfaltet, die auf andere Weise kaum erzielt werden könnten. Auf gegenseitige Ergänzung und Zusammenwirken angelegt, bewirkt sie, daß das staatliche Leben weit mehr auf Verständigung und Kooperation beruht als auf Befehl und Zwang. Darin erscheint in veränderter Form das föderative Prinzip freier Einung als ein Grundelement *politischer Freiheit.* In dem Versuch, leistungsfähige Staatlichkeit mit der Konstituierung und Sicherung dieser Freiheit zu verbinden, wird man heute die Rechtfertigung bundesstaatlicher Ordnung zu sehen haben[15].

---

14 Vgl. dazu BVerfGE 12, 205 (229); 55, 274 (318 f.). – Über weitere Wirkungen der vertikalen Gewaltenteilung, die freilich für deutsche Verhältnisse kaum praktisch werden dürften: *E. Fraenkel,* Das amerikanische Regierungssystem (2. Aufl. 1962) S. 106.

15 Zur Diskussion der Rechtfertigung bundesstaatlicher Ordnung in der Gegenwart vgl. die Übersicht bei *P. Lerche,* Aktuelle föderalistische Verfassungsfragen (1968) S. 9 ff.; *H. Liebrecht,* Zur Rechtfertigung des Föderalismus heute und zu den Grenzen zulässiger Kooperation, DVBl. 1969, 97 ff.; *J. Isensee,* Idee und Gestalt des Föderalismus im Grundgesetz, HdBStR IV, § 98 Rdn. 299 ff. Kritisch: *M. Friedrich,* Landesparlamente in der Bundesrepublik (1975), bes. S. 57 f., 67 f., 102 f.

Allerdings ist auch der Bundesstaat des Grundgesetzes nicht frei von Belastungen und **234** Schwächen. Diese resultieren namentlich aus der unterschiedlichen Größe und Leistungsfähigkeit der Länder, die nicht nur komplizierte Ausgleichsregelungen erforderlich macht, sondern auch zu – sonst unnötiger – Einschaltung des Bundes führt. Deshalb ist die *Neugliederung des Bundesgebietes* (Art. 29 GG) nach wie vor Grundproblem einer Bundesstaatsreform[16]. Auch davon abgesehen hindert der differenzierte staatliche Aufbau häufig die rasche und effiziente Wahrnehmung wichtiger Aufgaben. In den Überlegungen, wie diese Schwierigkeiten zu beheben seien, ist der Gedanke des *kooperativen Föderalismus* in jüngerer Zeit in den Vordergrund gerückt worden[17]; die Erschwerungen, die die Kompetenzverteilung der bundesstaatlichen Ordnung mit sich bringen, sollen durch verbesserte Zusammenarbeit von Bund, Ländern und Gemeinden wenn nicht ausgeglichen, so doch gemindert werden. In der Tat kann klar konzipierte und koordinierte Zusammenarbeit zu der im modernen Sozialstaat unerläßlichen gleichmäßigen und wirksamen Wahrnehmung der staatlichen Aufgaben beitragen, ohne zu einer Zentralisierung zu führen. Sie vermag den freiheitlichen Charakter der verfassungsmäßigen Gesamtordnung zu festigen, und sie ermöglicht es, wesentliche Funktionen des föderativen Aufbaus für die demokratische Ordnung des Gemeinwesens aufrechtzuerhalten. Aber sie verkürzt auch die Möglichkeiten zum begrenzten Experiment und den Wettbewerb zwischen den Ländern, und sie kann durch das zeitraubende und mühselige Verfahren der Verständigung sowie dadurch, daß Einigung immer nur auf der Basis des kleinsten gemeinsamen Nenners möglich ist, umfassende und durchgreifende Reformen erschweren, wenn nicht verhindern. Kooperation der Organe von Bund und Ländern trägt wegen ihrer präjudizierenden Wirkungen die Gefahr in sich, demokratisches Leben im Sinne der Anteilnahme und Mitwirkung der Aktivbürgerschaft in den Ländern zu beschränken. Sie ist zudem nur in den durch die Verfassung gezogenen Grenzen zulässig[18]. „Kooperativer Föderalismus" ist deshalb kein Allheilmittel, aber doch de constitutione lata der relativ beste Weg einer Fortentwicklung der bundesstaatlichen Ordnung, neben dem de constitutione ferenda begrenzte Einzelkorrekturen namentlich der bundesstaatlichen Kompetenzverteilung und der Ordnung des Finanzwesens zur Hilfe werden können. Hier wie auch sonst im staatlichen Leben sind Patentlösungen nicht zu haben. Der anscheinend einfacher und rationeller organisierte Einheitsstaat stellt, selbst unter Aspekten der Effizienz, keine Lösung dar, die ihrerseits frei von Schwierigkeiten und Hemmnissen wäre – ganz abgesehen davon, daß dem Übergang zu ihm Art. 79 Abs. 3 GG entgegenstehen würde.

Welche Bedeutung für die Entwicklung der bundesstaatlichen Ordnung das Fortschreiten der europäischen Integration gewinnen wird, läßt sich noch nicht sicher absehen. Gewiß sind allerdings auch insoweit erhebliche Einbußen für die Länder: in dem Maße, in dem die Organe der europäischen Gemeinschaften Entscheidungen auf Gebieten treffen, die in die Zuständigkeit der Länder fallen, geht diesen, ähnlich wie bei den Verlagerungen auf den Bund (oben Rdn. 221), ein Stück eigener Gestaltungsmöglichkeit verloren, ein Verlust, der in erster Linie die Landtage, daneben auch die Landesregierungen trifft und der die Sub-

---

16 Vgl. dazu den vom Bundesminister des Innern herausgegebenen Bericht der Sachverständigenkommission für die Neugliederung des Bundesgebietes (1972).

17 Vgl. dazu das Gutachten über die Finanzreform in der Bundesrepublik Deutschland (2. Aufl. 1966) Tz. 77; ferner etwa *U. Scheuner*, Wandlungen im Föderalismus der Bundesrepublik, DÖV 1966, 518; *ders.*, Kooperation und Konflikt, Das Verhältnis von Bund und Ländern im Wandel, DÖV 1972, 585 ff.; *F. Scharpf, B. Reissert, F. Schnabel*, Politikverflechtung. Theorie und Empirie des kooperativen Föderalismus in der Bundesrepublik (1976).

18 Eine zusammenfassende Darstellung der eingehenden Diskussion dieser Grenzen bei *Hempel* (Anm. 1) S. 40 ff., 256 ff. mit w. Nachw. Vgl. ferner etwa *R. Groß*, Kooperativer Föderalismus und Grundgesetz, DVBl. 1969, 94 ff., 125 ff.; *Liebrecht* (Anm. 15) S. 100 ff.; *G. Kisker*, Kooperation im Bundesstaat (1971), bes. S. 114 ff., 158 ff.; *W. Rudolf*, Kooperation im Bundesstaat, HdBStR IV, § 105.

stanz der Eigenstaatlichkeit der Länder weiter mindert. Die Schritte, die unternommen worden sind, um dieser Entwicklung zu begegnen (vgl. dazu Rdn. 109 und 623), sind nicht geeignet, diesen Verlust voll auszugleichen.

II. Grundzüge der bundesstaatlichen Ordnung des Grundgesetzes

1. Kompetenzverteilung zwischen Bund und Ländern

235 Die für den Bundesstaat kennzeichnende Aufteilung der Kompetenzen zwischen Gesamtstaat und Gliedstaaten kann in der Weise vorgenommen werden, daß Gesamtstaat und Gliedstaaten jeweils für bestimmte Materien zuständig sind und auf den Gebieten dieser Materien sowohl die gesetzgebende wie auch die vollziehende und rechtsprechende Gewalt innehaben, daß also die Aufteilung der Funktionen der Aufteilung der Materien folgt. Die jeweiligen Zuständigkeiten können jedoch auch nach Materien und Funktionen unterschiedlich verteilt werden mit der Folge, daß auf manchen Gebieten insbesondere die Gesetzgebung Sache des Gesamtstaates, der Vollzug der Bundesgesetze dagegen Sache der Gliedstaaten ist.

Diesen zweiten Weg geht das Grundgesetz. Indem es die Ausführung der Bundesgesetze und die Rechtsprechung in Fragen des Bundesrechts (abgesehen von Fällen letzt- und wenigen Fällen erstinstanzlicher Zuständigkeit) prinzipiell den Ländern zuweist, begründet es weitergehende Gesetzgebungs- als Verwaltungs- und Rechtsprechungskompetenzen des Bundes. Der Modus dieser Begründung ist die jeweils enumerative Aufzählung der Zuständigkeiten des Bundes; soweit das Grundgesetz die Wahrnehmung staatlicher Befugnisse oder Aufgaben durch den Bund nicht regelt, sind kraft der speziellen Regelungen der Art. 70, 83 und 92 GG oder kraft der allgemeinen Regelung des Art. 30 GG die Länder zuständig[19].

236 Angesichts dieser Form der Regelung könnte es fraglich sein, ob der Bund *ungeschriebene Bundeszuständigkeiten* in Anspruch nehmen kann, wie sie in der Form der Bundeszuständigkeit „kraft Natur der Sache" und derjenigen „kraft Sachzusammenhangs" im überkommenen deutschen Bundesstaatsrecht anerkannt waren[20]. Das erscheint dann möglich, wenn das Grundgesetz dem Bund eine Zuständigkeit zwar nicht ausdrücklich, aber doch implizit zuweist – wobei es sich in Wahrheit freilich nur bedingt um eine „ungeschriebene" Zuständigkeit handelt, ein Sachverhalt, den der Terminus „implied powers" des amerikanischen Verfassungsrechts sehr viel besser zum Ausdruck bringt.

Mit Recht hat deshalb das Bundesverfassungsgericht die Existenz ungeschriebener Bundeszuständigkeiten auch für die verfassungsmäßige Ordnung des Grundgesetzes anerkannt. Dies gilt namentlich für die ungeschriebene Bundeszuständigkeit kraft Sachzusammenhangs, die dann angenommen wird, „wenn eine dem Bund zugewiesene Materie verständi-

---

19 Zur Tragweite des Art. 30 GG vgl. insbes. BVerfGE 12, 205 (244 ff.); 22, 180 (217 f.). *J. Pietzker*, Zuständigkeitsordnung und Kollisionsrecht im Bundesstaat, HdBStR IV, § 99 Rdn. 8 ff.

20 *G. Anschütz*, HdBDStR I (1930) S. 367. Die beste neuere Behandlung der Problematik bei *M. Bullinger*, Ungeschriebene Kompetenzen im Bundesstaat, AöR 96 (1971) S. 237 ff.

gerweise nicht geregelt werden kann, ohne daß zugleich eine nicht ausdrücklich zugewiesene andere Materie mitgeregelt wird, wenn also ein Übergreifen in nicht ausdrücklich zugewiesene Materien unerläßliche Voraussetzung ist für die Regelung einer der Bundesgesetzgebung zugewiesenen Materie"[21]. Es gilt ferner für die „Annexkompetenz" – einen Sonderfall der Zuständigkeit kraft Sachzusammenhangs –, die das Bundesverfassungsgericht dann anerkennt, wenn eine an sich nicht der Bundesgesetzgebung unterliegende Materie keine einheitliche und selbständige ist, wenn sie einem notwendigen Zusammenhang mit einer der Zuständigkeit des Bundes unterliegenden Materie steht und deshalb als Annex jenes Sachgebietes angesehen werden kann[22]. Doch werden diese Bundeszuständigkeiten durchaus restriktiv interpretiert, wie auch sonst die Tendenz des Gerichts sichtbar wird, die bundesstaatliche Kompetenzverteilung im Sinne deutlicher Betonung der Selbständigkeit der Länder auszulegen[23].

Die tatsächliche Verteilung der Gewichte ergibt sich erst, wenn die Zuständigkeiten von **237** Bund und Ländern auf den Gebieten der „klassischen" Staatsfunktionen: Gesetzgebung, Vollziehung und Rechtsprechung in Zusammenhang mit den *leistenden und gestaltenden Funktionen des modernen Sozialstaats* gesehen werden. In deren Rahmen gewinnen Steuerungs- und Gestaltungsinstrumente wie die Währungs- oder Konjunkturpolitik, die Planung und Herstellung öffentlicher Infrastukturen z. B. in den Aufgabenbereichen der Energie-, Verkehrs-, Wohnungsbau- oder Bildungspolitik zunehmend an Gewicht. Für die Wahrnehmung dieser Aufgaben ist die Gesetzgebung vielfach nicht das entscheidende; sie ist oft nur ein Mittel neben anderen, vor allem den Entscheidungen der Regierung und Verwaltung, deren Realisierung in erster Linie eine Frage der Finanzierung ist. Die realen politischen Gestaltungsmöglichkeiten von Bund und Ländern hängen darum weithin von ihrer Finanzausstattung und ihren Finanzierungszuständigkeiten ab (vgl. unten e). Dieser Zusammenhang muß bei der im folgenden darzustellenden Kompetenzverteilung im Auge behalten werden.

a) Die Verteilung der Zuständigkeiten auf dem Gebiet der *Gesetzgebung* nimmt **238** das Grundgesetz in der Weise vor, daß Materien der ausschließlichen, der konkurrierenden, der Rahmen- und der Grundsatzgesetzgebung des Bundes unterschieden werden.

Im Bereich der *ausschließlichen Gesetzgebung des Bundes* (Art. 73 GG) ist allein **239** der Bund zuständig; die Länder haben ein Recht zur Gesetzgebung nur, wenn und soweit sie hierzu in einem Bundesgesetze ausdrücklich ermächtigt werden (Art. 71 GG).

Im Bereich der *konkurrierenden Gesetzgebung* (Art. 74 GG) haben die Länder **240** und der Bund das Recht der Gesetzgebung, die Länder allerdings nur, „solange und soweit der Bund von seinen Gesetzgebungszuständigkeiten nicht durch Gesetz Gebrauch gemacht hat" (Art. 72 Abs. 1 GG, bisher: „solange und soweit der Bund von seinem Gesetzgebungsrecht keinen Gebrauch macht"). Der Bund hat in diesem Bereich das Gesetzgebungsrecht nur, wenn und soweit die Herstellung gleichwertiger Lebensverhältnisse im Bundesgebiet oder die Wahrung der Rechts-

---

21 BVerfGE 3, 407 (421); vgl. auch BVerfGE 11, 192 (199); 12, 205 (237 f.); 15, 1 (20); 26. 246 (256). Dazu kritisch: *Bullinger* (Anm. 20) S. 241 ff.
22 BVerfGE 8, 143 (148 ff.); 22, 180 (210); 77, 288 (299); 88, 203 (331). – Zur ungeschriebenen Bundeszuständigkeit kraft Natur der Sache vgl. BVerfGE 11, 89 (96 ff.); 22, 180 (216 ff.); 26, 246 (257) m. w. Nachw. Kritisch: *Bullinger* (Anm. 20) S. 268 ff.
23 Z. B. BVerfGE 3, 58 (158); 4, 178 (189); 6, 309 (346 f.); 39, 96 (107).

oder Wirtschaftseinheit im gesamtstaatlichen Interesse eine bundesgesetzliche Regelung erforderlich macht (Art. 72 Abs. 2).

Diese Einschränkungen sind im Zuge der Verfassungsreform (oben Rdn. 100) durch das 42. Änderungsgesetz zum Grundgesetz eingeführt worden; sie sind dazu bestimmt, der bisherigen Praxis entgegenzuwirken, in welcher namentlich die Beschränkung des Art. 72 Abs. 2 a. F. praktisch leer lief, weil die Voraussetzung eines „Bedürfnisses nach bundesgesetzlicher Regelung" vor allem dann regelmäßig angenommen wurde, wenn sie der Wahrung der „Einheitlichkeit der Lebensverhältnisse" diente (Art. 72 Abs. 2 Nr. 3 a. F.). Die Frage eines solchen Bedürfnisses hatte das Bundesverfassungsgericht dem gerichtlich nicht nachprüfbaren Ermessen des Bundesgesetzgebers anheimgegeben[24]. Durch die Neuregelung soll die Landesgesetzgebung zu den Materien des Art. 74 GG höheres Gewicht erhalten. Der ebenfalls neu eingeführte Art. 93 a Abs. 1 Nr. 2 GG unterwirft die Entscheidung über Meinungsverschiedenheiten, ob ein Gesetz den Voraussetzungen des Art. 72 Abs. 2 entspricht, ausdrücklich der Jurisdiktion des Bundesverfassungsgerichts. Durch Bundesgesetz kann bestimmt werden, daß eine bundesgesetzliche Regelung, für die eine Erforderlichkeit im Sinne des Abs. 2 nicht mehr besteht, durch Landesrecht ersetzt werden kann[25].

241 Bei dem Erlaß von *Rahmenvorschriften* (Art. 75) ist der Bundesgesetzgeber auf Regelungen beschränkt, die der Ausfüllung durch die Landesgesetzgebung fähig und bedürftig sind. Insoweit ist er an die – verschärften – Voraussetzungen des Art. 72 gebunden (Abs. 1). Die bisher als zulässig erachtete Praxis, für einzelne Teile einer rahmengesetzlichen Materie Vollregelungen mit unmittelbarer Wirkung zu treffen[26], ist auf Ausnahmefälle begrenzt (Abs. 2). Die Länder sind verpflichtet, die zur Umsetzung erforderlichen Bundesgesetze in einer durch das Gesetz bestimmten angemessenen Frist zu erlassen (Abs. 3).

242 Eine *Grundsatzgesetzgebung des Bundes* kennt das Grundgesetz für das Haushaltsrecht, eine konjunkturgerechte Haushaltswirtschaft und eine mehrjährige Finanzplanung von Bund und Ländern (Art. 109 Abs. 3) sowie – hier in Gestalt einer Sollvorschrift mit einer Bundeszuständigkeit zu „näherer Bestimmung" kombiniert – für die Erfüllung von Gemeinschaftsaufgaben (Art. 91a Abs. 2 Satz 2). Sie kommt der Rahmengesetzgebung nahe. Doch hat sie im Prinzip nur Organe des Bundes und der Länder zu Adressaten; für den Bereich der Bundesorgane ist die Ausfüllung Sache des Bundes.

243 Neben den Regelungen der Art. 70 ff. normiert das Grundgesetz an zahlreichen Stellen Kompetenzen des Bundesgesetzgebers, die vielfach nicht primär der Abgrenzung von Bundes- und Landeskompetenzen dienen, stets jedoch eine Regelung derselben Materie durch die Landesgesetzgebung ausschließen, so, wenn dem Bundesgesetzgeber aufgetragen wird, „das Nähere zu regeln" (z. B. Art. 4 Abs. 3 Satz 2, 21 Abs. 3, 38 Abs. 3, 95 Abs. 3 Satz 2, 134 Abs. 4 GG), wenn ihm bestimmte organisations- oder verfahrensrechtliche Befugnisse zugewiesen (z. B. Art. 84 Abs. 1, 87 Abs. 3 GG) oder wenn ihm im Verhältnis zu anderen obersten

---

24 BVerfGE 2, 213 (224 f.).

25 Dazu näher der Bericht der Gemeinsamen Verfassungskommission (oben Rdn. 100), BT-Drucks. 12/6000 S. 33 f.

26 BVerfGE 4, 115 (129 f.), st. Rspr.

Bundesorganen bestimmte Entscheidungen vorbehalten werden (z. B. Art. 59 Abs. 2 Satz 1, 110 Abs. 2 Satz 1, 115 l Abs. 3 GG).

Alle Materien, die jenseits dieser Bundeszuständigkeiten liegen, unterstehen der   244
ausschließlichen *Gesetzgebungszuständigkeit der Länder* (Art. 70 GG)[27]. Da indessen die Gesetzgebungszuständigkeiten des Bundes außerordentlich weit gespannt sind, beschränkt sich diese Zuständigkeit auf wenige Rand- und Restmaterien; von größerem Gewicht sind namentlich das Recht der kulturellen Angelegenheiten, freilich mit den Ausnahmen der Art. 74 Nr. 13 und 75 Abs. 1 Nr. 1 a GG, das Polizei- und das Kommunalrecht – abgesehen von der Regelung des staatlichen Aufbaus der Länder, die sich zwar im Rahmen des Art. 28 GG halten muß, dem Bundesgesetzgeber aber prinzipiell entzogen ist. – Die Fortgeltung früheren Rechts als Bundes- oder Landesrecht ist durch die Übergangsvorschriften der Art. 123 ff. GG geordnet[28].

b) Die Verteilung der Zuständigkeiten auf dem Gebiet der *vollziehenden Gewalt*   245
ist im VIII. Abschnitt des Grundgesetzes geregelt. Als Regelfall ist die Wahrnehmung von Verwaltungsaufgaben den Ländern als *eigene Angelegenheit* übertragen. Dies gilt auch für den Vollzug von Bundesgesetzen (Art. 83 GG). Die Bundesregierung führt hier nur eine eng auf die Rechtmäßigkeit der Ausführung begrenzte Aufsicht (Art. 84 Abs. 3 Satz 1 GG; vgl. unten 2). Sie hat grundsätzlich keine Weisungsbefugnisse; diese können ihr durch Bundesgesetz, das der Zustimmung des Bundesrates bedarf, für besondere Fälle verliehen werden, umfassen jedoch dann – von Dringlichkeitsfällen abgesehen – nur die Befugnis zu Weisungen an die obersten Landesbehörden, also die Landesregierungen, die Ministerpräsidenten und die Landesministerien (Art. 84 Abs. 5 GG). Die Einrichtung der Behörden und das Verwaltungsverfahren zu regeln, ist ebenfalls Sache der Länder, soweit nicht Bundesgesetze mit Zustimmung des Bundesrates etwas anderes bestimmen (Art. 84 Abs. 1 GG)[29].

Diese nach dem Wortlaut des Art. 84 Abs. 1 2. Halbsatz als Ausnahme anzusehende Möglichkeit ist heute zur Regel geworden, mit der Folge, daß auch das Organisations- und Verfahrensrecht den Ländern in weitem Umfang entglitten ist, zugleich aber auch mit der Konsequenz einer Steigerung des Einflusses des Bundesrates auf die Gesetzgebung des Bundes, zumal der Bundesrat unter Billigung des Bundesverfassungsgerichts[30] die Auffassung durchgesetzt hat, daß dort, wo ein Gesetz in Teilen zustimmungsbedürfig sei, der ganze Inhalt des Gesetzes der Zustimmung bedürfe.

Nur in begrenztem Umfang (Art. 83 GG) können demgegenüber Verwaltungsauf-   246
gaben von den Ländern *im Auftrag des Bundes* wahrgenommen werden, und zwar dann, wenn das Grundgesetz entweder diese Aufgaben nach ihrem sachlichen Gegenstand selbst bezeichnet (Art. 87 b Abs. 2, 87 c, 87 d Abs. 2, 89 Abs. 2, 90

---

27 Dazu näher: *M. Bullinger*, Die Zuständigkeit der Länder zur Gesetzgebung, DÖV 1970, 761 ff., 797 ff.

28 Zur Fortgeltung von Recht der DDR als Bundes- oder Landesrecht vgl. Art. 9 und Anlage II EV.

29 Vgl. dazu BVerfGE 55, 274 (318 ff.); 75, 108 (105 ff.). – Zur Frage der Regelung des Vollzugs von Bundesgesetzen durch die *Gemeinden* vgl. BVerfGE 22, 180 (209 f.); 77, 288 (298 f.). *D. Thürer*, Bund und Gemeinden (1986) S. 27 ff.

30 BVerfGE 8, 274 (294 f.). Zur – differenziert zu beurteilenden – Zustimmungsbedürftigkeit von Änderungsgesetzen zu Zustimmungsgesetzen vgl. BVerfGE 37, 363 (379 ff.).

Abs. 2, 108 Abs. 3, 120 a GG), oder wenn es sich um „Geldleistungsgesetze" des Bundes handelt, die von den Ländern ausgeführt werden, und wenn der Bund mindestens die Hälfte der Ausgaben trägt (Art. 104 a Abs. 3 GG); unter diesen Voraussetzungen kann der einfache Bundesgesetzgeber den Gegenstand der Auftragsverwaltung festlegen. Auch hier bleibt die Einrichtung der Behörden, vorbehaltlich einer anderen Regelung durch zustimmungsbedürftige Bundesgesetze, Sache der Länder (Art. 85 Abs. 1 GG). Doch kann die Bundesregierung mit Zustimmung des Bundesrates allgemeine Verwaltungsvorschriften erlassen und die einheitliche Ausbildung der Beamten und Angestellten regeln; die Leiter der Mittelbehörden sind mit ihrem Einvernehmen zu bestellen (Art. 85 Abs. 2 GG). Der entscheidende Unterschied gegenüber der Ausführung von Bundesgesetzen in landeseigener Verwaltung besteht darin, daß die Landesbehörden den Weisungen der Bundesregierung oder der zuständigen Bundesministerien unterstehen – die freilich auch hier, von Dringlichkeitsfällen abgesehen, an die obersten Landesbehörden zu richten sind (Art. 85 Abs. 3 GG)[31]. Schließlich erstreckt sich die Bundesaufsicht nicht nur auf die Gesetzmäßigkeit, sondern auch auf die Zweckmäßigkeit der Ausführung (Art. 85 Abs. 4 GG).

247 Ebenfalls streng begrenzt (Art. 83 GG) ist die Wahrnehmung von Verwaltungsaufgaben in *Bundesverwaltung*. Als Verwaltung durch bundeseigene Behörden *(unmittelbare Bundesverwaltung)* ist sie beschränkt auf den auswärtigen Dienst, die Bundesfinanzverwaltung (vgl. dazu Art. 108 GG), die Verwaltung der Bundeswasserstraßen und der Schiffahrt (Art. 87 Abs. 1 Satz 1 GG), die Bundeswehrverwaltung (Art. 87 b Abs. 1 GG), die Luftverkehrsverwaltung (Art. 87 d Abs. 1 GG) und (bei Übernahme durch den Bund auf Antrag eines Landes) auf die Verwaltung von Bundesautobahnen und Bundesfernstraßen (Art. 90 Abs. 3 GG); in den Fällen der Art. 87 d Abs. 2, 89 Abs. 2 Satz 3 und 4 GG besteht die Möglichkeit einer Übertragung der betreffenden Verwaltungsaufgaben auf die Länder als Auftragsverwaltung. Durch Bundesgesetz können Bundesgrenzschutzbehörden und Zentralstellen für das polizeiliche Auskunfts- und Nachrichtenwesen, zur Sammlung von Unterlagen für Zwecke des Verfassungsschutzes und für die Kriminalpolizei errichtet werden (Art. 87 Abs. 1 Satz 2 GG). Schließlich schafft Art. 87 Abs. 3 Satz 1 die Möglichkeit, durch einfache Bundesgesetze für Angelegenheiten, für die dem Bund die Gesetzgebung zusteht, selbständige Bundesoberbehörden (d. h. einer obersten Bundesbehörde nachgeordnete Behörden, deren örtliche Zuständigkeit sich auf das ganze Bundesgebiet erstreckt) zu errichten; dabei ist es nicht notwendig, daß die Verwaltungskompetenz des Bundes im Grundgesetz schon anderweitig begründet oder zugelassen ist[32].

Das 40. und das 41. Änderungsgesetz zum Grundgesetz haben für die Bundeseisenbahnen und die Bundespost, die bisher in unmittelbarer Bundesverwaltung geführt wurden, Regelungen getroffen, deren Bedeutung weit über ihren kompetenzrechtlichen Gehalt hinausreicht: in den neuen Art. 87 e und Art. 87 f GG manifestiert sich ein grundsätzlicher *Systemwechsel* von der staatlichen zu gesellschaftli-

---

31 Vgl. dazu BVerfGE 81, 310 (331 ff.); 84, 25 (31 ff.).
32 BVerfGE 14, 197 (210 ff.)

cher Erbringung der Leistungen von Bahn und Post und mit diesem eine einschneidende Veränderung staatlicher Aufgaben und staatlicher Organisation[33]. Die umfangreiche und nicht immer klare verfassungsrechtliche Normierung wird durch die Übergangsvorschrift des Art. 143 a GG sowie durch gleichzeitig geschaffene, nicht minder umfangreiche einfachgesetzliche Regelungen ergänzt[34].

Eisenbahnen des Bundes (siehe Art. 73 Nr. 6 a GG) werden – getrennt nach Verkehrsunternehmen und Infrastrukturunternehmen (Bau, Unterhaltung und Betreiben der Schienenwege) – als Wirtschaftsunternehmen in privatrechtlicher Form geführt (Art. 87 e Abs. 3 GG). Dies bedeutet nicht nur eine Entscheidung für privatrechtliche Organisation der Unternehmen, sondern auch für eine Orientierung am Wettbewerb mit anderen Unternehmen und am Unternehmensgewinn, also für privatwirtschaftliche statt gemeinwirtschaftlicher Tätigkeit. Auch wenn die Verkehrsbedienung und das Betreiben der Infrastruktur damit, anders als bisher, nicht mehr Aufgabe des Staates, sondern Angelegenheit der Unternehmen ist, bleibt die Grundverantwortung des Staates für das Eisenbahnwesen bestehen. Diese weist Art. 87 e Abs. 1 GG für die Eisenbahnen des Bundes dem Bund als Verwaltungsinstanz zu[35]. Der Bund gewährleistet nach dem im Gesetzgebungsverfahren lebhaft umstrittenen Art. 87 e Abs. 4 S. 1, daß dem Wohl der Allgemeinheit, insbesondere den Verkehrsbedürfnissen, beim Ausbau und Erhalt des Schienenwegenetzes der Eisenbahnen des Bundes sowie bei deren Verkehrsangeboten, soweit diese nicht den Schienenpersonennahverkehr betreffen, Rechnung getragen wird. Seine daraus sich ergebende Verantwortung soll nach Art. 87 e Abs. 4 S. 2 GG durch Bundesgesetz geregelt werden.

Das gleiche Muster einer Ausgliederung aus der unmittelbaren Bundesverwaltung und „Privatisierung" liegt der neuen Konzeption der Aufgaben und der Struktur der bisherigen *Bundespost* zugrunde. In ähnlicher Weise wie nach Art. 87 e Abs. 4 gewährleistet der Bund gem. Art. 87 f Abs. 1 GG nach Maßgabe eines – zustimmungsbedürftigen – Bundesgesetzes im Bereich des Postwesens und der Telekommunikation flächendeckend angemessene und ausreichende Dienstleistungen. Sie werden nach Art. 87 f Abs. 2 GG als privatwirtschaftliche Tätigkeiten durch die aus dem Sondervermögen Deutsche Bundespost hervorgegangenen Unternehmen (Postdienst, Postbank und Telekom) und durch private Anbieter erbracht. Hoheitsaufgaben im Bereich des Postwesens und der Telekommunikation werden in bundeseigener Verwaltung ausgeführt (vgl. auch die Übergangsvorschrift des Art. 143 b GG).

Aufgaben der Bundesverwaltung müssen oder können ferner durch bundesunmittelbare (aber dem Bund gegenüber rechtlich verselbständigte) Körperschaften und Anstalten des öffentlichen Rechts wahrgenommen werden *(mittelbare Bundesverwaltung)* – auch dies freilich nur insoweit, als das Grundgesetz es bestimmt oder zuläßt (Art. 83 GG). In diesem Sinne sind die sozialen Versicherungsträger, deren Zuständigkeit sich über das Gebiet eines Landes hinaus erstreckt, Einrichtungen der Bundesverwaltung (Art. 87 Abs. 2 GG) und können unter den Voraussetzungen des Art. 87 Abs. 3 Satz 1 GG neue bundesunmittelbare Körperschaften und Anstalten des öffentlichen Rechts durch Bundesgesetz errichtet werden. – Für die vom Bund als Bundesbank zu errichtende Währungs- und Notenbank läßt das 248

33 Hierzu und zum folgenden *E. Schmidt-Aßmann* und *H. Chr. Röhl*, Grundpositionen des neuen Eisenbahnrechts, DÖV 1994, 577 ff.
34 Eisenbahnneuordnungsgesetz v. 27. 12. 1993 (BGBl. I S. 2378).
35 Während für Bahnen, die nicht „Eisenbahnen des Bundes" sind, grundsätzlich auch keine Bundeskompetenz mehr besteht (vgl. aber Art. 87 e Abs. 2 GG).

Grundgesetz die organisatorische Ausgestaltung als Einrichtung der unmittelbaren oder der mittelbaren Bundesverwaltung offen (Art. 88 GG)[36].

249 Beide Formen der Bundesverwaltung beschränkt das Grundgesetz grundsätzlich auf zentrale Instanzen; nur dort, wo es dies bestimmt oder zuläßt (Art. 83 GG), verfügt die Bundesverwaltung über einen *eigenen Verwaltungsunterbau,* und zwar in den Fällen des Art. 87 Abs. 1 Satz 1, der Bundesgrenzschutzbehörden des Art. 87 Abs. 1 Satz 2, der Art. 87 Abs. 2, 87 Abs. 3 Satz 2 (beschränkt auf die unmittelbare Bundesverwaltung), 87 b Abs. 1 Satz 1 und 88 GG.

250 Soweit der Bund hiernach Gesetze in unmittelbarer oder mittelbarer Bundesverwaltung ausführt, erläßt die Bundesregierung vorbehaltlich besonderer gesetzlicher Regelung die allgemeinen Verwaltungsvorschriften; unter den gleichen Voraussetzungen regelt sie die Einrichtung der Behörden (Art. 86 GG).

251 Bundesverwaltung und Landesverwaltung sind hiernach prinzipiell voneinander geschieden, wenn auch in vielfältiger Weise zu einem Gefüge verbunden. Diese Trennung steht einer „Mischverwaltung" entgegen, d. h. einer „Verwaltungsorganisation, bei der eine Bundesbehörde einer Landesbehörde übergeordnet ist, oder bei der ein Zusammenwirken von Bundes- und Landesbehörden durch Zustimmungserfordernisse erfolgt"[37]. Ein uneingeschränktes Verbot des Zusammenwirkens von Bundes- und Landesbehörden läßt sich dem Grundgesetz jedoch nicht entnehmen, um so weniger, als durch das 21. Änderungsgesetz zum Grundgesetz Zusammenarbeit der vollziehenden Gewalten von Bund und Ländern durch Einführung des neuen Typs der *Gemeinschaftsaufgaben* sogar verfassungsmäßig institutionalisiert worden ist[38]. Es handelt sich hierbei um Aufgaben von umfassender, meist überregionaler Bedeutung, die in eine gemeinschaftliche Verantwortung verlagert werden, weil sie nach modernen Bedürfnissen eine gemeinschaftliche Planung und Finanzierung erfordern. Ihr Kreis: der Ausbau und Neubau von wissenschaftlichen Hochschulen, die Verbesserung der regionalen Wirtschaftsstruktur sowie die Verbesserung der Agrarstruktur und des Küstenschutzes, ist im Grundgesetz abschließend festgelegt. Die nähere Bestimmung der Gemeinschaftsaufgaben, die allgemeinen Grundsätze für ihre Erfüllung, das Verfahren und die Einrichtungen für eine gemeinsame Rahmenplanung sind mit Zustimmung des Bundesrates durch Bundesgesetz zu regeln[39]. Der Bund beteiligt sich an den Ausgaben in jedem Land zur Hälfte,

---

36 Nunmehr mit der Ergänzung des Satzes 2, nach dem Aufgaben der Bundesbank im Rahmen der Europäischen Union der Europäischen Zentralbank übertragen werden können. Bundesbankgesetz vom 26. 7. 1957 (BGBl. I S. 745) mit späteren Änderungen.
37 BVerfGE 11, 105 (124). Zu den Grenzen zulässigen Zusammenwirkens näher: BVerfGE 63, 1 (37 ff.).
38 Aus der Lit.: *B. Tiemann,* Die neuen Gemeinschaftsaufgaben (Art. 91 a, b GG) im System des Grundgesetzes, DÖV 1970, 161 ff.; *ders.,* Gemeinschaftsaufgaben und bundesstaatliche Kompetenzordnung, DÖV 1970, 725 ff.; *J. Kölble,* Reform der Gemeinschaftsaufgaben? DVBl. 1972, 701 ff.; *F. Rietdorf,* Die Gemeinschaftsaufgaben – Ein Schritt zur gemeinsamen Aufgabenplanung von Bund und Ländern? DÖV 1972, 513 ff.; *S. Marnitz,* Die Gemeinschaftsaufgaben des Art. 91 a GG als Versuch einer verfassungsrechtlichen Institutionalisierung der bundesstaatlichen Kooperation (1974) m. w. Nachw.; *W. Blümel,* Verwaltungszuständigkeit, HdBStR IV, § 101 Rdn. 124 ff.
39 Gesetz über die Gemeinschaftsaufgabe „Ausbau und Neubau wissenschaftlicher Hochschulen" vom 1. 9. 1969 (BGBl. I S. 1556), Gesetz über die Gemeinschaftsaufgabe „Verbesserung der Agrarstruktur und des Küstenschutzes" i. d. F. vom 21. 7. 1988 (BGBl. I S. 1055), Gesetz über die

bei der Verbesserung der Agrarstruktur und des Küstenschutzes mindestens zur Hälfte (Art. 91 a GG). Ein Zusammenwirken von Bund und Ländern sieht das Grundgesetz ferner bei der Bildungsplanung und der Förderung der wissenschaftlichen Forschung vor; insoweit sollen die Grundlagen durch Vereinbarungen geschaffen werden, in denen auch die Aufteilung der Kosten zu regeln ist (Art. 91 b GG).

c) Auch in der Verteilung der Aufgaben der *rechtsprechenden Gewalt* legt das 252 Grundgesetz das Schwergewicht auf die Gerichte der Länder (Art. 92). Als Bundesgerichte bestehen neben dem Bundesverfassungsgericht (Art. 94) nur die – hauptsächlich auf die letzte Instanz beschränkten – obersten Gerichtshöfe des Bundes (Art. 95 Abs. 1 GG)[40]; der Bund kann ein Bundesgericht für Angelegenheiten des gewerblichen Rechtsschutzes, Wehrstraf- und Disziplinargerichte für Beamte und Soldaten errichten (Art. 96 GG). Alle übrigen Gerichte sind Landesgerichte. In den Fällen des Art. 96 Abs. 5 GG können Gerichte der Länder Gerichtsbarkeit des Bundes ausüben.

Freilich ist auch hier eine Wandlung zu Lasten der Länder unverkennbar. Sowohl das materielle Recht, das die Gerichte anwenden, als auch das Gerichtsverfassungs- und Verfahrensrecht einschließlich der Regelung der Rechtsstellung der Richter sind heute überwiegend oder sogar durchgehend Bundesrecht. Angesichts der Unabhängigkeit der Richter und ihrer ausschließlichen Bindung an das Gesetz sowie der Tatsache, daß die maßgeblichen Grundsätze der Judikatur in der Rechtsprechung des Bundesverfassungsgerichts und der obersten Gerichtshöfe des Bundes entwickelt werden, bleibt den Ländern daher kaum eine eigene Gestaltungsmöglichkeit.

d) Besonderheiten gelten für die Wahrnehmung der *auswärtigen Angelegenheiten*. 253

Diese unterliegen der ausschließlichen Gesetzgebung des Bundes (Art. 73 Nr. 1 GG). Ebenso ist nach Art. 32 Abs. 1 GG die Pflege der Beziehungen zu auswärtigen Staaten Sache des Bundes. Dieser ist demgemäß auch grundsätzlich zuständig für den Abschluß völkerrechtlicher Verträge; berührt ein Vertrag die besonderen Verhältnisse eines Landes, so ist das Land rechtzeitig zu hören (Art. 32 Abs. 2 GG). Die Länder können mit Zustimmung des Bundes Verträge schließen, soweit sie für die Gesetzgebung (ausschließlich) zuständig sind (Art. 32 Abs. 3 GG). In der Frage, ob für den Bund Ähnliches gilt, ob also seine Kompetenz zum Abschluß völkerrechtlicher Verträge nur soweit reicht wie seine Gesetzgebungskompetenz („Konvergenzprinzip"), besteht zwischen Bund und Ländern keine Einigkeit. Von der Antwort hängt es ab, ob den Ländern im Bereich ihrer ausschließlichen Gesetzgebungszuständigkeiten eine *ausschließliche* Vertragsschließungskompetenz zukommt, was von Bedeutung namentlich für Kulturabkommen mit auswärtigen Staaten wäre. In dem Lindauer Abkommen vom 23./25. 10. 1957 haben Bund und Länder sich auf eine Kompromißlösung geeinigt[41].

Gemeinschaftsaufgabe „Verbesserung der regionalen Wirtschaftsstruktur" vom 6. 10. 1969 (BGBl. I S. 1861), jeweils mit späteren Änderungen.

40 Zum Gemeinsamen Senat der obersten Gerichtshöfe (Art. 95 Abs. 3 GG) s. das Gesetz zur Wahrung der Einheitlichkeit der Rechtsprechung der obersten Gerichtshöfe des Bundes vom 19. 6. 1968 (BGBl. I S. 661).

41 Abgedruckt bei *Maunz-Dürig*, GG, Rdnr. 42 ff. zu Art. 32 GG. Zum Ganzen näher: *Kaiser* (Anm. 1) S. 526 ff.; *R. Bernhardt*, Der Abschluß völkerrechtlicher Verträge im Bundesstaat, Eine Untersuchung zum deutschen und ausländischen Bundesstaatsrecht (1957); *H. Mosler*, Kulturabkommen im Bundesstaat, Z. ausl. öff. R. u. VR 16 (1955/56) S. 1 ff.; *H. Reichel*, Die auswärtige Gewalt nach dem Grundgesetz für die Bundesrepublik Deutschland vom 23. Mai 1949 (1967) S. 151 ff.; *M. Bothe*, Völkerrecht und Bundesstaat, in: Festschrift für H. Mosler (1983) S. 111; *U. Fastenrath*, Kompetenzverteilung im Bereich der auswärtigen Gewalt (1986) S. 81 ff.; *W. Grewe*, Die auswärtige Gewalt, HdBStR III, § 77 Rdn. 81 ff.

254 e) Besondere Regelungen gelten auch für die *Ordnung des Finanzwesens*[42].

Dieses ist, wie gezeigt, für die bundesstaatliche Ordnung von entscheidender Bedeutung. Die Wirkungen der bundesstaatlichen Ordnung hängen letztlich davon ab, daß Bund und Länder grundsätzlich finanziell voneinander unabhängig sind. Soll das erreicht werden, so hat jeder Partner die Erfüllung der ihm verfassungsmäßig zukommenden Aufgaben selbst zu finanzieren, und es muß ihm ein Anteil am Steueraufkommen zustehen, der ihn hierzu instandsetzt. Schon dies ist eine Aufgabe, die sich nur schwer verwirklichen läßt: das finanzielle Gewicht der jeweiligen Aufgaben und deren zukünftige Entwicklung lassen sich kaum zuverlässig abschätzen; davon abgesehen schwankt, verstärkt durch die unterschiedliche Konjunkturabhängigkeit der Erträge aus den einzelnen Steuern, das Aufkommen und ändert sich der Finanzbedarf. Vor allem gerät jedoch die Forderung nach finanzieller Selbständigkeit und Unabhängigkeit in Widerspruch mit den Erfordernissen moderner staatlicher Fiskal- und Kreditpolitik. Diese läßt sich nicht mehr auf die allgemeine Erzielung von Einnahmen beschränken, sondern sie ist ein entscheidender Faktor einer Globalsteuerung des Wirtschaftsprozesses, die heute in allen Industriestaaten der westlichen Welt zu einer anerkannten Aufgabe staatlicher Wirtschaftspolitik geworden ist. Unter den in der Bundesrepublik gegebenen Voraussetzungen hängt ihre Wirksamkeit weitgehend von einheitlicher Finanzgebarung der gesamten öffentlichen Hand ab.

Der damit sich ergebenden komplexen Problemlage ist das Grundgesetz zunächst nur unzureichend gerecht geworden. Dies hat zu einer Fülle von Schwierigkeiten geführt, die Anlaß zu ständigem Streit gegeben und die Funktion der bundesstaatlichen Ordnung erheblich beeinträchtigt haben. Nunmehr sind die früheren – mehrfach geänderten – Regelungen des Finanzwesens durch das 15. und 21. Änderungsgesetz zum Grundgesetz (Finanzreformgesetz) wesentlich ergänzt und modifiziert.

255 Das Grundgesetz faßt die Regelung der Fragen des Verhältnisses von Bund und Ländern auf dem Gebiet des Finanzwesens, im besonderen die Verteilung der Kompetenzen, im X. Abschnitt zusammen.

In Anlehnung an die Systematik des VII. Abschnittes regelt es insoweit die ausschließliche und die konkurrierende *Gesetzgebung* des Bundes (Art. 105 GG). Durch die Bestimmungen über die *Finanzverwaltung* sucht es, den hier besonders hervortretenden Erfordernissen der Koordination und Zusammenarbeit gerecht zu werden (Art. 108 GG). Für die *Finanzgerichtsbarkeit* wird eine einheitliche Regelung durch Bundesgesetz vorgesehen (Art. 108 Abs. 6 GG).

256 Der Sicherung der finanziellen Selbständigkeit und Unabhängigkeit von Bund, Ländern und Gemeinden dienen der *allgemeine Lastenverteilungsgrundsatz* des Art. 104a Abs. 1 GG, nach dem die Ausgabenkompetenz von Bund und Ländern vorbehaltlich anderer Regelung durch das Grundgesetz ihrer Aufgabenkompetenz folgt, die Bestimmungen über die *Verteilung der Steuererträge* und den *Finanzaus-*

---

42 Zur Zulässigkeit von Abweichungen im Gebiet der neuen Bundesländer: Art. 143 Abs. 2 GG. Zu den Modifikationen der Erstreckung der Finanzverfassung der Bundesrepublik auf das Gebiet der ehemaligen DDR: Art. 7 EV. Aus der Lit.: *P. Selmer*, Finanzordnung und Grundgesetz, AöR 101 (1976) S. 238 ff., 399 ff.; *K. Stern*, Das Staatsrecht der Bundesrepublik Deutschland II (1980) S. 1089 ff.; *F. Klein*, Bund und Länder nach der Finanzverfassung des Grundgesetzes, HdBVerfR § 23; *K. Vogel*, Grundzüge des Finanzrechts des Grundgesetzes, HdBStR IV, § 87; *P. Selmer* und *F. Kirchhof*, Grundsätze der Finanzverfassung des vereinten Deutschlands, VVDStRL 52 (1993) S. 11 ff., 71 ff. – Zu der Problematik von Sonderabgaben, die in neuerer Zeit zunehmende Bedeutung gewinnt: BVerfGE 55, 274 (297 ff.); 67, 256 (274 ff.); 78, 249 (266 f.); 82, 159 (178 ff.); 91, 186 (201 ff.).

gleich[43]. Um die unterschiedliche Entwicklung der Einnahmen aus den großen Steuern (Einkommen-, Körperschaft- und Umsatzsteuer) auszugleichen, werden diese als „Gemeinschaftsteuern" in einem Verbund zusammengefaßt, der über zwei Drittel des gesamten Steueraufkommens von Bund und Ländern umfaßt. Das Aufkommen der Einkommen- und Körperschaftsteuer wird (bei der Einkommensteuer nach Abzug eines Gemeindeanteils – Art. 106 Abs. 5 GG) je zur Hälfte auf Bund und Länder verteilt, während die Festsetzung der Anteile an der Umsatzsteuer dem Bundesgesetzgeber (mit Zustimmung des Bundesrates) übertragen wird, der auch für erforderlich werdende Anpassungen Sorge zu tragen hat (Art. 106 Abs. 3 und 4 GG). Der Ertrag der Finanzmonopole und das Aufkommen der übrigen Steuern werden nach einzelnen Steuern getrennt dem Bund und den Ländern zugewiesen (Art. 106 Abs. 1 und 2 GG). Den Gemeinden und Gemeindeverbänden sucht Art. 106 GG in den Absätzen 5 bis 8 eine ausreichende und gleichmäßige Finanzausstattung zu sichern.

In der Frage der Verteilung der Landessteuern und der Länderanteile an den Gemeinschaftsteuern hält das Grundgesetz an dem Grundsatz des örtlichen Aufkommens fest; doch wird dieses Zugeständnis an die Selbständigkeit der Länder wegen der mit ihm verbundenen Zufälligkeit und Ungleichmäßigkeiten nicht unerheblich eingeschränkt (Art. 107 Abs. 1 GG). Verbleibende Unterschiede in der Finanzkraft der Länder sollen durch (horizontalen) Finanzausgleich zwischen den Ländern oder durch (vertikalen) Finanzausgleich zwischen Bund und Ländern im Wege von Ergänzungszuweisungen des Bundes an finanzschwache Länder ausgeglichen werden; der Ausgleich ist durch Bundesgesetz mit Zustimmung des Bundesrates zu regeln (Art. 107 Abs. 2 GG)[44]. 257

Die Bedeutung dieses kunstvollen und komplizierten Systems der Sicherung der Selbständigkeit und Unabhängigkeit von Bund und Ländern für die bundesstaatliche Ordnung läßt sich freilich erst erkennen, wenn der Zusammenhang mit denjenigen Bestimmungen des X. Abschnitts hergestellt wird, die die *Grundlage einer modernen Finanz- und Wirtschaftspolitik* schaffen sollen. 258

Zu diesen gehört Art. 109 Abs. 3 GG, nach dem durch Bundesgesetz mit Zustimmung des Bundesrates für Bund und Länder gemeinsam geltende Grundsätze für das Haushaltsrecht[45], für eine konjunkturgerechte Haushaltswirtschaft und für eine mehrjährige (mittelfristige) Finanzplanung aufgestellt werden. Bund und Länder haben ferner bei ihrer Haushaltswirtschaft den Erfordernissen des gesamtwirtschaftlichen Gleichgewichts Rechnung zu tragen (Art. 109 Abs. 2 GG). 259

Dieses Gleichgewicht definiert § 1 des Stabilitätsgesetzes vom 8. 6. 1967 (BGBl. I S. 582) im Sinne des „magischen Vierecks" als Stabilität des Preisniveaus bei gleichzeitigem hohem Beschäftigungsstand und außenwirtschaftlichem Gleichge- 260

---

43 Dazu grundsätzlich: BVerfGE 72, 330 (383 ff.).
44 Gesetz über den Finanzausgleich zwischen Bund und Ländern i. d. F. vom 28. 1. 1988 (BGBl. I S. 94) mit späteren Änderungen. Das Bundesverfassungsgericht hatte durch das Urteil vom 24. 6. 1986 den Gesetzgeber verpflichtet, für das Haushaltsjahr 1988 eine Neuregelung zu treffen: BVerfGE 72, 330 (409 ff.). Zu diesem Gesetz: BVerfGE 86, 148 (211 ff.).
45 Gesetz über die Grundsätze des Haushaltsrechts des Bundes und der Länder (Haushaltsgrundsätzegesetz) vom 19. 8. 1969 (BGBl. I S. 1273).

wicht sowie stetigem und angemessenem Wirtschaftswachstum. Um es vor Störungen zu bewahren, begründet Art. 109 Abs. 4 GG eine Bundeskompetenz, die in ihrer Konkretisierung durch das Stabilitätsgesetz weitere umfassende Bindungen der Länder ermöglicht, wobei freilich der Versuch gemacht wird, den Verlust an Selbständigkeit und Eigenverantwortlichkeit der Länder dadurch zu kompensieren, daß wichtige Maßnahmen an die Zustimmung des Bundesrates gebunden werden. – Wenn Art. 109 Abs. 1 GG trotzdem noch den Grundsatz der selbständigen und unabhängigen Haushaltswirtschaft des Bundes und der Länder festhält, so ist dieser durch die einschneidenden Beschränkungen des 15. und 21. Änderungsgesetzes zum Grundgesetz erheblich relativiert worden.

261 Eine weitere wesentliche Veränderung hat die Ordnung des Finanzwesens dadurch erfahren, daß dem Bund weitreichende *neue Zuständigkeiten zur Finanzierung* der Wahrnehmung *von Länderaufgaben* eingeräumt worden sind – wobei freilich eine solche Finanzierung nichts Neues ist, sondern in der Praxis der „Fondswirtschaft" des Bundes schon seit langem eine wichtige Rolle spielt. Art. 104a Abs. 4 GG ermächtigt den Bund zu Finanzhilfen für besonders bedeutsame Investitionen der Länder und Gemeinden, die zur Abwehr einer Störung des gesamtwirtschaftlichen Gleichgewichts oder zum Ausgleich unterschiedlicher Wirtschaftskraft im Bundesgebiet oder zur Förderung des wirtschaftlichen Wachstums erforderlich sind[46]. Das Nähere ist wahlweise durch Zustimmungsgesetz oder durch Verwaltungsvereinbarung zu regeln. Ferner übernimmt der Bund einen erheblichen Anteil der Ausgaben für die Gemeinschaftsaufgaben (Art. 91a und 91b GG, vgl. oben Rdn. 251).

262 Diese Finanzierungszuständigkeiten eröffnen dem Bund erhebliche Einflußmöglichkeiten auf die Länder. Gleiche Wirkungen entfaltet die Bindung der Haushalts- und Finanzwirtschaft von Ländern und Gemeinden an die Finanzplanung, Fiskal- und Kreditpolitik des Bundes. So wächst dem Bund insgesamt eine Zusammenfassungs-, Leitungs- und Koordinierungsfunktion zu, die es ermöglichen soll, den dem modernen Sozialstaat gestellten Aufgaben wirksamer Planung, Lenkung und sozialer Sicherung gerecht zu werden. Das wichtigste Mittel der Wahrnehmung dieser Aufgaben ist die Finanzpolitik. Hier liegt das entscheidende Moment nicht nur der Finanzreform, sondern der neueren bundesstaatlichen Entwicklung überhaupt, die weniger durch Verlagerungen von Gesetzgebungs- und Verwaltungskompetenzen als durch die Erweiterung der elastischeren, unauffälligeren, dafür aber um so wirksameren Einfluß ermöglichenden Finanzierungszuständigkeiten des Bundes gekennzeichnet ist[47]. Der Preis besteht in einem zwar begrenzten, aber weitreichenden Verzicht auf Selbständigkeit und Unabhängigkeit der Länder. Daran vermag auch das ausgeklügelte System der Art. 106 f. GG nichts zu ändern, weil dieses die finanzielle Selbständigkeit der Länder immer nur in dem Umfang sichern kann, in dem sachliche und finanzielle Aufgabenverantwortung bei den Ländern liegt.

---

46 Zur Funktion und Tragweite der Bestimmung vgl. BVerfGE 39, 96 (107 ff.).
47 Vgl. dazu *W. Henle*, Die Finanzreform und die Beschaffenheit des Staates, DÖV 1968, 296 ff.; *K. H. Friauf*, Öffentlicher Haushalt und Wirtschaft, VVDStRL 27 (1969) S. 31 f.

2. Die Zuordnung von Bund und Ländern

Über die Aufteilung der staatlichen Aufgaben zwischen Bund und Ländern hinaus 263
ordnet die bundesstaatliche Ordnung des Grundgesetzes Bund und Länder in der
Weise einander zu, daß sie den Ländern bestimmte Einflußmöglichkeiten auf den
Bund, dem Bund bestimmte Einflußmöglichkeiten auf die Länder einräumt und daß
sie eine gewisse Homogenität der gesamt- und der gliedstaatlichen Ordnungen herstellt und gewährleistet.

a) Das Medium der *Einflußrechte der Länder auf den Bund* ist der Bundesrat. Durch 264
ihn wirken die Länder bei der Gesetzgebung und Verwaltung des Bundes mit
(Art. 50 GG), weshalb der Bundesrat Bundesorgan und nicht „Ländervertretung"
ist (vgl. dazu unten Rdn. 515 ff., 621 ff.).

b) Dem Bund sind insbesondere durch die Gewährleistungspflicht des Art. 28 265
Abs. 3 GG sowie durch die Institute der Bundesaufsicht, des Bundeszwangs und der
Bundesintervention *Einflußmöglichkeiten auf die Länder* eröffnet.
Ihm obliegt die Nachprüfung der Vereinbarkeit der Landesverfassungen mit den
Grundrechten und den Bestimmungen des Art. 28 Abs. 1 und 2 GG; bei Verstößen
ist er zum Einschreiten – gegebenenfalls mit den Mitteln des Bundeszwangs – ver-
pflichtet. Im Wege der *Bundesaufsicht* kontrolliert der Bund die Ausführung der
Bundesgesetze als „eigene Angelegenheit" (Art. 83 GG) durch die Länder[48]. Diese
Aufsicht ist auf die Rechtmäßigkeit der Ausführung begrenzt (Art. 84 Abs. 3 Satz 1
GG). Sie umfaßt ein Informationsrecht der Bundesregierung, das zur Entsendung
von Beauftragten zu den obersten Landesbehörden, mit deren Zustimmung oder mit
Zustimmung des Bundesrates auch zu den nachgeordneten Landesbehörden, berechtigt (Art. 84 Abs. 3 Satz 2 GG), sowie das Recht der Bundesregierung, bei
Rechtsverletzungen Abhilfe zu verlangen. Kommt das Land diesem Verlangen
nicht nach, so beschließt auf Antrag der Bundesregierung oder des Landes der Bundesrat, ob das Land das Recht verletzt hat („Mängelrüge"); gegen diesen Beschluß
kann das Bundesverfassungsgericht angerufen werden (Art. 84 Abs. 4 GG). Erst
wenn sich diese Mittel als unzureichend erweisen, steht dem Bund das äußerste Mittel des *Bundeszwangs* zur Verfügung: die Bundesregierung kann mit Zustimmung
des Bundesrates die notwendigen Maßnahmen treffen, um das Land zur Erfüllung
seiner Pflichten anzuhalten; zur Durchführung steht ihr oder ihrem Beauftragten ein
Weisungsrecht auch gegenüber anderen Ländern und ihren Behörden zu (Art. 37
GG). Schließlich hat die Bundesregierung im Falle der Gefährdung der freiheitlichen demokratischen Grundordnung innerhalb eines Landes Rechte, die dem traditionellen Institut der *Bundesintervention*[49] zuzurechnen sind (Art. 91 Abs. 2 GG).
Auch hier ist der Bundesrat maßgeblich eingeschaltet.

---

[48] Über die Bundesaufsicht im Rahmen der Auftragsverwaltung durch die Länder oben Rdn. 246. –
Zum – umstrittenen – Umfang der Bundesaufsicht vgl. vor allem *M. Bullinger*, Der Anwendungsbe-
reich der Bundesaufsicht, AöR 83 (1958) S. 279 ff.; *J. Frowein*, Die selbständige Bundesaufsicht
nach dem Grundgesetz (1961); aus der neueren Lit.: *P. Lerche*, Maunz-Dürig, Grundgesetz,
Rdn. 124 ff. zu Art. 84; *Blümel* (Anm. 38) Rdn. 41 ff., 69 ff.
[49] Vgl. dazu *E. R. Huber*, Deutsche Verfassungsgeschichte seit 1789 I (1957) S. 631 ff.

266 Diese begrenzten verfassungsrechtlichen Institute bringen freilich den Umfang des Einflusses des Bundes auf die Länder nur in einem für die Praxis des Verfassungslebens unwesentlichen Teile zum Ausdruck. Im Rahmen seiner weitreichenden Gesetzgebungszuständigkeiten hat der Bund die Möglichkeit, die Länder zu binden, schafft er Ordnungen, die das Leben in den Ländern nahezu ausschließlich bestimmen, und präjudiziert er weitgehend die Landesgesetzgebung. Der Einfluß des Bundes auf die Landesverwaltung und die Wahrnehmung der rechtsprechenden Gewalt in den Ländern sowie seine besonders wirksamen finanziellen Koordinierungs- und Lenkungsmöglichkeiten wurden schon hervorgehoben (oben Rdn. 245, 252, 258 ff.). Nimmt man die modernen Formen gemeinsamer Planung und Koordinierung der Aktivitäten von Bund und Ländern sowie die durch die politischen Parteien vermittelten informellen – aber in der verfassungsmäßigen Ordnung des Grundgesetzes angelegten – Einflüsse hinzu, so zeigt die Zuordnung von Bund und Ländern in der bundesstaatlichen Ordnung des Grundgesetzes engere Verflechtungen und ein stärkeres Schwergewicht des Bundes als dies bei vordergründiger Betrachtung nahegelegt erscheinen mag. Dieses wird durch den gewachsenen Einfluß des Bundesrates gemindert, jedoch nicht aufgehoben.

267 c) Die für die bundesstaatliche Ordnung unerläßliche Voraussetzung einer gewissen *Homogenität* der gesamt- und gliedstaatlichen Ordnungen gewährleistet das Grundgesetz durch Art. 28 und durch Art. 31, nach dem (kompetenzmäßiges) Bundesrecht jeglicher Rangstufe inhaltlich mit ihm unvereinbarem Landesrecht vorgeht (also z. B. auch Bundesverordnungsrecht dem Landesverfassungsrecht)[50]. – Es kennzeichnet, wie gezeigt, die Eigenart der bundesstaatlichen Ordnung des Grundgesetzes, daß nicht diese Homogenität, sondern die besondere Individualität der Länder zum Problem geworden ist.

3. Der Grundsatz bundesfreundlichen Verhaltens

268 Zum Inhalt der bundesstaatlichen Ordnung des Grundgesetzes gehört endlich als Grundsatz ungeschriebenen Verfassungsrechts das Gebot bundesfreundlichen Verhaltens – vielfach auch als „Bundestreue" bezeichnet[51]. Nach ihm verlangt die Verfassung von Gesamtstaat und Gliedstaaten nicht nur äußere Korrektheit in der Erfüllung ihrer staatsrechtlichen Pflichten, sondern auch das stete Suchen und die Herstellung eines guten, bundesfreundlichen Verhältnisses; ein Gegeneinander, mag sich ein Partner auch auf formell bestehendes Recht berufen, kann verfassungswidrig sein.

269 Das Bundesverfassungsgericht legt diesem Grundsatz fundamentale Bedeutung für die bundesstaatliche Ordnung des Grundgesetzes bei. Nach seiner Auffassung lassen sich aus ihm sowohl konkrete, über die in der bundesstaatlichen Verfassung ausdrücklich normierten verfassungsrechtlichen Pflichten hinausgehende zusätzliche Pflichten der Länder gegenüber dem Bund als auch zusätzliche Pflichten des Bundes gegenüber den Ländern entwickeln und ergeben sich aus ihm konkrete Beschränkungen nicht nur der dem Bund und den Ländern im

---

50 Vgl. dazu oben Rdn. 90 f. und BVerfGE 9, 268 (279); 29, 11 (17); 40, 296 (319).

51 Dazu *H. W. Bayer*, Die Bundestreue (1961); *Gebh. Müller*, Bundestreue im Bundesstaat, in: Führung und Bildung in der heutigen Welt, hrsg. zum 60. Geburtstag von Ministerpräsident Kurt Georg Kiesinger (1964) S. 213 ff.; *Isensee* (Anm. 15) § 98 Rdn. 151 ff.; *A. Bleckmann*, Zum Rechtsinstitut der Bundestreue und zur Theorie der subjektiven Rechte im Bundesstaat, JZ 1991, 900 ff.; *H. Bauer*, Die Bundestreue (1992).

Grundgesetz eingeräumten Kompetenzen[52], sondern auch des politischen Stils und des „procedere" im Verhalten gegenüber dem Partner[53]; die Nichtbeachtung dieser Pflichten und Beschränkungen durch einen Akt des Bundes oder eines Landes läßt diesen Akt verfassungswidrig werden[54].

Daß dem Grundsatz in dieser Bedeutung die Rolle eines fundamentalen Prinzips der verfassungsmäßigen Ordnung zukommt, muß freilich bezweifelt werden[55].

Es ist einmal die Frage, ob der Grundsatz noch den gewandelten Voraussetzungen heutiger bundesstaatlicher Ordnung entspricht. Er ist entstanden als Ergänzung der unvollkommenen bundesstaatlichen Normierungen der Reichsverfassung von 1871, auf dem Boden des älteren bündischen Prinzips, auf dem diese Verfassung noch beruhte, nicht als justitiable Norm, sondern als Ausdruck rechtlich aufgegebenen Einvernehmens und Zusammenwirkens[56]. Die bundesstaatliche Ordnung des Grundgesetzes beruht jedoch auf anderen als jenen älteren bündischen Grundlagen; sie ist im Gegensatz zu der des Kaiserreichs weitgehend ausgebaut, unterwirft namentlich die Entscheidung von Konflikten einer mit umfassenden Zuständigkeiten ausgestatteten Verfassungsgerichtsbarkeit. Deshalb ist hier bei einer Ergänzung durch ungeschriebenes Verfassungsrecht Vorsicht geboten und bedarf es der Klarheit über den Unterschied zwischen der elastisch regulierenden Funktion des Grundsatzes in einem Verfassungssystem ohne Staatsgerichtsbarkeit wie dem der Reichsverfassung von 1871 und der ihm nach Auffassung des Bundesverfassungsgerichts zukommenden Funktion als Maßstab verfassungsgerichtlicher Streitentscheidung.

Diese Funktion begründet weitere Bedenken. Der Grundsatz bundesfreundlichen Verhaltens erscheint als Maßstab der Entscheidung bundesstaatlicher Streitigkeiten jedenfalls dann ungeeignet, wenn diese Streitigkeiten – wie dies häufig der Fall ist – keine echten föderativen Streitigkeiten, sondern Streitigkeiten zwischen politischen Richtungen innerhalb des Gesamtstaates sind, die in der Form der bundesstaatlichen Streitigkeit verfassungsgerichtlich ausgetragen werden[57]. Wird hier von der Opposition „Treue" oder doch zumindest ein „freundliches Verhalten" gegenüber der Regierung verlangt, so ist dies der wahren Sachlage unangemessen, um so mehr als die demokratische Ordnung des Grundgesetzes den Kampf unterschiedlicher politischer Richtungen gerade voraussetzt. Aber auch davon abgesehen, läßt seine Weite und Unbestimmtheit den Grundsatz nur bedingt als geeigneten Maßstab richterlicher Entscheidung erscheinen, vollends, wenn er dazu dienen soll, Streitigkeiten von – oft erheblicher – politischer Bedeutung zu entscheiden.

Als allgemeines Gebot der Zusammenarbeit von Bund und Ländern, gegenseitiger **270** Abstimmung und Koordination mit den aus diesem Gebot folgenden Pflichten zu gegenseitiger Information, Rücksichtnahme und Mitwirkung[58] ist der Grundsatz bundesfreundlichen Verhaltens auch in der bundesstaatlichen Ordnung des Grundgesetzes eine „immanente Verfassungsnorm", die sich daraus ergibt, daß diese Ordnung auf gegenseitige Ergänzung und Zusammenwirken von Bund und Ländern angelegt ist. Die Weite dieses allgemeinen Gebots erfordert indessen äußerste Zurückhaltung in seiner Verwendung als Maßstab richterlicher Streitentscheidung. Soweit

---

52 BVerfGE 12, 205 (255); 34, 9 (20 f., 38 f., 44 f.).

53 BVerfGE 12, 205 (255 ff.); 86, 148 (211 f.).

54 Zu einzelnen Anwendungsfällen des Grundsatzes vgl. die Zusammenstellungen BVerfGE 12, 205 (254 f.); 13, 54 (75 f.); 14, 197 (215); 81, 310 (337) m. w. Nachw.

55 Hierzu näher *Hesse* (Anm. 8) S. 7 ff.

56 *R. Smend*, Ungeschriebenes Verfassungsrecht im monarchischen Bundesstaat, Staatsrechtliche Abhandlungen (2. Aufl. 1968) S. 39 ff.; *ders.*, Verfassung und Verfassungsrecht, ebenda S. 271 ff.

57 Besonders deutlich BVerfGE 6, 309 ff. (Konkordatsurteil); 8, 122 ff. (Volksbefragungsurteil); 12, 205 ff. (Fernsehurteil).

58 Vgl. dazu BVerfGE 43, 291 (348 f.); 61, 149 (205).

bundesstaatsrechtliche Streitigkeiten bereits an Hand geschriebener Verfassungs-
sätze oder gesicherter Rechtsgrundsätze entschieden werden können[59], ist der Rückgriff auf den Grundsatz bundesfreundlichen Verhaltens nicht nur überflüssig, sondern auch unzulässig, weil er gegen den um der Rechtsklarheit und Rechtsgewißheit
willen bestehenden Vorrang des spezielleren Rechtssatzes bei der richterlichen Ent-
scheidungsbildung verstößt. Wird dieser Rückgriff unentbehrlich, so sind die funktionellrechtlichen Grenzen zu beachten, die ihm gezogen sind, wenn anders die politischen Entscheidungen der Organe der politischen Willensbildung nicht mehr als
notwendig durch die Entscheidungen von Gerichten ersetzt werden sollen; diese
sind ihrer Aufgabe und Struktur nach nicht berufen und nicht geeignet, solche Entscheidungen zu treffen – so wenig auch die richterliche Entscheidung, namentlich
die der Verfassungsgerichte, von politischen Elementen gelöst werden kann.

§ 8   Die Zuordnung von Demokratie, sozialem Rechtsstaat und Bundesstaat

271   Republik, Demokratie, sozialer Rechtsstaat und Bundesstaat sind in der verfassungsmäßigen Ordnung des Grundgesetzes in zahlreichen Beziehungen ineinander verflochten. Da in diesen Verflechtungen die Einheit der Verfassung sichtbar
wird, kommt ihnen für das Verständnis des Ganzen jener Ordnung wesentliche Bedeutung zu. Die Gemeinsamkeiten und Überschneidungen von demokratischer,
rechtsstaatlicher und bundesstaatlicher Ordnung, ihre unterschiedlichen Akzentuierungen, ihre wechselseitigen Ergänzungen und Bedingtheiten, aber auch ihre
Spannungen sind daher zusammenfassend festzuhalten und zu verdeutlichen[1].

272   *Demokratie* und *sozialer Rechtsstaat* im Sinne des Grundgesetzes wirken beide
sachlich einheitsbildend durch ihre Legitimität; sie begründen beide in ihrer jeweils spezifischen Wirkungsweise funktionell politische Einheit; sie sind beide
Formen der Rationalisierung, der Kontinuitätsbewahrung, der Machtteilung und
der Abwehr von Machtmißbrauch. Wenn ihre Ordnungen sich hierin ergänzen
und stellenweise einander überschneiden, so dürfen Demokratie und sozialer
Rechtsstaat doch nicht ineinsgesetzt oder ohne nähere Differenzierungen zur
„rechtsstaatlichen Demokratie" oder zum „demokratischen Rechtsstaat" verbunden werden. Kennzeichnungen solcher Art treffen zwar den engen Zusammenhang von Demokratie und Rechtsstaat; sie lassen jedoch die unterschiedlichen Akzentuierungen im Dunkeln, die erst den eigentlichen Stellenwert der Demokratie
und des Rechtsstaates im Gefüge der Verfassung bestimmen.

---

59 Dies war in der früheren Spruchpraxis des Bundesverfassungsgerichts zum Grundsatz bundesfreundlichen Verhaltens überwiegend der Fall; vgl. *Hesse* (Anm. 8) S. 7 f. Einschränkend BVerfGE
21, 312 (236).

1 Zu diesen Zusammenhängen vgl. auch *W. Henke,* Die Republik, HdBStR I, § 21 Rdn. 29–39;
E.-W. Böckenförde, Demokratie als Verfassungsprinzip, ebd. § 22 Rdn. 81–102; *E. Schmidt-Aß-
mann,* Der Rechtsstaat, ebd. § 24 Rdn. 94–96; *H. F. Zacher,* Das soziale Staatsziel, ebd. § 25
Rdn. 81–86, 95–96, 103; *O. Kimminich,* Der Bundesstaat, ebd. § 26 Rdn. 46–48.

In der Ordnung des Lebensprozesses des Gemeinwesens akzentuiert die Demokratie stärker das bewegende und gestaltende, der Rechtsstaat stärker das beharrende und bewahrende Moment. Die demokratische Ordnung des Grundgesetzes stellt die Aufgabe eines freien politischen Lebensprozesses und ist Form dieses Lebensprozesses. Hier soll sich vollziehen, was rechtsstaatliches Leben und Handeln allein nicht bewirken kann: die Setzung von Zielen, die Entfaltung und Formung politischer Kräfte im Kampf um die Durchsetzung dieser Ziele, Auseinandersetzung, Einigung oder Entscheidung nach dem Mehrheitsprinzip und als Ergebnis und Sinn dieses Lebens die freie Bildung und Erhaltung politischer Einheit sowie die sachgemäße Gestaltung der Ordnung des Gemeinwesens. Demgegenüber stellt der Rechtsstaat die Aufgabe fester und dauerhafter Ordnung und ist er Form der Begründung dieser Ordnung. Er legt als sozialer Rechtsstaat von Verfassungs wegen Ziele fest, die freilich der Konkretisierung in den Formen der demokratischen Ordnung bedürfen. Er konstituiert die vom Wechsel der politischen Führungsgruppen und Richtungen relativ unabhängigen Gewalten der an feste Maßstäbe gebundenen Verwaltung und Rechtsprechung und fügt damit dem staatlichen Leben jenes relativ beharrende Element ein, ohne das das hoch differenzierte, eng verflochtene soziale und wirtschaftliche Leben der Gegenwart in Unordnung geraten würde und die notwendige Offenheit und Elastizität des demokratischen Willensbildungsprozesses nicht möglich wäre. Wird hier der Rechtsstaat zur Bedingung der Demokratie, so erweist sich umgekehrt Demokratie als Bedingung des Rechtsstaates, weil nur das fortbildend bewahrt werden kann, was zuvor im demokratischen Prozeß Gestalt gefunden hat.

Erst in der Polarität dieser Akzentuierungen[2] wird das Wesentliche der durch das Grundgesetz konstituierten Staatlichkeit sichtbar: diese Staatlichkeit ist nicht in sich ruhende, institutionalisierte Herrschaftsgewalt; sie ist indessen auch nicht allein das jeweilige Produkt permanenter Auseinandersetzung der politischen Kräfte. Sondern der Staat des Grundgesetzes gewinnt Wirklichkeit und Leben erst in dem bedingenden Nebeneinander von Bewegendem und Erhaltendem, Formendem und Geformtem, der Offenheit für das Fließende und Werdende des geschichtlichen Lebens und seiner institutionellen Bewältigung.

Der *Bundesstaat* modifiziert und vervollständigt diesen Zusammenhang von demokratischer und rechtsstaatlicher Ordnung. Er modifiziert ihn, soweit er die Funktion föderativer Einheitsbildung erfüllt. Er ergänzt ihn, indem er Formen eines Einbaus der Opposition in die demokratische Ordnung, der Auflockerung der inneren Ordnung der Parteien und Verbände, der Aufgliederung in kleinere staatliche Einheiten mit ihrer rationalisierenden Wirkung schafft, indem er durch vertikale und horizontale Gewaltenteilung machthemmende, namentlich aber Funktionen zuordnende Wirkungen entfaltet. Er steht freilich selbst in dieser Komplementärfunktion in einer gewissen Spannung zu den für den sozialen Rechtsstaat wesentlichen Geboten der Einheitlichkeit und Gleichmäßigkeit, und diese Spannung läßt sich auch durch weitgehende Koordination und Kooperation nicht vollständig auflösen, solange die Selbständigkeit der Länder als Kern heutiger Bundesstaat- 273

---

2 Vgl. dazu auch BVerfGE 7, 155 (162 f.); 8, 1 (16); 11, 203 (216 f.).

lichkeit nicht preisgegeben werden soll; dies ist jedoch nicht einmal im Wege der Verfassungsänderung möglich (Art. 79 Abs. 3 GG).

274 Von hier aus ist die Verbindung von Demokratie, sozialem Rechtsstaat und Bundesstaat in der verfassungsmäßigen Ordnung alles andere als eine Kombination von Strukturprinzipien, die prinzipiell miteinander unvereinbar sind.

Das gilt besonders für das Verhältnis von *Demokratie und Rechtsstaat*. Ein Verständnis, das den Rechtsstaat gegenüber dem politischen Formprinzip der Demokratie als „wesentlich antistaatlich"[3] begreift und in ihm lediglich ein System von Schranken und Kontrollen erblickt, das den Staat voraussetzt, aber selbst nichts konstituiert[4], muß dieses Verhältnis notwendig verfehlen. Ebenso ist ein Denken, das den sozialen Rechtsstaat in einen (formalen) *„Rechtsstaat"* und einen *„Sozialstaat"* zerlegt und diese antinomisch einander entgegensetzt[5], außerstande, den engen Zusammenhang beider in dem von der Verfassung aufgegebenen sozialen Rechtsstaat deutlich zu machen. Die oft behauptete Antinomie von *Demokratie und Bundesstaat*[6] fällt dahin, wenn die Gemeinsamkeiten des föderativen und des demokratischen Gedankens berücksichtigt werden und erkannt wird, daß der Bundesstaat des Grundgesetzes geeignet ist, Demokratie gerade zu ergänzen und zu stützen. Und der Gegensatz von *Bundesstaat und sozialem Rechtsstaat*[7] wird bei aller unvermeidlichen Spannung geringer, wenn das Prinzip des Bundesstaates nicht mehr nur in der Erhaltung regionaler Mannigfaltigkeit gesucht wird, weshalb die Formel vom *„sozialen Bundesstaat"* (Art. 20 Abs. 1 GG) jedenfalls keine contradictio in adiecto enthält, sondern eher die Konturen des modernen Bundesstaates hervortreten läßt.

275 Demokratie, sozialer Rechtsstaat und Bundesstaat: alle drei enthalten positive Aufbauprinzipien der verfassungsmäßigen Ordnung des Grundgesetzes, von unterschiedlicher Eigenart und Wirkung, aber in der Gemeinsamkeit ihrer Grundlagen, gegenseitiger Ergänzung und Bedingtheit einander zu innerer – wenn auch nicht spannungsloser – Einheit zugeordnet. Wie das Ganze der verfassungsmäßigen Ordnung nur in dieser Einheit sichtbar wird, so läßt sich jedes einzelne jener Prinzipien nur erfassen, wenn es in seiner bedingenden und bedingten, ergänzenden und ergänzten Einfügung in die verfassungsmäßige Ordnung gesehen wird.

Jeder Versuch, eines dieser Prinzipien isoliert zu verstehen, wäre daher zum Scheitern verurteilt. In der Zuordnung von Demokratie, sozialem Rechtsstaat und Bundesstaat zeigt sich, daß die Grundlagen des Grundgesetzes nur unter dem Aspekt der Einheit der Verfassung erfaßt werden können (oben Rdn. 20, 71).

276 Ihren Ausdruck findet diese Einheit darin, daß nahezu alle Institute der Verfassung im Dienste sowohl des demokratischen wie des Rechtsstaats- und des Bundesstaatsprinzips stehen, wobei freilich jeweils das eine oder andere vorherrschen

---

3 *F. Klein*, Bonner Grundgesetz und Rechtsstaat, ZgesStW 106 (1950) S. 407.
4 *C. Schmitt*, Verfassungslehre (1928) S. 200.
5 *E. Forsthoff*, Begriff und Wesen des sozialen Rechtsstaates, VVDStRL 12 (1954) S. 8 ff.
6 *C. Schmitt*, (Anm. 4) S. 388 f.; *W. Grewe*, Antinomien des Föderalismus (1948) S. 14 ff.
7 *A. Köttgen*, Der soziale Bundesstaat, in: Neue Wege der Fürsorge, Festgabe für H. Muthesius zum 75. Geburtstag (1960) S. 21 ff.

kann. Am deutlichsten wird dies bei den *Grundrechten*, die unverzichtbare Elemente sowohl der Demokratie wie des Rechtsstaates sind. Es zeigt sich in den heutigen Erscheinungsformen der *Gewaltenteilung*, die in den Ordnungen der Demokratie, des Rechtsstaates und des Bundesstaates Gestalt gewinnt. Ähnlich gehört das *Gesetz* als Ergebnis politischer Willensbildung in den Bereich demokratischer und bundesstaatlicher, als Mittel aufgegebener rechtlicher Ordnung und in seiner spezifischen Struktur und Wirkungsweise in denjenigen rechtsstaatlicher Ordnung. Den *Bestimmtheitserfordernissen* kommt sowohl eine rechtsstaatliche wie eine demokratische Funktion zu. Die Bestimmungen über den *Rechtsschutz* stehen nicht nur unter dem rechtsstaatlichen Gedanken der Sicherung individueller Rechte und der Verwirklichung des Primats des Rechts, sondern auch unter dem demokratischen des Schutzes der Minderheiten, deren Stellung namentlich durch die Möglichkeiten verfassungsgerichtlichen Rechtsschutzes wesentlich verstärkt wird. Schließlich tragen alle Normierungen, welche durch Festlegung von Kompetenzen und Verfahrensregeln den politischen Prozeß, die Wahrnehmung staatlicher Funktionen und die staatliche Organisation regeln, jeweils Elemente der Demokratie, des Rechtsstaates und des Bundesstaates in sich, weil sie begrenzen, stabilisieren und rationalisieren und in ihrer jeweiligen Reichweite das staatliche Leben dem Primat des Rechts unterstellen.

DRITTER TEIL

Grundzüge der Ausgestaltung

1. Abschnitt: Grundrechte

§ 9 Begriff und Eigenart

I. Grundrechte im geltenden Recht

Der *erste Abschnitt des Grundgesetzes* trägt die Überschrift: „Die Grundrechte". 277
Damit scheint das Grundgesetz selbst den Begriff der Grundrechte festzulegen:
Grundrechte sind diejenigen Rechte, die das geltende Recht als Grundrechte bezeichnet. Dieser Begriff, von dem Art. 93 Abs. 1 Nr. 4a GG ausgeht, ist rein *formal* und darum außerstande, etwas über die sachliche Eigenart und Bedeutung der
Grundrechte auszusagen. Darüber hinaus erweist er sich im Blick auf das positive
Verfassungsrecht als unzureichend. Denn das Grundgesetz normiert auch außerhalb des ersten Abschnittes Rechte, die sich in ihrer Eigenart nicht von den ausdrücklich als Grundrechte bezeichneten Rechten unterscheiden. Unverkennbar ist
das bei den Rechten der Art. 33 Abs. 1–3, 101 Abs. 1, 103 und 104 GG, die, soweit sie das Grundgesetz nicht erstmals verfassungskräftig gewährleistet, im früheren deutschen Staatsrecht Aufnahme in die Grundrechtskataloge der Verfassungen gefunden hatten; es gilt aber auch für die Wahlrechtsgrundsätze des Art. 38
Abs. 1 GG. Folgerichtig werden diese Rechte heute als Grundrechte verstanden;
allgemeine Bestimmungen des ersten Abschnittes des Grundgesetzes, wie etwa
Art. 1 Abs. 3 oder Art. 19 Abs. 3, sind auch auf sie anzuwenden.

Neben dem Grundgesetz normiert die europäische *Konvention zum Schutze der* 278
Menschenrechte und Grundfreiheiten von 4. 11. 1950 (BGBl. II S. 686) Grundrechte, die gemäß Art. II des Gesetzes über die Konvention zum Schutze der Menschenrechte und Grundfreiheiten vom 7. 8. 1952 (BGBl. II S. 685) innerstaatlich
als (Bundes-)Recht anwendbar sind. Da die Konvention nicht „allgemeine Regel
des Völkerrechts" ist, hat sie am Vorrang dieser Regeln (Art. 25 Satz 2 GG) nicht
teil; sie gilt mit der Kraft eines einfachen Bundesgesetzes (vgl. oben Rdn. 103)[1].

Dieser Unterschied der formellen Geltungskraft ändert jedoch nichts an der sachlichen Bedeutung der Rechte der Konvention, die im Zeichen der heutigen, über
den nationalen Bereich hinausführenden Grundrechtsentwicklung eine gegenseitige Isolierung nationaler und europäischer Grundrechte ausschließt (vgl. auch

---

1 Die UN-Deklaration der Menschenrechte vom 10. 12. 1948 enthält als solche nicht verbindliches
  Völkerrecht und ist darum auch innerstaatlich nicht – gem. Art. 25 GG – verbindlich. Ihr Inhalt wird
  jedoch zum großen Teil als Völkergewohnheitsrecht betrachtet (*A. Verdross – B. Simma*, Universelles Völkerrecht [3. Aufl. 1985] S. 822 f.). Der Internationale Pakt über bürgerliche und politische
  Rechte vom 19. 12. 1966 (BGBl. 1973 II, S. 1534) sowie der Internationale Pakt über wirtschaftliche, soziale und kulturelle Rechte vom 19. 12. 1966 (BGBl. 1973 II, S. 1570) sind 1976 in Kraft getreten. Wesentliche innerstaatliche Bedeutung werden sie indessen für die Bundesrepublik kaum gewinnen (vgl. BRDrucks. 304/73 S. 26, BRDrucks. 305/73 S. 16). Zu der Europäischen Sozialcharta
  und den übernationalen Gewährleistungen von Menschenrechten vgl. *J. A. Frowein*, Übernationale
  Menschenrechtsgewährleistungen und nationale Staatsgewalt, HdBStR VII, § 180 Rdn. 30 ff.

oben Rdn. 108 Anm. 37). Deshalb sind bei der Auslegung des Grundgesetzes Inhalt und Entwicklungsstand der Europäischen Menschenrechtskonvention in Betracht zu ziehen; insoweit dient auch die Rechtsprechung des Europäischen Gerichtshofs für Menschenrechte als Auslegungshilfe für die Bestimmung von Inhalt und Reichweite der Grundrechte des Grundgesetzes[2].

Die Konvention will nach ihrer Präambel die universelle und wirksame Anerkennung der in ihr erklärten Rechte gewährleisten und durch diese Gewährleistung die europäische Integration fördern. Sie normiert in ihrem I. Abschnitt einzelne Menschenrechte und die Möglichkeiten ihrer Begrenzung und sucht in den Abschnitten II–IV die Einhaltung der Verpflichtungen, die sich für die Unterzeichnerstaaten aus der Konvention ergeben, durch die Einrichtungen einer Kommission für Menschenrechte und eines Gerichtshofes für Menschenrechte sicherzustellen. Ergänzt werden die Regelungen der Konvention durch eine Reihe von Zusatzprotokollen.

Die Grundrechte der Konvention decken sich in ihrem Inhalt weithin mit dem der Grundrechte des Grundgesetzes; doch sind sie oft präziser gefaßt und sind die Möglichkeiten ihrer Begrenzung genauer konkretisiert als manche Gesetzesvorbehalte des Grundgesetzes. Sie gehen allen Rechtssätzen des Landesrechts, auch des Verfassungsrechts der Länder (Art. 31 GG), sowie allen früheren Bundesgesetzen vor; dagegen hindern sie den Bundesgesetzgeber innerstaatlich nicht, entgegenstehendes Recht zu setzen, dies freilich nur um den Preis einer Völkerrechtsverletzung. Soweit die Menschenrechte der Konvention weitergehende Gewährleistungen enthalten als die Grundrechte des Grundgesetzes, vermögen sie den Bundesgesetzgeber daher auch nur in diesem Rahmen zu binden. Soweit sie gleiche oder weniger weitgehende Gewährleistungen als die Grundrechte des Grundgesetzes normieren, lassen sie die durch die Grundrechte geschaffene materielle Rechtslage unverändert (vgl. auch Art. 60 der Konvention). Da dies ganz überwiegend der Fall ist, beschränkt sich die folgende Darstellung auf die Grundrechte des Grundgesetzes[3].

---

2 Vgl. BVerfGE 74, 358 (370). Das gilt auch für das Verfahren der Verfassungsbeschwerde, obwohl diese auf eine behauptete Verletzung der EMRK nicht gestützt werden kann: BVerfGE 74, 102 (128) m. w. Nachw.

3 Zu den Grund- und Einzelfragen der Menschenrechtskonvention näher *Maunz-Dürig*, Grundgesetz, Randn. 57 ff. zu Art. 1 Abs. 2 GG; *K. Stern*, Das Staatsrecht der Bundesrepublik Deutschland III/1 (1988) S. 283 ff.; *J. A. Frowein/W. Peuckert*, Europäische MenschenRechtsKonvention, EMRK-Kommentar (1985); *Frowein* (Anm. 1) § 180 Rdn. 2 ff., 47 ff. – Nach dem am 11. Mai 1994 unterzeichneten Reformprotokoll (Nr. 11) wird ein ständiger Gerichtshof für Menschenrechte als einziges Kontrollorgan die gegenwärtige Europäische Kommission und den jetzigen Europäischen Gerichtshof für Menschenrechte in Straßburg ersetzen; Wortlaut des Protokolls in EuGRZ 1994, 323 ff. Vgl. dazu den er erläuternden Bericht, ebd. S. 328 ff. und *A. Drzemczewski/J. Meyer-Ladewig*, Grundzüge des neuen EMRK-Kontrollmechanismus nach dem am 11. Mai 1994 unterzeichneten Reform-Protokoll (Nr. 11), ebd. S. 317 ff.

II. Der Doppelcharakter der Grundrechte

In den Grundrechten des Grundgesetzes verbinden sich, unterschiedlich akzentu- 279
iert und oft in fließenden Übergängen, mehrere Bedeutungsschichten. Einerseits
sind sie *subjektive Rechte*, Rechte des Einzelnen, und zwar nicht nur in den Men-
schen- und Bürgerrechten im engeren Sinne (z. B. Art. 3, 4, 5, 8, 9 GG), sondern
auch dort, wo sie zugleich ein Rechtsinstitut oder die Freiheit eines Lebensbereiches gewährleisten (z. B. Art. 6 Abs. 1, 14 Abs. 1, 5 Abs. 3 GG). Anderseits sind
sie *Grundelemente objektiver Ordnung* des Gemeinwesens. Dies ist anerkannt für
Garantien, die nicht primär Individualrechte enthalten[4] oder die überhaupt keine
Individualrechte gewährleisten, gleichwohl aber in den Grundrechtskatalog der
Verfassung aufgenommen sind (z. B. Art. 7 Abs. 1, Abs. 3 Satz 1 und 2, Abs. 5
GG)[5]. Es gilt auch für diejenigen Grundrechte, die primär als subjektive Rechte
ausgestaltet sind[6].

1. Die Grundrechte als statusbegründende Rechte

Wegen dieses Doppelcharakters wirken die Grundrechte statusbegründend: als 280
subjektive Rechte bestimmen und sichern sie den Rechtszustand des Einzelnen in
seinen Fundamenten; als (objektive) Grundelemente der demokratischen und
rechtsstaatlichen Ordnung fügen sie ihn in diese Ordnung ein, die ihrerseits erst
durch die Aktualisierung jener subjektiven Rechte Wirklichkeit gewinnen kann.
Der durch die Grundrechte des Grundgesetzes begründete und gewährleistete *verfassungsrechtliche Status des Einzelnen* ist ein materieller Rechtsstatus, d. h. ein
Status konkret bestimmten Inhalts, der weder für den Einzelnen noch für die staatlichen Gewalten unbegrenzt verfügbar ist.

---

4 Insoweit die objektivrechtliche Bedeutung der Grundrechte herausgestellt zu haben, ist das Ver-
dienst der Lehre von den *institutionellen und Institutsgarantien* (insbes. *C. Schmitt*, Freiheitsrechte
und institutionelle Garantien der Reichsverfassung, Verfassungsrechtl. Aufsätze [1958] S. 140 ff.),
die auch das Bundesverfassungsgericht aufgenommen hat; vgl. z. B. BVerfGE 6, 55 (72); 6, 309
(355) („Einrichtungsgarantien"); 10, 59 (66); 10, 118 (121); 12, 205 (260). Die scharfe Absetzung
dieser Garantien gegen die individuellen Freiheitsrechte erscheint jedoch insoweit nicht gerechtfertigt, als sie dem Nachweis dient, daß die Freiheitsrechte keinen institutionellen Charakter annehmen
können, was zu einer Fehldeutung der verfassungsrechtlich gewährleisteten Freiheit und ihrer Bedeutung für die objektive Ordnung des Gemeinwesens führt (*P. Häberle*, Die Wesensgehaltgarantie
des Art. 19 Abs. 2 Grundgesetz [3. Aufl. 1983] S. 92 ff.). Für das hier vertretene Grundrechtsver-
ständnis kommt es auf die Unterscheidung nicht an. – Zur Differenzierung von institutionellen und
Institutsgarantien vgl. *C. Schmitt*, a. a. O. S. 149 ff. und 160 ff. und in Kürze zusammenfassend *ders.*,
Inhalt und Bedeutung des zweiten Hauptteils der Reichsverfassung, HdBDStR II (1932) S. 595 f.
5 Nicht hierher gehört Art. 15 GG (Vergesellschaftung). Er gehört in den sachlichen Zusammenhang
der Eigentumsgarantie des Art. 14 Abs. 1 GG und enthält eine Ermächtigung zu bestimmten Eingriffen in das Eigentum, die über die in Art. 14 Abs. 3 GG zugelassenen Eingriffe hinausgehen.
6 Vgl. etwa BVerfGE 7, 198 (208) (für die Meinungsfreiheit); *U. Scheuner*, Art. Staat, in: *ders.*, Staatstheorie und Staatsrecht (1978) S. 31; *ders.*, Pressefreiheit, VVDStRL 22 (1965) S. 55 ff.; *R. Bäumlin*, Staat, Recht und Geschichte (1961) S. 11; *Häberle* (Anm. 4) S. 70 und passim. Hierzu und zum
folgenden (überwiegend kritisch): *H. H. Klein*, Die Grundrechte im demokratischen Staat (2. Aufl.
1974); *E. W. Böckenförde*, Grundrechtstheorie und Grundrechtsinterpretation, NJW 1974, 1529 ff.;
ders., Grundrechte als Grundsatznormen, Der Staat 29 (1990) S. 1 ff.; *R. Alexy*, Theorie der Grundrechte (1985).

Dieser verfassungsrechtliche Status bildet den Kern des *allgemeinen staatsbürgerlichen Status*, der neben den Grundrechten – freilich stets im Rahmen der Grundrechte – durch die Gesetze bestimmt wird. Auch der allgemeine staatsbürgerliche Status ist ein materieller Rechtsstatus: er umschließt konkrete, inhaltlich bestimmte und begrenzte Rechte und Pflichten, in deren Aktualisierung und Erfüllung die rechtliche Ordnung des Gemeinwesens Wirklichkeit gewinnt. Er läßt sich darum nicht auf die formalen und abstrakten Kategorien eines durch potentiell unbegrenzte Gewaltunterworfenheit geprägten Verhältnisses zweier Willenssubjekte – des herrschenden Subjektes „Staat" und des unterworfenen Subjektes „Individuum" – reduzieren, das die Grundlage des sogenannten „*allgemeinen Gewaltverhältnisses*" bildete, durch welches nach überkommener Auffassung die allgemeine Stellung des Einzelnen im Staat gekennzeichnet war. In der verfassungsmäßigen Ordnung des Grundgesetzes hat das „allgemeine Gewaltverhältnis" seine Daseinsberechtigung verloren.

281 Der durch die Grundrechte begründete und gewährleistete verfassungsrechtliche Status des Einzelnen unterscheidet sich prinzipiell von dem grundrechtlichen Status der heute noch fortgeführten[7] *Statuslehre G. Jellineks*[8]. Denn der „status negativus", dem *G. Jellinek* die Grundrechte im wesentlichen zurechnet, ist ein rein formaler, sekundärer gegenüber der Grundform des „status subjectionis": die „Person", der der „status negativus" zukommt, ist nicht der Mensch oder der Bürger in seiner Lebenswirklichkeit, sondern das abstrakte Individuum in der Reduktion auf seine Fähigkeit, Träger von Rechten und Pflichten zu sein – weshalb es für *G. Jellinek* auch keine natürliche, sondern nur juristische Persönlichkeit geben kann[9] und die Persönlichkeit vom Staate geschaffen wird[10]. Die Freiheit, die der „status negativus" gewährleistet, ist nicht auf bestimmte konkrete Lebensverhältnisse bezogen, sondern eine allgemeine und abstrakte Freiheit von ungesetzlichem Zwang[11]. Und der Adressat der Ansprüche aus dem „status negativus", die staatliche Gewalt, ist nicht durch eben jene Freiheit von vornherein begrenzt, sondern im Prinzip unumschränkte Gewalt, die sich lediglich durch Gewährung jener Freiheit selbst gebunden hat, die aber weder zur Gewährung bestimmter Freiheiten verpflichtet ist noch rechtlich gehindert werden kann, diese Selbstbindung wieder zu beseitigen, wenn anders nicht der Staat seinen Charakter als omnipotentes Willenssubjekt verlieren und damit als Staat aufgehoben werden soll. Soweit der – potentiell unbegrenzte – „status subjectionis" reicht, schließt er Selbstbestimmung und daher die Persönlichkeit aus[12].

Von allen Einwänden gegen seine Grundlagen und seine Übertragbarkeit auf den demokratischen Verfassungsstaat abgesehen, ist ein solches Verständnis heute bereits mit dem positiven Verfassungsrecht unvereinbar. Es muß an Art. 1 Abs. 1 und Abs. 2 GG scheitern, die eine sachliche Gewährleistung und Grundlegung, nicht die bloß formale Garantie der Fähigkeit, „Träger von Rechten und Pflichten" zu sein, enthalten. Es könnte schwerlich erklären, warum das Grundgesetz anstatt eines allgemeinen Rechts auf Freiheit von ungesetzlichem Zwang enumerativ konkrete Freiheiten normiert und jeweils durch unterschiedliche, sorgfältig abgestufte Vorbehalte begrenzt. Es stünde im Widerspruch zu den Art. 1 Abs. 3 und 19 Abs. 2 GG, die die Grundrechte jedenfalls in ihrem „Wesensgehalt" der Disposition der staatlichen Gewalten schlechthin entziehen, sowie zu Art. 79 Abs. 3 GG, der es selbst dem

---

7 Z. B. (modifiziert) *H. J. Wolff*, in: *Wolff-Bachof*, Verwaltungsrecht I (9. Aufl. 1974) S. 210 f.
8 System der subjektiven öffentlichen Rechte (2. Aufl. 1905) S. 94 ff.
9 A. a. O. (Anm. 8) S. 28.
10 A. a. O. (Anm. 8) S. 82.
11 A. a. O. (Anm. 8) S. 103 f.
12 A. a. O. (Anm. 8) S. 86.

verfassungsändernden Gesetzgeber unmöglich macht, zumindest den Art. 1 GG rechtmäßig zu beseitigen.

Ebensowenig läßt sich der durch die Grundrechte gewährleistete verfassungsrechtliche Status als bloße Anerkennung eines vor-staatlichen und vor-rechtlichen und darum von Staat und positivem Recht unabhängigen *Status „natürlicher" Freiheit und Gleichheit* verstehen. Denn auch in diesem Verständnis wäre er – wiederum von allen Einwänden gegen dessen Grundlagen abgesehen – nicht mehr als eine ungeschichtliche Abstraktion. In der Wirklichkeit geschichtlichen menschlichen Lebens sind Freiheit und Gleichheit des Einzelnen niemals „von Natur aus" vorgegeben, sondern sie bestehen nur insoweit, als sie in menschlichem Wirken aktualisiert werden. Vollends sind Grundrechte nicht „von Natur aus", d. h. vor-rechtlich und vor-staatlich, sondern nur dort gesichert, wo sie zur positiven staatlichen Rechtsordnung gehören. Ohne rechtliche Gewährleistung, Ausgestaltung und Begrenzung durch den Staat und ohne rechtlichen Schutz wären die Grundrechte außerstande, dem Einzelnen einen konkreten, realen Status der Freiheit und Gleichheit zu vermitteln und ihre Funktion im Leben des Gemeinwesens zu erfüllen[13], und ohne den Zusammenhang mit den übrigen Teilen der verfassungsmäßigen Ordnung würden sie nicht wirklich werden können: erst in der Einbettung in die von der Verfassung konstituierte demokratische und rechtsstaatliche Gesamtordnung und als deren wesentlicher Bestandteil, nicht als „natürlicher" Status, vermag der durch die Grundrechte gewährleistete Status des Einzelnen Gestalt und Realität zu gewinnen.

2. Die Grundrechte als subjektive Rechte

Als subjektive, statusbegründende Rechte sind die Grundrechte *verfassungsrechtliche Fundamentalrechte* des Einzelnen als Mensch und als Bürger. Diese gewinnen ihr besonderes sachliches Gewicht dadurch, daß sie in der Tradition der Menschen- und Bürgerrechte stehen[14], in der ihre Inhalte in den westlichen Verfassungsstaaten zu überpositiven Rechtsgrundsätzen[15] und Grundelementen des Rechtsbewußtseins geworden sind; vor dessen Forum kann keine Ordnung Legitimität beanspruchen, welche nicht die durch die Menschen- und Bürgerrechte gewährleisteten Freiheiten und Gleichheitsrechte in sich aufnimmt.

„Menschenrechte" sind diejenigen Grundrechte, die nicht nur einem bestimmten Personenkreis zukommen (z. B. Art. 2 GG: „Jeder hat das Recht ...", Art. 3 Abs. 1 GG: „Alle Menschen ...", Abs. 3 GG: „Niemand darf ..." oder Art. 4 Abs. 1 GG, der die Glaubens- und Bekenntnisfreiheit ohne Begrenzung auf einen bestimmten Personenkreis garantiert). *„Bürgerrechte"* sind die Grundrechte, die „allen Deutschen" gewährleistet werden (z. B. Art. 8, 9, 11 GG). Den Begriff des „Deutschen" im Sinne des Grundgesetzes, der sich nicht völlig mit dem Begriff des deutschen Staatsangehörigen deckt, normiert Art. 116 Abs. 1 GG. Die praktische Tragweite der Differenzierung ist in der Regel gering: Auch *Ausländern* ist das nur „Deutschen" gewährleistete Verhalten (etwa sich zu versammeln oder ei-

282

283

284

---

13 *Häberle* (Anm. 4) S. 8 ff.
14 Zur Geschichte der Menschen- und Bürgerrechte zusammenfassend: *G. Oestreich*, Die Entwicklung der Menschenrechte und Grundfreiheiten, in: Die Grundrechte I, 1 (1966) S. 1 ff. und *Scheuner*, VVDStRL 22 (Anm. 6) S. 1 ff. Grundlegend zur Entwicklung und zum Wandel der Grundrechte bis zur Gegenwart: *H. Hofmann*, Die Grundrechte 1789–1949–1989, NJW 1989, 317 ff.
15 Für den Gleichheitssatz etwa: BVerfGE 1, 208 (233, 243); 6, 84 (91).

nen Verein zu gründen) nicht versagt. Es ist zudem nach Maßgabe des allgemeinen Freiheitsrechts des Art. 2 Abs. 1 GG, das nach der Rechtsprechung die allgemeine Handlungsfreiheit umfaßt, auch verfassungsrechtlich geschützt, allerdings nur gegen rechtswidrige Eingriffe[16].

285 Für natürliche Personen kennt das Grundgesetz, abgesehen von der Wahlberechtigung des Art. 38 Abs. 2, keine weiteren ausdrücklichen Differenzierungen. Daß *Minderjährige* in der Innehabung und Ausübung von Grundrechten allgemein beschränkt seien oder daß zur Ausübung von Grundrechten allgemein neben der „Grundrechtsfähigkeit" auch „Grundrechtsmündigkeit" erforderlich sei, läßt sich verfassungsrechtlich nicht begründen. Das ändert nichts an dem Erziehungsrecht der Eltern (Art. 6 Abs. 2 GG), denen gegenüber der Minderjährige sich auf Grundrechte nicht berufen kann; die Eltern können daher einem Minderjährigen eine Tätigkeit auch dann verbieten, wenn sie Grundrechtsausübung ist, z. B. den Beitritt zu einem Verein. Dagegen kann die öffentliche Gewalt Minderjährige keinen anderen als den allgemein zulässigen (vgl. unten Rdn. 308 ff.) oder von der Verfassung speziell im Interesse des Jugendschutzes normierten Grundrechtsbegrenzungen unterwerfen (Art. 5 Abs. 2, 11 Abs. 2, 13 Abs. 3 GG)[17].

286 Grundrechte gelten nach Art. 19 Abs. 3 GG auch für inländische *juristische Personen*, wenn sie ihrem Wesen nach auf diese anwendbar sind[18]. Sie können in besonders gelagerten Fällen auch (zivilrechtlich) *nicht rechtsfähigen Personengruppen* zukommen, und zwar je nach der Bedeutung der jeweiligen Grundrechte für diese Personengruppen und nach ihrer Rechtsstellung im allgemeinen Recht, also etwa (als nicht eingetragene Vereine organisierten) politischen Parteien oder offenen Handelsgesellschaften[19]. Die wichtigste Folge ist die Befugnis dieser Gruppen, eine Verfassungsbeschwerde zu erheben. – Dagegen können sich in der Regel weder der Staat noch andere *juristische Personen des öffentlichen Rechts* auf die Grundrechte als subjektive Rechte berufen, soweit diese nicht, wie z. B. die Gemeinden in Art. 28 Abs. 2 GG, die Universitäten in Art. 5 Abs. 3 Satz 1 GG oder die Rundfunkanstalten in Art. 5 Abs. 1 Satz 2 GG unmittelbar einem durch Grundrechte geschützten Lebensbereich zugeordnet sind[20].

287 a) Als Menschen- und Bürgerrechte sind die Grundrechte einmal *Abwehrrechte* gegen die staatlichen Gewalten. Sie machen es dem Einzelnen möglich, sich gegen unberechtigte Beeinträchtigungen seines verfassungsrechtlichen Status durch die staatlichen Gewalten im Wege des Rechts zu wehren. In einer freiheitlichen verfassungsmäßigen Ordnung bedarf es solcher Abwehrrechte, weil auch die De-

16 BVerfGE 78, 179 (196 f). Eingehend zur Problematik: *H. Quaritsch*, Der grundrechtliche Status der Ausländer, HdBStR V, § 120, insbes. Rdn. 130 f.; *W. Rüfner*, Grundrechtsträger, ebd. § 116 Rdn. 3 ff.; *F. E. Schnapp*, Art. Grundrechtsträger, Lexikon des Rechts (1984) 5/360.

17 Zum Problem, das freilich selten praktisch werden und dann primär die – im Wege der Normbereichsanalyse (unten Rdn. 310) zu beantwortende – Frage nach der Reichweite des einzelnen Grundrechts aufwerfen dürfte: *Maunz-Dürig* (Anm. 3) Rdn. 17 ff. zu Art. 19 Abs. III; *U. Fehnemann*, Die Innehabung und Wahrnehmung von Grundrechten im Kindesalter (1983); *M. Roell*, Die Geltung der Grundrechte für Minderjährige (1984); *Rüfner* (Anm. 16) § 116 Rdn. 19 ff.

18 Zur Gesamtproblematik: *J. Isensee*, Anwendung der Grundrechte auf juristische Personen, HdBStR V, § 118.

19 BVerfGE 4, 7 (12); 7, 99 (100); 10, 89 (99); 14, 121 (129 f.); 27, 152 (158).

20 Vgl. dazu BVerfGE 21, 362 (367 ff.); eine vollständige Übersicht über die Rechtsprechung gibt BVerfGE 61, 82 (100 ff.), fortgeführt in BVerfGE 68, 193 (205 ff.); 70, 1 (15 f.); 75, 192 (195 ff.); 78, 101 (102 f.); BVerwGE 81, 1 (10 f.). Zur Problematik eingehend: *A. von Mutius*, Bonner Kommentar, Zweitbearbeitung (1975) Rdn. 78 ff. zu Art. 19 Abs. 3 GG und *H. Bethge*, Grundrechtsträgerschaft juristischer Personen. – Zur Rechtsprechung des Bundesverfassungsgerichts, AöR 104 (1979) S. 54 ff., 265 ff.; *Rüfner* (Anm. 16) Rdn. 63 ff.

mokratie Herrschaft von Menschen über Menschen ist, die den Versuchungen des Machtmißbrauchs unterliegt, und weil staatliche Gewalten auch im Rechtsstaat Unrecht tun können. Wirksame Sicherung der Freiheit und Gleichheit des Einzelnen macht daher über die Gestaltung der objektiven Ordnungen der Demokratie und des Rechtsstaates hinaus die Gewährleistung subjektiver Rechte auf Freiheit und Gleichheit notwendig.

b) Grundrechte sind indessen als subjektive Rechte nicht nur gewährleistet, um **288** die Möglichkeit der Abwehr staatlicher Beeinträchtigungen zu schaffen. Der negatorische Anspruch, den sie begründen, ist nur Teil ihres Inhalts, dem eine nicht minder wichtige positive Seite korrespondiert: die Verfassung gewährleistet Grundrechte um der *Aktualisierung* der in ihnen garantierten Freiheiten willen. Erst in dieser Aktualisierung – in freier persönlicher Entfaltung (Art. 2 Abs. 1 GG), in Meinungsäußerung und Information (Art. 5 Abs. 1 GG), in freier sozialer Gruppenbildung (Art. 9 Abs. 1 GG) usw. – kann die von der Verfassung konstituierte freiheitliche Ordnung des Gemeinwesens Leben gewinnen. Die Grundrechte normieren den Status von Bürgern, die sich nicht bloß in einer Sphäre privater Beliebigkeit gegen den „Staat" abschirmen, sondern die frei und selbstverantwortlich ihr Leben gestalten und an den Angelegenheiten des Gemeinwesens mitwirken sollen[21]. Solche „positive Freiheit" ist freilich mißverstanden, wenn aus ihr die Verpflichtung zu einem bestimmten Gebrauch der Freiheit hergeleitet wird, mit der Konsequenz, daß jeder andere Gebrauch nicht mehr durch die Grundrechte geschützt wird. Denn wenn es der Verfassung auch um die positive Aktualisierung der Inhalte der Grundrechte geht, so geht es ihr doch ebenso um die *Freiheit* dieser Aktualisierung, die nur gegeben ist, wo eine Alternative besteht. Deshalb ist stets nicht nur die positive Freiheit, einen Glauben zu bekennen, eine Meinung zu äußern, eine Vereinigung zu bilden usw. gewährleistet, sondern ebenso die negative Freiheit, keinen Glauben zu bekennen, keine Meinung zu äußern, keiner Vereinigung beizutreten usw.; vollends ist es unzulässig, der grundrechtlichen Freiheit bestimmte Leitbilder zu unterschieben und die Freiheit des Einzelnen auf die „positive" Aneignung dieser Leitbilder zu beschränken. Mit dieser Maßgabe sind namentlich einzelne Freiheitsrechte in einem weiteren Sinne *Mitwirkungsrechte*, Rechte zur Mitwirkung am geistigen, sozialen und politischen Leben, an der „Vorformung des politischen Willens" und an der unmittelbaren politischen Willensbildung des Volkes, d. h. aber am Leben des Gemeinwesens, in dem dessen Ordnungen Wirklichkeit gewinnen und in dem sich politische Einheit bildet.

c) Dagegen kennt das Grundgesetz keine Grundrechte, die sich als („originäre", **289** also unabhängig von vorhandenen, gesetzlich geregelten Leistungssystemen bestehende) *Teilhaberechte* im Sinne individueller Rechte auf Beteiligung an staatlichen Leistungen qualifizieren lassen. Es beschränkt sich im wesentlichen auf die Gewährleistung der traditionellen Menschen- und Bürgerrechte, verzichtet auf soziale Grundrechte und geht statt dessen den Weg der Normierung der Formel vom „sozialen Rechtsstaat", die nicht unmittelbar individuelle Ansprüche begründet

---

21 *R. Smend*, Bürger und Bourgeois im deutschen Staatsrecht, Staatsrechtliche Abhandlungen (2. Aufl. 1968) S. 316 ff.

(oben Rdn. 208, 213). An dieser verfassungsrechtlichen Lage kann auch der Versuch einer Umdeutung der in das Grundgesetz aufgenommenen Grundrechte in Teilhaberechte nicht vorbeiführen.

Eine solche Umdeutung ist nahegelegt durch die moderne sozialstaatliche Entwicklung, in der reale Freiheit weithin von der Schaffung und Gewährleistung ihrer Voraussetzungen durch den Staat abhängig geworden ist. Das Bundesverfassungsgericht hat sie nicht ausgeschlossen: je stärker der Staat sich der sozialen Sicherung und kulturellen Förderung der Bürger zuwende, desto mehr trete „neben das ursprüngliche Postulat grundrechtlicher Freiheitssicherung vor dem Staat die komplementäre Forderung nach grundrechtlicher Verbürgung der Teilhabe an staatlichen Leistungen". Da Freiheitsrechte ohne die tatsächlichen Voraussetzungen ihrer Inanspruchnahme wertlos wären, hat das Gericht die grundsätzliche Möglichkeit eines Verständnisses von Freiheitsrechten des Grundgesetzes als Teilhaberechte anerkannt, freilich unter dem Vorbehalt des Möglichen i. S. dessen, was der Einzelne vernünftigerweise von der Gesellschaft beanspruchen könne[22]. Praktische Bedeutung hat diese Anerkennung in der Rechtsprechung des Gerichts bisher noch nicht erlangt.

Abgesehen davon, daß hier die gleichen Schwierigkeiten auftreten müssen wie bei der Gewährleistung sozialer Grundrechte (oben Rdn. 208), daß vor allem individuelle Ansprüche hinreichend bestimmt sein müssen und deshalb typischerweise eine Konkretisierung durch Gesetz voraussetzen, die sich durch einzelne Richtersprüche nicht ersetzen läßt, verbietet sich eine allgemeine Umdeutung von Freiheitsrechten in – klagbare – Teilhaberechte unter Aspekten der Ordnung des politischen Prozesses und der Zuweisung staatlicher Aufgaben durch das Grundgesetz. Die demokratische Ordnung des Grundgesetzes würde als Ordnung eines freien politischen Prozesses entscheidend eingeschränkt und verkürzt, wenn der politischen Willensbildung in den Grundrechten nicht nur verfassungsmäßige Ziele und Richtlinien (vgl. unten Rdn. 298), sondern eine Vielzahl so und nicht anders einzulösender verfassungsrechtlicher Verpflichtungen vorgegeben wären, über deren konkreten Inhalt zudem politisch nicht verantwortliche Richter zu entscheiden hätten. Die Regelung materieller Ansprüche auf Leistungen und der mit ihnen verbundenen Fragen der Finanzierung kann nur Aufgabe des Gesetzgebers sein; denn sie läßt sich zumindest unter Prioritäts- und Koordinierungsgesichtspunkten nie aus ihrer Einfügung in umfassendere Planungen und deren Durchführung lösen, und sie darf nicht ohne ihre Rückwirkungen auf diese beurteilt werden. Infolgedessen sind „originäre" verfassungsrechtliche Teilhaberechte, soweit sie auf staatliche Leistungen gerichtet sind, nicht nur keine Hilfe, sondern sie lassen sich auch verfassungsrechtlich nicht begründen[23]. – Anderes gilt für die Frage *„derivativer" Teilhaberechte:* werden einzelne Personen oder Personengruppen in *bestehenden* Leistungssystemen, z. B. der Kriegsopferversorgung oder der Ausbildungsförderung, nicht oder nicht hinreichend berücksichtigt und ist die darin liegende Differenzierung gegenüber den in das System einbezogenen Personengruppen mit dem Gleichheitssatz (Art. 3 GG) unvereinbar, so kann sich aus diesem Grundrecht – ggf. in Verbindung mit dem einschlägigen Freiheitsrecht und/oder dem Sozialstaatsprinzip – ein Anspruch auf gleiche Teilhabe ergeben[24].

---

22 BVerfGE 33, 303 (330 ff.); 43, 291 (313 ff.) – Numerus-clausus-Urteile; die Frage eines konkreten Individualanspruchs auf Schaffung von Studienplätzen ist offengelassen. Vgl. auch BVerfGE 35, 79 (115 f.).

23 Vgl. dazu *E. Friesenhahn,* Der Wandel des Grundrechtsverständnisses, Verhandlungen des 50. DJT II (1974) S. G 29 ff.; *D. Murswiek,* Grundrechte als Teilhaberechte, soziale Grundrechte, HdBStR V, § 112 Rdn. 86 ff., bes. Rdn. 98 ff. zu der Konzeption einer Minimalgarantie. Ein bereichsspezifischer Ansatz bei *F. Müller/B. Pieroth/L. Fohmann,* Leistungsrechte im Normbereich einer Freiheitsgarantie (1982) S. 90 ff.

24 Z. B. BVerfGE 45, 376 (386 ff.). – *W. Martens,* Grundrechte im Leistungsstaat, VVDStRL 30 (1972) S. 21 ff.; *Murswiek* (Anm. 23) § 112 Rdn. 68 ff.

3. Die Grundrechte als Elemente objektiver Ordnung

Als Elemente statusbestimmender, statusbegrenzender und statussichernder, den 290
Einzelnen in das Gemeinwesen einfügender objektiver Ordnung konstituieren die
Grundrechte Grundlagen der Rechtsordnung des Gemeinwesens. Insoweit besteht
zu den einzelnen Bedeutungsschichten der Grundrechte als subjektiver Rechte ein
Verhältnis gegenseitiger Ergänzung und Verstärkung; dieses schließt es aus, die
Bedeutung der Grundrechte als objektive Prinzipien von ihrer ursprünglichen und
primären Bedeutung als Menschen- und Bürgerrechte zu lösen[25].

a) Der Bedeutung der Grundrechte als subjektiver Abwehrrechte des Einzelnen 291
korrespondiert ihre objektivrechtliche Bedeutung als *negative Kompetenzbestimmungen* für die staatlichen Gewalten. Zwar ist es deren Aufgabe, die Grundrechte
zu schützen, können sie verpflichtet sein, Grundrechte zu konkretisieren, und können sie ermächtigt sein, Grundrechte zu begrenzen; aber der mit dieser Maßgabe
durch die Grundrechte gewährleistete individuelle Status der Freiheit und Gleichheit ist ihrer Kompetenz entzogen, und er wird durch diese Entziehung gegen die
staatlichen Gewalten gesichert.

So umfassen z. B. die Kompetenzen zur Regelung des Presserechts (Art. 75 Abs. 1 Nr. 2,
Art. 70 GG) oder zur Regelung des Vereins- und Versammlungsrechts (Art. 74 Nr. 3,
Art. 72 GG) nicht die Befugnis, die Pressefreiheit (Art. 5 Abs. 1 Satz 2 GG), die Vereins-
oder Versammlungsfreiheit (Art. 9, 8 GG) aufzuheben oder zu beeinträchtigen, die Kompetenz zur Gesetzgebung über die Einkommensteuer (Art. 105 Abs. 2 GG) nicht die Befugnis
zu ungleicher Belastung (Art. 3 Abs. 1 GG) usw.

Ebenso wie die Grundrechte des Grundgesetzes die Annahme einer im Prinzip un- 292
beschränkten natürlichen Freiheit des Einzelnen ausschließen, schließen sie daher
die Annahme einer naturhaften, im Prinzip omnipotenten staatlichen Gewalt aus.
Verfassungsmäßige staatliche Gewalt ist als rechtlich konstituierte Gewalt durch
positive und negative Kompetenzbestimmungen von vornherein bestimmt und begrenzt und nur in dem damit gegebenen Umfang zu rechtmäßiger Machtausübung
befugt. – Da dies sowohl für die Bundes- als auch für die Landesgewalt gilt, ändert
auch die bundesstaatliche Zuständigkeitsverteilung nichts an dieser Rechtslage.

b) Der Bedeutung der Grundrechte als subjektiver Rechte, die um ihrer Aktualisie- 293
rung willen gewährleistet sind, korrespondiert ihre objektivrechtliche Bedeutung
als *Elemente der Gesamtrechtsordnung des Gemeinwesens*, durch der die Status
des Einzelnen ausgestaltet, umgrenzt und geschützt wird, die aber ihrerseits erst
Wirklichkeit gewinnen kann, wenn sie durch Aktualisierung der Grundrechte als
subjektiver Rechte mit Leben erfüllt wird.

In diesem Sinne bestimmen die Grundrechte zunächst *Grundinhalte* dieser Ordnung, die in Art. 1 Abs. 1 Satz 1 GG und den nachfolgenden Gewährleistungen
normiert werden. Wenn Art. 1 Abs. 2 GG diese Gewährleistungen als „Grundlage
jeder menschlichen Gemeinschaft" bezeichnet, so kommt darin deren Charakter
als Elemente objektiver Ordnung deutlich zum Ausdruck.

---

25 BVerfGE 50, 290 (337); vgl. auch BVerfGE 61, 82 (100); 68, 193 (295).

294 In diesen Inhalten gewinnen namentlich die Ordnungen der Demokratie und des Rechtsstaats Gestalt. Wenn die *demokratische Ordnung* des Grundgesetzes in freier und gleicher Beteiligung an der unmittelbaren politischen Willensbildung durch Wahlen und an der „Vorformung des politischen Willens", in freier Legitimation der politisch Führenden, in der gleichen Chance der Minderheit, einmal zur Mehrheit zu werden, und in der Gewährleistung eines freien und offenen politischen Prozesses besteht, so ergibt sich dieser Inhalt weithin aus den Normierungen der Grundrechte. Freie und gleiche Wahlen und Legitimation der politisch Führenden als Grundbedingungen moderner Demokratie beruhen auf der Gewährleistung der Wahlrechtsgrundsätze des Art. 38 Abs. 1 GG, öffentliche Meinungsbildung und „Vorformung des politischen Willens" auf der Meinungs-, Vereinigungs- und Versammlungsfreiheit; die gleiche Chance der Minderheit wird durch die Wahlrechtsgrundsätze des Art. 38 Abs. 1 GG, die Chancengleichheit der politischen Parteien (die ihre Grundlage neben Art. 21 Abs. 1 Satz 2 in Art. 3 GG findet) sowie durch die Meinungs-, Vereinigungs- und Versammlungsfreiheit gewährleistet, und ebenso wird die Freiheit des politischen Prozesses durch die grundrechtlichen Normierungen der Art. 4, 5, 8 und 9 GG ermöglicht und gesichert. In allem beruht die Demokratie des Grundgesetzes auf der Funktion der Grundrechte als Elemente objektiver Ordnung des Prozesses politischer Einheitsbildung und staatlichen Wirkens (oben Rdn. 150, 155 f., 161).

295 In ähnlicher Weise enthalten die Grundrechte Grundlagen der *rechtsstaatlichen Ordnung* des Grundgesetzes. Sie normieren Prinzipien der Rechtsstaatlichkeit (oben Rdn. 204 f.). Sie bestimmen als Bestandteile dieser Ordnung das Ziel, die Grenzen und die Art der Erfüllung sozialstaatlicher Aufgaben (oben Rdn. 214 f.). Als Prinzipien der Rechtsstaatlichkeit sind sie für alle staatlichen Gewalten bindend (Art. 1 Abs. 3 GG) und insoweit ebenfalls Grundelemente objektivrechtlicher Ordnung des staatlichen Wirkens, deren Inhalt durch sie bestimmt wird.

296 Von geringerer Bedeutung sind die Grundrechte für die *bundesstaatliche* Ordnung des Grundgesetzes. Da sie über die Ländergrenzen hinweg einen einheitlichen verfassungsrechtlichen Status für alle Deutschen begründen und für die Gestaltung der demokratischen und rechtsstaatlichen Ordnung in Bund und Ländern in gleicher Weise maßgeblich sind, wirken sie im Sinne moderner Bundesstaatlichkeit *vereinheitlichend*, dies um so mehr, als dem Bunde die Aufgabe zugewiesen ist, diese Einheitlichkeit sicherzustellen (Art. 28 Abs. 3 GG).

297 Über ihre Bedeutung für das im engeren Sinne staatliche Leben hinaus normieren die Grundrechte weitere objektivrechtliche Grundlagen und Grundzüge der Ordnung des Gemeinwesens. In den Gewährleistungen der Ehe und Familie (Art. 6 Abs. 1 GG), des Eigentums und des Erbrechts (Art. 14 Abs. 1 GG) garantieren sie *Grundlagen der Privatrechtsordnung*. In ähnlicher Weise suchen sie bestimmte *Lebensbereiche*, und zwar diejenigen religiösen und geistigen Lebens (Art. 4 Abs. 1 und 2, Art. 5 Abs. 1 GG), der Kunst und Wissenschaft (Art. 5 Abs. 3 GG), der Familie (Art. 6 Abs. 1 GG), der sozialen Gruppenbildung (Art. 9 Abs. 1 GG) wegen ihrer Bedeutung für das verfassungsrechtlich intendierte Leben des Ge-

meinwesens als nichtstaatliche Lebensbereiche zu erhalten und zu schützen und anderen wesentlichen Lebensbereichen zuzuordnen – was nicht möglich wäre, wenn diese Bereiche in einen verfassungstranszendenten Bereich des für die Ordnung des Gemeinwesens Nicht-Erheblichen verwiesen würden. Umgekehrt wird für das Schulwesen das staatliche Bestimmungsrecht sichergestellt (Art. 7 Abs. 1 GG).

c) Wachsende Bedeutung gewinnt das Verständnis der Grundrechte als Elemente objektiver Ordnung angesichts der Aufgabe des modernen Sozialstaates, die Voraussetzungen grundrechtlicher Freiheit herzustellen oder zu gewährleisten (oben Rdn. 214). Wenn sich die Grundrechte nicht ohne weiteres in (subjektive) Teilhaberechte umdeuten lassen (oben Rdn. 289), so bedeutet das nicht, daß sie für diese Aufgabe ohne Bedeutung seien. Sie enthalten vielmehr (objektive) Richtlinien und Maßstäbe für die Planung und Herstellung jener Voraussetzungen, die die Organe der politischen Willensbildung bei aller Freiheit für die Gestaltung im einzelnen nicht unberücksichtigt lassen dürfen [26]. In dieser Bedeutung nähern sie sich den – näher bestimmten – Staatszielbestimmungen (oben Rdn. 208) an, die daher in den neuen ostdeutschen Verfassungen in unmittelbarem Zusammenhang mit Grundrechten normiert worden sind. Ein gewisser Ausgleich für die fehlende subjektiv-rechtliche Entsprechung läßt sich durch Begründung von Rechten auf Beteiligung an den *Verfahren* schaffen, die der Planung und Herstellung der Voraussetzungen von Freiheit dienen. Freilich ist diese Möglichkeit im wesentlichen auf lokale oder sachlich begrenzte Planungen beschränkt. **298**

d) Die vielschichtige Bedeutung der Grundrechte als Elemente objektiver Ordnung wird verkürzt, wenn diese Bedeutung als Aufrichtung einer „*objektiven Wertordnung*" oder eines „Wertsystems" begriffen wird, das „seinen Mittelpunkt in der innerhalb der sozialen Gemeinschaft sich frei entfaltenden Persönlichkeit und ihrer Würde findet"[27]. Einem auf den Aspekt der „Wertordnung" beschränkten Verständnis muß die Vielfalt der hier in Grundzügen dargestellten Funktionen und Zusammenhänge verborgen bleiben, in denen die Grundrechte festere Konturen gewinnen. **299**

Darüber hinaus ist es die Frage, inwieweit dem Gedanken der „Wertordnung" verfassungsrechtliche Bedeutung zukommen kann. Die breite Kritik, die die Rechtsprechung insoweit gefunden hat [28], wendet namentlich ein, daß der Rekurs auf – in der pluralistischen Gesellschaft umstrittene – „Werte" eine Interpretation der Grundrechte nach klaren und einsehbaren Regeln nicht ermögliche, zu einem Einfließen subjektiver, durch den normativen Gehalt der Grundrechte nicht notwendig gedeckter Wertungen des Richters und damit auch zu Einbußen für die Rechtssicherheit führe. Dabei wird jedoch übersehen, daß der Begriff „Werte" vielfach nur zur Kennzeichnung des *normativen Inhalts* der Grundrechte verwendet wird. Die Rechtsprechung hat hier unter dem lebendigen Eindruck der historischen Erfahrungen, namentlich der Zeit des nationalsozialistischen Regimes, nur das ausgesprochen, was der historische Sinn und unverzichtbare Kern der durch das Grundgesetz konstituierten neuen Ordnung sein und bleiben mußte: den Bezug dieser Rechte auf die Menschenrechte als deren Grundlage und legitimierende Quelle. Für die Interpretation der Grundrechte war der Gedanke der „Wertordnung" ein Ansatz und eine Hilfe angesichts einer La-

---

26 Grundlegend dazu: *U. Scheuner*, Die Funktion der Grundrechte im Sozialstaat. Die Grundrechte als Richtlinie und Rahmen der Staatstätigkeit, DÖV 1971, 505 ff.; *W. Martens* und *P. Häberle*, Grundrechte im Leistungsstaat, VVDStRL 30 (1972) S. 7 ff., 43 ff.; BVerfGE 33, 303 (330 ff.); 35, 79 (114 ff.).

27 BVerfGE 7, 198 (205), (im wesentlichen ältere) st. Rspr.; vgl. noch BVerfGE 35, 79 (114) m. w. Nachw.

28 Zusammenfassend und am eingehendsten: *H. Goerlich*, Wertordnung und Grundgesetz (1973); ferner etwa *F. Müller*, Juristische Methodik (5. Aufl. 1993) S. 59 ff., 64 ff.

ge, in der es noch weitgehend an einer Erarbeitung des konkreten normativen Inhalts und der Tragweite der Einzelgrundrechte, ihres Verhältnisses zueinander und der Voraussetzungen ihrer Begrenzung fehlte. Diese Erarbeitung ist das Werk der seitherigen, im ganzen kontinuierlichen Rechtsprechung; mit ihr ist ein fester Bestand von Gesichtspunkten und Regeln verfügbar, der es ermöglicht, einzelne Grundrechtsfragen methodisch zuverlässiger zu beantworten und den unvermittelten Rückgriff auf „Werte" weitgehend zu vermeiden.

III. Die Grundrechte im Verfassungsgefüge

300 Wenn die Grundrechte nicht nur in dem ersten Abschnitt des Grundgesetzes Aufnahme gefunden haben (oben I), so spricht dies bereits gegen die Annahme, daß sie innerhalb oder neben der Verfassung ein eigenes System bilden. Eine solche Annahme ist auch aus sachlichen Gründen ausgeschlossen.

Ihrer Entstehung und geschichtlichen Entwicklung nach sind die Grundrechte *punktuelle Gewährleistungen*, die zwar vielfach in einem Katalog zusammengefaßt werden, die aber darauf beschränkt sind, einzelne, besonders wichtige oder besonders gefährdete Lebensbereiche zu sichern oder zu schützen. Sie können deshalb nicht als „lückenlos" verstanden werden. Dies gilt auch für das Grundgesetz. Zwar legt es die Annahme eines systematischen Zusammenhangs nahe, innerhalb dessen das oberste Konstitutionsprinzip der „Würde des Menschen" (Art. 1 GG) in den „nachfolgenden Grundrechten" zu allgemeineren und spezielleren Freiheits- und Gleichheitsrechten entfaltet wird[29]. Aber es enthält auch grundrechtliche Gewährleistungen, die sich – wie etwa die Garantie der staatlichen Schulaufsicht (Art. 7 Abs. 1 GG) – nicht in einen solchen Zusammenhang einfügen lassen. Vor allem macht es die enge Verflochtenheit von Grundrechten und objektiver Ordnung der Verfassung unmöglich, die Grundrechte als ein eigenes, in sich *geschlossenes System* zu verstehen[30].

301 Dies schließt indessen nicht die Annahme gewisser *systematischer Verbindungen* aus. Grundrechte können einmal in einem Verhältnis der Spezialität zueinander stehen, wenn ein Grundrecht die Gewährleistungen eines anderen Grundrechts konkretisiert. So ist z. B. die Gewährleistung der Glaubens- und Bekenntnisfreiheit (Art. 4 Abs. 1 GG) gegenüber der der freien Entfaltung der Persönlichkeit (Art. 2 Abs. 1 GG) die speziellere, und zwar auch dann, wenn die Freiheit des Art. 2 Abs. 1 GG nicht als „allgemeine Handlungsfreiheit" verstanden wird; ebenso sind die Gleichberechtigung der Geschlechter (Art. 3 Abs. 2 GG) und die Diskriminierungsverbote des Art. 3 Abs. 3 GG Konkretisierungen des allgemeinen Gleichheitssatzes des Art. 3 Abs. 1 GG. Auf die allgemeinen Gewährleistungen darf daher nur dann zurückgegriffen werden, wenn ein Lebensbereich nicht durch speziellere Grundrechte geschützt ist[31]. Zum anderen bestehen wesentliche sachli-

---

29 Dies die Grundthese *G. Dürigs*, z. B. *Maunz-Dürig* (Anm. 3) Rdn. 5 ff. zu Art. 1 GG.

30 Vgl. auch *Scheuner*, VVDStRL 22 (Anm. 6) S. 42 ff.; *ders.*, DÖV 1971 (Anm. 26) 508 f.

31 So für das Verhältnis von Art. 2 Abs. 1 GG zu den Einzelgrundrechten das Bundesverfassungsgericht in nunmehr ständiger Rechtsprechung; aus neuerer Zeit etwa BVerfGE 68, 193 (223 f.); 77, 308 (339) m. w. Nachw. Allerdings will das Gericht eine Anwendung des Art. 2 Abs. 1 GG neben

che Zusammenhänge zwischen einzelnen Grundrechten, etwa zwischen denen der Meinungs- und der Vereinigungsfreiheit oder der Meinungs- und Versammlungsfreiheit (Art. 5, 8, 9 GG)[32]. Solche partiellen Zusammenhänge reichen indessen nicht aus, die Annahme eines Grundrechts-„Systems" zu rechtfertigen.

Über diese begrenzten systematischen Aspekte hinaus hat das Bundesverfassungsgericht – **302** offenbar unter dem Einfluß der Grundrechtsauffassung *G. Dürigs*[33] – die Grundrechte mehr und mehr zu einem „lückenlosen Wert- und Anspruchssystem"[34] ausgebaut (vgl. unten Rdn. 427). Abgesehen von der oben Rdn. 299 dargelegten Problematik beruht die Vorstellung eines solchen Systems jedoch auf methodischen Voraussetzungen, die dem ziviljuristischen Denken des 19. Jahrhunderts entstammen und sich nicht auf die Grundrechte der Verfassung übertragen lassen[35]. Ihr dürften auch weniger im eigentlichen Sinne systematische Erwägungen zugrunde liegen als das Bestreben, möglichst umfassenden und wirksamen Grundrechtsschutz sicherzustellen.

§ 10   Rechtliche Ausgestaltung, Begrenzung und Schutz der Grundrechte

I. Ausgestaltung

Um wirksam werden zu können, bedürfen die meisten Grundrechte der rechtli- **303** chen Ausgestaltung der Lebensverhältnisse und Lebensbereiche, die sie gewährleisten sollen[1]. Diese Ausgestaltung ist in erster Linie *Aufgabe der Gesetzgebung.* Sie kann auf einem ausdrücklichen Verfassungsauftrag beruhen, der den Gesetzgeber verpflichtet, „das Nähere" zu regeln (z. B. Art. 4 Abs. 3 Satz 2, 12 a Abs. 2 Satz 3, 38 Abs. 3, 104 Abs. 2 Satz 4 GG). Sie kann sich auch unabhängig von einem solchen Auftrag als notwendig erweisen. So erfordern z. B. die Gleichberechtigung von Männern und Frauen (Art. 3 Abs. 2 Satz 1 GG), die Pressefreiheit (Art. 5 Abs. 1 Satz 2 GG), die Gewährleistung von Ehe und Familie (Art. 6 Abs. 1 GG), die Vereinigungsfreiheit (Art. 9 Abs. 1 GG) oder die Garantie des Eigentums und des Erbrechts (Art. 14 Abs. 1 GG) rechtliche Ordnungen, in denen die

---

spezielleren Gewährleistungen nur ausschließen, „soweit eine Verletzung des Art. 2 Abs. 1 GG und einer besonderen Grundrechtsnorm unter demselben sachlichen Gesichtspunkt in Betracht kommt, nicht aber, wenn Art. 2 Abs. 1 GG unter einem Gesichtspunkt verletzt ist, der nicht in den Bereich der besonderen Grundrechtsnorm fällt" (BVerfGE 19, 206 [225]). – Für das Verhältnis des allgemeinen Gleichheitssatzes zu den speziellen Normierungen des Art. 3 Abs. 2 und 3 GG vgl. z. B. BVerfGE 3, 225 (240); 6, 55 (71).

32 *Häberle* (Anm. 4), S. 12 f. Vgl. dazu unten Rdn. 404 f.

33 *Maunz-Dürig* (Anm. 3) Rdn. 5 ff. zu Art. 1 Abs. 1 GG.

34 *Maunz-Dürig* (Anm. 3) Rdn. 13 zu Art. 1 Abs. 1 GG.

35 *Scheuner,* VVDStRL 22 (Anm. 6) S. 44.

1 Vgl. dazu *P. Häberle*, Die Wesensgehaltgarantie des Art. 19 Abs. 2 Grundgesetz (3. Aufl. 1983) S. 180 ff. Zum Gesamtkomplex von Ausgestaltung und Begrenzung näher differenzierend: *P. Lerche*, Grundrechtlicher Schutzbereich, Grundrechtsprägung und Grundrechtseingriff, HdBStR V, § 121; *ders.*, Grundrechtsschranken, ebd. § 122.

grundrechtlichen Gewährleistungen ihre Wirkungen entfalten können und die es dem Einzelnen ermöglichen, von diesen Gewährleistungen Gebrauch zu machen.

304 Diese oft kaum beachtete Notwendigkeit rechtlicher Ausgestaltung bestätigt, daß grundrechtliche Freiheiten des Rechts bedürfen und nur als rechtliche, nicht als „natürliche" Freiheiten Wirklichkeit gewinnen können. Sie macht in besonderem Maße deutlich, daß der Gesetzgeber, dem diese Ausgestaltung vorzugsweise obliegt, nicht nur als Feind der Grundrechte betrachtet werden kann, sondern daß ihm im Bereich der Grundrechte eine positive Aufgabe zukommt. Sie läßt schließlich den engen Zusammenhang der Verfassung als rechtlicher Grundordnung des Gemeinwesens mit den übrigen Teilen der Rechtsordnung sichtbar werden.

305 Dabei ist „Ausgestaltung" von Grundrechten nicht ohne weiteres identisch mit „Konkretisierung" von Grundrechten; sie umfaßt jedoch stets, wenn auch in unterschiedlichem Umfang, ein Stück Konkretisierung. Die Ausgestaltung des Gleichberechtigungsgrundsatzes durch das Ehe- und Familienrecht z. B. enthält mehr konkretisierende Elemente als die der Vereinigungsfreiheit durch das private Vereinsrecht; dieses beruht zwar auf der verfassungsrechtlich gewährleisteten Vereinigungsfreiheit; mit der Normierung von Bestimmungen, die ein geordnetes Vereinsleben erst möglich machen und dieses in das allgemeine Rechtsleben einfügen (z. B. Erwerb und Verlust der Rechtsfähigkeit, innere Ordnung der Vereine, Haftung usw.), konkretisiert es jedoch nicht jene Freiheit, sondern ermöglicht es deren Gebrauch und gestaltet es insofern die Vereinigungsfreiheit aus.

Soweit Ausgestaltung und Konkretisierung sich decken, ist der grundrechtsausgestaltende Gesetzgeber an die Verfassung gebunden und unterliegt er der Kontrolle des Verfassungsgerichts[2]. In diesem Falle gewinnt dann die rechtsprechende Gewalt Einfluß auf die Ausgestaltung. Gleiches gilt, wenn grundrechtsausgestaltende Gesetze durch die Gerichte verfassungskonform interpretiert werden (oben Rdn. 83) oder wenn – bei fehlender gesetzlicher Regelung – Grundrechte unmittelbar durch die Gerichte konkretisiert werden. Ein eindrückliches Beispiel solcher Konkretisierung durch die Gerichte ist die Entfaltung des Gleichberechtigungsgrundsatzes des Art. 3 Abs. 2 GG durch die Zivilgerichte vor Erlaß des Gleichberechtigungsgesetzes[3].

306 Ausgestaltung ist – auch dann, wenn sie dem Gesetzgeber von der Verfassung ausdrücklich aufgetragen ist – *nicht* gleichbedeutend mit einer Ermächtigung zur *Begrenzung von Grundrechten*[4]; der ausgestaltende Gesetzgeber bleibt voll an die grundrechtliche Normierung gebunden. Gelegentlich trennt freilich das Grundgesetz selbst nicht zwischen Ausgestaltung und Begrenzung, so namentlich, wenn es den Gesetzgeber in Art. 14 Abs. 1 Satz 2 verpflichtet, Inhalt und Schranken des Eigentums zu bestimmen oder wenn es ihn in Art. 12 Abs. 1 Satz 2 ermächtigt, die Berufsausübung zu regeln. In Fällen solcher *Regelungsvorbehalte* verfließen die Übergänge zwischen Ausgestaltung und Begrenzung.

307 Das Bundesverfassungsgericht rückt mit Recht die „Regelung" in die Nähe der Ausgestaltung. Wenn es indessen den Unterschied zwischen Regelungs- und Einschränkungsvorbehalten darin erblickt, daß der Gesetzgeber im ersten Falle die Grundrechte „von innen", aus ihrem Wesen heraus, begrenze, während die Grundrechte im zweiten Falle „von außen" beschränkt würden[5], so wird dabei verkannt, daß es in beiden Fällen um die Zuordnung von

---

2 BVerfGE 12, 45 (53).
3 Dazu BVerfGE 3, 225 (239 ff.).
4 BVerfGE 12, 45 (53); 28, 243 (259).
5 BVerfGE 7, 377 (404); 13, 97 (122).

grundrechtlich gewährleisteten Lebensverhältnissen und anderen Lebensverhältnissen geht – in dem verräumlichenden Bild des Bundesverfassungsgerichts also um Begrenzungen „von außen". Der Unterschied von „Regelung" und „Beschränkung" besteht eher darin, daß „Regelung" sowohl Ausgestaltung als auch (sekundär) Begrenzung sein kann.

II. Begrenzung

Grundrechtliche Freiheiten sind rechtliche Freiheiten und als solche stets inhaltlich bestimmt, d. h. aber begrenzt. Grundrechtsbegrenzung ist Bestimmung dieser Grenzen; sie legt die inhaltliche Tragweite des jeweiligen Freiheitsrechts fest. **308**

Wie die grundrechtlichen Freiheitsgewährleistungen durch die Verfassung begründet werden, so können auch die Grenzen dieser Gewährleistungen ihre *Grundlage allein in der Verfassung* finden. Um der Bedeutung der Grundrechte für den Status des Einzelnen und für die Gesamtordnung des Gemeinwesens willen kommt es gerade bei der Begrenzung der Grundrechte darauf an, die geschriebene Verfassung ernst zu nehmen; dies um so mehr, als die geschriebene Verfassung die jeweiligen Begrenzungsmöglichkeiten nicht durch eine Generalklausel, sondern durch einzelne, sorgfältig abgestufte Vorbehalte normiert. Deshalb ist bei der Annahme *ungeschriebener Grundrechtsbegrenzungen* besondere Vorsicht geboten. Es bedarf insoweit des Nachweises, daß es sich um Begrenzungen ungeschriebenen *Verfassungsrechts* handelt. Die bloße Behauptung, daß der Schutz eines „höherrangigen Gemeinschaftsgutes" die Begrenzung erfordere[6], reicht hierzu nicht aus. **309**

1. Formen der Begrenzung

Jedes Grundrecht findet zunächst seine Grenze dort, wo seine sachliche Reichweite endet. Diese Grenze ist einmal eine Frage seines „*Normbereichs"*, d. h. desjenigen Ausschnitts der – oft rechtlich bereits geformten – „Wirklichkeit", der Gegenstand der Gewährleistung ist, etwa „Glaube" (Art. 4 Abs. 1 GG), „Kunst" (Art. 5 Abs. 3 Satz 1 GG), „Beruf" (Art. 12 Abs. 1 GG) oder „Eigentum" (Art. 14 GG) (vgl. oben Rdn. 45 f.). Zum andern kann sie eine Frage der Beschränkung durch etwaige zusätzliche normative Anordnungen sein, die in der Grundrechtsgewährleistung selbst enthalten sind, so, wenn Art. 4 Abs. 3 GG das Grundrecht der Kriegsdienstverweigerung auf die Verweigerung des Kriegsdienstes mit der Waffe, Art. 5 Abs. 1 Satz 1 GG die Informationsfreiheit auf die Information aus allge- **310**

---

6 Kennzeichnend hierfür etwa die ältere, vom Bundesverfassungsgericht (BVerfGE 7, 377 [411]) mit Recht abgelehnte Rechtsprechung des Bundesverwaltungsgerichts zu Art. 19 Abs. 2 GG. Danach gehörte es zum „Inbegriff der Grundrechte . . ., daß sie nicht in Anspruch genommen werden dürfen, wenn dadurch die für den Bestand der Gemeinschaft notwendigen Rechtsgüter gefährdet werden". Mit dieser Begründung wurden selbst Grundrechtsbegrenzungen, die nach der eigenen Feststellung des Bundesverwaltungsgerichts den Wesensgehalt eines Grundrechts antasteten, als rechtmäßig angesehen (BVerwGE 2, 89 [93 f.] und öfter). – Bedenklich auch die – nicht begründete – Annahme, daß vorkonstitutionelles Gewohnheitsrecht den Anforderungen eines Regelungsvorbehaltes entsprechen könne: BVerfGE 22, 114 (121); 28, 21 (28 ff.); 34, 293 (303); vgl. aber BVerfGE 32, 54 (75).

mein zugänglichen Quellen oder Art. 8 Abs. 1 GG die Versammlungsfreiheit auf die Veranstaltung „friedlicher" Versammlungen begrenzen. Diese *grundrechtsimmanenten Grenzen* sind durch Interpretation zu bestimmen; sie sind oft Gegenstand der Ausgestaltung des Grundrechts durch den Gesetzgeber.

Die Frage nach der Reichweite eines Grundrechts macht daher eine sorgfältige Analyse des „Normbereichs" notwendig, eine Aufgabe, die häufig verkannt und zugunsten der Frage nach anderen Grenzen vorschnell übergangen wird. Oft lassen sich indessen Grundrechtsprobleme bereits auf der Grundlage einer solchen Analyse lösen, und es ist dann verfehlt, die Frage zu stellen, ob ein Grundrecht unter anderen Gesichtspunkten begrenzt sei[7].

311 Daneben können Grundrechte durch *andere Rechtsnormen* begrenzt sein, so daß sich der Inhalt der gewährleisteten Freiheit erst aus dem Zusammenhang von Grundrechts-und Begrenzungsnorm ergibt. Mit dieser Art der Begrenzung verbindet sich eine weitere Problematik. Die folgende Darstellung ist auf sie beschränkt.

312 a) Vielfach sind grundrechtlichen Freiheiten durch Normen der *Verfassung* Grenzen gezogen, sei es ausdrücklich, sei es der Sache nach. So zieht Art. 9 Abs. 2 GG der Vereinigungsfreiheit des Art. 9 Abs. 1 GG Grenzen, indem er die Gewährleistung dieser Freiheit auf Vereine beschränkt, deren Zwecke oder deren Tätigkeiten nicht den Strafgesetzen zuwiderlaufen[8] oder sich gegen die verfassungsmäßige Ordnung oder den Gedanken der Völkerverständigung richten. Der Sache nach begrenzen z. B. Art. 1 Abs. 1 und 2 Abs. 1 GG die Glaubens- und Bekenntnisfreiheit des Art. 4 Abs. 1 GG, so daß die Aktualisierung der Glaubens- und Bekenntnisfreiheit dann nicht geschützt ist, wenn sie die Würde des Menschen verletzt; auch wenn die Glaubens- und Bekenntnisfreiheit in Art. 4 GG selbst nicht ausdrücklich begrenzt wird, ergeben sich also doch Grenzen unter dem Aspekt der Einheit der Verfassung (oben Rdn. 71)[9]. Soweit der Gesetzgeber die durch die Verfassung gezogenen Grenzen grundrechtlicher Freiheit in einfachen Gesetzen normiert, begrenzt er diese Freiheiten nicht selbst; er stellt nur deklaratorisch bereits gezogene Grenzen fest[10]. Da er hierbei an die Verfassung gebunden ist, unterliegt diese Feststellung der Prüfung durch das Verfassungsgericht.

313 b) Mehrfach sind grundrechtlicher Freiheit Grenzen dadurch gezogen, daß die Verfassung der grundrechtlichen Gewährleistung einen *Gesetzesvorbehalt* anfügt, durch den der Gesetzgeber ermächtigt wird, die Grenzen der Gewährleistung zu bestimmen.

314 Das Grundgesetz unterscheidet dabei Beschränkungen *„durch Gesetz"* und *„auf Grund eines Gesetzes"*. Im ersten Falle nimmt der Gesetzgeber die Begrenzung selbst vor – ohne daß es zur Realisierung noch eines Vollzugsaktes bedürfte –, im

---

7 Vgl. dazu *F. Müller*, Die Positivität der Grundrechte. Fragen einer praktischen Grundrechtsdogmatik (2. Aufl. 1990) S. 87 f. und passim, der die Bedeutung solcher Analysen für eine rationale, kontrollierbare Lösung von Grundrechtsproblemen und für die Sicherung der Grundrechte gegen ideologische Umbiegung und verfassungsrechtlich unzulässige Verkürzung aufweist.

8 Insoweit mit einer „Verweisung" auf einfache Gesetze.

9 BVerfGE 12, 1 (4 f.) – ohne daß es hier des Rekurses auf die „allgemeine Wertordnung" des Grundgesetzes bedurft hätte; ferner etwa BVerfGE 19, 135 (138); 28, 243 (260 f.); 44, 37 (49 f.). Ganz ähnlich für die Freiheit der Kunst: BVerfGE 30, 173 (193 ff.). Vgl. auch BVerfGE 63, 131 (144).

10 Vgl. etwa § 5 des Versammlungsgesetzes i. d. F. vom 15. 11. 1978 (BGBl. I S. 1790) und § 3 Abs. 1 des Vereinsgesetzes vom 5. 8. 1964 (BGBl. I S. 593).

zweiten normiert er die Voraussetzungen, unter denen Organe der vollziehenden oder rechtsprechenden Gewalt die Begrenzung realisieren dürfen oder müssen. Da alle Gesetzesvorbehalte nur den Gesetzgeber zur Begrenzung von Grundrechten ermächtigen, ist auch in diesem Falle die Bestimmung der Grenzen des Grundrechts Sache des Gesetzgebers; er muß jene Voraussetzungen so genau bestimmen, daß die Befugnis zur Begrenzung nicht ganz in das Verwaltungs- oder das richterliche Ermessen gelegt wird[11]. Eine selbständige Begrenzung von Grundrechten durch die vollziehende oder rechtsprechende Gewalt ist unzulässig.

Gesetzesvorbehalte können zur Begrenzung von Grundrechten durch näher qualifizierte Gesetze ermächtigen, sei es, daß es sich um „allgemeine Gesetze" handeln muß (Art. 5 Abs. 2 GG), sei es, daß eine gesetzliche Begrenzung nur unter bestimmten Voraussetzungen (z. B. Art. 11 Abs. 2 GG) oder nur zu bestimmten Zwecken (z. B. Art. 13 Abs. 3 GG) vorgenommen werden darf *(qualifizierte Gesetzesvorbehalte)*. Die Vorbehalte können auch solcher Qualifikation entbehren und den Gesetzgeber allgemein zur Begrenzung von Freiheitsrechten ermächtigen (z. B. Art. 2 Abs. 2 Satz 3, 8 Abs. 2, 10 Abs. 2 Satz 1 GG: *einfache Gesetzesvorbehalte)*. Soweit grundrechtlichen Gewährleistungen keiner dieser Vorbehalte angefügt ist, hat es bei grundrechtsimmanenten und den durch die Verfassung selbst gezogenen Grenzen sein Bewenden; eine Begrenzung dieser Grundrechte durch Gesetz ist unzulässig. **315**

c) In der Abstufung von nur durch die Verfassung selbst begrenzten, aber nicht durch Gesetz begrenzbaren Grundrechten, von durch „qualifizierte" Gesetze begrenzbaren und durch „einfache" Gesetze begrenzbaren (bzw. jeweils „auf Grund" solcher Gesetze begrenzbaren) Grundrechten sucht die Verfassung verbindliche Festlegung mit notwendiger Offenheit zu verbinden: es geht darum, bei möglichst weitgehender Bindung an die Verfassung den jeweils mehr oder minder unterschiedlichen und sich wandelnden Verhältnissen gerecht zu werden, die jeweils unterschiedliche Begrenzungen erfordern. Da diese Aufgabe nicht dadurch gelöst werden könnte, daß die Verfassung selbst alle Grundrechtsbegrenzungen in ihren Differenzierungen normiert, wird sie – nach Maßgabe der notwendigen Differenzierungsmöglichkeiten – dem Gesetzgeber anvertraut. Gewiß ist damit auch eine Differenzierung in der Intensität des Schutzes der einzelnen Grundrechte verbunden, in der überwiegend die juristische Bedeutung jener Abstufung erblickt wird[12]. Aber es kann nicht angenommen werden, daß darin ihre einzige oder auch nur ihre primäre Funktion liege. Das Fehlen eines Gesetzesvorbehalts deutet nicht ohne weiteres auf eine erhöhte Schutzwürdigkeit des gewährleisteten Rechts hin. – Daß die Versammlungsfreiheit in geschlossenen Räumen (Art. 8 Abs. 1 GG), die keinem Gesetzesvorbehalt unterliegt, schutzwürdiger sein soll als das älteste und **316**

---

11 Z. B. BVerfGE 20, 150 (157 ff.) m. w. Nachw.; 21, 73 (79 f.); 34, 165 (192 f.); 41, 251 (262 f.); 45, 393 (399). Insbes. zu Genehmigungsvorbehalten im Grundrechtsbereich: BVerfGE 49, 89 (145); 52, 1 (41) m. w. Nachw.; 62, 169 (182 f.). Zur Grundrechtsbegrenzung durch autonome Satzungen: BVerfGE 33, 125 (157 ff.); 71, 162 (172) m. w. Nachw.; 76, 171 (185).

12 Im Anschluß an *R. Thoma*, Grundrechte und Polizeigewalt, in: Festgabe zur Feier des fünfzigjährigen Bestehens des Preußischen OVG (1925) S. 183 ff., und: Die juristische Bedeutung der grundrechtlichen Sätze der deutschen Reichsverfassung im allgemeinen, in: Die Grundrechte und Grundpflichten der Reichsverfassung, hrsg. von H. C. Nipperdey I (1929) S. 33 ff.

elementarste, jedoch unter einfachem Gesetzesvorbehalt stehende Grundrecht der Freiheit der Person (Art. 2 Abs. 2 Satz 2 GG), kann schwerlich angenommen werden.

2. Aufgabe und Tragweite der Begrenzungen

317 a) Aufgabe der Begrenzungen von Grundrechten ist es, die durch die Freiheitsrechte gewährleisteten Lebensverhältnisse einander zuzuordnen; sie sollen darüber hinaus die durch die Freiheitsrechte gewährleisteten Verhältnisse anderen Lebensverhältnissen zuordnen, die ebenso wie jene für das Leben des Gemeinwesens wesentlich sind und darum rechtlich geschützt sind oder rechtlich geschützt werden sollen. Diese *Zuordnung von Freiheitsrechten und anderen Rechtsgütern* nimmt die Verfassung nur zu einem geringen Teil selbst vor. Wenn sie in der abgestuften Bindung der Gesetzesvorbehalte die Zuordnung dem Gesetzgeber anvertraut, so ändern doch die unterschiedlichen Formen der Begrenzungsmöglichkeit nichts daran, daß es sich um ein und dieselbe Sache handelt, nämlich die Herstellung und Erhaltung eines Ordnungszusammenhangs, in dem sowohl die grundrechtlichen Freiheiten als auch jene anderen Rechtsgüter Wirklichkeit gewinnen. Soweit die Bestimmungen, die beide schützen, in ihrer sachlichen Reichweite einander überschneiden oder miteinander kollidieren, ist Grundrechtsbegrenzung grundsätzlich *Herstellung praktischer Konkordanz.*

318 Die Aufgabe praktischer Konkordanz erfordert die „verhältnismäßige" Zuordnung von Grundrechten und grundrechtsbegrenzenden Rechtsgütern (oben Rdn. 72): bei der Interpretation verfassungsmäßiger Begrenzungen oder der Begrenzung auf Grund eines Gesetzesvorhaltes geht es darum, beide zu optimaler Wirksamkeit gelangen zu lassen. Da die Grundrechte, auch soweit sie unter Gesetzesvorbehalt stehen, zu den Wesensbestandteilen der verfassungsmäßigen Ordnung gehören, darf diese Verhältnisbestimmung niemals in einer Weise vorgenommen werden, die eine grundrechtliche Gewährleistung mehr als notwendig oder gar gänzlich ihrer Wirksamkeit im Leben des Gemeinwesens beraubt. Die Grundrechtsbegrenzung muß daher *geeignet* sein, den Schutz des Rechtsgutes zu bewirken, um dessentwillen sie vorgenommen wird. Sie muß hierzu *erforderlich* sein, was nicht der Fall ist, wenn ein milderes Mittel ausreichen würde. Sie muß schließlich im engeren Sinne *verhältnismäßig* sein, d. h. in angemessenem Verhältnis zu dem Gewicht und der Bedeutung des Grundrechts stehen [13].

319 Diese Aufgabe der Zuordnung von Freiheitsrechten und anderen Rechtsgütern ist in der Judikatur des Bundesverfassungsgerichts deutlich erkannt. Das Bundesverfassungsgericht hält deshalb mit Recht daran fest, daß die Ermächtigung zur Begrenzung von Grundrechten selbst in Fällen eines einfachen Gesetzesvorbehalts niemals von der Gewährleistung des Grundrechts gelöst werden dürfe, vielmehr stets „im Lichte der Bedeutung des Grund-

---

13 Zum Ganzen eingehend und Differenzierungen, die im Text nicht näher verfolgt sind, klar herausarbeitend: *E. Grabitz,* Der Grundsatz der Verhältnismäßigkeit in der Rechtsprechung des Bundesverfassungsgerichts, AöR 98 (1973) S. 568 ff.; *R. Wendt,* Der Garantiegehalt der Grundrechte und das Übermaßverbot, AöR 104 (1979) S. 414 ff.

rechts" gesehen werden müsse[14], so daß der Vorbehalt keine Blankovollmacht zu beliebiger Einschränkung enthalte[15]. Stets ist vielmehr die Berücksichtigung des Grundrechts im Rahmen des Möglichen geboten[16]. In besonders gelagerten Fällen, wie etwa einer Kollision verschiedener Grundrechtspositionen, kann es im Rahmen verhältnismäßiger Zuordnung unvermeidlich werden, im Ergebnis ein Grundrecht (z. B. das der Kunstfreiheit gegenüber demjenigen der Glaubensfreiheit) ganz zurücktreten zu lassen. Dies bedarf jedoch weiterer rechtlicher Begründung, die sich im Wege einer bloßen unsubstantiierten „Güterabwägung" nicht leisten läßt.

So muß eine Grundrechtsbeschränkung der Gefahr, die bekämpft werden soll, angepaßt sein[17], muß im Rahmen des Strafverfahrens ein beabsichtigter Eingriff in die körperliche Unversehrtheit (Art. 2 Abs. 2 Satz 1 GG) in angemessenem Verhältnis zur Schwere der Tat stehen[18], und gebietet es die Achtung vor den Grundrechten allgemein, das Prinzip der Verhältnismäßigkeit zu beachten[19].

b) Von der Frage nach den Grenzen zulässiger Begrenzung von Grundrechten 320 durch den Gesetzgeber zu scheiden ist die Frage nach den *Grenzen richterlicher Nachprüfung* dieser Begrenzung. Wenn es die Aufgabe der Gesetzesvorbehalte ist, eine Zuordnung nach Maßgabe differierender Erfordernisse zu ermöglichen, und wenn die Verfassung diese Zuordnung dem Gesetzgeber anvertraut, so ist dies auch für die richterliche Prüfung von Grundrechtsbegrenzungen von Bedeutung.

Soweit auf Grund der einfachen Gesetzesvorbehalte der Gesetzgeber ermächtigt ist, die Rechtsgüter zu bestimmen, zugunsten derer ein Grundrecht begrenzt werden darf, können die politischen Auffassungen über die Bedeutung dieser Rechtsgüter für die bestehende oder angestrebte Ordnung des Gemeinwesens differieren. Eben deshalb kann auch die Frage der Verhältnismäßigkeit unterschiedlich beantwortet werden. Hier darf der Richter nicht seine Auffassung an die Stelle der Auffassung der Mehrheit in den gesetzgebenden Körperschaften setzen, wenn anders nicht die in der demokratischen Ordnung des Grundgesetzes angelegte Entscheidungsfreiheit des Gesetzgebers mehr eingeengt werden soll als die Verfassung dies vorsieht. Die Grenzen seiner Prüfungszuständigkeit, die sich daraus ergeben, lassen sich freilich nur schwer in voller Eindeutigkeit bestimmen. Das Bundesverfassungsgericht zieht sie je nach Fallgestaltung in unterschiedlicher Weise, die – nicht zuletzt wegen dieser Schwierigkeit – gesicherte Maßstäbe bislang nur bedingt erkennen läßt (vgl. unten Rdn. 569 f.)[20].

Deutlich hat das Gericht dagegen die Grenzen verfassungsgerichtlicher Nachprüfung von *Prognosen des Gesetzgebers* herausgearbeitet. Oft läßt sich im Zeitpunkt des Erlasses eines grundrechtsbegrenzenden Gesetzes nicht mit Gewißheit vorhersehen, ob die in dem Gesetz angeordneten Maßnahmen geeignet und erfor-

---

14 BVerfGE 17, 108 (117); vgl. auch BVerfGE 7, 198 (208 f.); 12, 113 (124 f.); 13, 318 (325).
15 BVerfGE 7, 198 (208 f.), st. Rspr. Vgl. etwa noch BVerfGE 28, 191 (201 f.) m. w. Nachw.
16 BVerfGE 15, 288 (295).
17 BVerfGE 2, 266 (280).
18 BVerfGE 16, 194 (201 f.); 17, 108 (117 f.); 27, 211 (229).
19 St. Rspr., vgl. etwa BVerfGE 19, 342 (348 ff.); 49, 24 (58); 61, 126 (134) m. w. Nachw.; 65, 1 (44); 90, 145 (172 f.) m. w. Nachw.
20 Vgl. dazu *Grabitz* (Anm. 13) S. 571 ff., 615 f. m. w. Nachw.; *H. Schneider*, Zur Verhältnismäßigkeitskontrolle insbesondere von Gesetzen, in: Bundesverfassungsgericht und Grundgesetz (1976) II, S. 39 ff.

derlich sind, den angestrebten Zweck zu erreichen. Hierzu bedarf es einer Progno-se, deren Unsicherheit um so größer wird, je weiterreichend und komplexer die Zu-sammenhänge sind, auf die sie sich bezieht. Bei der Kontrolle einer solchen Pro-gnose billigt das Bundesverfassungsgericht dem Gesetzgeber eine Einschätzungs-prärogative zu; es legt seiner Nachprüfung je nach der Eigenart des in Rede stehen-den Sachbereichs, den Möglichkeiten, sich ein hinreichend sicheres Urteil zu bil-den, und der Bedeutung der auf dem Spiele stehenden Rechtsgüter differenzierte Maßstäbe zugrunde, die von einer Evidenz- über eine Vertretbarkeitskontrolle bis hin zu einer intensivierten inhaltlichen Kontrolle reichen[21], in der Regel also nur zu einer beschränkten Kontrolle führen.

III. Im besonderen: Begrenzung in Sonderstatusverhältnissen („besonderen Gewaltverhältnissen")

321   Die bisher dargestellten Grundrechtsbegrenzungen und -begrenzungsmöglichkei-ten betreffen den allgemeinen verfassungsrechtlichen Status; sie sind für jeder-mann als Mensch oder als Bürger verbindlich; umgekehrt können hier die Grund-rechte nicht weiter begrenzt werden als jene Begrenzungsmöglichkeiten reichen. Darüber hinaus gibt es Grundrechtsbegrenzungen, die nur für einen jeweils be-grenzten Kreis von Personen gelten, und zwar solche, die sich in einem „besonde-ren Gewaltverhältnis" befinden.

1. Begriff und Eigenart des „besonderen Gewaltverhältnisses" *(Sonderstatus)*

322   a) Dieser heute noch fast durchweg verwendete Begriff bezeichnet zusammenfas-send (und nivellierend) diejenigen Verhältnisse, die eine engere Beziehung des Einzelnen zum Staat begründen und besondere, über die allgemeinen Rechte und Pflichten des Staatsbürgers hinausgehende Pflichten, z. T. auch besondere Rechte entstehen lassen, also etwa die Verhältnisse des Beamten, des Soldaten, des Schü-lers einer öffentlichen Schule – aber auch dasjenige des Strafgefangenen. Beson-dere Verhältnisse dieser Art können entweder durch freiwilligen Eintritt begrün-det werden (z. B. das Beamtenverhältnis) oder durch Inanspruchnahme auf Grund eines Gesetzes (z. B. das Verhältnis des Volksschülers auf der Grundlage seiner Schulpflicht)[22].

323   b) Die überkommene formalistische Auffassung erblickte das Wesen dieser Ver-hältnisse ausschließlich in einer gegenüber dem „allgemeinen Gewaltverhältnis"

---

21 BVerfGE 50, 290 (332 f.) m. w. Nachw. Ähnliches gilt für die Beachtung des Gestaltungsraums, der den zuständigen Organen bei der Erfüllung von Schutz- und Förderungspflichten zukommt: BVerf-GE 76, 1 (50 ff.); vgl. auch unten Rdn. 350.

22 Hierzu und zum folgenden die umfassende Untersuchung von *W. Loschelder*, Vom besonderen Ge-waltverhältnis zur öffentlich-rechtlichen Sonderbindung (1982); *ders.*, Grundrechte im Sondersta-tus, HdBStR V, § 123.

mehr oder minder gesteigerten, auf Befehl und Gehorsam beruhenden Willensunterwerfung. Unter diesem Blickwinkel stellten sich ihr sachlich so unterschiedliche Verhältnisse wie das des Strafgefangenen und das des Studenten in gleicher Weise als „besondere Gewaltverhältnisse" dar. Ebensowenig wie sich indessen der allgemeine staatsbürgerliche Status im demokratischen Verfassungsstaat auf ein „allgemeines Gewaltverhältnis" reduzieren läßt (oben Rdn. 280), kann das Wesen dieser „Sonderverhältnisse"[23] in der formalen Kategorie der Gewaltunterworfenheit gesehen werden. Es handelt sich vielmehr um besondere Lebensverhältnisse von jeweils besonderer sachlicher Eigengesetzlichkeit, die wegen dieser Eigengesetzlichkeit auch jeweils besondere, elastischere Ordnungen erfordern. Diese Lebensverhältnisse sind für das Leben des Gemeinwesens unentbehrlich. Ihre Ordnungen verbleiben deshalb nicht in einem außerhalb der Verfassung liegenden Bereich; sondern sie finden, wie etwa das Beamtenverhältnis (Art. 33 Abs. 4 und 5 GG), ihre Grundlage in der Verfassung, oder sie werden, wie etwa das Verhältnis des Strafgefangenen (Art. 74 Abs. 1 Nr. 1 GG), von der Verfassung vorausgesetzt. Da sie in der Begründung der besonderen Rechte und Pflichten den Einzelnen in einen besonderen Lebensbereich einfügen, wirken sie statusbegründend, so daß das „besondere Gewaltverhältnis" in Entsprechung zu dem allgemeinen staatsbürgerlichen Status sachlich richtiger als Sonderstatus zu bezeichnen ist. Unter dem Aspekt der jeweiligen sachlichen Besonderheit dieser Verhältnisse kann es keinen einheitlichen Sonderstatus geben, sondern stets nur eine Mehrzahl unterschiedlicher Sonderstatusverhältnisse, deren Gemeinsamkeit allein darin besteht, daß sie den allgemeinen staatsbürgerlichen Status – jeweils unterschiedlich – modifizieren.

2. Grundrechte und Sonderstatus

Die Sonderstatusverhältnisse und die Ordnungen, in denen sie rechtliche Gestalt **324** gewinnen, könnten ihre Aufgaben im Leben des Gemeinwesens oft nicht erfüllen, wenn der allgemeine, durch die Grundrechte begründete verfassungsrechtliche Status des Einzelnen auch im Sonderstatus voll erhalten bliebe. So wäre es mit der Verpflichtung des Beamten zur Amtsverschwiegenheit unvereinbar, wenn er sich ihr gegenüber auf das Recht berufen könnte, seine Meinung frei zu äußern, oder würde es einem sachgemäßen Strafvollzug nicht entsprechen, wenn der Strafgefangene das gesetzlich nicht einschränkbare Grundrecht der Versammlungsfreiheit in geschlossenen Räumen (Art. 8 Abs. 1 GG) in Anspruch nehmen könnte. Es besteht heute Einigkeit darüber, daß die Problematik nicht ohne eine Begrenzung der Grundrechte gelöst werden könne, daß die Sonderstatusverhältnisse aber auch nicht von der Geltung der Grundrechte schlechthin eximiert seien, wie dies die ältere Staatsrechtslehre angenommen hatte. In der Frage indessen, inwieweit den Grundrechten in Sonderstatusverhältnissen Grenzen gezogen werden können und wie diese Grenzen zu begründen sind, fehlt es an einer einheitlichen Auffassung.

---

23 *H. J. Wolff*, in: *Wolff-Bachof*, Verwaltungsrecht I (9. Aufl. 1974) S. 212.

325 Auch in Sonderstatusverhältnissen kann die Begrenzung von Grundrechten ihre *Grundlage allein in der Verfassung* finden: wenn die Grundrechte verfassungsrechtlich gewährleistet sind, können sie auch nur insoweit begrenzt werden, als dies verfassungsrechtlich positiv bestimmt oder doch wenigstens vorausgesetzt ist.

Eine ausdrückliche Bestimmung solcher Art enthält Art. 17a Abs. 1 GG, nach dem für die Angehörigen der Streitkräfte und des Ersatzdienstes während der Zeit ihres Dienstes bestimmte Grundrechte gesetzlich eingeschränkt werden können. Von solchen ausdrücklichen Begrenzungen abgesehen, begrenzt die Verfassung Grundrechte dort, wo sie Sonderstatusverhältnisse und damit deren Eigengesetzlichkeit zu Bestandteilen der verfassungsmäßigen Ordnung macht. Wenn die Verfassung neben den Grundrechten in Art. 33 Abs. 4 und 5 auch die Grundlagen des Beamtenverhältnisses normiert, so kommt darin zum Ausdruck, daß dieses Verhältnis in seiner besonderen Gesetzlichkeit ebenso zum Bestand der verfassungsmäßigen Ordnung gehört wie die Grundrechte. Entsprechendes gilt für die Verhältnisse von Schule und Universität (Art. 7, 5 Abs. 3 GG) oder die ganz anders gearteten Verhältnisse des Strafvollzugs, den das geschriebene Verfassungsrecht in der Vorschrift des Art. 74 Abs. 1 Nr. 1 GG, auch in seinen andere Grundrechte als die Freiheit der Person begrenzenden Wirkungen, voraussetzt – soweit hier nicht einer der seltenen Fälle einer Grundrechtsbegrenzung ungeschriebenen Verfassungsrechts anzunehmen ist. Wo die Verfassung daher Sonderstatusverhältnisse in ihre Ordnung einbezieht, geht es ihr nicht nur um die grundrechtlich gewährleisteten Lebensverhältnisse, sondern auch um die Lebensverhältnisse jener besonderen Ordnungen, weil das Ganze ihrer Ordnung auf dem Bestand und dem Leben beider beruht[24]. Sie stellt damit ebenso wie bei den Begrenzungen der Grundrechte im allgemeinen staatsbürgerlichen Status die Aufgabe *praktischer Konkordanz*: weder dürfen die Grundrechte den Sonderstatusverhältnissen zum Opfer gebracht werden, noch dürfen die grundrechtlichen Gewährleistungen die Funktion jener Verhältnisse unmöglich machen. Beide, Grundrechte und Sonderstatusverhältnisse, bedürfen vielmehr verhältnismäßiger Zuordnung, die beiden zu optimaler Wirksamkeit verhilft. Auch die begrenzenden Sonderstatusverhältnisse sind daher „im Lichte der Grundrechte" zu sehen. Die Berücksichtigung der Grundrechte ist stets im Rahmen des Möglichen geboten – auch wenn dies für die Verwaltungsbehörden Erschwerungen oder Lästigkeiten mit sich bringt.

326 Über die allgemeinen Begrenzungsmöglichkeiten hinaus können Grundrechte hiernach in Sonderstatusverhältnissen nur unter zwei Voraussetzungen begrenzt werden. Das Sonderstatusverhältnis muß einmal zur verfassungsmäßigen Ordnung gehören, d. h. es muß seine Grundlagen in der Verfassung selbst finden oder durch die Verfassung erkennbar und belegbar vorausgesetzt sein. Zum anderen muß die Eigenart des Sonderstatusverhältnisses eine Begrenzung der Grundrechte erfordern; nur soweit dies der Fall ist, ist eine Begrenzung zulässig: wo die Grundrechte das Leben in den besonderen Ordnungen nicht oder nur unwesentlich erschweren, hat es auch in Sonderstatusverhältnissen bei den allgemeinen Begrenzungsmöglichkeiten der Grundrechte sein Bewenden. Selbst wenn beide Vor-

---

24 *H. Zwirner*, Politische Treupflicht des Beamten (1987) S. 233 f.

aussetzungen erfüllt sind, dürfen die Grundrechte stets nur in dem Umfang begrenzt werden, der der Aufgabe verhältnismäßiger Zuordnung gerecht wird.

Die Rechtsprechung des Bundesverfassungsgerichts geht davon aus, daß Grundrechte in 327
„besonderen Gewaltverhältnissen" nicht aufgehoben sind, sondern nur Beschränkungen unterworfen werden können, die die Natur des Verhältnisses rechtfertigt. Demgemäß hat sie die Eigenart von Sonderstatusverhältnissen im Zusammenhang der Auslegung der jeweiligen begrenzenden Gesetze berücksichtigt[25]. In einer grundsätzlichen Entscheidung hat das Gericht ausgesprochen, daß die Grundrechte von Strafgefangenen nicht ohne weiteres durch die Einfügung in das „besondere Gewaltverhältnis", sondern nur in den dafür verfassungsrechtlich vorgesehenen *Formen* – also durch oder auf Grund eines Gesetzes – eingeschränkt werden dürfen, wenn diese Einschränkung „zur Erreichung eines von der Wertordnung des Grundgesetzes gedeckten gemeinschaftsbezogenen Zweckes unerläßlich ist"[26]. Gleiches gilt für andere Sonderstatusverhältnisse, im besonderen das Schulverhältnis; soweit deren Ordnung Grundrechte berührt, bedarf es einer gesetzlichen Grundlage (vgl. unten Rdn. 509). – Auch für das Gericht ist also die Begrenzungsproblematik in Sonderstatusverhältnissen keine andere als im allgemeinen staatsbürgerlichen Status. Die Lösung hat den gleichen Regeln zu folgen. Für die damit gestellte Aufgabe verhältnismäßiger Zuordnung kommt es indessen weiterhin maßgeblich auf die sachliche Eigenart des jeweiligen Sonderstatusverhältnisses an.

IV. Schutz der Grundrechte

Der besonderen Bedeutung der Grundrechte für die verfassungsmäßige Ordnung 328
des Grundgesetzes entspricht das Bestreben, den Bestand und die Wirksamkeit der Grundrechte zu schützen und zu erhalten. Der Aufgabe dieses Schutzes dienen die dem früheren deutschen Verfassungsrecht unbekannten Regelungen des Art. 19 Abs. 1 und Abs. 2 GG, namentlich aber die Gewährleistung des Schutzes durch die Gerichte (Art. 19 Abs. 4 GG) und das Institut der Verfassungsbeschwerde (Art. 93 Abs. 1 Nr. 4 a GG, § 90 BVerfGG)[27].

1. Schutz gegen innere Aushöhlung

Mißbräuchliche oder übermäßige Ausnutzung der Gesetzesvorbehalte, die dazu 329
führt, daß Grundrechte trotz formeller Fortgeltung ihre sachliche Funktion nicht mehr erfüllen können, innerlich ausgehöhlt werden, sucht das Grundgesetz im Rahmen des Möglichen durch die Bestimmungen des Art. 19 Abs. 1 und 2 GG zu verhindern. Diese setzen voraus, daß ein Grundrecht durch Gesetz oder auf Grund eines Gesetzes eingeschränkt werden kann; sie gelten also nur für Grundrechte, denen ein Gesetzesvorbehalt angefügt ist[28].

---

25 Z. B. BVerfGE 15, 288 (293 ff.); 28, 55 (63 ff.); 44, 197 (205 f. – abw. Meinung).
26 BVerfGE 33, 1 (9 ff.). – Daraus wird nicht gefolgert werden dürfen, daß Grundrechte, denen kein Gesetzesvorbehalt beigefügt ist, in Sonderstatusverhältnissen überhaupt nicht begrenzt werden dürfen, daß es also z. B. Strafgefangenen nicht verwehrt werden könne, sich in geschlossenen Räumen zu versammeln. – Vgl. auch BVerfGE 40, 276 (283 ff.); 41, 251 (259 ff.); BVerwGE 30, 29 (30 ff.).
27 Über den Schutz gegen Aufhebung vgl. BVerfGE 24, 367 (396 ff.) und unten Rdn. 704.
28 Für Regelungsvorbehalte vgl. BVerfGE 24, 367 (396 ff.) und unten Anm. 31.

330 a) Der Verhinderung mißbräuchlicher Ausnutzung der Gesetzesvorbehalte dient das *Verbot grundrechtseinschränkender Individualgesetze* (Art. 19 Abs. 1 Satz 1 GG), dem eine selbständige praktische Bedeutung freilich kaum zukommt. Denn die meisten Gesetze betreffen nur einen mehr oder minder begrenzten Personenkreis und begrenzte Sachverhalte, so daß sie sich nicht allein mit Hilfe des Allgemeinheitskriteriums von Individualgesetzen abgrenzen lassen [29]. Zudem kann auch ein Gesetz, das der Sache nach Individualgesetz ist, generell und abstrakt gefaßt werden. Eine formelle Sicherung wie die des Art. 19 Abs. 1 Satz 1 GG vermag darum keinen wirksamen Schutz zu bieten. Vielmehr kommt es auf die sachliche Abgrenzung des Personenkreises und der getroffenen Regelungen an, bei der der Gesetzgeber bereits an den Gleichheitssatz (Art. 3 GG) gebunden ist. Hinter der Bedeutung dieses Grundsatzes bleibt die des Art. 19 Abs. 1 Satz 1 GG weit zurück.

331 b) Wenn grundrechtsbegrenzende Gesetze nach Art. 19 Abs. 1 Satz 2 GG das eingeschränkte Grundrecht *unter Angabe des Artikels nennen* müssen, so hat diese ebenfalls formelle Sicherung von vornherein nur die Aufgabe, der Rechtsklarheit zu dienen und eine Warnfunktion zu erfüllen. Indem sie den Gesetzgeber zwingt, sich über den Tatbestand der Grundrechtsbegrenzung klarzuwerden und diesen Tatbestand offenzulegen, sucht sie ihn zu sorgfältiger Beachtung der Grundrechte anzuhalten. Darüber hinaus soll Art. 19 Abs. 1 Satz 2 GG es möglich machen, die jeweilige Tragweite eines Grundrechts anhand des geschriebenen Rechts festzustellen, und geht es ihm darum, einer schleichenden Grundrechtsentwertung vorzubeugen.

Nach der Rechtsprechung des BVerfG betrifft Art. 19 Abs. 1 Satz 2 GG nicht grundrechtsbegrenzende Gesetze, die vor Inkrafttreten des Grundgesetzes erlassen worden sind; das gleiche gilt für Gesetze, die zwar nach Inkrafttreten des Grundgesetzes ergangen sind, die jedoch lediglich ältere Grundrechtsbeschränkungen unverändert oder mit geringen Abweichungen wiederholen [30]. Ebensowenig bedarf es bei Begrenzung von Grundrechten auf Grund eines Regelungsvorbehalts [31] und in den Fällen der Art. 2 Abs. 1 und 5 Abs. 2 GG („allgemeine Gesetze") [32] der Nennung des eingeschränkten Grundrechts.

332 c) Einer Aushöhlung von Grundrechten durch übermäßige Begrenzungen sucht das Grundgesetz durch die materielle Schranke der *Wesensgehaltsgarantie des Art. 19 Abs. 2 GG* entgegenzuwirken. Diese bezeichnet nichts anderes als die oben (Rdn. 318) dargestellten, aus der Aufgabe praktischer Konkordanz resultierenden Schranken der Begrenzung von Grundrechten. Überschritten sind diese Schranken, wo ein Grundrecht aus unzureichendem Anlaß begrenzt wird, weil eine solche Begrenzung nicht verhältnismäßig sein kann. Sie sind vollends miß-

---

29 Die Schwierigkeit der Abgrenzung machen BVerfGE 7, 129 (150 ff.) („Lex Schörner"); 8, 332 (361 ff.); 10, 234 (239 ff.) („Lex Platow"); 13, 225 (229); 24, 33 (52); 25, 371 (396 f.) („Lex Rheinstahl") deutlich.
30 BVerfGE 2, 121 (122 f.); 5, 13 (16); 15, 288 (293); 16, 194 (199 f.); 35, 185 (189); 61, 82 (113).
31 BVerfGE 7, 377 (404); 13, 97 (122); 21, 92 (93); 24, 367 (396 f.).
32 BVerfGE 10, 89 (99); 44, 197 (201) m. w. Nachw. – Das Gericht hat die dargestellte Rechtsprechung dahin verallgemeinert, daß Art. 19 Abs. 1 Satz 2 GG nur für Gesetze gelte, „die darauf abzielen, ein Grundrecht über die in ihm selbst angelegten Grenzen hinaus einzuschränken": BVerfGE 28, 36 (46 f.); 28, 55 (62); vgl. auch BVerfGE 28, 282 (289 ff.). Zu der differenzierenden Deutung des Zitiergebotes zusammenfassend: BVerfGE 64, 72 (79 ff.).

achtet, wo eine Begrenzung dazu führt, daß das begrenzte Grundrecht im Leben des Gemeinwesens keine Wirksamkeit mehr entfalten kann. Hier ist die Begrenzung nicht nur in besonderem Maße unverhältnismäßig, sondern setzt sie zugleich eine verfassungsmäßige Gewährleistung der Sache nach außer Kraft, ein Ergebnis, das herbeizuführen dem einfachen Gesetzgeber versagt ist. In beiden Fällen tastet die Begrenzung des Grundrechts dessen „Wesensgehalt" an.

Der „Wesensgehalt" eines Grundrechts beginnt also dort, wo die – differenzierenden – Möglichkeiten zulässiger Begrenzung enden. Da eine unzulässige Grundrechtsbegrenzung bereits als solche verfassungswidrig ist, hat Art. 19 Abs. 2 GG nur deklaratorische Bedeutung[33]. Freilich darf er in dieser Bedeutung nicht unterschätzt werden, weil er das Verbot übermäßiger Grundrechtsbegrenzung ausdrücklich hervorhebt und insoweit die Notwendigkeit einer Interpretation der Begrenzungsvorbehalte, die diesem Verbot Rechnung trägt, positivrechtlich normiert.

In dem Streit um die gebotene Interpretation des Art. 19 Abs. 2 GG wird sowohl die Auffassung vertreten, daß die Vorschrift unverhältnismäßige Begrenzungen verbiete[34], als auch die, daß die Bestimmung den „absoluten Wesenskern" der Grundrechte der Disposition des Gesetzgebers entziehe[35]. Vom hier vertretenen Standpunkt aus bewirkt das Verbot unverhältnismäßiger Begrenzungen auch einen absoluten Schutz des „Wesenskerns" der Grundrechte, freilich unter der Voraussetzung, daß Verhältnismäßigkeit nicht nur im Sinne bloßer ökonomischer Zweckverfolgung verstanden[36], sondern daß die Zulässigkeit solcher Zweckverfolgung gerade auch an dem zu begrenzenden Grundrecht gemessen wird. Auf diese Weise werden die Schwächen beider Auffassungen vermieden, nämlich einerseits eine Relativierung des Art. 19 Abs. 2 GG, andererseits die Preisgabe der unter Gesetzesvorbehalt stehenden Grundrechte an die beliebige Disposition des Gesetzgebers, der nur den nicht leicht zu bestimmenden „absoluten Wesenskern" nicht antasten darf. **333**

Die weitere Frage, ob unter dem absolut geschützten Kern der Grundrechte der Kern der Grundrechte als subjektiver Rechte[37] oder derjenige ihrer Eigenschaft als Gewährleistungen objektiver Funktionszusammenhänge[38] zu verstehen sei, läßt sich schon wegen der engen Wechselbezogenheit beider nicht im Sinne eines Entweder-oder, aber auch nicht in **334**

---

33 *Häberle* (Anm. 1) S. 234 ff. Kritisch: *Lerche* (Anm. 1) § 122 Rdn. 27, der allerdings die hauptsächliche Funktion des Art. 19 Abs. 2 GG ebenfalls nur in einer „Signalbedeutung" erblickt (Rdn. 32).

34 Bes. BGH DVBl. 1953, 371; BGHSt 4, 375 (377). Eine Übersicht – auch zum folgenden – bei *L. Schneider*, Der Schutz des Wesensgehalts von Grundrechten nach Art. 19 Abs. 2 GG (1983) S. 158 ff.

35 Bes. *v. Mangoldt-Klein*, Das Bonner Grundgesetz (2. Aufl. 1957) Anm. V 4 d zu Art. 19. In diesem Sinne auch die (nicht immer klare) Rechtsprechung des Bundesverfassungsgerichts, die einen letzten unantastbaren Bereich privater Lebensgestaltung anerkennt, welcher der öffentlichen Gewalt schlechthin entzogen ist (BVerfGE 6, 32 [41], st. Rspr.) und dies in einer neuen Entscheidung aus der Garantie des Wesensgehalts der Grundrechte sowie aus dem Schutz des Kerns der Persönlichkeit durch die unantastbare Würde des Menschen herleitet (BVerfGE 80, 367 [343 f.]). In BVerfGE 22, 180 (219 f.) begründet das Gericht einen Verstoß gegen Art. 19 Abs. 2 GG nicht im Sinne der „absoluten Theorie" damit, daß der – zuvor zu ermittelnde – Kernbereich des Grundrechts beeinträchtigt werde, sondern damit, daß die für den Eingriff maßgeblichen Gründe unzureichend seien. Es würdigt den Eingriff also als unverhältnismäßig, so daß die anschließende gesonderte Heranziehung des Verhältnismäßigkeitsgrundsatzes nur eine Wiederholung ist. Ein umfassender Nachweis der Rspr. bei *Häberle* (Anm. 1) S. 286 ff.

36 *H. Krüger*, Der Wesensgehalt der Grundrechte im Sinne des Art. 19 GG, DÖV 1955, 598 und *v. Mangoldt-Klein* (Anm. 35) Anm. V 4 d zu Art. 19.

37 Bes. *G. Dürig*, Der Grundrechtssatz von der Menschenwürde, AöR 81 (1956) S. 136 ff.

38 *v. Mangoldt-Klein* (Anm. 35) Anm. V 5 zu Art. 19 unter Berufung auf BVerfGE 2, 266 (285).

dem eines Sowohl-als-auch beantworten. Stets muß zwar die Funktion des Grundrechts „für das soziale Leben im Ganzen" erhalten bleiben, weil eine Begrenzung, die diese Funktion aufheben würde, niemals verhältnismäßig sein kann. In aller Regel wird auch eine Grundrechtsbegrenzung, die eine grundrechtlich gewährleistete Freiheit für den Einzelnen fast oder gänzlich beseitigt, unverhältnismäßig und darum mit Art. 19 Abs. 2 GG unvereinbar sein. Es gibt jedoch Ausnahmefälle, in denen für den Einzelnen von einem Grundrecht nach einer häufig gebrauchten Formel „so gut wie nichts mehr übrig bleiben" kann, in denen aber die Grundrechtsbegrenzung den Wesensgehalt des Grundrechts nicht antastet, weil sie verhältnismäßig ist, wie etwa die Anordnung der Unterbringung eines gefährlichen Geisteskranken in einer geschlossenen Anstalt.

2. Der Schutz durch die rechtsprechende Gewalt

335 Um die Wirksamkeit der Grundrechte sicherzustellen, sieht das geltende Recht schließlich eine umfassende Kontrolle ihrer Einhaltung durch die rechtsprechende Gewalt vor. Diese Kontrolle dient nicht nur dem individuellen Rechtsschutz, also der Durchsetzung der Grundrechte als subjektiver Abwehrrechte, sondern nicht minder auch ihrem Schutz als Bestandteile der objektiven Ordnung des Gemeinwesens, der dadurch realisiert werden soll, daß unabhängige Gerichte über die Einhaltung der Grundrechte wachen.

336 a) Nach beiden Richtungen wird diese Kontrolle verfassungskräftig gewährleistet durch die *Rechtsweggarantie des Art. 19 Abs. 4 GG*; jedem, der durch die öffentliche Gewalt in seinen Rechten verletzt wird, steht der Rechtsweg offen.

337 „Öffentliche Gewalt" bezeichnet im Zusammenhang des Art. 19 Abs. 4 GG die vollziehende Gewalt in der Ausübung hoheitlicher Befugnisse. Es kann nicht angenommen werden, daß Art. 19 Abs. 4 GG in Konkurrenz mit den Regelungen der Art. 93 Abs. 1 Nr. 2 und 100 GG die allgemeine Möglichkeit einer unmittelbaren gerichtlichen Nachprüfung von Gesetzen eröffnen will, zumal das angerufene Gericht im Hinblick auf Art. 100 Abs. 1 GG nur befugt wäre, die Verfassungsmäßigkeit des Gesetzes zu bejahen, im anderen Falle aber die Entscheidung der Sache dem Bundesverfassungsgericht überlassen müßte[39]. Ebensowenig kann der Begriff die rechtsprechende Gewalt umfassen, weil gerichtliche Entscheidungen bereits auf Grund der Eröffnung des Rechtsweges ergehen und es widersinnig wäre, die Rechtsprechung gegen die Rechtsprechung mobilisieren zu wollen[40].

338 Obwohl sich Art. 19 Abs. 4 GG nicht auf den Schutz der Grundrechte beschränkt, dient er doch zu einem wesentlichen Teil deren Sicherung. Der „Rechtsweg", den er gewährleistet, ist der Weg zu einem Gericht. Die nähere Ausgestaltung bleibt dabei der jeweiligen Prozeßordnung überlassen; doch darf die Beschreitung des Rechtswegs nicht in einer unzumutbaren, aus Sachgründen nicht mehr zu rechtfer-

---

39 Vgl. auch BVerfGE 24, 33 (49 ff.); 45, 297 (334).

40 BVerfGE 15, 275 (280 f.); das bedeutet zugleich, daß Art. 19 Abs. 4 GG keinen Instanzenzug gewährleistet (BVerfGE 40, 329 [340] m. w. Nachw.; 65, 76 [90]). – Eine Verletzung des Art. 19 Abs. 4 GG durch Gesetz oder Richterspruch ist damit jedoch nicht ausgeschlossen: BVerfGE 15, 275 (282 f.); 21, 191 (194 ff.).

tigenden Weise erschwert werden: Art. 19 Abs. 4 GG gewährleistet auch die Effektivität des Rechtsschutzes im Sinne eines Anspruchs auf eine wirksame gerichtliche Kontrolle in allen bestehenden Instanzen[41]. Welcher Rechtsweg im konkreten Falle gegeben ist, ergibt sich aus den Zuständigkeitsbestimmungen der einschlägigen (einfachen) Gesetze (z. B. § 40 Abs. 1 VwGO). Soweit diese bei verfassungskonformer, d. h. hier weiter, Interpretation keine Zuständigkeit für die Entscheidung über eine Rechtsverletzung begründen, ist im Interesse der Lückenlosigkeit des Rechtsschutzes nach Art. 19 Abs. 4 Satz 2 GG subsidiär der Rechtsweg vor die Zivilgerichte gegeben. Zu der Beschränkung des Abs. 4 Satz 3 unten Rdn. 376.

Über Art. 19 Abs. 4 GG hinaus und neben ihm entnimmt das Bundesverfassungsgericht namentlich in seiner neueren Rechtsprechung materiellen Grundrechten einen unmittelbaren Anspruch auf effektiven Rechtsschutz[42]. Darin wird die zunehmende Bedeutung von Verfahren für die Verwirklichung der Grundrechte sichtbar (vgl. unten Rdn. 359). Denn es kann die tatsächliche Geltung der jeweils betroffenen Grundrechte selbst beeinträchtigen, wenn entweder zu hohe verfahrensrechtliche Hürden aufgerichtet sind oder wenn eine gerichtliche Entscheidung zu spät kommt, um den Grundrechtsverstoß noch wirksam beseitigen zu können. Dem läßt sich nur durch verfahrensmäßige Gestaltungen begegnen, die dieser Sachlage Rechnung tragen. **339**

b) Nicht gewährleistet ist durch Art. 19 Abs. 4 GG die Möglichkeit, wegen einer Grundrechtsverletzung das Bundesverfassungsgericht anzurufen. Diese Möglichkeit eröffnet die speziell dem Grundrechtsschutz dienende Bestimmung des Art. 93 Abs. 1 Nr. 4 a GG, durch die der Inhalt des § 90 BVerfGG Verfassungsrang erhalten hat. Danach kann jedermann – d. h. jeder Grundrechtsberechtigte im oben (Rdn. 284 ff.) dargelegten Sinne – mit der Behauptung, durch die öffentliche Gewalt in einem der aufgeführten Grundrechte verletzt zu sein, die *Verfassungsbeschwerde* zum Bundesverfassungsgericht erheben[43]. **340**

Da die Verfassungsbeschwerde nur bei Verletzung enumerativ aufgeführter Grundrechte gegeben ist, reicht Art. 93 Abs. 1 Nr. 4 a GG insofern weniger weit als Art. 19 Abs. 4 GG. Durch seine ausdehnende Interpretation des Art. 2 Abs. 1 GG (unten Rdn. 426) hat das Bundesverfassungsgericht diese Beschränkung freilich weitgehend gegenstandslos gemacht. **341**

Dagegen geht Art. 93 Abs. 1 Nr. 4 a GG über Art. 19 Abs. 4 GG insofern hinaus, als er auch eine Kontrolle der gesetzgebenden und rechtsprechenden Gewalt ermöglicht. Gesetze, die den Betroffenen selbst, gegenwärtig und unmittelbar in ei-

---

41 BVerfGE 49, 329 (340 f.); 78, 88 (89); 84, 34 (49), jeweils m. w. Nachw. Eine Übersicht über die (ältere) Rechtsprechung des BVerfG bei *K. A. Bettermann*, Die Rechtsweggarantie des Art. 19 Abs. 4 GG in der Rechtsprechung des BVerfG, AöR 96 (1971) S. 528 ff.

42 Vgl. etwa BVerfGE 49, 220 (225 ff.) und die abw. Meinung ebd. S. 235; 49, 252 (257); 51, 150 (156), jeweils m. w. Nachw.

43 Zum Verhältnis von bundes- und landesrechtlicher Verfassungsbeschwerde vgl. BVerfGE 22, 267 (270 ff.). – Zur Verfassungsbeschwerde gegen Verordnungen des Rates und der Kommission der EWG vgl. BVerfGE 22, 293 (295 ff.). Auf Verletzungen der Europäischen Menschenrechtskonvention kann die Verfassungsbeschwerde nicht gestützt werden: BVerfGE 64, 135 (157); 74, 102 (108) m. w. Nachw., vgl. oben Rdn. 278.

nem Grundrecht verletzen[44], können ebenso Gegenstand einer Verfassungsbeschwerde sein wie Gerichtsurteile. In beiden Fällen ist die Kontrolle allerdings auf die Frage einer Grundrechtsverletzung beschränkt[45]; die Verfassungsbeschwerde gegen Gerichtsurteile eröffnet keinen weiteren Rechtszug.

342 Die formellen Voraussetzungen und das Verfahren der Verfassungsbeschwerde regeln die §§ 90 Abs. 2, 92 ff. BVerfGG. Nach § 90 Abs. 2 BVerfGG muß vor der Einlegung einer Verfassungsbeschwerde regelmäßig der Rechtsweg erschöpft sein. Diese Vorschrift enthält eine Ausprägung des allgemeinen Grundsatzes der Subsidiarität der Verfassungsbeschwerde, der in der neueren Rechtsprechung zunehmende Bedeutung gewinnt. Danach ist eine Verfassungsbeschwerde nur zulässig, wenn der Beschwerdeführer die behauptete Grundrechtsverletzung nicht durch Einlegung von Rechtsbehelfen oder auf andere Weise ohne Anrufung des Bundesverfassungsgerichts beseitigen könnte[46].

Von besonderer Bedeutung ist § 93 a BVerfGG, nach dem die Verfassungsbeschwerde der Annahme zur Entscheidung bedarf. Auf diese Weise soll der wachsenden Überlastung des Bundesverfassungsgerichts durch Verfassungsbeschwerden entgegengewirkt werden. Die Verfassungsbeschwerde ist anzunehmen, soweit ihr grundsätzliche verfassungsrechtliche Bedeutung zukommt oder wenn es zur Durchsetzung der in § 90 Abs. 1 BVerfGG genannten Rechte angezeigt ist; das kann auch der Fall sein, wenn dem Beschwerdeführer durch die Versagung der Entscheidung zur Sache ein besonders schwerer Nachteil entsteht (§ 93 a Abs. 2 BVerfGG). Im Regelfall entscheidet die zuständige Kammer (§ 93 b Satz 1) durch einstimmigen Beschluß (§ 93 d Abs. 3 Satz 1); die Ablehnung bedarf keiner Begründung (§ 93 d Abs. 1 Satz 3). Im übrigen entscheidet der Senat (§ 93 b Satz 2); in diesem Falle ist die Annahme beschlossen, wenn mindestens drei Richter zustimmen (§ 93 d Abs. 3 Satz 2). Ist eine Verfassungsbeschwerde offensichtlich begründet, weil das Bundesverfassungsgericht die hierfür maßgebliche verfassungsrechtliche Frage bereits entschieden hat, so kann schon die Kammer ihr durch einstimmigen Beschluß stattgeben; die Entscheidung, daß ein Gesetz mit dem Grundgesetz oder sonstigem Bundesrecht vereinbar oder unvereinbar oder nichtig ist, bleibt allerdings dem Senat vorbehalten (§ 93 c BVerfGG)[47].

---

44 Z. B. BVerfGE 1, 97 (101 f.); 28, 83 (93 f.); 50, 290 (319), st. Rspr.; eingrenzend: BVerfGE 59, 1 (17 ff.); 60, 360 (369 ff.); 72, 39 (43 f.) m. w. Nachw. Eine gegenwärtige und unmittelbare Beschwer wird jedoch schon dann bejaht, wenn das Gesetz den Beschwerdeführer zu später nicht mehr korrigierbaren Entscheidungen zwingt (BVerfGE 75, 78 [95]; 75, 246 [263], jeweils m. w. Nachw.). – Zur Verfassungsbeschwerde gegen ein Unterlassen des Gesetzgebers vgl. BVerfGE 56, 54 (70 f.) m. w. Nachw.
45 Z. B. BVerfGE 18, 85 (92 f.), st. Rspr., vgl. etwa noch BVerfGE 49, 304 (314).
46 Vgl. dazu etwa BVerfGE 63, 77 (78); 68, 376 (379 ff.); 69, 112 (125 f.); 71, 305 (335 ff.); 74, 69 (74 ff.); 77, 381 (400 ff.); 78, 290 (301 ff.); 79, 1 (20); 79, 174 (198 f.); 91, 295 (306), jeweils m. w. Nachw. *P. Lerche,* Aspekte verfassungsrechtlicher Subsidiarität in Deutschland und Österreich, Festschrift zum 125-jährigen Bestehen der Juristischen Gesellschaft in Berlin (1984) S. 369 ff.
47 Zu den Voraussetzungen einer Annahme: BVerfGE 90, 22 (24 ff.). – Trotz mehrfacher Novellierung ist es noch nicht gelungen, eine befriedigende Lösung zu finden. Die derzeitige Fassung der §§ 93 a bis d ergibt sich aus der Bekanntmachung des Gesetzes vom 11. 8. 1993 (BGBl. I S. 1473); sie dürfte noch nicht das letzte Wort sein.

Auch die Gemeinden und Gemeindeverbände können unter den Voraussetzungen 343
des Art. 93 Abs. 1 Nr. 4 b GG (§ 91 BVerfGG) die Verfassungsbeschwerde mit
der Behauptung erheben, daß ein Gesetz des Bundes oder des Landes die Vorschrift des Art. 28 GG verletze[48].

c) Nicht ausschließlich, aber doch auch dem Schutz der Grundrechte dient die *ver-* 344
fassungsgerichtliche Normenkontrolle der Art. 93 Abs. 1 Nr. 2 und 100 GG (unten Rdn. 681 f.). Da diese Kontrolle nicht unmittelbar durch den Einzelnen ausge-
löst werden kann, beschränkt sich der Schutz, den sie vermittelt, auf die Einhaltung der Grundrechte als Elemente objektiver Ordnung.

§ 11   Fragen der Wirkung und Verwirklichung der Grundrechte

I. Grundrechte und privatrechtliche öffentliche Verwaltung

Die Frage der Bindung der öffentlichen Gewalten an die Grundrechte ist durch 345
Art. 1 Abs. 3 GG eindeutig beantwortet: die Grundrechte binden Gesetzgebung,
vollziehende Gewalt und Rechtsprechung als unmittelbar geltendes Recht.

Problematisch ist die Bindung der vollziehenden Gewalt an die Grundrechte je- 346
doch dort, wo die öffentliche Hand nicht-hoheitlich, in den Formen des *Privat-*
rechts tätig wird. Das ist nicht nur im Bereich der Leistungsverwaltung häufig der
Fall, in der sich diese privatrechtlichen Tätigkeitsformen zudem oft mit solchen
des öffentlichen Rechts zu einer schwer aufzulösenden Gemengelage verbinden,
sondern auch im Bereich der (im engeren Sinne) fiskalischen Betätigung der öffentlichen Hand. Diese ist gekennzeichnet durch „die aktive unmittelbare Teilhabe am Wirtschaftsablauf zu erwerbswirtschaftlichen Zwecken, d.h. zur Erlan-
gung, Produktion oder Verteilung von Wirtschaftsgütern, deren primärer Zweck
nicht identisch ist mit der öffentlichen Aufgabe, der sie sekundär (nämlich zur
Stärkung der staatlichen Finanzkraft, zur Beschaffung von Haushaltsmitteln, zur
Befriedigung des öffentlichen Bedarfs an Sachgütern für die Durchführung öffentlicher Verwaltungsaufgaben usw.) dient"[1] – etwa die Beschaffung von Ausrüs-
tungsgegenständen für die Polizei oder der Betrieb eines Industriewerkes, das sich
in staatlicher Hand befindet. Die Frage ist, ob die vollziehende Gewalt auch insoweit an die Grundrechte gebunden ist.

Die Lehre von der „Fiskalgeltung der Grundrechte" sucht hier zu differenzieren[2]: Bei der 347
unmittelbaren Erfüllung *öffentlicher Aufgaben* in Formen des Privatrechts soll die öffent-

---

48 Vgl. dazu BVerfGE 71, 25 (34 ff.); 76, 107 (112 f.).

1 *H. P. Ipsen*, Öffentliche Subventionierung Privater (1956) S. 20.

2 Vgl. *K. Zeidler*, Schranken nichthoheitlicher Verwaltung, VVDStRL 19 (1961) S. 217; *M. Bullin-*
ger, Vertrag und Verwaltungsakt (1962) S. 99 ff. Aus neuerer Zeit: *W. Rüfner*, Grundrechtsadressaten, HdBStR V, § 117 Rdn. 39 ff. – Aus der Rspr.: BGHZ 29, 76 (80); 33, 230 (233); 36, 91 (95 ff.)
= DVBl. 1962, 298 ff. m. Anm. von *K. Zeidler;* 37, 1 (27); 52, 325 (327 ff.); 65, 284 (286 f.); BGH,
DÖV 1969, 861 f.

liche Hand an die Grundrechte gebunden sein, bei dem im engeren Sinne *fiskalischen Handeln* dagegen nicht; allerdings soll auch im zweiten Falle eine Bindung bestehen, wenn die Formen des Privatrechts dazu mißbraucht werden, eine Gestaltung herbeizuführen, der im Falle des Handelns in den Formen öffentlichen Rechts Grundrechte entgegenstehen würden[3].

Diese Auffassung entbehrt tragfähiger Begründung. Werden privatrechtliche Formen verwendet, um die Verwaltung von der Bindung an die *allgemeinen Normen des Verwaltungshandelns* ganz oder teilweise freizustellen, so kann dies um der sachgemäßen Aufgabenerfüllung willen zweckmäßig oder gar unerläßlich sein. Dies gilt indessen *nicht für die Grundrechte*. Es gibt keine fiskalische Aufgabe, deren sachgemäße Bewältigung einen Dispens von den Freiheitsrechten erfordert. Dasselbe gilt für den Gleichheitssatz des Art. 3 GG. Gewiß ist die vollziehende Gewalt etwa bei einem Grundstücksverkauf oder bei der Vergabe von Aufträgen nicht im gleichen Sinne an Art. 3 GG gebunden wie etwa bei der Vergabe von Subventionen; das folgt jedoch aus der besonderen Eigenart der Aufgaben, die im Rahmen der Interpretation des Gleichheitssatzes zu berücksichtigen ist. Daß dagegen ein staatliches Grundstück einem Bewerber wegen seiner Konfession oder seiner politischen Anschauungen verkauft oder daß aus den gleichen Gründen ein Auftrag erteilt wird – was einem Privaten freisteht –, ist unter keinem denkbaren Gesichtspunkt mit den Erfordernissen sachgemäßer und effektiver Verwaltung zu rechtfertigen. Der notwendigen Beweglichkeit und Effektivität der Verwaltung kann – bei sachbezogener Interpretation des Gleichheitssatzes – auch bei einer Bindung der fiskalischen Verwaltung an die Grundrechte Genüge getan werden.

348 Die Verfassung kennt nur konstituierte Staatlichkeit. Der von ihr konstituierte Staat hat nirgends wie ein Privater das Recht zur Beliebigkeit[4]. Es geht der Verfassung in den Grundrechten nicht nur um die Formen, sondern auch um die sachliche Gestaltung des staatlichen Wirkens. Deshalb verbietet sich die Annahme eines Reservats staatlichen Wirkens, das, weil es sich in Formen des Privatrechts vollzieht, dem Geltungsanspruch der Verfassung nicht untersteht. Das bedeutet nicht, daß die Verfassung im Rahmen ihres Geltungsanspruchs nicht größerer oder geringerer Gestaltungsfreiheit der staatlichen Organe Raum läßt, wohl aber, daß alle staatlichen Gewalten stets an die Verfassung gebunden sind. Es ist diese Rechtslage, die Art. 1 Abs. 3 GG speziell im Blick auf die Bindung an die Grundrechte normiert. Deshalb hat es bei der Bindung auch der fiskalischen Verwaltung an die Grundrechte sein Bewenden[5].

---

3 *G. Dürig* (Maunz-Dürig, Grundgesetz, Rdn. 134 ff. zu Art. 1 Abs. III) modifiziert diese Lehre dahin, daß die Grundrechte nur mittelbar, über die Generalklauseln des Privatrechts wirken.

4 *H. Krüger*, VVDStRL 19 (1961) S. 261.

5 *K. Löw*, Fiskalgeltung der Grundrechte? DÖV 1957, 880 f.; *W. Mallmann*, Schranken nichthoheitlicher Verwaltung, VVDStRL 19 (1961) S. 201 ff.; *K. Zeidler*, VVDStRL 19 (Anm. 2) S. 220 f., 225 ff. – freilich noch abschwächend für die erwerbswirtschaftliche Betätigung der öffentlichen Hand. Die Gegenposition am deutlichsten bei *V. Emmerich*, Das Wirtschaftsrecht der öffentlichen Unternehmen (1969) S. 120 ff., 132 ff.

II. Die Bedeutung der Grundrechte für Rechtsbeziehungen, an denen der Staat nicht unmittelbar beteiligt ist

Menschliche Freiheit ist nicht nur durch den Staat, sondern auch durch nichtstaatliche Mächte gefährdet, die in der Gegenwart bedrohlicher werden können als die Gefährdungen durch den Staat. Freiheit läßt sich jedoch wirksam nur als einheitliche gewährleisten: sofern sie nicht nur eine Freiheit der Mächtigen sein soll, bedarf sie des Schutzes auch gegen gesellschaftliche Beeinträchtigungen. Diese Aufgabe ist früher ausschließlich als Gegenstand des Gesetzesrechts, besonders des Zivil-, des Straf- und des zugehörigen Verfahrensrechts verstanden worden. In neuerer Zeit wird die Geltung der Grundrechte in einem stellenweise noch offenen Ausmaß auch auf diesen Bereich ausgedehnt, indem insoweit eine Pflicht des Staates zum Schutz der Grundrechte und, damit zusammenhängend, eine gewisse „Drittwirkung" von Grundrechten angenommen wird.

349

1. Schutzpflicht des Staates

Ausgangspunkt hierfür ist das Verständnis der Grundrechte als objektiver Prinzipien (oben Rdn. 290 ff.), die den Staat verpflichten, alles zu tun, um Grundrechte zu verwirklichen. Demgemäß kann sich unmittelbar aus Grundrechten eine staatliche Pflicht ergeben, ein durch diese geschütztes Rechtsgut vor rechtswidrigen Verletzungen und Gefährdungen durch andere, vor allem durch Private, aber auch durch andere Staaten, also durch „Personen" oder „Mächte" zu bewahren, die selbst nicht Adressaten der Grundrechte des Grundgesetzes sind[6]. Praktische Bedeutung hat diese Pflicht in erster Linie für das Grundrecht auf Leben und körperliche Unversehrtheit (Art. 2 Abs. 2 Satz 1 GG) erlangt (vgl. unten Rdn. 364)[7].

350

Als Grundlage derartiger Schutzpflichten sind die Grundrechte nicht Schranken staatlicher Gewalt: Während sie in ihrer negatorischen Bedeutung auf ein staatliches Unterlassen gerichtet sind, das im allgemeinen keiner näheren Regelung bedarf, verpflichten sie als Grundlage einer Schutzpflicht grundsätzlich zu positivem staatlichem Tätigwerden. In dieser Bedeutung regeln sie zwar das „Ob" und

---

6 So *E. Klein*, Grundrechtliche Schutzpflicht des Staates, NJW 1989, 1633. Durch diese Umgrenzung unterscheidet sich die hier zu erörternde Schutzpflicht von anderen staatlichen Schutzverpflichtungen. Vgl. etwa zu den Förderungs- und Schutzverpflichtungen aus Art. 6 Abs. 1 GG: BVerfGE 76, 1 (49 ff.), aus Art. 6 Abs. 4 GG: BVerfGE 52, 357 (365 f.), aus Art. 7 Abs. 4 GG: BVerfGE 75, 40 (62).

7 BVerfGE 39, 1 (42 ff.); 46, 160 (164); 49, 89 (142); 53, 30 (57); 56, 54 (73, 80 ff.); 77, 170 (214 f.); 79, 170 (201 f.); 88, 203 (251 ff.). Eine Übersicht über diese Rechtssprechung bei *K. Hesse*, Die verfassungsgerichtliche Kontrolle der Wahrnehmung grundrechtlicher Schutzpflichten des Gesetzgebers, in: Festschrift für E. G. Mahrenholz (1994) S. 547 ff. – Zur Gesamtproblematik: *E. Schmidt-Aßmann*, Anwendungsprobleme des Art. 2 Abs. 2 GG im Immissionsschutzrecht, AöR 106 (1981) S. 205 ff.; *J. Isensee*, Das Grundrecht auf Sicherheit (1983) S. 27 ff.; *ders.*, Das Grundrecht als Abwehrrecht und als staatliche Schutzpflicht, HdBStR V, § 111 Rdn. 77 ff.; *D. Murswiek*, Die staatliche Verantwortung für die Risiken der Technik (1985) S. 88 ff.; *R. Alexy*, Theorie der Grundrechte (1985) S. 410 ff.; *G. Hermes*, Das Grundrecht auf Schutz von Leben und Gesundheit. Schutzpflicht und Schutzanspruch aus Art. 2 Abs. 2 Satz 1 GG (1987) bes. S. 187 ff.; *G. Robbers*, Sicherheit als Menschenrecht (1987) S. 121 ff.; *E. Klein* (Anm. 7) S. 1633 ff.; *R. Wahl/J. Masing*, Schutz durch Eingriff, JZ 1990, 553 ff.; *H. H. Klein*, Die grundrechtliche Schutzpflicht, DVBl. 1994, 489 ff.

damit auch das Erfordernis *wirksamer* Wahrnehmung. Sie sagen indessen nichts über das „Wie"; darüber, welche Vorkehrungen zu treffen sind, um der Schutzpflicht zu genügen, enthält die Verfassung keine oder nur fragmentarische Normierungen. Die Entscheidung, wie eine Schutzpflicht erfüllt werden soll, ist deshalb Sache der zuständigen Organe, in erster Linie des Gesetzgebers[8]. Oft wird die Erfüllung der Schutzpflicht Eingriffe in grundrechtlich geschützte Positionen Dritter erforderlich machen, so daß mehrseitige Verhältnisse entstehen, in denen der Schutz des einen eine Belastung des anderen bedeuten kann. Insoweit wird dann ein verhältnismäßiger Ausgleich erforderlich, der in der Regel dem Gesetzgeber obliegt.

Zeigen sich bereits hier Ähnlichkeiten mit der Problematik grundrechtlich begründeter staatlicher Leistungspflichten (oben Rdn. 289), so gilt das um so mehr für die Frage, ob und ggf. inwieweit der objektiven Schutzpflicht des Staates ein subjektives Recht des Bürgers im Sinne eines klagbaren Individualanspruchs entspricht. Ein solcher Anspruch setzt voraus, daß er sich mit hinreichender Bestimmtheit aus dem objektiven Recht entwickeln läßt. Diesem wird sich in aller Regel nur die Entscheidung über das „Ob" der Schutzpflicht entnehmen lassen. Insoweit entsteht ein Anspruch darauf, *daß* der Staat zur Erfüllung seiner Pflicht tätig wird, der im Rechtsweg und (bei Erfüllung der sonstigen Zulässigkeitsvoraussetzungen, insbesondere individueller Betroffenheit) mit der Verfassungsbeschwerde geltend gemacht werden kann. Wenn und soweit hingegen Grundrechte als objektives Recht das „Wie" der Erfüllung nicht regeln, können sie auch regelmäßig keinen grundrechtlichen Individualanspruch auf bestimmte staatliche Schutzmaßnahmen begründen. Doch kann sich ein solcher Anspruch in Fällen einer Reduzierung des Gestaltungsspielraums (Reduzierung „auf Null") ergeben[9].

2. „Drittwirkung" von Grundrechten

Schutzpflichten der dargelegten Art obliegen dem Staat; die Grundrechte verpflichten also auch insoweit die öffentlichen Gewalten. Eine andere Problemstellung scheint sich zu ergeben, wenn es darum geht, ob sie auch gegenüber Privaten, etwa einem mächtigen Verband, oder sogar gegen jedermann wirken.

---

8 Nach der Rechtsprechung des Bundesverfassungsgerichts unterliegt die Entscheidung des Gesetzgebers nur einer begrenzten verfassungsgerichtlichen Nachprüfung. Grundsätzlich kommt dem Gesetzgeber ein weiter Einschätzungs-, Wertungs- und Gestaltungsbereich zu (BVerfGE 79, 174 [202] m. w. Nachw.). Wesentlich über diese bisherige Rechtsprechung hinaus geht das Urteil vom 28. 5. 1993 (BVerfGE 88, 103 [251 ff.]), nach dem der Gesetzgeber bei dem grundrechtlich gebotenen Schutz ungeborenen Lebens – erstmals in der Verfassungsrechtsprechung auftauchende – „Untermaßverbot" zu beachten hat und insofern der verfassungsgerichtlichen Kontrolle unterliegt (S. 254); das führt zu bis ins einzelne gehenden Mindestanforderungen an die gesetzliche Regelung. Kritisch dazu: *G. Hermes/S. Walther*, Schwangerschaftsabbruch zwischen Recht und Unrecht, NJW 1993, 2377 ff. Zum „Untermaßverbot": *K.-E. Hain*, Der Gesetzgeber in der Klemme zwischen Übermaß- und Untermaßverbot, DVBl 1993, 982 ff.

9 Dem entspricht im wesentlichen die neuere Rechtsprechung des Bundesverfassungsgerichts (BVerfGE 77, 170 [214 f.]; 79, 174 [201 f.]).

Diese Frage einer „Drittwirkung" der Grundrechte[10] entsteht freilich nicht, wenn   **351**
die öffentliche Hand sich zur Erfüllung ihrer Aufgaben eines Privatmannes bedient: hier können sich die staatlichen Gewalten von ihrer Grundrechtsbindung
nicht dadurch befreien, daß sie einen Privaten zur Wahrnehmung einer Aufgabe
bestellen, zumal wenn sie ihm die Entscheidung über den Einsatz staatlicher
Machtmittel überlassen[11]. „Drittwirkung" scheidet unzweifelhaft aus, soweit Gewährleistungen ihrem Inhalt nach auf das Verhältnis zwischen Privaten gar nicht
von Einfluß sein können, also etwa bei dem Verbot, die deutsche Staatsangehörigkeit zu entziehen (Art. 16 Abs. 1 GG) oder den Garantien der kommunalen Selbstverwaltung (Art. 28 Abs. 2 GG) und der hergebrachten Grundsätze des Berufsbeamtentums (Art. 33 Abs. 5 GG). Sie ist umgekehrt unzweifelhaft zu bejahen, soweit das Grundgesetz selbst einem Grundrecht ausdrücklich Wirkung gegen Dritte beilegt. Das ist bei der Koalitionsfreiheit des Art. 9 Abs. 3 GG der Fall; wenn
Art. 9 Abs. 3 Satz 2 GG bestimmt, daß Abreden, die das Recht zur Bildung von
Koalitionen einzuschränken suchen, nichtig seien, so kommt darin diese Bindungswirkung eindeutig zum Ausdruck. Sie ist auch einhellig anerkannt.

In der Frage, ob die Grundrechte darüber hinaus allgemein oder partiell auch ge-   **352**
gen „Dritte" zu wirken vermögen, fehlen spezielle verfassungsrechtliche Regelungen; sie kann daher nur im Blick auf die Aufgabe und die Funktion der Grundrechte in der verfassungsmäßigen Ordnung des Grundgesetzes beantwortet werden
(oben Rdn. 279 ff.). Wenn die Grundrechte als subjektive Rechte Abwehrrechte
gegen die staatlichen Gewalten sind, so spricht dies eindeutig gegen eine „Drittwirkung". Auch daraus, daß Grundrechte positiv zur Aktualisierung aufgegeben
sind, kann nicht auf eine „Drittwirkung" geschlossen werden, um so weniger, als
es der Verfassung um *freie* Aktualisierung geht. Ebensowenig erlaubt schließlich
die Eigenschaft der Grundrechte als negativer Kompetenzvorschriften die Annahme einer „Drittwirkung", so daß nur fraglich bleiben kann, ob die Grundrechte als
Elemente der Gesamtrechtsordnung des Gemeinwesens auch für die Gestaltung
privater Rechtsverhältnisse maßgeblich sind.

Dies ist namentlich in der Rechtsprechung des Bundesarbeitsgerichts bejaht worden. Das   **353**
Gericht vertritt die Auffassung, daß eine Reihe bedeutsamer Grundrechte nicht nur Freiheitsrechte gegenüber der Staatsgewalt garantieren, sondern daß sie auch Ordnungsgrund-
sätze für das soziale Leben enthielten, die in einem aus dem Grundrecht näher zu entwik-
kelnden Umfang unmittelbare Bedeutung auch für den Rechtsverkehr der Bürger unterein-

---

10 Grundlegend dazu: *G. Dürig,* Grundrechte und Zivilrechtsprechung, in: Festschrift für Hans Nawiasky (1956) S. 157 ff.; *ders.* in: *Maunz-Dürig* (Anm. 3) Art. 1 Abs. III, Rdn. 127 ff.; Art. 2 Abs. I,
Rdn. 56 ff.; *W. Leisner,* Grundrechte und Privatrecht (1960) bes. S. 306 ff.; *C. W. Canaris,* Grundrechte und Privatrecht, AcP 1994, S. 201 ff.; *K. Stern,* Das Staatsrecht der Bundesrepublik Deutschland, III/1 (1988) S. 1509 ff.; *W. Rüfner,* Drittwirkung der Grundrechte, in: Gedächtnisschrift für
Wolfgang Martens (1987) S. 215 ff.; *ders.* Grundrechtsadressaten, HdBStR V (Anm. 2) § 117,
Rdn. 54 ff.

11 BVerfGE 10, 302 (327). – Unerörtet bleiben hier die Sonderfragen der Verbindlichkeit der Grundrechte für die Kirchen und die politischen Parteien im Verhältnis zu ihren Mitgliedern. Vgl. dazu
W. Rüfner, Die Geltung von Grundrechten im kirchlichen Bereich, in: Essener Gespräche zum Thema Staat und Kirche 7 (1972) S. 9 ff.; *ders.,* HdBStR (Anm. 2) § 117 Rdn. 50 ff.; *K. Hesse,* Die verfassungsrechtliche Stellung der politischen Parteien im modernen Staat, VVDStRL 17 (1959)
S. 32 f.

ander hätten; die Grundrechte begründeten ein Ordnungsgefüge, mit dem sich auch die Ordnung im Betrieb oder Verträge und Maßnahmen der Rechtsgenossen nicht in offenen, den freiheitlich-demokratischen Rechtsstaat mißachtenden Widerstreit setzen dürfen[12]. Auch der Bundesgerichtshof hat – freilich ohne nähere Begründung – gelegentlich eine unmittelbare „Drittwirkung" angenommen[13]. Das Bundesverfassungsgericht hat bisher keinen Anlaß gesehen, abschließend zu der Frage Stellung zu nehmen. Es hat indessen mehrfach den Charakter der Grundrechte als objektiver, für alle Bereiche des Rechts geltender Wertentscheidungen hervorgehoben und daraus die Folgerung gezogen, daß keine bürgerlichrechtliche Vorschrift sich in Widerspruch zu dem grundrechtlichen Wertsystem setzen dürfe und jede in dessen Geiste ausgelegt werden müsse; verfehle ein Gericht diese Maßstäbe, so verletze es als Träger öffentlicher Gewalt die außer acht gelassenen Grundrechtsnormen[14], auf deren Beachtung durch die rechtsprechende Gewalt der Bürger einen verfassungsrechtlichen Anspruch habe[15]. – In der neueren Rechtsprechung zeichnet sich eine Fortentwicklung ab, welche den Zusammenhang der so verstandenen mittelbaren „Drittwirkung" und der Schutzpflicht des Staates (Rdn. 350) gegenüber nicht-staatlichen Grundrechtsbeeinträchtigungen deutlich werden läßt[16].

Die Rechtsprechung des Bundesverfassungsgerichts setzt an dem Punkte an, an dem das Problem einer „Drittwirkung" der Grundrechte allein praktisch werden kann: der Notwendigkeit, daß im Streitfalle ein staatliches Gericht über die Frage der Grundrechtsbindung entscheidet – dagegen, daß jemand Beeinträchtigungen seiner grundrechtlichen Freiheit hinnimmt, ohne den Schutz der Gerichte anzurufen, gibt es keine Gewährleistung. Wenn jedoch die Gerichte als Teile der rechtsprechenden Gewalt unzweifelhaft an die Grundrechte gebunden sind, so bedeutet das nicht ohne weiteres eine Verpflichtung, wegen dieser Bindung eine „Drittwirkung" herzustellen. Maßgebend kann nur das *materielle Rechtsverhältnis* sein, in dem sich die Parteien des Rechtsstreites zueinander befinden. Für die Klärung der Frage, ob und gegebenenfalls in welchem Umfang dieses durch Grundrechte bestimmt oder beeinflußt ist, enthält der Gedanke einer „Ausstrahlungswirkung"[17], also eines Einwirkens der Grundrechte als objektiver Prinzipien der Gesamtrechtsordnung auf die Gestaltung der Rechtsbeziehungen zwischen Privaten, einen wesentlichen Ansatzpunkt.

354 Das Verhältnis Privater untereinander ist dadurch gekennzeichnet, daß alle Beteiligten in gleicher Weise am Schutz der Grundrechte teilhaben, während den öffentlichen Gewalten in ihrem Verhältnis zum Bürger ein solcher Schutz nicht zukommt. Kann hier deshalb ein Konflikt nicht entstehen, so kann es dort eine Beeinträchtigung grundrechtlicher Freiheit des einen Beteiligten bedeuten, wenn der andere ihm gegenüber in einem Grundrecht geschützt wird. Zwar würde eine allgemeine unmittelbare Grundrechtsbindung Privater nicht so weit reichen wie diejenige der staatlichen Gewalten, weil anders als im Staat-Bürger-Verhältnis Grundrechte regelmäßig zugunsten und zu Lasten *beider* Beteiligter eines Rechtsverhält-

---

12 BAGE 1, 185 – Leitentscheidung.
13 Z. B. BGHZ 33, 145 (149 f.); 38, 317 (319 f.). Im wesentlichen folgt der Bundesgerichtshof jedoch der Rechtsprechung des Bundesverfassungsgerichts (vgl. etwa BGH, NJW 1986, 2944 f. m. w. Nachw.).
14 BVerfGE 18, 85 (92) m. w. Nachw. Vgl. auch BVerfGE 30, 173 (187 f.). Zur Bedeutung der Grundrechte für die Auslegung von rechtsgeschäftlichen Erklärungen und Vereinbarungen auf dem Gebiet des Privatrechts: BVerfGE 73, 261 (268 f., 270 ff.).
15 BVerfGE 7, 198 (205 f.); 18,85 (92 f.), st. Rspr. Welcher Herkunft und welchen genauen Inhalts dieser Anspruch auf eine Nachprüfung des objektiven Einflusses eines Grundrechts im Wege einer Verfassungsbeschwerde ist, bleibt ungeklärt (so mit Recht *Hermes* (Anm. 7) S. 109 ff.).
16 Vgl. *G. Hermes*, Grundrechtsschutz durch Privatrecht auf neuer Grundlage? NJW 1990, 1764 ff.
17 Etwa BVerfGE 34, 269 (280) m. w. Nachw.

nisses wirken würden, so daß eine „Grundrechtsbindung" sich nur auf der Basis sich wechselseitig begrenzender Grundrechte und der Annahme begründen ließe, daß eine Bindung lediglich an die in dieser Weise begrenzten Grundrechte bestünde. Aber auch solche begrenzte Grundrechtsbindung würde zu einer beträchtlichen Einschränkung der Privatautonomie, mithin zu einer nicht unerheblichen Einengung selbstverantwortlicher Freiheit führen und damit schon insofern Eigenart und Bedeutung des Privatrechts prinzipiell verändern. Sie würde zudem den Richter in jedem Einzelfall vor die Notwendigkeit der äußerst schwierigen Bestimmung jener Grenzen stellen[18] und deshalb mit der Aufgabe eines rechtsstaatlichen Anforderungen genügenden Privatrechts in Konflikt geraten, nämlich der, die Gestaltung von Rechtsbeziehungen und richterliche Problemlösung grundsätzlich mit Hilfe hinreichend klarer, detaillierter und bestimmter Regelungen zu ermöglichen.

Infolgedessen können die Grundrechte in aller Regel Private nicht unmittelbar binden. Ihrem Einfluß auf das Privatrecht als Teil der Gesamtrechtsordnung Rechnung zu tragen, ist im Blick auf die dargestellte Problematik in erster Linie Aufgabe des – grundrechtsgebundenen – *Privatrechtsgesetzgebers*, dem es obliegt, in seinen Regelungen den Rechtsgehalt der Grundrechte zu konkretisieren, im besonderen grundrechtlich verbürgte Positionen Privater gegeneinander abzugrenzen[19]. Die Gerichte dürfen die Entscheidungen und Abwägungen des Gesetzgebers nicht im Durchgriff auf Grundrechte oder unter Berufung auf ihre eigenen Abwägungen korrigieren. **355**

Verwendet der Gesetzgeber bei seinen Regelungen allerdings unbestimmte Begriffe oder Generalklauseln, so können Grundrechte für deren Interpretation im Einzelfalle bedeutsam werden (mittelbare „Drittwirkung"); insoweit fehlt es an einer gesetzlichen Konkretisierung, und es ist Aufgabe des Richters, dem Einfluß der Grundrechte in der notwendigen Differenzierung gerecht zu werden, wie die im Schrifttum vorherrschende Auffassung dies mit Recht annimmt. Zu beachten ist dabei, daß es den Grundrechten, auch soweit ihre Funktion als objektive Prinzipien der Gesamtordnung in Frage steht, stets nur um die Gewährleistung eines Mindeststandards individueller Freiheit geht, nicht um die generelle Reduzierung von Freiheit auf diesen Mindeststandard. Wo deshalb das *Privatrecht mehr Freiheit* läßt als die Grundrechte, darf diese Freiheit nicht durch eine Bindung an die Grundrechte beschränkt werden. Grundrechte stehen insbesondere Verpflichtungen nicht entgegen, die gegenüber Privaten in freier Entscheidung eingegangen werden, weil zur personellen Freiheit auch die Möglichkeit gehört, sich auf der Grundlage eigener Entschließung zu binden. So sind zum Beispiel Verträge zwischen Privaten, durch welche die Meinungsfreiheit des einen Teils beschränkt wird, zulässig, kann ein Arbeitgeber trotz Art. 3 Abs. 3 GG einen Arbeitnehmer wegen seiner Konfession oder politischen Anschauungen einstellen und aus dem **356**

---

18 Deutlich etwa in der Mephisto-Entscheidung des Bundesverfassungsgerichts, in der freilich noch das weitere Problem der Grenzen verfassungsgerichtlicher Überprüfung solcher Grenzbestimmung hinzutritt (BVerfGE 30, 173 [187 ff.]).

19 Diese primäre Verantwortung des Gesetzgebers wird deutlich in BVerfGE 81, 242 (254 f.); dazu *Hermes* (Anm. 16) NJW 1990, 1767.

gleichen Grund einen anderen Bewerber zurückweisen oder kann der Erblasser trotz Art. 3 Abs. 2 GG nur seine Söhne oder nur seine Töchter zu Erben einsetzen. Die Gerichte haben dem im Streitfalle Rechnung zu tragen.

357 Dagegen beeinflussen die Grundrechte die privatrechtlichen Vorschriften um so nachhaltiger, je mehr es um den Schutz personaler Freiheit gegen *Ausübung wirtschaftlicher oder sozialer Macht* geht. Denn hier ist, nicht anders als im Verhältnis des Einzelnen zu den staatlichen Gewalten, dasjenige Mindestmaß an Freiheit gefährdet, das die Grundrechte als Elemente objektiver Ordnung des Gemeinwesens gewährleisten sollen. Es ist nicht der Sinn der Freiheit von den Bindungen der Grundrechte, freiheitsvernichtende Ausübung wirtschaftlicher oder sozialer Macht verfassungsrechtlich zu sanktionieren. Trägt die Gesetzgebung dieser Lage nicht oder nur unvollkommen Rechnung, so müssen die einschlägigen Regelungen „im Licht der Grundrechte" ausgelegt werden. Ist es nicht möglich, die Grundrechte auf diesem Wege zur Wirkung zu bringen oder fehlen gesetzliche Regelungen überhaupt, so haben die Gerichte den Schutz dieser Rechte – in Wahrnehmung der staatlichen Schutzpflicht (oben Rdn. 350) – zu gewährleisten.

So entfaltet z. B. Art. 5 GG (mittelbare) „Drittwirkung" im Falle des Boykotts einer Zeitschrift durch einen großen Verlag, der der Durchsetzung der von dem Verlag vertretenen politischen Meinung dienen soll. Hier wird das Schutzgut des Art. 5 GG als Norm objektiven Verfassungsrechts beeinträchtigt, weil freie Meinungsbildung unmöglich wird, wenn der in Art. 5 GG vorausgesetzte und geschützte Kampf der Meinungen mit Mitteln wirtschaftlichen Drucks anstatt der Überzeugungskraft des freien Wortes geführt wird und auf diese Weise Freiheit der Presse faktisch beseitigt wird[20].

III. Grundrechtsverwirklichung und -sicherung durch Organisation und Verfahren

358 Hinzuweisen ist schließlich auf einen in der neueren Entwicklung zunehmend hervortretenden Aspekt der Verwirklichung von Grundrechten: deren Durchsetzung und Sicherung durch Organisationen und Verfahren[21].

359 Um ihre Funktion erfüllen zu können, erfordern Grundrechte zunächst allgemein in mehr oder minder großem Umfang Organisations-und Verfahrensregelungen, besonders deut-

---

20 So (im Ergebnis) mit Recht BVerfGE 25, 256 (263 ff.) gegen BGH, NJW 1964, 29 ff. Vgl. dazu auch *A. Arndt*, Umwelt und Recht, NJW 1964, 23 f.; *K. H. Biedenkopf*, Zum politischen Boykott, JZ 1965, 555 ff.; *P. Lerche*, Zur verfassungsrechtlichen Deutung der Meinungsfreiheit, in: Festschrift für Gebhard Müller (1970) S. 197 ff. Zum Schutz von Boykottaufforderungen durch Art. 5 Abs. 1 GG zusammenfassend: BVerfGE 62, 230 (244 f.).

21 Zum folgenden näher: *K. Hesse*, Bedeutung der Grundrechte, HdBVerfR § 5 Rdn. 42 ff.; *H. Goerlich*, Grundrechte als Verfahrensgarantien (1981); *H. Bethge*, Grundrechtsverwirklichung und Grundrechtssicherung durch Organisation und Verfahren, NJW 1982, 1 ff.; *F. Ossenbühl*, Grundrechtsschutz im und durch Verfahrensrecht, in: Staatsorganisation und Staatsfunktionen im Wandel, Festschrift für Kurt Eichenberger zum 60. Geburtstag (1982) S. 183 ff.; *P. Lerche, W. Schmitt Glaeser, E. Schmidt-Aßmann*, Verfahren als staats- und verwaltungsrechtliche Kategorie (1984); *E. Denninger*, Staatliche Hilfe zur Grundrechtsausübung durch Verfahren, Organisation und Finanzierung, HdBStR V, § 113. Grundlegend: *P. Häberle*, Grundrechte im Leistungsstaat, VVDStRL 30 (1972), bes. S. 86 ff., 121 ff.

lich etwa bei der Vereinigungsfreiheit. Diese zu schaffen ist Aufgabe der *Ausgestaltung* (oben Rdn. 303 ff.), die sich nicht auf inhaltliche Normierungen beschränken kann. Zugleich wirken Grundrechte ihrerseits auf das Organisations- und Verfahrensrecht ein, das auf diese Weise zur Grundrechtsverwirklichung und -sicherung beiträgt. Das ist deutlich bei den eigentlichen Verfahrensgrundrechten (z. B. Art. 19 Abs. 4, 103 Abs. 1 GG). Es gilt auch für den Einfluß materieller Grundrechte auf Organisations- und Verfahrensvorschriften und deren Anwendung (vgl. oben Rdn. 339)[22].

Darüber hinaus erweisen sich Organisation und Verfahren als – möglicherweise sogar einzige – Mittel, die es, eher als der Gedanke der Teilhaberechte, ermöglichen, den veränderten Bedingungen menschlicher Freiheit im modernen Staat gerecht zu werden: der wachsenden Angewiesenheit auf staatliche Vorsorge und Verteilung, aber auch der steigenden Gefahr einer *Kollision von Freiheitsrechten* und der sie verbürgenden Grundrechtspositionen in der enger werdenden Welt von heute, die in zunehmendem Maße zu einer Abgrenzung, Begrenzung und Zuordnung dieser Bereiche zwingt[23]. Gleiches gilt in Fällen einer *Verknappung von Freiheitsvoraussetzungen*. Hier läßt sich nur durch geeignete Organisations- und Verfahrensregelungen sicherstellen, daß nicht die einen alles, die anderen nichts erhalten und daß die verbleibenden Freiheitschancen gerecht verteilt werden[24]. **360**

§ 12   Einzelne Grundrechte

Die Bedeutung der Grundrechte für die Ordnung des Gemeinwesens äußert sich in einer kaum zu übersehenden Vielfalt ihrer Einflüsse auf die Wirklichkeit heutigen Rechtslebens, das weithin, namentlich im Bereich des Verwaltungsrechts, durch diese Einflüsse geprägt ist. Auf die Breite der Aspekte, die sich hier bieten, vollends auf deren eingehende und umfassende Erörterung in Rechtsprechung und Literatur, kann im Rahmen der hier darzustellenden Grundzüge nicht eingegangen werden. Die folgenden Ausführungen beschränken sich auf einen Überblick und erste Orientierungen, die zugleich deutlich machen sollen, daß ein angemessenes Verständnis auch der einzelnen Grundrechte nur im Blick auf deren Einfügung in den Gesamtzusammenhang der verfassungsmäßigen Ordnung gewonnen werden kann und daß die meisten grundrechtlichen Interpretationsprobleme nur unter Einbeziehung dieses Aspektes, d. h. aber im Blick auf die Einheit der Verfassung, sachgemäß bewältigt werden können. **361**

---

22 Vgl. BVerfGE 53, 30 (65) m. w. Nachw. und die umfassende Übersicht in der abw. Meinung, ebd. S. 72 f.; 63, 131 (143); 73, 280 (296); 90, 60 (96). Siehe auch BVerfGE 77, 170 (229 f.) mit der Unterscheidung von „verfahrensabhängigen" (wie Art. 16 Abs. 2 Satz 2 – nunmehr Art. 16 a Abs. 1 GG) und „verfahrensgeprägten" Grundrechten (wie Art. 5 Abs. 1 Satz 2 GG); inwieweit aus solchen Grundrechtsnormen eine Pflicht des Staates hergeleitet werden kann, Verfahren zur Verfügung zu stellen und durchzuführen und ob sich aus dieser Pflicht ein entsprechendes Recht des Einzelnen auf „Verfahrensteilhabe" ergibt, hat das Gericht bislang noch nicht abschließend entschieden. Kritisch: *F. Ossenbühl*, Kernenergie im Spiegel des Verfassungsrechts, DÖV 1981, 1 ff., bes. 5 ff.
23 Vgl. etwa BVerfGE 12, 205 (261 ff.); 31, 314 (325 ff.); 35, 79 (120 ff.); 43, 242 (267); *Lerche* (Anm. 21) S. 104 ff.
24 Dazu für den Fall eines Mangels an Studienplätzen: BVerfGE 33, 303 (345); 43, 291 (314, 316 f.).

362 Eine exakte Systematisierung ist hierbei nicht möglich. Zwar lassen die meisten Grundrechte sich historisch und sachlich nach bestimmten Schutzbereichen gruppieren[1]; doch ergeben sich vielfach – etwa bei den Verbürgungen geistiger und politischer Freiheit – so weitgehende Überschneidungen, daß jedes Einteilungsschema Zusammengehöriges trennen und einer Klärung kaum dienen würde. Die folgende Behandlung der einzelnen Grundrechte begnügt sich daher mit einer lockeren Gruppierung und Typisierung. Auf eine weitere Erörterung des Art. 1 GG wird verzichtet, weil der Schwerpunkt dieses Artikels in seiner Funktion als Grundlegung der durch das Grundgesetz konstituierten Ordnung liegt (oben Rdn. 116), während er in der praktischen Rechtsanwendung hinter die spezielleren Grundrechte zurücktritt.

I. Freiheitsrechte

1. Das Recht auf Leben und körperliche Unversehrtheit; die Freiheit der Person

363 Die Gewährleistungen konkreter Grundfreiheiten durch das Grundgesetz beginnen mit Art. 2 Abs. 2 GG, der die elementaren rechtlichen Voraussetzungen menschenwürdiger Existenz zu schützen sucht: das Recht auf Leben und körperliche Unversehrtheit (Satz 1) und Freiheit der Person (Satz 2).

364 a) In den Rechten des Art. 2 Abs. 2 Satz 1 GG dokumentiert sich die Abkehr von einer Vergangenheit, der der Respekt vor dem menschlichen Leben und vor der körperlichen Integrität des Menschen fremd war. Vernichtung „rassisch wertlosen" oder „lebensunwerten" Lebens, Zwangsversuche an lebenden Menschen, Zwangssterilisation und ähnliches sollen nicht nur moralisch, sondern auch von Verfassungs wegen ausgeschlossen sein. Neben dieser grundsätzlichen Bedeutung ist Art. 2 Abs. 2 Satz 1 GG für die Beurteilung zahlreicher Einzelfragen wesentlich, etwa die der Zulässigkeit polizeilichen Waffengebrauchs, der Anwendung sogenannter „Wahrheitsdrogen" in gerichtlichen Verfahren, der erzwungenen Heileingriffe oder des Züchtigungsrechts[2].

Neben der Abwehr staatlicher Eingriffe begründet Art. 2 Abs. 2 S. 1 GG Verpflichtungen zum Schutz des Lebens und der körperlichen Unversehrtheit vor Beeinträchtigungen, welche nicht vom Staat ausgehen. Ein aktuelles Hauptproblem bildet hier der Schutz ungeborenen Lebens[3]. Zunehmende, wenn nicht zentrale Bedeutung gewinnt die verfassungsrechtliche Schutzpflicht des Staates im Zusammenhang seiner Aufgabe, Vorsorge gegen mögliche Folgewirkungen und Risiken heutigen Verhaltens, insbesondere moderner wissenschaftlicher und technischer Entwicklungen zu treffen, beispielsweise der nuklearen Entsorgung, lebens- oder

---

1 *J. P. Müller*, Die Grundrechte der Verfassung und der Persönlichkeitsschutz des Privatrechts (1964) S. 74 f.; *U. Scheuner*, Pressefreiheit, VVDStRL 22 (1965) S. 2 f.

2 Dazu gut informierend *Maunz-Dürig*, Grundgesetz, Rdn. 8 ff. zu Art. 2 Abs. II; *D. Lorenz*, Recht auf Leben und körperliche Unversehrtheit, HdBStR VI, § 128. Zu der Pflicht des Staates, Leben und körperliche Unversehrtheit zu schützen, oben Rdn. 350.

3 Vgl. dazu BVerfGE 39, 1 (36 ff.); 88, 203 (251 ff.) mit abw. Meinungen S. 338 ff. und 359 ff. und oben Rdn. 350 Anm. 8.

gesundheitsbedrohender Beeinträchtigungen der Umwelt oder Auswirkungen der Gentechnologie (oben Rdn. 350).

Wenn nach Art. 2 Abs. 2 Satz 3 in beide Rechte auf Grund eines Gesetzes einge- 365 griffen werden darf, so wird gerade hier deutlich, daß selbst ein einfacher Gesetzesvorbehalt nicht zu unbegrenzten Eingriffen ermächtigt, sofern dafür nur die Grundlage eines Gesetzes geschaffen wird. Eine Begrenzung ist vielmehr nur unter den oben (Rdn. 317) dargelegten Voraussetzungen zulässig.

b) Gleiches gilt für das nicht minder bedeutsame Grundrecht der *Freiheit der Per-* 366 *son.* Es gewährleistet die körperliche Bewegungsfreiheit, die weder beschränkt noch durch Festnahme, Einschließung usw. entzogen werden darf[4].

Formelle Voraussetzungen und Verfahrensgarantien für die nach Satz 3 zulässi- 367 gen Eingriffe in dieses Grundrecht normiert Art. 104 GG, der die freiheitssichernde Funktion eines rechtsstaatlichen Verfahrens sichtbar macht und darin zugleich die besondere Bedeutung der Freiheit der Person für die verfassungsmäßige Ordnung des Grundgesetzes erweist.

Das Hauptgewicht dieser Bestimmung liegt auf den beiden ersten Absätzen. Nach 368 Abs. 1 sind *Freiheitsbeschränkungen* nur auf Grund eines förmlichen Gesetzes und nur unter Beachtung der darin vorgesehenen Formen zulässig. Zu jeder Beeinträchtigung der körperlichen Bewegungsfreiheit, nicht nur zur Entziehung der Freiheit, bedarf es daher eines von den gesetzgebenden Körperschaften beschlossenen Gesetzes. Dieses muß selbst Art und Maß der Freiheitsbeschränkung festlegen, während Spezifizierungen des gesetzlichen Tatbestandes der Regelung durch Verordnung überlassen werden dürfen[5]; die Berufung auf Gewohnheitsrecht ist unzulässig. Sind diese Voraussetzungen jedoch erfüllt, so können sowohl Organe der rechtsprechenden wie solche der vollziehenden Gewalt die körperliche Bewegungsfreiheit einschränken.

Dagegen ist die Entscheidung über den Eingriff der *Freiheitsentziehung* nach 369 Abs. 2 allein dem Richter vorbehalten[6]. Sofern eine Freiheitsentziehung nicht auf richterlicher Anordnung beruht, ist eine richterliche Entscheidung unverzüglich herbeizuführen. Die Polizei darf aus eigener Machtvollkommenheit niemanden länger als bis zum Ende des Tages nach dem Ergreifen in eigenem Gewahrsam halten. Diese Regelungen sind für den Fall einer Festnahme wegen des Verdachts einer strafbaren Handlung durch das Grundgesetz selbst in Art. 104 Abs. 3 näher konkretisiert. Für jede Freiheitsentziehung gilt schließlich die Vorschrift des Abs. 4, nach der die Angehörigen des Festgehaltenen oder eine Person seines Ver-

---

4 Dazu näher: BVerfGE 83, 24 (30 ff.); *E. Grabitz*, Freiheit der Person, HdBStR VI, § 130.
5 BVerfGE 14, 174 (186 f.); 14, 245 (251 f.); 78, 374 (383). Vgl. auch BVerfGE 29, 183 (195 f.); 51, 60 (70 f.); 58, 208 (220); 65, 317 (321 f.); 75, 329 (342).
6 Zur Abgrenzung von der Freiheitsbeschränkung vgl. BVerwGE 62, 325 (327 f.). Zur Frage der Entscheidung des Vormundes über die Unterbringung des (volljährigen) geisteskranken Mündels in einer geschlossenen Anstalt vgl. BVerfGE 10, 302 (322 ff.); zur Verhängung wehrdisziplinarrechtlicher Arreststrafen: BVerfGE 22, 311 (317 ff.).

trauens von jeder richterlichen Entscheidung über die Anordnung oder Fortdauer der Freiheitsentziehung unverzüglich zu benachrichtigen sind.

370 Die erforderlichen *ausgestaltenden Regelungen* durch die einfache Gesetzgebung sind im Bereich der rechtsprechenden Gewalt namentlich durch die Prozeßgesetze getroffen. Für den Bereich der vollziehenden Gewalt, in dem bei Inkrafttreten des Grundgesetzes vielfach den Erfordernissen des Art. 104 GG entsprechende Regelungen fehlten, sind sie von Bund und Ländern teils in besonderen Gesetzen[7], teils im Zusammenhang mit der Regelung der einschlägigen Materien geschaffen worden, so daß der Auftrag des Art. 104 Abs. 2 Satz 4 GG als erfüllt angesehen werden kann.

2. Freizügigkeit

371 In nahem sachlichen Zusammenhang mit der Verbürgung der Freiheit der Person steht die Gewährleistung der Freizügigkeit in Art. 11 Abs. 1 GG[8]. Auch sie schützt eine elementare Voraussetzung personaler Lebensgestaltung: das Recht, frei über den eigenen Aufenthalt und Wohnsitz zu bestimmen. Zugleich ist Freizügigkeit wesentliches Element einer freiheitlichen politischen Ordnung, die keine Zwangsansiedlung oder Zwangsaussiedlung zuläßt, und einer freiheitlichen Wirtschafts- und Sozialordnung, die ohne Freizügigkeit, Freiheit der Berufswahl und freie Wahl des Arbeitsplatzes nicht bestehen könnte.

Art. 11 Abs. 1 GG gewährleistet das Recht des freien Zuges von einer Gemeinde in eine andere *(interkommunale Freizügigkeit)* und von einem Land der Bundesrepublik in das andere *(interterritoriale Freizügigkeit)*. Mit Recht sieht das Bundesverfassungsgericht auch den freien Zug *in das Bundesgebiet* durch Art. 11 Abs. 1 GG geschützt – obwohl dies dem Wortlaut des Art. 11 Abs. 1 GG nicht eindeutig zu entnehmen ist; in der Zeit der deutschen Teilung kam dieses Recht auch den Deutschen in der DDR zu[9]. Dagegen soll die *freie Ausreise* nicht durch Art. 11 Abs. 1 GG, sondern nur im Rahmen der „allgemeinen Handlungsfreiheit" des Art. 2 Abs. 1 GG gewährleistet sein[10]. Der Schluß von den Schranken auf den Inhalt des Art. 11 Abs. 1 GG, mit dem das Gericht dieses Ergebnis begründet, ist widersprüchlich, und er wird durch die Erwägungen darüber, woran der Grundgesetzgeber offensichtlich gedacht oder nicht gedacht habe, nicht folgerichtiger. Freie Ausreise ist nach ihrer Geschichte und ihrer Bedeutung in der Gegenwart – die gerade in Deutschland am Gegenbild der Verhinderung freier Ausreise in der DDR unmittelbar anschaulich geworden ist – mehr als ein bloßes Stück „allgemeiner Handlungsfreiheit". Deshalb liegt es näher, Art. 11 GG als sedes materiae anzusehen. Wenn von den Schranken des Art. 11 Abs. 2 GG nur ein Teil für die Begrenzung des Rechts freier Ausreise in Betracht kommt, so spricht das mehr für als gegen diese Lösung.

---

7 Z. B. in dem Bundesgesetz über das gerichtliche Verfahren bei Freiheitsentziehungen vom 29. 6. 1956 (BGBl. I S. 599) oder dem baden-württembergischen Gesetz über die Unterbringung psychisch Kranker (Unterbringungsgesetz) vom 11. 4. 1983 (GBl. S. 133), beide mit spät. Änderungen.

8 Dazu näher: *K. Hailbronner*, Freizügigkeit, HdBStR VI, § 131.

9 BVerfGE 2, 266 (272 ff.).

10 BVerfGE 6, 32 (34 ff.). Vgl. dazu *U. Scheuner*, Die Auswanderungsfreiheit in der Verfassungsgeschichte und im Verfassungsrecht Deutschlands, in: Festschrift für Richard Thoma (1950) S. 199 ff.; *D. D. Hartmann*, Freie Ausreise, JöR NF 17 (1968) S. 437 ff.

Grenzen können dem Recht des Art. 11 Abs. 1 GG nur durch Gesetz oder auf   372
Grund eines Gesetzes und nur für bestimmte, ausdrücklich aufgeführte Fälle gezogen werden (Art. 11 Abs. 2 GG); dies ist in mehreren Gesetzen geschehen. Eine
weitere Beschränkungsmöglichkeit normiert Art. 17a Abs. 2 GG. Die Übergangsregelung des Art. 117 Abs. 2 GG ist überholt.

3. Unverletzlichkeit der Wohnung; Brief-, Post- und Fernmeldegeheimnis

Zu den Gewährleistungen des engsten Bereichs der persönlichen Lebensführung   373
gehören schließlich das Grundrecht der Unverletzlichkeit der Wohnung (Art. 13
GG), das auf der Grundlage der qualifizierten Gesetzesvorbehalte der Art. 13
Abs. 2, 3 und 17a Abs. 2 GG begrenzt werden kann[11], sowie die Garantie des
Brief-, Post- und Fernmeldegeheimnisses (Art. 10 GG)[12]. Mit beiden Rechten verbürgt das Grundgesetz wesentliche Bestandteile der Unverletzlichkeit der Privatsphäre als ein Stück objektiver Ordnung des von ihm verfaßten Gemeinwesens
und als Rechtsgut, das durch die Gewährleistung subjektiver Abwehrrechte geschützt werden soll.

Brief- und Postgeheimnis unterscheiden sich dadurch, daß das erste auf schriftli-   374
che Mitteilungen beschränkt ist, diese aber auch außerhalb des Postverkehrs
schützt. Das Postgeheimnis umfaßt sämtliche Formen der Tätigkeit der Post, das
Fernmeldegeheimnis den gesamten Fernmelde-, insbesondere den Telefon-, Tele-
grafen- und Fernschreibverkehr. Verletzt sind die Geheimnisse, wenn über die Art
oder den Inhalt der beförderten Sendungen, über die Person des Absenders oder
Empfängers oder über Modalitäten der Zustellung Mitteilung gemacht wird, wenn
durch Fernmeldeanlagen übermittelte Informationen abgehört, mitgelesen oder
auf Tonband aufgenommen werden.

Art. 10 Abs. 2 Satz 1 GG stellt die Gewährleistungen des Abs. 1 unter *einfachen*   375
Gesetzesvorbehalt. Gesetzliche Begrenzungen enthalten z. B. §§ 100a ff. StPO
oder §§ 12 f. des Gesetzes über Fernmeldeanlagen.

Besonders weitreichend sind die Begrenzungen, die das Gesetz zur Beschränkung   376
des Brief-, Post- und Fernmeldegeheimnisses vom 13. 8. 1968 (BGBl. I S. 949,
mit späteren Änderungen) enthält: aus Gründen des Staats- und Verfassungsschutzes, aber auch zur Abwehr drohender Gefahren für die Sicherheit der in der Bundesrepublik stationierten Truppen der nichtdeutschen Vertragsstaaten des Nordat-
lantikvertrages sind die zuständigen Behörden berechtigt, dem Brief-, Post- und
Fernmeldegeheimnis unterliegende Sendungen zu öffnen und einzusehen, den
Fernschreibverkehr mitzulesen, den Fernmeldeverkehr abzuhören und auf Tonträ-
ger aufzunehmen. Dies gilt nicht nur, wenn tatsächliche Anhaltspunkte für die Planung oder Begehung von Taten vorliegen, die dem politischen Strafrecht (mit ein-

---

11 Vgl. dazu BVerfGE 32, 43 (68 ff.) m. w. Nachw.; 51, 97 (106 ff.); 75, 318 (328); 76, 83 (89 ff.);
BVerwGE 28, 285 (286 ff.); 47, 31 (35 ff.). *W. Schmitt Glaeser*, Schutz der Privatsphäre, HdBStR
VI, § 129 Rdn. 47 ff.
12 Vgl. dazu BVerfGE 67, 157 (171 ff.); 85, 386 (395 ff.); *Schmitt Glaeser* (Anm. 11) Rdn. 61 ff.

zelnen Ausnahmen – vgl. Art. 1 § 2) unterliegen, sondern auch zur Sammlung von Nachrichten über Sachverhalte, deren Kenntnis notwendig ist, um die Gefahren eines bewaffneten Angriffs auf die Bundesrepublik Deutschland sowie bestimmter Verbrechen rechtzeitig zu erkennen und einer solchen Gefahr zu begegnen (Art. 1 §§ 1–3). Der Betroffene ist über die Beschränkungsmaßnahmen nach ihrer Einstellung zu unterrichten, wenn eine Gefährdung des Zwecks der Beschränkung ausgeschlossen werden kann (Art. 1 § 5 Abs. 5). Die Maßnahmen unterliegen lediglich der Kontrolle eines aus fünf Bundestagsabgeordneten bestehenden Gremiums; dieses bestellt eine dreiköpfige Kommission, die von Amts wegen oder auf Grund von Beschwerden über die Zulässigkeit und Notwendigkeit von Beschränkungsmaßnahmen entscheidet (Art. 1 § 9 Abs. 1–4). Der Rechtsweg sowohl gegen die Anordnung von Beschränkungsmaßnahmen als auch gegen ihren Vollzug ist unzulässig (Art. 1 § 9 Abs. 6).

377 Das Gesetz ist im Rahmen der Notstandsgesetzgebung ergangen; seine Regelungen gelten jedoch auch in der Normallage. Mit ihnen höhlt das Gesetz das als Menschenrecht verbürgte Brief-, Post- und Fernmeldegeheimnis weitgehend aus; seine tiefgreifenden Einschränkungen unterliegen unter dem Aspekt ihrer Verhältnismäßigkeit und damit der Einhaltung der Wesensgehaltsgarantie des Art. 19 Abs. 2 GG (oben Rdn. 332) verfassungsrechtlichen Bedenken. Die denkbar weiten und unbestimmten normativen Voraussetzungen, unter denen diese Eingriffe zugelassen werden, lassen der Exekutive eine Freiheit, die mit dem Vorbehalt der Anordnung von Grundrechtsbeschränkungen durch den Gesetzgeber (oben Rdn. 314) schwerlich vereinbar ist. Im Ausschluß des Rechtsweges gibt das Gesetz schließlich einen fundamentalen rechtsstaatlichen Grundsatz preis.

378 Die Frage, ob mit den durch das 17. Änderungsgesetz zum Grundgesetz eingefügten Ergänzungen der Art. 10 Abs. 2 Satz 2 und 19 Abs. 4 Satz 3 GG, die dies alles sanktionieren sollen, nicht die Grenzen einer zulässigen Verfassungsänderung überschritten seien, hat das Bundesverfassungsgericht auf der Grundlage einer – den normativen Inhalt des Art. 10 Abs. 2 Satz 2 GG weithin verändernden – „verfassungskonformen" Auslegung (vgl. auch oben Rdn. 83) verneint. Auch Art. 1 § 9 Abs. 5 des Gesetzes zu Art. 10 (jetzt Abs. 6) hat es als vereinbar mit dem Grundgesetz angesehen. Dagegen war nach seiner Entscheidung Art. 1 § 5 Abs. 5 (a. F.) des Gesetzes zu Art. 10 mit Art. 10 Abs. 2 Satz 2 GG insoweit nicht vereinbar und deshalb nichtig, als er die Unterrichtung des Betroffenen über Beschränkungsmaßnahmen auch ausschloß, wenn sie ohne Gefährdung des Zwecks der Beschränkung erfolgen konnte. – Die Entscheidung unterliegt sowohl methodischen als auch funktionell- und materiellrechtlichen Bedenken [13].

4. Freiheit des Glaubens, des weltanschaulichen Bekenntnisses und des Gewissens

379 Innerhalb der Gruppe der Freiheitsrechte, die geistige Freiheit und freie Teilnahme am politischen Leben als Grundvoraussetzungen personaler Entfaltung und freiheitlicher demokratischer und rechtsstaatlicher Grundordnung gewährleisten,

---

13 BVerfGE 30, 1 (17 ff.), „Abhörurteil"; die abweichende Meinung der dissentierenden Richter S. 33 ff. Zur Problematik: *G. Dürig* und *H. U. Evers,* Zur verfassungsändernden Beschränkung des Post-, Telefon- und Fernmeldegeheimnisses (1969) S. 14 ff., 50 ff. m. w. Nachw. Zur Kritik des Urteils: *P. Häberle,* Die Abhörentscheidung des Bundesverfassungsgerichts vom 15. 12. 1970, JZ 1971, 145 ff.

schützt Art. 4 GG das Kernstück dieser Freiheit: die Freiheit des Glaubens, des weltanschaulichen Bekenntnisses und des Gewissens.

a) Das Grundrecht gewährleistet wesentliche Bestandteile der *Religionsfreiheit*, nämlich die Glaubens- und Bekenntnisfreiheit, die durch die Freiheit des weltanschaulichen Bekenntnisses erweitert wird (Abs. 1), und die Kultusfreiheit als das Recht ungestörter (gemeinschaftlicher) Religionsausübung (Abs. 2). Das dritte wesentliche Element der Religionsfreiheit, die religiöse Vereinigungsfreiheit, findet sich dagegen an anderer Stelle des Grundgesetzes, und zwar in Art. 140 in Verbindung mit Art. 137 Abs. 2 WRV. **380**

In den Rechten des Art. 4 Abs. 1 und 2 GG tritt der Doppelcharakter der Grundrechte mit besonderer Deutlichkeit hervor. Als *subjektive Rechte* gewährleisten sie die Freiheit, einen Glauben oder eine Weltanschauung einzeln oder in Gemeinschaft zu bekennen oder auch abzulehnen und über beides zu schweigen[14]; sie begründen Ansprüche auf Schutz vor Störungen und auf Unterlassung jeglichen unmittelbaren oder mittelbaren Glaubenszwangs oder des Zwangs zu einem weltanschaulichen Bekenntnis. Insoweit wird die Freiheit des Art. 4 Abs. 1 GG durch die Art. 6 Abs. 2, 7 Abs. 3 Satz 3, 33 Abs. 3, 140 in Verbindung mit Art. 136 WRV (hier auf das religiöse Bekenntnis beschränkt) nach einzelnen Richtungen hin konkretisiert. Diese Freiheit ist nur grundrechtsimmanent und durch die Verfassung begrenzt[15]; eine Begrenzung durch Gesetz ist unzulässig[16]. **381**

Als *Grundelement objektiver* demokratischer und rechtsstaatlicher *Ordnung* begründet die Glaubens-, Bekenntnis- und Kultusfreiheit die religiöse und weltanschauliche Neutralität des Staates[17] als Voraussetzung eines freien politischen Prozesses und als Grundlage heutiger Rechtsstaatlichkeit (oben Rdn. 159 ff., 204). Sie gewährleistet darüber hinaus schlechthin einen freien geistigen Prozeß, in dem sich die maßgeblichen Wertauffassungen frei von staatlicher Beeinflussung bilden sollen. Insoweit dient die Glaubens- und Bekenntnisfreiheit nicht nur dem Zweck, staatlichen Eingriffen oder kirchlichen Übergriffen zu wehren; sondern sie wird zugleich um ihrer Aktualisierung willen gewährleistet, und diese Gewährleistung beschränkt sich nicht auf *einen* Glauben oder *eine* Weltanschauung, weil diese nur in ihrer Pluralität als Faktoren des freien politischen und geistigen Prozesses wirken können, um den es der Verfassung zu tun ist. Darum werden Glauben und Bekenntnis nicht in einen Bereich des für die verfassungsmäßige Ordnung Unwesentlichen abgeschoben und werden die Kräfte, die jenen Prozeß tragen, von der Verfassung positiv bewertet. **382**

---

14 Vgl. BVerfGE 12, 1 (3 f.); 30, 415 (423); 33, 23 (28 f.); 35, 366 (375 f.); 52, 223 (240 f.); BVerwGE 44, 196 (197 ff.) und den grundsätzlichen Beschluß BVerfGE 24, 236 (244 ff.). Zu diesem: *P. Häberle*, Grenzen aktiver Glaubensfreiheit, DÖV 1969, 385 ff. Zur Religionsfreiheit insgesamt: *A. von Campenhausen*, Religionsfreiheit, HdBStR VI, § 136, insbes. Rdn. 41 ff.

15 BVerfGE 32, 98 (107 f.); 33, 23 (29) m. w. Nachw.; 44, 37 (49 f.).

16 Da Art. 4 im Verhältnis zu Art. 5 Abs. 1 GG lex specialis ist, können auch die Grenzen des Art. 5 Abs. 2 GG nicht auf Art. 4 GG ausgedehnt werden: BVerfGE 32, 98 (107).

17 BVerfGE 10, 59 (85); 19, 206 (216) m. w. Nachw.; 24, 236 (246); 32, 98 (106). Aus der Lit.: *K. Schlaich*, Neutralität als verfassungsrechtliches Prinzip (1972), bes. S. 129 ff., 236 ff.

383 b) Die Freiheit des Glaubens, des religiösen und des weltanschaulichen Bekenntnisses erscheint heute als Ausformung des in Art. 4 Abs. 1 GG gewährleisteten allgemeineren Grundrechts der *Gewissensfreiheit*. Diese ist nicht auf die Freiheit der Gewissens-„bildung", also das „Forum internum", beschränkt; sondern sie umfaßt auch die Freiheit der Gewissens-„betätigung" und schützt damit die nach außen hervortretende Gewissensentscheidung auch dann, wenn sie nicht religiös oder weltanschaulich motiviert ist. Darin verkörpert sich ebenfalls die Absage an eine von Staats wegen maßgebliche Deutung des Wahren und Richtigen, der gegenüber das individuelle Gewissen prinzipiell unbeachtlich ist. Statt dessen sucht das Grundgesetz die unter den Bedingungen moderner technisch-wissenschaftlicher Zivilisation besonders gefährdete geistig-sittliche Persönlichkeit in ihrer Identität mit sich selbst zu schützen; es gewährleistet freie Auseinandersetzung und freien Konsens über das Wahre und Richtige, die beide der rationalen Kommunikation bedürfen, nicht erzwingbar sind und darum praktische Toleranz auch gegenüber dem Außenseiter umschließen. Keine Verfassung kann freilich Gewissensfreiheit unbeschränkt gewährleisten, wenn anders rechtlich geordnetes Zusammenleben innerhalb des Gemeinwesens nicht unmöglich werden soll. Auch die Gewissensfreiheit des Grundgesetzes ist deshalb grundrechtsimmanent und durch die Verfassung selbst begrenzt, während eine gesetzliche Begrenzung unzulässig ist[18].

384 c) In Konsequenz der Anerkennung der Freiheit des Gewissens in Art. 4 Abs. 1 GG gewährleistet Art. 4 Abs. 3 GG das Recht, den *Kriegsdienst mit der Waffe* aus Gewissensgründen *zu verweigern*.

Dieses Recht ist beschränkt auf die Verweigerung des Kriegsdienstes *mit der Waffe*. Es umfaßt das Recht, eine Waffenausbildung im Frieden abzulehnen, dagegen nicht die Verweigerung des waffenlosen Dienstes bei den Streitkräften. Dieser kann indessen nach einer zunächst in den Art. 12 Abs. 2 eingefügten, jetzt in Art. 12 a Abs. 2 GG übernommenen Grundgesetzergänzung abgelehnt werden, die den Ersatzdienst regelt und hierbei die Schaffung der Möglichkeit eines Ersatzdienstes außerhalb der Streitkräfte vorschreibt.

Voraussetzung berechtigter Kriegsdienstverweigerung sind allein *ernsthafte Gewissensgründe*. Wer aus solchen Gründen, gleichgültig, ob aus religiösen oder anderen Motiven, den Kriegsdienst mit der Waffe in Frieden und Krieg schlechthin und allgemein ablehnt, soll sich nach Auffassung des Bundesverfassungsgerichts auf Art. 4 Abs. 3 GG berufen dürfen, dagegen nicht der Kriegsdienstverweigerer, der aus Gewissensgründen die Teilnahme an einem bestimmten Krieg, an einer bestimmten Art von Kriegen oder die Führung bestimmter Waffen ablehnt („situationsbedingte" Kriegsdienstverweigerung). Die gesetzliche Regelung hierzu muß nach der Rechtsprechung gewährleisten, daß nur solche Wehr-

---

18 Vgl. dazu *R. Bäumlin* und *E.-W. Böckenförde*, Das Grundrecht der Gewissensfreiheit, VVDStRL 28 (1970) S. 3 ff. Ferner etwa *R. Herzog*, Die Freiheit des Gewissens und der Gewissensverwirklichung, DVBl. 1969, 718 ff.; *H. Scholler*, Gewissen, Gesetz und Rechtsstaat, DÖV 1969, 526 ff.; *A. Podlech*, Das Grundrecht der Gewissensfreiheit und die besonderen Gewaltverhältnisse (1969); *H. H. Klein*, Gewissensfreiheit und Rechtsgehorsam, in: Festschrift für Karl Doehring (1989) S. 479 ff.; *D. Franke*, Gewissensfreiheit und Demokratie, Aktuelle Probleme der Gewissensfreiheit, AöR 114 (1989) S. 7 ff.; *H. Bethge*, Gewissensfreiheit, HdBStR VI, § 137 Rdn. 1 ff.; *M. Herdegen*, Gewissensfreiheit und Normativität des positiven Rechts (1990).

pflichtige als Kriegsdienstverweigerer angesehen werden, bei denen mit hinreichender Sicherheit angenommen werden kann, daß in ihrer Person die Voraussetzungen des Art. 4 Abs. 3 Satz 1 GG erfüllt sind[19].

Die in Art. 4 Abs. 3 Satz 2 vorgesehene *ausgestaltende Regelung* war in §§ 25 ff. des Wehrpflichtgesetzes getroffen. Das Änderungsgesetz vom 13. 7. 1977 (BGBl. I S. 1229) hat das Bundesverfassungsgericht für nichtig erklärt. An die Stelle der bisherigen Regelung ist mit Wirkung vom 1. Januar 1984 diejenige des Gesetzes zur Neuordnung des Rechts der Kriegsdienstverweigerung und des Zivildienstes vom 28. 2. 1983 (BGBl. I S. 203) getreten[20]. Der Ersatzdienst ist in dem Gesetz über den Zivildienst der Kriegsdienstverweigerer (Zivildienstgesetz) i. d. F. vom 31. 7. 1986 (BGBl. I S. 1205, mit späteren Änderungen) geregelt.   385

5. Meinungsfreiheit

„Meinungsfreiheit", ebenfalls ein Kernstück politischer und geistiger Freiheit, bezeichnet zusammenfassend die Freiheiten des Art. 5 Abs. 1 GG: die Meinungsäußerungs- und Informationsfreiheit (Satz 1), die Pressefreiheit und die Freiheit der Berichterstattung durch Rundfunk und Film (Satz 2); diese Freiheiten werden durch das Zensurverbot des Abs. 1 Satz 3 verstärkt und gesichert[21].   386

a) Die volle Tragweite dieser Gewährleistungen erschließt sich auch hier nur im Blick auf deren Doppelcharakter: sie sind einerseits subjektive Rechte, und zwar sowohl im Sinne von Abwehrrechten als auch in dem politischer Mitwirkungsrechte; andererseits sind sie negative Kompetenzvorschriften und konstituierende Elemente objektiver demokratischer und rechtsstaatlicher Ordnung. Ohne die Freiheit der Meinungsäußerung und Informationsfreiheit, ohne die Freiheit der modernen „Massenkommunikationsmittel" Presse, Funk und Film kann öffentliche Meinung nicht entstehen, sind die Entwicklung pluralistischer Initiativen und Alternativen sowie „Vorformung des politischen Willens" nicht möglich, kann es keine Publizität des politischen Lebens geben, ist die gleiche Chance der Minderheiten nicht wirksam gesichert und kann sich politisches Leben nicht in einem freien und   387

---

19 BVerfGE 12, 45 (52 ff.); 48, 127 (163 ff.) mit abw. Meinung S. 185 ff.; 69, 1 (21) mit abw. Meinungen S. 57 ff. und 87 ff. Zur Verweigerung nach Eintritt in den Wehrdienst: BVerfGE 28, 243 (256 ff.); 32, 40 (45 ff.); zur Verweigerung nach Ableistung des Grundwehrdienstes: BVerfGE 78, 364 (371 ff.). Zur Verweigerung des Ersatzdienstes: BVerfGE 19, 135 (137 f.); 23, 127 (131 ff.); 23, 191 (202 ff.); 78, 391 (395 f.). *G. Dürig*, Art. 103 II GG und die „Zeugen Jehovas", JZ 1967, 426 ff. Zur Problematik insgesamt: *U. Scheuner*, Der Schutz der Gewissensfreiheit im Recht der Kriegsdienstverweigerer, DÖV 1961, 201 ff.; *Bethge* (Anm. 18) § 137 Rdn. 44 ff. Zur Verfassungsrechtsprechung: *W. Berg*, Das Grundrecht der Kriegsdienstverweigerung in der Rechtsprechung des Bundesverfassungsgerichts, AöR 107 (1982) S. 585 ff.
20 Zu deren Vereinbarkeit mit dem Grundgesetz: BVerfGE 69, 1 (20 ff.); grundsätzliche Einwände in der abw. Meinung, ebd. S. 57 ff.
21 Dazu näher: *E. Schmidt-Jorzig*, Meinungs- und Informationsfreiheit, HdBStR VI, § 141; *W. Hoffmann-Riem*, Kommunikations- und Medienfreiheit, HdBVerfR § 7. Zur Rechtsprechung des BVerfG vgl. *W. Schmitt Glaeser*, Die Meinungsfreiheit in der Rechtsprechung des Bundesverfassungsgerichts, AöR 97 (1972) S. 60 ff., 276 ff.; AöR 113 (1988) S. 52 ff.; *D. Grimm*, Die Meinungsfreiheit in der Rechtsprechung des Bundesverfassungsgerichts, NJW 1995, 1697 ff.

offenen Prozeß entfalten. Meinungsfreiheit ist darum für die demokratische Ordnung des Grundgesetzes „schlechthin konstituierend"[22].

388 Ihre Bedeutung beschränkt sich indessen nicht auf den Bereich der politischen Ordnung. Indem Art. 5 Abs. 1 GG geistige Freiheit schlechthin als ein „Stück sittlich notwendiger Lebensluft"[23] gewährleistet, konstituiert er neben Art. 4 GG jenen Bereich, in dem sich die maßgeblichen Wertauffassungen frei von staatlicher Beeinflussung bilden sollen[24], schützt er geistige Freiheit schlechthin und ist er wesentliches Element des Rechtsstaates.

389 Subjektiv- und objektivrechtliche Momente sind dabei in den einzelne Freiheiten des Art. 5 Abs. 1 GG unterschiedlich akzentuiert; in der Meinungsäußerungs- und Informationsfreiheit treten die subjektiven stärker hervor als in der Pressefreiheit, während in der Freiheit von Rundfunk und Film die objektiven Momente dominieren, ohne indessen die subjektiven ganz zu verdrängen.

390 b) Nur auf dem Grund der Einsicht in diese Funktion der Meinungsfreiheit innerhalb der verfassungsmäßigen Ordnung des Grundgesetzes lassen sich die vielfältigen Interpretationsprobleme bewältigen, die Art. 5 Abs. 1 und 2 GG bieten. Sie können hier nur in gröbsten Umrissen dargestellt werden.

391 aa) Das gilt zunächst für den Begriff der *„Meinungsäußerung"*. Er bezeichnet alle Äußerungen, die der Bildung von Meinungen dienen: nicht nur die eigene Stellungnahme, mag sie zustimmend oder kritisch, grundsätzlicher oder nichtgrundsätzlicher Art sein, sondern auch die Tatsachenmitteilung, die zwar mit keiner eigenen Stellungnahme verbunden, aber doch bestimmt ist, Meinungsbildung zu ermöglichen oder zu beeinflussen. Nicht geschützt wird durch Art. 5 GG die bewußt oder erwiesen unwahre Tatsachenmeldung, obwohl gerade sie oft das Ziel der Meinungsbildung verfolgt; denn die Meinung, die sie bilden soll, muß notwendig eine unrichtige sein, es soll eine Pseudooperation der Meinungsbildung vollzogen werden, die den Grundrechtsschutz des Art. 5 GG nicht genießen kann[25].

392 Auf die *Form*, in der eine Meinung geäußert oder verbreitet wird, kommt es nicht an. Meinungsäußerungen sind in jeder Form geschützt; die Aufzählung in Abs. 1 Satz 1: „... in Wort, Schrift und Bild ..." hat nur die Bedeutung von Beispielen.

393 bb) Das notwendige Gegenstück zur Freiheit der Meinungsäußerung ist die *Informationsfreiheit* als Grundlage demokratischer Meinungsbildung. Sie ist auf „allgemein zugängliche Quellen", namentlich Presse und Rundfunk, beschränkt. Diese Beschränkung bedeutet jedoch nicht, daß es in das Belieben der informierenden staatlichen Stellen gestellt sei, Presse und Rundfunk zu unterrichten. Denn die Informationsfreiheit ist Voraussetzung demokratischer Publizität; nur der informierte Staatsbürger ist in der Lage, sich ein eigenes Urteil zu bilden und in der vom Grundgesetz intendierten Weise am demokratischen Prozeß mitzuwirken.

---

22 BVerfGE 7, 198 (208); 25, 256 (265) m. w. Nachw.
23 *R. Smend*, Das Recht der freien Meinungsäußerung, VVDStRL 4 (1928) S. 50.
24 BVerfGE 5, 85 (205); 7, 198 (208); 12, 113 (125).
25 BVerfGE 12, 113 (130); 54, 208 (219 f.); vgl. auch BVerfGE 61, 1 (8 f.); 85, 1 (14 f.); 90, 1 (14 f.); 90, 241 (246 ff.). – Zur – differenzierend zu beantwortenden – Frage des Schutzes der Werbung durch Art. 5 GG: BVerfGE 71, 162 (175). *P. Lerche*, Werbung und Verfassung (1967) S. 76 ff.

Ein allgemeines Verbot von Auskünften an Presse und Rundfunk wäre deshalb eindeutig verfassungwidrig. Auf der anderen Seite normiert Art. 5 Abs. 1 Satz 1 GG kein Gebot für die staatlichen Stellen, ausnahmslos über alles zu informieren. Die Frage, wann eine Information im Einzelfall zu unterbleiben hat, darf freilich nicht einseitig zu Lasten der Informationsfreiheit entschieden werden; es bedarf vielmehr der Herstellung praktischer Konkordanz[26].

cc) In engem Zusammenhang mit den Rechten des Art. 5 Abs. 1 Satz 1 GG steht **394** die Gewährleistung der *Pressefreiheit* in Art. 5 Abs. 1 Satz 2 GG[27]. Sie dient der Sicherung der Aufgabe und der Funktion der Presse in der demokratischen und rechtsstaatlichen Ordnung des Grundgesetzes. Da kaum ein anderes Kommunikationsmittel zu so universeller Information imstande ist wie die Presse, bedeutet deren Existenz und Freiheit die wichtigste Voraussetzung der Meinungsbildung. Darüber hinaus werden gerade in der Presse selbst Meinungen gebildet und verbreitet, so daß sie wesentlicher Faktor der Bildung einer öffentlichen Meinung ist. Im Zusammenhang damit ist die Presse eines der wichtigsten Mittel permanenter öffentlicher Kritik und Kontrolle.

Wenn Art. 5 Abs. 1 Satz 2 GG um dieser Aufgabe willen die Freiheit der Presse gewährleistet, so läßt sich hieraus die Tragweite der gewährleisteten Freiheit erschließen. Unter ihrem Schutz stehen alle in Massenvervielfältigung hergestellten Druckerzeugnisse, die bestimmt und geeignet sind, zu informieren oder meinungsbildend zu wirken. Auf den Inhalt der Informationen oder Stellungnahmen kommt es für ihre Einbeziehung in den Schutzbereich des Grundrechts nicht an. Geschützt sind ferner die Freiheit der im Pressewesen tätigen Personen vor staatlichen Einwirkungen auf ihre Tätigkeit sowie die „institutionelle Eigenständigkeit der Presse"[28] und damit auch die Freiheit der Gründung, der Bestand und die Tätigkeit von Presseunternehmungen von der Beschaffung der Information bis zur Verbreitung der Nachricht; jedenfalls unter diesem Aspekt hat das Anzeigenwesen als das wirtschaftliche Rückgrat der Presse an der Pressefreiheit teil[29]. – Eine gesetzliche Ausgestaltung hat die Pressefreiheit in den neueren Landespressegesetzen erfahren.

Die Landespressegesetze beschränken sich im wesentlichen auf die traditionellen Regelun- **395** gen des Schutzes der Presse gegenüber dem Staat, wie sie durch das Reichspressegesetz von 1874 vorgezeichnet waren, also auf eine Gewährleistung der „Freiheit vom Staat". Sie

---

26 Dazu auch *U. Scheuner*, VVDStRL 22 (Anm. 1) S. 78. Ein Versuch solcher Konkordanz z. B. in § 4 des baden-württembergischen Landespressegesetzes vom 14. 1. 1964 (GBl. S. 11). – Allgemein zur Informationsfreiheit: BVerfGE 27, 71 (80 ff.); 27, 88 (98 ff.); 90, 27 (31 ff.); *H. Windsheimer*, Die „Information" als Interpretationsgrundlage für die subjektiven öffentlichen Rechte des Art. 5 Abs. 1 GG (1968); *W. Geiger*, Die Grundrechte der Informationsfreiheit, in: Festschrift für Adolf Arndt zum 65. Geburtstag (1969) S. 119 ff.

27 Dazu näher: *M. Bullinger*, Freiheit von Presse, Rundfunk und Film, HdBStR VI, § 142 Rdn. 10 ff.

28 Hierzu und allgemein zur Funktion und zum Umfang der Pressefreiheit: BVerfGE 10, 118 (121); 12, 205 (260); 20, 162 (174 ff.); 25, 256 (268 f.); 50, 234 (239 ff.) m. w. Nachw.; 52, 283 (296); 66, 116 (133 ff., 137 f.); 77, 346 (354 f.); 85, 1 (11 ff.). Zur staatlichen Subventionierung der Presse: BVerfGE 80, 124 (131 ff.). Zum Problem des publizistischen Landesverrats: BVerfGE 20, 162 (177 ff.); 21, 239 (242 ff.).

29 BVerfGE 21, 271 (278 ff.) – hier zu pauschal mit der nicht immer zweifelsfreien Eigenschaft der Anzeigen als „Nachrichten" begründet; vgl. auch BVerfGE 64, 108 (114).

befassen sich nicht mit den moderen Fragen der *„inneren Pressefreiheit"*, d. h. der Unabhängigkeit der Jounalisten und der Redaktionen, und der *Pressekonzentration.* Beide zeigen, daß die für die demokratische Ordnung konstituierende Funktion der Pressefreiheit: umfassende und zuverlässige Information sowie die Verbreitung einer Vielfalt konkurrierender Meinungen zu gewährleisten, nicht mehr nur durch staatliche Beeinträchtigungen, sondern auch und sogar in erster Linie durch den Fortfall der Bedingungen freier, chancengleicher Konkurrenz gefährdet werden kann. Zunehmende wirtschaftliche Monopolisierung und Verflechtung vermindert die Schutzfunktion eines freien Arbeitsmarktes für die Journalisten; sie bietet zumindest die Möglichkeit publizistischer Monopolisierung. Eine solche stellt den Gesetzgeber vor die Aufgabe, unter Beachtung der Pressefreiheit der Verleger den Status der Journalisten und Redaktionen innerhalb der Presseunternehmen zu sichern und eine Machtkonzentration auf dem Gebiete der Meinungsbildung zu verhindern[30]; insofern wird Pressefreiheit zu einer Frage der „Freiheit durch den Staat".

396 dd) Für die beiden weiteren Massenkommunikationsmittel, *Rundfunk und Film,* gewährleistet Art. 5 Abs. 1 Satz 2 GG nur die Freiheit der Berichterstattung, welche Rechtsprechung und Schrifttum indessen für den – im wesentlichen Hörfunk und Fernsehen umfassenden – Rundfunk zu einer allgemeinen grundrechtlichen Gewährleistung der Rundfunkfreiheit fortentwickelt haben. Aus dieser ergibt sich für Hörfunk und Fernsehen die Notwendigkeit besonderer Vorkehrungen zur Gewährleistung des Prozesses umfassender Meinungsbildung. Es geht darum, diese besonders bedeutsamen Medien von staatlicher Beherrschung und Einflußnahme freizuhalten, die Entstehung vorherrschender Meinungsmacht zu verhindern sowie sicherzustellen, daß in dem Programmangebot die Vielfalt der bestehenden Meinungsrichtungen in möglichster Breite und Vollständigkeit Ausdruck findet und daß auf diese Weise umfassende Information geboten wird[31]. Aus diesen Grundgeboten ergeben sich die wichtigsten verfassungsrechtlichen Maßstäbe für die Ordnung des Rundfunks, deren Entwicklung dadurch gekennzeichnet ist, daß nach den neuen Landesrundfunkgesetzen neben die überkommenen öffentlichrechtlichen Rundfunkanstalten private Veranstalter treten und auf diese Weise in der Bundesrepublik ein „duales" Rundfunksystem entsteht[32].

---

30 Vgl. dazu die Berichte der auf Beschluß des 5. Deutschen Bundestages mit diesen Fragen befaßten Kommissionen, BT-Drucks. V/2120, V/2403 und V/3122; *D. Czajka,* Pressefreiheit und „öffentliche Aufgabe" der Presse (1968); *H. Ehmke,* Verfassungsrechtliche Fragen einer Reform des Pressewesens, in: Festschrift für Adolf Arndt (1969) S. 77 ff.; *E.-J. Mestmäcker,* Medienkonzentration und Meinungsfreiheit (1978). – Eine gut informierende Übersicht über die verfassungsrechtlichen Probleme, ihre Behandlung in der neueren – umfassende – Literatur und Nachweisungen dieser Lit. bei *H.-J. Papier,* Über Pressefreiheit, Der Staat 13 (1974) S. 399 ff.; *ders.,* Pressefreiheit zwischen Konzentration und technischer Entwicklung, Der Staat 18 (1979) S. 422 ff.; *P. Lerche,* Verfassungsrechtliche Aspekte der inneren Pressefreiheit (1974).

31 Zum Inhalt, zur Aufgabe, zur Eigenart und Tragweite der Rundfunkfreiheit: BVerfGE 12, 205 (259 ff.); 31, 314 (325 ff.); 35, 202 (222 f.); 57, 295 (319 ff.); 59, 231 (257 ff.); 60, 53 (63 ff.); 73, 118 (152 ff.); 74, 297 (323 ff.); 77, 65 (74 f.); 83, 238 (295 ff.); 87, 181 (197 ff.); 90, 60 (87 ff.); 91, 125 (133 ff.).

32 Zu den damit zusammenhängenden Fragen vgl. BVerfGE 12, 205 (261 ff.); 57, 295 (319 ff.); 73, 118 (154 ff.); 74, 297 (325 ff.); BVerwGE 39, 159 (163 ff.); Bayerischer Verfassungsgerichtshof, BayVBl. 1977, 558 ff.; BayVBl. 1987, 77 ff., 110 ff. Aus der Lit.: *Bullinger* (Anm. 27) Rdn. 87 ff.; *ders.,* Kommunikationsfreiheit im Strukturwandel der Telekommunikation (1980); *ders.,* Elektronische Medien als Marktplatz der Meinungen, AöR 108 (1983) S. 161 ff.; *H. H Klein,* Die Rundfunkfreiheit (1978) bes. S. 75 ff.; *W. Schmitt Glaeser,* Kabelkommunikation und Verfassung (1979); *ders.,* Die Rundfunkfreiheit in der Rechtsprechung des Bundesverfassungsgerichts, AöR 112 (1987) S. 215 ff.; *P. Lerche,* Landesbericht Bundesrepublik Deutschland, in: Rundfunkorganisation

ee) Durch das *Zensurverbot* des Art. 5 Abs. 1 Satz 3 GG ist es untersagt, die Veröf- **397**
fentlichung von Meinungsäußerungen jeder Art von der vorherigen Genehmi-
gung durch eine staatliche Stelle abhängig zu machen (Vorzensur). Dagegen verbietet Art. 5 Abs. 1 Satz 3 GG nicht die sogenannte Nachzensur, d. h. das Einschreiten gegen eine verfassungsrechtlich nicht geschützte, weil z. B. die Grenzen
des Art. 5 Abs. 2 GG überschreitende Meinungsäußerung nach deren Veröffentlichung[33].

ff) Ihre *Grenzen* finden die Rechte des Art. 5 Abs. 1 GG an den Vorschriften der **398**
allgemeinen Gesetze, den gesetzlichen Bestimmungen zum Schutz der Jugend
und an dem Recht der persönlichen Ehre. Problematisch ist hier namentlich die
Grenze der „allgemeinen Gesetze".

Auch die Bedeutung dieser Formel läßt sich nur im Blick auf die Aufgabe und die **399**
Funktion der Meinungsfreiheit in der verfassungsmäßigen Ordnung des Grundge-
setzes erschließen. „Allgemein" sind im Sinne der schon während der Weimarer
Zeit entwickelten Lehre nur diejenigen Gesetze, die sich nicht gegen das durch die
Meinungsfreiheit geschützte Rechtsgut als solches richten. Dieses Rechtsgut, die
Freiheit des geistigen Prozesses, darf nicht durch Sonderrecht beeinträchtigt werden, das die geistige Wirkung reiner Meinungsäußerung zu unterbinden sucht[34].
Meinungsfreiheit verträgt keine gezielten Beschränkungen, wenn anders sie nicht
ihre Aufgabe im Rahmen der verfassungsmäßigen Ordnung verfehlen soll. Wo
deshalb ein Gesetz in diesem Sinne die Meinungsfreiheit einschränkt, ist es nicht
„allgemein" und darum verfassungswidrig, ohne daß es noch auf weitere Fragen,
namentlich die einer Güterabwägung, ankäme. Dies hätte z. B. für ein Gesetz gegen die öffentliche Verbreitung bibelwidriger Anschauungen zu gelten, während
etwa der Meinungsfreiheit auf der Grundlage der polizeirechtlichen Generalklausel, die sich nicht gegen die Meinungsfreiheit richtet, Grenzen gezogen werden
können.

Von dem besonderen Erfordernis der „Allgemeinheit" abgesehen, gilt für eine Be- **400**
grenzung des Art. 5 Abs. 1 GG das gleiche wie für alle Grundrechtsbegrenzungen: auch „allgemeine" Gesetze gestatten keine Begrenzung der Meinungsfrei-

---

und Kommunikationsfreiheit, hrsg. von M. Bullinger und F. Kübler (1979) S. 22 ff.; *W. Hoffmann-Riem*, Rundfunkfreiheit durch Rundfunkorganisation (1979) S. 15 ff.; *ders.*, HdBVerfR (Anm. 21) § 7 Rdn. 24 ff., 48 ff.; *ders.*, Medienfreiheit und der außenplurale Rundfunk, AöR 109 (1984) S. 304 ff.; *ders./Th. Vesting*, Ende der Massenkommunikation? Media Perspektiven 1994, S. 382 ff.; *W. Schmidt*, Die Rundfunkgewährleistung (1980); *J. Wieland*, Die Freiheit des Rund-funks (1984); *M. Stock*, Medienfreiheit als Funktionsgrundrecht (1985); *H. D. Jarass*, In welcher Weise empfiehlt es sich, die Ordnung des Rundfunks und sein Verhältnis zu anderen Medien – auch unter dem Gesichtspunkt der Harmonierung –zu regeln? Gutachten G zum 56. DJT (1986) sowie die Referate von *E.-J. Mestmäcker* und *P. Lerche*, ebd. Bd. II S. 0 9 ff. und 0 38 ff.; *P. Badura*, Rund-funkfreiheit und Finanzautonomie (1986); *A. Hesse*, Rundfunkrecht (1990) S. 36 ff.; *H. Bethge*, Stand und Entwicklung des öffentlich-rechtlichen Rundfunks, Zeitschrift für Urheber- und Medien-recht 1991, 337 ff.

33 Vgl. dazu BVerfGE 33, 52 (71 ff.); 87, 209 (230, 232 f.) m. w. Nachw.

34 BVerfGE 7, 198 (209 f.); 28, 175 (198 f.); st. Rspr., im Anschluß an *K. Häntzschel*, Das Recht der freien Meinungsäußerung, HdBDStR II (1932) S. 659 f. und *H. Ridder*, Meinungsfreiheit, in: Die Grundrechte, hrsg. von Neumann-Nipperdey-Scheuner II (1954) S. 282. Bedenklich BVerfGE 33, 52 (66).

heit aus unzureichendem Anlaß; sie sind stets im Lichte des Grundrechts der Meinungsfreiheit zu sehen[35]; die Rechtsgüter, die sie schützen, sind dem Rechtsgut der Meinungsfreiheit im Sinne praktischer Konkordanz zuzuordnen (oben Rdn. 317 f.).

6. Freiheit von Kunst und Wissenschaft

401 Zu den grundrechtlichen Verbürgungen geistiger Freiheit gehört schließlich die Gewährleistung der Freiheit von Kunst und Wissenschaft (Art. 5 Abs. 3 Satz 1 GG). Beide werden als Lebensbereiche von besonderer Eigengesetzlichkeit und Eigenständigkeit anerkannt. Das Grundgesetz verbietet jede staatliche Bevormundung, Lenkung oder Beeinträchtigung künstlerischer und wissenschaftlicher Tätigkeit. Die freiheitliche Ordnung, die es konstituiert, schützt Kunst und Wissenschaft um ihrer selbst willen; sie gewährleistet deren Freiheit zugleich als Voraussetzung der Funktion von Kunst und Wissenschaft in einem freiheitlichen Gemeinwesen[36].

402 *Freiheit der Wissenschaft* ist Freiheit von Forschung und Lehre: wissenschaftliche Forschung darf in ihrer Methode und in ihren Ergebnissen nicht durch wissenschaftstranszendente Ziele oder weltanschauliche Apriori gebunden werden.

Das gleiche gilt für die wissenschaftliche Lehre; auch dieser dürfen keine Inhalte vorgeschrieben werden, deren wissenschaftliche Hinterfragung ausgeschlossen ist. Die in Art. 5 Abs. 3 Satz 1 GG anerkannte Einheit beider beruht auf dem Gedanken, daß es in der „Lehre" nicht nur um die Übermittlung von Fachwissen, sondern um die Anleitung zu wissenschaftlichem Denken und wissenschaftlichem Urteil, die Heranbildung zu kritischer Klarheit und geistiger Selbständigkeit geht, die nur in der Vertrautheit mit der Eigenart und Methodik wissenschaftlicher Pro-

---

35 BVerfGE 7, 198 (208 f.), st. Rspr., vgl. etwa noch BVerfGE 28, 191 (201 f.) m. w. Nachw.; 42, 143 (150 f.); 62, 230 (243 f.); 71, 162 (180 f.); 85, 1 (16).
36 Zur Freiheit der Wissenschaft: BVerfGE 15, 256 (263 ff.); 35, 79 (109 ff.); 43, 242 (267 ff.); 47, 327 (367 ff.); 88, 129 (136) m. w. Nachw.; 90, 1 (11 ff.). Aus der Lit.: *Th. Oppermann*, Freiheit von Forschung und Lehre, HdBStR VI, § 145; *Smend*, VVDStRL 4 (Anm. 23) S. 56 ff.; *A. Köttgen*, Die Freiheit der Wissenschaft und die Selbstverwaltung der Universität, in: Die Grundrechte, hrsg. von Neumann-Nipperdey-Scheuner II (1954) S. 291 ff.; *Scheuner*, VVDStRL 22 (Anm. 1) S. 7 ff., 49; *H. H. Rupp* und *W. Geck*, Die Stellung der Studenten in der Universität, VVDStRL 27 (1969) S. 114 ff., 156 ff.; *H. Zwirner*, Zum Grundrecht der Wissenschaftsfreiheit, AöR (1973) S. 313 ff.; *K. Hailbronner*, Die Freiheit der Forschung und Lehre als Funktionsgrundrecht (1979); *P. Häberle*, Die Freiheit der Wissenschaften im Verfassungsstaat, AöR 110 (1985) S. 329 ff.; *H. Schulze-Fielitz*, Freiheit der Wissenschaft, HdBVerfR, § 27. Zur Freiheit der Kunst: BVerfGE 30, 173 (188 ff.); 31, 229 (238 f.); 36, 321 (331 ff.); 67, 213 (224 ff.); 81, 278 (289 ff.); 81, 298 (304 f.); 83, 130 (138 ff.). Insbes. zum verfassungsrechtlichen Kunstbegriff: BVerfGE 75, 369 (376 ff.); 77, 240 (251, 253 ff.). BVerwGE 1, 303 (305 ff.); 25, 318 (328 ff.); 39, 197 (207 ff.); 77, 75 (81 ff.). BGH, DVBl. 1991, 43 ff. Aus der Lit.: *E. Denninger*, Freiheit der Kunst, HdBStR VI, § 146; *H. Ridder*, Freiheit der Kunst nach dem Grundgesetz (1963); *W. Mallmann*, Das Recht der Kunsthochschulen und die Freiheit der Kunst in: Festschrift für Hermann Jahrreiß (1964) S. 247 ff.; *A. Arndt*, Die Kunst im Recht, NJW 1966, 26 ff.; *W. Knies*, Schranken der Kunstfreiheit als verfassungsrechtliches Problem (1967); *M. Heckel*, Staat, Kirche, Kunst (1968) S. 76 ff.; *F. Müller*, Freiheit der Kunst als Problem der Grundrechtsdogmatik (1969); *F. Hufen*, Die Freiheit der Kunst in staatlichen Institutionen (1982) S. 97 ff.; *P. Häberle*, Die Freiheit der Kunst im Verfassungsstaat, AöR 110 (1985) S. 577 ff.; *E. G. Mahrenholz*, Freiheit der Kunst, HdBVerfR, § 26.

blemstellung und -lösung, nicht durch bloße Aneignung fertiger Resultate, gewonnen und deshalb nur durch den selbständig forschenden Lehrer vermittelt werden können.

An dieser Bedeutung des Art. 5 Abs. 3 Satz 1 GG ändert es nichts, wenn die Wissenschaft, deren Freiheit er gewährleisten will, sich heute in ihrer Arbeitsweise (Spezialisierung, großbetriebsmäßige, hohe Aufwendungen erfordernde Forschungen, namentlich im Bereich der Naturwissenschaften) gewandelt hat, wenn „Wissenschaft" zur Voraussetzung individuellen und sozialen Lebens geworden ist und nahezu alle Bereiche dieses Lebens erfaßt, wenn damit die Universitäten unausweichlich zur Ausbildungsstätte für die funktionellen Führungsgruppen der wissenschaftlichen Zivilisation geworden und deshalb die klassischen Vorstellungen selbstzweckhafter Bildung in „Einsamkeit und Freiheit" als Aufgabe der Universitäten, als Grundlage ihres Verhältnisses zum Staat und ihrer inneren Struktur nicht mehr vollziehbar sind[37]. Auf der anderen Seite enthält Art. 5 Abs. 3 Satz 1 GG keine detaillierte verfassungsrechtliche Regelung der modernen Probleme. Er normiert verfassungsrechtliche Richtpunkte und Grenzen; im übrigen läßt er politischer Gestaltung Raum, die sich auch hier nicht durch verfassungsrechtliche Deduktionen ersetzen läßt[38].

Begrenzungen durch Gesetz sind ausgeschlossen; der Vorbehalt des Art. 5 Abs. 2 **403** GG kann nicht auf die Freiheit der Kunst und der Wissenschaft bezogen werden, weil nicht nur die künstlerische Aussage, sondern auch die wissenschaftliche Erkenntnis und deren Mitteilung in ihrer Orientierung an der Wahrheitsfindung und am geistigen Sinn der Hochschule nicht mit der oft unkritischen Bildung und dem Äußern einer Meinung gleichgesetzt werden können. Die Freiheiten des Art. 5 Abs. 3 GG sind nur durch die Verfassung selbst begrenzt[39]. Die umstrittene *Treueklausel* des Art. 5 Abs. 3 Satz 2 GG normiert keine zusätzliche Schranke. Als Verpflichtung des akademischen Lehrers, auf die wissenschaftliche Mitteilung wissenschaftlich gewonnener, aber für das Verfassungsleben „gefährlicher" Ergebnisse zu verzichten, würde sie zu einer Bindung der Wissenschaft führen, die die in Satz 1 – gerade auch im Blick auf die politischen Bindungen der Wissenschaft in der Zeit des nationalsozialistischen Regimes – wieder anerkannte Wissenschaftsfreiheit und den Auftrag des akademischen Lehrers zu *wissenschaftlicher* Lehre aufheben würde. Art. 5 Abs. 3 Satz 2 GG fordert keine unwahrhaftige Wissenschaft; er bindet den akademischen Lehrer an keine weitere Pflicht als die zur Wissenschaftlichkeit, zum methodischen und sachlichen Nachweis seiner Begriffe und Aussagen, gegebenenfalls zur Offenlegung der weltanschaulichen und gesellschaftlichen Voraussetzungen, aus denen sie sich ableiten. Er richtet sich gegen die einseitige Darstellung, die politisierende, begrifflich und systematisch nicht ausgewiesene Stellungnahme, die ohne Gegengründe für die Studierenden nicht kontrollierbar ist[40].

---

37 Vgl. dazu *H. Schelsky*, Einsamkeit und Freiheit. Zur sozialen Idee der deutschen Universität (1960) S. 26 ff.; *ders.*, Einsamkeit und Freiheit. Idee und Gestalt der Deutschen Universität und ihrer Reformen (1963) S. 186 ff.
38 Grundlegend dazu BVerfGE 35, 79 (120 ff.) und die abw. Meinung ebd. S. 149 ff.; vgl. auch BVerfGE 43, 242 (267).
39 BVerfGE 30, 173 (191 ff.); 47, 327 (368 ff.); 67, 213 (228); 77, 240 (253). *Scheuner*, VVDStRL 22 (Anm. 1) S. 8 f.
40 *H. Zwirner*, Politische Treupflicht des Beamten (1987) S. 255.

7. Versammlungsfreiheit

404 a) Das allen Deutschen gewährleistete Recht, sich ohne Anmeldung oder Erlaubnis friedlich und ohne Waffen zu versammeln (Art. 8 Abs. 1 GG), steht in engstem sachlichem Zusammenhang mit der Gewährleistung der Meinungsfreiheit. Insofern erfüllt es in der verfassungsmäßigen Ordnung des Grundgesetzes eine *Komplementärfunktion:* Meinungsbildung oder „Vorformung des politischen Willens" setzen eine Kommunikation voraus, die sich zu einem wesentlichen Teile in Versammlungen vollzieht. Darüber hinaus machen Versammlungen es möglich, die Wirkung einfacher Meinungsäußerung durch Zusammenwirken zu potenzieren. Sie sind deshalb ein wirksames politisches Kampfmittel, das für die Austragung von Konflikten eine wesentliche Rolle spielt. Sie sind geeignet, politische Forderungen nachdrücklich zur Geltung zu bringen, und zwar auch jenseits eingespielter „Vorformung", vollends der Bildung des politischen Willens in Parlament und Regierung. Sie bieten damit die Möglichkeit zur öffentlichen Einflußnahme auf den politischen Prozeß, zur Entwicklung pluralistischer Initiativen und Alternativen oder auch zu Kritik und Protest. Insofern sind sie wesentliches Element demokratischer Offenheit; sie enthalten ein Stück ursprünglich-ungebändigter unmittelbarer Demokratie, das geeignet ist, den politischen Betrieb vor Erstarrung in geschäftiger Routine zu bewahren. In diesen Funktionen sind Versammlungen als wesentlicher Bestandteil der demokratischen Ordnung des Grundgesetzes durch das Grundrecht des Art. 8 GG geschützt, wobei dessen Eigenschaft als Mitwirkungsrecht, das die öffentliche Teilnahme am politischen Prozeß zu sichern sucht, besonders deutlich hervortritt[41].

405 b) Erst die Einsicht in diese Funktionen ermöglicht die sachgemäße Bewältigung der Interpretationsprobleme des Art. 8 GG, die sich dem Zugang im Wege der herkömmlichen, weithin an polizeirechtlichen Aspekten orientierten Auslegung entziehen.

So läßt sich insbesondere der *Begriff der „Versammlung"* nicht soziologisch, sondern nur verfassungsrechtlich im Blick auf jene Funktionen gewinnen. Versammlung ist nicht jede beliebige Zusammenkunft von Menschen, sondern nur eine Zusammenkunft, die der Meinungsbildung im Sinne des Art. 5 Abs. 1 GG dient, gleichgültig, ob es sich um eine öffentliche (d. h. für jedermann zugängliche) oder nichtöffentliche Versammlung, um eine Kundgebung, eine Demonstration[42] oder eine Diskussionsversammlung, um eine Zusammenkunft in geschlossenen Räumen, unter freiem Himmel oder um einen „Aufzug" handelt.

---

41 Dazu grundsätzlich BVerfGE 69, 315 (343 ff.); vgl. ferner BVerfGE 84, 203 (209 f.); 85, 69 (74 ff.); 87, 399 (406 ff.); BVerwGE 82, 34 (38 f.). Aus der Lit.: *M. Kloepfer,* Versammlungsfreiheit, HdBStR VI, § 143; *M. Quilisch,* Die demokratische Versammlung (1970) S. 91 ff.; *U. Schwäble,* Das Grundrecht der Versammlungsfreiheit (1975).

42 Vgl. dazu *W. Hoffmann,* Inhalt und Grenzen der Demonstrationsfreiheit, JuS 1967, 393 ff.; *Dietel/Gintzel/Kniesel,* Demonstrations- und Versammlungsfreiheit (11. Aufl. 1994); *W.-D. Droszdol,* Grundprobleme des Demonstrationsrechts, JuS 1983, 409 ff. Aus der Rechtsprechung: BVerfGE 69, 315 (345, 347 ff.); BVerwGE 56, 56 (69 f.); 64, 55 ff.

Für Versammlungen unter freiem Himmel, zu denen auch „Aufzüge" gehören, **406** kann das Grundrecht des Art. 8 Abs. 1 GG durch Gesetz oder auf Grund eines Gesetzes *beschränkt* werden (Art. 8 Abs. 2 GG). Beschränkungen durch Gesetz finden sich namentlich in den Bannmeilengesetzen (z. B. für den Bund im Bannmeilengesetz vom 6. 8. 1955 [BGBl. I S. 504]). Für Beschränkungen auf Grund eines Gesetzes ist maßgebend das Versammlungsgesetz i. d. F. vom 15. 11. 1978 (BGBl. I S. 1790).

Die Regelungen des Gesetzes sind im wesentlichen auf öffentliche Versammlungen be- **407** schränkt. Wenn es in Abschnitt II. Vorschriften über öffentliche Versammlungen in geschlossenen Räumen enthält, so handelt es sich hierbei nicht um konstitutive Begrenzungen, sondern um ausgestaltende Regelungen und bei den Verbots- und Auflösungstatbeständen der §§ 5 und 13 um die Normierung von Begrenzungen, die sich bereits aus der Verfassung selbst ergeben; dies gilt auch für die Tatbestände der §§ 5 Nr. 4 und 13 Nr. 4, die durch Art. 9 Abs. 2 GG gedeckt werden.

Wenn das Gesetz in § 14 für alle Versammlungen unter freiem Himmel eine vorherige An- **408** meldung vorschreibt und bei Nichterfüllung dieser Voraussetzung eine Auflösung der Versammlung zuläßt (§ 15 Abs. 2), so berücksichtigt es nicht die sogenannte *Spontanversammlung*, d. h. die Versammlung, die nur um den Preis einer Verfälschung oder eines Verlustes ihres Sinnes rechtzeitig hätte angemeldet werden können und die oft keinen Leiter im Sinne des § 7 hat. Daraus kann nicht geschlossen werden, daß Spontanversammlungen schlechthin unzulässig seien. Sie sind vielmehr durch Art. 8 GG geschützt und dürfen wegen verspäteter oder Nicht-Anmeldung nicht aufgelöst werden. Wie bei angemeldeten Versammlungen ist eine Auflösung nur zulässig, wenn nach den Umständen die öffentliche Ordnung oder Sicherheit unmittelbar gefährdet ist (§ 15 Abs. 2)[43]. Die Strafbestimmung des § 26 Nr. 2 ist nicht anwendbar.

8. Vereinigungs- und Koalitionsfreiheit

a) Auch das allen Deutschen gewährleistete Recht, Vereine und Gesellschaften zu **409** bilden (Art. 9 Abs. 1 GG), gehört zu denjenigen Grundrechten, die der Aufrechterhaltung politischer Freiheit dienen. Insofern besteht ein enger Zusammenhang zwischen Vereinigungs- und Meinungsfreiheit. Der Zusammenschluß zu Vereinigungen ist ein unentbehrliches Mittel, Meinungen zu bilden, zu pflegen und zu verbreiten. Unter diesem Blickwinkel erweist sich Art. 9 ebenso wie Art. 8 GG als *Komplementärgarantie* zu Art. 5 GG: Die Vereinigungsfreiheit ist wesentliche Voraussetzung der Bildung einer öffentlichen Meinung, der „Vorformung des politischen Willens", der gleichen Chance der Minderheit und eines freien politischen Prozesses. Soweit diese Aufgaben im Wege des Zusammenschlusses zu politischen *Parteien* verfolgt werden, greifen die Gewährleistungen des Art. 21 GG ein, neben denen namentlich für eine Anwendung des Art. 9 Abs. 2 GG kein Raum ver-

---

43 Dazu BVerfGE 69, 315 (350 f.); BVerwGE 26, 135 (138); *J. Frowein*, Versammlungsfreiheit und Versammlungsrecht, NJW 1969, 1084 ff.; *F. Ossenbühl*, Versammlungsfreiheit und Spontandemonstration, Der Staat 10 (1971) S. 53 ff. m. w. Nachw. – Zur „Eilversammlung", einer nicht angemeldeten Versammlung, bei der eine Anmeldung lediglich nicht innerhalb der Frist des § 14 möglich ist, vgl. BVerfGE 85, 69 (75 f. und 77 ff. – abw. Meinung).

bleibt[44]. Jedoch finden die Freiheit der Bildung und der Tätigkeit der *Verbände*, ihr Einfluß auf die öffentliche Meinung und ihr Anteil an der „Vorformung des politischen Willens" ihre Grundlage und ihren Schutz in Art. 9 GG (vgl. oben Rdn. 151).

410 Zeigt sich bereits daran die weittragende Bedeutung der Vereinigungsfreiheit im modernen Gemeinwesen, so wird die volle Tragweite der Garantie erst im Blick auf eine weitere Funktion sichtbar. Die Vereinigungsfreiheit ist nicht auf meinungsbildende Vereine und Gesellschaften beschränkt; innerhalb der Grenzen des Art. 9 Abs. 2 GG steht vielmehr jede Vereinigung unter ihrem Schutz. Damit wird ein allgemeineres Prinzip des Aufbaus des Gemeinwesens normiert, nämlich das *freier sozialer Gruppenbildung*. Das soziale System des durch das Grundgesetz verfaßten Gemeinwesens soll weder in ständisch-korporativen Ordnungen, wie sie namentlich das Kennzeichen älterer Sozialordnungen waren, Gestalt gewinnen, noch in der planmäßigen Formung und Organisation durch den Staat nach den Maßstäben eines von der herrschenden Gruppe diktierten Wertsystems, wie sie den totalitären Staat der Gegenwart kennzeichnet. Indem Art. 9 GG freie und unbeeinflußte soziale Gruppenbildung gewährleistet, normiert er ein Prinzip verfassungsmäßiger Ordnung, dessen Bedeutung kaum hinter der der Meinungsfreiheit zurückbleibt, ein Tatbestand, der in der vorwiegend unter polizeirechtlichen Aspekten stehenden Behandlung der Vereinigungsfreiheit im deutschen Staatsrecht oft übersehen wurde, während er namentlich der älteren politischen Theorie durchaus geläufig gewesen ist[45]. In diesen Bedeutungsschichten ist Art. 9 GG subjektives Abwehr- und Mitwirkungsrecht für alle Deutschen, korporative Garantie für alle Vereinigungen[46] und Grundelement objektiver Ordnung des Gemeinwesens.

411 b) Der *Begriff* der Vereinigung („Vereine und Gesellschaften") wird durch § 2 Abs. 1 des Gesetzes zur Regelung des öffentlichen Vereinsrechts (Vereinsgesetz) vom 5. 8. 1964 (BGBl. I S. 593) im Anschluß an die Rechtsprechung des Bundesverwaltungsgerichts definiert. Ein „Verein" ist danach „ohne Rücksicht auf die Rechtsform jede Vereinigung, zu der sich eine Mehrheit natürlicher oder juristischer Personen für längere Zeit zu einem gemeinsamen Zweck freiwillig zusammengeschlossen und einer organisierten Willensbildung unterworfen hat". Unter den Begriff der Vereinigung im Sinne des Art. 9 GG fallen nicht politische Parteien (Art. 21 GG), Religionsgesellschaften und Weltanschauungsgemeinschaften (Art. 140 GG in Verbindung mit Art. 137 Abs. 2 und 7 WRV).

412 Gewährleistet ist die freie Bildung von Vereinigungen, deren Bestand und verbandsmäßige Betätigung sowie der freie Beitritt *(positive Vereinigungsfreiheit)*; dies umschließt sowohl für die Mitglieder als auch für die Vereinigung die Selbstbestimmung über die eigene Organisation, das Verfahren ihrer Willensbildung

---

44 BVerfGE 17, 155 (166) m. w. Nachw.

45 Vgl. dazu für einen Ausschnitt der Geschichte der Vereinigungsfreiheit *F. Müller*, Korporation und Assoziation. Eine Problemgeschichte der Vereinigungsfreiheit im deutschen Vormärz (1965).

46 BVerfGE 4, 96 (101 f.); 30, 227 (241); 50, 290 (354) m. w. Nachw.; 80, 244 (252 f.). Aus der Lit.: *D. Merten*, Vereinsfreiheit, HdBStR VI, § 144.

und die Führung ihrer Geschäfte[47]. Art. 9 Abs. 1 GG umfaßt auch die Freiheit, einer Vereinigung fernzubleiben, weil eine Vereinsbildung oder ein Beitritt, die durch staatliche Anordnung oder sozialen Druck (Art. 9 Abs. 3 Satz 2 GG) erzwungen sind, nicht frei wären. Diese *negative Vereinigungsfreiheit* verbietet unstreitig jeglichen Zwangszusammenschluß zu privatrechtlichen Vereinigungen.

Dagegen soll sie nicht für *öffentlich-rechtliche Zwangszusammenschlüsse*, insbesondere zu **413** Körperschaften des öffentlichen Rechts gelten, weil diese kraft staatlicher Anordnung gebildet, deshalb nicht von der Geltung der positiven Vereinigungsfreiheit umfaßt würden und folgerichtig auch nicht dem Geltungsanspruch der negativen Vereinigungsfreiheit unterliegen könnten; die Frage öffentlich-rechtlicher Zwangszusammenschlüsse soll vielmehr eine solche der „allgemeinen Handlungsfreiheit" des Art. 2 Abs. 1 GG sein[48].

Diese Auffassung ist weder logisch zwingend, noch trifft sie die Sache, um die es geht. **414** Denn das Problem der Zulässigkeit öffentlich-rechtlicher Zwangszusammenschlüsse ist eine Frage der Zuordnung des Prinzips freier sozialer Gruppenbildung, das keine Frage der Rechtsformen sein kann, und der Erfordernisse sachgemäßer öffentlicher Verwaltung. Sedes materiae ist daher Art. 9 GG, und die Frage nach den Grenzen zulässigen Organisationszwangs, die das Bundesverfassungsgericht in den Art. 2 Abs. 1 GG verlegt und dort im Kern zutreffend beantwortet, gehört in den Zusammenhang des Art. 9 GG.

c) Als Spezialfall der allgemeinen Vereinigungsfreiheit gewährleistet die *Koali-* **415** *tionsfreiheit* des Art. 9 Abs. 3 GG die Freiheit des Zusammenschlusses zu Vereinigungen zur Förderung der Arbeits- und Wirtschaftsbedingungen und die Freiheit der gemeinsamen Verfolgung dieses Zwecks; über beides sollen die Beteiligten selbst und eigenverantwortlich, grundsätzlich frei von staatlicher Einflußnahme bestimmen. Dies schließt die Gründungs- und Beitrittsfreiheit, die Freiheit des Austritts und des Fernbleibens (negative Koalitionsfreiheit) sowie den Schutz der Koalition als solcher und ihr Recht ein, durch spezifisch koalitionsmäßige Betätigung die in Art. 9 Abs. 3 GG genannten Zwecke zu verfolgen[49]. Hierzu gehört der Abschluß von Tarifverträgen, durch die die Koalitionen insbesondere Lohn- und sonstige Arbeitsbedingungen regeln. Als Tarifpartner müssen sie frei gebildet, gegnerfrei und auf überbetrieblicher Grundlage organisiert, ihrer Struktur nach unabhängig genug sein, um die Interessen ihrer Mitglieder auf arbeits- und sozialrechtlichem Gebiet nachhaltig zu vertreten und das geltende Tarifrecht als für sich verbindlich anerkennen[50].

---

47 BVerfGE 50, 290 (354); 80, 244 (252 f.); 84, 372 (378).
48 BVerfGE 10, 89 (102 f.), st. Rspr., vgl. noch BVerfGE 38, 281 (297 f.) m. w. Nachw.; 78, 320 (329 f.).
49 BVerfGE 50, 290 (367) mit (vollständigen) w. Nachw. Ein umfassender Überblick bei *W. Zöllner,* Die Rechtsprechung des Bundesverfassungsgerichts zu Art. 9 Abs. 3 GG, AöR 98 (1973), S. 72 ff., und *H. Seiter,* Die Rechtsprechung des Bundesverfassungsgerichts zu Art. 9 Abs. 3 GG, AöR 109 (1984) S. 88 ff. Aus der Lit.: *R. Scholz,* Koalitionsfreiheit, HdBStR VI, § 151; *ders.,* Die Koalitionsfreiheit als Verfassungsproblem (1971).
50 BVerfGE 50, 290 (367 f.) m. w. Nachw. Zu der in der Rechtsprechung des BVerfG (vgl. BVerfGE 38, 386 [393]) noch nicht allgemein entschiedenen Frage der verfassungsrechtlichen Gewährleistung von Streik und Aussperrung vgl. nunmehr den Beschluß vom 26. Juni 1991 (BVerfGE 84, 212 [224 f.]), nach dem auch Arbeitskampfmaßnahmen, die auf den Abschluß von Tarifverträgen zielen, zu den durch Art. 9 Abs. 3 GG geschützten Mitteln zur Verfolgung des Koalitionszwecks zählen. Das gilt jedenfalls insoweit, als sie allgemein erforderlich sind, um eine funktionierende Tarifautonomie sicherzustellen. Zum Einsatz von Beamten bei einem rechtmäßigen Streik: BVerfGE 88, 129 (136 f.) m. w. Nachw.

Diese Gewährleistungen bedürfen in besonderem Maße der gesetzlichen Ausgestaltung und Zuordnung zu vielfältigen Belangen der wirtschaftlichen und sozialen Ordnung. Regelungen, die dieser Aufgabe dienen, können daher der Koalitionsfreiheit auch Schranken ziehen, dies allerdings nur, wenn sie zum Schutz anderer Rechtsgüter von der Sache her geboten sind. Ist das nicht der Fall, so tasten sie den durch Art. 9 Abs. 3 GG (nur) geschützten Kernbereich der Koalitionsfreiheit an[51].

416 d) Über die durch Art. 9 Abs. 2 GG (auch der Koalitionsfreiheit des Art. 9 Abs. 3) gezogenen Grenzen hinaus ist eine *Begrenzung* der Vereinigungsfreiheit durch Gesetz unzulässig[52]. Dabei betrifft die Verweisung auf die Strafgesetze nur das allgemeine Strafrecht; Sonderstrafrecht gegen bestimmte Vereinigungen würde den Erfordernissen des Art. 9 Abs. 2 GG nicht genügen. Der Begriff der verfassungsmäßigen Ordnung bezeichnet hier unstreitig nur die Ordnung der Verfassung, nicht etwa die „verfassungsmäßige Rechtsordnung". Obwohl Vereinigungen, denen das Grundrecht der Vereinigungsfreiheit nach Art. 9 Abs. 2 GG nicht zukommt, verboten sind, bedarf dieses Verbot der Konkretisierung durch Auflösungsverfügung der zuständigen Behörde, ehe die Vereinigung als verboten behandelt werden darf (§ 3 des Vereinsgesetzes). Die ausgestaltenden Regelungen des Verfahrens und der Rechtsfolgen des Verbots enthalten §§ 3 ff. des Vereinsgesetzes, das die Grundlagen für ein Einschreiten gegen Vereinigungen abschließend normiert (§ 1 Abs. 2).

9. Freie Wahl des Berufs, des Arbeitsplatzes und der Ausbildungsstätte

417 Zu den namentlich für die Gestaltung des Arbeits- und Wirtschaftslebens wesentlichen Freiheitsrechten gehört neben dem Recht des Art. 9 Abs. 3 GG das Recht aller Deutschen, Beruf, Arbeitsplatz und Ausbildungsstätte frei zu wählen (Art. 12 Abs. 1 Satz 1 GG).

418 a) Das Grundrecht auf *freie Wahl der Ausbildungsstätte* hat bislang nur bei absoluten Zulassungsbeschränkungen für den Zugang zum Hochschulstudium Bedeutung gewonnen. Nach der Rechtsprechung folgt aus ihm in Verbindung mit dem Gleichheitssatz und dem Sozialstaatsprinzip für jeden hochschulreifen Bewerber ein Recht auf Zulassung zum Hochschulstudium seiner Wahl. Dieses ist freilich nicht unbegrenzt gewährleistet. Im Blick auf die enge Verknüpfung von Ausbildung und Beruf sind für Beschränkungen dieselben Grundsätze maßgebend wie für eine Beschränkung der Berufsfreiheit. Demgemäß sind absolute Zulassungsbeschränkungen nur zulässig, wenn sie in den Grenzen des unbedingt Erforderlichen unter erschöpfender Ausnutzung der vorhandenen Ausbildungskapazitäten angeordnet werden und wenn Auswahl und Verteilung der Bewerber nach sachgerechten Merkmalen mit einer Chance für jeden an sich hochschulreifen Bewerber und

---

51 BVerfGE 19, 303 f. m. w. Nachw., st. Rspr.; vgl. noch BVerfGE 50, 290 (368 f.) m. w. Nachw.; 58, 223 (247 ff.).
52 BVerfGE 80, 244 (253 ff.).

unter möglichster Berücksichtigung der individuellen Wahl des Ausbildungsortes erfolgen. Die wesentlichen Entscheidungen über die Voraussetzungen absoluter Zulassungsbeschränkungen und über die anzuwendenden Auswahlkriterien hat der Gesetzgeber selbst zu treffen[53].

b) Auch die Eigenart der *Berufsfreiheit* läßt sich nur im Hinblick auf den Doppel-   419
charakter dieses Grundrechts erfassen.

Charakteristisch für die Berufsfreiheit ist einerseits ihr personaler Bezug: wo Arbeit und Beruf Lebensaufgabe und Lebensgrundlage sind, ist Berufsfreiheit ein Stück persönlicher Lebensgestaltung, ohne die freie personale Entfaltung nicht denkbar wäre[54]. Im Zusammenhang damit ist die Berufsfreiheit wesentliches Element freiheitlicher Wirtschafts- und Sozialordnung. Anders als die Gewerbefreiheit enthält sie daher nicht nur ein objektives Prinzip, sondern zugleich auch die Gewährleistung eines subjektiven Rechts auf freie Berufswahl und -ausübung[55].

Von hier aus reicht der *Begriff des „Berufes"* weiter als der des „Gewerbes". Er be-   420
zeichnet jede Tätigkeit, die für den Einzelnen Lebensgrundlage ist und durch die er zugleich seinen Beitrag zur gesellschaftlichen Gesamtleistung erbringt, gleichgültig, ob es sich um eine selbständige oder unselbständige Tätigkeit handelt, um einen „freien", einen staatlich gebundenen Beruf oder eine Tätigkeit im öffentlichen Dienst[56].

Der *„Berufswahl"* des Satzes 1 stellt Satz 2 die *„Berufsausübung"* gegenüber, die   421
durch Gesetz oder auf Grund eines Gesetzes geregelt werden kann. Diese Regelungsbefugnis umfaßt, wie gezeigt, nicht nur die Befugnis zu gesetzlicher Ausgestaltung, sondern auch die zu gewissen, vom Grundgesetz nicht näher konkretisierten Begrenzungen (oben Rdn. 306 f.).

In der Frage, wie weit solche Begrenzungen gehen dürfen und wieviel Gestaltungsfreiheit   422
Art. 12 GG damit lenkender staatlicher Wirtschaftspolitik einräumt, geht das Bundesverfassungsgericht in der Leitentscheidung vom 11. 6. 1958 („Apotheken-Urteil")[57] von der inne-

---

53 BVerfGE 33, 303 (329 ff., 336 ff., 345 f.); 43, 291 (311 ff.); 45, 393 (399), jeweils m. w. Nachw.; vgl. auch BVerfGE 62, 117 (146); 85, 36 (53 f.). Das Problem ist grundsätzlich geregelt in §§ 27 ff. des Hochschulrahmengesetzes i. d. F. vom 9. 4. 1987 (BGBl. I S. 1170). – Zum Recht auf freie Wahl des Arbeitsplatzes vgl. BVerfGE 84, 133 (146 f., 148); 85, 360 (372 f.).
54 BVerfGE 50, 290 (362) m. w. Nachw.
55 Zu diesem: *R. Breuer,* Freiheit des Berufs, HdBStR VI, §§ 147 und 148.
56 BVerfGE 7, 377 (197 ff.); 39, 334 (369 f.); 73, 301 (315) m. w. Nachw. Zur Befugnis des Gesetzgebers, Berufsbilder festzulegen: BVerfGE 75, 246 (265 ff.) m. w. Nachw. Für die Berufe des öffentlichen Dienstes sind auf der Grundlage des Art. 33 Abs. 5 GG Sonderregelungen zulässig. Vgl. dazu *W. Leisner,* Öffentliches Amt und Berufsfreiheit, AöR 93 (1968) S. 161 ff.
57 BVerfGE 7, 377 ff.; aus der umfangreichen Judikatur zu Art. 12 Abs. 1 GG vgl. ferner BVerfGE 11, 30 ff.; 13, 97 ff.; 16, 147 ff.; 18, 353 ff.; 21, 245 ff.; 23, 50 ff.; 30, 292 ff.; 46, 246 (256 f.); 50, 290 (362 ff.); 59, 302 (315 ff.); 71, 183 (196 ff.); 76, 171 (184 ff.). Aus der Lit.: *H. H. Rupp,* Das Grundrecht der Berufsfreiheit in der Rechtsprechung des Bundesverfassungsgerichts, AöR 92 (1967) S. 212 ff.; *P. J. Tettinger,* Das Grundrecht der Berufsfreiheit in der Rechtsprechung des Bundesverfassungsgerichts, AöR 108 (1983) S. 92 ff.; *H. Hege,* Das Grundrecht der Berufsfreiheit im Sozialstaat (1977); *P. Häberle,* Aspekte einer Verfassungslehre der Arbeit, AöR 109 (1984) S. 630 ff.; *H. P. Schneider* und *H. Lecheler,* Art. 12 GG – Freiheit des Berufs und Grundrecht der Arbeit, VVDStRL 43 (1985) S. 7 ff., 48 ff.; *F. Ossenbühl,* Die Freiheit des Unternehmers nach dem Grundgesetz, AöR 115 (1990) S. 1 ff.; *F. Hufen,* Berufsfreiheit – Erinnerung an ein Grundrecht, NJW 1994, 2193 ff.

ren Einheit der in Art. 12 Abs. 1 GG gewährleisteten Berufsfreiheit aus. Es sieht in Art. 12 Abs. 1 GG ungeachtet der Aufgliederung in Berufswahl und Berufsausübung die Gewährleistung eines einheitlichen Lebensbereiches, der eine strenge Scheidung nicht zuläßt, ein Tatbestand, der besonders deutlich in der Berufsaufnahme sichtbar wird, die sowohl als Berufswahl wie als Beginn der Berufsausübung verstanden werden kann.

Infolgedessen kann nach Auffassung des Gerichts auch die Regelungsbefugnis des Satzes 2 nicht auf die Berufsausübung beschränkt werden. Da sie indessen in erster Linie um der Berufsausübung willen normiert ist, darf der Gesetzgeber nur unter diesem Blickpunkt auch in die Freiheit der Berufswahl eingreifen. Seine Regelungsbefugnis ist eine abgestufte; sie reicht um so weiter, je mehr sie sich als reine Berufsausübungsregelung darstellt, sie ist um so enger begrenzt, je mehr sie die Freiheit der Berufswahl berührt. Damit wird eine Differenzierung notwendig und ergeben sich für den Umfang der Regelungsbefugnis mehrere „Stufen". Am freiesten ist der Gesetzgeber, wenn er eine reine Ausübungsregelung trifft, die auf die Freiheit der Berufswahl nicht zurückwirkt. Eine solche ist zulässig, wenn sie durch vernünftige Gründe des Gemeinwohls gerechtfertigt ist, die gewählten Mittel geeignet und erforderlich sind, den verfolgten Zweck zu erreichen, und wenn die dadurch bewirkte Beschränkung dem Betroffenen zumutbar ist. Dagegen ist eine Regelung, die schon die Aufnahme einer Berufstätigkeit von der Erfüllung bestimmter Voraussetzungen abhängig macht und damit die Freiheit der Berufswahl berührt, nur dann gerechtfertigt, wenn sie ein überragendes Gemeinschaftsgut schützen soll, das der Freiheit des Einzelnen vorgeht. Dabei ist zwischen subjektiven Bedingungen der Zulassung, d. h. Voraussetzungen der persönlichen Qualifikation, und objektiven Bedingungen, die mit der persönlichen Qualifikation nichts zu tun haben und auf die der Bewerber keinen Einfluß hat, zu unterscheiden. Für die subjektiven Bedingungen der Zulassung gilt das Prinzip der Verhältnismäßigkeit, während objektive Zulassungsbedingungen im allgemeinen nur durch den Zweck der Abwehr nachweisbarer oder höchstwahrscheinlich schwerer Gefahren für ein überragend wichtiges Gemeinschaftsgut gerechtfertigt werden können. Der Gesetzgeber muß Regelungen nach Art. 12 Abs. 1 Satz 2 GG jeweils auf der „Stufe" vornehmen, die den geringsten Eingriff mit sich bringt; er darf die nächste „Stufe" erst dann betreten, wenn mit hoher Wahrscheinlichkeit dargetan werden kann, daß die befürchteten Gefahren mit den Mitteln der vorausgehenden Stufe nicht bekämpft werden können. – Die neuere Rechtsprechung des Bundesverfassungsgerichts zu Art. 12 Abs. 1 GG läßt deutlich werden, daß diese Stufentheorie nicht ausreicht, die praktischen Probleme einer Begrenzung der Berufsfreiheit dogmatisch zu bewältigen. Das Gericht hat daher weiter differenziert und darauf hingewiesen, daß es sich durchgängig um ein Problem strikter Anwendung des Verhältnismäßigkeitsgrundsatzes handele[58].

423 Die Interpretation des Art. 12 Abs. 1 GG durch das Bundesverfassungsgericht trifft trotz mancher Unstimmigkeit den Kern der Problematik. Soweit Art. 12 Abs. 1 Satz 2 GG den Gesetzgeber zu Begrenzungen des Grundrechts der Berufsfreiheit ermächtigt, handelt es sich im Prinzip um eine Frage der verhältnismäßigen Zuordnung von Rechtsgütern in der Gestaltung menschlichen Zusammenlebens, d. h. aber eine Aufgabe praktischer Konkordanz, die einer Güterabwägung[59] oft nicht bedarf. Dabei bewirkt die Typisierung und Differenzierung nach Stufen eine klarere Strukturierung. Sie führt damit zu einem Mehr an Rationalität[60]. – Auch hier sind richterlicher Nachprüfung Grenzen gezogen, wenn anders die dem Richter allein zukommende Aufgabe einer Kontrolle nicht überschritten werden und die Freiheit wirtschafts- und sozialpolitischer Gestaltung durch den demokratischen Gesetzgeber nicht in funktionellrechtlich unzulässiger Weise eingeengt werden soll.

---

58 Vgl. etwa BVerfGE 25, 1 (12); 30, 292 (313 ff.); 32, 1 (34); 46, 120 (138).
59 BVerfGE 7, 377 (405).
60 *Breuer* (Anm. 55) § 148 Rdn. 8 ff.

c) Art. 12 Abs. 2 GG verbietet den Zwang zu einer bestimmten Arbeit, soweit es   **424**
sich nicht um eine herkömmliche, allgemeine und für alle gleiche öffentliche
Dienstleistungspflicht handelt[61]. Zwangsarbeit ist nur bei einer gerichtlich angeordneten Freiheitsentziehung zulässig (Abs. 3). Weitere Beschränkungsmöglich-
keiten in Notstandsfällen hat die Novelle vom 24. 6. 1968 in Art. 12 a Abs. 3–6
aufgenommen (dazu unten Rdn. 740, 744, 749).

10. „Freie Entfaltung der Persönlichkeit"

Neben den bisher dargestellten konkret bestimmbaren und begrenzten Einzelfrei-   **425**
heiten gewährleistet Art. 2 Abs. 1 GG das Recht der freien Entfaltung der Persönlichkeit in den Schranken der Rechte anderer, der verfassungsmäßigen Ordnung
und des Sittengesetzes[62]. Die Garantie positiviert ein Grundprinzip der demokratischen und rechtsstaatlichen Ordnung des Grundgesetzes: sie zeigt, daß verfassungsrechtlich gewährleistete Freiheit rechtliche, d. h. begrenzte, aber in ihren
Grenzen geschützte, nicht abstrakte und unbegrenzte „natürliche" Freiheit ist. Die
Bestimmung ihres über diese allgemeine Bedeutung hinausgehenden konkreten
Inhalts bereitet indessen Schwierigkeiten. Dies gilt namentlich für die freie Entfaltung der Persönlichkeit in ihrer Begrenzung durch die verfassungsmäßige Ordnung.

Hier liegt nach dem Wortlaut des Art. 2 Abs. 1 GG und seinem sachlichen Zusammenhang   **426**
mit Art. 1 GG ein Verständnis als „unbenanntes Freiheitsrecht" nahe, das über die benannten Freiheiten hinaus die engere persönliche Lebenssphäre des Einzelnen in den von der
Verfassung selbst gezogenen Grenzen schützen soll und insofern Begrenzungen durch Gesetz oder auf Grund eines Gesetzes ausschließt[63]. Über eine solche Auslegung geht diejenige des Bundesverfassungsgerichts weit hinaus. Nach seiner Auffassung muß sie daran
scheitern, daß die drei Schranken des Art. 2 Abs. 1 GG sonst ohne Bedeutung wären. Die
Schranken der Gewährleistung sind ihm vielmehr Beleg dafür, daß Art. 2 Abs. 1 GG in einem umfassenden Sinne *allgemeine menschliche Handlungsfreiheit* gewährleistet[64]. Diesem Schluß von den Schranken auf den Inhalt der Gewährleistung folgt sogleich ein Schluß
von dem so gewonnenen Inhalt auf die Schranken: aus der Weite des Begriffs der allgemeinen Handlungsfreiheit folge, daß unter dem Begriff der verfassungsmäßigen Ordnung nur
die allgemeine Rechtsordnung verstanden werden könne, die die materiellen und formellen
Normen der Verfassung zu beachten habe, also *verfassungsmäßige Rechtsordnung* sein
müsse, und dieses Ergebnis sieht das Gericht durch die Entstehungsgeschichte des Art. 2
Abs. 1 GG bestätigt[65]. Dem Einwand, daß seine Interpretation Art. 2 Abs. 1 GG zum Leer-
lauf verurteile, weil er unter einen allgemeinen Gesetzesvorbehalt gestellt werde, sucht das

---

61 Vgl. dazu BVerfGE 13, 167 (170 f.); 22, 380 (383); 74, 102 (115 ff.).
62 Dazu *H.-U. Erichsen,* Allgemeine Handlungsfreiheit, HdBStR VI, § 152.
63 Dazu vor allem *H. Peters,* Das Recht auf freie Entfaltung der Persönlichkeit in der höchstrichter-
     lichen Rechtsprechung (1963) S. 47 ff.
64 BVerfGE 6, 32 (36 f.), st. Rspr., vgl. etwa noch BVerfGE 74, 129 (151 f.); 80, 137 (152 ff.); 90, 145
     (171 ff.); 91, 334 (338 f.), jeweils m. w. Nachw. Eine umfassende Übersicht bei *R. Scholz,* Das
     Grundrecht der freien Entfaltung der Persönlichkeit in der Rechtsprechung des Bundesverfas-
     sungsgerichts, AöR 100 (1975) S. 80 ff., 265 ff.
65 BVerfGE 6, 32 (37 ff.) – Die obersten Gerichtshöfe haben sich dieser Rechtsprechung angeschlos-
     sen.

Gericht insbesondere mit dem Hinweis darauf zu begegnen, daß jedenfalls ein „letzter Bereich unantastbarer menschlicher Freiheit" als Wesensgehalt (Art. 19 Abs. 2 GG) des Art. 2 Abs. 1 GG verfassungskräftig gewährleistet bleibe, der der Einwirkung der gesamten öffentlichen Gewalt entzogen sei[66].

427 Damit scheint die Interpretation des Gerichts zu dem gleichen Ergebnis zu führen wie die von ihm abgelehnte Auffassung, die in Art. 2 Abs. 1 GG von vornherein nur jenen „letzten unantastbaren Bereich menschlicher Freiheit" verfassungskräftig gewährleistet sieht. Dieser Schein trügt. Beide Auffassungen unterscheiden sich wesentlich, auch in ihren Konsequenzen.

Die Interpretation des Art. 2 Abs. 1 GG durch das Bundesverfassungsgericht führt zu der Annahme eines geschlossenen Grundrechtssystems im Sinne eines lückenlosen Wert- und Anspruchssystems[67] (vgl. oben Rdn. 302). Art. 2 Abs. 1 GG erscheint als Hauptfreiheitsrecht, das in den nachfolgenden Freiheitsrechten nach einzelnen Richtungen hin spezifiziert wird und dort, wo eine solche Spezifizierung fehlt, subsidiär anzuwenden ist. Da „allgemeine Handlungsfreiheit" in sich unbegrenzt ist, gibt es kein menschliches Handeln, das grundrechtlich nicht erfaßt wäre, sei es auch nur durch Art. 2 Abs. 1 GG. Hundesteuergesetze[68], Körordnungen[69], das Verbot von Mitfahrzentralen[70], alles kann zur Frage der „freien Entfaltung der Persönlichkeit" werden. Nicht nur der Eingriff, der „nicht rechtsstaatlich" ist, sondern schlechthin jeder belastende rechtswidrige Akt der öffentlichen Gewalt müßte eine Grundrechtsverletzung enthalten, weil er die allgemeine Handlungsfreiheit nicht auf der Grundlage einer zur verfassungsmäßigen Ordnung gehörenden Rechtssatzes beschränkt. – Das Gericht zieht freilich diese Konsequenz nicht. Es schließt die Fälle bloß unrichtiger Anwendung unterverfassungsmäßigen Rechts aus der Anwendung des Art. 2 Abs. 1 GG aus und beschränkt sich bei der Prüfung anhand dieses Maßstabs auf die Fragen, ob die dem angegriffenen Akt zugrunde liegende Norm zur „verfassungsmäßigen Ordnung" gehört oder ob ihre Auslegung gegen Verfassungsrecht verstößt[71]. Damit hält es die Reichweite des Art. 2 Abs. 1 GG in Grenzen und vermeidet unhaltbare Auswirkungen seiner Interpretation, namentlich die, zu einer Super-Revisionsinstanz zu werden, was mit der verfassungsmäßigen Aufgabenteilung zwischen ihm und den Fachgerichten unvereinbar wäre. Nicht vermeiden läßt sich eine andere Auswirkung: daß gegen jeden belastenden rechtswidrigen Akt der öffentlichen Gewalt die Verfassungsbeschwerde statthaft ist[72], und daß unter dieser Voraussetzung jeder Verstoß gegen objektives Verfassungsrecht, etwa gegen Kompetenzvorschriften[73], zu einer Grundrechtsverletzung werden kann, dies obwohl Art. 93 Abs. 1 Nr. 4a GG die Befugnis zu ihrer Erhebung auf die Verletzung enumerativ aufgeführter Rechte beschränkt und daher kein unbegrenztes Recht zur Verfassungsbeschwerde begründet.

428 Diese Unfolgerichtigkeiten und Schwierigkeiten entfallen bei einer restriktiven Interpretation, die den Inhalt freier Entfaltung der Persönlichkeit in den Schranken der verfassungsmäßigen Ordnung in der nur durch die Verfassung selbst begrenzten, über die Verbürgungen der benannten Freiheitsrechte hinausgehenden und jeweils zu konkretisierenden *Gewährleistung der engeren persönlichen, freilich nicht auf rein geistige und sittliche Entfaltung beschränkten, Lebenssphäre* er-

---

66 BVerfGE 6, 32 (40 f.), st. Rspr. Dazu näher: BVerfGE 80, 367 (373 ff.) m. w. Nachw.
67 *Maunz-Dürig* (Anm. 2) Rdn. 3 ff. zu Art. 2 Abs. I.
68 BVerfGE 7, 89 (92).
69 BVerfGE 10, 55 (59).
70 BVerfGE 17, 306 (313 ff.).
71 Z. B. BVerfGE 21, 209 (216); 42, 20 (27); 51, 77 (89 ff.).
72 BVerfGE 6, 32 (41); ferner etwa BVerfGE 10, 89 (99); 11, 105 (110); 23, 288 (300).
73 Z. B. BVerfGE 75, 108 (146); 80, 137 (153).

blickt[74]. Eine solche Interpretation entspricht der Eigenart der Grundrechte, die als subjektive Rechte überall, namentlich aber in den Menschenrechten, durch einen über „allgemeine Handlungsfreiheit" hinausgehenden personalen Bezug gekennzeichnet sind. Sie entspricht der Eigenart der Grundrechte als punktueller Gewährleistungen der Freiheit besonders wichtiger oder gefährdeter Lebensbereiche, die mehr verbürgen als das Recht, das zu tun, was nicht verboten ist. Sie macht die Schranken des Art. 2 Abs. 1 GG nicht überflüssig, weil so verstandene freie Persönlichkeitsentfaltung durchaus gegen die verfassungsmäßige Ordnung, die Rechte anderer oder das Sittengesetz verstoßen kann. Schließlich bleibt bei dieser Interpretation die Funktion der Verfassungsbeschwerde als eines besonderen Instituts zum Schutz der Grundrechte erhalten.

Dem kommt es nahe, wenn das Bundesverfassungsgericht in Fortführung seiner Rechtsprechung zum Schutz namentlich der Privat- und Intimsphäre in Art. 2 Abs. 1 in Verbindung mit Art. 1 Abs. 1 GG ausdrücklich die grundrechtliche Gewährleistung des *allgemeinen Persönlichkeitsrechts* erblickt und damit ein Element der „freien Entfaltung der Persönlichkeit" näher ausformt, das sich als Recht auf Respektierung des geschützten Bereichs von dem „aktiven" Element dieser Entfaltung, der „allgemeinen Handlungsfreiheit", abhebt[75].

Aus dem allgemeinen Persönlichkeitsrecht ergeben sich nach der neueren Rechtsprechung auch die verfassungsrechtlichen Grundlagen und Anforderungen des *Datenschutzes:* Es umfaßt die Befugnis des Einzelnen, grundsätzlich selbst über die Preisgabe und Verwendung seiner persönlichen Daten zu bestimmen. Insoweit enthält es *ein Recht auf „informationelle Selbstbestimmung"*, das freilich im überwiegenden Allgemeininteresse beschränkt werden kann. Beschränkungen bedürfen einer verfassungsmäßigen gesetzlichen Grundlage, aus der sich ihre Voraussetzungen und ihr Umfang klar und für den Bürger erkennbar ergeben. Bei seinen Regelungen hat der Gesetzgeber ferner den Grundsatz der Verhältnismäßigkeit zu beachten. Im Blick auf die Gefährdungen durch die automatische Datenverarbeitung hat er schließlich mehr als früher organisatorische und verfahrensrechtliche Vorkehrungen zu treffen, welche der Gefahr einer Verletzung des Persönlichkeitsrechts entgegenwirken[76].

---

74 *H. Ehmke*, Wirtschaft und Verfassung (1961) S. 34 Anm. 80; *Scheuner*, VVDStRL 22 (Anm. 1) S. 39 Anm. 111 gegen *Peters* (Anm. 63) S. 47 ff.; *ders.*, Die Funktion der Grundrechte im Sozialstaat. Die Grundrechte als Richtlinie und Rahmen der Staatstätigkeit, DÖV 1971, 508 f. Zum Ganzen eingehend: *W. Schmidt*, Die Freiheit vor dem Gesetz. Zur Auslegung des Art. 2 Abs. 1 des Grundgesetzes, AöR 91 (1966) S. 42 ff. Inhaltlich mit dem Text übereinstimmend die abw. Meinung BVerfGE 80, 137 (164 ff.). Dagegen: *B. Pieroth*, Der Wert der Auffangfunktion des Art. 2 Abs. 1 GG, AöR 115 (1990) S. 33 ff.

75 BVerfGE 54, 148 (153 f.) m. w. Nachw.; vgl. auch BVerfGE 54, 208 (217 f.); 60, 329 (339); 63, 131 (142 f.); 78, 77 (84 f.); 79, 256 (268); 89, 69 (82 f.); 90, 255 (260 f.). Zu den in der Rechtsprechung nicht abschließend geklärten Schranken des allgemeinen Persönlichkeitsrechts: BVerfGE 79, 256 (269 f.); 90, 263 (271).

76 BVerfGE 65, 1 (43 f.).

II. Gleichheitsrechte

1. Erscheinungsformen und Problematik rechtlicher Gleichheit

429 a) Rechtliche Gleichheit gewährleistet das Grundgesetz sowohl im Sinne formeller als auch im Sinne materieller Rechtsgleichheit.

430 Formelle Rechtsgleichheit ist *Gleichheit vor dem Gesetz* (Art. 3 Abs. 1 GG). Sie fordert die ausnahmslose Verwirklichung des bestehenden Rechts ohne Ansehen der Person: jeder wird in gleicher Weise durch die Normierungen des Rechts verpflichtet und berechtigt, und umgekehrt ist es allen staatlichen Stellen verwehrt, bestehendes Recht zugunsten oder zu Lasten einzelner Personen nicht anzuwenden. Insoweit läßt sich das Gebot rechtlicher Gleichheit als Grundforderung des Rechtsstaates ohne Schwierigkeiten fixieren.

431 Diese Schwierigkeiten entstehen erst bei dem Versuch, das Prinzip *inhaltlicher Rechtsgleichheit* zu bestimmen. Nach Art. 1 Abs. 3 GG ist auch der Gesetzgeber, der jenes gleichmäßig anzuwendende Recht erst schafft, an den Gleichheitssatz gebunden. Das bestehende Recht verpflichtet und berechtigt also seine Adressaten nicht nur ohne Ansehen der Person, ohne daß es auf seinen Inhalt ankäme; sondern dieser Inhalt selbst soll dem Prinzip der Gleichheit entsprechen.

432 b) Inhaltliche Rechtsgleichheit besteht nicht in einer unterschiedslosen Gleichbehandlung aller in allen Beziehungen. Sondern nur das, was gleich ist, soll gleich behandelt werden. Das Gleichheitsprinzip verbietet eine *ungleiche Regelung gleicher Sachverhalte;* gleiche Fälle soll gleiche Regel treffen. Die Frage ist, welche Sachverhalte gleich sind und deshalb nicht ungleich geregelt werden dürfen.

Hierauf gibt es keine ein für allemal feststehende Antwort. Denn eine Übereinstimmung mehrerer Sachverhalte kann stets nur in bezug auf ein oder mehrere *Merkmale* festgestellt werden, während andere Merkmale differieren können. Absolute Übereinstimmung in allen Merkmalen, einschließlich der zeitlichen und räumlichen Bestimmtheit, ist logisch ausgeschlossen; sie würde Identität bedeuten. Eine Beurteilung, die zwei Sachverhalte als gleich bezeichnet, muß daher von den begriffsnotwendig vorhandenen Ungleichheiten abstrahieren: diese erscheinen als unwesentlich, die übereinstimmenden Merkmale dagegen als wesentlich, und Entsprechendes gilt für eine Beurteilung, die zwei Sachverhalte als ungleich bezeichnet. Die Feststellung, daß mehrere Sachverhalte gleich oder ungleich sind, knüpft also an die Wesentlichkeit oder Unwesentlichkeit der den verglichenen Sachverhalten eigenen Merkmale an; sie hängt von dem Gesichtspunkt ab, unter der der Vergleich angestellt wird. Wird z. B. das Merkmal „Person" als wesentlich angesehen, so sind Deutsche und Ausländer gleich zu behandeln; erscheint das Merkmal „Staatsangehörigkeit" als wesentlich, so ist eine ungleiche Behandlung zulässig.

433 Aus diesen Gründen ist die entscheidende Frage inhaltlicher Rechtsgleichheit stets die nach den als wesentlich anzusehenden Merkmalen, welche die Gleichheit mehrerer Sachverhalte und damit das Gebot der Gleichbehandlung bzw. das Verbot einer Ungleichbehandlung begründen oder, ins Negative gewendet: nach den

Merkmalen, welche als unwesentlich anzusehen sind und nicht zur Grundlage einer rechtlichen Differenzierung gemacht werden dürfen.

2. Spezielle Gleichheitsrechte

Eine Reihe solcher wesentlicher bzw. unwesentlicher Merkmale normiert das Grundgesetz selbst in den speziellen Gleichheitsrechten[77]. Das geschieht sowohl im Sinne der Gewährleistung von subjektiven Rechten als auch in dem von Grundelementen objektiver demokratischer und rechtsstaatlicher Ordnung.   **434**

a) So knüpft die *Wahlrechtsgleichheit* des Art. 38 GG (von wenigen Ausnahmen abgesehen) allein an das Merkmal „Deutscher" und an ein Mindestalter an, während alle Unterschiede des Geschlechts, der Herkunft, des Besitzes, der Bildung oder der Einsichtsfähigkeit als unwesentlich betrachtet werden. In engem Zusammenhang damit steht die *Chancengleichheit der politischen Parteien*, für die es prinzipiell nur darauf ankommt, ob eine Gruppe politische Partei ist oder nicht, dagegen nicht darauf, ob sie Regierungs- oder Oppositionspartei, große oder kleine Partei ist. In beiden Formen wird das umfassendere demokratische Prinzip des Verbots einer rechtlichen Differenzierung zwischen Mehrheit und Minderheit sichtbar (vgl. oben Rdn. 154, 176).   **435**

b) Daneben normiert das Grundgesetz *Differenzierungsverbote*, deren Tragweite über den Bereich der demokratischen Ordnung hinausreicht. Nach Art. 3 Abs. 2 und 3 GG sind Männer und Frauen – auch in der Familie – gleichberechtigt; niemand darf wegen seines Geschlechts, seiner Abstammung, seiner Rasse, seiner Sprache, seiner Heimat und Herkunft, seines Glaubens, seiner religiösen oder politischen Anschauungen benachteiligt oder bevorzugt werden[78]. Dem ist nunmehr der Satz angefügt worden, daß niemand wegen seiner Behinderung benachteiligt werden darf (Art. 3 Abs. 3 Satz 2 GG). Es wird hier ein Verbot der Ungleichbehandlung ausgesprochen, die allein an diese, insoweit für unwesentlich erklärten Kriterien anknüpft – was nicht etwa ein Gebot rechtlicher Gleichsetzung in allen Beziehungen bedeutet. Denn inhaltliche Rechtsgleichheit setzt nicht nur unwesentliche Verschiedenheiten, sondern auch wesentliche Übereinstimmungen der zu vergleichenden Sachverhalte voraus; diese fehlen z. B., wenn das Grundgesetz in Art. 12a Abs. 1 eine Wehrpflicht nur für Männer vorsieht und in Art. 12a Abs. 4 Satz 2 den Waffendienst von Frauen ausdrücklich verbietet, wenn es in Art. 6 Abs. 4 jeder Mutter den Schutz und die Fürsorge der Gemeinschaft zusichert oder wenn einfache Gesetze Regelungen treffen, die „im Hinblick auf die objektiven biologischen und funktionalen (arbeitsteiligen) Unterschiede nach der Natur des jeweiligen Lebensverhältnisses" nur für Männer oder nur für Frauen gel-   **436**

---

77 Dazu *M. Sachs*, Besondere Gleichheitsgarantien, HdBStR V, § 126.
78 Zu der Notwendigkeit des kausalen Zusammenhangs mit den in Art. 3 Abs. 3 GG genannten Gründen: BVerfGE 2, 266 (286); 59, 128 (157); 75, 40 (69 f.). Zu dem Verhältnis zwischen dem Differenzierungsverbot des Art. 3 Abs. 3 und dem (weiterreichenden) Gleichberechtigungsgebot des Art. 3 Abs. 2 GG: BVerfGE 85, 191 (206 f.) m. w. Nachw. Vgl. auch BVerfGE 64, 135 (156 f.).

ten. Doch dürfen faktische Nachteile, die typischerweise Frauen betreffen, durch begünstigende Regelungen ausgeglichen werden[79].

Über das Diskriminierungsverbot des Art. 3 Abs. 3 GG hinaus stellt Art. 3 Abs. 2 GG ein Gleichberechtigungs*gebot* auf und erstreckt dieses auch auf die gesellschaftliche Wirklichkeit. Der Satz „Männer und Frauen sind gleichberechtigt" will nicht nur Rechtsnormen beseitigen, die Vor- und Nachteile an Geschlechtsmerkmale knüpfen, sondern für die Zukunft Gleichberechtigung der Geschlechter durchsetzen. Er zielt auf Angleichung der Lebensverhältnisse[80]. Dieser Auslegung des Art. 3 Abs. 2 Satz 1 GG durch das Bundesverfassungsgericht entspricht im wesentlichen der im Zuge der Verfassungsreform (oben Rdn. 100) eingefügte Art. 3 Abs. 2 Satz 2 GG, nach dem der Staat die tatsächliche Gleichberechtigung von Frauen und Männern fördert und auf die Beseitigung bestehender Nachteile hinwirkt.

Als subjektive (Abwehr-)Rechte stehen Art. 3 Abs. 2 und 3 GG auch einer rechtlichen Ungleichbehandlung entgegen, durch die zu Lasten eines anderen Grundrechtsträgers allgemeine tatsächliche Gleichheit von Männern und Frauen hergestellt werden soll. Daraus ergibt sich die verfassungsrechtliche Problematik der Einführung von „Quotenregelungen". Soweit diese den Zugang zu öffentlichen Ämtern betreffen, dürfen nur Eignung, Befähigung und Leistung als wesentliche Kriterien herangezogen werden (Art. 33 Abs. 2 GG); eine Bevorzugung wegen des Geschlechts ist ebenso verboten wie eine Benachteiligung[81].

437   Zu den speziellen Gleichheitsrechten gehören schließlich die Gewährleistungen des Art. 33 Abs. 1 und 2 GG, die die staatsbürgerliche Gleichheit aller Deutschen in jedem Land und den gleichen Zugang zu öffentlichen Ämtern gewährleisten, sowie die Diskriminierungsverbote der Art. 33 Abs. 3 und 140 GG in Verbindung mit Art. 136 Abs. 1 und 2 WRV. Wenn Art. 6 Abs. 5 GG die Schaffung gleicher Bedingungen für die *unehelichen Kinder* durch die Gesetzgebung fordert, so wird hier ein konkretes Gebot inhaltlicher Rechtsgleichheit ausgesprochen[82].

---

79 BVerfGE 34, 225 (242), st. Rspr.; vgl. noch BVerfGE 52, 369 (374) m. w. Nachw.; 84, 9 (27) m. w. Nachw. Der Gesetzgeber ist zu einer Ungleichbehandlung auch dann befugt, wenn er einen sozialstaatlich motivierten typischen Ausgleich von Nachteilen anordnet, die ihrerseits auf biologische Unterschiede zurückgehen: BVerfGE 74, 163 (180); 85, 191 (207).

80 BVerfGE 85, 191 (207) m. w. Nachw.; 89, 276 (285, vgl. auch 288 f.).

81 Zu der umstrittenen Frage: *E. Benda*, Notwendigkeit und Möglichkeit positiver Aktionen zugunsten von Frauen im öffentlichen Dienst (1986); *H. M. Pfarr*, Quoten und Grundgesetz, Notwendigkeit und Verfassungsmäßigkeit von Frauenförderung (1988); *I. Ebsen*, Quotierung politischer Entscheidungsgremien durch Gesetz? JZ 1989, 553 ff.; *ders.*, Gleichberechtigung von Männern und Frauen, HdBVerfR § 6, Rdn. 9 ff.; *U. Sacksofsky*, Das Grundrecht auf Gleichberechtigung (1990) S. 167 ff., 305 ff., 374 ff.; *M. Sachs*, (Anm. 77) § 126 Rdn. 103; *ders.*, Gleichberechtigung und Frauenquoten, NJW 1989, 553 ff.; *St. Hustler*, Frauenförderung zwischen individueller Gerechtigkeit und Gruppenparität, AöR 118 (1993) S. 109 ff.

82 Vgl. dazu BVerfGE 8, 210 (216 f.); 17, 280 (285 f.); 22, 163 (172 f.); 44, 1 (19 f.); 58, 377 (389); 74, 33 (38 f.); 84, 168 (184 f.). – Zur Verwirklichung des Auftrages des Art. 6 Abs. 5 GG durch den Gesetzgeber vgl. BVerfGE 25, 167 (172 ff.).

3. Der allgemeine Gleichheitssatz

Erst dann, wenn es an solchen verfassungsrechtlichen Konkretisierungen des   438
Gleichheitsprinzips fehlt, wird die Frage nach den als wesentlich bzw. unwesentlich anzusehenden Merkmalen rechtlicher Gleichsetzung zu einer Frage des allgemeinen Gleichheitssatzes[83]. Dieser verbietet es, wesentlich Gleiches ungleich
(und wesentlich Ungleiches gleich) zu behandeln. Er stellt als Grundelement des
sozialen Rechtsstaates den staatlichen Gewalten, namentlich dem Gesetzgeber,
die Aufgabe, einer Gleichsetzung oder Differenzierung jeweils *gerechte Kriterien*
zugrunde zu legen, um so im Sinne des klassischen Gerechtigkeitsprinzips jedem
das Seine zukommen zu lassen; welches diese Kriterien sein müssen, läßt sich
nicht allgemein und abstrakt, sondern stets nur im Blick auf den konkreten Sachverhalt bestimmen, der geregelt werden soll.

Freilich werden über das jeweils Gerechte in der Regel unterschiedliche Auffassungen bestehen, über die eine Einigung erzielt oder zwischen denen entschieden
werden muß. Daß eine solche Einigung oder Entscheidung die von der Verfassung
gestellte Aufgabe verfehlt, wird sich eben wegen jener Unterschiedlichkeit der
Auffassungen nur dann mit Sicherheit feststellen lassen, wenn für die Differenzierung (oder Gleichsetzung) „ein vernünftiger, aus der Natur der Sache sich ergeben-
der oder sonstwie sachlich einleuchtender Grund sich nicht finden läßt, wenn also
für eine am Gerechtigkeitsgedanken orientierte Betrachtungsweise die Regelung
als *willkürlich* bezeichnet werden muß".

Mit dieser Formel hat das Bundesverfassungsgericht in ständiger Rechtsprechung[84] die   439
Voraussetzungen einer Verletzung des allgemeinen Gleichheitssatzes umschrieben. Das ist
unter dem Aspekt richterlicher Kontrollbefugnis zutreffend; der Richter würde sich an die
Stelle des Gesetzgebers setzen, wenn er selbst positiv entscheiden wollte, was jeweils als
wesentlich gleich anzusehen ist und darum nicht ungleich behandelt werden darf. Doch ändert das nichts an der allen staatlichen Gewalten, besonders dem Gesetzgeber, gestellten
verfassungsmäßigen Aufgabe. Der Gesetzgeber hat nicht nur Regelungen zu treffen, für die
irgend ein sachlich einleuchtender Grund zu finden ist und die sich in dem weiten Rahmen
des Nicht-Willkürlichen halten, sondern er soll Gesetze schaffen, die in jeder Hinsicht sachgemäß und gerecht sind – auch wenn er nur in den äußersten Grenzen des Willkürverbotes
richterlicher Kontrolle unterliegt. Hier wie in anderen Fällen ist der Inhalt der verfassungsrechtlichen Normierungen nicht gleichbedeutend mit dem Umfang verfassungsgerichtlicher Kontrolle, ist die Verfassung nicht nur in die Verantwortung des Bundesverfassungsgerichts, sondern auch in diejenige des Gesetzgebers gestellt, der gemäß Art. 20 Abs. 3 und 1
Abs. 3 GG an die Verfassung gebunden ist.

---

83 BVerfGE 9, 124 (128); 13, 290 (296); vgl. auch BVerfGE 59, 128 (156) m. w. Nachw. Aus der Lit.:
  H. P. Ipsen, Gleichheit, in: Die Grundrechte, hrsg. von Neumann-Nipperdey-Scheuner II (1954)
  S. 177 ff.; *P. Kirchhof*, Der allgemeine Gleichheitssatz, HdBStR V, § 124; *ders.*, Gleichheit in der
  Funktionenordnung, ebd. § 125; *M. Sachs*, Auswirkungen des allgemeinen Gleichheitssatzes auf
  die Teilrechtsordnungen, ebd. § 127; *W. Rüfner*, Bonner Kommentar, Art. 3.
84 Seit BVerfGE 1, 14 (52), vgl. etwa noch BVerfGE 65, 141 (148); 74, 182 (200) m. w. Nachw.; 76,
  256 (329), im Anschluß an die vor allem von *H. Triepel* und *G. Leibholz* in der Weimarer Zeit entwickelte Lehre; vgl. hierzu *G. Leibholz*, Die Gleichheit vor dem Gesetz (1925, 2. Aufl. 1959) bes.
  S. 53 ff. Zur verfassungswidrigen Gleichbehandlung wesentlich ungleicher Fälle vgl. z. B. BVerf-
  GE 19, 119 (125 f.); 37, 38 (46) m. w. Nachw.

Neben der mit dem Willkürverbot umschriebenen Grundposition läßt die Rechtsprechung einzelne Ansätze erkennen, die über diese Position hinausführen und zugleich konkretere Maßstäbe verfassungsrechtlicher Kontrolle enthalten. So erachtet das Bundesverfassungsgericht von vornherein ein gewisses Maß von Generalisierung und Typisierung in gesetzlichen Regelungen für zulässig, dies namentlich, wenn es sich um die Regelung von Massenerscheinungen handelt; insofern müssen Benachteiligungen im Einzelfall hingenommen werden, wenn die Härte gering ist und nur eine kleine Zahl von Personen trifft[85]. Bei der Beurteilung von Gleichheitsverletzungen beschränkt sich das Gericht grundsätzlich auf das jeweilige Ordnungssystem, prüft also nur, ob das Verbot willkürlicher Differenzierung oder Gleichsetzung innerhalb des in Frage stehenden Systems beachtet ist[86]. Hierfür ist der Gedanke der Systemgerechtigkeit von Bedeutung: Es wird geprüft, ob die gesetzliche Bestimmung in einem inneren Widerspruch zu der Gesamtkonzeption des Regelungssystems steht, dem sie angehört; ist das der Fall, so liegt darin ein Indiz für eine Verletzung des Gleichheitssatzes[87].

In der neueren Rechtsprechung des Gerichts wird die Bedeutung des allgemeinen Gleichheitssatzes als Willkürverbot zunehmend durch Elemente des Grundsatzes der Verhältnismäßigkeit erweitert: je nach Regelungsgegenstand und Differenzierungsmerkmalen zieht hiernach Art. 3 Abs. 1 GG, wie sich aus seinem Wortlaut und Sinn sowie seinem Zusammenhang mit anderen Verfassungsnormen ergebe, der Gestaltungsfreiheit des Gesetzgebers unterschiedliche Grenzen, die vom bloßen Willkürverbot bis zu einer strengen Bindung an Verhältnismäßigkeitserfordernisse reichen. Dem entspricht bei der verfassungsgerichtlichen Prüfung eine abgestufte Kontrolldichte. Kommt als Maßstab allein das Willkürverbot in Betracht, so kann ein Verstoß gegen Art. 3 Abs. 1 GG nur festgestellt werden, wenn die Unsachlichkeit der Differenzierung evident ist. Hingegen prüft das Gericht bei Regelungen, die Personengruppen verschieden behandeln oder sich auf die Wahrnehmung von Grundrechten nachhaltig auswirken, im einzelnen nach, ob zwischen den verglichenen Gruppen Unterschiede von solcher Art und solchem Gewicht bestehen, daß sie die Ungleichbehandlung rechtfertigen können[88]. Hier wird also eine strengere Prüfung vorgenommen, wie auch sonst die vom Gericht stets betonte Gestaltungsfreiheit des Gesetzgebers unterschiedliche Beschränkungen erfährt[89].

---

85 Z. B. BVerfGE 51, 115 (122 f.); 63, 119 (128); 71, 39 (50); 79, 87 (100); 84, 348 (359 f.) m. w. Nachw.; 87, 234 (255 f.).

86 Z. B. BVerfGE 9, 237 (243); 11, 283 (293); 43, 13 (21).

87 Z. B. BVerfGE 9, 20 (28); 34, 103 (115); 36, 383 (394); 59, 36 (49) m. w. Nachw.; 81, 156 (207).

88 BVerfGE 88, 5 (12); 88, 87 (96 f.); 89, 365 (375); 90, 46 (56); 91, 346 (362 f.); 91, 389 (401), in Fortentwicklung der seit BVerfGE 55, 72 (88) ständigen Rechtsprechung des Ersten Senats, die zeitweilig auch vom Zweiten Senat des Gerichts aufgenommen, neuerdings jedoch wieder fallen gelassen worden ist. Statt dessen hat der Zweite Senat die Willkürformel stärker ins Positive gewendet und dahin präzisiert, daß es entscheidend auf die Eigenart des zu regelnden Sachbereichs ankomme, daß mithin gesetzliche Unterscheidungen oder Gleichsetzungen im Blick auf diesen Bereich sachlich gerechtfertigt sein müßten. Daraus können sich im konkreten Fall strengere Anforderungen als diejenigen des Willkürverbots als bloß äußerster Grenze gesetzgeberischer Gestaltung ergeben (BVerfGE 75, 108 [157, 158]; 83, 89 [107 f.] m. w. Nachw.; 90, 145 [195 f.]).

89 Von einem weiteren Gestaltungsraum geht das Gericht aus bei wirtschaftslenkenden Maßnahmen (BVerfGE 18, 315 [331]) oder bei der Sanierung des Staatshaushalts (BVerfGE 60, 16 [42 f.]; 61, 43 [63]). Ebenso wird bei gewährender Staatstätigkeit eine weitere Gestaltungsfreiheit des Gesetzgebers anerkannt als bei eingreifender (etwa BVerfGE 49, 280 [283] m. w. Nachw.; offen gelassen in BVerfGE 60, 16 [42]; 61, 138 [147]). Eine Einschränkung der Gestaltungsfreiheit kann sich ergeben, wenn die zu beurteilende Regelung andere verfassungsrechtlich geschützte Bereiche berührt, wie etwa das Sozialstaatsprinzip (z. B. BVerfGE 44, 283 [289 f.] m. w. Nachw.) und besonders Grundrechte (z. B. BVerfGE 74, 9 [24] m. w. Nachw.; 75, 382 [393]). – Zur Bedeutung des Gleichheitssatzes für das Steuerrecht: BVerfGE 74, 182 (200 f.) m. w. Nachw.; 81, 108 (118); 82, 126 (146); 84, 239 (268 ff.); 89, 346 (352 f.) m. w. Nachw.

„Willkür" im Sinne der Rechtsprechung des Bundesverfassungsgerichts ist keine Frage der **440** subjektiven Motivation, sondern der objektiven Unangemessenheit einer Maßnahme im Verhältnis zu der tatsächlichen Situation, der sie gilt. Der Maßstab der Beurteilung läßt sich dabei nur bedingt den „grundsätzlichen Wertentscheidungen und sozialen Ordnungsprinzipien"[90] des Grundgesetzes entnehmen, weil der allgemeine Gleichheitssatz selbst eines der konstituierenden Prinzipien der verfassungsmäßigen Ordnung ist. Seine Eigenart und Bedeutung besteht darin, daß er ein wesentliches Element der Offenheit der Verfassung ist (oben Rdn. 22 f.), indem er auf nicht positivierte Maßstäbe verweist und dadurch – wie gerade die Rechtsprechung des Bundesverfassungsgerichts zeigt – zum Einfallstor wird, „durch das die positiv bewertete gesellschaftliche Wirklichkeit täglich in die staatliche Normativität eindringt"[91].

III. Die Garantie des Eigentums

Unter den grundrechtlichen Gewährleistungen, die für die Wirtschafts- und So- **441** zialordnung wesentlich sind, spielt neben Art. 9 Abs. 3 und Art. 12 Abs. 1 GG die Garantie des Eigentums und des Erbrechts (Art. 14 GG) eine hervorragende Rolle. Von aktueller Bedeutung ist namentlich die Gewährleistung des Eigentums[92].

1. Gegenstand und Tragweite

a) Auch die Eigentumsgarantie umfaßt mehrere Bedeutungsschichten. Sie gewähr- **442** leistet das Eigentum als *Voraussetzung freier und selbstverantwortlicher Lebensgestaltung*; insoweit ist sie durch einen personalen Zug gekennzeichnet, und erweist sie sich als Ergänzung der grundrechtlichen Freiheiten. Sie gewährleistet das Eigentum im Sinne eines *subjektiven – freilich sozial gebundenen (Art. 14*

---

90 Z. B. BVerfGE 51, 1 (27) m. w. Nachw. Als objektiv willkürlich können nach der Rechtsprechung (namentlich gerichtliche) Entscheidungen auch dann gegen Art. 3 Abs. 1 GG verstoßen, wenn es gar nicht um eine Ungleich- oder Gleichbehandlung geht, wenn jedoch die Rechtsanwendung und das eingeschlagene Verfahren bei Würdigung der das Grundgesetz beherrschenden Gedanken nicht mehr verständlich sind und sich daher der Schluß aufdrängt, daß sie auf sachfremden Erwägungen beruhen (BVerfGE 4, 1 [7] st. Rspr., vgl. noch BVerfGE 58, 163 [167 f.]; 59, 98 [103]; 62, 189 [192] m. w. Nachw.; 66, 199 [205 f.]; 66, 324 [330]; 67, 90 [94 f.]; 79, 93 [97]; 80, 46 [51]; 87, 273 [278 f.]).

91 *H. Heller,* Staatslehre (1934) S. 258. Näher zur Rechtsprechung des Bundesverfassungsgerichts: *Leibholz-Rinck-Hesselberger,* Grundgesetz, Anm. zu Art. 3; *R. Herzog,* Der allgemeine Gleichheitssatz in der Rechtsprechung des Bundesverfassungsgerichts in: Maunz-Dürig (Anm. 2) Art. 3 GG Anhang. Kritisch: *H. H. Rupp,* Art. 3 GG als Maßstab verfassungsgerichtlicher Kontrolle, in: Bundesverfassungsgericht und Grundgesetz II (1976) S. 377 ff. Vgl. auch *Chr. Starck,* Die Anwendung des Gleichheitssatzes, in: Der Gleichheitssatz im modernen Verfassungsstaat, hrsg. von Chr. Link (1982) S. 51 ff.; *K. Hesse,* Der Gleichheitssatz in der neueren deutschen Verfassungsentwicklung, AöR 109 (1984) S. 184 ff.; *ders.,* Der allgemeine Gleichheitssatz in der neueren Rechtsprechung des Bundesverfassungsgerichts zur Rechtsgleichheit, in: Festschrift für Peter Lerche (1993) S. 121 ff. *R. Zippelius, G. Müller,* Der Gleichheitssatz, VVDStRL 47 (1989) S. 7 ff., 37 ff.

92 Zu dieser: *P. Badura,* Eigentum, HdBVerfR § 10; *H. J. Papier,* Maunz-Dürig, GG (Anm. 2) Anm. zu Art. 14; *W. Leisner,* Eigentum, HdBStR VI, § 149; *W. Böhmer,* Grundfragen der verfassungsrechtlichen Gewährleistung des Eigentums in der Rechtsprechung des Bundesverfassungsgerichts, NJW 1988, 2561 ff. – Zur Garantie des Erbrechts: BVerfGE 67, 329 (340 f.) m. w. Nachw.; 91, 346 (358 ff.); *W. Leisner,* Erbrecht, HdBStR VI, § 150.

Abs. 2 GG) – *Rechts*, das einen Abwehr- und Schutzanspruch gegen die staatlichen Gewalten begründet. Um dieser Aufgabe willen gewährleistet sie schließlich das Eigentum als *Rechtsinstitut* und Element objektiv-rechtlicher Ordnung des Gemeinwesens[93]; sie schließt damit jede wirtschafts- und sozialpolitische Gestaltung aus, die das Privateigentum der Form oder auch der Sache nach aufheben würde – was keine verfassungskräftige Entscheidung für ein bestimmtes Wirtschaftsmodell bedeutet.

Die Bestimmung von Inhalt und Bedeutung des in dieser Weise verfassungsrechtlich gewährleisteten Eigentums kann nicht an den *Wandlungen der Funktion des Eigentums vorübergehen*[94], die Teil der oben (Rdn. 210) dargestellten Entwicklung zum modernen Sozialstaat sind.

443 Als Grundlage privater Existenzsicherung, Verfügung, individueller Lebensgestaltung und als gesellschaftlicher Ordnungsfaktor hat das private Sacheigentum an Bedeutung verloren. Das moderne Leben beruht nur noch zu einem Teil auf eigener Verfügungsbefugnis über die materiellen Grundlagen der individuellen Existenz, etwa den Bauernhof oder den Familienbetrieb, um so weniger, als zwei Kriege und Inflationen weithin Eigentum vernichtet haben. Grundlage individueller Existenzsicherung und Lebensgestaltung ist überwiegend nicht mehr das private Eigentum im überkommenen Sinne des bürgerlichen Rechts, sondern die eigene Arbeit und die Teilhabe an den Leistungen staatlicher Daseinsvorsorge und Fürsorge. Das bestehende Privateigentum wird eingespannt in ein umfassendes System von Maßnahmen der Planung, Lenkung, Koordinierung, in zunehmendem Maße auch des Umweltschutzes, in dem kaum noch die Rede davon sein kann, daß das heutige Sozial- und Wirtschaftssystem primär auf dem Privateigentum, auf Vertragsfreiheit und auf Selbststeuerung beruhe. Selbst die Versuche, dem Privateigentum durch Eigentumsbildung wieder seine Bedeutung zurückzugeben, sind zu einem wesentlichen Teil eine Frage sozialstaatlicher Aktivität, etwa in Steuervergünstigungen, Wohnungsbauprämien oder dem 624-DM-Gesetz. Mit Recht ist deshalb davon gesprochen worden, daß unter den Bedingungen der modernen Industriegesellschaft soziale Sicherheit weniger eine Frage privatrechtlicher Verwendung des produktiven Eigentums sei als eine solche der öffentlichen Austeilung von Bezugsrechten und daß die publizistischen Eigentumssurrogate entscheidend geworden seien[95].

444 b) Dieser Wandel hat zu einem veränderten Verständnis der verfassungsrechtlichen Garantie des Eigentums und ihrer Tragweite geführt. Der *Gegenstand* der Eigentumsgarantie ist nicht mehr identisch mit dem Eigentum des bürgerlichen

---

93 BVerfGE 24, 367 (389); 31, 229 (239).
94 Vgl. dazu etwa *B. Molitor*, Art. Eigentum (I) Soziologie des Eigentums, HDSW 3 (1961) S. 33 ff.; *P. Häberle*, Vielfalt der Property Rights und der verfassungsrechtliche Eigentumsbegriff, AöR 109 (1984) S. 36 ff.; *Th. Strohm*, Art. Eigentum (in der Industriegesellschaft), Ev. Staatslexikon (3. Aufl. 1987) Sp. 629 ff.; *Badura* (Anm. 92) § 10 Rdn. 2 ff. Kritisch: *Leisner* (Anm. 92) § 149 Rdn. 39 ff.
95 *A. Köttgen*, Eigentumspolitik als Gegenstand von Tarifverträgen in verfassungsrechtlicher Sicht, in: G. Leber, Vermögensbildung in Arbeitnehmerhand (1965) S. 178; *P. Badura*, Verwaltungsrecht im liberalen und sozialen Rechtsstaat (1966) S. 26 f.

Rechts. Maßgebend für die Qualifizierung als verfassungsrechtlich geschütztes Eigentum ist vielmehr die *Privatnützigkeit* eines vermögenswerten Rechts, d. h. die Zuordnung zu einem Rechtsträger, in dessen Hand es als Grundlage privater Initiative und im eigenverantwortlichen privaten Interesse „von Nutzen" sein soll, und die von dieser Nutzung nicht immer deutlich abgrenzbare grundsätzliche *Verfügungsbefugnis* über den Eigentumsgegenstand[96]. Eigentum im verfassungsrechtlichen Sinne können daher auch andere vermögenswerte private Rechte sein als das Sacheigentum, z. B. Lohnforderungen oder Gesellschaftsanteile, die vielfach die früher durch das Sacheigentum erfüllte Aufgabe der Existenzsicherung übernommen haben. In der Frage, ob der Schutz der Eigentumsgarantie sich auch auf vermögenswerte (subjektiv-)öffentliche Rechte, etwa Gehaltsansprüche der Beamten und Soldaten, Sozialversicherungsansprüche u. ä., erstreckt, besteht grundsätzliche Einigkeit darüber, daß auch solche Rechte dem Schutz der Eigentumsgarantie unterfallen können, weil auch sie gleiche Funktionen erfüllen wie früher das Sacheigentum. Die Frage nach der Reichweite dieses Schutzes wird dagegen unterschiedlich beantwortet.

Das Bundesverfassungsgericht sucht hier mit Recht zu differenzieren; soweit es sich lediglich oder überwiegend um staatliche Gewährleistungen handelt, namentlich um Ansprüche, die der Staat in Erfüllung seiner Fürsorgepflicht durch Gesetz einräumt, sind vermögenswerte öffentliche Rechte nicht durch Art. 14 GG geschützt; dagegen umfaßt die verfassungsrechtliche Eigentumsgarantie auch solche öffentliche Rechte, die dem Inhaber eine der Eigentümerposition entsprechende Rechtsstellung verschaffen, besonders dann, wenn sie Äquivalent eigener Leistung sind[97]. **445**

Geschützt ist das Eigentum gegen Entziehung und Beeinträchtigung, soweit sie nicht als Enteignung (Art. 14 Abs. 3 GG) oder als Vergesellschaftung (Art. 15 GG) von der Verfassung zugelassen werden. Dieser Schutz betrifft nur die jeweiligen konkreten Rechte, nicht Interessen, Chancen, Verdienstmöglichkeiten und auch nicht das Vermögen als solches[98]. Gegenüber der Auferlegung von Geldleistungspflichten kann sich der Betroffene grundsätzlich nicht auf Art. 14 GG berufen. **446**

---

96 BVerfGE 31, 229 (240); 37, 132 (140); 42, 263 (294); 50, 290 (339); 83, 201 (208 f.) m. w. Nachw.; 89, 1 (5 ff.).

97 BVerfGE 4, 219 (240 f.); zur Fortentwicklung dieser Rspr.: BVerfGE 40, 65 (82 ff.); 72, 175 (193) jeweils m. w. Nachw. Später hat das Bundesverfassungsgericht ausgesprochen, daß Versicherungsrenten aus der gesetzlichen Rentenversicherung und Rentenanwartschaften durch Art. 14 Abs. 1 GG geschützt sind; wie es zugleich betont hat, kommt dem Gesetzgeber bei der Bestimmung des Inhalts und der Schranken rentenversicherungsrechtlicher Positionen grundsätzlich eine weite Gestaltungsfreiheit zu: BVerfGE 53, 257 (289 ff.); 58, 81 (109 f.); 75, 78 (97 f.). Allgemein zum Eigentumsschutz sozialversicherungsrechtlicher Positionen nunmehr BVerfGE 69, 272 (298 ff.). Zum Anspruch auf Arbeitslosengeld: BVerfGE 72, 9 (18 ff.); 74, 203 (213 ff.); auf Unterhalts- und Übergangsgeld: BVerfGE 76, 220 (235 ff.). Aus dem Schrifttum bes. *G. Dürig*, Der Staat und die vermögenswerten öffentlich-rechtlichen Berechtigungen seiner Bürger, in: Staat und Bürger, Festschrift für Willibalt Apelt zum 80. Geburtstag (1958) S. 13 ff.; *W. Weber*, Öffentlich-rechtliche Rechtsstellungen als Gegenstand der Eigentumsgarantie in der Rechtsprechung, AöR 91 (1966) S. 382 ff.; *P. Krause*, Eigentum an subjektiven öffentlichen Rechten (1982).

98 Z. B. BVerfGE 65, 196 (209); 68, 193 (222 f.); 74, 129 (148) m. w. Nachw.; 75, 108 (154); 77, 308 (339); 78, 214 (230); 89, 48 (61); 91, 207 (220) m. w. Nachw.

447 Das Bundesverfassungsgericht, das in ständiger Rechtsprechung an dieser traditionellen Auffassung festhält, zieht die Möglichkeit eines Verstoßes gegen Art. 14 GG allenfalls dann in Betracht, wenn die Geldleistungspflichten den Steuerschuldner übermäßig belasten und seine Vermögensverhältnisse grundlegend beeinträchtigen würden[99]. Abgesehen davon, daß diese Grenze höchst ungewiß ist, vermag sie die offene Flanke der Eigentumsgarantie nicht zu decken. Denn während die Steuerpflichten im 19. Jahrhundert mit seinen bescheidenen Staatsausgaben für den Eigentümer keine nennenswerte, sein Eigentum in Frage stellende Belastung bedeuteten und daher die Eigentumsgarantie kaum berührten, sieht sich der heutige Eigentümer der Pflicht zu umfassenden Abgaben ausgesetzt, die nicht nur der Erzielung von Einkünften zur Finanzierung der gewachsenen sozialstaatlichen Aufgaben, sondern auch der Verwirklichung wirtschafts- und sozialpolitischer Zielsetzungen dienen. Unter diesen Voraussetzungen führt der traditionelle Vorbehalt des jeweiligen Steuerrechts zu einer Relativierung der Eigentumsgarantie, die deren praktische Wirksamkeit wesentlich mindert.

448 c) Ihre Schutzwirkung entfaltet die Eigentumsgarantie nach Maßgabe des *Regelungsvorbehalts* des Art. 14 Abs. 1 Satz 2 GG, nach dem Inhalt und Schranken des Eigentums durch die Gesetze bestimmt werden. Soweit dieser Vorbehalt zur Inhaltsbestimmung des Eigentums ermächtigt, gibt er dem Gesetzgeber nicht einfach die Bestimmung dessen anheim, was in Art. 14 Abs. 1 Satz 1 GG verfassungsmäßig gewährleistet ist; vielmehr enthält er einen Auftrag zur *Ausgestaltung*, deren die Eigentumsgarantie als Garantie eines Rechtsinstituts wie kaum ein anderes Grundrecht bedarf, wenn sie ihre Funktion in der Wirklichkeit des Lebens des Gemeinwesens erfüllen soll. Im Zusammenhang damit enthält der Vorbehalt der Schrankenbestimmung *(Eigentumsbindung)* eine – differenzierte – Begrenzungsbefugnis: soweit es um den Schutz des Eigentums als Sicherung der persönlichen Freiheit des Einzelnen geht, genießt dieses einen besonders ausgeprägten Schutz; dagegen ist die Bindungsbefugnis um so weiter, je mehr das Eigentumsobjekt in einem sozialen Bezug und einer sozialen Funktion steht (vgl. Art. 14 Abs. 2 GG). In jedem Falle fordert jedoch Art. 14 Abs. 1 Satz 1 GG die Erhaltung des Zuordnungsverhältnisses und der Substanz des Eigentums. Diesen Grundsätzen gemäß müssen Eigentumsbindungen stets *verhältnismäßig* sein[100].

---

99 Z. B. BVerfGE 19, 253 (267 f.); 23, 288 (314 f.); 29, 402 (413); 30, 250 (251 f.) m. w. Nachw.; 37, 121 (131); 38, 61 (203); vgl. auch 50, 57 (104 ff.); 63, 312 (327); 78, 214 (230); 78, 232 (243). Zu dem aus Art. 2 Abs. 1 GG unter Berücksichtigung des Art. 14 Abs. 1 und 12 Abs. 1 GG hergeleiteten Verbot des Zugriffs auf das Existenzminimum des Steuerpflichtigen: BVerfGE 87, 153 (169 ff.). Ein interessantes Beispiel in BVerwGE 6, 247 (265 ff.). Zum Problem: *K. H. Friauf,* Verfassungsrechtliche Grenzen der Wirtschaftslenkung und Sozialgestaltung durch Steuergesetze (1966) S. 41 ff.; *H.-J. Papier,* Die Beeinträchtigung des Eigentums- und Berufsfreiheit durch Steuern vom Einkommen und Vermögen, Der Staat 11 (1972) S. 483 ff.; *P. Kirchhof* und *H. H. v. Arnim,* Besteuerung und Eigentum, VVDStRL 39 (1981) S. 213 ff., 286 ff.; *Badura* (Anm. 92) § 10 Rdn. 42 f.

100 Dazu zusammenfassend und näher begründet: BVerfGE 50, 290 (339 ff.) m. umfassenden Nachw.; 52, 1 (29 f.); 58, 137 (147 f.); 58, 300 (300, 338); 62, 169 (183); 70, 191 (200 ff.); 72, 66 (77 f.); 91, 295 (308 f.). Aus der Literatur: *W. Leisner,* Sozialbindung des Eigentums (1972) bes. S. 185 ff.; *G. Schwerdtfeger,* Die dogmatische Struktur der Eigentumsgarantie (1983) S. 15 ff.

2. Enteignung und Entschädigung

Anders als die Eigentumsbindung des Art. 14 Abs. 1 Satz 2 GG ist die Enteig- **449** nung echter Eingriff in das Eigentum, den die Verfassung aus Gründen des Wohles der Allgemeinheit zuläßt und der die Eigentumsgarantie nur deshalb nicht in ihrem Wesensgehalt antastet, weil die Eigentümerposition durch Entschädigung dem Werte nach erhalten wird; die Eigentumsgarantie wird insoweit zu einer Eigentumswertgarantie.

a) Der *Begriff* der Enteignung im technischen Sinne des Art. 14 Abs. 3 GG be- **450** zeichnet nicht jede Entziehung oder Schmälerung des Eigentums, sondern nur den Eingriff in das Eigentum, der unter den Voraussetzungen und in den Formen des Art. 14 Abs. 3 GG vorgenommen wird und darum rechtmäßig ist. Er umfaßt die *„Enteignung im klassischen Sinne"*, die dadurch gekennzeichnet ist, daß sie als „hoheitliches Ersatzgeschäft" der Beschaffung bestimmter, für einen öffentlichen Zweck erforderlicher Sachgüter (ursprünglich insbes. Grundstücke) oder Rechte gegen Entschädigung dient. Die Rechtsprechung des Reichsgerichts hat ihn ausgedehnt auf Tatbestände, bei denen das Eigentum nicht von dem bisherigen auf einen neuen Berechtigten übergeht wie bei der „klassischen Enteignung"; wenn dem Berechtigten sein Eigentum aus Gründen des allgemeinen Wohls total oder partiell entzogen wird oder wenn die Verfügung über das Eigentum in einer Weise eingeschränkt wird, die für ihn ein Sonderopfer bedeutet, so kann es sich nach dieser Rechtsprechung ebenfalls um eine Enteignung handeln.

b) Die *Voraussetzungen und Formen* der Enteignung werden durch Art. 14 Abs. 3 **451** GG geregelt. Eine Enteignung ist nur *zum Wohle der Allgemeinheit* zulässig (Satz 1), muß also stets durch einen Sachzweck des öffentlichen Wohles legitimiert und verhältnismäßig sein. Sie darf nur durch Gesetz (Legalenteignung) oder aufgrund eines Gesetzes (Administrativenteignung) erfolgen, das Art und Ausmaß der Entschädigung regelt (Satz 2 – Gesetzmäßigkeit der Enteignung). Anders als nach Art. 153 Abs. 2 WRV kann die Frage der Entschädigung daher nicht offengelassen oder in einem anderen Gesetz geregelt werden *(„Junktim-Klausel")*. Regelt ein „Enteignungs"-Gesetz die Entschädigung nicht oder entspricht die Entschädigung, die es festsetzt, nicht den Erfordernissen des Art. 14 Abs. 3 Satz 2 und 3 GG, so ist es verfassungswidrig. Der Richter ist nicht befugt, es als rechtswirksam zu behandeln und durch Festsetzung einer zureichenden Entschädigung zu ergänzen; er ist vielmehr gemäß Art. 100 GG zur Vorlage an das Bundesverfassungsgericht verpflichtet[101].

Wo Eingriffe in das Eigentum nicht gesetzlich zugelassen sind und wo eine gesetz- **452** liche Entschädigungsregelung fehlt, kann es sich mithin nicht um eine (zulässige)

---

101 Vgl. etwa BVerfGE 4, 219 (230 ff.); 24, 367 (418); 46, 268 (286 f.); 52, 1 (14). – Dies gilt jedoch nur für nach Inkrafttreten des Grundgesetzes erlassene Gesetze. Bei Gesetzen, die unter der Geltung des Art. 153 Abs. 2 WRV ergangen sind und eine Entschädigung nicht ausdrücklich ausschließen, kann der Richter die Entschädigung auch heute noch selbständig festsetzen (BVerfGE 4, 219 [236]). Zur – beschränkten – Zulässigkeit einer Legalenteignung und zu den Voraussetzungen einer Enteignung grundsätzlich: BVerfGE 24, 367 (396 ff.); 45, 297 (325 f.); 52, 1 (27); 74, 264 (279 ff., insbes. 284 ff. [zur Enteignung zugunsten Privater]).

Enteignung im Sinne des Art. 14 Abs. 3 GG handeln; Art. 14 Abs. 3 GG selbst ist keine Anspruchsgrundlage für die Zuerkennung einer Enteignungsentschädigung. Der Betroffene, der in einer gegen ihn gerichteten Maßnahme eine Enteignung sieht, kann daher eine Entschädigung nur einklagen, wenn eine gesetzliche Anspruchsgrundlage vorhanden ist. Fehlt sie, so muß er sich bei den zuständigen Gerichten um die Aufhebung des Eingriffsaktes bemühen; er kann nicht unter Verzicht hierauf eine ihm vom Gesetz nicht zugebilligte Entschädigung beanspruchen, hat also kein Wahlrecht, ob er sich gegen eine wegen Fehlens der gesetzlichen Entschädigungsregelung rechtswidrige „Enteignung" zur Wehr setzen oder unmittelbar Entschädigung verlangen will. Läßt er den Eingriffsakt unanfechtbar werden, so verfällt seine Entschädigungsklage der Abweisung[102].

453 c) Der Bundesgerichtshof hat sich in seiner bisherigen Rechtsprechung mit dieser Verfassungslage nicht auseinandergesetzt, sondern sich darauf beschränkt, die Rechtsprechung des Reichsgerichts weiter zu entwickeln, welche von der gänzlich anderen Regelung des Art. 153 Abs. 2 WRV ausgehen konnte. Er gewährt auch Entschädigung „nach Enteignungsgrundsätzen" („enteignender Eingriff") oder auf der Grundlage seiner Lehre vom „enteignungsgleichen Eingriff", nach der unrechtmäßige Eingriffe der staatlichen Gewalt „dann wie eine Enteignung zu behandeln (sind), wenn sie sich für den Fall ihrer gesetzlichen Zulässigkeit sowohl nach ihrem Inhalt wie nach ihrer Wirkung als eine Enteignung darstellen würden und wenn sie dem Betroffenen ein besonderes Opfer auferlegt haben"[103].

Auf die Voraussetzungen der Enteignung im Sinne des Art. 14 Abs. 3 GG hat der Bundesgerichtshof dabei zunehmend verzichtet. So hat er Entschädigung auch bei Maßnahmen gewährt, die nicht auf gesetzlicher Grundlage beruhten; er hat einen zu einem Sonderopfer nötigenden „Eingriff" auch dann angenommen, wenn eine hoheitliche Maßnahme, ohne sich gegen den Betroffenen zu richten, zu unmittelbaren Auswirkungen führte, die für ihn ein Sonderopfer bedeuteten; er hat Entschädigung auch bei Opfern zuerkannt, die nicht zum Wohle der Allgemeinheit erbracht werden, sondern lediglich Folge eines schädigenden Ereignisses sind. Im Ergebnis hat er damit einen allgemeinen Auffanganspruch für den Fall der Schädigung vermögenswerter Rechte durch die öffentliche Gewalt entwickelt, für den es nicht darauf ankommt, ob ein Eingriff durch Verfassung und Gesetz zugelassen ist und ob Art und Ausmaß der Entschädigung gesetzlich geregelt sind. Allein entscheidend ist letztlich das Sonderopfer.

454 Unter diesen weit gefaßten Voraussetzungen einer „Enteignung" gewinnt die Frage ihrer Abgrenzung zur Eigentumsbindung i. S. des Art. 14 Abs. 1 Satz 2 GG Bedeutung. Nach der Auffassung des Bundesgerichtshofs kann eine Überschreitung der Sozialpflichtigkeit (unabhängig von einer gesetzlichen Regelung) einen Entschädigungsanspruch auslösen; es ist dann die Frage, wo die Grenze zwischen entschädigungsloser Eigentumsbindung und „Enteignung" verläuft.

Diese Grenze hat der Bundesgerichtshof in der Leitentscheidung des Großen Senats für Zivilsachen vom 10. 6. 1952[104] zunächst in Anknüpfung an die Rechtsprechung des Reichsgerichts anhand des formalen Merkmals des Einzeleingriffs entwickelt; doch hat er die Lehre des Reichsgerichts modifiziert, indem er ihr unter Heranziehung des Gleichheitssatzes sachliche Elemente eingefügt hat. Art. 14 Abs. 1 Satz 2 GG ermächtigt danach zu inhaltlichen Begrenzungen der vermögenswerten Rechte, die von nun an der betroffenen Gattung von Rechten *allgemein* eigentümlich sein sollen und welche die Rechtsträger unterschieds-

---

102 BVerfGE 58, 300 (324).
103 BGHZ 6, 270 (290), st. Rspr.
104 BGHZ 6, 270 ff.

los und einheitlich bei der Ausübung ihrer Rechte sozial binden. Demgegenüber handelt es sich bei der Enteignung um einen gesetzlich zugelassenen zwangsweisen Eingriff in das Eigentum, der die betroffenen Einzelnen oder Gruppen im Vergleich zu anderen ungleich trifft, sie zu einem *besonderen, den übrigen nicht zugemuteten Opfer* für die Allgemeinheit zwingt und der damit aus dem Kreise der Rechtsträger Einzelne oder Gruppen von ihnen unter Verletzung des Gleichheitssatzes besonders belastet; die verletzte Gleichheit ist deshalb durch Entschädigung wiederherzustellen. Diese Grundauffassung hat der Bundesgerichtshof nach mehreren Richtungen ausgebaut und verfeinert, namentlich durch Herausarbeitung des Aspektes der „Situationsgebundenheit" des Eigentums[105], durch Einbeziehung der „Privatnützigkeitslehre", die darauf abhebt, ob das Eigentum durch eine Maßnahme seiner eigentlichen Funktion erhalten bleibt oder zugeführt wird (Eigentumsbindung) oder ob es einem fremden Zweck dienstbar gemacht wird (Enteignung)[106], sowie durch Berücksichtigung der Intensität des Eingriffs[107].

d) Die weite Fassung der Voraussetzungen einer „Enteignung" durch die Rechtsprechung **455** des Bundesgerichtshofs läßt sich nach der Entscheidung des Bundesverfassungsgerichts vom 15. 7. 1981[108] nicht aufrechterhalten. In der umfassenden Diskussion, die seitdem geführt worden ist, spielt eine wachsende Rolle die im Anschluß an eine Entscheidung des Bundesverfassungsgerichts aus dem Grundsatz der Verhältnismäßigkeit und dem Gleichheitssatz entwickelte Rechtsfigur der *ausgleichspflichtigen Inhalts- und Schrankenbestimmung* im Sinne des Art. 14 Abs. 1 S. 2 GG[109], mit welcher der bisherigen Auffassung der Boden entzogen worden ist, Eigentumsbindungen seien im Gegensatz zu der Enteignungsentscheidung stets entschädigungslos.

Das gilt auch für die neue Rechtsprechung des Bundesgerichtshofs. Dieser hat den früheren erweiterten Enteignungsbegriff aufgegeben und unterscheidet in weitgehender Übereinstimmung mit dem Bundesverwaltungsgericht nunmehr zwischen Enteignung im Sinne des Art. 14 Abs. 3 GG sowie ausgleichsfreier und ausgleichspflichtiger Inhalts- und Schrankenbestimmung. Wird hiervon ausgegangen, so fällt unter den Begriff der Enteignung nur der Zugriff auf das Eigentum des Einzelnen, der auf die vollständige oder teilweise Entziehung subjektiver Rechtspositionen „zielt"[110] und den Voraussetzungen des Art. 14 Abs. 3 GG entspricht; Überschreitungen der Sozialpflichtigkeit des Eigentums können also nicht mehr in eine „Enteignung" umschlagen[111]. Die Inhalts- und Schrankenbestimmungen im Sinne des Art. 14 Abs. 1 S. 2 GG müssen den Grundsätzen der Verhältnismäßigkeit und Gleichheit entsprechen; sie werden ausgleichspflichtig, wenn und soweit sie die Wirkung eines Sonderopfers entfalten[112]. Hierfür kann der bisherigen Rechtsprechung (Rdn. 453 f.) weiterhin Bedeutung zukommen.

---

105 BGHZ 23, 30 (33), st. Rspr. vgl. noch BGHZ 87, 66 (71 ff.) m. w. Nachw.

106 Namentlich BGHZ 15, 268 (284 ff.).

107 Z. B. BGHZ 30, 338 (347 f.); 57, 349 (366 ff.); 60, 126 (132).

108 BVerfGE 58, 300.

109 BVerfGE 58, 137 (145, 147, 149 f.); 79, 174 (192). Die ausgleichspflichtige Inhalts- und Schrankenbestimmung bedarf einer gesetzlichen Grundlage; anders als für die Enteignung gilt jedoch für sie nicht die Junktimklausel des Art. 14 Abs. 3 Satz 2 GG. Die neuere Rechtsprechung läßt es daher genügen, daß inhalts- und schrankenbestimmende Gesetze die „salvatorische Klausel" enthalten, dem Betroffenen sei bei „wesentlichen Nutzungsbeschränkungen" oder „enteignender Wirkung" einer Maßnahme angemessene Entschädigung zu leisten (vgl. etwa BGH, DÖV 1995, 157, im Anschluß an BVerwGE 94, 1).

110 BVerfGE 79, 174 (191) m. w. Nachw.; vgl. auch BVerfGE 83, 201 (211 f.).

111 Vgl. dazu *J. Lege*, Wohin mit den Schwellentheorien? JZ 1994, 431 ff.

112 BVerwGE 84, 361 (367 ff.); 94, 1 (3 ff.); BGHZ 121, 73 (78 ff.); 121, 328 (331 ff.); 123, 242 (244 ff.); BGH, DÖV 1995, 156 ff. – Für Ansprüche aus gesetzlichen Ausgleichsregelungen im Sinne des Art. 14 Abs. 1 Satz 2 GG ist der Verwaltungsrechtsweg gegeben (BVerwGE 94, 1 (6 ff.); vgl. dazu *Lege* (Anm. 111) S. 437 f. Abweichend neuerdings der BGH (Beschluß v. 15. 12. 1994, DVBl. 1995, 234 ff.).

Allerdings werden damit nicht alle Sonderopferlagen erfaßt, die eines Ausgleichs durch eine Entschädigung bedürfen, wie z. B. Sonderopfer, welche durch „ungezielte", nicht auf gesetzlicher Grundlage beruhende Hoheitsakte entstanden sind, durch Nebenfolgen rechtmäßigen Verwaltungshandelns oder durch Realakte. Für Sonderopfer dieser Art gilt der traditionelle Grundsatz, daß der Staat denjenigen, welcher seine Rechte und Vorteile dem Wohle des Gemeinwesens aufzuopfern genötigt wird, zu entschädigen gehalten ist (Aufopferungsanspruch, vgl. § 75 Einleitung Preußisches ALR). Zwar läßt sich dies nicht auf Art. 14 GG zurückführen, doch kommt insoweit den in der bisherigen Rechtsprechung aus dem Gedanken der Aufopferung entwickelten Gesichtspunkten (oben Rdn. 453 f.) ebenfalls nach wie vor Bedeutung zu[113].

456 e) Nach Art. 14 Abs. 3 Satz 3 GG ist die *Enteignungsentschädigung* unter gerechter Abwägung der Interessen der Allgemeinheit und der Beteiligten zu bestimmen. Der Gesetzgeber ist daher nicht verpflichtet, eine Entschädigung nach dem Verkehrswert anzuordnen[114]. Die Entschädigung braucht nicht notwendig in Geld zu bestehen, so daß z. B. der enteignete Grundeigentümer durch Beschaffung von Ersatzland entschädigt werden kann. Wegen der Höhe der Entschädigung steht im Streitfall der Rechtsweg vor den ordentlichen Gerichten offen (Satz 4), deren Zuständigkeit darauf beschränkt ist, darüber zu befinden, ob dem Enteigneten eine den gesetzlichen Vorschriften entsprechende Entschädigung gewährt worden ist. Für die Entscheidung, ob ein hoheitlicher Eingriff in das Eigentum in tatsächlicher und rechtlicher Hinsicht rechtmäßig ist, sind die Verwaltungsgerichte zuständig[115]. Soweit für die Anwendung der in der Rechtsprechung des Bundesgerichtshofs entwickelten Grundsätze zur Entschädigung bei nicht als Enteignung oder ausgleichspflichtige Inhalts- und Schrankenbestimmung zu qualifizierenden Sonderopferlagen noch Raum bleibt (oben Rdn. 455), haben die Zivilgerichte zu entscheiden (§ 40 Abs. 2 VwGO).

IV. Ehe, Familie und Schule

457 Die verfassungsrechtliche Gewährleistung der für die Ordnung des Gemeinwesens wesentlichen besonderen Lebensbereiche der Ehe und der Familie und Grundzüge der Gestaltung des Erziehungs- und Schulwesens sind Gegenstand der Art. 6 und 7 GG.

458 Indem Art. 6 Abs. 1 GG *Ehe und Familie* unter den besonderen Schutz der staatlichen Ordnung stellt, gewährleistet er beide als wesentliche Bestandteile der Privatrechtsordnung. Darüber hinaus enthält die Garantie eine Grundsatznorm für den gesamten Bereich des Ehe und Familie betreffenden privaten und öffentlichen Rechts. Als solche normiert sie die positive Aufgabe der staatlichen Gewalten,

---

113 Dem entspricht im wesentlichen die neue Rechtsprechung des Bundesgerichtshofs. Zum „enteignungsgleichen Eingriff" vgl. BGHZ 90, 17 (29 ff.), zum „enteignenden Eingriff" BGHZ 91, 20 (27 f.); ferner etwa noch BGHZ 99, 24 (28 f.). Vgl. auch *Badura* (Anm. 92) § 10 Rdn 74. – Insgesamt führt die neue Rechtsprechung zu im wesentlichen gleichen Ergebnissen wie die bisherige, nunmehr indessen auf tragfähigen rechtlichen Grundlagen.

114 BVerfGE 24, 367 (420 f.); 46, 268 (285).

115 BVerfGE 58, 300 (319, 322 f.).

Ehe und Familie nicht nur gegen Beeinträchtigungen zu schützen, sondern sie auch durch geeignete Maßnahmen zu fördern. Negativ verbietet sie den staatlichen Gewalten, Ehe und Familie zu beeinträchtigen. In dieser Funktion enthält Art. 6 Abs. 1 GG zugleich ein subjektives Abwehrrecht gegen störende Eingriffe der staatlichen Gewalten[116]; dagegen begründet er keine unmittelbaren Ansprüche auf positive Förderung.

Die Normierung des *Elternrechts* in Art. 6 Abs. 2 GG schafft eine Sicherung dagegen, daß die Erziehung der Kinder dem Einfluß der Eltern entzogen wird[117]; sie ist freilich durch Art. 6 Abs. 2 Satz 2 und Abs. 3 GG relativiert, und in der Wahl der Bildungswege, die der Staat in der Schule zur Verfügung stellt, durch die staatliche Befugnis begrenzt, das Schulsystem zu bestimmen[118]. Weitergehende Regelungen finden sich jedoch im Landesverfassungsrecht (z. B. Verfassung von Nordrhein-Westfalen Art. 12). **459**

In der verfassungsmäßigen Regelung des *Schulwesens* beschränkt sich Art. 7 GG im Gegensatz zu den umfassenden Bestimmungen der Art. 143–149 WRV auf einige wesentliche Ausschnitte; für alle übrigen Grundsatzfragen sind die Landesverfassungen maßgebend[119]. **460**

Art. 7 GG gewährleistet in Abs. 1 für das gesamte (nicht nur das staatliche) Schulwesen die staatliche Schulaufsicht im Sinne eines umfassenden, freilich für öffentliche und private Schulen unterschiedlichen, staatlichen Bestimmungs-, Gestaltungs- und Kontrollrechts über die „inneren Schulangelegenheiten", d. h. alle Fragen, die sich auf den Unterrichtsbetrieb beziehen, wie die Bestimmung des Charakters der Schule, die Gestaltung der Lehrpläne, die Lehrmethoden, Schulleitung, Schulzucht usw. Der Artikel regelt ferner Fragen des Religionsunterrichts an den Schulen (Abs. 2 und 3 – vgl. dazu Art. 141 GG) und Grundzüge des Privatschulwesens (Abs. 4 und 5)[120]; im Rahmen der Zulassung von privaten Volksschulen wird dabei die Frage der Bestimmung der Eltern über den Charakter der Schule als Gemeinschafts-, Bekenntnis- oder Weltanschauungsschule insoweit gere-

---

116 BVerfGE 6, 55 (71 ff.), st. Rspr., vgl. etwa noch BVerfGE 32, 260 (267); 55, 114 (126 f.); 66, 84 (93); 68, 256 (267 f.). Zur Erstreckung des Anwendungsbereichs der Gewährleistung auf Ausländer: BVerfGE 76, 1 (41 ff.). Aus der Lit.: *H. Lecheler,* Der Schutz von Ehe und Familie, HdBStR VI, § 133; *H. F. Zacher,* Elternrecht, HdBStR VI, § 134; *E. M. von Münch,* Ehe und Familie, HdBVerfR, § 9.

117 Vgl. dazu BVerfGE 4, 52 (57); 47, 46 (69 f.); 52, 223 (235 f.); 56, 363 (381 ff.); 59, 360 (376 ff.); 60, 79 (88), jeweils m. w. Nachw.; 84, 168 (179).

118 BVerfGE 34, 165 (182 ff.); 41, 88 (107), m. w. Nachw.; 45, 400 (415 f.).

119 Vgl. dazu BVerfGE 6, 309 (355 ff.); 34, 165 (181 ff.) m. w. Nachw.; 59, 360 (377). – Zur Gesamtproblematik: *Th. Oppermann,* Schule und berufliche Ausbildung, HdBStR VI, § 135; *P. Glotz* und *K. Faber,* Richtlinien und Grenzen des Grundgesetzes für das Bildungswesen, HdBVerfR, § 28 Rdn. 14 ff.; *A. von Campenhausen,* Erziehungsauftrag und staatliche Schulträgerschaft (1967); *H. U. Evers* und *E. W. Fuß,* Verwaltung und Schule, VVDStRL 23 (1966) S. 147 ff., 199 ff.; *F. Müller,* Das Recht der Freien Schule nach dem Grundgesetz (2. Aufl. 1982).

120 Vgl. dazu BVerfGE 27, 195 (220 ff.); 37, 314 (319 f.); 88, 40 (45 ff.). – Zur Frage einer staatlichen Verpflichtung, Privatschulen zu subventionieren vgl. BVerfGE 75, 40 (56 ff.); 90, 107 (114 ff.). BVerwGE 23, 347 (348 ff.); 27, 360 (362 ff.); 70, 290 (292 ff.); 74, 134 (136); 79, 154 (155 ff.) m. w. Nachw.

gelt, als auf Antrag der Eltern eine Schule solcher Art bei Fehlen einer entsprechenden öffentlichen Volksschule zuzulassen ist[121].

V. Sonstige Garantien

Die weiteren grundrechtlichen Verbürgungen des Grundgesetzes lassen sich
kaum in einen der bisher oder an anderer Stelle behandelten Zusammenhänge[122]
einfügen.

1. Art. 16, 16a und 17 GG

461 a) Art. 16 Abs. 1 Satz 1 GG verbietet Zwangsausbürgerungen, wie sie in der Zeit
des nationalsozialistischen Regimes vielfach vorgenommen wurden. Die Regelung des folgenden Satzes dient dem Zweck, deutsche Staatsangehörige vor dem
Schicksal der Staatenlosigkeit zu bewahren. Im Zusammenhang mit Art. 116 GG
sind diese Bestimmungen Grundlage einer gesetzlichen Neuordnung des Staatsan-
gehörigkeitsrechts, durch die die zahlreichen, als Folge der Ausbürgerungen, Ge-
bietsveränderungen, Umsiedlungen und Vertreibungen vor und nach 1945 entstandenen Probleme der deutschen Staatsangehörigkeit der Betroffenen eine Regelung gefunden haben und das geltende, (vor allem) im Reichs- und Staatsangehö-
rigkeitsgesetz vom 22. 7. 1913 geregelte, reguläre Staatsangehörigkeitsrecht den
Erfordernissen des Art. 16 Abs. 1 GG angepaßt worden ist[123]. Das *Auslieferungsverbot* des Abs. 2 entspricht der Gewährleistung des Art. 112 Abs. 3 WRV.

462 b) Demgegenüber ist das *Asylrecht* als verfassungsrechtlich gewährleistetes
Grundrecht erst vor dem Hintergrund moderner politischer Verfolgungen, namentlich durch das nationalsozialistische Regime, entstanden[124]. Bislang war es in Art.
16 Abs. 2 Satz 2 GG mit dem Satz: „Politisch Verfolgte genießen Asylrecht" gewährleistet. Wegen der wachsenden Zahl von Asylanträgen auch politisch nicht

---

121 Zur Frage der Verfassungsmäßigkeit der Ausgestaltung öffentlicher Volksschulen als christliche
  Gemeinschaftsschulen: BVerfGE 41, 29 (44 ff.); 51, 65 (77 ff.); 41, 88 (106 ff.).

122 Die Gewährleistungen der Art. 19 Abs. 4, 33 Abs. 5, 97, 101 und 103 GG werden in ihren jeweiligen Sachzusammenhängen behandelt. Auf eine nähere Darstellung des Art. 34 GG wird verzichtet, weil sie eine Einbeziehung des geltenden, in einfachen Gesetzen geregelten Amtshaftungs-
  rechts erforderlich machen würde, die über den Rahmen der hier darzustellenden Grundzüge des
  Verfassungsrechts hinausginge.

123 Zur Entwicklung und zum geltenden Staatsangehörigkeitsrecht: *K. Doehring,* Das Staatsrecht der
  Bundesrepublik Deutschland (3. Aufl. 1984) S. 87 ff.; *K. Stern,* Das Staatsrecht der Bundesrepublik Deutschland I (2. Aufl. 1984) S. 150 ff.; *R. Grawert,* Staatsvolk und Staatsangehörigkeit,
  HdBStR I, § 14 Rdn. 26 ff. Speziell zu den Fragen, die sich aus der Teilung Deutschlands ergeben
  haben: *R. Bernhardt,* Die deutsche Teilung und der Status Gesamtdeutschlands, ebd. § 8
  Rdn. 46 ff. – Zum Erwerb der deutschen Staatsangehörigkeit durch den Erwerb der Staatsangehörigkeit der DDR: BVerfGE 77, 137 (148 ff.).

124 Dazu *A. Randelzhofer,* Asylrecht, HdBStR VI, § 132 Rdn. 5 ff.; *G. Robbers,* Ausländer im Verfassungsrecht, HdBVerfR, § 11 Rdn. 22 ff.; *Beitz/Wollenschläger,* Handbuch des Asylrechts (1980/
  1981); *H. Quaritsch,* Das Recht auf Asyl (1985); *A. Jannasch,* Das Grundrecht auf Asyl, in:
  Grundrechtsschutz im nationalen und internationalen Recht, hrsg. v. J. Schwarze und W. Graf
  Vitzthum (1983) S. 103 ff.

verfolgter Personen ist mit der Einfügung eines neuen Art. 16 a GG durch das Änderungsgesetz vom 18. Juni 1993 (BGBl. I S. 1002) eine verfassungsrechtliche Neuregelung getroffen worden. Diese ersetzt den bisherigen Art. 16 Abs. 2 Satz 2 durch den wortgleichen Art. 16 a Abs. 1, mit dem jedoch in den Absätzen 2 bis 5 umfangreiche und detaillierte Bestimmungen verbunden sind. Danach kann sich auf das Grundrecht nicht berufen, wer aus einem Mitgliedsstaat der Europäischen Gemeinschaft oder einem sicheren Drittstaat einreist; der Rechtsschutz ist wesentlich beschränkt. Ergänzt wird die verfassungsrechtliche Neuregelung durch das Gesetz zur Änderung asylverfahrens-, ausländer- und staatsangehörigkeitsrechtlicher Vorschriften vom 30. Juni 1993 (BGBl. I. S. 1062).

Nach der Rechtsprechung des Bundesverfassungsgerichts ist politische Verfolgung im Sinne des Grundrechts grundsätzlich staatliche Verfolgung, aber auch Verfolgung durch Dritte, welche dem Staat zuzurechnen ist. Die Verfolgung ist „politisch", wenn sie „dem Einzelnen in Anknüpfung an seine politische Überzeugung, seine religiöse Grundentscheidung oder für ihn unverfügbare Merkmale, die sein Anderssein prägen, gezielt Rechtsverletzungen zufügt, die ihn ihrer Intensität nach aus der übergreifenden Friedensordnung der staatlichen Einheit ausgrenzen"[125]. Wer hiernach wegen seiner Rasse, Religion, Nationalität, Zugehörigkeit zu einer sozialen Gruppe oder wegen seiner politischen Überzeugung Verfolgungsmaßnahmen mit Gefahr für Leib und Leben oder Beschränkungen seiner persönlichen Freiheit ausgesetzt ist oder solche Verfolgungsmaßnahmen begründet befürchtet, genießt den Schutz des Asylrechts[126]. Auf den Inhalt der Gesinnung des Verfolgten oder die politische Richtung, die in dem Verfolgerstaat herrscht, kommt es nicht an[127]. In Fällen, in denen die Gefahr politischer Verfolgung sich erst nach der Flucht ergeben hat (Nachfluchttatbestände), besteht ein Anspruch auf Asyl nur, wenn es von Sinn und Zweck der Asylverbürgung gefordert ist (vgl. § 1a AsylVfG)[128]. Wer bereits in einem anderen Staat vor politischer Verfolgung sicher ist, kann nicht als Asylberechtigter anerkannt werden (§ 2 AsylVfG)[129].

c) Das *Petitionsrecht* des Art. 17 GG gewährleistet das Recht, sich einzeln oder in **463** Gemeinschaft mit anderen mit Bitten oder Beschwerden an die zuständigen Stellen und an die Volksvertretung zu wenden[130]. Es verpflichtet die angegangenen Stellen zu sachlicher Prüfung der Petition und zu einem sachlichen Bescheid, aus dem sich zumindest die Kenntnisnahme von dem Inhalt der Petition und die Art ihrer Erledigung ergeben muß, während eine besondere Begründung nicht erforderlich ist[131]. Obwohl die Volksvertretung in aller Regel den an sie gerichteten Bitten oder Beschwerden nicht selbst abhelfen kann, ist gerade das Recht zu Petitionen an das Parlament von wesentlicher Bedeutung. Auch wenn dieses nicht unmittelbar zuständig ist, kann es kraft seiner Autorität doch besonders wirksam dafür sor-

---

125 BVerfGE 80, 315 (LS 2), 333 ff. Vgl. auch BVerfGE 83, 216 (230 ff.); BVerwGE 70, 79 (80).

126 So in Anlehnung an die Genfer Flüchtlingskonvention vom 28. 7. 1951 (BGBl. II S. 125): BVerwGE 67, 184 (185 ff.), st. Rspr. BVerfGE 54, 341 (356 ff.) m. w. Nachw.; 71, 176 (292 ff.); 76, 143 (156 ff.). Umfassend BVerfGE 80, 315 (333 ff.).

127 BVerfGE 54, 341 (356 f.).

128 BVerfGE 74, 51 (57 ff., bes. 64 ff.).

129 Dazu BVerfGE 75, 181 (183 ff.); 79, 347 (348 f.). Zur regionalen politischen Verfolgung: BVerfGE 80, 315 (342 ff.).

130 Dazu näher *E. Friesenhahn*, Zur neueren Entwicklung des Petitionsrechts in der Bundesrepublik Deutschland, in: Recht als Prozeß und Gefüge, Festschrift für Hans Huber zum 80. Geburtstag (1981) S. 353 ff.; *W. Graf Vitzthum*, Petitionsrecht und Volksvertretung (1985).

131 BVerfGE 2, 225 (229 f.); 13, 54 (90).

gen, daß die zuständigen Stellen begründeten Wünschen im Rahmen des rechtlich Zulässigen nachkommen. Darüber hinaus verbindet das Petitionsrecht den Bürger und die Volksvertretung, zu deren Aufgaben es gehört, Hüter der Rechte des Bürgers zu sein und in der Erfüllung dieser Aufgabe das Vertrauen des Bürgers zu gewinnen. Da das Petitionsrecht die Möglichkeit bietet, die Volksvertretung auf Mißstände aufmerksam zu machen, kann es sich schließlich als Hilfe parlamentarischer Kontrolle erweisen (vgl. auch unten Rdn. 581).

2. Die Garantie der kommunalen Selbstverwaltung

464 Die Institution der kommunalen Selbstverwaltung gewährleistet Art. 28 Abs. 2 GG, nach dem den Gemeinden das Recht gewährleistet sein muß, alle Angelegenheiten der örtlichen Gemeinschaft im Rahmen der Gesetze in eigener Verantwortung zu regeln. Nach dem durch das 42. Änderungsgesetz zum Grundgesetz eingefügten Abs. 2 Satz 3 (vgl. oben Rdn. 100) umfaßt das Recht der Selbstverwaltung auch die Grundlagen der finanziellen Eigenverantwortung. Auch die Gemeindeverbände haben, freilich nur „im Rahmen ihres gesetzlichen Aufgabenbereichs", nach Maßgabe der Gesetze das Recht der Selbstverwaltung[132].

465 *Aufgabe der Selbstverwaltung* ist die „Aktivierung der Beteiligten für ihre eigenen Angelegenheiten, die die in der örtlichen Gemeinschaft lebendigen Kräfte des Volkes zur eigenverantwortlichen Erfüllung öffentlicher Aufgaben der engeren Heimat zusammenschließt mit dem Ziel, das Wohl der Einwohner zu fördern und die geschichtliche und heimatliche Eigenart zu wahren"[133]. Den Gemeinden wird deshalb in der Garantie des Art. 28 Abs. 2 GG der Grundsatz der Allseitigkeit des Wirkungskreises gewährleistet: sie sind prinzipiell für alle Verwaltungsangelegenheiten des lokalen Bereichs zuständig, ohne daß es einer besonderen Begründung dieser Zuständigkeit durch staatliche Gesetze bedarf. Zu dem Recht auf eigenverantwortliche Führung ihrer Angelegenheiten gehören auch die Personalhoheit, die vor allem die Befugnis umfaßt, die Gemeindebeamten auszuwählen, anzustellen, zu befördern und zu entlassen sowie die Organisationshoheit[134]. Im Bereich ihrer Selbstverwaltungsangelegenheiten sind die Gemeinden grundsätzlich von staatlicher Ein- und Mitwirkung frei.

466 Die Allseitigkeit des Wirkungskreises und die selbstverantwortliche Regelung der örtlichen Angelegenheiten sind freilich nur *„im Rahmen der Gesetze"* gewährleistet. Art. 28 Abs. 2 GG garantiert zwar die kommunale Selbstverwaltung als solche; aber er gewährleistet den Gemeinden weder ein individuelles Recht auf Exi-

---

132 Vgl. dazu *A. Köttgen,* Die Gemeinde und der Bundesgesetzgeber (1957) S. 37 ff.; *G. Leibholz,* Das Prinzip der Selbstverwaltung und der Art. 28 Abs. 2 Grundgesetz, DVBl. 1973, 715 ff.; *U. Scheuner,* Zur Neubestimmung der kommunalen Selbstverwaltung, Arch. f. Kommunalwissenschaften 12 (1973) S. 1 ff.; *W. Blümel* und *R. Grawert,* Gemeinden und Kreise vor den öffentlichen Aufgaben der Gegenwart, VVDStRL 36 (1978) S. 171 ff., 277 ff.; *Stern* (Anm. 123) S. 405 ff.; *D. Thürer,* Bund und Gemeinden (1986) S. 18 ff.; *G. Püttner,* Kommunale Selbstverwaltung, HdBStR IV, § 107 Rdn. 11 ff.
133 BVerfGE 11, 266 (275 f.) im Anschluß an *H. Peters,* Lehrbuch der Verwaltung (1949) S. 292.
134 BVerfGE 17, 172 (181 f.) m. w. Nachw.; 91, 228 (236 ff.).

stenz noch einen bestimmten festen Bestand von Aufgaben noch die volle Bestimmung über die Art der Erledigung dieser Aufgaben. Begrenzende staatliche Regelungen sind mit Art. 28 Abs. 2 Satz 1 GG vereinbar, wenn und soweit sie deren „Kernbereich" unangetastet lassen und das verfassungsrechtliche Aufgabenverteilungsprinzip hinsichtlich der Angelegenheiten der örtlichen Gemeinschaft zugunsten der Gemeinden berücksichtigen[135]. Dieser schwer abzusteckende Bereich liegt nicht ein für allemal fest; bei seiner Bestimmung ist der Grundsatz der Verhältnismäßigkeit eine Hilfe. – Den Rahmen der Selbstverwaltung zu bestimmen, ist durch die Zuständigkeitsverteilung des Grundgesetzes grundsätzlich der Landesgesetzgebung vorbehalten. Dem Bund kommen nur begrenzte Befugnisse zu, auf die Organisation und die Tätigkeit der Gemeinden Einfluß zu nehmen[136].

3. Verfassungsrechtliche Gewährleistungen des Wirkens und der Rechtsstellung von Kirchen und Religionsgemeinschaften

Grundfragen des Verhältnisses von Staat, Kirchen und Religionsgemeinschaften **467** regelt neben Art. 4 GG und den diesen ergänzenden Bestimmungen (oben Rdn. 379 ff.) Art. 140 GG, der die kirchenpolitischen Artikel der Weimarer Reichsverfassung mit Ausnahme der Art. 135 und 140 in das Grundgesetz inkorporiert[137].

a) Die Problematik dieses Verhältnisses[138] läßt sich nicht durch die von der überkommenen **468** Lehre entwickelten, vorwiegend formalen Grundtypen der Verbindung von Staat und Kirche (in den Formen des Staatskirchentums oder des Kirchenstaatstums), des Systems der staatlichen Kirchenhoheit, des Koordinationssystems oder der Trennung von Staat und Kirche erfassen. Vielmehr handelt es sich um eine Frage sachlicher Zuordnung von konkret-geschichtlichen Bereichen menschlichen Lebens und Wirkens, die in Staat *und* Kirche weithin Sache *derselben* Menschen sind und sich deshalb vielfältig überlagern: es geht darum, den politischen Prozeß und das Tätigwerden der staatlichen Gewalten, in dem der „Staat" Realität gewinnt, der Aktualisierung von Glauben und Bekenntnis zuzuordnen, in der Ge-

---

135 Vgl. etwa BVerfGE 22, 180 (205) m. w. Nachw.; 23, 353 (365 f.); 50, 195 (201); 56, 298 (312) m. w. Nachw., 79, 127 (143 ff.); 83, 363 (381 ff.) m. w. Nachw.; 91, 228 (238 ff.). BVerwGE 67, 321 (322 ff.).

136 Vgl. dazu BVerfGE 22, 180 (209 f.); 56, 298 (310); *Köttgen* (Anm. 132) S. 18 ff., 46 ff.; *Thürer* (Anm. 132) S. 27 ff.

137 Daneben hinzuweisen auf Art. 7 Abs. 2, 3, 5 und Art. 141 GG. – Aus der Lit.: *A. Hollerbach*, Grundlagen des Staatskirchenrechts, HdBStR VI, § 138; *ders.*, Der verfassungsrechtliche Schutz kirchlicher Organisation, ebd. § 139; *ders.*, Freiheit kirchlichen Wirkens, ebd. § 140; Handbuch des Staatskirchenrechts der Bundesrepublik Deutschland, hrsg. v. *E. Friesenhahn* und *U. Scheuner* i. V. m. *J. Listl* I (2. Aufl., hrsg. von *J. Listl* und *D. Pirson*, 1994), II (1975); *A. v. Campenhausen*, Staatskirchenrecht (2. Aufl. 1983); Staat und Kirchen in der Bundesrepublik, Staatskirchenrechtliche Aufsätze 1950–1967, hrsg. von *H. Quaritsch* und *H. Weber* (1967) mit umfassender Bibliographie; *M. Heckel* und *A. Hollerbach*, Die Kirchen unter dem Grundgesetz, VVDStRL 26 (1968) S. 5 ff., 57 ff. – Zur Verfassungsrechtsprechung: *A. Hollerbach*, Das Staatskirchenrecht in der Rechtsprechung des Bundesverfassungsgerichts, AöR 92 (1967) S. 99 ff. und AöR 106 (1981) S. 218 ff.

138 Zum folgenden näher *M. Heckel*, Zur Ordnungsproblematik des Staatskirchenrechts im säkularen Kultur- und Sozialstaat, JZ 1994, 425 ff.; *K. Hesse*, Freie Kirche im demokratischen Gemeinwesen, ZevKR 11 (1964/65) S. 337 ff., bes. S. 354 ff. und Art. Kirche und Staat, Ev. Staatslexion (3. Aufl. 1987) Sp. 1546 ff., 1563 ff.

meinschaft im Glauben und damit „Kirche" entsteht und wirksam wird. Anders als im Mittelalter und noch in der jüngeren Neuzeit, die für die evangelischen Kirchen bis zum Jahre 1918 das Landeskirchentum kannte, hat diese Zuordnung von der prinzipiellen Verschiedenheit der (weltlichen) Aufgaben des Staates und der (geistlichen) Aufgaben der Kirchen auszugehen.

469 Die Ordnung des Verhältnisses von Staat und Kirche in der Bundesrepublik sucht diese Problematik in dem den Grundprinzipien des Grundgesetzes allein entsprechenden Sinne einer *freiheitlichen* Zuordnung zu lösen. Das Grundgesetz beschränkt sich dabei auf die Normierung von Grundelementen dieser Ordnung. Weitere einseitig staatliche Regelungen enthalten die Landesverfassungen und zahlreiche (in ihrem Inhalt oft mit den Kirchen abgesprochene) Gesetze – überwiegend der Länder, zu deren Kompetenz die Mehrzahl der in Betracht kommenden Materien gehört. In Überschneidung hiermit spielen *Verträge* eine wesentliche Rolle, in denen sowohl Grundfragen des Verhältnisses von Staat und Kirche als auch Einzelfragen ihres Zusammenlebens geregelt werden[139]. Die folgende Darstellung beschränkt sich auf die wichtigsten Regelungen des Grundgesetzes.

470 b) Wenn Art. 4 GG die religiöse Neutralität des Staates begründet, zugleich aber Glaubens-, Bekenntnis- und Kultusfreiheit um ihrer Aktualisierung willen als wesentliche Bestandteile freier Entfaltung des Einzelnen und eines freien geistigen und politischen Prozesses gewährleistet (oben Rdn. 381 f.), so zeigt sich schon daran, daß das Verhältnis von Staat und Kirche nach dem Grundgesetz nicht das einer distanzierten und beziehungslosen Trennung ist. Das Grundgesetz sieht das Wirken von Kirchen und Religionsgemeinschaften als etwas für die verfassungsmäßige Ordnung Wesentliches an, das freilich jenseits der Aufgaben des Staates liegt und darum nur respektiert und geschützt werden kann. Es gewährleistet daher in den durch Art. 140 GG rezipierten staatskirchenrechtlichen Kernbestimmungen der Art. 137 und 138 WRV[140] wesentliche Voraussetzungen dieses Wirkens, namentlich seine Freiheit.

471 Dieser Freiheit dient zunächst das *Verbot einer institutionellen Verbindung von Staat und Kirchen* in Art. 137 Abs. 1 WRV, das zugleich die prinzipielle Unterschiedenheit der Aufgaben der Kirchen und des Staates verfassungsmäßig fixiert. Ihr dient die Gewährleistung eines umfassenden *Selbstbestimmungsrechts* in Art. 137 Abs. 3 WRV, durch das die Unabhängigkeit der Kirchen und Religionsge-

---

139 Textsammlungen der wichtigsten Verträge bei *W. Weber*, Die deutschen Konkordate und Kirchenverträge der Gegenwart I (1962), II (1971); *H. Weber*, Staatskirchenverträge (1967); *J. Listl*, Die Konkordate und Kirchenverträge in der Bundesrepublik Deutschland (1987). Auch in den ostdeutschen Bundesländern sind Verträge mit den evangelischen Landeskirchen geschlossen worden, als erster der Wittenberger Vertrag vom 15. 9. 1993 (GVBl. Sachsen-Anhalt 1994 S. 172). Aus der Lit.: *A. Hollerbach*, Die vertragsrechtlichen Grundlagen des Staatskirchenrechts, in: Handbuch des Staatskirchenrechts I (Anm. 137) S. 253 ff.; *ders.*, Verträge zwischen Staat und Kirche in der Bundesrepublik Deustchland (1965); *H. Albrecht*, Koordination von Staat und Kirche in der Demokratie. Eine juristische Untersuchung über die allgemeinen Rechtsprobleme der Konkordate zwischen der Katholischen Kirche und einem freiheitlich-demokratischen Staat (1965).
140 Zur Bedeutung dieser Artikel als vollgültiges Verfassungsrecht BVerfGE 19, 206 (218 ff.); 53, 366 (400).

meinschaften als Voraussetzung ihres Wirkens garantiert wird[141]. Diese Garantie wird vervollständigt durch Gewährleistungen der für das Wirken der Kirchen förderlichen materiellen Mittel und Güter: das *kirchliche Besteuerungsrecht* (Art. 137 Abs. 6 WRV), den *Schutz des Kirchengutes* und die *Garantie der Staatsleistungen an die Kirchen* (Art. 138 WRV).

Die auf diese Weise gewährleistete Freiheit ist freilich nicht unbegrenzt. Kirchen und Religionsgemeinschaften sind unabhängig nur im Bereich ihrer „eigenen Angelegenheiten" (Art. 137 Abs. 3 WRV: „*ihre* Angelegenheiten"). Soweit es sich um „gemeinsame Angelegenheiten" handelt (z. B. kirchliches Friedhofswesen, theologische Fakultäten), erstreckt sich ihre Unabhängigkeit nur auf die spezifisch kirchlichen Bezüge. Und auch die Unabhängigkeit in „eigenen Angelegenheiten" ist nur in den *„Schranken des für alle geltenden Gesetzes"* gewährleistet (Art. 137 Abs. 3 WRV). Diese Formel, deren Bedeutung lebhaft umstritten ist[142], läßt freilich nicht jede Beschränkung zu. Sie verbietet Sonderrecht, das sich gegen die Kirchen und Religionsgemeinschaften richtet. Durch „allgemeine" Gesetze geschützte Rechtsgüter sind der Gewährleistung kirchlicher Freiheit im Sinne praktischer Konkordanz zuzuordnen; es gilt also das gleiche wie für die gesetzliche Begrenzung von Grundrechten (oben Rdn. 317 f.)[143]. **472**

Durch Art. 137 Abs. 5 WRV wird die Stellung derjenigen Kirchen und Religionsgemeinschaften, die schon bisher *Körperschaften des öffentlichen Rechts* waren, aufrechterhalten. Anderen Religionsgemeinschaften sind unter den Voraussetzungen des Art. 137 Abs. 5 Satz 2 WRV gleiche Rechte zu gewähren[144]. Diese Stellung führt zu wesentlichen Folgerungen, wie zu der des kirchlichen Besteuerungsrechts, das nur gegenüber Mitgliedern der Kirche besteht (Art. 137 Abs. 6 WRV)[145], zu umfassenden Steuer-, Gebühren- und Kostenbefreiungen und staatlichen Rechtshilfepflichten, dagegen nicht mehr wie früher zur Einfügung der Kirchen und öffentlich-rechtlichen Religionsgemeinschaften in den Kreis der sonstigen innerhalb des Staates bestehenden Körperschaften des öffentlichen Rechts und der daraus resultierenden Bindung durch umfassende Aufsichts-, Einspruchs- **473**

---

141 Zur Tragweite der Garantie vgl. bes. BVerfGE 18, 385 (386); 42, 312 (332); 46, 73 (85 ff.); 57, 220 (242 ff.); 66, 1 (19); 70, 138 (162 ff.); 72, 278 (289) m. w. Nachw.

142 Nach der Rechtsprechung des Bundesverfassungsgerichts können zu den „für alle geltenden Gesetzen" nur solche Gesetze rechnen, die für die Kirche dieselbe Bedeutung haben wie für jedermann. Trifft das Gesetz die Kirche in ihrer Besonderheit als Kirche anders als die normalen Adressaten, dann bildet es insoweit keine Schranke (BVerfGE 42, 312 [333 ff.]; 72, 278 [289] m. w. Nachw.). Auch wenn eine Regelung hiernach „für alle geltendes Gesetz" ist, beschränkt sie nicht einseitig die kirchliche Freiheit. Aus der Aufgabe des Art. 137 Abs. 3 Satz 1 WV, dem zwingenden Erfordernis des friedlichen Zusammenlebens von Staat und Kirche gerecht zu werden, schließt das Gericht in seiner neueren Rechtsprechung auf eine „Wechselwirkung" zwischen Kirchenfreiheit und Schrankenzweck. Dieser sei durch eine entsprechende Güterabwägung Rechnung zu tragen; dabei sei jedoch dem Eigenverständnis der Kirchen, soweit es im Bereich der durch Art. 4 Abs. 1 GG als unverletzlich gewährleisteten Glaubens- und Bekenntnisfreiheit wurzele und sich in der durch Art. 4 Abs. 2 GG geschützten Religionsausübung verwirkliche, ein besonderes Gewicht beizumessen (BVerfGE 53, 366 [401]; 72, 278 [289] m. w. Nachw.).

143 Dazu näher: *K. Hesse*, Das Selbstbestimmungsrecht der Kirchen und Religionsgemeinschaften, Handbuch des Staatskirchenrechts I (Anm. 137) S. 544 ff.

144 Zur Frage der Parität: BVerfGE 19, 1 (5 ff.); 19, 129 (133 ff.); BVerwGE 34, 291 (292 ff.).

145 Vgl. dazu BVerfGE 19, 206 (215 ff.); 19, 226 (235 ff.); 19, 268 (273 ff.); 44, 37 (49).

und Mitwirkungsbefugnisse des Staates[146]. – Angesichts der Lösung der öffentlichen Körperschaftsstellung der Kirchen von ihren überkommenen Grundlagen bereitet deren Legitimierung heute Schwierigkeiten.

474 c) Keine Frage ihrer besonderen verfassungsrechtlichen Stellung ist der *politische Einfluß* der Kirchen sowie ihre für die Gegenwart kennzeichnende *Einschaltung bei der Erfüllung bestimmter öffentlicher Aufgaben*, etwa im Schul- und Rundfunkwesen oder im Rahmen der Sozial- und Jugendhilfe. Der spezielle Status der Freiheit und Unabhängigkeit, der ihnen durch Art. 140 GG eingeräumt ist, findet seinen Grund, aber auch seine Grenze darin, daß für die Ordnung des Gemeinwesens, obwohl es religiös neutral ist, Glaube und kirchliche Verkündigung etwas anderes sind als die Meinungen und Bestrebungen weltlicher Kräfte. Begeben sich die Kirchen, über ihren unmittelbaren Auftrag hinausgehend, in den weltlich-politischen Bereich, so gelten auch für sie die allgemeinen Regeln. Ihre Stellung ist insoweit prinzipiell die gleiche wie die aller sonstigen Gruppen, die versuchen, auf den politischen Prozeß einzuwirken; sie können keine weitergehenden Freiheiten beanspruchen, sie unterliegen den gleichen Bindungen, aber sie haben auch die gleichen Rechte[147].

---

146 BVerfGE 18, 385 (386 f.). Vgl. auch BVerfGE 19, 129 (133 ff.).
147 Vgl. dazu BVerwGE 18, 14 ff.

2. Abschnitt: Funktionen

§ 13   Gewaltenteilung

Neben der Aktualisierung der auf die politische Einheitsbildung und das staatliche Leben bezogenen Grundrechte gewinnt die staatliche Ordnung Wirklichkeit in der Wahrnehmung der staatlichen Funktionen. Das Grundprinzip der Ordnung dieser Funktionen, der Organe, denen sie anvertraut sind und der Kompetenzen dieser Organe ist der Grundsatz der Gewaltenteilung. **475**

I. Das Gewaltenteilungsprinzip im geltenden Verfassungsrecht

1. Das herrschende Verständnis und seine Grundlagen

Mit großer Selbstverständlichkeit wird der Gewaltenteilungsgrundsatz heute zu **476** den maßgeblichen Prinzipien der verfassungsmäßigen Ordnung des Grundgesetzes gerechnet[1]. Als sedes materiae erscheint Art. 20 Abs. 2 Satz 2 GG, nach dem die vom Volke ausgehende Staatsgewalt durch besondere Organe der Gesetzgebung, der vollziehenden Gewalt und der Rechtsprechung ausgeübt wird. Inhalt und Tragweite des Prinzips werden erblickt in einer Unterscheidung der Funktionen der Rechtsetzung, der Vollziehung und der Rechtsprechung, in der Zuweisung dieser Funktionen an besondere Gewalten, in dem Verbot, Funktionen wahrzunehmen, die einer anderen Gewalt zugewiesen sind (Gewaltentrennung), und in der gegenseitigen Kontrolle und Hemmung der Gewalten (Gewaltenbalancierung). In dieser Bedeutung erscheint das Gewaltenteilungsprinzip als Mittel der Aufteilung und dadurch der Mäßigung der Staatsmacht, das dem Schutz der Freiheit des Einzelnen dient[2].

Dem Art. 20 Abs. 2 Satz 2 GG läßt sich dies allerdings nur zum Teil entnehmen. Denn die- **477** ser besagt nicht mehr und nicht weniger, als daß drei Funktionen unterschieden und durch „besondere Organe" wahrgenommen werden sollen; dagegen enthält er jedenfalls kein ausdrückliches Gebot der Gewaltentrennung und sagt er nichts über Gewaltenbalancierung. Das herrschende Verständnis sieht über diesen Mangel hinweg, weil ihm Art. 20 Abs. 2 Satz 2 GG lediglich als positivrechtliche „Verankerung" eines überpositiven Dogmas erscheint, dessen Inhalt in jenen Elementen bestehen soll. Doch führt dieser unkritische Rückgriff zu Konsequenzen, die das Gewaltenteilungsprinzip um seine klaren Konturen und um seine Wirkungen als tragendes Organisationsprinzip und wesentliches Element der freiheitlichen demokratischen Grundordnung des Grundgesetzes bringen müssen.

---

1 BVerfGE 2, 1 (13); 3, 225 (247); 5, 85 (199).
2 BVerfGE 5, 85 (199); 9, 268 (279) m. w. Nachw.; 22, 106 (111); 30, 1 (27 f.); 34, 52 (59).

478 Eben die beiden in Art. 20 Abs. 2 Satz 2 GG nicht normierten Elemente, die Gewaltentrennung und die Gewaltenbalancierung, sind nämlich im Grundgesetz in einer Weise ausgestaltet, die dem Dogma nicht voll entspricht. Für die *Gewaltentrennung* nötigt dies das herrschende Verständnis zu der Folgerung, daß das Gewaltenteilungsprinzip „nirgends rein verwirklicht" sei[3], vielmehr an zahlreichen Stellen des Grundgesetzes durchbrochen werde[4],
wobei dann sogar die Frage entstehen kann, ob eine das Gewaltenteilungsprinzip durchbre-
chende Verfassungsnorm ggf. als rechtsungültig betrachtet werden müsse[5]. Damit wird
eine klare verfassungsrechtliche Fixierung des Gewaltenteilungsprinzips in seinem Element der Gewaltentrennung unmöglich. Wenn der Grundsatz „nirgends rein verwirklicht"
ist, kann er allenfalls noch dann verletzt werden, wenn zugunsten einer Gewalt ein Einbruch in den „Kernbereich" einer anderen Gewalt erfolgt[6]; wo dieser Kernbereich beginnt,
bleibt eine offene Frage.

479 Auch in seinem Element der *Gewaltenbalancierung* muß der Grundsatz bei diesem Verständnis in Widerspruch zu der verfassungsmäßigen Ordnung des Grundgesetzes treten.
Denn davon, daß „die Organe der Legislative, Exekutive und Justiz sich gegenseitig kontrollieren und begrenzen"[7], kann nur bedingt die Rede sein. Gewiß übt die rechtsprechende Gewalt eine Kontrolle über die anderen Gewalten; aber wirksame Machtbegrenzung ist ihr nur
in engen Grenzen möglich, weil sie selbst keine reale politische Macht verkörpert. Das
Grundgesetz kennt keine Kontrolle der Legislative und Exekutive über die rechtsprechende
Gewalt, während die gegenseitige Kontrolle von Legislative und Exekutive nur schwach
ausgebildet ist. Die wichtigsten Faktoren politischer Macht, die sich heute nicht mehr in Legislative und Exekutive verkörpern, namentlich die politischen Parteien, werden von dem
so verstandenen Gewaltenteilungsschema nicht erfaßt.

480 Bleibt damit von der grundlegenden Bedeutung des Gewaltenteilungsprinzips für die verfassungsmäßige Ordnung des Grundgesetzes wenig übrig, so sprechen diese Konsequenzen nicht gegen das Grundgesetz; insbesondere nötigen sie nicht zu dem Urteil, daß die Verfassung hier an einem abstrakten und antiquierten Organisationsschema festhalte und an
der Wirklichkeit heutigen staatlichen Lebens vorbeigehe. Viel eher sprechen die Konsequenzen gegen die Deutung durch das herrschende Verständnis, namentlich gegen die Prä-
misse, daß der Inhalt des Gewaltenteilungsgrundsatzes von einem der Verfassung vorauslie-
genden Dogma bestimmt werde.

2. Der Gewaltenteilungsgrundsatz als Prinzip der Verfassung

481 Gewiß steht auch das Grundgesetz in der durch die Gewaltenteilungslehre geprägten verfassungsgeschichtlichen Tradition und kann das Verständnis der Gewaltenteilung des Grundgesetzes nicht von dieser Tradition gelöst werden. Aber der
Grundsatz der Gewaltenteilung, der sich auf dem Boden jener Lehre gebildet hat,
ist kein Dogma von naturrechtlich-zeitloser Geltung, sondern ein geschichtliches
Prinzip. Die Gewaltenteilungslehren *Lockes, Montesquieus* oder des Federalist, in
denen er sich geformt hat, haben kaum etwas mit den späteren Dogmatisierungen
gemein, welche die Legislative als Normsetzung, die Exekutive als Normvollzug,

---

3 Z. B. BVerfGE 3, 225 (247); 7, 183 (188); 34, 52 (59). Vgl. dazu auch *H. Peters,* Gewaltentrennung
in moderner Sicht (1954) S. 10 ff.
4 Z. B. BVerfGE 18, 52 (59).
5 BVerfGE 3, 225 (247 f.).
6 BVerfGE 9, 268 (280); 30, 1 (27 f.).
7 BVerfGE 9, 268 (279); 22, 106 (111).

die richterliche Tätigkeit als mechanisch-logisch sich vollziehenden Vorgang im Auge haben und überzeitlich-allgemeine Gültigkeit beanspruchen; sondern sie sind geschichtliche Lehren, die in einer bestimmten geschichtlichen Situation reale politische Kräfte und deren Wirken in eine politische Freiheit sichernde Ordnung bringen wollen. Ebensowenig wie damals läßt sich das Gewaltenteilungsprinzip heute von der geschichtlich-konkreten staatlichen Ordnung und deren Voraussetzungen lösen. Es gewinnt Gestalt in der Verfassung, und verfassungsrechtliche Betrachtung hat es mit der Gewaltenteilung als einem *Prinzip der Verfassung* zu tun, durch die der Grundsatz seine heutige geschichtliche Ausformung und klare Konturen erhält. Für solche Betrachtung entscheidet nicht ein akstraktes Dogma darüber, ob und inwieweit die Gewaltenteilung in der Verfassung „rein verwirklicht" ist. Maßstab der Verwirklichung ist vielmehr die konkrete Ausgestaltung durch die Verfassung, der es hier wie überall um eine bestimmte inhaltliche Ordnung des Wirkens realer geschichtlicher Kräfte geht. Freilich läßt sich diese Ausgestaltung nicht allein in Art. 20 Abs. 2 Satz 2 GG finden. Inhalt und Tragweite des Prinzips ergeben sich vielmehr aus einer Vielzahl weiterer Bestimmungen und aus dem Zusammenhang dieser Bestimmungen: auch hier muß der Blick auf das *Ganze der Verfassung* gerichtet werden.

Ein Verständnis der Gewaltenteilung als Prinzip heutiger Verfassung macht es notwendig, sich von der überkommenen Vorstellung zu lösen, die in der Gewaltenteilung nichts anderes sieht als ein Mittel der Mäßigung einer ursprünglich vorhandenen, einheitlichen Staatsgewalt, die durch Aufteilung, Trennung und ein System von Hemmungen und Kontrollen zugunsten der Freiheit des Einzelnen beschränkt werden müsse. Denn staatliche Gewalt und deren Voraussetzung, politische Einheit, sind nicht ursprünglich real vorhanden, sondern sie müssen in organisiertem menschlichem Zusammenwirken stets neu geschaffen und erhalten werden (oben Rdn. 6 ff.). In diesem von der Verfassung geordneten Prozeß kann die Aufgabe der Gewaltenteilung als eines Grundprinzips der Verfassung nicht negativ in nachträglicher Einschränkung liegen. Gegenstand der Gewaltenteilung ist vielmehr positiv eine Ordnung menschlichen Zusammenwirkens, die die einzelnen Gewalten konstituiert, ihre Kompetenzen bestimmt und begrenzt, ihre Zusammenarbeit regelt und auf diese Weise zur Einheit – begrenzter – staatlicher Gewalt hinführen soll[8]. Diese Aufgabe erfordert nicht nur eine Hemmung und Balancierung der realen Machtfaktoren, sondern sie ist auch vor allem eine Frage sachgemäßer Bestimmung und Zuordnung der staatlichen Funktionen, der Organe, denen die Wahrnehmung dieser Funktionen anvertraut wird, sowie der realen Kräfte, die sich in diesen Organen verkörpern. Es ist diese Zuordnung, die das Grundthema der Gewaltenteilung in der verfassungsmäßigen Ordnung des Grundgesetzes bezeichnet.

Die neueren Deutungsversuche des Gewaltenteilungsgrundsatzes im Schrifttum, die den Charakter des Grundsatzes als eines geschichtlichen Prinzips hervorheben, von dem herkömmlichen Schema abgehen und gewaltenteilende Wirkungen in anderen Zusammenhän-

482

483

---

8 *R. Bäumlin*, Der schweizerische Rechtsstaatsgedanke, Zeitschrift des Bernischen Juristenvereins 101 (1965) S. 94 ff.

gen aufzuweisen suchen[9], treffen diese Problematik nur zu einem Teil. Gewaltenteilung erscheint hier primär als Teilung der Macht und findet sich überall, wo außerhalb oder innerhalb der Verfassung Macht aufgeteilt oder begrenzt ist, von der pluralistischen Struktur des Gemeinwesens über den bundesstaatlichen Aufbau, die Zweiteilung der Legislative, die Organisation der Verwaltung bis hin zur zeitlichen Begrenzung von Amtsaufträgen. Über der richtigen Einsicht, daß die eigentliche Gewaltenbalance nicht mehr zwischen den Trägern der Legislative, Exekutive und Rechtsprechung stattfindet, drohen hier die Umrisse der Gewaltenteilung als eines verfassungsrechtlichen Prinzips zu verschwimmen und wird die entscheidende Frage der Konstituierung und Zuordnung der Gewalten vernachlässigt.

II. Inhalt und Tragweite des Gewaltenteilungsprinzips in der verfassungsmäßigen Ordnung des Grundgesetzes

1. Konstituierung der Gewalten

484 Gewaltenteilung ist zunächst Konstituierung unterschiedlicher Gewalten.

485 a) Diese nimmt ihren Ausgang von den *Aufgaben*, die in ganz bestimmter, nämlich demokratischer und rechtsstaatlicher Weise durch den „Staat" bewältigt werden müssen, wenn das Gemeinwesen bestehen und wenn die Ordnung seines Lebens den sachlichen Grundprinzipien der Verfassung entsprechen soll. Menschliches Zusammenleben muß geregelt, öffentliche Sicherheit, Ordnung und Friede im Inneren müssen gewahrt, der Schutz nach außen gesichert werden; es ist notwendig, die Bildung politischer Einheit zu organisieren und zu bewirken, politische Zielsetzungen zu entwickeln und politische Entscheidungen zu treffen; es bedarf der „Daseinsvorsorge", der Planung und der aktiven Gestaltung von zahlreichen Lebensbereichen.

486 Die Wahrnehmung dieser Aufgaben macht rechtliche Ordnung notwendig. Sie erfordert unmittelbares, schützendes und gestaltendes Tätigwerden. Sie setzt voraus, daß Streitigkeiten im Wege des Rechts ausgetragen und entschieden werden, daß das Recht gewahrt und durchgesetzt wird. Den damit gegebenen verschiedenartigen Erfordernissen der Aufgabenbewältigung entsprechend unterscheidet die Verfassung die *drei Grundfunktionen* der Gesetzgebung, der Vollziehung und der Rechtsprechung.

---

9 *W. Weber*, Die Teilung der Gewalten als Gegenwartsproblem, in: Festschrift für Carl Schmitt zum 70. Geburtstag (1959) S. 260 ff.; *H. Peters* (Anm. 3) S. 23 ff.; *ders.,* Geschichtl. Entwicklung und Grundfragen der Verfassung (1969) S. 193 ff.; *W. Kägi*, Von der klassischen Dreiteilung zur umfassenden Gewaltenteilung, in: Verfassungsrecht und Verfassungswirklichkeit, Festschrift für Hans Huber zum 60. Geburtstag (1961) S. 164 ff.; *H. H. Klein*, Gefährdungen des Prinzips der Gewaltenteilung in der Bundesrepublik Deutschland, in: Aus Politik und Zeitgeschichte, Beilage zur Wochenzeitung Das Parlament B 50/74 S. 5 ff. Vgl. demgegenüber *P. Schneider*, Zur Problematik der Gewaltenteilung im Rechtsstaat der Gegenwart, AöR 82 (1975) S. 9 ff.; *Bäumlin* (Anm. 8) S. 94 ff.; *K. Stern*, Das Staatsrecht der Bundesrepublik Deutschland II (1980) S. 511 ff. *E. Schmidt-Aßmann*, Der Rechtsstaat HdBStR I, § 24 Rdn. 46 ff., der die ordnungskonstituierende Funktion des Gewaltenteilungsprinzips deutlich herausarbeitet.

Diese Unterscheidung hat keinen Ausschließlichkeitscharakter. Sie bezeichnet be- **487** stimmte Grund*typen* der Art der Aufgabenerfüllung. Sie enthält keine abschließende Umschreibung der verfassungsmäßigen Funktionen, sondern läßt Raum für weitere wie etwa die der Kontrolle, der Mitwirkung der politischen Parteien bei der politischen Willensbildung oder der Bildung und des Wirkens der öffentlichen Meinung. Sie darf auch im Blick auf die einzelnen Funktionen nur in einem typisierenden Sinne verstanden werden, weil die sachgemäße Erfüllung der Aufgaben starre Grenzziehungen nicht zuläßt. Deshalb kann z. B. im Wege der Gesetzgebung auch unmittelbar gestaltet, können unter bestimmten Voraussetzungen rechtliche Ordnungen im Wege der Vollziehung geschaffen oder können bestimmte Verwaltungsaufgaben auch durch Gerichte wahrgenommen werden.

b) Die in dieser Weise unterschiedenen Funktionen müssen nach Art. 20 Abs. 2 **488** Satz 2 GG von *besonderen Organen* wahrgenommen werden. Ebensowenig wie die Unterscheidung der Funktionen eine beliebige ist, kommt es der Verfassung dabei nur darauf an, daß überhaupt mehrere Organe bestehen, auf die diese Funktionen verteilt werden – mögen die Organe und die ihnen zugewiesenen Funktionen noch so sauber voneinander getrennt werden. Ein Parlament ist seiner Struktur nach offenbar ungeeignet, administrative Detailaufgaben zu erledigen; die weisungsgebundenen Behörden der vollziehenden Gewalt wären zur sachgemäßen Entscheidung von Rechtsstreitigkeiten nicht imstande; Gerichte könnten die Aufgaben der Gesetzgebung nicht sachgemäß bewältigen. Um eine der Eigenart der Aufgabe entsprechende gute und sachgemäße Erfüllung sicherzustellen, sollen Struktur, Zusammensetzung und Besetzung der Organe vielmehr funktionsgerecht sein[10]. Deshalb ist z. B. die Gesetzgebung in erster Linie Sache des demokratisch gewählten Parlaments und des Bundesrates, durch den die administrative Erfahrung der Länder für sie fruchtbar gemacht wird (Art. 77 f. GG), steht die Bestimmung der Richtlinien der Politik einem einzelnen, dem Bundeskanzler, zu (Art. 65 GG) oder ist die rechtsprechende Gewalt den Richtern anvertraut (Art. 92 Abs. 1 GG). Und deshalb setzt die Wahrnehmung von Aufgaben im Rahmen der jeweiligen Funktion durch die besonderen Organe nicht nur einen spezifischen persönlichen Zuschnitt der Mitglieder dieser Organe voraus: den des Politikers, des fachlich geschulten und denkenden Beamten oder des allein dem Recht verpflichteten Richters; sondern sie bedingt auch einen jeweils *besonderen rechtlichen Status* jener Mitglieder: den Status des Abgeordneten (insbesondere Art. 38 Abs. 1 Satz 2 und 46 GG), des Bundespräsidenten, des Ministers, des Beamten (Art. 33 Abs. 4 und 5 GG), des Soldaten oder des unabhängigen Richters (Art. 97 f. GG) – auch wenn diese Statusverhältnisse von der Verfassung nur in mehr oder minder weiten Ausschnitten ausdrücklich geregelt werden.

Wenn Funktion und Organstruktur sachlich aneinander gebunden sind, so bedeu- **489** tet dies ein prinzipielles *Verbot der Wahrnehmung oder Zuweisung von Funktionen, die der Struktur* des Organs und der von ihm wahrzunehmenden Grundfunk-

---

10 *O. Küster*, Das Gewaltenproblem im modernen Staat, AöR 75 (1949) S. 492 f., 404 ff. Vgl. auch BVerfGE 68, 1 (86).

tion *nicht entsprechen*. Darüber hinaus schließt das Verbot der Wahrnehmung oder Zuweisung solcher Funktionen die Beteiligung des Mitglieds eines Organs an den Funktionen eines anderen Organs aus, wenn diese Funktionen sachlich nicht miteinander vereinbar sind. Insoweit ist das Gewaltenteilungsprinzip die Grundlage von *Inkompatibilitäten*, die im Grundgesetz namentlich im Blick auf die Funktion der Rechtsprechung streng ausgebildet sind.

So dürfen z. B. die Richter des Bundesverfassungsgerichts weder dem Bundestage, dem Bundesrate, der Bundesregierung noch entsprechenden Organen eines Landes angehören (Art. 94 Abs. 1 Satz 3 GG), kann die Wählbarkeit von Beamten, Soldaten und Richtern zu den Vertretungskörperschaften des Bundes und der Länder eingeschränkt werden (Art. 137 Abs. 1 GG)[11] oder kann der Bundespräsident nicht gleichzeitig Abgeordneter oder Mitglied der Regierung sein (Art. 55 Abs. 1 GG), während der Status des Abgeordneten mit dem des Ministers vereinbar ist, weil Parlament und Regierung in gleicher Weise politische Funktionen wahrnehmen und deshalb gleiche Qualitäten ihrer Mitglieder voraussetzen. Unvereinbar ist wiederum eine gleichzeitige Mitgliedschaft in Bundestag und Bundesrat, weil eine Mitwirkung in beiden Gremien die Ergänzungs- und Kontrollfunktion des Bundesrates beeinträchtigten könnte (vgl. auch § 2 GOBR).

490 c) Im Rahmen der von ihm wahrzunehmenden Funktionen werden jedem besonderen Organ bestimmte und begrenzte Aufgabenbereiche zugewiesen. Die Begrenzung kann durch positive Umschreibung der Zuständigkeiten vorgenommen werden; sie kann sich nur oder auch aus negativen Kompetenzvorschriften (oben Rdn. 291) oder aus dem Verbot der Einmischung in eine fremde Funktion ergeben. Immer sind jedoch die von der Verfassung begründeten Zuständigkeiten begrenzt, und zwar unabhängig von der bundesstaatlichen Verteilung und Abgrenzung der Aufgabenbereiche („vertikale Gewaltenteilung"), die die prinzipielle Begrenzung der Zuständigkeiten nur durch eine weitere Begrenzung überlagert und verstärkt.

491 Soweit hiernach die Zuständigkeit eines besonderen Organs reicht, werden ihm auch die Machtbefugnisse anvertraut, die zur sachgemäßen Wahrnehmung der dem Organ obliegenden Aufgaben erforderlich sind: es werden *Kompetenzen* begründet, kraft deren im Rahmen der jeweiligen Zuständigkeit der Gesetzgeber verbindliche Regelungen treffen, die vollziehende Gewalt verbindlich gebieten und verbieten, die rechtsprechende Gewalt autoritativ entscheiden kann. In diesen, auf einen bestimmten und begrenzten Aufgabenbereich bezogenen, einem funktionsgerecht aufgebauten besonderen Organ anvertrauten Hoheitsbefugnissen und im Umfang dieser Befugnisse konstituiert das Grundgesetz verfassungsmäßige staatliche Gewalt.

2. Zuordnung der Gewalten

492 Die Konstituierung der unterschiedlichen staatlichen Gewalten und die Begründung und Begrenzung ihrer Kompetenzen gewährleisten für sich allein noch kein geordnetes Zusammenwirken, in dem sich die Einheit staatlicher Gewalt erst her-

---

11 Vgl. dazu BVerfGE 40, 296 (320 f.) m. w. Nachw.; §§ 5 ff. des Gesetzes zur Neuregelung der Rechtsverhältnisse der Mitglieder des Deutschen Bundestages vom 18. 2. 1977 (BGBl. S. 297).

stellt. Hierzu bedarf es der *Zuordnung* der Funktionen und der besonderen Organe, die sie wahrzunehmen haben.

Der Aufgabe dieser Zuordnung dienen neben der – oft auf Kooperation angelegten – Begründung und Abgrenzung von Kompetenzen die zahlreichen Verknüpfungen durch das auf den ersten Blick verwirrende Netz von Verbindungen, Mitwirkungs-, Mitsprache-, Widerspruchs- und Kontrollbefugnissen, das die organisatorische Ausgestaltung durch das Grundgesetz kennzeichnet. **493**

So sind z. B. am Verfahren der Gesetzgebung neben dem Bundestag und dem Bundesrat die Bundesregierung (Art. 76, 82 Abs. 1, 58 GG) und der Bundespräsident beteiligt (Art. 82 Abs. 1 GG). Der Bundeskanzler wird vom Bundestag gewählt (Art. 63 GG) und ist von dessen Vertrauen abhängig (Art. 67 GG). Regierung und Verwaltung sind in der Person des Ministers, der zugleich Kabinettsmitglied und Spitze seines Verwaltungsressorts ist, miteinander verbunden. Anordnungen und Verfügungen des Bundespräsidenten bedürfen zu ihrer Gültigkeit der Gegenzeichnung des Bundeskanzlers oder des zuständigen Bundesministers (Art. 58 Satz 1 GG). Dem Wehrbeauftragten obliegen Aufgaben der Kontrolle der Streitkräfte (Art. 45 b GG). Die Richter des Bundesverfassungsgerichts werden je zur Hälfte vom Bundestag und vom Bundesrat gewählt (Art. 94 Abs. 1 Satz 2 GG). Gesetze, welche die von der Bundesregierung vorgeschlagenen Ausgaben des Haushaltsplanes erhöhen, neue Ausgaben in sich schließen oder Einnahmen vermindern, bedürfen der Zustimmung der Bundesregierung (Art. 113 Abs. 1 GG).

Zugleich mit der Aufgabe der Sicherstellung notwendigen Zusammenwirkens verfolgen Verknüpfungen solcher Art jeweils weitere spezielle Zwecke. Sie können einmal der sachgemäßen Bewältigung von Aufgaben dienen, wie in der Beteiligung des Bundesrates und der Bundesregierung am Verfahren der Gesetzgebung oder in der Verbindung von Regierung und Verwaltung. In Überschneidung hiermit kann es in ihnen um die Zuordnung der mehr auf die politische Entscheidung und Gestaltung gerichteten Funktion von Parlament und Regierung einerseits, der durch fachlich-administrative Gesichtspunkte bestimmten Funktion der Verwaltung anderseits gehen. Die Aufgabe solcher Verknüpfungen kann, wie in der Abhängigkeit des Bundeskanzlers vom Vertrauen des Bundestages oder in dem Institut der Gegenzeichnung, in der Regelung und klaren Verteilung der Verantwortung liegen. Und schließlich können sie der Kontrolle, der Begrenzung oder der Sicherung der Begrenzung der jeweiligen Kompetenzen dienen, wie dies etwa bei den Kompetenzen des Bundesrates, den Befugnissen des Wehrbeauftragten oder dem Zustimmungsrecht nach Art. 113 Abs. 1 GG der Fall ist. **494**

3. Balancierung der Gewalten

In diesem letzten Zusammenhang enthält die Zuordnung der Gewalten bereits Elemente der Gewaltenbalancierung, die sich indessen nur insoweit als wirksam erweisen, als sich in den Inhabern der Kontroll- oder Mitwirkungsbefugnisse auch jeweils unterschiedliche reale Mächte verkörpern. Die Balancierung der Gewalten durch Machthemmung und Machtkontrolle hat sich darum weithin aus dem Bereich der Grundfunktionen und insbesondere deren Wahrnehmung durch die Organe der gesetzgebenden und vollziehenden Gewalt herausverlagert. Gleich- **495**

wohl ist sie wesentlicher Bestandteil der verfassungsmäßigen Ordnung. Gewaltenbalance wird hergestellt durch die Verwirklichung der Ordnungen der Demokratie, des Rechtsstaates und des Bundesstaates.

496 Im Rahmen der *demokratischen Ordnung* sucht die Verfassung Machthemmung,
Machtkontrolle und ein gewisses Gleichgewicht der politischen Kräfte durch die
Gewährleistung gleicher Chancen zu bewirken, die, wie gezeigt, namentlich in
der Wahlrechtsgleichheit, dem Mehrparteienprinzip und der Chancengleichheit
der politischen Parteien Ausdruck findet (oben Rdn. 157). Ein Element *rechtsstaatlicher Gewaltenbalancierung* ist die richterliche Kontrolle der vollziehenden
Gewalt (Art. 19 Abs. 4 GG), namentlich aber die Kontrolle aller staatlichen Gewalten durch die im Grundgesetz mit umfassenden Zuständigkeiten ausgestattete
Verfassungsgerichtsbarkeit. Diese Kontrolle bedeutet einen der deutschen Verfas-
sungstradition bisher unbekannten Einbau der rechtsprechenden Gewalt in das System der Machthemmungen und Kontrollen. Das in ihr wirksam werdende rechtsstaatliche Element der Gewaltenbalancierung verbindet sich mit dem demokratischen, weil es der Minderheit die Möglichkeit eröffnet, gegen eine wirkliche oder
vermeintliche Beeinträchtigung ihrer Position den Schutz des Verfassungsgerichts anzurufen und dadurch ihre Stellung zu festigen – wobei freilich das Verfassungsgericht kein anderes Gewicht in die Waagschale werfen kann als das seiner
eigenen Autorität. Machthemmende Wirkungen entfaltet endlich die *bundesstaatliche Ordnung*, und zwar sowohl in der durch sie bewirkten „vertikalen" Gewaltenteilung als auch in der „horizontalen" Gewaltenteilung zwischen Bundesrat ei-
ner-, Bundestag und Bundesregierung anderseits, die nicht nur der Zuordnung
von Funktionen, sondern auch der Balancierung unterschiedlicher realer Mächte
dient (oben Rdn. 231 f.).

III. Die Funktion des Gewaltenteilungsgrundsatzes in der verfassungsmäßigen Ordnung des Grundgesetzes

497 Wird der Gewaltenteilungsgrundsatz in dieser Weise als ein die ganze Verfassung
durchziehendes Prinzip der Konstituierung der staatlichen Gewalten, der Zuordnung, die sie zur Einheit verbindet, der Begrenzung und Kontrolle der realen
Machtfaktoren im Verfassungsleben verstanden, so erweist er sich in der Tat als
das „tragende Organisationsprinzip"[12] der Verfassung, und zwar nicht, weil er
Ausdruck eines überzeitlichen, in seiner Bedeutung allerdings durch die Brechun-
gen des positiven Verfassungsrechts abgeschwächten Dogmas ist, sondern wegen
seiner konkreten Wirkungen in der Wirklichkeit verfassungsmäßig geordneten
staatlichen Lebens.

498 Die Konstituierung und Zuordnung der unterschiedenen Gewalten läßt einen differenzierten, auf einheitliches Zusammenwirken angelegten staatlichen Aufbau entstehen, in dem der Staat handlungsfähig und in dem das Wirken seiner Organe in
Form gebracht wird. In dieser Formgebung macht Gewaltenteilung den staatli-

---

12 BVerfGE 3, 225 (247).

chen Aufbau einsehbar und durchsichtig, schafft sie Verantwortungsklarheit und wirkt sie *rationalisierend*. Sie bringt in gleicher Weise die mehr bewegenden Elemente politischer Leitung und Entscheidung und die mehr beharrenden fachlich-administrativen Wirkens und der Wahrung des Rechts im staatlichen Leben zur Geltung und ordnet sie einander zu. Sie verbindet in der Ausgestaltung und Zuordnung der „besonderen Organe" unterschiedliche Strukturprinzipien und knüpft damit, wenn auch in gewandelter Form, an einen alten Grundgedanken der Gewaltenteilungslehre an, den der „gemischten Verfassung"[13]. Insoweit entfaltet sie *stabilisierende Wirkungen*. Denn diese Verbindung unterschiedlicher Strukturprinzipien trägt nicht nur ein optimales Maß an Selbstgewährleistung in sich; sie erleichtert die Anpassung an den Wandel geschichtlicher Entwicklung und vermag daher relative Kontinuität im Fluß der Zeit zu sichern. Als Prinzip der Konstituierung, Rationalisierung, Stabilisierung und Begrenzung staatlicher Gewalt ist der Gewaltenteilungsgrundsatz das *organisatorische Grundprinzip der Verfassung*.

In dieser umfassenden Funktion kann Gewaltenteilung nicht allein der rechtsstaat- **499** lichen Ordnung zugeordnet werden, wie dies der überkommenen und heute vorherrschenden Auffassung entspricht, nicht nur, weil sie mehr ist als ein Mittel der Sicherung individueller Freiheit, sondern auch, weil der Schutz individueller Freiheit durch Balancierung der Gewalten nicht allein im Rahmen der rechtsstaatlichen Ordnung des Grundgesetzes bewirkt wird. Alle ihre Elemente sind vielmehr, wenn auch in unterschiedlicher Akzentuierung, wesentliche Bestandteile der demokratischen, der rechtsstaatlichen und der bundesstaatlichen *Gesamtordnung des Grundgesetzes*, deren Zusammenhang und Wechselbedingtheit auch in diesem Tatbestand sichtbar werden.

§ 14   Einzelne Funktionen

Obwohl die Thematik des VII., VIII. und IX. Abschnittes des Grundgesetzes dies **500** zunächst vermuten läßt, enthält das Grundgesetz über den Inhalt der von ihm unterschiedenen und einander zugeordneten Grundfunktionen keine näheren Bestimmungen. Es regelt im VII. Abschnitt die Aufteilung der Gesetzgebungszuständigkeiten zwischen Bund und Ländern, das Verfahren der Bundesgesetzgebung, die Voraussetzungen, das Verfahren und die Grenzen einer Verfassungsänderung, den Erlaß von Rechtsverordnungen und den Gesetzgebungsnotstand. Der VIII. Abschnitt betrifft nahezu ausschließlich bundesstaatsrechtliche Abgrenzungs- und Zuordnungsfragen (oben Rdn. 245 ff.) sowie einen Ausschnitt aus dem Recht des Ausnahmezustandes. Gegenstand des IX. Abschnittes schließlich sind die Aufgliederung der Rechtsprechungskompetenzen zwischen Bund und Ländern, Fragen der Gerichtsverfassung und der Rechtsstellung der Richter sowie einige Grundrechte, die sich speziell auf die Ausübung rechtsprechender Gewalt bezie-

---

13 Dazu etwa *M. Imboden*, Montesquieu und die Lehre der Gewaltentrennung (1959) S. 14 ff.

hen. In allen diesen Regelungen wird ein bestimmter Inhalt der Funktionen der Gesetzgebung, der Vollziehung und der Rechtsprechung vorausgesetzt, aber nicht positivrechtlich normiert. Anhaltspunkte für die Bestimmung dieses vorausgesetzten Inhalts lassen sich nur im Rückgriff auf die weiteren Zusammenhänge der demokratischen und rechtsstaatlichen Ordnung sowie auf die Ausgestaltung und Zuordnung der besonderen Organe gewinnen, denen die einzelnen Funktionen zugewiesen sind.

501 Gesetzgebung, Vollziehung und Rechtsprechung sind nur *Mittel* staatlichen Wirkens. Die Einsicht in ihre Eigenart gibt nur begrenzten Aufschluß über Inhalt und Eigenart dieses Wirkens selbst. Wenn der Staat durch seine Organe Gesetze gibt, Verwaltungsakte oder Urteile erläßt, so ist nicht nur wesentlich, daß er dies tut, sondern vor allem auch, welche *Aufgaben* er damit verfolgt. Das Schwergewicht dieser Aufgaben liegt heute weit mehr als im früheren Staat auf wirtschaftlichem, sozialem und kulturellem Gebiet[1], und der Staat schafft und gewährleistet hier nicht nur rechtliche Ordnungen, sondern er wendet sich in zunehmendem Maße umfassender planender Gestaltung und Steuerung zu[2]. Diese die Wirklichkeit des modernen Staates kennzeichnende Tätigkeit und ihr über die „klassischen" Mittel weit hinausreichendes Instrumentarium spiegelt sich in der Verfassung nur begrenzt wider. Die Verfassung markiert insoweit, namentlich in der Formel vom sozialen Rechtsstaat, in den Grundrechten und in Art. 109 Abs. 2 GG (gesamtwirtschaftliches Gleichgewicht), nur einzelne Richtpunkte und Grenzen (vgl. oben Rdn. 212 f., 237, 258 ff., 298), die schon behandelt wurden. Im übrigen schafft sie durch die Ordnung der staatlichen Funktionen, der staatlichen Organisation und der staatlichen Kompetenzen unerläßliche Voraussetzungen jener Tätigkeit. Auf diese ist die folgende Darstellung zu beschränken.

I. Gesetzgebung

1. Begriff und Eigenart

502 a) Die herkömmliche und heute *vorherrschende Auffassung* bestimmt das Wesen der Gesetzgebung durch getrennte Begriffe: im formellen Sinne ist Gesetzgebung der Erlaß von Anordnungen durch die gesetzgebenden Körperschaften im Verfahren der Gesetzgebung und der Form des Gesetzes; im materiellen Sinne ist Gesetzgebung Setzung von Rechtsnormen durch eine staatliche Autorität. Formelle und materielle Gesetzgebung können sich decken, brauchen sich aber nicht zu decken;

---

1 Vgl. dazu *H. Krüger*, Allgemeine Staatslehre (2. Aufl. 1966) S. 572 ff. *E. R. Huber*, Zur Problematik des Kulturstaates (1958); *M. Heckel*, Staat, Kirche, Kunst (1968) S. 127 f. und passim; *P. Häberle*, Kulturverfassungsrecht im Bundesstaat (1980); *U. Steiner* und *D. Grimm*, Kulturauftrag im staatlichen Gemeinwesen, VVDStRL 42 (1984) S. 7 ff., 46 ff.
2 Zur politischen Planung: *R. Herzog, R. Pietzner, W. Blümel*, Art. Planung I bis III, Ev. Staatslexikon (3. Aufl. 1987) Sp. 2503 ff.; *J. H. Kaiser* (Hrsg.) Planung I (1965) – VI (1972); *F. Scharpf*, Planung als politischer Prozeß, Die Verwaltung 4 (1971) S. 1 ff.; *H. Ehmke*, Planung im Regierungsbereich, in: Politik als Herausforderung (1974) S. 111 ff.; *E. W. Böckenförde*, Planung zwischen Regierung und Parlament, Der Staat 11 (1972) S. 429 ff.; *U. Scheuner*, Zur Entwicklung der politischen Planung in der Bundesrepublik, in: Im Dienst an Recht und Staat, Festschrift für W. Weber zum 70. Geburtstag (1974) S. 369 ff.; *W. Graf Vitzthum*, Parlament und Planung (1978) S. 43 ff.; *Th. Würtenberger*, Staatsrechtliche Probleme politischer Planung (1979) S. 19 ff.; *W. Brohm*, Art. Planung IV, Staatslexikon (7. Aufl. 1988) IV Sp. 409 ff.; *W. Hoppe*, Planung HdBStR III, § 71.

es gibt Gesetzgebungsakte, in denen keine „Rechtsnormen" gesetzt werden, wie z. B. die Feststellung des Haushaltsplanes (Art. 110 Abs. 2 Satz 1 GG), die Zustimmung zu bestimmten völkerrechtlichen Verträgen (Art. 59 Abs. 2 Satz 1 GG) oder die Entscheidung über den Friedensschluß (Art. 115 I Abs. 3 GG) („nur-formelle Gesetze"), und es gibt materielle Gesetzgebung, die nicht Sache der gesetzgebenden Körperschaften ist, wie namentlich der Erlaß von Rechtsverordnungen oder autonomen Satzungen („nur-materielle Gesetze")[3].

Diese Lehre wird jedoch nicht aus der Verfassung entwickelt, sondern von außen a n sie herangetragen[4]. Entgegen ihrem Anspruch enthält sie keine materielle Umschreibung der Gesetzgebungsfunktion. „Setzung von Rechtsnormen durch eine staatliche Autorität" ist eine rein formale Definition, die über den Inhalt der Funktion nichts aussagt, zumal sie keinen klaren Aufschluß darüber gibt, was „Rechtsnormen" sind. Wenn sie in der Trennung von formeller und materieller Gesetzgebung eine einheitliche Funktion aufspaltet, so findet diese Aufspaltung keine Grundlage im geltenden Verfassungsrecht; sie ist mit der demokratischen Ordnung des Grundgesetzes unvereinbar.

b) Aufschluß über die Gesetzgebung in der verfassungsmäßigen Ordnung des Grundgesetzes vermag demgegenüber nur der Blick auf ihre *Aufgabe* in der demokratischen, der bundesstaatlichen und der Ordnung des sozialen Rechtsstaates zu vermitteln[5].   **503**

Im Rahmen der *demokratischen Ordnung* ist Gesetzgebung Form politischer Willensbildung: grundlegende Fragen des Lebens des Gemeinwesens, die die Verfassung offen gelassen hat und die der Normierung bedürfen, sollen in allgemeinen Ordnungen oder mehr auf konkrete Sozialgestaltung gerichteten Direktiven geregelt werden; diese Regelungen sollen demokratisch legitimiert sein und in einem demokratischen Verfahren getroffen werden.

Die demokratische Legitimation vermag am besten eine Entscheidung durch das demokratisch gewählte Parlament zu vermitteln. Das demokratische Verfahren, das zu dieser Entscheidung führt, kann nur das eines freien politischen Willensbildungsprozesses sein, der sich in voller Publizität vollzieht und optimale Berücksichtigung sowie optimalen Ausgleich der unterschiedlichen Bestrebungen verbürgt. Das Organ, das diesen Anforderungen durch seine Struktur entspricht, ist das Parlament. Deshalb ist die Gesetzgebung in der demokratischen Ordnung des Grundgesetzes unlösbar mit dem Parlament verbunden, mögen auch weitere Organe unter anderen – namentlich bundesstaatlichen – Gesichtspunkten an ihr beteiligt sein.   **504**

---

3 *R. Thoma*, Grundbegriffe und Grundsätze, HdBDStR II (1932) S. 124 ff.

4 Sie ist – weniger unpolitisch als sie sich gibt – auf dem Hintergrund des preußischen Budgetkonfliktes entstanden und durch *P. Laband* zu nahezu uneingeschränkter Geltung gebracht worden (*P. Laband*, Das Budgetrecht nach den Bestimmungen der Preußischen Verfassungsurkunde unter Berücksichtigung der Verfassung des norddeutschen Bundes [1871]). Vgl. dazu *A. Haenel*, Das Gesetz im formellen und materiellen Sinne (1888).

5 Vgl. dazu BVerfGE 33, 125 (158 f.); *U. Scheuner*, Das Gesetz als Auftrag der Verwaltung, in: *ders.*, Staatstheorie und Staatsrecht (1978) S. 545 ff., bes. 555 ff. Eingehende Behandlungen bei *G. Roellecke*, Der Begriff des positiven Gesetzes und das Grundgesetz (1969); *Chr. Starck*, Der Gesetzesbegriff des Grundgesetzes. Ein Beitrag zum juristischen Gesetzesbegriff (1970); *K. Stern*, Das Staatsrecht der Bundesrepublik Deutschland II (1980) S. 557 ff.

505 Gesetzgebung erschöpft sich jedoch nicht darin, daß entschieden und daß in demokratischer Legitimation und auf demokratische Weise entschieden wird. Es geht weiterhin darum, das Entschiedene in klare, bestimmte und einsehbare Form zu bringen und ihm – relative – Dauerhaftigkeit und Verbindlichkeit zu sichern, jene Rationalisierung, Stabilisierung und Entlastung zu bewirken, die die *rechtsstaatliche Ordnung* des Grundgesetzes kennzeichnet. Indem auf diese Weise die Voraussetzungen und Grenzen bestehender staatlicher Akte festgelegt und ebenso sozialer Fürsorge und Daseinsvorsorge Form und festes Maß gegeben werden, wird Gesetzgebung zugleich zu einer Form der Gewährleistung rechtsstaatlicher Freiheit. In dieser Funktion ist ihre Bedeutung im modernen Sozialstaat um so größer, als erst durch die Gesetze diejenige klar bestimmte und umgrenzte Rechtsposition des Einzelnen geschaffen werden kann, die im Zeichen seiner Angewiesenheit auf das gewährende und gestaltende Wirken des Staates Grundvoraussetzung seiner Freiheit ist (oben Rdn. 214 f.).

In der rechtsstaatlichen Funktion des Gesetzes hat nach der Rechtsprechung des Bundesverfassungsgerichts auch das prinzipielle Verbot einer *Rückwirkung belastender Gesetze* seine Wurzel. Das Gericht unterscheidet zwischen echter und unechter Rückwirkung, je nachdem ob das Gesetz „nachträglich ändernd in abgewickelte, der Vergangenheit angehörende Tatbestände eingreift" oder „nur auf gegenwärtige, noch nicht abgeschlossene Sachverhalte und Rechtsbeziehungen für die Zukunft einwirkt". Beiden Formen der Rückwirkung ziehen nach seiner Auffassung die im Rechtsstaatsprinzip enthaltenen Grundsätze der Rechtssicherheit und des Vertrauensschutzes – unterschiedliche – Grenzen, die freilich selbst eine echte Rückwirkung nicht gänzlich ausschließen. Diese sind durch Abwägung (Rechtssicherheit gegen „zwingende Gründe des gemeinen Wohls" bei echter, Ausmaß des Vertrauensschutzes gegen die „Bedeutung des gesetzgeberischen Anliegens für das Wohl der Allgemeinheit" bei unechter Rückwirkung) zu ermitteln – wobei stets vorausgesetzt ist, daß der Bürger dem Fortbestand der bisherigen Regelung berechtigt vertrauen durfte[6]. Genauere Maßstäbe sucht der Zweite Senat des Gerichts in seiner neueren Rechtsprechung mit einer Differenzierung zwischen Rückbewirkung von Rechtsfolgen und tatbestandlicher Rückanknüpfung zu entwickeln[7].

506 c) Entscheidung grundsätzlicher Fragen auf der Grundlage unmittelbarer demokratischer Legitimation, in freier Willensbildung, in voller Publizität, in optimaler Berücksichtigung und optimalem Ausgleich der unterschiedlichen Bestrebungen durch das Parlament und unter weitgehender Beteiligung der Exekutive; Rationalisierung und Stabilisierung des Entschiedenen, Freiheitssicherung: in diesen Elementen demokratischer, bundesstaatlicher und rechtsstaatlicher Ordnung gewinnt die vom Grundgesetz vorausgesetzte Funktion der Gesetzgebung ihre Konturen (vgl. auch oben Rdn. 276). Da die maßgebliche Beteiligung des Parlaments an der Gesetzgebung für sie unabdingbar ist, während die Struktur der Gesetze im moder-

---

6 Vgl. etwa BVerfGE 13, 261 (270 ff.); 25, 142 (154); 25, 269 (289 ff.); 30, 272 (285 ff.); 30, 392 (402); 48, 403 (415), jeweils m. w. Nachw.; 75, 246 (279 f.); 88, 384 (403 ff.).

7 BVerfGE 72, 200 (241 ff.); 72, 302 (321 ff.); 78, 249 (283 ff.); 87, 48 (63). Aus der Lit.: *W. Schmidt*, „Vertrauensschutz" im öffentlichen Recht, JuS 1973, 530, 535 ff.; *B. Pieroth*, Rückwirkung und Übergangsrecht (1981); *H. Maurer*, Kontinuitätsgewähr und Vertrauensschutz, HdBStR III, § 60 Rdn. 11 ff. – Soweit Rechtspositionen durch Art. 14 GG geschützt sind, ergibt sich aus diesem Grundrecht nach der neueren Rechtsprechung des Bundesverfassungsgerichts unmittelbar das Gebot des Vertrauensschutzes: BVerfGE 31, 275 (293); 36, 281 (292 f.); 64, 87 (104); 71, 1 (11 ff.); 76, 220 (244 f.) m. w. Nachw.

nen Sozialstaat variieren kann (z. B. „allgemeine", Maßnahme-, Plan-, Zeitgesetze – vgl. oben Rdn. 211), kann für den Begriff des Gesetzes nur das erste Merkmal konstituierend sein: Gesetz ist jede Anordnung der gesetzgebenden Körperschaften im Gesetzgebungsverfahren und in der Form des Gesetzes. Dieser nur scheinbar formelle Begriff läßt sich nicht aufspalten. Es gibt nach dem Grundgesetz keine nur-formellen oder nur-materiellen Gesetze. Die Feststellung des Haushaltsplanes – das Schulbeispiel des nur-formellen Gesetzes – schafft zwar keine für die Staatsbürger verbindliche rechtliche Ordnung. Aber es wird hier in demokratischer Legitimität, im demokratischen Verfahren und unter weitgehender Beteiligung der Exekutive über wichtigste Fragen des Gemeinwesens entschieden: die Richtung des staatlichen Wirkens im kommenden Haushaltsjahr, insbesondere der Wirtschafts-, Sozial-, Verteidigungs- und Kulturpolitik; es werden rationalisierende und stabilisierende Faktoren dieses Wirkens geschaffen, und nur eine abstrakte und wirklichkeitsferne Betrachtung kann diesem grundlegenden Vorgang materielle Bedeutung absprechen. Ähnliches gilt für die anderen Fälle sogenannter nur-formeller Gesetze, namentlich die Zustimmungsgesetze des Art. 59 Abs. 2 Satz 1 GG, die die auf Dauer angelegten Regelungen wichtiger Verträge demokratisch sanktionieren und legitimieren sollen. Umgekehrt sind Rechtsverordnungen und autonome Satzungen auf die Regelung nicht grundlegender Fragen beschränkt, brauchen sie eben deshalb nicht vom Parlament beschlossen, sondern nur zugelassen zu werden und besteht weder eine Veranlassung noch eine Berechtigung, sie als „Gesetze" zu bezeichnen.

Bestimmungen, in denen das Grundgesetz den Begriff „Gesetz" offenbar in einem mehr **507** oder minder weiten Sinne mit „Recht" gleichsetzt, sprechen nicht gegen dieses Verständnis, um so weniger, als die Terminologie des Grundgesetzes nicht immer klar und eindeutig ist (z. B. Art. 100 Abs. 1GG), so daß es nicht allein auf den Wortlaut ankommen kann. So ist zwar der Richter nach Art. 97 Abs. 1 GG auch an Verordnungs- und Gewohnheitsrecht gebunden. Aber diese Bindungswirkung vermögen Rechtsverordnungen nur zu entfalten, weil und soweit sie sich auf das ihnen zugrundeliegende Gesetz zurückführen lassen, so daß es sich in Wahrheit um eine Bindung an dieses handelt. Ähnliches gilt für das Gewohnheitsrecht, das zwar im Sinne von Art. 20 Abs. 3 GG („Gesetz und Recht") für die rechtsprechende Gewalt verbindliches Recht enthält, das aber nicht in Widerspruch zu ranghöherem oder ranggleichem geschriebenen Recht treten darf. Wenn die Strafbarkeit einer Tat – obwohl diese nach Art. 103 Abs. 2 GG „gesetzlich" bestimmt sein muß – in gewissen engen Grenzen auch durch Rechtsverordnungen konkretisiert werden darf, so doch nur auf der Grundlage und im Rahmen der gesetzlichen Ermächtigung. In jedem Falle bleibt also der enge Zusammenhang von delegiertem Recht oder Gewohnheitsrecht und Gesetz gewahrt. Beide sind nur dort ausgeschlossen, wo das Grundgesetz eine rechtliche Regelung lediglich durch „förmliches Gesetz" zuläßt (Art. 104 Abs. 1, vgl. oben Rdn. 368). Auch wenn daher das Grundgesetz den Gesetzesbegriff teils in engerem, teils in weiterem Sinne verwendet, nötigt das doch nicht dazu, diesen Begriff in seinem Kern aufzuspalten.

d) Die Einsicht in die Funktion der Gesetzgebung im Rahmen der demokratischen **508** und rechtsstaatlichen Ordnung des Grundgesetzes läßt zugleich die Grundlagen und die Bedeutung der Institute des *Vorrangs und des Vorbehalts des Gesetzes* (oben Rdn. 200 ff.) klarer hervortreten. Das Gesetz hat nach Art. 20 GG Vorrang vor allen übrigen staatlichen Akten, weil es auf der Grundlage unmittelbarer demokratischer Legitimation und in demokratischen Formen politischer Willensbildung zustandegekommen ist und weil sein Vorrang Voraussetzung seiner rationalisierenden und freiheitssichernden Wirkung ist. Der (allgemeine) Vorbehalt des Gesetzes ist ein Vorbehalt der Entscheidung grundlegender, einer Normierung im Gesetzgebungsverfahren zugänglicher Fragen durch den Gesetzgeber.

509 Zu diesen gehört die Entscheidung über die Zulässigkeit belastender und damit Handlungsfreiheit einschränkender Staatsakte, also von Eingriffen in „Freiheit und Eigentum" im Sinne der herkömmlichen Deutung. Mit Recht wird daneben der Vorbehalt des Gesetzes in neuerer Zeit auf *wesentliche* Entscheidungen ausgedehnt. Dies gilt auch für Sonderstatusverhältnisse (vgl. oben Rdn. 322 f.), namentlich das Schulverhältnis, für das diese Ausdehnung besondere praktische Bedeutung erlangt hat. Damit entstehen freilich die bislang nicht hinreichend geklärten Fragen, was „wesentlich" ist, wieviel der Gesetzgeber selbst zu regeln hat und nicht der Regelung durch die Verwaltung überlassen darf und welchen Grad an Bestimmtheit seine Regelungen haben müssen. Bedenken gegen zu strikte gesetzliche Regelungen ergeben sich im Blick auf die Gefahr einer Erstarrung, die es nicht mehr ermöglicht, den unterschiedlichen besonderen Erfordernissen Rechnung zu tragen, wie sie gerade Sonderstatusverhältnisse kennzeichnen, z. B. pädagogischen Erfordernissen im Schulverhältnis.

Immer „wesentlich" sind Entscheidungen, die Grundrechte beschränken (oben Rdn. 314) oder durch die kollidierende Grundrechte gegeneinander abgegrenzt werden. Demgemäß hat das Bundesverfassungsgericht den Satz aufgestellt, daß „wesentlich" im grundrechtsrelevanten Bereich in der Regel „wesentlich für die Verwirklichung der Grundrechte" bedeute[8].

2. Das Verfahren der Bundesgesetzgebung

510 a) Die verfassungsrechtlichen Voraussetzungen des Zustandekommens, der Ausfertigung und Verkündung von Bundesgesetzen normieren die Art. 76 bis 78 und 82 GG[9]. Das Grundgesetz beschränkt sich in diesen Bestimmungen darauf, die am Gesetzgebungsverfahren beteiligten Organe, deren Aufgaben und Befugnisse festzulegen und das Zusammenwirken dieser Organe zu regeln. Die Regelung des Verfahrens der einzelnen beteiligten Organe bleibt deren Geschäftsordnungen überlassen.

511 In dieser Gestaltung erfaßt die verfassungsrechtliche Regelung des Gesetzgebungsverfahrens nur ein Endstadium des Prozesses politischer Willensbildung, dem in aller Regel schon eine „Vorformung des politischen Willens" vorausgegan-

---

8 BVerfGE 47, 46 (79). Zur Rechtsprechung des BVerfG: BVerfGE 33, 1 (10 f.); 47, 46 (78 ff.); 49, 89 (126 ff.) m.w.Nachw.; 57, 295 (320 f.); 58, 257 (268 ff.); 76, 1 (75); 77, 170 (230 f.); 83, 130 (151 f.). Aus der Lit.: *N. Henke*, Gedanken zum Vorbehalt des Gesetzes, AöR 101 (1976) S. 576 ff.; *Th. Oppermann*, Verhandlungen des 51. DJT I, Gutachten, C, S. 48 ff. (1976); *G. Kisker*, Neue Aspekte im Streit um den Vorbehalt des Gesetzes, NJW 1977, 1313 ff.; *E.-W. Böckenförde*, Gesetz und gesetzgebende Gewalt (2. Aufl. 1981) S. 375 ff.; *D. C. Umbach*, Das Wesentliche an der Wesentlichkeitstheorie, Festschrift Hans Joachim Faller (1984) S. 111 ff.; *E. Schmidt-Aßmann*, Der Rechtsstaat, HdBStR I, § 24 Rdn. 63 f.; *F. Ossenbühl*, Vorrang und Vorbehalt des Gesetzes, HdBStR III, § 62 Rdn. 7 ff.

9 Über die bundesstaatliche Aufteilung der Gesetzgebungszuständigkeiten vgl. oben Rdn. 238 ff. Zur verfassungsändernden Gesetzgebung unten Rdn. 700 ff. Zum folgenden: *F. Ossenbühl*, Verfahren der Gesetzgebung, HdBStR III, § 63.

gen ist[10]. Indem die entscheidende Rolle in diesem Stadium dem Bundestag zugewiesen wird, dient das Verfahren der Art. 76–78 GG demokratischer Legitimation, optimaler Berücksichtigung und optimalem Ausgleich der unterschiedlichen Bestrebungen. Die – in ihrer Tragweite unterschiedliche – Beteiligung des Bundesrates und der Bundesregierung soll das Element administrativer Erfahrung und Sachkunde zur Geltung bringen und Initiativen der politischen Leitung den Weg öffnen. Aufgabe des verfassungsrechtlich geregelten Zusammenwirkens aller drei Beteiligten ist es, Gewährleistungen für eine sachgemäße, den Prinzipien der Verfassung entsprechende Gesetzgebung und für eine klare Festlegung des Inhalts der Gesetze zu schaffen. Dem Bundespräsidenten kommt demgegenüber nur eine Beurkundungsfunktion zu, die freilich eine – begrenzte – Kontrolle umschließt.

b) Das Recht, eine Gesetzesvorlage beim Bundestag einzubringen *(Gesetzesinitiative)*, steht nach Art. 76 Abs. 1 GG der Bundesregierung, einer Gruppe des Bundestages (die mindestens Fraktionsstärke haben oder 5% der Mitglieder des Bundestages umfassen muß: § 76 GOBT) und dem Bundesrat zu. Allen drei Organen obliegt insoweit die Entfaltung von politischen Antrieben und Initiativen; doch wird in der Praxis der Gesetzgebung die überwiegende Mehrzahl der Vorlagen von der Bundesregierung eingebracht, was nicht nur in der besonderen Aufgabe der Bundesregierung, sondern auch darin seinen Grund findet, daß die Bundesregierung über ausreichendes Fachpersonal zur Ausarbeitung der Entwürfe verfügt. **512**

Vorlagen der Bundesregierung sind nach Art. 76 Abs. 2 GG zunächst dem Bundesrat zuzuleiten, der berechtigt ist, innerhalb einer Frist von 6, in den Fällen der Sätze 3 und 5 von 9 Wochen zu diesen Vorlagen Stellung zu nehmen („Erster Durchgang" – für besonders eilbedürftige Vorlagen vgl. Satz 4). Auch wenn diese Stellungnahme rechtlich nicht bindend ist und darum auch nicht Gegenstand einer Organstreitigkeit vor dem Bundesverfassungsgericht sein kann, soll sie der Bundesregierung die Möglichkeit geben, etwaigen Bedenken des Bundesrates durch eine Änderung der Vorlage Rechnung zu tragen[11]. Den Bundestag informiert die Stellungnahme über die Auffassung des Bundesrates; er kann bereits bei der Beratung etwaige Bedenken des Bundesrates berücksichtigen und so möglicherweise einen Einspruch oder die Versagung der Zustimmung des Bundesrates vermeiden. Ähnlich sind nach Art. 76 Abs. 3 GG Vorlagen des Bundesrates dem Bundestage durch die Bundesregierung zuzuleiten, die hierbei ihre Auffassung darzulegen hat. **513**

c) Ist eine Gesetzesvorlage beim Bundestage eingebracht, so ist es Sache des *Bundestages*, über sie zu *beschließen*. Er ist hierbei weder an die Fassung der Vorlage noch an die Stellungnahme des Bundesrates oder die Auffassung der Bundesregierung gebunden. Nach einer auf die Grundsätze beschränkten ersten Beratung, bei der eine Aussprache nur unter den Voraussetzungen des § 79 Satz 1 GOBT und keine Abstimmung über die Vorlage stattfindet, wird der Entwurf regelmäßig an einen oder mehrere Ausschüsse überwiesen. Es folgen zwei weitere Beratungen, **514**

---

10 Vgl. oben Rdn. 151 – Nach § 23 der gemeinsamen Geschäftsordnung II der Bundesministerien sind bei der Vorbereitung von Gesetzen und wichtigen Verordnungen durch die Bundesregierung die Vertretungen der beteiligten Fachkreise möglichst heranzuziehen. Vgl. auch § 70 GOBT, § 10 GOBReg.

11 Vgl. dazu BVerfGE 3, 12 (17 f.).

die mit einer Abstimmung enden (§§ 81 ff. GOBT). Mit der Schlußabstimmung ist das Gesetz in der dieser Abstimmung zugrunde liegenden Fassung vom Bundestage beschlossen (Art. 77 Abs. 1 Satz 1 GG) und ist sein Inhalt maßgeblich festgelegt.

515 Um im Sinne des Art. 78 GG „zustande zu kommen", muß der Gesetzesbeschluß das Verfahren des Art. 77 Abs. 2–4 GG durchlaufen. Hierzu ist er durch den Präsidenten des Bundestages unverzüglich dem Bundesrat zuzuleiten.

516 Billigt der Bundesrat den Gesetzesbeschluß nicht oder hält er Änderungen für erforderlich, so kann er die Einberufung des *Vermittlungsausschusses* verlangen, der aus Mitgliedern des Bundestages und des Bundesrates (nicht der Bundesregierung) besteht. Diesem obliegt es, in gemeinsamer Beratung eine Fassung der streitigen Teile des Gesetzesbeschlusses zu finden, die Aussicht hat, sowohl im Bundestag wie im Bundesrat angenommen zu werden; eine beschließende Funktion kommt dem Vermittlungsausschuß nicht zu[12]. Sofern er eine Änderung vorschlägt, hat der Bundestag erneut Beschluß zu fassen (Art. 77 Abs. 2 GG).

517 Ist das Verfahren des Art. 77 Abs. 2 GG beendet, kann der Bundesrat nach Art. 77 Abs. 3 GG gegen den Gesetzesbeschluß innerhalb von zwei Wochen *Einspruch* einlegen. Dieser bringt indessen den Gesetzesbeschluß des Bundestages nicht ohne weiteres zu Fall. Er kann vielmehr vom Bundestag nach Art. 77 Abs. 4 GG durch Beschluß zurückgewiesen werden. Hat der Bundesrat den Einspruch mit einfacher Mehrheit seiner Stimmen beschlossen, so kann der Einspruch durch Beschluß der Mehrheit der Mitglieder des Bundestages zurückgewiesen werden. Ist der Einspruch dagegen vom Bundesrat mit einer Mehrheit von mindestens zwei Dritteln seiner Stimmen beschlossen worden, so bedarf die Zurückweisung durch den Bundestag einer Mehrheit von zwei Dritteln der in der Sitzung anwesenden Mitglieder des Bundestages; diese Mehrheit darf jedoch nicht kleiner sein als die (gesetzliche) Zahl der Mehrheit der Mitglieder des Bundestages (Art. 77 Abs. 4 GG).

518 Eine andere Regelung gilt für *Zustimmungsgesetze*. Bedarf ein Gesetz nach dem Grundgesetz der Zustimmung des Bundesrates[13], so können auch der Bundestag und die Bundesregierung die Einberufung des Vermittlungsausschusses verlangen (Art. 77 Abs. 2 Satz 4 GG). Wenn der Bundesrat eine Einberufung nicht verlangt hat oder das Vermittlungsverfahren ohne einen Änderungsvorschlag beendet ist, hat der Bundesrat in angemessener Frist zu beschließen (Art. 77 Abs. 2 a GG). Versagt er dem Gesetzesbeschluß des Bundestages die Zustimmung, so hat dies die Wirkung eines absoluten Vetos. Das Gesetz kann nicht zustande kommen.

519 Wenn der Bundesrat dem Gesetzesbeschluß des Bundestages dagegen zustimmt – wozu es grundsätzlich eines ausdrücklichen Beschlusses bedarf[14] –, wenn er den Vermittlungsausschuß nicht anruft, wenn er nicht fristgemäß Einspruch einlegt oder den Einspruch zurücknimmt oder wenn sein Einspruch vom Bundestag über-

---

12 Vgl. dazu BVerfGE 72, 175 (187 ff.).
13 Vgl. dazu BVerfGE 8, 274 (294 f.); 37, 363 (379 ff.); 55, 274 (318 ff.); *F. Ossenbühl*, Die Zustimmung des Bundesrates beim Erlaß von Bundesrecht, AöR 99 (1974) S. 369 ff.
14 BVerfGE 8, 274 (296 f.).

stimmt wird, ist das Gesetz zustande gekommen (Art. 78 GG). Da die Mehrzahl der heutigen Bundesgesetze der Zustimmung des Bundesrates bedarf, beruhen zustande gekommene Bundesgesetze in der Regel auf übereinstimmenden positiven Beschlüssen von Bundestag und Bundesrat.

d) Ist ein Gesetz nach den Bestimmungen der Art. 76–78 GG zustande gekommen, so ist es vom Bundespräsidenten nach Gegenzeichnung (Art. 58 Satz 1 GG) *auszufertigen und zu verkünden* (Art. 82 Abs. 1 GG). **520**

Durch die *Ausfertigung* wird bezeugt, daß der in der Gesetzesurkunde enthaltene Text wörtlich mit dem übereinstimmt, was der Bundestag beschlossen hat und daß die für das Gesetzgebungsverfahren maßgebenden Vorschriften des Grundgesetzes beachtet worden sind. Dieses Zeugnis begründet für diejenigen, welche das Gesetz anzuwenden oder zu befolgen haben, eine Vermutung für die Echtheit des Gesetzestextes und die Formrichtigkeit des Gesetzgebungsverfahrens (vgl. dazu unten Rdn. 666 ff.). **521**

Verkündung eines Gesetzes ist die Bekanntgabe durch Abdruck und Veröffentlichung im Bundesgesetzblatt. **522**

Das Bundesgesetzblatt besteht aus drei Teilen. Der erste enthält vor allem Gesetze und Verordnungen; im zweiten Teil werden regelmäßig Staatsverträge und Publikationen verkündet, die nicht in den ersten Teil Aufnahme finden. Ob ein Gesetz im ersten oder zweiten Teil des Bundesgesetzblattes verkündet wird, ist für seine Gültigkeit ohne Bedeutung. Im dritten Teil des Bundesgesetzblattes sind nach dem Gesetz über die Sammlung des Bundesrechts vom 10. 7. 1958 (BGBl. I S. 437) die als Bundesrecht (fort)geltenden Rechtsvorschriften festgestellt und nach Sachgebieten geordnet veröffentlicht (vgl. auch das Gesetz über den Abschluß der Sammlung des Bundesrechts v. 28. 12. 1968 [BGBl. I S. 1451]).

Gesetze, denen der Bundesrat zugestimmt hat, werden mit der Eingangsformel verkündet: „Der Bundestag hat mit Zustimmung des Bundesrates das folgende Gesetz beschlossen." Andere Gesetze werden mit der Schlußformel verkündet: „Die verfassungsmäßigen Rechte des Bundesrates sind gewahrt."

Der Zeitpunkt des *Inkrafttretens* eines Gesetzes soll nach Art. 82 Abs. 2 Satz 1 GG in dem Gesetz bestimmt werden[15]. Fehlt eine solche Bestimmung, so tritt es mit dem 14. Tage nach Ablauf des Tages in Kraft, an dem das Bundesgesetzblatt ausgegeben worden ist (Art. 82 Abs. 2 Satz 2 GG). **523**

3. Das Verbot der Übertragung gesetzgebender Gewalt und die Ermächtigung zum Erlaß von Rechtsverordnungen

a) Wenn die Funktion der Gesetzgebung in der demokratischen Ordnung des Grundgesetzes unlösbar mit dem Parlament verbunden ist, so verbietet der Gewaltenteilungsgrundsatz eine *Übertragung dieser Funktion auf andere Organe,* namentlich solche der vollziehenden Gewalt. Das Parlament kann sich der ihm von der Verfassung zugewiesenen Funktion auch nicht dadurch entäußern, daß es den Bundespräsidenten oder die Regierung durch Gesetz zum Erlaß von Gesetzen **524**

---

15 Vgl. dazu BVerfGE 42, 263 (282 ff.).

oder von Verordnungen mit Gesetzeskraft ermächtigt. Ermächtigungsgesetze, wie diejenigen der ersten Jahre der Weimarer Republik und vollends wie das Gesetz vom 24. März 1933, sind nach dem Grundgesetz unzulässig, auch wenn sie mit verfassungsändernder Mehrheit beschlossen werden. – Die Ausnahme des Art. 119 GG betrifft eine Übergangsregelung von eng begrenzter Tragweite.

525 b) Nur einem ersten äußeren Anschein nach steht es mit diesem Verbot in Widerspruch, wenn nach Art. 80 Abs. 1 Satz 1 GG die Bundesregierung, ein Bundesminister oder die Landesregierungen ermächtigt werden können, (im Range unter dem Gesetz stehende) *Rechtsverordnungen* zu erlassen[16]. Zwar wird die auf diese Weise begründete Rechtsetzungsbefugnis der vollziehenden Gewalt gemeinhin als bedeutsamste Durchbrechung des Gewaltenteilungsgrundsatzes angesehen. Doch ist die Verfassung hier konsequenter als viele ihrer Interpreten. Gewiß ist Verordnungsrecht in schwächerem Maße demokratisch legitimiert als Gesetzesrecht, fehlt dem Verfahren der Verordnungsgebung die Publizität des Gesetzgebungsverfahrens, kann die Kritik der Opposition in ihm nur schwächer zur Wirkung gelangen und ist in der Entscheidung durch das Kabinett oder ein Ministerium nicht in gleicher Weise optimaler Interessenausgleich verbürgt wie in der nach dreimaliger Beratung ergehenden Entscheidung des Parlaments. Aber die Ermächtigung zum Erlaß von Rechtsverordnungen ändert nichts an dem Prinzip der parlamentarischen Entscheidung der grundlegenden Fragen der Rechtsetzung. Überläßt das Parlament die ausführenden, das Detail betreffenden Regelungen der vollziehenden Gewalt, während es selbst das Grundlegende regelt, so entäußert es sich nicht der ihm von der Verfassung zugewiesenen Funktion; dies um so weniger, als es jederzeit in der Lage ist, die Handhabung der Ermächtigung durch die vollziehende Gewalt zu kontrollieren und Regelungen zu treffen, die das von der vollziehenden Gewalt gesetzte Recht kraft des Vorrangs des Gesetzes aufheben.

526 Die Ermächtigung zum Erlaß von Rechtsverordnungen ist sogar ein schwer entbehrliches Mittel, die Gesetzgebung zu dem werden zu lassen, was sie sein soll. Denn sie schafft nicht nur die Möglichkeit, die Gesetzgebung von Detailregelungen zu entlasten, die im modernen Sozialstaat in immer höherem Maße notwendig werden, sondern auch die, diese Regelungen rascher dem Wandel der Verhältnisse anzupassen. Sie macht damit das Parlament für seine eigentliche Aufgabe der sorgfältigen Beratung und Entscheidung des Grundlegenden frei und enthebt es der Notwendigkeit allzu häufiger Änderung der Gesetze. Damit gibt sie dem Parlament die Möglichkeit, bessere Gesetze zu beschließen und verschafft sie den Gesetzen größere Dauerhaftigkeit, um die es der Verfassung im Interesse der stabilisierenden Wirkung der Gesetze zu tun ist.

527 Voraussetzung einer solchen Teilung der Rechtsetzung zwischen gesetzgebender und vollziehender Gewalt ist es freilich, daß die Normierung des Grundlegenden in den Händen der gesetzgebenden Gewalt verbleibt, daß die vollziehende Gewalt auf ausführende Detailregelungen beschränkt wird und daß sie zu solchen Rege-

---

16 Dazu und zum folgenden: *D. Wilke*, Bundesverfassungsgericht und Rechtsverordnungen, AöR 98 (1973) S. 196 ff.; *M. Lepa*, Verfassungsrechtliche Probleme der Rechtsetzung durch Rechtsverordnung, AöR 105 (1980) S. 337 ff.; *F. Ossenbühl*, Rechtsverordnung, HdBStR III, § 64.

lungen gesetzlicher Ermächtigung bedarf. Dies gewährleistet Art. 80 Abs. 1 GG, indem er in Satz 1 das Erfordernis der Ermächtigung normiert und in Satz 2 vorsieht, daß *Inhalt, Zweck und Ausmaß* der erteilten Ermächtigung im Gesetz bestimmt werden müssen[17]. Art. 80 Abs. 1 GG schließt damit Globalermächtigungen durch den Gesetzgeber aus und zwingt ihn dazu, die Grundlinien der zu treffenden Regelungen selbst zu bestimmen. Er dient auf diese Weise nicht nur rechtsstaatlicher Bestimmtheit, sondern auch der Sicherung der Zuordnung der Funktionen im Rahmen der Gewaltenteilung[18].

Die Anforderungen, die hiernach an eine Ermächtigung im Sinne des Art. 80 Abs. 1 GG zu **528**
stellen sind, sind Gegenstand zahlreicher Entscheidungen des Bundesverfassungsgerichts. Nach Auffassung des Gerichts läßt sich die Frage hinreichender Begrenzung der Ermächtigung nur von Fall zu Fall entscheiden; jedenfalls fehlt es an der nötigen Beschränkung, „wenn die Ermächtigung so unbestimmt ist, daß nicht mehr vorausgesehen werden kann, in welchen Fällen und mit welcher Tendenz von ihr Gebrauch gemacht werden wird und welchen Inhalt die auf Grund der Ermächtigung erlassenen Verordnungen haben können"[19]. Die jeweiligen Konkretisierungen dieser Formel in der Rechtsprechung des Gerichts lassen eine gewisse Tendenz zur Lockerung erkennen. Seit der Entscheidung zum Preisgesetz[20] erscheint es dem Gericht ausreichend, daß zum Ausdruck kommt, welches „Programm" verwirklicht werden soll, und daß dieses Programm sich im Wege (verfassungskonformer) Interpretation des ganzen Gesetzes nach allgemeinen Auslegungsgrundsätzen ermitteln läßt[21]. So richtig es ist, daß die Frage nach Inhalt, Zweck und Ausmaß der Ermächtigung stets eine Interpretationsfrage ist, so sehr trägt diese Rechtsprechung doch die Gefahr in sich, den Gesetzgeber von seiner Pflicht zur Konkretisierung der Ermächtigung zu entbinden; die Aufgabe des Art. 80 Abs. 1 Satz 2 GG wird verkannt, wenn jene Frage ohne eine solche Konkretisierung der Interpretation der ermächtigten Organe anheimgegeben wird – auch wenn diese Interpretation der Nachprüfung des Bundesverfassungsgerichts unterliegt.

c) Nach Art. 80 Abs. 1 Satz 3 GG ist in jeder Rechtsverordnung die *Rechtsgrund-* **529**
lage anzugeben, auf der sie beruht. *Unterermächtigungen* bedürfen nach Satz 4 einer Rechtsverordnung. Rechtsverordnungen werden von der Stelle, die sie erläßt, *ausgefertigt* und vorbehaltlich anderweitiger gesetzlicher Regelung im Bundesgesetzblatt verkündet (Art. 82 Abs. 1 Satz 2 GG)[22]. Rechtsverordnungen der in Art. 80 Abs. 2 GG bezeichneten Art bedürfen der Zustimmung des Bundesrates (unten Rdn. 623). Für den Erlaß solcher Verordnungen hat der Bundesrat nunmehr ein Initiativrecht (Art. 80 Abs. 3 GG).

---

17 Dies gilt nicht für die Verleihung autonomer Satzungsgewalt an Körperschaften des öffentlichen Rechts, für deren Umfang und Begrenzung andere Gesichtspunkte maßgebend sind: BVerfGE 33, 125 (157 ff.) m. w. Nachw.

18 BVerfGE 1, 14 (60); 7, 282 (301); 18, 52 (59); 23, 62 (73); 78, 249 (272 ff.). Deshalb ist es dem Gesetzgeber auch verwehrt, selbst „Verordnungen" zu erlassen und damit in den Aufgaben- und Kompetenzbereich der Exekutive überzugreifen: BVerfGE 22, 330 (346).

19 BVerfGE 1, 14 (60), st. Rspr., vgl. BVerfGE 29, 198 (210); 58, 257 (277), jeweils m. w. Nachw.

20 BVerfGE 8, 274 (307 ff.).

21 St. Rspr., z. B. noch BVerfGE 33, 358 (364 f.); 36, 224 (228); 42, 19 (200); 55, 207 (225 f.); 58, 257 (277 f.); 62, 203 (209 f.); 80, 1 (20 f.). Vgl. demgegenüber die wesentlich strengeren Formulierungen in BVerfGE 2, 307 (334 f.); 4, 7 (21); 5, 71 (76 f.); 7, 267 (273 ff.); 7, 282 (301 ff.). Zum Ganzen: *H. Hasskarl*, Die Rechtsprechung des Bundesverfassungsgerichts zu Art. 80 Abs. 1 Satz 2 GG, AöR 94 (1968) S. 85 ff.

22 Vgl. dazu das Gesetz über die Verkündung von Rechtsverordnungen vom 30. 1. 1950 (BGBl. S. 23) und das Gesetz über Bekanntmachungen vom 17. 5. 1950 (BGBl. S. 183).

Einer Stärkung der Handlungsmöglichkeiten der Landesparlamente dient der neue Art. 80 Abs. 4 GG: Soweit durch Bundesgesetze oder auf Grund von Bundesgesetzen Landesregierungen ermächtigt werden, Rechtsverordnungen zu erlassen, sind die Länder zu einer Regelung auch durch Gesetz befugt. – Die Fortgeltung und die Ausübung *vorkonstitutioneller Ermächtigungen* sind in der Übergangsvorschrift des Art. 129 GG geregelt.

II. Vollziehung

530 Die zweite verfassungsmäßige Grundfunktion ist die der „vollziehenden" Gewalt (Art. 20 Abs. 2, vgl. auch Art. 1 Abs. 3, 20 Abs. 3 GG). Dabei darf die Terminologie des Grundgesetzes nicht darüber hinwegtäuschen, daß dieser Gewalt weit mehr obliegt als der Vollzug von Gesetzen. „Vollziehung" umfaßt die Wahrnehmung von Aufgaben, die den verschiedensten Sachbereichen angehören und in der Art der aufgegebenen Bewältigung wesentliche Unterschiede aufweisen. Anderseits ist sie nicht nur ein bloßer Sammelbegriff für alles das, was nicht Gesetzgebung und Rechtsprechung ist. Sie bezeichnet vielmehr die Funktionen des *unmittelbaren staatlichen Tätigwerdens*. Wenn dies nur in einem typisierenden Sinne geschieht – auch die vollziehende Gewalt kann, wie gezeigt, in begrenztem Umfang Recht setzen –, so wird damit doch der Unterschied zur Gesetzgebung und Rechtsprechung sichtbar. Denn Gesetzgebung bedarf, um in der Wirklichkeit staatlichen Lebens wirksam zu werden, prinzipiell der Aktualisierung der Gesetze, und Rechtsprechung vermag zwar Lebensverhältnisse unmittelbar zu gestalten, aber sie vermag niemals aus eigener Initiative tätig zu werden, während die Entfaltung solcher Initiative gerade wesentliches Element des unmittelbaren Tätigwerdens der vollziehenden Gewalt ist.

Verbindet damit die Unmittelbarkeit des Tätigwerdens dem Grundtyp nach die Vielfalt der Aufgaben und des Wirkens der vollziehenden Gewalt und wird darin bereits deren Eigenart in einem Grundzug deutlich, so kann sie als verbindendes Merkmal doch nicht das jeweils Besondere jener Aufgaben und der Art ihrer Bewältigung sichtbar machen. Hierzu bedarf es der Differenzierung.

1. Regierung

531 a) „Vollziehung" im Sinne des Grundgesetzes ist einmal die Funktion der Regierung als ein wesentliches Element demokratischer Ordnung. Im deutschen Verfassungsrecht ist diese Funktion erst in jüngerer Zeit wieder als eine besondere hervorgehoben worden[23]. Sie wird – anders als der angelsächsische Begriff des government, der das Ganze der Wirksamkeit des Staates bezeichnet – in einem enge-

---

23 *R. Smend*, Die politische Gewalt im Verfassungsstaat und das Problem der Staatsform (1923), Staatsrechtliche Abhandlungen (2. Aufl. 1968) S. 79 f.

ren Sinne als politische Staatsführung verstanden[24], als verantwortliche Leitung des Ganzen der inneren und äußeren Politik, zu der im besonderen auch die Steuerung des Wirtschaftsprozesses gehört. Hierin mit der Aufgabe der Gesetzgebung verbunden, fehlt der Regierung doch das Element rationalisierender, stabilisierender, auf Dauer angelegter Normierung. In ihren Aufgaben schöpferischer Entscheidung, politischer Initiative, zusammenfassender Leitung des Staatsganzen und dirigierender Kontrolle der ausführenden Tätigkeiten sucht die Verfassung in besonderem Maße das Element der Aktivität und Dynamik zur Wirksamkeit zu bringen, und es ist deshalb kein nur faktischer, sondern ein verfassungsrechtlich gewollter Zusammenhang, wenn sich die Wahrnehmung der Funktion der Regierung in Unterstützung und Einflußnahme wie in Kontrolle und Kritik eng mit dem Wirken der politischen Parteien verbindet.

Wenn von hier aus der Bereich der Regierung der *politischen Funktion* des Staates zugerechnet und diese von der namentlich in der Rechtsprechung verkörperten *Rechtsfunktion* abgehoben wird, so trägt diese Unterscheidung zur Verdeutlichung der Eigenart der Funktionen bei. Sie darf jedoch nicht darüber hinwegtäuschen, daß politische und Rechtsfunktion nicht voneinander getrennt werden können und in den meisten Staatshandlungen, wenn auch mit unterschiedlichem Gewicht, miteinander verbunden sind. Verfehlt wird dieser Zusammenhang, wenn beide Funktionen einander entgegengesetzt werden und die Funktion des Rechts lediglich in der Beschränkung des Politischen erblickt wird, dessen Eigenart nicht durch die gestellten Aufgaben, sondern lediglich durch die Mittel der Machtorganisation, der Machtverteilung und der Machtausübung gekennzeichnet erscheint; ebensowenig läßt sich die Eigenart des Politischen auf das Moment des Irrationalen reduzieren und auf diese Weise dem durch Rationalität gekennzeichneten Recht gegenüberstellen – als ob Politik mit ratio nichts zu tun hätte[25]. **532**

Um der notwendigen Beweglichkeit und Dynamik willen ist der *Rahmen verfassungsrechtlicher Bindung* der Regierung weit gezogen. Dieser Weite und Offenheit entspricht auch die verfassungsrechtliche Regelung der Aufgabe, der Organisation und des Verfahrens des besonderen Organs, dem – unter maßgeblicher Beteiligung des Parlaments – die Regierung anvertraut ist (unten Rdn. 626 ff.). Doch ist der Rahmen verfassungsrechtlicher Bindung der Regierung nicht identisch mit den *Grenzen ihrer politischen Gestaltungsfreiheit*. Abgesehen von politischen Bindungen, die sich nach innen insbesondere aus der Notwendigkeit ergeben können, eine Koalition zusammenzuhalten, und die in der Außenpolitik aus der Eingeflochtenheit in eine Konstellation resultieren, die selbständiger nationaler Politik nur noch geringen Raum läßt, sind dem Wirken der Regierung Grenzen gezogen durch die parlamentarische Beteiligung und Kontrolle, die – freilich auf bestimmte Fälle beschränkte – Notwendigkeit einer Mitwirkung des Bundesrates und die Kontrolle durch die öffentliche Meinung. **533**

---

24 *U. Scheuner*, Der Bereich der Regierung, in: Staatstheorie und Staatsrecht (1978), S. 455 ff., bes. S. 476; *P. Badura*, Art. Regierung, Ev. Staatslexikon (3. Aufl. 1987) Sp. 2953 ff.; *M. Schröder*, Regierung, HdBStR III, § 67 Rdn. 4, 10 ff. Kritisch: *W. Leisner*, Regierung als Macht kombinierten Ermessens, JZ 1968, 727 ff.; *W. Frotscher*, Regierung als Rechtsbegriff (1975) S. 193 ff.
25 Zum Begriff des Politischen vgl. *U. Scheuner*, Das Wesen des Staates und der Begriff des Politischen in der neueren Staatslehre, in: Staatstheorie und Staatsrecht (Anm. 24) S. 45 ff., bes. S. 77 f.; ferner etwa *W. Hennis*, Ende der Politik? Merkur 25 (1971) S. 510 ff.

Freilich sind diese Grenzen nicht starr. Es hängt von der Fähigkeit der Regierung zu klarer und energischer politischer Führung ab, ob sie die Mehrheit der gesetzgebenden Körperschaften und die öffentliche Meinung von der Richtigkeit der von ihr verfolgten politischen Gesamtrichtung zu überzeugen und der Kritik der Opposition wirksam entgegenzutreten vermag; umgekehrt ist jene Grenze Frage eines seiner Aufgaben bewußten, aktiven Parlaments, der Nachhaltigkeit des Einflusses, den der Bundesrat zu entfalten vermag, und einer wachen öffentlichen Meinung. In keinem Falle jedoch ist Regierung ohne die Stützung durch die Mehrheit des Parlaments möglich, und hieran ändert es auch nichts, daß das Grundgesetz die verfassungsmäßige Möglichkeit einer Minderheitsregierung vorsieht. Denn die Verwirklichung der Ziele der Regierung setzt nicht nur die Bewilligung der hierfür notwendigen Haushaltsmittel voraus, sondern weithin auch die Schaffung von Gesetzen, bei der der Regierung nur das Recht der Initiative zukommt. Es ist diese Notwendigkeit, die die Funktion der Regierung auf das engste mit der der Gesetzgebung verknüpft und ein Zusammenwirken erfordert, das zahlreiche Bindungen mit sich bringt.

534 Starke Betonung erfahren diese Bindungen in dem Bereich, in dem die Regierung den geringsten Beschränkungen durch materielles Recht unterliegt: dem der *Gestaltung der auswärtigen Beziehungen*. Wenn nach Art. 59 Abs. 2 Satz 1 GG Verträge, welche die politischen Beziehungen des Bundes regeln oder sich auf Gegenstände der Bundesgesetzgebung beziehen, der Zustimmung oder der Mitwirkung der gesetzgebenden Körperschaften durch Bundesgesetz bedürfen (vgl. dazu oben Rdn. 104), so wird hier die bei der Gestaltung der inneren Politik aus der Sache sich ergebende Verknüpfung von Regierungs- und Gesetzgebungsfunktion auf wichtige, dauerhafte Bindung bewirkende Akte der Außenpolitik ausgedehnt und eine Bindung an die Kontrolle und Mitwirkung der gesetzgebenden Körperschaften begründet. Darüber hinaus dient der Sicherstellung parlamentarischer Beteiligung und Kontrolle auf dem Gebiet der auswärtigen Beziehungen der Ausschuß des Bundestages für auswärtige Angelegenheiten, dessen Einrichtung im Gegensatz zu der Mehrzahl anderer Bundestagsausschüsse durch das Grundgesetz selbst vorgeschrieben wird (Art. 45 a GG).

Zustimmungsgesetze im Sinne des Art. 59 Abs. 2 Satz 1 GG enthalten die Ermächtigung zur Ratifikation eines Vertrages durch den Bundespräsidenten (unten Rdn. 663); zum anderen bewirken sie die Tranformation des Vertrages in innerstaatliches Recht (oben Rdn. 104). Gegenständlich ist das Zustimmungserfordernis auf die in der Vorschrift genannten Verträge beschränkt. „Politische Beziehungen" regelt ein Vertrag, wenn diese Beziehungen „wesentlich und unmittelbar den Bestand des Staates, dessen Stellung und Gewicht innerhalb der Staatengemeinschaft oder die Ordnung der Staatengemeinschaft" betreffen. Auf „Gegenstände der Bundesgesetzgebung" bezieht er sich, wenn im Einzelfalle ein Vollzugsakt unter Mitwirkung der gesetzgebenden Körperschaften erforderlich ist – nicht maßgebend ist insoweit der Zuständigkeitskatalog des Grundgesetzes[26]. Inhaltlich können die gesetzgebenden Körperschaften ihre Zustimmung nur im Ganzen erteilen oder verweigern. Nach der Rechtsprechung des Bundesverfassungsgerichts ist, abgesehen von Sonderregelungen wie Art. 115 a Abs. 5 GG (völkerrechtliche Erklärungen über das Bestehen des Verteidigungsfalles) eine Ausdehnung des Zustimmungserfordernisses und damit

---

26 BVerfGE 1, 372 (382 f., 388 ff.).

der Mitwirkung von Bundestag und Bundesrat an *einseitigen* völkerrechtlichen Willenserklärungen nicht möglich. Auch insoweit besteht ein „Kernbereich exekutivischer Eigenverantwortung", welcher parlamentarischer Einwirkung entzogen ist[27].

c) Eine besondere Seite der Regierungsfunktion wird sichtbar in der *Funktion des* **535** *Staatsoberhauptes*. In ihr tritt das Element aktiver Gestaltung zurück zugunsten des Elements der Erhaltung staatlicher Einheit. Die verfassungsmäßige Funktion des Bundespräsidenten besteht in der Wahrung und der Repräsentation dieser Einheit. Gewiß vermag in der Demokratie eine einzelne Person staatliche Einheit nicht zu gewährleisten. Aber eine Schlichtung oder Vermittlung durch den Bundespräsidenten kann in Krisenlagen zu einem um so bedeutsameren Faktor werden, je mehr der Bundespräsident als neutrale Kraft erscheint und je mehr er wegen seiner Neutralität das Vertrauen der Gegner gewonnen hat. Eben dies setzt jedoch voraus, daß die Funktion des Bundespräsidenten verfassungsrechtlich von derjenigen der politisch bewegenden Kräfte abgehoben wird. Als Repräsentant staatlicher Einheit und Wahrer der dem Streit entzogenen festen Grundlagen der verfassungsrechtlichen Kontinuität muß er dem Prozeß politischer Gesamtleitung und Gestaltung entrückt bleiben[28].

2. Verwaltung

a) „Vollziehung" im Sinne des Grundgesetzes ist weiterhin die Funktion der Ver- **536** waltung. Sie ist tätige Verwirklichung der staatlichen Aufgaben im einzelnen und besonderen in der Gebundenheit an rechtlich normierte Maßstäbe. Gehört zur Regierung das Leitende und Richtunggebende, so ist Verwaltung mehr angeleitete, ausgerichtete Tätigkeit, die der Wahrnehmung der mehr technischen und wiederkehrenden Aufgaben, des Details, des Lokalen dient[29]. Wird Regierung als Entfaltung politischer Initiative und schöpferische Gestaltung nur in einem weit gezogenen Rahmen rechtlicher Bindung tätig, so ist Verwaltung prinzipiell rechtsgebunden – auch dort, wo die bindenden Normierungen unbestimmt und weit gefaßt sind und damit den Organen der Verwaltung die Aufgabe fallbezogener Konkretisierung stellen. Ist Regierung mehr eine Sache politischer Führung, deren Lebenselement es ist, politische Ziele zu setzen und durchzusetzen, so ist Verwaltung mehr eine solche der Wahrnehmung fest umschriebener Aufgaben fachlicher Art, der Beherrschung der organisatorischen Probleme, der Sachlichkeit und Unparteilichkeit gegen eigene wie fremde Meinungen und Neigungen. Freilich kennzeichnet auch diese Differenzierung nur Unterschiede der Grundtypik der beiden Funktionen: Regierung und Verwaltung sind, namentlich in der Wahrnehmung der Aufgaben staat-

---

27 BVerfGE 68, 1 (83 ff.); 90, 286 (357 ff.) – vgl. auch BVerfGE 67, 100 (139). Demgegenüber die abweichende Meinung BVerfGE 68, 127 ff. Zu dem in der Literatur streitigen Verhältnis von Regierung und Parlament im Bereich der auswärtigen Angelegenheiten eingehend: *W. Grewe*, Auswärtige Gewalt, HdBStR III, § 77 Rdn. 41 ff.

28 *Scheuner*, Bereich der Regierung (Anm. 24) S. 481. Zum Ganzen: *O. Kimminich* und *P. Pernthaler*, Das Staatsoberhaupt in der parlamentarischen Demokratie, VVDStRL 25 (1967) S. 2 ff., 95 ff.; *K. Schlaich*, Die Funktionen des Bundespräsidenten im Verfassungsgefüge, HdBStR II, § 49 Rdn. 52 ff.

29 *Scheuner*, Bereich der Regierung (Anm. 24) S. 478.

licher Planung, Lenkung und Vorsorge, funktionell aufeinander angewiesen; sie sind in den Ministerien organisatorisch miteinander verknüpft, so daß sich vielfältige Übergänge und gegenseitige Einflüsse ergeben; und auch davon abgesehen ist eine scharfe Scheidung nicht möglich, ist z. B. Regierung nicht nur eine Frage einzelner weitreichender Entscheidungen, sondern auch eine solche laufender, oft nur Teilbereiche betreffender Tätigkeit, während umgekehrt die Tätigkeit der Verwaltung Fragen von weitreichender Bedeutung zum Gegenstand haben kann.

537 Trotz ihrer Bindung und Ausrichtung ist Verwaltung im verfassungsrechtlich vorausgesetzten Sinne *mehr als abhängiger Vollzug* und wertfreie Technik – so sehr gerade für sie Zweckmäßigkeit und Effektivität von Bedeutung sind. Denn einmal verbleibt ihr vielfach die Aufgabe selbständiger Rechtskonkretisierung oder (besonders im Bereich gesetzesfreier Verwaltung) Entscheidung und kann es ihr obliegen, in ihren Aufgabenbereichen in eigener Initiative – nicht nur auf Anordnung – tätig zu werden. Zum anderen begründet gerade die Rechtsgebundenheit der Verwaltung eine gewisse Selbständigkeit, Unabhängigkeit und Eigenverantwortlichkeit ihrer Organe gegenüber den politischen Kräften[30] (oben Rdn. 196); soweit diese Gebundenheit reicht, ist der Regierung wegen des Vorrangs der Verfassung und des Vorrangs der Gesetze eine Einflußnahme untersagt. Endlich schließt die bundesstaatliche Ordnung weithin einen durchgehenden Instanzenzug von der Bundesregierung zu den Verwaltungsbehörden der Länder aus, und ebenso steht der Grundsatz der kommunalen Selbstverwaltung (Art. 28 Abs. 2 GG) – auch innerhalb der Länder – einer solchen Abhängigkeit entgegen.

538 Kann daher die Verwaltung nicht als „verlängerter Arm" der Regierung verstanden werden, so bedeutet dies, daß sie bei allen Verknüpfungen und Abhängigkeiten als *selbständige Funktion* in die verfassungsrechtliche Ordnung der staatlichen Funktionen eingefügt ist. Als solche kann sie nur bedingt der demokratischen Ordnung des Grundgesetzes zugeordnet werden. Auch wenn sie sich dort, wo ihre Träger selbständig gestalten, (mit-)entscheiden oder die zu realisierenden Programme bestimmen, nicht als unpolitische Funktion qualifizieren läßt[31], rückt die Eigenart ihrer Aufgaben, ihre Rechtsgebundenheit und relative Selbständigkeit gegenüber den politischen Kräften sie insgesamt mehr in den Bereich der Ordnung des sozialen Rechtsstaates, und es ist dieser Bereich verfassungsmäßiger Ordnung, der für die Ausgestaltung der Verwaltung durch das Grundgesetz primär bestimmend ist.

---

30 Zur Frage einer Prüfung und Verwerfung von Gesetzen durch die Verwaltung vgl. *O. Bachof*, Die Prüfungs- und Verwerfungskompetenz der Verwaltung gegenüber dem verfassungswidrigen und dem bundesrechtswidrigen Gesetz, AöR (1962) S. 1 ff.; *K. H. Hall*, Die Prüfung von Gesetzen auf ihre Verfassungsmäßigkeit durch die Verwaltung, DÖV 1965, 253 ff.

31 Die Fragen, die sich daraus ergeben, im besonderen diejenigen der Legitimation und der angemessenen Verfahren (zu denen u. a. die Frage einer Partizipation der Betroffenen oder anderer gesellschaftlicher Kräfte gehören), sind bislang kaum geklärt. Zur Problematik etwa *P. Badura*, Auftrag und Grenzen der Verwaltung im sozialen Rechtsstaat, DÖV 1968, 450 ff.; *W. Schmitt Glaeser*, Partizipation an Verwaltungsentscheidungen, VVDStRL 31 (1973) S. 179 ff., bes. S. 200 ff. m. w. Nachw. in Anm. 98; *W. Schmidt* und *R. Bartlsperger*, Organisierte Einwirkungen auf die Verwaltung, VVDStRL 33 (1975) S. 184 ff., 221 ff., sowie, in grundsätzlicher Auseinandersetzung mit dem deutschen Rechtsmodell: *F. Scharpf*, Die politischen Kosten des Rechtsstaates (1970), bes. S. 62 ff.

b) Die hier in Umrissen dargestellte Eigenart der verfassungsmäßigen Funktion 539
der Verwaltung wird bestätigt durch die Regelungen, die der *öffentliche Dienst* in
Art. 33 Abs. 4 und 5 GG gefunden hat. Auch hier stellt das Grundgesetz den Zusammenhang zwischen der wahrzunehmenden Funktion und dem Status von Personen her, die sie wahrzunehmen haben.

Wenn nach Art. 33 Abs. 4 GG die Ausübung hoheitsrechtlicher Befugnisse als 540
ständige Aufgabe in der Regel Angehörigen des öffentlichen Dienstes zu übertragen ist, die in einem öffentlich-rechtlichen Dienst- und Treueverhältnis stehen, so
werden damit die verfassungsrechtlichen Grundlagen des *Beamtenverhältnisses*
geschaffen. Demjenigen, der hoheitsrechtliche Befugnisse auszuüben hat, wird
ein Amt anvertraut, eine Aufgabe, für die er verantwortlich einzustehen hat, deren
sachgemäße Erfüllung besondere Eigenschaften, namentlich Fachkunde und
Sachlichkeit voraussetzt und die seinen besonderen Status begründet und rechtfertigt. Wie die wahrzunehmende Funktion nicht wertfreie Technik ist, so soll auch
der Amtsinhaber nicht bloßes Werkzeug sein, das für seine Dienste bezahlt wird,
aber nicht in einem besonderen Dienst- und Treueverhältnis zu stehen braucht,
und wie die wahrzunehmende Funktion nicht abhängiger Vollzug ist, so soll auch
der Amtsinhaber mehr sein als ein Funktionär, der die Weisungen, die er erhält, ex-
akt ausführt, aber zu eigenem Urteil, eigener Entscheidung und Wahrnehmung eigener Verantwortung – auch gegenüber dem Anweisenden –außerstande ist. Der
Beamte dient nicht einem Herrn, den es in der Demokratie nicht mehr gibt, sondern einem sachlichen Zweck, der durch seinen Amtsauftrag umschrieben ist und
in diesem Umfang das Maß seiner Pflichten und Rechte bestimmt; deshalb kann
er, soweit er in Wahrnehmung jenes Amtsauftrages handelt, nicht „Diener einer
Partei" (Art. 130 Abs. 1 WRV) sein.

Nur auf dieser Grundlage läßt sich neben den Dienstverhältnissen der Angestell- 541
ten oder Arbeiter im öffentlichen Dienst der besondere Status der Beamten rechtfertigen, dessen Ausgestaltung nach Art. 33 Abs. 5 GG unter Berücksichtigung
der *hergebrachten Grundsätze des Berufsbeamtentums* zu regeln ist[32]. Wenn das
Grundgesetz hier an die traditionelle Institution des Beamtentums anknüpft, gewährleistet es mit dieser Garantie doch nicht lediglich „wohlerworbene Rechte",
auf deren aktuelle Legitimation es nicht mehr ankommt; sondern es gewährleistet
die hergebrachten Grundsätze, im besonderen das Prinzip fachlicher Vorbildung,
lebenslänglicher Anstellung, hauptberuflicher Tätigkeit und ausreichender wirtschaftlicher Sicherung als Voraussetzungen sachgemäßer Erfüllung des Amtsauftrages der Beamten[33].

Das Bundesverfassungsgericht erblickt die ratio des Art. 33 Abs. 5 GG in dem Interesse an 542
der Erhaltung der Einrichtung des Berufsbeamtentums und der Sicherung seiner Funktion[34]. Dementsprechend läßt es die Frage, in welcher Weise und in welchem Ausmaß die

---

32 Vgl. dazu für die Bundesbeamten das Bundesbeamtengesetz i. d. F. vom 27. 2. 1985 (BGBl. I
    S. 479) sowie für alle Beamten das Beamtenrechtsrahmengesetz i. d. F. vom 27. 2. 1985 (BGBl. I
    S. 462), beide mit spät. Änderungen. *J. Isensee*, Öffentlicher Dienst, HdBVerfR § 92; *H. Lecheler*,
    Der öffentliche Dienst, HdBStR III, § 72 Rdn. 23 ff., 49 ff.
33 Zur politischen Treuepflicht als hergebrachtem Grundsatz: BVerfGE 39, 334 (346 ff.).
34 Vgl. etwa BVerfGE 3, 58 (137); 8, 1 (12, 16); 8, 332 (343); 15, 167 (197 f.); 56, 146 (162).

einzelnen hergebrachten Grundsätze zu beachten seien, von deren Bedeutung für die Institution des Berufsbeamtentums abhängen[35]. Nach seiner Auffassung handelt es sich bei den hergebrachten Grundsätzen des Berufsbeamtentums nur um einen „Kernbestand von Strukturprinzipien, die allgemein oder doch überwiegend während eines längeren, Tradition bildenden Zeitraums, mindestens unter der Reichsverfassung von Weimar, als verbindlich anerkannt" waren[36]; dieser Kernbestand ist nicht identisch mit den „wohlerworbenen Rechten" der Beamten im Sinne des Art. 129 WRV. Nur in den damit gezogenen Grenzen begründet Art. 33 Abs. 5 GG ein grundrechtliches Individualrecht gegenüber dem Staat, das dem Schutz der persönlichen Rechtsstellung des Beamten dient[37]. – Besonderheiten gelten für die Berufssoldaten[38].

543 c) In der jüngsten Entwicklung des öffentlichen Dienstes treten deutliche *Krisensymptome* zutage. Die „hergebrachten Grundsätze des Berufsbeamtentums", soweit sie die Pflichten des Beamten betreffen und sein eigentliches Berufsethos ausmachen, haben – auch bei den Beamten selbst – ihre Überzeugungskraft und Bedeutung weitgehend eingebüßt. Führt schon dies zu Zweifeln an der Daseinsberechtigung des beamtenrechtlichen Sonderstatus, so gilt gleiches für die notwendige Entwicklung moderner und effizienter Formen der Verwaltung. Hinzu tritt die Schwierigkeit, in dem früheren Gebiet der DDR, die nur ein einheitliches Arbeitsrecht kannte, das Berufsbeamtentum von Grund auf neu aufzubauen. Schließlich kann die Einfügung der Bundesrepublik in die Europäische Union dazu führen, daß deutsche Besonderheiten des gesamten Beamtenrechts einer europäischen Anpassung weichen müssen[39].

Die Frage, ob die überkommene Struktur des öffentlichen Dienstes den Bedingungen einer sich schnell entwickelnden Gegenwart und der Zukunft noch gerecht zu werden vermag, erfordert daher eine Prüfung der Notwendigkeit, der Ziele und Wege einer *Reform des öffentlichen Dienstrechts*. Mit dieser Aufgabe hat sich eine Studienkommission befaßt, die auf Veranlassung des Bundestages im Auftrag der Bundesregierung vom Bundesminister des Innern gebildet worden ist. Ausgehend von den Zielen einer Sicherung und Steigerung der Funktionstauglichkeit der Verwaltung einer –, der Verwirklichung der berechtigten Interessen der im öffentlichen Dienst Tätigen anderseits, hat die Kommission vorgeschlagen, das bestehende Dienstrecht fortzuentwickeln und materiell zu vereinheitlichen – Differenzierungen sollen sich allein nach funktionellen Bedürfnissen richten. Namentlich in den Fragen, durch wen (Kompetenz) und in welcher Form (Gesetz, Tarifvertrag) das öffentliche Dienstrecht geregelt werden soll – mit der wesentlichen Folge der Unzulässigkeit bzw. Zulässigkeit eines Streiks – hat sie nicht zu einer einheitlichen Auffassung finden können[40]. Da diese Unterschiedlichkeit weiterhin den politischen Streit beherrscht, dürfte es insoweit bei der bisherigen Differenzierung zwischen Beamten und Arbeitnehmern bis auf weiteres sein Bewenden haben.

---

35 BVerfGE 8, 1 (16).
36 BVerfGE 8, 332 (343); 15, 167 (197 f.); 25, 142 (148), st. Rspr., vgl. etwa noch BVerfGE 64, 323 (351); 70, 69 (79); 71, 225 (268); 83, 89 (98).
37 BVerfGE 8, 1 (17); 12, 81 (87); 43, 154 (167); 44, 249 (262 ff.); 81, 363 (375 ff.), jeweils m. w. Nachw.
38 BVerfGE 16, 94 (110 f.). *F. Kirchhof*, Bundeswehr, HdBStR III, § 78.
39 Dazu näher *Isensee* (Anm. 32) Rdn. 9 ff., 86 ff., 92 ff.
40 Studienkommission für die Reform des öffentlichen Dienstes, Bericht der Kommission (1973) bes. S. 97 ff. und 376 ff. (Übersicht). Vgl. dazu *F. Kroppenstedt*, Stand der Diskussion der Reform des öffentlichen Dienstrechts, DÖV 1974, 145 ff.

3. Militärische Verteidigung

„Vollziehung" im Sinne des Grundgesetzes ist endlich der militärische Schutz der   **544**
Bundesrepublik. Im Blick auf die besonderen Aufgaben, auf die sie beschränkt ist,
ist die Eigenart dieser Funktion unschwer gegen diejenige anderer Funktionen abzuheben. Ebenso deutlich ist hier der Zusammenhang der Funktion und der Statusverhältnisse derjenigen, die sie wahrzunehmen haben[41]. Verfassungsrechtlich problematisch ist dagegen die Zuordnung der Funktion der militärischen Verteidigung zu denen der zivilen Gewalten. Diese ist nicht nur für das Zusammenwirken
von militärischer und ziviler Verteidigung und die Gesamtleitung und -verantwor-
tung im Verteidigungsfall maßgeblich; sie entscheidet vor allem über die Grund-
frage des Verhältnisses der Ordnung des Militärwesens zur *politischen Ordnung,*
die für den demokratischen Staat um so bedeutsamer ist, als sich in den Streitkräften der wichtigste Faktor staatlicher Macht verkörpert.

Das Grundgesetz sucht diese Frage auf der Grundlage der Novelle vom 19. März   **545**
1956 durch die Verschmelzung von politischer und militärischer Führung und
eine besondere parlamentarische Mitwirkung und Kontrolle zu lösen, die die Einfügung der Ordnung des Militärwesens in die demokratische Ordnung gewährleisten soll[42].

Die *Befehls- und Kommandogewalt* über die Streitkräfte liegt nicht, wie im früheren deutschen Verfassungsrecht, beim Staatsoberhaupt, sondern im Frieden beim
Verteidigungsminister, im Krieg beim Bundeskanzler (Art. 65 a, 115 b GG), in
beiden Fällen also bei einem Mitglied der Bundesregierung als dem parlamentarisch verantwortlichen Organ politischer Gesamtleitung. Wird schon auf diese
Weise ein gewisser parlamentarischer Einfluß sichergestellt, so wird dieser Einfluß verstärkt durch die Institution eines besonderen, durch das Grundgesetz
selbst vorgeschriebenen *Bundestagsausschusses für Verteidigung,* der auch die
Rechte eines Untersuchungsausschusses hat (Art. 45 a GG), und durch die Einrichtung des *Wehrbeauftragten,* der den Bundestag bei der parlamentarischen Kontrolle unterstützt und dem der Schutz der Grundrechte der Soldaten obliegt. Nach
Art. 87 a Abs. 1 Satz 2 GG müssen sich die zahlenmäßige Stärke der vom Bund
zur Verteidigung aufgestellten Streitkräfte und die Grundzüge ihrer Organisation
aus dem vom Bundestag festzustellenden Haushaltsplan ergeben, so daß hier die
Grundlinien der Verteidigungspolitik sichtbar und parlamentarischer Kontrolle
und Mitwirkung zugänglich gemacht werden. Schließlich trifft der Bundestag
grundsätzlich die Feststellung, daß der Verteidigungsfall eingetreten ist
(Art. 115 a Abs. 1 GG); er entscheidet durch Gesetz über den Friedensschluß

---

41 Vgl. dazu das Soldatengesetz i. d. F. vom 19. 8. 1975 (BGBl. I S. 2273), mit späteren Änderungen,
und das Wehrpflichtgesetz i. d. F. vom 13. 6. 1986 (BGBl. I S. 879). Zu den Grundrechten im Sonderstatus des Soldaten vgl. oben Rdn. 325 und *P. Lerche,* Die Grundrechte des Soldaten, in: Die
Grundrechte, hrsg. von Bettermann-Nipperdey-Scheuner IV, I (1960) S. 447 ff.; *F. Kirchhof*
(Anm. 38) Rdn. 40.
42 Vgl. dazu *G. Chr. von Unruh* und *H. Quaritsch,* Führung und Organisation der Streitkräfte im demo-
kratisch-parlamentarischen Staat, VVDStRL 26 (1968) S. 157 ff., 207 ff.; *Stern* (Anm. 5)
S. 843 ff.; *F. Kirchhof* (Anm. 38) § 78 Rdn. 4 ff.

(Art. 115 l Abs. 3 GG). Der Einsatz bewaffneter Streitkräfte erfordert, wie das Bundesverfassungsgericht entschieden hat, grundsätzlich die vorherige konstitutive Zustimmung des Bundestages (Parlamentsvorbehalt), für die es einer einfachen Mehrheit (Art. 42 GG) bedarf [43].

546 Für die verfassungsrechtliche *Zulässigkeit des Einsatzes von Streitkräften* maßgeblich ist in erster Linie deren Auftrag, die Bundesrepublik zu verteidigen (Art. 87 a Abs. 1 GG); die Vorbereitung und Führung eines Angriffskrieges ist der Bundesrepublik durch Art. 26 Abs. 1 GG verboten. Dieser Auftrag ist auf Grund von Bündnisverträgen (NATO und WEU) und nach Maßgabe dieser Verträge Bestandteil eines Systems kollektiver Sicherheit (Art. 24 GG) [44]. Außer zur Verteidigung dürfen die Streitkräfte nur eingesetzt werden, soweit das Grundgesetz es ausdrücklich zuläßt (Art. 87 a Abs. 2 GG). Das ist eindeutig der Fall in bestimmten Lagen eines äußeren oder inneren Notstands gem. Art. 87 a Abs. 3 und 4 GG (unten Rdn. 735 und 755) sowie bei der Wahrnehmung von Aufgaben des Katastrophenschutzes gem. Art. 35 Abs. 2 Satz 2 und Abs. 3 GG (unten Rdn. 754).

Mit dem Grundgesetz vereinbar ist nach dem Urteil des Bundesverfassungsgerichts vom 12. Juli 1994 der bis dahin lebhaft umstrittene Einsatz deutscher Streitkräfte im Rahmen von Aktionen der NATO und der WEU zur Umsetzung von Beschlüssen des Sicherheitsrates der Vereinten Nationen; gleiches gilt für eine Beteiligung deutscher Streitkräfte an von den Vereinten Nationen aufgestellten Friedenstruppen. Verfassungsrechtliche Grundlage ist Art. 24 Abs. 2 GG, der den Bund ermächtigt, sich einem System gegenseitiger kollektiver Sicherheit einzuordnen und hierbei in eine „Beschränkung" seiner Hoheitsrechte einzuwilligen, in Verbindung mit den deutschen Zustimmungsgesetzen zum Nato-Vertrag und zur Charta der Vereinten Nationen. Art. 87 a GG (also auch Art. 87 a Abs. 2) steht dem nach der Auffassung des Gerichts nicht entgegen, weil nicht ersichtlich sei, daß Art. 24 Abs. 2 GG durch spätere Verfassungsänderungen, insbesondere durch die Einfügung der Notstandsverfassung im Jahre 1968 in seinem Inhalt verändert worden sei. Allerdings unterliegt der Einsatz bewaffneter Streitkräfte auch dem erwähnten Parlamentsvorbehalt [45].

III. Rechtsprechung

1. Begriff und Eigenart

547 Während Gesetzgebung und Vollziehung vielfältig ineinander und miteinander verknüpft sind, ist die dritte Grundfunktion, die Rechtsprechung, prinzipiell von den übrigen staatlichen Funktionen gesondert [46].

---

43 BVerfGE 90, 286 (383 ff.). Zur parlamentarischen Mitwirkung auf der Grundlage des Art. 59 Abs. 2 Satz 1 GG oben Rdn. 534.

44 Dazu *F. Kirchhof* (Anm. 38) § 78 Rdn. 21 ff.

45 BVerfGE 90, 286, insbes. S. 344 ff., 355 ff., 381 ff. Die vorangehenden einstweiligen Anordnungen: BVerfGE 88, 172 ff. (AWACS) und 89, 38 ff. (UNOSOM II). Vgl. dazu *K. Riedel*, Die Entscheidung des Bundesverfassungsgerichts zum Bundeswehreinsatz im Rahmen von NATO, WEU- bzw. UN–Militäraktionen, DÖV 1995, 135 ff.; *H. Schwarz*, Die verfassungsgerichtliche Kontrolle der Außen- und Sicherheitspolitik (1995) S. 332 ff.

46 Hierzu und zum folgenden: *W. Heyde*, Die Rechtsprechung, HdBVerfR, § 33; *K. A. Bettermann*, Die rechtsprechende Gewalt, HdBStR III, § 73.

Die Eigenart dieser Grundfunktion läßt sich nicht, wie dies öfters versucht worden **548** ist, durch das allgemeine Merkmal der Rechtsanwendung auf konkrete Sachverhalte kennzeichnen. Denn diese ist Sache aller staatlichen Organe, die nach Maßgabe der unterschiedlichen Dichte ihrer rechtlichen Bindung Recht zu konkretisieren haben, im besonderen der Verwaltung. Auch das Merkmal der Streitentscheidung ermöglicht keine ausreichende Bestimmung der Eigenart der Rechtsprechung, schon weil es nicht die Aufgabe der Strafrechtspflege umfaßt, die keine Rechtsstreitigkeiten entscheidet. Rechtsprechung ist vielmehr in ihrer Grundtypik charakterisiert durch die Aufgabe autoritativer und damit verbindlicher, verselbständigter Entscheidung in Fällen bestrittenen oder verletzten Rechts in einem besonderen Verfahren[47]; sie dient ausschließlich der Wahrung und mit dieser der Konkretisierung und Fortbildung des Rechts.

In der Erfüllung dieser Aufgabe entfaltet Rechtsprechung ordnende, rationalisie- **549** rende und stabilisierende Wirkungen. Sie hat daher vieles mit der *Gesetzgebung* gemein. Indessen fehlt ihr das politische Element der Gesetzgebung. Richterrecht entsteht nicht im politischen Willensbildungsprozeß; es vermag daher nicht das im demokratischen Gesetzgebungsverfahren entstandene Recht zu ersetzen, und es ist nicht im gleichen Maße demokratisch legitimiert wie das vom Parlament beschlossene Recht. Die rationalisierenden und stabilisierenden Wirkungen des Richterspruchs reichen an die der Gesetze kaum heran. Zwar vermag richterliche Entscheidung sorgfältiger zu differenzieren, erleichtert sie die Anpassung an wechselnde Problemlagen und vermag sie eher den für die Gegenwart kennzeichnenden Forderungen einer konkreten und fallbezogenen Gerechtigkeit Genüge zu tun[48]; aber selbst eine gefestigte Judikatur kann nicht die gleichen rationalisierenden und stabilisierenden Wirkungen entfalten wie eine klare gesetzliche Regelung.

Gemeinsamkeiten bestehen auch zwischen *Rechtsprechung und Vollziehung*. Bei- **550** de sind rechtsgebunden. Auch Rechtsprechung ist, freilich in geringerem Maße als Vollziehung, gestaltendes Wirken, weil ihr die Aufgabe der Konkretisierung des Rechts gestellt ist; diese setzt nicht nur das Erkennen von etwas Bestehendem voraus, sondern sie enthält auch ein gestaltendes Moment (oben Rdn. 60 ff.). Dagegen ist es nicht Aufgabe der Rechtsprechung, politische Initiative zu entfalten,

---

47 *Scheuner*, Der Bereich der Regierung (Anm. 24) S. 478 im wesentlichen im Anschluß an *Thoma* (Anm. 3) HdBDStR II S. 129. – Wenn das Bundesverfassungsgericht das entscheidende Merkmal der Rechtsprechung im materiellen Sinne in der verfassungsrechtlichen, traditionellen oder durch den Gesetzgeber vorgenommenen Qualifizierung bestimmter Aufgaben als „Rechtsprechungsaufgaben" erblickt (BVerfGE 22, 49 [73 ff.]), so läuft das im ganzen auf das gleiche hinaus. Doch wird dabei das materiell Wesentliche gerade nicht deutlich: der *Grund* dafür, daß Aufgaben verfassungsrechtlich als typische Rechtsprechungsaufgaben qualifiziert sind oder qualifiziert werden müssen und damit Gerichten vorbehalten sind. – Eingehend zur Eigenart und Funktion der Rechtsprechung: *G. Roellecke* und *Chr. Starck*, Die Bindung des Richters an Gesetz und Verfassung, VVDStRL 34 (1976) S. 7 ff., 43 ff.; *Stern* (Anm. 5) S. 889 ff.

48 *F. Wieacker*, Das bürgerliche Recht im Wandel der Gesellschaftsordnungen, in: Festschrift zum hundertjährigen Bestehen des DJT II (1960) S. 8. – Zur Befugnis und zu den Grenzen richterlicher Rechtsfortbildung vgl. BVerfGE 34, 269 (287 f.); 49, 304 (318) m. w. Nachw.; 65, 182 (190 ff.); 69, 188 (203); 69, 315 (371); 71, 354 (362 f.); 74, 129 (152). Eine grundsätzliche Auseinandersetzung mit der Problematik bei *F. Müller*, Richterrecht (1986); *H. Sendler*, Überlegungen zu Richterrecht und richterlicher Rechtsfortbildung, DVBl. 1988, 828 ff.

politische Entscheidungen zu treffen, verantwortlich das Ganze der inneren und äußeren Politik zu leiten, wie das für die Regierung gilt, und sie hat auch nicht, wie die Verwaltung, fachliche Aufgaben nach Anweisung oder in eigener Verantwortung unter rechtlich geregelter Aufsicht unmittelbar wahrzunehmen.

551 Umgekehrt fehlt den beiden anderen Grundfunktionen das, was das spezifische Wesen der Rechtsprechung ausmacht. Gewiß entscheiden auch die gesetzgebende und die vollziehende Gewalt Rechtsfragen. Aber ihre Entscheidungen sind in aller Regel nicht verselbständigt; sie ergehen regelmäßig nicht in einem besonderen Verfahren und sind nicht „autoritativ", weil sie unter dem Vorbehalt des Richterspruchs stehen. Sie dienen zudem nicht primär der Wahrung des Rechts, sondern in erster Linie der Erfüllung der dem entscheidenden Organ gestellten Sachaufgaben, während die Rechtsprechung primär um des Rechts selbst willen zu entscheiden hat, ohne daß dies die Berücksichtigung von Gesichtspunkten der Zweckmäßigkeit ausschließt.

Insgesamt bestehen daher nur begrenzte Zusammenhänge zwischen Rechtsprechung einer-, Gesetzgebung und Vollziehung anderseits. Durch ihre Aufgabe ist die Rechtsprechung in der verfassungsrechtlichen Ordnung der staatlichen Funktionen mit besonderer Deutlichkeit von den anderen Funktionen abgehoben. In dieser Eigenart ist sie vornehmlich der rechtsstaatlichen Ordnung zuzurechnen.

2. Verfassungsrechtliche Ausgestaltung

552 a) Dieser abgehobenen Funktion entspricht die *organisatorische Ausgestaltung* der rechtsprechenden Gewalt[49] und deren Zuordnung zu den anderen Gewalten. Sind diese in dem Zusammenwirken mehrerer Organe oder in organisatorischen Verbindungen durch ein dichtes Gewebe von Einfluß-, Mitwirkungs- und Kontrollbefugnissen miteinander verknüpft, so ist die Organisation der rechtsprechenden Gewalt[50] durch eine strenge Sonderung von den übrigen Gewalten gekennzeichnet und ist eine organisatorische Verbindung von Gerichten mit Organen anderer Gewalten, insbesondere Verwaltungsbehörden, verfassungswidrig[51]. Gleichwohl wird auch die rechtsprechende Gewalt nicht gänzlich gegen Einflüsse der anderen Gewalten isoliert. Ganz abgesehen davon, daß das Recht, dessen Wahrung und Weiterbildung den Gerichten aufgegeben ist, vorwiegend im Wege der Gesetzgebung geschaffen wird, obliegt der gesetzgebenden Gewalt auch die Regelung der Gerichtsverfassung, des gerichtlichen Verfahrens und der Rechtsstellung der Richter. Die personelle Besetzung der Gerichte ist in der Regel Sache der vollziehenden Gewalt. Hinzu treten einzelne weitere Einflußrechte der anderen Gewalten, wie namentlich die Wahl der Richter des Bundesverfassungsgerichts durch den Bundestag oder den Bundesrat (Art. 94 Abs. 1 Satz 2 GG), die Berufung der

---

49 Zur Notwendigkeit ihrer Ausübung durch „staatliche" Gerichte vgl. BVerfGE 18, 241 (253); 26, 186 (194 ff.); 48, 300 (315 ff.) jeweils m. w. Nachw.
50 Über die bundesstaatliche Seite der Gerichtsorganisation vgl. oben Rdn. 252.
51 BVerfGE 10, 200 (217 f.); 14, 56 (67 f.); 26, 186 (197); 27, 312 (321).

Richter der obersten Gerichtshöfe des Bundes (Art. 95 Abs. 2 GG) und das Recht der Richteranklage vor dem Bundesverfassungsgericht (Art. 98 Abs. 2 GG).

b) Die besondere Aufgabe der Rechtsprechung ist auch die Grundlage der verfas- 553
sungsrechtlichen Regelung der *Rechtsstellung* derjenigen, denen diese Aufgabe anvertraut wird: *der Richter* (Art. 92 GG)[52]. Da die Rechtsprechung ausschließlich der Wahrung des Rechts gilt, muß der Richter unparteiisch sein; er muß als nicht-beteiligter Dritter entscheiden[53] und darf nur dem Gesetz unterworfen sein (Art. 97 Abs. 1 GG)[54]. Der Gewährleistung dieser Unparteilichkeit und alleinigen Bindung an das Recht dient die Garantie der sachlichen und persönlichen Unabhängigkeit der Richter.

Sachliche Unabhängigkeit (Art. 97 Abs. 1 GG) ist die Freiheit von Weisungen[55]; 554
keinem Richter dürfen für die Erledigung seiner Aufgaben Anweisungen gegeben werden, und kein Richter darf solche Anweisungen im Falle ihrer (verfassungswidrigen) Erteilung beachten[56]. Um der Unparteilichkeit und der ausschließlichen Bindung an das Recht willen darf das Mitglied eines Gerichts auch nicht gleichzeitig eine Funktion wahrnehmen, in der es die gleiche Materie unter Bindung an Weisungen zu bearbeiten hat, mag es auch als Richter keinen Weisungen unterliegen[57].

Persönliche Unabhängigkeit bedeutet insbesondere Unabsetzbarkeit und Unver- 555
setzbarkeit[58]. Sie dient der Sicherung der sachlichen Unabhängigkeit der Richter, die nicht nur in Gefahr ist, wenn dem Richter Weisungen erteilt werden, sondern auch dann, wenn er wegen seiner Entscheidungen Nachteile für seine persönliche Rechtsstellung befürchten muß und wenn die Besetzung der Gerichte nicht nur bei der erstmaligen Anstellung planmäßiger Richter, sondern schlechthin von der vollziehenden Gewalt gesteuert werden könnte. Deshalb können die hauptamtlichen und planmäßig endgültig angestellten Richter wider ihren Willen vor Ablauf ihrer Amtszeit nur kraft richterlicher Entscheidung, nur aus gesetzlich bestimmten Gründen und nur in gesetzlich bestimmten Formen entlassen, dauernd oder zeitweise ihres Amtes enthoben oder an eine andere Stelle oder in den Ruhestand versetzt werden (Art. 97 Abs. 2 Satz 1 GG)[59]. Doch darf die Gesetzgebung Altersgrenzen festsetzen (Art. 97 Abs. 2 Satz 2 GG) und können Richter bei Veränderung der Gerichtsorganisation an ein anderes Gericht

---

52 Vgl. dazu das Deutsche Richtergesetz i. d. F. vom 19. 4. 1972 (BGBl. I S. 713) mit spät. Änderungen.

53 BVerfGE 18, 241 (255) m. w. Nachw.; 27, 312 (322)

54 Dies schließt die Bindung an Recht ein, das auf einer hinreichenden gesetzlichen Ermächtigung beruht: BVerfGE 18, 52 (59).

55 BVerfGE 14, 56 (69); 26, 186 (198 ff.) m. w. Nachw.; 27, 312 (322); 36, 174 (185).

56 Dagegen ist es zulässig, Richter an die Entscheidungen von Gerichten höherer Instanz zu binden: BVerfGE 12, 67 (71).

57 BVerfGE 4, 331 (347); 26, 186 (198 f.) m. w. Nachw.

58 Zu weiteren Voraussetzungen der persönlichen Unabhängigkeit vgl. BVerfGE 12, 81 (88).

59 Vgl. dazu BVerfGE 17, 252 (259). – Diese Garantien reichen freilich nicht aus, die Voraussetzungen tatsächlicher richterlicher Unabhängigkeit zu schaffen. Deshalb liegt der Schwerpunkt der Problematik eher in der Ausschaltung anderer Abhängigkeiten, z. B. solcher, die sich aus der Regelung der Richterwahl oder -ernennung, aus dem Beförderungs- oder dem Besoldungssystem ergeben. Vgl. dazu *K. Zweigert*, Zur inneren Unabhängigkeit des Richters, in: Festschrift für Fritz von Hippel (1967) S. 711 ff.

versetzt oder unter Belassung des vollen Gehalts aus dem Amt entfernt werden (Art. 97 Abs. 2 Satz 3 GG).

Wenn hiernach persönliche Unabhängigkeit nur den hauptamtlich und planmäßig endgültig angestellten Richtern zukommt, so bedeutet das nicht, daß die persönliche Unabhängigkeit der übrigen Richter überhaupt nicht gesichert zu werden braucht. Die Rechtsstellung auch dieser Richter muß vielmehr so ausgestaltet sein, daß ihre sachliche Unabhängigkeit gewährleistet bleibt[60]. Ebensowenig ist es gestattet, Gerichte in größerem Umfang mit nicht hauptamtlich und planmäßig angestellten Richtern zu besetzen als dies der Notwendigkeit entspricht, Nachwuchs heranzubilden, oder durch andere zwingende Gründe gefordert wird[61] und auf diese Weise die verfassungsrechtliche Garantie der richterlichen Unabhängigkeit zu überspielen.

556 c) Der Gewährleistung, daß Rechtsprechung ausschließlich der Wahrung des Rechts gilt, dient ferner das *Verbot von Ausnahmegerichten* und die *Garantie des gesetzlichen Richters* durch Art. 101 Abs. 1 GG[62]. Der Spruchkörper und die Richter, die in einer Rechtsangelegenheit zu entscheiden haben, müssen von vornherein so eindeutig wie möglich durch Gesetz und Geschäftsverteilungsplan bestimmt sein; ein Gericht darf nicht erst im Hinblick auf einen oder mehrere konkrete Fälle gebildet werden – dies wäre ein unzulässiges Ausnahmegericht –, und die Zusammensetzung des Gerichts darf nicht im Hinblick auf einen oder mehrere konkrete Fälle geändert werden – dies wäre eine Entziehung des gesetzlichen Richters. Es soll dadurch der Gefahr vorgebeugt werden, daß die Rechtsprechung durch eine Manipulierung ihrer Organe sachfremden Einflüssen ausgesetzt und daß im Einzelfalle durch die Auswahl der zur Entscheidung berufenen Richter die Entscheidung selbst beeinflußt wird, gleichgültig, von wem die Manipulierung ausgeht[63]. Zuständigkeiten, welche die Verfassung den Richtern vorbehält, dürfen nicht anderen Stellen zugewiesen werden[64]. Dagegen können *Gerichte für besondere Sachgebiete* durch Gesetz errichtet werden (Art. 101 Abs. 2 GG)[65].

557 d) Der sachgemäßen Entscheidung von Rechtsangelegenheiten dient es, wenn Art. 103 Abs. 1 GG jedermann vor Gericht einen *Anspruch auf rechtliches Gehör* gewährleistet. Das Gericht ist verpflichtet, die Ausführungen der Prozeßbeteiligten zur Kenntnis zu nehmen und in Erwägung zu ziehen[66]; es darf seiner Entschei-

---

60 BVerfGE 14, 56 (70).
61 BVerfGE 4, 331 (345); 14, 156 (162). Vgl. jetzt §§ 28 f. DRiG.
62 Dazu BVerfGE 17, 294 (298 f.) m. w. Nachw.; 18, 344 (349); 18, 423 (425); 21, 139 (145 f.); 29, 45 (48 f.); 82, 286 (298 f.) m. w. Nachw. Zu dem Erfordernis der Willkürlichkeit bei fehlerhafter Anwendung oder Nichtbeachtung gesetzlicher Verfahrensvorschriften: BVerfGE 87, 282 (284 f.) m. w. Nachw.
63 BVerfGE 17, 294 (299); 48, 246 (245) m. w. Nachw.
64 BVerfGE 20, 365 (369 f.); 22, 49 (73).
65 Zu den Voraussetzungen verfassungsmäßiger Errichtung zusammenfassend BVerfGE 27, 355 (361 ff.) m. w. Nachw.
66 Dazu aus der umfangreichen Rechtsprechung z. B. BVerfGE 34, 1 (7); 46, 315 (319); 47, 182 (187 f.); 49, 212 (215 f.); 60, 1 (5), jeweils m. w. Nachw. *F. O. Kopp*, Das Rechtliche Gehör in der Rechtsprechung des Bundesverfassungsgerichts, AöR 106 (1981) S. 604 ff.; *Ch. Degenhart*, Gerichtsverfahren, HdBStR III, § 76 Rdn. 12 ff.; *F. L. Knemeyer*, Rechtliches Gehör in Gerichtsverfahren, HdBStR VI, § 155.

dung nur solche Tatsachen und Beweisergebnisse zugrunde legen, zu denen die Beteiligten Stellung nehmen konnten.

Rechtsstaatliche Grundsätze der Strafrechtspflege gewährleisten endlich Art. 103 **558** Abs. 2 und 3 GG. Art. 103 Abs. 2 GG verbietet nicht nur rückwirkende, analoge und gewohnheitsrechtliche Strafbegründung oder -verschärfung [67], sondern er bestimmt darüber hinaus, daß Straftatbestände *gesetzlich* so genau bestimmt sein müssen, daß die Voraussetzungen der Strafbarkeit und die Art der Strafe für den Bürger anhand des Gesetzes voraussehbar sind[68]; durch Rechtsverordnung oder Satzung dürfen lediglich Spezifizierungen normiert werden[69]. Art. 103 Abs. 3 GG enthält ein Verbot mehrmaliger Bestrafung wegen derselben Tat auf Grund der *allgemeinen* Strafgesetze[70]. Die Verhängung einer Disziplinarstrafe neben einer Kriminalstrafe wird dadurch nicht ohne weiteres ausgeschlossen[71].

3. Im besonderen: Die Verfassungsgerichtsbarkeit

a) Es kennzeichnet die Ausgestaltung der Rechtsprechung in der verfassungsmäßi- **559** gen Ordnung des Grundgesetzes, daß den Gerichten mit ihrer Aufgabe der Wahrung des Rechts umfassende Rechtsschutz- und Kontrollfunktionen zugewiesen sind. Die Rechtsweggarantie des Art. 19 Abs. 4 GG gewährleistet eine weitgehende gerichtliche Kontrolle der vollziehenden Gewalt, namentlich der Verwaltung. Diese Kontrolle wird durch einen weit über den überkommenen Rahmen hinausgehenden Ausbau der Verfassungsgerichtsbarkeit überlagert und zu einer Kontrolle aller staatlichen Gewalten durch das Bundesverfassungsgericht erweitert[72].

So ist es vor allem die Verfassungsgerichtsbarkeit, durch die die rechtsprechende **560** Gewalt heute in die Balancierung der Gewalten eingeschaltet ist (oben Rdn. 496) und die nicht nur der Ordnung der staatlichen Funktionen, sondern der gesamten

---

67 BVerfGE 25, 269 (284 ff.) m. w. Nachw. (Verlängerung von Verjährungsfristen); 26, 41 (42 f.); 71, 108 (114 ff.); 73, 206 (234 ff.) m. w. Nachw.
68 Z. B. BVerfGE 47, 109 (120 f.); 48, 48 (56); 71, 108 (114 ff.); 78, 374 (381 ff.) m. w. Nachw.; 81, 132 (135).
69 BVerfGE 11, 234 (237 f.); 14, 174 (185 f.); 14, 245 (251 ff.), st. Rspr., vgl. noch BVerfGE 37, 201 (207 ff.); 78, 374 (382) m. w. Nachw. Für Satzungen: BVerfGE 32, 346 (361 ff.). Zur Geltung des Art. 103 Abs. 2 GG für Disziplinarstrafen vgl. BVerfGE 26, 186 (203 f.); 66, 337 (355) m. w. Nachw.
70 Vgl. ctwa BVcrfGE 23, 191 (202 f.); 56, 22 (27 f.); 65, 377 (383 f.).
71 BVerfGE 21, 378 (383 ff.); 21, 392 (400 ff.); 27, 180 (184 ff.). Zur Frage mehrmaliger disziplinarer Bestrafung: BVerfGE 28, 264 (277 f.).
72 Die Landesverfassungsgerichtsbarkeit, für die Entsprechendes gilt, bleibt hier außer Betracht (vgl. dazu: Landesverfassungsgerichtsbarkeit, hrsg. *v. Chr. Starck* und *K. Stern*, 3. Teilbde., 1983). – Wichtige Beiträge aus der kaum noch zu übersehenden Lit. in dem Sammelband: Verfassungsgerichtsbarkeit, hrsg. von *P. Häberle* (1976) mit einer einleitenden grundsätzlichen Behandlung der Problematik durch den Herausgeber (S. 1 ff.) und einer Auswahlbibliographie (S. 463 ff.). Umfassend zu Fragen der Verfassungsrechtsprechung: Bundesverfassungsgericht und Grundgesetz, hrsg. *v. Chr. Starck*, 2 Bde. (1976); *K. Korinek, J. P. Müller, K. Schlaich,* Die Verfassungsgerichtsbarkeit im Gefüge der Staatsfunktionen, VVDStRL 39 (1981) S. 7 ff., 99 ff.; *Stern*, (Anm. 5) S. 330 ff., 933 ff.; *K. Schlaich*, Das Bundesverfassungsgericht (3. Aufl. 1994) Rdn. 1 ff.; *H. Simon*, Verfassungsgerichtsbarkeit, HdBVerfR, § 34; *G. Roellecke*, Aufgabe und Stellung des Bundesverfassungsgerichts in der Gerichtsbarkeit, HdBStR II, § 54. Vgl. ferner unten § 19 Anm. 4.

verfassungsmäßigen Ordnung ihr Gepräge gibt. Es ist von wesentlichem Einfluß auf das Zusammenwirken der staatlichen Organe, ob Streitigkeiten zwischen ihnen nur durch Verständigung behoben oder ob sie durch ein unabhängiges Gericht entschieden werden können; die Verfassungsgerichtsbarkeit trägt durch ihr Wirken zur Erhaltung des Nebeneinanders unterschiedlicher, annähernd gleichgewichtiger politischer Kräfte bei, das die verfassungsmäßige Ordnung des Grundgesetzes voraussetzt und das zugleich Grundbedingung ihrer eigenen Wirksamkeit ist; und die geschriebene Verfassung gewinnt im Leben des Gemeinwesens eine weit höhere Bedeutung als in einer Ordnung ohne Verfassungsgerichtsbarkeit – die Rolle, die die Verfassung namentlich in ihren Grundrechten im Leben der Bundesrepublik spielt, beruht nicht zuletzt darauf, daß die Frage der Einhaltung der verfassungsrechtlichen Bindungen stets der Entscheidung des Bundesverfassungsgerichts zugänglich gemacht werden kann.

561 b) *Aufgabe der Verfassungsgerichtsbarkeit* ist es, in Fällen bestrittenen oder verletzten Verfassungsrechts auf Anrufung autoritativ zu entscheiden, sei es im Verhältnis zwischen Organen des Bundes, zwischen Ländern, zwischen Bund und Ländern oder im Verhältnis zwischen Staat und Bürger (vgl. unten Rdn. 673 ff.); Verfassungsgerichtsbarkeit dient ausschließlich der Wahrung der Verfassung.

562 Diese Aufgabe schließt die Aufgabe der Kontrolle der staatlichen Gewalten ebenso ein wie die Aufgabe der Konkretisierung und Fortbildung des Verfassungsrechts, die allerdings nicht ausschließlich und nicht einmal in erster Linie Sache der Verfassungsgerichtsbarkeit ist – auch wenn diese das letzte Wort zu sprechen hat. Die Konkretisierung des Verfassungsrechts durch die autoritativ entscheidende Verfassungsgerichtsbarkeit dient dabei der Rechtsklarheit und Rechtsgewißheit; sie soll rationalisierende und stabilisierende Wirkungen entfalten, was nur möglich ist, wenn die Rechtsprechung des Verfassungsgerichts festen und einsehbaren Interpretationsprinzipien folgt und den Rückgriff auf allgemeine und unbestimmte Rechtsgrundsätze nach Möglichkeit vermeidet.

563 c) Wenn damit die Aufgabe der Verfassungsgerichtsbarkeit in vielem derjenigen der übrigen Gerichtsbarkeiten entspricht, so ist diese Aufgabe doch durch Besonderheiten gekennzeichnet, die die spezifische *Problematik der Verfassungsgerichtsbarkeit* begründen.

564 Diese Besonderheiten ergeben sich aus den nahen Berührungen der Verfassungsgerichtsbarkeit mit den Funktionen politischer Leitung und Gestaltung. Die Verfassungsgerichtsbarkeit hat häufiger Fragen mit politischem Einschlag und von politischer Tragweite zu entscheiden als andere Gerichtsbarkeiten. Ihre Entscheidungen können selbst politische Wirkungen von erheblicher Tragweite entfalten. Sie können einer politischen Entscheidung um so näher kommen, als sie regelmäßig nicht auf der Grundlage detaillierter Normierungen, sondern nur an Hand der weiten und unbestimmten Maßstäbe der Verfassung gewonnen werden können. Die Durchsetzung dieser Entscheidungen unterliegt schließlich gänzlich anderen Bedingungen als diejenige anderer gerichtlicher Entscheidungen.

565 Sofern indessen die zu entscheidenden Fragen im Wege der Verfassungsinterpretation beantwortet werden können und daher justiciabel sind, nehmen diese Beson-

derheiten ihnen weder den Charakter von Rechtsfragen noch den Entscheidungen den Charakter einer Rechtsentscheidung[73]. Gewiß enthalten die Entscheidungen der Verfassungsgerichtsbarkeit ein Moment schöpferischer Gestaltung. Aber alle Interpretation trägt schöpferischen Charakter (oben Rdn. 60). Sie bleibt auch dann Interpretation, wenn sie der Antwort auf Fragen des Verfassungsrechts dient und wenn sie Normen von der Weite und Offenheit zum Gegenstand hat, wie sie dem Verfassungsrecht eigentümlich sind. Die Konkretisierung solcher Normen mag größere Schwierigkeiten bereiten als die von stärker detaillierenden Vorschriften; doch ändert dies nichts daran, daß es sich in beiden Fällen um strukturell gleichartige Vorgänge handelt. Trotz der Besonderheiten ihrer Aufgabe bleibt Verfassungsgerichtsbarkeit daher Rechtsprechung. Ihre Entscheidungen sind nicht verkappte politische Entscheidungen, die mit dem Wesen echter Rechtsprechung in Widerspruch stehen und darum zur Politisierung der Justiz führen müssen[74], und es bedarf auch nicht der Heranziehung der zwielichtigen Kategorie des „politischen Rechts", um Verfassungsgerichtsbarkeit als ein aliud gegenüber anderen Gerichtsbarkeiten zu rechtfertigen[75]; beide Auffassungen sind noch einem Verständnis verhaftet, für das Interpretation darauf beschränkt ist, etwas zu finden, was „tatsächlich schon vorentschieden vorhanden ist"[76].

d) Weil die Entscheidungen der Verfassungsgerichtsbarkeit nicht nur etwas schon **566** Vorentschiedenes nachvollziehen, kommt ihnen eine selbständig gestaltende Wirkung zu. Diese Wirkung betrifft nicht, wie die Entscheidungen der übrigen Gerichtsbarkeiten, das Detail gesetzlich normierter Lebensverhältnisse, sondern den verfassungsrechtlich geordneten Bereich politischer Einheitsbildung, politischer Gesamtleitung und politischer Willensbildung. Das Bundesverfassungsgericht kann, freilich nicht aus eigener Initiative und stets nur kontrollierend, den Entscheidungen der Regierung und der Gesetzgebung entgegentreten, und sein Spruch ist für die anderen Gewalten verbindlich. Es hat daher – begrenzten – Anteil an der obersten Staatsleitung[77]. Diese Sachlage begründet sowohl den besonderen *Status des Bundesverfassungsgerichts* als auch die besondere Gestaltung seines Verfahrens[78].

e) In dem Verhältnis der Gleichordnung von Verfassungsgericht und anderen ober- **567** sten Staatsorganen kommt alles darauf an, daß beide Teile sich gegenseitig respektieren – eine andere Gewährleistung ihrer verfassungsrechtlichen Zuordnung ist nicht gegeben. Das gilt für die Beachtung der Entscheidungen des Bundesverfassungsgerichts: die Macht des Gerichts beruht nur auf seinem Ansehen und auf der Überzeugungskraft seiner Argumente. Gegen die Parteien eines Zivilprozesses oder die Beteiligten an einem Verwaltungsprozeß kann die gerichtliche Entschei-

---

73 Der Status des Bundesverfassungsgerichts, JöR NF 6 (1957) S. 125 f.; *G. Leibholz*, Der Status des Bundesverfassungsgerichts, in: Das Bundesverfassungsgericht (1963) S. 69; *Scheuner*, Bereich der Regierung (Anm. 24) S. 493 f.
74 *C. Schmitt*, Der Hüter der Verfassung (1931) S. 22, 31 und passim.
75 JöR NF 6 S. 120 ff.; *Leibholz* (Anm. 73) S. 63 ff.
76 Zit. des Abg. *von Merkatz* bei *Leibholz* (Anm. 73) S. 61; *C. Schmitt* (Anm. 74) insbes. S. 19.
77 BVerfGE 7, 1 (14); JöR NF 6 S. 127 ff.; *Leibholz* (Anm. 73) S. 73.
78 Vgl. hierzu unten Rdn. 669 ff. – Zu den Besonderheiten des Verfahrens: §§ 17 ff. BVerfGG und §§ 20 ff. der Geschäftsordnung i. d. F. vom 15. 12. 1986 (BGBl. I S. 2529).

dung notfalls mit Zwang durchgesetzt werden; gegen die Weigerung der Regierung oder des Parlaments, eine Entscheidung des Bundesverfassungsgerichts zu befolgen, gibt es solche Mittel trotz § 35 BVerfGG nicht – hier zeigt sich, daß Verfassungsrecht sich selbst gewährleisten muß. Das gleiche gilt für die Respektierung der Aufgaben anderer Organe durch das Bundesverfassungsgericht: auch wenn das Gericht autoritativ entscheiden kann, bleibt es doch an die Verfassung, insbesondere die verfassungsmäßige Teilung der Funktionen, gebunden und darf es sich nicht in die Funktionen anderer Organe mischen. Nach beiden Richtungen hin besteht ein enger und entscheidender Zusammenhang. Denn je mehr das Verfassungsgericht bereit ist, die Rolle des Gesetzgebers und der Regierung zu respektieren, und je mehr es bei seiner Kontrolle Zurückhaltung wahrt, desto eher wird der Konfliktsfall vermieden werden können, in dem seinen Entscheidungen die Befolgung verweigert wird, desto sicherer ist gewährleistet, daß in der verfassungsmäßigen Ordnung der staatlichen Funktionen und des Zusammenwirkens der staatlichen Organe keine Verschiebung zugunsten der Verfassungsgerichtsbarkeit eintritt. Da die Tätigkeit des Verfassungsgerichts ausschließlich der Wahrung der Verfassung zu gelten hat, ist gerade auch diese Gewährleistung wesentlicher Bestandteil seiner Aufgabe.

568 Es ist dieser Zusammenhang, der der Frage nach den *Grenzen verfassungsgerichtlicher Kontrolle und Entscheidung* ihre eminente Bedeutung verleiht. Da der Rahmen verfassungsgerichtlicher Zuständigkeiten im Grundgesetz denkbar weit gehalten ist, werden diese Grenzen neben den Voraussetzungen des gleichen oder besseren Informationsstands des Gerichts und der Justitiabilität der zu entscheidenden Fragen vor allem durch die verfassungsmäßige Verteilung der Funktionen gezogen[79].

569 Nach dieser Verteilung ist es in erster Linie Aufgabe der Gesetzgebung, die Ordnung des Gemeinwesens zu gestalten und in der Ausgestaltung und Begrenzung von Grundrechten deren praktische Tragweite festzulegen (vgl. oben Rdn. 314). Deshalb decken sich die Grenzen der verfassungsrechtlichen Bindung des Gesetzgebers nicht immer mit den Grenzen verfassungsgerichtlicher Kontrolle (oben Rdn. 320, 439). Auch abgesehen davon darf das Verfassungsgericht nicht ohne weiteres seine Wertungen an die Stelle der Wertungen des Gesetzgebers setzen, zumal die Weite und Unbestimmtheit der Kontrollmaßstäbe vielfach unterschiedlichen Wertungen Raum läßt. Schließlich darf es die Folgen seiner Entscheidung nicht unberücksichtigt lassen. Es ist daher zur Zurückhaltung verpflichtet. Ähnliches gilt gegenüber Entscheidungen der Regierung. In der Kontrolle der Verwaltung und der Rechtsprechung endlich ist das Gericht auf eine *verfassungsrechtliche* Überprüfung beschränkt; da die Konkretisierung einfacher Gesetze alleinige Aufgabe der Verwaltungsbehörden und der Gerichte ist, ist ihm insoweit eine Prüfung versagt[80].

---

79 Hierzu *W. Heun*, Funktionell-rechtliche Schranken der Verfassungsgerichtsbarkeit (1992).
80 Vgl. dazu *U. Steinwedel*, „Spezifisches Verfassungsrecht" und „einfaches Recht" (1976); *G. F. Schuppert*, Zur Nachprüfung gerichtlicher Entscheidungen durch das Bundesverfassungsgericht, AöR 103 (1978) S. 43 ff.; *ders.*, Funktionell-rechtliche Grenzen der Verfassungsinterpretation (1980); *H.-P. Schneider*, Verfassungsgerichtsbarkeit und Gewaltenteilung. Zur Funktionsgerechtig-

Das Bundesverfassungsgericht hat diese Grenzen immer wieder selbst hervorgehoben. Bei **570** ihrer Bestimmung läßt die Rechtsprechung eine eindeutige und feste Linie freilich nicht erkennen. Der Grund hierfür – und die Schwierigkeit – liegen darin, daß die Grenzen verfassungsgerichtlicher Kontrolle sich nicht immer in einer starren, ein für allemal gültigen Formel ziehen lassen. Zwar bestehen gleichbleibende Grenzen in den Regelungen der Organisation, der Zuständigkeit und des Verfahrens des Gerichts. Doch hängt die Wirksamkeit dieser wie auch anderer Grenzen weitgehend von der – weiten oder restriktiven – Interpretation der einschlägigen Normen der Verfassung ab, und je nachdem erweitert oder verengt sich das Maß verfassungsgerichtlicher Kontrolle. Die Grenzen sind also fließend. Das bedeutet nicht, daß es sie nicht gibt; vielmehr geht es darum, die Maßstäbe und Gesichtspunkte herauszuarbeiten und einsichtig zu machen, nach denen sich Umfang und Intensität der verfassungsgerichtlichen Kontrolle jeweils richten müssen.

Diese Aufgabe läßt sich mit Hilfe des Grundsatzes der richterlichen Selbstbeschränkung[81] nicht lösen. Denn die Forderung eines judicial self-restraint vernachlässigt die Bindung des Bundesverfassungsgerichts an die Verfassung, die es nicht dem Gutdünken der Richter überläßt, ob sie sich beschränken wollen oder nicht. Die Kontrolltätigkeit des Bundesverfassungsgerichts hat sich vielmehr nach seinen verfassungsrechtlich normierten Aufgaben zu richten; diese können auch einmal durchaus das Gegenteil von Zurückhaltung fordern, nämlich entschiedenes Eingreifen.

Es bedarf mithin differenzierender Lösungen, d. h. nach den jeweiligen Problem- und Fallgruppen funktionsgerecht abgestufter Gesichtspunkte und Maßstäbe verfassungsgerichtlicher Kontrolle[82]. Dazu enthält die bisherige Rechtsprechung des Gerichts wesentliche Ansätze, die allerdings noch weiterer Realisierung und Vertiefung bedürfen.

So muß dem Gesetzgeber grundsätzlich ein weiter Raum der Gestaltungsfreiheit bleiben; das Bundesverfassungsgericht hat nicht zu prüfen, ob eine gesetzliche Lösung die zweckmäßigste, vernünftigste oder gerechteste ist[83], und es ist auch nicht seine Sache, dem Gesetzgeber allgemeine legislative Empfehlungen zu geben[84]. Soweit die Verfassung nur weite und fragmentarische Bestimmungen für die Lösung eines Problems enthält, muß das Gericht, da seine Aufgabe prinzipiell nur in einer rechtlichen Nachprüfung bestehen kann, sich auf eine geringere Kontrolldichte beschränken. Das gilt namentlich dann, wenn die Verfassung den Staat nicht nur zu einem Unterlassen, sondern zu gestaltendem Handeln verpflichtet, wie etwa bei der Wahrnehmung grundrechtlicher Schutzpflichten und den dieser zugrundeliegenden Prognosen (oben Rdn. 320, 350). Wenig anders verhält es sich mit der Kontrolle von Akten der Regierung, hier besonders von Akten der äußeren und der Verteidigungspolitik[85]. Für die verfassungsgerichtliche Prüfung zivilgerichtlicher Entscheidungen hat das Gericht Abstufungen der Kontrolldichte entwickelt: die Schwelle eines Verstoßes

---

keit von Kontrollmaßstäben und Kontrolldichte verfassungsgerichtlicher Entscheidung, NJW 1980, 2103 ff.; *Schlaich* (Anm. 72) Rdn. 271 ff.; *W. R. Schenke*, Verfassungsgerichtsbarkeit und Fachgerichtsbarkeit (1987); *M. Bender*, Die Befugnis des Bundesverfassungsgerichts zur Prüfung gerichtlicher Entscheidungen (1989).
81 BVerfGE 36, 1 (14) – Grundlagenvertrag – umschreibt ihn als Verzicht „Politik zu treiben", d. h. in den von der Verfassung geschaffenen Raum freier politischer Gestaltung einzugreifen.
82 *H. Simon* (Anm. 72) § 34 Rdn. 47 ff.; *K. Hesse*, Funktionelle Grenzen der Verfassungsgerichtsbarkeit, in: Festschrift für Hans Huber (1981) S. 263 ff., 271 f.
83 Z. B. BVerfGE 3, 162 (182); 10, 354 (371); 36, 174 (189); 54, 11 (26).
84 BVerfGE 7, 377 (442). – Dagegen appelliert das Gericht gelegentlich, z. T. unter Fristsetzung, an den Gesetzgeber, verfassungsrechtlich nicht einwandfreie Regelungen zu ersetzen; z. B. BVerfGE 16, 130 (141 ff.); 21, 12 (39 ff.); 23, 242 (254 ff.); 25, 167 (178 ff.); vgl. auch BVerfGE 33, 303 (347 f.). Dazu *W. Rupp-von Brünneck*, Darf das Bundesverfassungsgericht an den Gesetzgeber appellieren? in: Festschrift für G. Müller (1970) S. 355 ff.
85 BVerfGE 68, 1 (97). *H. Schwarz*, Die verfassungsgerichtliche Kontrolle der Außen- und Sicherheitspolitik (1995) S. 161 ff., bes. 202 ff.

gegen objektives Verfassungsrecht, den das Bundesverfassungsgericht zu korrigieren hat, ist danach erreicht, wenn die Entscheidung der Zivilgerichte Auslegungsfehler erkennen läßt, die auf einer grundsätzlich unrichtigen Auffassung von der Bedeutung des Grundrechts, insbesondere vom Umfang seines Schutzbereichs beruhen und auch in ihrer materiellen Bedeutung für den konkreten Rechtsfall von einigem Gewicht sind. Je nachhaltiger ferner eine zivilgerichtliche Entscheidung grundrechtsgeschützte Voraussetzungen freiheitlicher Existenz verkürzt, desto eingehender muß die verfassungsgerichtliche Prüfung sein, ob eine solche Verkürzung verfassungsrechtlich gerechtfertigt ist. Dies gilt nicht nur für den Fall einer Verurteilung: auch ein klagabweisendes Urteil kann auf einer Verletzung von Verfassungsrecht beruhen[86].

---

86 Z. B. BVerfGE 66, 116 (131) m. w. Nachw., st. Rspr.; vgl. noch BVerfGE 89, 214 (230).

3. Abschnitt: Organe und Kompetenzen

Ähnlich wie das Recht der staatlichen Funktionen des Bundes hat auch das Recht **571**
der obersten Bundesorgane nur zu einem Teil in denjenigen Abschnitten des
Grundgesetzes Aufnahme gefunden, die durch ihre Überschrift auf diese Thematik hindeuten. Dies ist nicht ohne weiteres ein Zeichen mangelnder systematischer
Konsequenz des Grundgesetzes, sondern überwiegend durch die Eigenart der zu
regelnden Fragen bedingt, in denen die organisatorischen und Kompetenzbestimmungen mit den Funktionsregelungen auf das engste zusammenhängen. Deshalb
war es auch notwendig, Fragen der Organisation und der Stellung der obersten
Bundesorgane bereits in die Darstellung der staatlichen Funktionen einzubeziehen, so daß diese Fragen im folgenden nur noch insoweit zu behandeln sind, als sie
sich nicht unter dem Aspekt der Wahrnehmung einzelner Funktionen erfassen lassen. Ferner sind die Grundzüge der verfassungsrechtlichen Ausgestaltung des
Rechts der obersten Bundesorgane darzustellen.

§ 15   Bundestag

I. Der Bundestag als Volksvertretung

Die Aufgabe und die Rolle des Bundestages in der verfassungsmäßigen Ordnung **572**
des Grundgesetzes lassen sich nicht allein im Blick auf seine Gesetzgebungskompetenz und die weiteren ihm vom Grundgesetz zugewiesenen Einzelkompetenzen, namentlich die Wahl des Bundeskanzlers und das konstruktive Mißtrauensvotum, verdeutlichen. Alle diese Kompetenzen sind nur Bestandteile der verfassungsmäßig vorausgesetzten, aber nicht vollständig umschriebenen *Gesamtaufgabe* demokratischer Gesamtleitung, Willensbildung und Kontrolle, deren Wahrnehmung Sache des Bundestages ist.

Diese Aufgabe erfüllt der Bundestag zwar weithin dadurch, daß er Gesetze be- **573**
schließt, den Bundeskanzler wählt und andere verfassunsgrechtlich positivierte
Kompetenzen wahrnimmt. Kaum minder wichtig ist jedoch sein Anteil an der Gestaltung der inneren und äußeren Politik durch Vertretung und Formulierung unterschiedlicher politischer Bestrebungen, durch Entfaltung eigener Initiativen, durch
Einflußnahme und durch Kontrolle von Regierung und Verwaltung. Kaum minder
wichtig ist die Verbindung der institutionalisierten mit den nicht institutionalisierten Formen politischen Lebens in öffentlicher Meinungsbildung und Vorformung
des politischen Willens, die der Bundestag, vermittelt durch die politischen Parteien, herstellen und gewährleisten soll. Und kaum minder wichtig ist auch seine Auf-

gabe, der Nation die Grundfragen ihres Lebens ins Bewußtsein zu rücken, Lösungen und Alternativen zu entwickeln, die Regierten von der Richtigkeit der eingeschlagenen politischen Gesamtrichtung und der getroffenen Entscheidungen zu überzeugen und auf diese Weise politische Anteilnahme, Zustimmung oder Kritik zu wecken, integrierend zu wirken[1].

574 So treten gerade im Bundestag wesentliche Elemente demokratischer Ordnung in ihrer Wechselbezogenheit mit besonderer Deutlichkeit hervor: politische Führung und Formung, Verantwortung der Regierenden auf der einen Seite, Legitimation der politischen Führung durch die Mehrheit des Volkes, Anteilnahme des Volkes an der politischen Willensbildung, Zustimmung, Kritik und Kontrolle auf der anderen. In diesem Spannungsverhältnis lassen sich Parlament und Volk ebensowenig miteinander identifizieren wie der vom Parlament gebildete Wille mit dem Volkswillen. Wohl aber konstituiert das Grundgesetz den Bundestag als institutionellen Mittelpunkt des politischen Lebens der Bundesrepublik, als das durch freie und gleiche Wahlen unmittelbar legitimierte „besondere Organ", dem die Entscheidung über die grundlegenden Fragen des Gemeinwesens anvertraut ist und in dem Kritik und Alternativen zur Geltung zu bringen sind[2].

575 Es ist zur Frage geworden, ob der Bundestag diesen Aufgaben bisher stets gerecht geworden ist und ob er ihnen heute als Institution noch gerecht werden kann. Gleiches gilt für die Landtage. Wenn dabei von einer *Krise des Parlaments* gesprochen wird, so ist freilich Vorsicht am Platze. Die Funktion des Parlaments in der modernen Demokratie ist eine andere als in der konstitutionellen Monarchie des 19. Jahrhunderts, so daß von einer Krise jedenfalls nicht schon deshalb gesprochen werden kann, weil das heutige Parlament idealtypisch absolutierte Funktionen des damaligen Parlaments nicht mehr erfüllt[3]. Davon abgesehen können „Krisenerscheinungen" nicht nur aus inadäquat gewordener institutioneller Gestaltung, sondern einfach auch aus unzureichender Erfüllung der Aufgaben durch ein konkretes Parlament resultieren. Gleichwohl läßt sich ein Rückgang der Bedeutung des Parlaments als Institution nicht übersehen. Zwar hat es nie so viele Gesetze beschlossen wie heute. Aber in diesen überwiegen technische Spezial- und Detailregelungen, die nur noch der

---

1 Die klassische Formulierung der Aufgabe des Parlaments findet sich bei *W. Bagehot*, The English Constitution. Danach liegen die Aufgaben des Parlaments in seiner „elective", seiner „expressive", „teaching" und „informing" function, sowie in der „function of legislation" (The World's Classics [1928] S. 117 ff.). – Zu den Aufgaben, der Stellung und den Funktionen des Bundestages: *H. H. Klein*, Aufgaben des Bundestages, HdBStR II, § 40; *H. Trossmann*, Der Bundestag: Verfassungsrecht und Verfassungswirklichkeit, JöR NF 28 (1979) S. 1 ff.; *K. Stern*, Das Staatsrecht der Bundesrepublik Deutschland II (1980) S. 37 ff. Eine umfassende Darstellung des Parlamentsrechts und seiner praktischen Handhabung enthält das von H. P. Schneider und W. Zeh herausgegebene Sammelwerk Parlamentsrecht und Parlamentspraxis in der Bundesrepublik Deutschland (1989).
2 Zu dem vieldeutigen Begriff der Repräsentation, der überwiegend zur Kennzeichnung des Verhältnisses von Volk und Parlament verwendet wird, vgl. etwa *U. Scheuner*, Das repräsentative Prinzip in der modernen Demokratie, in: *ders.*, Staatstheorie und Staatsrecht (1978) S. 245 ff., bes. S. 253 ff.; *H. Krüger*, Allgemeine Staatslehre (2. Aufl. 1966) S. 232 ff.; *E. Fraenkel*, Die repräsentative und die plebiszitäre Komponente im demokratischen Verfassungsstaat (1958), jetzt in: Deutschland und die westlichen Demokratien (5. Aufl. 1973) S. 113 ff.; *K. Stern*, Das Staatsrecht der Bundesrepublik Deutschland I (2. Aufl. 1984) S. 959 ff.; *H. Hofmann*, Parlamentarische Repräsentation in der parteienstaatlichen Demokratie, in: Recht–Politik–Verfassung (1986) S. 249 ff.; *ders./H. Dreier*, Repräsentation, Mehrheitsprinzip, Minderheitenschutz, in: Parlamentsrecht und Parlamentspraxis (Anm. 1) S. 165 ff. Kritisch: *H. Meyer*, Die Stellung der Parlamente in der Verfassungsordnung des Grundgesetzes, ebd. S. 120 ff.
3 *C. Schmitt*, Die geistesgeschichtliche Lage des heutigen Parlamentarismus (1926).

Experte beurteilen kann und die die Bürokratie besser beherrscht als die Abgeordneten. Hier ist die Regierung in der Vorhand, zumal sie auch den Vorteil der umfassenderen Information hat; die parlamentarische Behandlung verlagert sich in die – regelmäßig nicht öffentlich tagenden – Ausschüsse, wo sie demokratische Anteilnahme nicht vermitteln kann. Zeigt sich schon darin ein *zunehmendes Gewicht der Regierung*, so wird dieses gesteigert durch die Notwendigkeiten längerfristiger Planung, die ebenfalls vom Parlament schlechter zu bewältigen ist als von der Regierung, durch die Erfordernisse wirtschaftlicher Steuerung, für die das gleiche gilt (vgl. z. B. das Stabilitätsgesetz), sowie durch den Vorrang der Regierung im Rahmen der europäischen Integration. Hinzu treten die unter modernen Verhältnissen wachsenden Schwierigkeiten einer Kontrolle und einer Entwicklung von Alternativen, nicht zuletzt auch der Rückgang der Bedeutung der Parlamentsdebatten für die öffentliche Meinungsbildung (der auch damit zusammenhängt, daß die deutschen Parlamente sich als „Arbeitsparlament" und nicht so sehr als Stätte öffentlicher politischer Auseinandersetzung verstehen). Diese können zwar von jedermann in Rundfunk, Fernsehen und Presse verfolgt werden; ihr Einfluß reicht offenbar aber nicht an denjenigen heran, den Rundfunk, Fernsehen und Presse durch tägliche Information, Stellungnahme und Kritik ausüben können[4].

So wird gerade hier deutlich, wie die Bedingungen der technischen Welt, namentlich die aus ihnen resultierende Komplizierung der Verhältnisse, die Notwendigkeiten längerfristiger Planung und wirtschaftlicher Steuerung die Realisierung demokratischer Ordnung erschweren (vgl. oben Rdn. 162 ff.). Eine Parlamentsreform, die sich angesichts dessen auf Veränderungen der Arbeitstechniken des Parlaments beschränken wollte, würde deshalb nicht wesentlich über das Kurieren an Symptomen hinausgelangen[5].

II. Verfassungsrechtliche Ausgestaltung

1. Die Stellung des Bundestages

Der Bundestag ist selbständiges *oberstes Staatsorgan*, das seine Angelegenheiten selbst ordnet, keiner Aufsicht eines anderen Organs unterliegt und an keinerlei Weisungen gebunden werden kann.   576

Der Bundestag wählt seinen Präsidenten, dessen Stellvertreter und die Schriftführer (Art. 40 Abs. 1 Satz 1 GG). Er regelt selbst seine Organisation und sein Verfah-   577

---

4 Zum ganzen eingehend: *U. Scheuner*, Entwicklungslinien des parlamentarischen Regierungssystems in der Gegenwart, in: *ders.*, Staatstheorie und Staatsrecht (Anm. 2) S. 317 ff.; *ders.*, Die Lage des parlamentarischen Regierungssystems in der Bundesrepublik, ebd. S. 361 ff.; *E. Friesenhahn* und *K. J. Partsch*, Parlament und Regierung im modernen Staat, VVDStRL 16 (1958), S. 33 ff., 74 ff.; *Th. Oppermann* und *H. Meyer*, Das parlamentarische Regierungssystem des Grundgesetzes, VVDStRL 33 (1975) S. 8 ff., 69 ff.; *H.-P. Schneider*, Das parlamentarische System, HdBVerfR § 13; *N. Achterberg*, Parlamentsrecht (1984); *R. Herzog*, Das parlamentarische Regierungssystem, Ev. Staatslexikon (3. Aufl. 1987) Sp. 2427 ff. Vgl. auch unten Anm. 12.

5 Zu den Problemen einer Parlamentsreform: *Th. Ellwein* und *A. Görlitz*, Parlament und Verwaltung I (1967) S. 237 ff.; Parlamentsreform in der Bundesrepublik Deutschland, zusammengest. von *H. Liesegang* (1974) m. w. Nachw.; *Schneider* (Anm. 4) Rdn. 127 ff. – Fragen des Parlamentsrechts sind in der Gemeinsamen Verfassungskommission (oben Rdn. 100) beraten worden. Änderungs- oder Ergänzungsvorschläge, namentlich eines Selbstauflösungsrechts des Parlaments, haben jedoch nicht die erforderliche Mehrheit gefunden. Dazu sehr aufschlußreich der Bericht der Kommission BT-Drucks. 12/6000, S. 86 ff.

ren durch eine Geschäftsordnung (Art. 40 Abs. 1 Satz 2 GG), eine autonome Satzung, die im Rang dem Grundgesetz und den Bundesgesetzen nachgeht und daher vom Bundesverfassungsgericht – freilich unter besonderer Beachtung der parlamentarischen Tradition und Praxis – auf ihre Vereinbarkeit mit dem Grundgesetz nachgeprüft werden kann[6]. Die Selbständigkeit des Bundestages zeigt sich ferner in der Leitungsgewalt des Präsidenten, kraft derer er die Ordnung während der Sitzungen handhabt, im Hausrecht und der Polizeigewalt im Gebäude des Bundestages, die vom Präsidenten ausgeübt werden, und in dem Verbot von Durchsuchungen und Beschlagnahmen in den Räumen des Bundestages ohne Genehmigung des Präsidenten (Art. 40 Abs. 2 GG). Sie findet endlich Ausdruck darin, daß der Bundestag einen eigenen Einzelplan im Haushaltsplan des Bundes hat, daß er sich selbst verwaltet und daß der Präsident oberste Dienstbehörde und Dienstvorgesetzter der Beamten und Angestellten des Bundestages ist.

2. Fraktionen und Ausschüsse

578 Da der Bundestag seine Aufgaben nicht ohne die vorbereitende und vorklärende Arbeit kleinerer Gremien bewältigen könnte und da politische Willensbildung auch innerhalb dieses demokratischen Organs der Sammlung, Sichtung und Formung der unterschiedlichen Bestrebungen nicht entraten kann, bedarf es der Bildung von Gremien, denen jene Vorbereitung, Vorklärung und Formung obliegt. Diese sind die Fraktionen und die Ausschüsse.

579 In den *Fraktionen*[7] gruppieren sich die Mitglieder des Bundestages nach politischen Richtungen. Sie dienen der Herausarbeitung von gemeinsamen Grundlinien, zwischen denen dann im Plenum ein Ausgleich herbeigeführt oder entschieden werden kann. Zu diesem Zweck haben sie die Aufgabe der Zusammenfassung und Vereinheitlichung der Auffassungen und treffen sie vielfach schon Vorentscheidungen, die die verfassungsrechtlich verbindliche Entscheidung im Plenum präjudizieren. Obwohl die Fraktionen für die parlamentarische Arbeit von lebensnotwendiger Bedeutung sind, enthält das Grundgesetz über eine Erwähnung in dem 1968 eingeführten Art. 53 a hinaus keine näheren Regelungen für sie. Sie finden ihre rechtliche Ordnung im wesentlichen in der Geschäftsordnung des Bundestages (§§ 10 ff.), die den in Art. 21 Abs. 1 Satz 1 GG angelegten engen Zusam-

---

6 Vgl. dazu BVerfGE 1, 144 (148 f.); 44, 308 (315); 80, 188 (218 f.). Geschäftsordnung des Deutschen Bundestages i. d. F. vom 2. 7. 1980 (BGBl. I S. 1237). Aus der Lit.: *H. Trossmann*, Parlamentsrecht des Deutschen Bundestages (1977; Ergänzungsband 1981); *G. Kretschmer*, Geschäftsordnungen deutscher Volksvertretungen, in: Parlamentsrecht und Parlamentspraxis (Anm. 1) S. 291 ff.; *J. Pietzker*, Schichten des Parlamentsrechts: Verfassung, Gesetze und Geschäftsordnung, ebd. S. 333 ff., bes. 342 ff.

7 Dazu jetzt das 16. Gesetz zur Änderung des Abgeordnetengesetzes (Fraktionsgesetz) vom 11. 3. 1994 (BGBl. I S. 526). Aus der Rspr.: BVerfGE 20, 56 (104 f.); 38, 258 (273 f.); 80, 188 (219 f.). Zur Anerkennung eines Zusammenschlusses von Abgeordneten als Gruppe (§ 10 Abs. 4 GOBT) und zur Ausgestaltung ihres Status: BVerfGE 84, 304 (322 ff.). *W.-D. Hauenschild*, Wesen und Rechtsnatur der parlamentarischen Fraktionen (1968); *W. Zeh*, Gliederung und Organe des Bundestages, HdBStR II, § 42 Rdn. 5 ff.; *J. Jekewitz*, Politische Bedeutung, Rechtsstellung und Verfahren der Bundestagsfraktion, in: Parlamentsrecht und Parlamentspraxis (Anm. 1) S. 1021 ff.

menhang zwischen politischen Parteien und Fraktionen herstellt: nach § 10 Abs. 1 Satz 1 GOBT sind Fraktionen Vereinigungen von mindestens fünf vom Hundert der Mitglieder des Bundestages, die derselben Partei oder solchen Parteien angehören, die auf Grund gleichgerichteter Ziele in keinem Land miteinander in Wettbewerb stehen. Die Bildung einer Fraktion durch Abgeordnete, die nicht Mitglieder ein und derselben Partei sind oder deren Partei nicht die 5%-Grenze erreicht hat, ist möglich, bedarf jedoch der Zustimmung des Bundestages. Von Bedeutung sind die Fraktionseigenschaft und die Fraktionsstärke namentlich für die Zusammensetzung des Ältestenrates und der Ausschüsse sowie für die Regelung des Vorsitzes in den Ausschüssen (vgl. § 12 GOBT).

Anders als die Gliederung in Fraktionen dient die Bildung von *Ausschüssen* der **580** Aufgabe fachlicher Vorklärung und Vorbereitung sowie speziellen Aufgaben namentlich der parlamentarischen Kontrolle. Das Grundgesetz enthält hierüber nur wenige Regelungen, während es im übrigen der Ordnung durch den Bundestag Raum läßt, der die Bildung und die Arbeit der Ausschüsse in der Geschäftsordnung geregelt hat (§§ 54 ff. GOBT). Grundsätzlich muß jeder Ausschuß ein verkleinertes Abbild des Plenums sein und in seiner Zusammensetzung die Zusammensetzung des Plenums wiedergeben[8]. Die knappe verfassungrechtliche Regelung darf auch hier nicht über die Bedeutung der Ausschüsse für die parlamentarische Arbeit hinwegtäuschen. Angesichts der Vervielfältigung und Komplizierung der Aufgaben des heutigen Parlaments kann diese Arbeit vielfach nur noch auf der Grundlage fachlicher Expertise sachgemäß wahrgenommen werden. Sie wird daher weithin, namentlich in ihren Details, zur Sache weniger fachkundiger Abgeordneter, die im engeren Kreis der Ausschüsse die entscheidende Vorarbeit zu leisten und die vom Bundestag zu fassenden Beschlüsse so weit vorzubereiten haben, daß den Fraktionen und dem Plenum eine Entscheidung möglich wird. Die Rolle des Parlaments hängt insoweit von einer hinreichenden Zahl fachkundiger Abgeordneter ab; erst diese ermöglichen dem Bundestag das eigene, von den Experten der Bundesregierung und des Bundesrates unabhängige Urteil und die selbständige Entscheidung und können ihm damit zu dem ihm zukommenden Gewicht in dem verfassungsmäßig normierten Zusammenwirken von Parlament, Regierung und Verwaltung verhelfen.

---

8 BVerfGE 80, 188 (221 ff.), insbes. auch zur Mitgliedschaft in den Ausschüssen. – Der 13. Deutsche Bundestag hat folgende ständige Ausschüsse eingesetzt: 1. Ausschuß für Wahlprüfung, Immunität und Geschäftsordnung, 2. Petitionsausschuß, 3. Auswärtiger Ausschuß, 4. Innenausschuß, 5. Sportausschuß, 6. Rechtsausschuß, 7. Finanzausschuß, 8. Haushaltsausschuß, 9. Ausschuß für Wirtschaft, 10. Ausschuß für Ernährung, Landwirtschaft und Forsten, 11. Ausschuß für Arbeit und Sozialordnung, 12. Verteidigungsausschuß, 13. Ausschuß für Familie, Senioren, Frauen und Jugend, 14. Ausschuß für Gesundheit, 15. Ausschuß für Verkehr, 16. Ausschuß für Umwelt, Naturschutz und Reaktorsicherheit, 17. Ausschuß für Post und Telekommunikation, 18. Ausschuß für Raumordnung, Bauwesen und Städtebau, 19. Ausschuß für Bildung, Wissenschaft, Forschung und Technologie, 20. Ausschuß für wirtschaftliche Zusammenarbeit und Entwicklung, 21. Ausschuß für Fremdenverkehr und Tourismus, 22. Ausschuß für die Angelegenheiten der Europäischen Union. – Der Bundestag kann ferner *Sonderausschüsse* (§ 54 Abs. 1 Satz 2 GOBT) und zur Vorbereitung von Entscheidungen über umfangreiche und bedeutsame Sachkomplexe *Enquetekommissionen* (§ 56 GOBT) einsetzen.

581 Das Grundgesetz selbst normiert die *Ausschüsse für Angelegenheiten der Europäischen Union* (Art. 45 – vgl. oben Rdn. 106), *für auswärtige Angelegenheiten und Verteidigung* (Art. 45 a Abs. 1, vgl. oben Rdn. 534, 546). Die Aufgaben dieser Ausschüsse kommen denen der verfassungsrechtlich nicht normierten Fachausschüsse nahe. Den Ausschuß für Angelegenheiten der Europäischen Union kann der Bundestag ermächtigen, seine Rechte gemäß Art. 23 GG gegenüber der Bundesregierung wahrzunehmen (Art. 45 Satz 2). Der Verteidigungsausschuß ist darüber hinaus Organ einer speziellen und intensivierten parlamentarischen Kontrolle; er hat daher die Rechte eines Untersuchungsausschusses (Art. 45 a Abs. 2 GG). – Die Befugnisse des *Petitionsausschusses* (Art. 45 c GG) sind durch das Gesetz vom 19. 7. 1975 (BGBl. I S. 1921) geregelt.

582 Von diesen Ausschüssen wesentlich unterschieden sind die parlamentarischen *Untersuchungsausschüsse*. In der Ausgestaltung, die sie in Art. 44 GG gefunden haben, dienen sie vorwiegend Aufgaben parlamentarischer Kontrolle und der Feststellung der Verantwortung für Mißstände. Das Schwergewicht liegt hierbei auf der Kontrolle von Regierung und Verwaltung; doch können im Rahmen der parlamentarischen Aufgaben und Zuständigkeiten grundsätzlich auch Vorgänge im öffentlichen Leben und Vorkommnisse im gesellschaftlichen Bereich in die Untersuchung einbezogen werden, wenn ein die parlamentarische Beratung und Beschlußfassung rechtfertigendes öffentliches Interesse besteht[9]. Die Untersuchungsausschüsse sind keine ständigen Ausschüsse, sondern können jederzeit ad hoc vom Bundestag eingesetzt werden; dies muß geschehen, wenn mindestens ein Viertel seiner Mitglieder es verlangt – weshalb ihre Wirksamkeit weithin von dem Vorhandensein einer hinreichend starken Opposition abhängt. Die Untersuchungsausschüsse verhandeln im Gegensatz zu den anderen Ausschüssen regelmäßig öffentlich (Abs. 1 Satz 1); sie haben das Recht, Beweise zu erheben, können dazu Zeugen und Sachverständige laden, haben also insoweit die Stellung eines Gerichts, weshalb die Bestimmungen der Strafprozeßordnung sinngemäß Anwendung finden (Abs. 2). Doch sind sie keine Gerichte: sie haben nur Sachverhalte festzustellen und dem Plenum zu berichten. In der Feststellung des Sachverhalts sind ihre Beschlüsse der richterlichen Erörterung entzogen; dagegen sind die Gerichte in der Würdigung und Beurteilung des zugrundeliegendes Sachverhalts frei (Abs. 4).

3. Wahlperiode und Sitzungsperioden

583 Anvertraute und verantwortliche Herrschaft, wie sie die demokratische Ordnung des Grundgesetzes voraussetzt, bedarf der in regelmäßigen Zeitabständen erneuerten Legitimation. Deshalb wird der Bundestag jeweils nur auf Zeit gewählt, und zwar auf vier Jahre (Art. 39 Abs. 1 Satz 1 GG). Seine *Wahlperiode* (oder Legislaturperiode) beginnt mit dem ersten Zusammentritt; sie endet mit dem Zusammen-

---

9 Hierzu, zur Stellung und zu den Befugnissen der Untersuchungsausschüsse: BVerfGE 77, 1 (39 ff.). Vgl. ferner BVerfGE 67, 100 (127 ff.); 76, 363 (382 ff.). Aus der (umfangreichen) Lit.: *M. Schröder*, Untersuchungsausschüsse, in: Parlamentsrecht und Parlamentspraxis (Anm. 1) S. 1245 ff.; dort S. 1258 f. auch zu den seit langem bestehenden Reformbestrebungen.

tritt eines neuen Bundestages (Art. 39 Abs. 1 Satz 2 GG). Die Neuwahl findet frühestens 45, spätestens 47 Monate nach Beginn der Wahlperiode, im Falle einer Auflösung binnen 60 Tagen statt (Art. 39 Abs. 1 Satz 3 und 4 GG). – Ein Recht zur Selbstauflösung kennt das Grundgesetz, anders als die die Mehrzahl der Landesverfassungen, nicht.

Demgegenüber werden die Zeiträume, in denen der Bundestag während der Wahlperiode tagt, als *Sitzungsperioden* bezeichnet. Den Schluß und den Wiederbeginn seiner Sitzungen bestimmt der Bundestag selbst; doch kann ihn der Präsident früher einberufen, und er muß dies tun, wenn ein Drittel der Mitglieder, der Bundespräsident oder der Bundeskanzler es verlangen (Art. 39 Abs. 3 GG). **584**

Während der Bundestag bei Beginn einer neuen Sitzungsperiode seine Arbeit an dem Punkt fortsetzen kann, an dem er sie bei Ende der vorangegangenen Sitzungsperiode unterbrochen hatte, werden die bei Ende einer Wahlperiode noch nicht verabschiedeten oder verhandelten Gesetzesvorlagen, Anträge und Anfragen hinfällig (§ 125 GOBT – *Diskontinuität der Wahlperioden*)[10]. Denn mit dem Ende der alten Wahlperiode erlischt die Legitimation des Bundestages. Das Wirken des neuen Bundestages gründet sich auf eine neue Legitimation. Es steht ihm frei, die unvollendete Arbeit des alten Bundestages aufzunehmen; doch müssen die Initiativen und das bisherige Verfahren wiederholt, Gesetzesvorlagen, Anträge und Anfragen also erneut eingebracht und verhandelt werden. **585**

4. Verhandlung und Abstimmung

Die Verhandlungen des Bundestages[11] sind öffentlich; doch kann die Öffentlichkeit mit Zweidrittelmehrheit ausgeschlossen werden (Art. 42 Abs. 1 GG). **586**

Soweit das Grundgesetz nichts anderes bestimmt, ist für die Beschlüsse des Bundestages grundsätzlich die Mehrheit der abgegebenen Stimmen erforderlich (Art. 42 Abs. 2 Satz 1 GG); die Beschlußfähigkeit setzt die Anwesenheit von mehr als der Hälfte der Abgeordneten im Sitzungssaal voraus (§ 45 Abs. 1 GOBT). Qualifizierte Mehrheiten fordert das Grundgesetz für einzelne Beschlüsse von besonderer Tragweite, und zwar entweder die Mehrheit der Mitglieder des Bundestages (Art. 121 GG; z. B. Art. 68 Abs. 1 Satz 1, 87 Abs. 3 Satz 2 GG) oder die Mehrheit von zwei Dritteln (z. B. Art. 77 Abs. 4 Satz 2, 80 a Abs. 1 Satz 2 GG) oder die Mehrheit von zwei Dritteln seiner Mitglieder (Art. 79 Abs. 2 GG). – Die Formen der Abstimmung sind in den §§ 48 ff. GOBT geregelt. **587**

---

10 Dazu *U. Scheuner*, Vom Nutzen der Diskontinuität zwischen Legislaturperioden, DÖV 1965, 510 ff.; *J. Jekewitz*, Der Grundsatz der Diskontinuität in der parlamentarischen Demokratie, JöR NF 27 (1978) S. 75 ff.

11 Zur Redebefugnis der Abgeordneten und der Regierungsmitglieder (Art. 43 Abs. 2 GG) und ihrer Begrenzung BVerfGE 10, 4 (12 ff.); vgl. auch BVerfGE 60, 374 (380). *J. Ch. Besch*, Rederecht und Redeordnung, in: Parlamentsrecht und Parlamentspraxis (Anm. 1) S. 939 ff. Allgemein zur parlamentarischen Debatte: *W. Zeh*, Theorie und Praxis der Parlamentsdebatte, ebd. S. 917 ff.

5. Kompetenzen

588 Die im Grundgesetz ausdrücklich normierten Kompetenzen des Bundestages umschreiben, wie gezeigt, nur einzelne Teile seiner Gesamtaufgabe. Sie können auch nur vor dem Hintergrund dieser Gesamtaufgabe verstanden werden.

Dies gilt namentlich für den bestimmenden Anteil des Bundestages an der Gestaltung der inneren und äußeren Politik, den das Grundgesetz nicht durch erschöpfende Kompetenzzuweisungen und scharfe Abgrenzungen regelt, sondern den es in erster Linie dem Zusammenspiel der politischen Kräfte, vor allem dem von *Parlament und Regierung* überläßt[12].

589 Im Rahmen dieses Zusammenspiels kann der Bundestag – freilich nur im Zusammenwirken mit dem Bundesrat – seinen Einfluß am nachhaltigsten vermöge seiner *Kompetenz zur Gesetzgebung* entfalten (Art. 77 Abs. 1 Satz 1 GG), durch die er auch die Bundesregierung zu binden vermag und wegen der die Bundesregierung auf eine Stützung durch die Mehrheit des Bundestages angewiesen ist. Von besonderer Bedeutung ist hier die Kompetenz zur Feststellung des Haushaltsplanes (Art. 110 Abs. 2 Satz 1 GG); in dieser traditionellen und wichtigen Befugnis gewinnt der Bundestag maßgeblichen Anteil an der Bestimmung des Inhalts, der Richtung und des Umfangs der Aktivität aller staatlichen Gewalten, und diese Mitbestimmung über die finanziellen Mittel wird vervollständigt durch die Vorschrift des Art. 115 Abs. 1 Satz 1 GG, nach der die Aufnahme von Krediten sowie die Übernahme von Bürgschaften, Garantien und sonstigen finanziellen Gewährleistungen einer der Höhe nach bestimmten oder bestimmbaren Ermächtigung durch Bundesgesetz bedürfen. Schließlich gehören in diesen Zusammenhang die Mitwirkung des Bundestages in Angelegenheiten der Europäischen Union (Art. 23 Abs. 2 und 3 GG), und an der Entscheidung über einen bewaffneten Einsatz von Streitkräften (oben Rdn. 546), seine Kompetenzen aus den Art. 59 Abs. 2, 115 a Abs. 1 und 115 l GG, sowie sein Einfluß auf die Organisation und das Verfahren der Bundesverwaltung und der Landesverwaltungen, der durch zahlreiche Bestimmungen des VIII. und X. Abschnittes des Grundgesetzes begründet wird.

590 Davon abgesehen ist jedoch der bestimmende Anteil des Bundestages an der politischen Gesamtleitung vornehmlich eine Frage seines *politischen Einflusses* auf die Bundesregierung und seiner Kontrolle. Das wesentlichste Mittel dieses Einflusses ist die Befugnis zur Wahl des Bundeskanzlers (Art. 63 GG). Neben informellen Absprachen oder Einwirkungen kann der Bundestag der Bundesregierung ferner durch (schlichte) Parlamentsbeschlüsse bestimmte Aufgaben stellen, ohne in der Regel auf diese Weise die Bundesregierung rechtlich binden zu können[13]. Auch seine *Kontrollaufgaben*[14] sind nur zu einem Teil in verfassungsrechtliche Kompe-

---

12 Vgl. dazu oben Anm. 4. *S. Magiera*, Parlament und Staatsleitung in der Verfassungsordnung des Grundgesetzes (1979); *M. Friedrich*, Anlage und Entwicklung des parlamentarischen Regierungssystems in der Bundesrepublik, DVBl. 1980, 505 ff.

13 Vgl. dazu *K. A. Sellmann*, Der schlichte Parlamentsbeschluß (1966); *Kretschmer* (Anm. 6) S. 309 f.

14 Grundsätzlich zur Aufgabe und Bedeutung parlamentarischer Kontrolle: *R. Bäumlin*, Die Kontrolle des Parlaments über Regierung und Verwaltung, in: Referate und Mitteilungen des Schweizerischen Juristenvereins 100 (1966) S. 238 ff.

tenzvorschriften gefaßt. So können der Bundestag und seine Ausschüsse die Anwesenheit jedes Mitglieds der Bundesregierung verlangen (Art. 43 Abs. 1 GG); dies schließt ein Interpellationsrecht des Bundestages ein, dessen Handhabung in der Geschäftsordnung geregelt ist (§§ 100 ff.). Der Bundestag kann einen Untersuchungsausschuß einsetzen (Art. 44 GG). Seine Kontrollbefugnisse auf dem Gebiet der militärischen Verteidigung sind verfassungsrechtlich verstärkt und besonders gesichert (Art. 45 a, 45 b, 87 a Abs. 1 GG). Der Bundesfinanzminister hat ihm jährlich Rechnung zu legen, und die Bundesregierung bedarf der Entlastung durch den Bundestag (Art. 114 GG). – Da sich in der Bundesregierung und in der Bundestagsmehrheit regelmäßig dieselben politischen Kräfte verkörpern, sind die Befugnisse freilich weniger Mittel zur Kontrolle des Parlaments als Ganzen als solche der Kritik und Kontrolle durch die Opposition, die darin ihre für die demokratische Ordnung wesentliche Aufgabe erfüllt.

Verfassungsrechtliche Sanktionen stehen diesem Einfluß und dieser Kontrolle allerdings nur in der ultima ratio des Mißtrauensvotums zu Gebote, und auch dieses ist im Grundgesetz nach zwei Richtungen hin eingeschränkt. Das Mißtrauen kann nicht einem einzelnen Minister, sondern nur dem Bundeskanzler ausgesprochen werden, mit dem dann freilich die gesamte Bundesregierung fällt; und der Ausspruch des Mißtrauens ist nur dadurch möglich, daß der Bundestag mit der Mehrheit seiner Mitglieder einen Nachfolger wählt und den Bundespräsidenten ersucht, den Bundeskanzler zu entlassen (Art. 67 Abs. 1 GG). **591**

Auch wenn daher die Bundesregierung vielfältigen Einwirkungen des Parlaments unterliegt, bleibt sie doch in der Wahrnehmung ihrer Funktion weithin selbständig. In der Ausgestaltung des parlamentarischen Systems durch das Grundgesetz zieht die verfassungsrechtliche Normierung der Kompetenzen des Bundestages beiden Organen Grenzen der Gestaltungsfreiheit; innerhalb dieser Grenzen überläßt sie jedoch das Maß des Anteils an der Bestimmung des Ganzen der inneren und äußeren Politik der Wirksamkeit, die Parlament und Regierung als politische Kräfte zu entfalten vermögen.

Gegenüber den bisher dargestellten Kompetenzen treten die *weiteren verfassungsrechtlichen Befugnisse* des Bundestages an Bedeutung zurück. Der Bundestag stellt bei der Wahl des Bundespräsidenten die Hälfte der Mitglieder der Bundesversammlung (Art. 54 GG) und hat das Recht der Präsidentenanklage (Art. 61 GG). Er wählt die Hälfte der Mitglieder des Bundesverfassungsgerichts (Art. 94 Abs. 1 Satz 2 GG). Seine Bedeutung als institutioneller Mittelpunkt des politischen Lebens wird darin sichtbar, daß der Bundespräsident, der Bundeskanzler und die Bundesminister ihren Amtseid vor den versammelten Mitgliedern des Bundestages zu leisten haben (Art. 56, 64 Abs. 2 GG). **592**

III. Zusammensetzung und Wahl des Bundestages

593 Das Grundgesetz läßt die *Zahl der Mitglieder* des Bundestages offen. Es regelt auch deren Wahl nur in den grundsätzlichen Bestimmungen des Art. 38 Abs. 1 Satz 1 und Abs. 2 (vgl. oben Rdn. 146 f.) und überläßt die nähere Konkretisierung dieser Grundsätze der Regelung durch das Bundeswahlgesetz (Art. 38 Abs. 3 GG).

594 Nach § 1 BWG besteht der Bundestag vorbehaltlich der sich aus diesem Gesetz ergebenden Abweichungen aus 656 Abgeordneten. Die Abgeordneten werden je zur Hälfte nach Kreiswahlvorschlägen in den 328 Wahlkreisen und nach Landeslisten in *„personalisierter" Verhältniswahl* gewählt.

595 Jeder Wähler hat zwei Stimmen (§ 4 BWG). Mit der ersten Stimme kann er einen Wahlkreisbewerber nach dem System der (relativen) Mehrheitswahl wählen (§ 5 BWG). Die zweite kann er für eine Landesliste abgeben, die nur von politischen Parteien aufgestellt werden darf (§ 27 Abs. 1 BWG). Aus dem Verhältnis der Summen der auf jede Landesliste abgegebenen Zweitstimmen ergibt sich die Gesamtzahl der Mandate, die auf eine Partei entfallen. Bei deren Ermittlung ist durch das Siebte Änderungsgesetz vom 8. März 1985 (BGBl. I S. 521) das bisherige d'Hondt'sche Höchstzahlverfahren durch ein neues Verfahren (Hare/Niemeyer) ersetzt worden, das größere Genauigkeit bei der Sitzverteilung bewirken soll. Danach wird die Gesamtzahl der zu vergebenden Sitze mit der Zahl der Zweitstimmen vervielfacht, die eine Landesliste im Wahlgebiet erhalten hat, und durch die Gesamtzahl der Zweitstimmen aller zu berücksichtigenden Landeslisten geteilt (§ 6 Abs. 2 Satz 2 BWG). Jede Landesliste erhält zunächst so viele Sitze, wie ganze Zahlen auf sie entfallen (§ 6 Abs. 2 Satz 3 BWG). Danach zu vergebende Sitze sind den Landeslisten in der Reihenfolge der höchsten Zahlenbruchteile zuzuteilen, die sich bei der Berechnung nach Satz 2 ergeben (§ 6 Abs. 2 Satz 4 BWG). Bei gleichen Zahlenbruchteilen entscheidet das Los (§ 6 Abs. 2 Satz 5 BWG). Auf die so ermittelte Zahl der Mandate wird die Zahl der mit den Erststimmen in den Wahlkreisen gewählten Bewerber einer Partei angerechnet. Nur die restlichen Sitze werden aus der Landesliste in der dort festgelegten Reihenfolge besetzt (§ 6 Abs. 4 BWG). Während also die erfolgreichen Wahlkreisbewerber in jedem Falle ein Mandat erhalten, sind von den Bewerbern auf den Landeslisten nur so viele gewählt, wie dies der Höhe der Differenz zwischen der Gesamtzahl der auf die Partei entfallenden Mandate und der Zahl ihrer erfolgreichen Wahlkreisbewerber entspricht[15]. Sitze, die eine Partei in den Wahlkreisen errungen hat, verbleiben ihr auch dann, wenn ihre Zahl die auf Grund des Verhältnisses der Summen der Zweitstimmen ermittelte Gesamtzahl der ihr zukommenden Mandate übersteigt (§ 6 Abs. 5 BWG – „Überhangmandate")[16]. Parteien, die nicht mindestens 5% der im

---

15 Für Listenverbindungen vgl. § 7 Abs. 3 BWG. Die Modifizierungen, durch die nach diesen Bestimmungen die Ermittlung der auf jede Partei entfallenden Sitze weiter kompliziert wird, bleiben hier unberücksichtigt. – Für die Wahl zum 12. Deutschen Bundestag hat die durch das Gesetz vom 8. 10. 1990 (BGBl. I S. 2141) geänderte Übergangsregelung des § 53 BWG gegolten, mit der dem Urteil des Bundesverfassungsgerichts vom 29. 9. 1990 (BVerfGE 82, 322) Rechnung getragen worden ist.

16 Zur verfassungsrechtlichen Zulässigkeit dieser Mandate vgl. BVerfGE 16, 120 (140).

ganzen Wahlgebiet abgegebenen Zweitstimmen erhalten oder nicht in mindestens drei Wahlkreisen einen Sitz errungen haben, bleiben unberücksichtigt (§ 6 Abs. 6 BWG, vgl. dazu oben Rdn. 146).

Die *Wahlprüfung* ist nach Art. 41 GG Sache des Bundestages. Der Bundestag ent- **596** scheidet auch, ob ein Abgeordneter die Mitgliedschaft verloren hat. Gegen die Entscheidung ist Beschwerde an das Bundesverfassungsgericht zulässig[17].

IV. Der Status der Abgeordneten

Die gewählten Abgeordneten erwerben die Mitgliedschaft im Bundestag durch **597** Annahme der Wahl, jedoch nicht vor Ablauf der Wahlperiode des letzten Bundestages und – bei Wiederholungswahlen – nicht vor dem Ausscheiden der ursprünglich gewählten Abgeordneten (§ 45 BWG). Sie treten damit in den Status eines Abgeordneten[18].

1. Der Grundsatz des freien Mandats

Nach Art. 38 Abs. 1 Satz 2 GG sind die Abgeordneten Vertreter des ganzen Vol- **598** kes, an Aufträge und Weisungen nicht gebunden und nur ihrem Gewissen unterworfen. Wenn das Grundgesetz mit dieser Normierung eine traditionelle Formel des älteren deutschen Verfassungsrechts aufnimmt, so bedeutet das nicht, daß das Verständnis dieser Formel heute noch dasselbe sein müsse wie in der Zeit des deutschen Frühkonstitutionalismus. Zwar entspricht dies einer verbreiteten Auffassung, auf deren Boden dann – Schulfall einer Unvereinbarkeit von Verfassungsrecht und „Verfassungswirklichkeit" – das freie Mandat in einen unaufhebbaren Widerspruch zur Wirklichkeit des modernen Parteienstaates tritt[19] und eine „prinzipielle Unvereinbarkeit" von Art. 38 Abs. 1 Satz 2 und Art. 21 GG entsteht[20]. Aber hierbei wird übersehen, daß die Formel des Art. 38 Abs. 1 Satz 2 GG nicht in ihren früheren, sondern in ihren heutigen systematischen Zusammenhängen zu interpretieren ist und daß diese Interpretation sich von den Bedingungen heutiger parlamentarischer Arbeit und den heute gestellten Problemen nicht ablösen läßt, deren Bewältigung die verfassungsrechtliche Normierung dient. Das Grundgesetz macht gerade in den Bestimmungen der Art. 21 und 38 Abs. 1 Satz 2 deutlich, daß die Stellung des Abgeordneten nicht ohne das Wirken der politischen Par-

---

17 Vgl. dazu §§ 46 f. BWG, das WahlprüfungsG vom 12. 3. 1951 (BGBl. I S. 166) mit spät. Änderungen und § 48 BVerfGG; aus der Rechtsprechung bes. BVerfGE 4, 370 (372 f.); 14, 154 (155); 16, 130 (135 f.); 22, 277 (280); 40, 11 (29); 46, 196 (198); 66, 369 (378).

18 Zu diesem grundsätzlich: BVerfGE 40, 296 (311 ff.); 80, 188 (217 ff.) *H. H. Klein*, Der Status des Abgeordneten, HdBStR II, § 41; *P. Badura*, Die Stellung des Abgeordneten nach dem Grundgesetz und den Abgeordnetengesetzen in Bund und Ländern, in: Parlamentsrecht und Parlamentspraxis (Anm. 1) S. 489 ff.

19 *G. Leibholz*, Der Strukturwandel der modernen Demokratie, in: Strukturprobleme der modernen Demokratie (3. Aufl. 1967) S. 112 ff.

20 BVerfGE 2, 1 (72).

teien verstanden werden kann und daß umgekehrt für die Mitwirkung der politischen Parteien im Parlament das freie Mandat des Abgeordneten wesentlich ist.

599 Ebensowenig wie das Parlament heute eine Stätte ist, an der in freier und öffentlicher Diskussion persönlicher Meinungen die jeweils beste und richtigste Entscheidung im Sinne einer höheren Vernunft gefunden werden soll, ist der Typ des Abgeordneten, der dieser verfassungsrechtlichen Regelung entspricht, der der unabhängigen, als Einzelpersönlichkeit gewählten Honoratioren älterer Zeit. Und ebenso wie das Parlament heute einen optimalen Ausgleich der auf die politische Gesamtleitung gerichteten vorgeformten Bestrebungen zu finden oder ggf. zwischen diesen Bestrebungen zu entscheiden hat, ist der Typ des Abgeordneten, der der verfassungsrechtlichen Regelung des Grundgesetzes entspricht, weit eher der der Berufspolitiker, der Verbandsfunktionäre oder der Experten, die durch ihre Partei und in ihrer Partei zu gemeinschaftlichem Zusammenwirken verbunden sind und die ihre Auffassungen nur im einheitlichen und geschlossenen Handeln der Fraktion und der Partei durchzusetzen vermögen. Deshalb schließt das freie Mandat weder die Mitwirkung der Parteien bei der politischen Willensbildung im Parlament noch eine Bindung der Abgeordneten an ihre Parteien und die von den Fraktionen herausgearbeiteten und verfolgten Richtlinien aus. Auf der anderen Seite begrenzt es jedoch diese Bindung und ist es Element eines freien politischen Prozesses innerhalb der Parteien und Fraktionen, der seinerseits wesentliche Voraussetzung der demokratischen Gesamtordnung des Grundgesetzes ist.

600 Das freie Mandat begrenzt die Bindungen des Abgeordneten an seine Partei und Fraktion, indem es diesen Bindungen die rechtliche Sanktion vorenthält. Kein Abgeordneter kann deshalb rechtlich zu einem bestimmten Verhalten im Parlament gezwungen werden, und dadurch wird die Geschlossenheit des Handelns der Fraktion in erster Linie eine Frage freier Zustimmung, die freilich nicht nur auf der Überzeugung von der Richtigkeit der Fraktionsbeschlüsse zu beruhen braucht, sondern ihren Grund auch darin finden kann, daß der Abgeordnete sich einer Mehrheitsentscheidung der Fraktion fügt, daß er dem fachkundigen Urteil anderer Abgeordneter vertraut oder daß er die Solidarität der Fraktion nicht gefährden will. Gewiß schließt das faktischen Druck nicht aus, der den Parteien namentlich in ihrer Befugnis zur Kandidatenaufstellung und damit in ihrem Einfluß auf die Wiederwahl des Abgeordneten zu Gebote steht. Aber diesem Druck läßt das Verfassungsrecht Raum: politisches Wirken ist keine Sache perfekter Kautelen, und der Politiker, der sich weder durchzusetzen vermag noch bereit ist, die Konsequenzen seiner divergierenden Überzeugung zu tragen, entspricht nicht dem Typ des Abgeordneten, den das Grundgesetz voraussetzt.

601 Die verfassungsrechtlichen Grenzen der Bindung des Abgeordneten werden dadurch verstärkt, daß der Status des Abgeordneten, den das freie Mandat begründet, von seiner Parteizugehörigkeit unabhängig ist. Zwar können die über Landeslisten gewählten Abgeordneten ihr Mandat nur auf der Grundlage der Aufstellung dieser Listen durch eine Partei erlangen. Aber ihre Legitimation ist eine selbständige. Austritt oder Ausschluß aus Partei oder Fraktion sowie der Übertritt in eine andere Partei oder Fraktion berühren das Mandat nicht[21]. Verpflichtungen, in einem solchen Falle das Mandat niederzulegen oder Blankoerklärungen, die der Abgeordnete im voraus dem Partei- oder Fraktionsvorstand für diesen Fall übergibt, sind nichtig. Eine Abberufung (recall) ist unzulässig. Wegen der Selbständigkeit der Legitimation des Abgeordneten kann auch im Falle des Verbotes einer Partei durch das Bundesverfassungsgericht kein Mandatsverlust eintreten. – Das Bundesverfassungsgericht hat freilich einen solchen Verlust im Urteil gegen die Sozialistische Reichspartei ausgesprochen[22], und das Bundeswahlgesetz (§ 46 Abs. 1 Nr. 5) sowie die Mehrzahl der Landeswahlgesetze sind ihm hierin gefolgt.

Auf diese Weise vermittelt das freie Mandat den Abgeordneten innerhalb und ge- **602** genüber ihrer Fraktion und Partei, aber auch der Fraktion gegenüber der Partei eine wesentlich größere Selbständigkeit, als dies bei einem imperativen Mandat der Fall wäre. Es schafft damit Möglichkeiten, die innerparteiliche Diskussion voranzutreiben und den Kampf um die politischen Führungspositionen innerhalb der Partei aufzunehmen[23]. Insofern liegt es geradezu in der Konsequenz des Art. 21 GG; denn es gewährleistet, sicherer als Bestimmungen der Parteisatzungen dies vermögen, eine gewisse Freiheit der Meinungs- und Willensbildung innerhalb der Parteien, um die es dem Grundgesetz in der Normierung der demokratischen Grundsätze der inneren Ordnung der Parteien (Art. 21 Abs. 1 Satz 3 GG) zu tun ist. Es wird damit auch im Zeichen der entscheidenden Rolle der politischen Parteien im modernen Staat zu einem wesentlichen Element des freien politischen Prozesses, in dem sich nach der demokratischen Ordnung des Grundgesetzes politische Einheits- und Willensbildung vollziehen sollen.

Ebenso ist das freie Mandat jenseits des Verhältnisses von Abgeordneten, Fraktio- **603** nen und Parteien auch heute von wesentlicher Bedeutung. Der Abgeordnete ist nicht an Aufträge der Wähler oder von Interessengruppen gebunden. Ausgeschlossen ist endlich das generell-imperative Mandat: die Abgeordneten sind nicht auf eine Grundlinie der Politik festgelegt, über die das Volk bei den Wahlen entschieden hat, mit der Folge, daß ein radikaler Wechsel oder die Entscheidung neu auftauchender grundsätzlicher Fragen ohne eine hierauf gerichtete Legitimation des Volkes durch Neuwahlen unmöglich wäre. Der Einfluß des Volkes ist insoweit auf die Wirksamkeit der öffentlichen Meinung und die Vorformung des politischen Willens beschränkt. Er reicht nicht über die Erteilung des Mandates hinaus.

---

21 Zur Mitgliedschaft fraktionsloser Abgeordneter in den Ausschüssen: BVerfGE 80, 188 (211 f.). – Aus der Diskussion über die (nach der hier vertretenen Auffassung unzulässige) gesetzliche Einführung eines Mandatsverlustes bei Parteiwechsel: *D. Tsatsos*, Mandatsverlust bei Verlust der Parteimitgliedschaft? DÖV 1971, 253 ff.; *H. J. Toews*, Die Regierungskrise in Niedersachsen (1969/70), AöR 96 (1971) S. 357 ff.; *Badura* (Anm. 18) S. 500 f.
22 BVerfGE 2, 1 (73 ff.).
23 *O. Kirchheimer*, Parteistruktur und Massendemokratie in Europa, AöR 79 (1953/54) S. 310 f., 314 ff.

2. *Pflichten und Rechte*

604 Das positive Verfassungsrecht deutet die *Pflichten* der Abgeordneten nur mit dem ersten Halbsatz des Art. 38 Abs. 1 Satz 2 GG an. Wenn die Abgeordneten hiernach Vertreter des ganzen Volkes sind, so schließt dies die Verpflichtung ein, ihr Mandat nach bestem Wissen und Gewissen und mit allen Kräften zum Wohle des Ganzen zu führen. Darüber hinaus sind in der Geschäftsordnung des Bundestages einzelne Pflichten, wie die zur Anwesenheit und zu ordnungsmäßigem Verhalten, normiert. Ihre Verletzung kann eine Verkürzung der Kostenpauschale oder Maßnahmen der Sitzungsdisziplin nach sich ziehen (§§ 13, 36 ff. GOBT), dagegen nicht einen Mandatsverlust; dieser ist auf die Fälle des § 46 BWG beschränkt[24]. Weitere Pflichten enthalten die vom Bundestag als Bestandteil der Geschäftsordnung (Anlage 1) beschlossenen Verhaltensregeln für Mitglieder des Bundestages.

605 Breiteren Raum widmet das Grundgesetz demgegenüber den *Rechten* der Abgeordneten. Jeder Abgeordnete hat das Recht, sich an der parlamentarischen Arbeit, im besonderen der Gesetzgebung und der Wahrnehmung des Budgetrechts zu beteiligen[25]. Weitere Rechte dienen der Vervollständigung und Sicherung ihrer Unabhängigkeit. Im Vordergrund steht dabei die *Indemnität* der Abgeordneten (Art. 46 Abs. 1 GG). Sie schützt den Abgeordneten dagegen, wegen Äußerungen im Parlament oder einem seiner Ausschüsse gerichtlich oder dienstlich verfolgt oder in anderer Weise außerhalb des Parlaments – auch nach Beendigung des Mandats – zur Verantwortung gezogen zu werden. Eine Ausnahme gilt für verleumderische Beleidigungen. Die Indemnität sichert damit den Abgeordneten gegen jegliche hoheitliche Maßnahme, die ihn in der Wahrnehmung seiner verfassungsmäßigen Aufgaben beeinträchtigen könnte, insbesondere gegen Akte der richterlichen Gewalt. Sie gilt für jedes gerichtliche Verfahren einschließlich zivilgerichtlicher Klagen. Sie ist der Verfügung des Parlaments entzogen, kann daher nicht aufgehoben werden und ist auch für den Abgeordneten selbst unverzichtbar.

606 In sachlichem Zusammenhang hiermit steht das – zugleich freilich auch dem Schutz des Vertrauensverhältnisses zum Staatsbürger dienende – Recht des Abgeordneten, über Personen, die ihm in seiner Eigenschaft als Abgeordneter Tatsachen anvertraut haben oder denen er in dieser Eigenschaft Tatsachen anvertraut hat, sowie über diese Tatsachen selbst das *Zeugnis zu verweigern*. Soweit dieses Recht reicht, ist auch die Beschlagnahme von Schriftstücken unzulässig (Art. 47 GG).

607 Demgegenüber schützt die *Immunität* den Abgeordneten gegen Strafverfolgung und andere Beeinträchtigungen seiner persönlichen Freiheit, die nicht im Zusam-

---

24 Weitergehend z. T. das Landesrecht, das bei der Verletzung von Abgeordnetenpflichten ein Ausschlußverfahren vor dem Parlament (Art. 13 der hamburgischen, Art. 85 der bremischen Verfassung) oder eine Abgeordnetenanklage vor dem Staatsgerichtshof kennt (Art. 42 der baden-württembergischen, Art. 61 der bayerischen, Art. 61 der brandenburgischen, Art. 17 der niedersächsischen, Art. 85 der saarländischen Verfassung). Vgl. dazu *P. Krause*, Freies Mandat und Kontrolle der Abgeordnetentätigkeit, DÖV 1974, 325 ff.

25 Zur Zulässigkeit einer Beschränkung: BVerfGE 70, 324 (358 ff.); vgl. demgegenüber die abw. Meinungen ebd. S. 367 ff., 381 ff.

menhang mit seiner parlamentarischen Tätigkeit zu stehen brauchen (Art. 46 Abs. 2 und 3 GG)[26]. Ihr ursprünglicher Zweck, den Abgeordneten vor der monarchischen Exekutive zu schützen, ist heute gegenstandslos. Stattdessen wird ihre Rechtfertigung in der Erhaltung der Funktionsfähigkeit und des Ansehens des Parlaments erblickt, mit der Folge, daß die Immunität weniger als ein Vorrecht des einzelnen Abgeordneten als ein solches des Parlaments erscheint. Demgemäß kann nur das Parlament über sie verfügen, nicht der Abgeordnete selbst; er kann weder auf seine Immunität verzichten noch verlangen, daß der Bundestag seine Immunität nicht aufhebt.

Die Wirkung der Immunität besteht darin, daß der Abgeordnete nur mit Genehmigung des Bundestages strafrechtlich zur Verantwortung gezogen, verhaftet oder in seiner persönlichen Freiheit beschränkt werden kann; eine Ausnahme gilt nur, wenn er bei Begehung der Tat oder im Laufe des folgenden Tages festgenommen wird.

Der *sozialen Sicherung* des Abgeordneten als Voraussetzung der Wahrnehmung **608** seiner Aufgaben dienen schließlich sein Recht, das Mandat ohne Nachteile für sein zivilrechtliches Arbeitsverhältnis zu übernehmen (Art. 48 Abs. 2 GG), sein Anspruch auf eine angemessene, seine Unabhängigkeit sichernde Entschädigung[27] sowie das Recht der freien Benutzung aller staatlichen Verkehrsmittel (Art. 48 Abs. 3 GG).

§ 16   Bundesrat

I. Eigenart und Bedeutung

Das Gewaltenteilungssystem des Grundgesetzes ist in wesentlichen Zügen, näm- **609** lich in der Zuweisung der staatlichen Funktionen an bestimmte Organe, der Zuordnung der Funktionen und der Balancierung der Gewalten, durch die bundesstaatliche Ordnung bestimmt (oben Rdn. 231 f.). Hierfür ist der Bundesrat von maßgeblicher Bedeutung. Als Medium des Einflusses der Länder auf den Bund ist er, wie gezeigt, dasjenige Organ, in dem die bundesstaatliche Ordnung heute einen wesentlichen Teil ihrer Wirksamkeit entfaltet (oben Rdn. 221, 260)[1].

---

26 Dazu *H. Butzer*, Immunität im demokratischen Rechtsstaat (1991).
27 Zu deren Charakter als steuerpflichtiges Entgelt: BVerfGE 40, 296 (311 ff.). Vgl. auch BVerfGE 32, 157 (163 ff.) m. w. Nachw. §§ 11 ff. des Gesetzes über die Rechtsverhältnisse der Mitglieder des Deutschen Bundestages vom 18. 2. 1977 (BGBl. I S. 297) mit späteren Änderungen.

1 Zur neueren Entwicklung und ihren Problemen: Der Bundesrat als Verfassungsorgan und politische Kraft, Beiträge zum 25jährigen Bestehen des Bundesrates der Bundesrepublik Deutschland, hrsg. vom Bundesrat (1974). Eingehende Darstellungen geben *K. Stern*, Das Staatsrecht der Bundesrepublik Deutschland II (1980) S. 109 ff., *D. Posser*, Der Bundesrat und seine Bedeutung, HdBVerfR, § 24 und *R. Herzog*, Die Stellung des Bundesrats im demokratischen Bundesstaat; Aufgaben des Bundesrates; Zusammensetzung und Verfahren des Bundesrates, HdBStR II, §§ 44–46.

610 Dementsprechend liegen die *Aufgaben des Bundesrates* weniger in selbständiger Bestimmung und Leitung als in kontrollierender und korrigierender Mitwirkung und Einflußnahme. Abgesehen von der Bestimmung über die eigene innere Ordnung kennt das Grundgesetz kaum eine Kompetenz des Bundesrates zu alleiniger und endgültiger Entscheidung. Auf der anderen Seite sind die Aufgaben des Bundesrates nicht auf eine einzelne Grundfunktion beschränkt. Er hat sowohl bei der Gesetzgebung wie bei der Verwaltung des Bundes und in Angelegenheiten der Europäischen Union mitzuwirken (Art. 50 GG) und ist im Rahmen seiner Aufgaben auch an Regierungsfunktionen beteiligt. Da hier ein und dasselbe Organ in besonders ausgeprägter Weise an mehreren Funktionen mitzuwirken hat und da Parlament und Regierung weithin auf eine Kooperation mit dem Bundesrat angewiesen sind, macht es die besondere Eigenart des Bundesrates aus, daß er *unterschiedliche Funktionen und Gewalten miteinander verknüpft*. Doch kommt ihm in dieser Rolle nicht das gleiche Gewicht zu wie den Organen, denen jene Funktionen jeweils in erster Linie zugewiesen sind; sein Einfluß auf die Bundesgesetzgebung ist geringer als der des Bundestages[2], und ebenso ist sein Einfluß auf die Funktionen der Vollziehung schwächer als der der Bundesregierung, da er auf einzelne Befugnisse und stets nur auf eine Mitwirkung beschränkt ist.

611 Dieser Eigenart der Aufgaben entspricht die *Struktur des Bundesrates*. In ihr bringt das Grundgesetz weithin andere Elemente zur Wirkung als im Bundestag. So ist es gerade der Bundesrat, in dem der Gedanke der „gemischten Verfassung" sichtbar wird (oben Rdn. 498).

612 Der Bundesrat besteht nicht aus gewählten Volks-, sondern aus *ernannten Regierungsvertretern*. Seine Struktur weicht dadurch von derjenigen der föderativen Bundesorgane anderer Bundesstaaten, etwa der USA, der Schweiz und Österreichs, ab, in denen die Mitglieder dieser Organe vom Volk oder vom Parlament in den Einzelstaaten gewählt werden (Senatssystem). Sein Auftrag beruht deshalb nicht auf einer unmittelbaren, zeitlich begrenzten Legitimation durch die Mehrheit des Volkes, und ihm fehlt das Element unmittelbarer Verantwortlichkeit, wie es das Parlament und die Regierung kennzeichnet. Zugleich wird der Bundesrat jedoch auf diese Weise zu einem wesentlichen Faktor der Kontinuität: da er keine Amtsperioden, sondern nur einen Wechsel einzelner Mitglieder in unregelmäßigen Zeitabständen kennt, wird er zum „ewigen" Bundesorgan.

613 Die Mitglieder des Bundesrates sind *instruierte Vertreter*, im Gegensatz zu den Abgeordneten also an Aufträge und Weisungen gebunden. Auch der Vorgang, der zu den Entscheidungen des Bundesrates führt, ist infolgedessen von anderer Struktur als der der Entscheidungen des Parlaments: in ihm vollzieht sich ein Zusammenwirken der einzelnen Landesregierungen. Das ist um so bedeutsamer, als auf diese Weise in Gesetzgebung und Vollziehung andere Elemente und Kräfte zur Geltung gebracht werden als die in Bundestag und Bundesregierung bestimmenden.

---

2 Dazu BVerfGE 37, 363 (380 f.).

Zu diesen gehört einmal das *föderative Element* regionaler Besonderheit, das je- **614** doch im Zeichen fortschreitender sachlicher Unitarisierung nur noch eine geringere, gelegentlich allerdings sehr wirkungskräftige Rolle zu spielen vermag. Wesentlicher ist der Einfluß der *politischen Parteien.* Hier können durch die Verbindung mit den Entscheidungszentren in den Landeshauptstädten im Bundesrat andere Kräftegruppierungen entstehen als im Bundestag; es können andere Richtungen zur Geltung gelangen, und wegen der unterschiedlichen Mehrheitsverhältnisse in den Ländern kann das Stärkeverhältnis der politischen Parteien von dem des Bundestages abweichen. Eine zusätzliche Veränderung erfährt dieses Stärkeverhältnis in der Regel dadurch, daß das Stimmgewicht der Länder im Bundesrat nicht genau ihrer Bevölkerungszahl entspricht, sondern in – freilich modifizierter – Anwendung des Prinzips der Gleichheit der Einzelstaaten im Bundesstaat durch Art. 51 Abs. 2 GG zugunsten der kleineren Länder verschoben wird[3], eine Wirkung, die sowohl den Regierungs- wie den Oppositionsparteien im Bunde zugute kommen kann. Endlich gehört zu den andersartigen Elementen, die im Bundesrat zur Geltung gebracht werden, das *administrative Element* in den Ländern.

Da die Länder heute vorzugsweise Verwaltungsaufgaben zu erfüllen haben und da sowohl die Vorbereitung der Stellungnahmen der Landesregierungen im Bundesrat als auch die Vorbereitung der Stellungnahmen des Bundesrates selbst weithin in den Händen der Ministerialbürokratie der Länder liegt, entfaltet dieses dem Bundestag und der Bundesregierung gegenüber durchaus selbständige Element nicht zu unterschätzende Wirkungen.

Die Kompetenzen und die Struktur des Bundesrates versetzen ihn in die Lage, die **615** ihm zugewiesenen Aufgaben kontrollierender, korrigierender und koordinierender Mitwirkung und Einflußnahme wirksam wahrzunehmen. Er hat nicht nur in den Normierungen der Verfassung eine wesentlich stärkere Stellung erhalten als der Reichsrat der Weimarer Republik, sondern ihm kommt auch in der wirklichen Verfassung ein weitaus größeres Gewicht zu als dem damaligen föderativen Reichsorgan; dieses Gewicht ist, anders als das seiner Vorgänger, des Reichsrates und des Bundesrates der Reichsverfassung von 1871, im Verlauf der Entwicklung der Bundesrepublik sogar gewachsen. So wirksam der Bundesrat indessen die ihm zugewiesenen begrenzten Aufgaben zu erfüllen vermag, so wenig ist er, wie die bisherige Entwicklung gezeigt hat, imstande, in grundlegenden Fragen politischer Gesamtleitung und Entscheidung den Ausschlag zu geben. Hier sind ihm durch seine Struktur Grenzen gezogen, die es ausschließen, daß der Bundesrat eine gleiche Bedeutung gewinnt wie Parlament und Regierung.

---

3 Noch deutlicher wird dies in Bundesstaaten, in denen jeder Einzelstaat ungeachtet seiner Größe und Einwohnerzahl die gleiche Stimmenzahl hat, wie etwa im Senat der USA oder im schweizerischen Ständerat.

II. Verfassungsrechtliche Ausgestaltung

1. Stellung, Zusammensetzung und innere Ordnung des Bundesrates

616 Seiner Aufgabe und seiner Stellung nach ist der Bundesrat selbständiges oberstes Bundesorgan, das seine Angelegenheiten selbst ordnet, keiner Aufsicht eines anderen Organs unterliegt und (im Gegensatz zu seinen Mitgliedern) an keinerlei Weisungen gebunden ist.

617 Auch der Bundesrat wählt seinen Präsidenten selbst, und zwar jeweils auf ein Jahr (Art. 52 Abs. 1 GG). Er regelt sein Verfahren durch eine Geschäftsordnung (Art. 52 Abs. 3 Satz 2 GG)[4]. Ebenso verwaltet er sich selbst; er hat einen eigenen Einzelplan im Haushaltsplan des Bundes; sein Präsident ist oberste Dienstbehörde der Beamten des Bundesrates (§ 6 Abs. 1 GOBR).

618 Der Bundesrat besteht aus Mitgliedern der Landesregierungen, die von diesen bestellt und abberufen werden; im Gegensatz zu den Abgeordneten des Bundestages ist eine Vertretung zulässig (Art. 51 Abs. 1 GG). Die Zahl der Mitglieder, die jedes Land entsenden kann, richtet sich nach der Stimmenzahl des Landes (Art. 51 Abs. 3 Satz 1). Jedes Land hat mindestens drei Stimmen; Länder mit mehr als 2 Millionen Einwohnern haben vier, Länder mit mehr als 6 Millionen Einwohnern haben fünf, Länder mit mehr als 7 Millionen Einwohnern sechs Stimmen (Art. 51 Abs. 2). Insgesamt haben die Länder gegenwärtig 68 Stimmen.

619 Für die Ausschüsse des Bundesrates gilt die Besonderheit, daß ihnen nicht nur Bundesratsmitglieder, sondern auch andere Mitglieder oder Beauftragte der Landesregierungen angehören können (Art. 52 Abs. 4 GG). Da auch für die Arbeit des Bundesrates die vorbereitende Arbeit der Ausschüsse von wesentlicher Bedeutung ist, ist diese Regelung Grundlage des maßgebenden Einflusses von Angehörigen der obersten Behörden der Landesverwaltungen im Bundesrat, der, wie gezeigt, den Charakter der Tätigkeit des Bundesrates weithin bestimmt.

620 Der Bundesrat wird durch den Präsidenten einberufen, der zur Einberufung verpflichtet ist, wenn die Vertreter von mindestens zwei Ländern oder die Bundesregierung dies verlangen (Art. 52 Abs. 2 GG). Die Verhandlungen sind grundsätzlich öffentlich (Art. 52 Abs. 3 Satz 3 und 4 GG). Soweit das Grundgesetz nichts Abweichendes bestimmt (z. B. Art. 79 Abs. 2 GG), ist für Beschlüsse des Bundesrates die einfache Mehrheit maßgebend (Art. 52 Abs. 3 Satz 1 GG). Dabei können die Stimmen eines Landes nur einheitlich und nur durch anwesende Mitglieder oder deren Vertreter abgegeben werden (Art. 51 Abs. 3 Satz 2 GG).

---

4 Geschäftsordnung des Bundesrates i. d. F. der Bekanntmachung vom 26. 11. 1993 (BGBl. I S. 2007).

2. Kompetenzen

Wenngleich die verfassungsrechtlich normierten Einzelkompetenzen des Bundes- **621**
rates der stärkste Rückhalt seines Einflusses auf Gesetzgebung, Regierung und
Verwaltung sind, erschöpfen sie doch nicht die Möglichkeiten dieses Einflusses.
Zu ihnen treten durch einfache Bundesgesetze geregelte Mitwirkungsrechte namentlich im Bereich der Bundesverwaltung[5], und über seine geschriebenen Kompetenzen hinaus ist auch der Bundesrat – freilich in wesentlich engeren Grenzen
als der Bundestag – zu politischem Wirken berufen und imstande, so daß sein Anteil an der politischen Gesamtleitung sich nicht starr und meßbar festlegen läßt.
Ebensowenig erschöpfen sich die Kompetenzen des Bundesrates in der Mitwirkung an Entscheidungen, die in besonderer Weise die Länder oder das bundesstaatliche Gefüge betreffen. An solchen Entscheidungen ist der Bundesrat zwar stets
beteiligt; aber der Rahmen seiner Kompetenzen ist weiter gezogen und macht damit ebenfalls deutlich, daß der Bundesrat ein echtes Bundesorgan, nicht etwa
„Ländervertretung" ist. Dies gilt namentlich für die Mitwirkung des Bundesrates
bei der Gesetzgebung.

Der Bundesrat wirkt in der oben (Rdn. 512 ff.) dargestellten Weise bei der *Gesetz-* **622**
gebung des Bundes mit (Art. 77 Abs. 2–4, 78 GG). Er ist dadurch auch an der Feststellung des Haushaltsplanes (Art. 110 Abs. 2 Satz 1 GG), an den Entscheidungen über Kreditaufnahmen und finanzielle Gewährleistungen (Art. 115 GG), an
den Akten der Art. 59 Abs. 2 und 115 l GG[6] sowie an bundesgesetzlichen Regelungen der Organisation und des Verfahrens der Bundes- und Landesverwaltung
beteiligt; diese Beteiligung erlangt besonderes Gewicht, wenn sie ihre Grundlage
in der Notwendigkeit positiver Zustimmung des Bundesrates findet, die heute wegen Art. 84 Abs. 1 GG für die Mehrzahl der Bundesgesetze die Regel bildet.

An der Wahrnehmung der *vollziehenden Gewalt* des Bundes ist der Bundesrat **623**
durch die vom Grundgesetz vorgeschriebene Mitwirkung und Kontrolle im Rahmen der Rechnungslegung (Art. 114 GG), der Bundesaufsicht (Art. 84 Abs. 3
und 4 GG), des Bundeszwangs (Art. 37 Abs. 1 GG), der Bundesintervention
(Art. 91 Abs. 2) und in Fällen des Notstandes beteiligt (unten Rdn. 734 ff.). Bestimmte Rechtsverordnungen der Bundesregierung oder eines Bundesministers
(in der Praxis deren Mehrzahl) bedürfen der Zustimmung des Bundesrates
(Art. 80 Abs. 2 GG) – ein Erfordernis, das freilich unter dem Vorbehalt einer an-
derweitigen bundesgesetzlichen Regelung steht, die nach Auffassung des Bundesverfassungsgerichts nur mit Zustimmung des Bundesrates ergehen darf[7]. Für den
Erlaß zustimmungsbedürftiger Rechtsverordnungen kann der Bundesrat der Bundesregierung Vorlagen zuleiten (Art. 80 Abs. 3 GG). In den Fällen der Art. 84
Abs. 2, 85 Abs. 2 und 108 Abs. 7 GG können Verwaltungsvorschriften nur mit seiner Zustimmung erlassen werden.

---

5 Dazu *A. Köttgen*, Der Einfluß des Bundes auf die deutsche Verwaltung und die Organisation der bun-
deseigenen Verwaltung, JöR NF 3 (1954) S. 105; *Stern* (Anm. 1) S. 150 f.
6 Hier auch, soweit es sich nicht um Akte der Gesetzgebung handelt.
7 BVerfGE 28, 77 (76 ff.) gegen BVerwGE 28, 36 (39 ff.). Vgl. auch BVerfGE 24, 184 (194 ff.). – Ein
ähnliches Zustimmungserfordernis in Art. 119 GG.

Einen Ausgleich für die Veränderungen der bundesstaatlichen Ordnung zu Lasten der Länder, welche auf Grund der fortschreitenden Einfügung der Bundesrepublik in die Europäische Union zu erwarten sind (oben Rdn. 106, 234) suchen Art. 23 Abs. 2, 4–6 GG zu schaffen. Danach wirken in Angelegenheiten der Europäischen Union neben dem Bundestag „durch den Bundesrat die Länder mit" (Abs. 2). Der Bundesrat ist an der Willensbildung des Bundes zu beteiligen, soweit er an einer entsprechenden innerstaatlichen Maßnahme mitzuwirken hätte oder soweit die Länder innerstaatlich zuständig sind (Abs. 4). Diese Mitwirkungsbefugnisse reichen von einer Berücksichtigung der Stellungnahme des Bundesrates durch die Bundesregierung bis zu einer „maßgeblichen" Berücksichtigung (Abs. 5). Werden ausschließliche Gesetzgebungsbefugnisse der Länder betroffen, soll die Wahrnehmung der Rechte, welche der Bundesrepublik als Mitgliedstaat der Europäischen Union zustehen, vom Bund auf einen vom Bundesrat benannten Vertreter der Länder übertragen werden (Abs. 6). Näheres regelt das Gesetz über die Zusammenarbeit von Bund und Ländern in Angelegenheiten der Europäischen Union vom 12. März 1993 (BGBl. I S. 313)[8].

Nach Art. 52 Abs. 3 a GG kann der Bundesrat eine Europakammer bilden, deren Beschlüsse als Beschlüsse des Bundesrates gelten[9].

624 Dem Zusammenwirken mit der Bundesregierung, der Information des Bundesrates und der Kontrolle dient Art. 53 GG, nach dem die Mitglieder der Bundesregierung auf Verlangen an den Verhandlungen des Bundesrates und seiner Ausschüsse teilzunehmen haben und nach dem die Bundesregierung verpflichtet ist, den Bundesrat über die Führung der Geschäfte auf dem laufenden zu halten.

625 Während damit dem Bundesrat im gemeinschaftlichen Zusammenwirken mit Bundestag und Bundesregierung eine bedeutsame Rolle zukommt, sind seine *weiteren Kompetenzen* von geringerer Tragweite. An der Wahl des Bundespräsidenten ist der Bundesrat nicht beteiligt; doch hat er neben dem Bundestag das Recht der Präsidentenanklage (Art. 61 Abs. 1). Der Bundesrat wählt die Hälfte der Mitglieder des Bundesverfassungsgerichts (Art. 94 Abs. 1 Satz 2). Schließlich ist dem Bundesrat im Falle des Gesetzgebungsnotstandes eine maßgebliche Rolle zugewiesen (Art. 81 GG, vgl. dazu unten Rdn 726 f.).

§ 17   Bundesregierung

626 In der Regelung der Aufgabe, der Organisation und des Verfahrens der Bundesregierung beschränkt sich das Grundgesetz auf wenige Regelungen von zum Teil großer Weite und Offenheit. Die Knappheit der verfassungsrechtlichen Normierung ermöglicht jene Elastizität und Dynamik, die gerade die Funktion der Regierung kennzeichnen; sie läßt indessen die besondere Rolle der Bundesregierung, das aufgegebene Zusammenwirken zwischen ihr, Bundestag und Bundesrat sowie

---

8 Dazu die Vereinbarung zwischen der Bundesregierung und den Regierungen der Länder über die Zusammenarbeit in Angelegenheiten der Europäischen Union vom 29. 10. 1993 (Bundesanzeiger Nr. 226 v. 2. 12. 1993 S. 10425 f.).

9 Vgl. dazu §§ 3 ff. des Gesetzes über die Zusammenarbeit von Bund und Ländern in Angelegenheiten der Europäischen Union und §§ 45 b bis 45 k GOBR.

die Bindungen, die sich für die Bundesregierung aus der Notwendigkeit dieses Zusammenwirkens ergeben, nicht ohne weiteres deutlich werden. Diese Zusammenhänge wurden bereits behandelt (oben Rdn. 533, 588 ff.). Im folgenden ist noch die Ausgestaltung des Rechts der Bundesregierung durch die Regelungen namentlich des VI. Abschnittes des Grundgesetzes in ihren Grundzügen darzustellen[1].

I. Verfasssungsrechtliche Stellung und Zusammensetzung

Auch wenn die Bundesregierung vom Vertrauen des Bundestages abhängig ist, ist sie doch, der ihr zugewiesenen Funktion entsprechend, selbständiges *oberstes Bundesorgan*, das nicht an die Weisungen eines anderen Organs, besonders des Parlaments, gebunden werden kann. Sie beschließt selbst über ihre Geschäftsordnung, die freilich der Genehmigung des Bundespräsidenten bedarf (Art. 65 Satz 4 GG)[2]. Die *Zahl ihrer Mitglieder* läßt das Grundgesetz offen; es bestimmt lediglich, daß die Bundesregierung aus dem Bundeskanzler und den Bundesministern besteht (Art. 62 GG) und daß der Bundeskanzler einen Bundesminister zu seinem Stellvertreter zu ernennen hat (Art. 69 Abs. 1 GG). Die weitere Festlegung überläßt es der Selbstorganisation der Bundesregierung (vgl. unten III).   **627**

Die Funktion der Bundesregierung bedingt einen besonderen *Status ihrer Mitglieder*. Das Grundgesetz enthält eine ausdrückliche Regelung hierzu nur in der Bestimmung des Art. 66, nach der weder der Bundeskanzler noch die Bundesminister ein anderes besoldetes Amt, ein Gewerbe, einen Beruf ausüben und weder dem Vorstand noch ohne Zustimmung des Bundestages dem Aufsichtsrate eines auf Erwerb gerichteten Unternehmens angehören dürfen. Im übrigen ist die Rechtsstellung der Mitglieder der Bundesregierung im Bundesministergesetz in der Fassung vom 27. 7. 1971 (BGBl. I S. 1166) geregelt. Danach stehen Bundeskanzler und Bundesminister zum Bund in einem öffentlichrechtlichen Amtsverhältnis besonderer Art (§ 1), das Ähnlichkeiten mit dem Beamtenverhältnis aufweist, jedoch kein Beamtenverhältnis ist.   **628**

II. Bildung und Amtsdauer der Bundesregierung

Das Grundgesetz weicht in der Regelung der Frage der Bildung und der vorzeitigen Beendigung der Amtszeit der Bundesregierung wesentlich von den entsprechenden Regelungen der Weimarer Reichsverfassung ab. Es sucht damit Fehler zu vermeiden, die der Weimarer Verfassung – wirklich oder vermeintlich – angehaftet hatten und die vielfach als Ursache der mangelnden Stabilität der Mehrzahl der damaligen Reichsregierungen, der daraus resultierenden Schwierigkeiten und   **629**

---

1 Dazu *M. Schröder*, Aufgaben der Bundesregierung; Bildung, Bestand und parlamentarische Verantwortung der Bundesregierung, HdBStR II, §§ 50 und 51; *K. Stern*, Das Staatsrecht der Bundesrepublik Deutschland II (1980) S. 268 ff.; *M. Oldiges*, Die Bundesregierung als Kollegium (1983).
2 Geschäftsordnung der Bundesregierung vom 11. 5. 1951 (GMBl. S. 137) mit spät. Änderungen.

schließlich des Scheiterns der Weimarer Republik angesehen werden. Nach Art. 53 WRV wurden der Reichskanzler und auf seinen Vorschlag die Reichsminister vom Reichspräsidenten ernannt und entlassen. Sie bedurften des Vertrauens des Reichstages, das jedoch nicht positiv ausgesprochen zu werden brauchte; jeder von ihnen mußte nur dann zurücktreten, wenn ihm der Reichstag durch *ausdrücklichen* Beschluß sein Vertrauen entzog (Art. 54 WRV). Der Reichstag konnte daher eine vom Reichspräsidenten ernannte Regierung tolerieren, ohne mit ihr zusammenzuarbeiten, ohne sie aber auch zu stürzen. Und er konnte der Reichsregierung oder einzelnen ihrer Mitglieder mit einer unechten, nur im Negativen einigen Mehrheit das Vertrauen entziehen, ohne gleichzeitig zur Bildung einer Mehrheit imstande zu sein, die bereit gewesen wäre, eine anders zusammengesetzte Reichsregierung zu stützen („destruktives Mißtrauensvotum"). – Beide Möglichkeiten haben in den letzten Jahren der Republik eine wesentliche Rolle gespielt und zu dem ursprünglich für diesen Fall nicht vorgesehenen Rückgriff auf die Diktaturgewalt des Reichspräsidenten nach Art. 48 WRV geführt.

1. Die Bildung der Bundesregierung

630 Der ersten Gefahr sucht das Grundgesetz dadurch zu wehren, daß es in Art. 63 die Verantwortung für die Bildung der Bundesregierung primär in die Hände des Bundestages und des Bundeskanzlers, nicht des Bundespräsidenten legt. Es sichert auf diese Weise das notwendige Zusammenwirken von Parlament und Regierung zuverlässiger als Art. 53 f. WRV.

631 Der Regelfall der Bildung der Bundesregierung ist hiernach der der Art. 63 Abs. 1 und 2, 64 Abs. 1 GG. Der Bundeskanzler wird auf Vorschlag des Bundespräsidenten vom Bundestag ohne Aussprache mit der Mehrheit der Stimmen der Mitglieder des Bundestages gewählt. Der Gewählte ist vom Bundespräsidenten zu ernennen. Auf seinen Vorschlag werden die Bundesminister vom Bundespräsidenten ernannt. Zur Ernennung des Bundeskanzlers ist der Bundespräsident unstreitig verpflichtet. Das gleiche muß auch für die Ernennung der Bundesminister gelten (unten Rdn. 666 ff.).

632 Kommt auf diesem Wege eine Wahl nicht zustande, so kann der Bundestag innerhalb von 14 Tagen mit mehr als der Hälfte seiner Mitglieder ohne Vorschlag des Bundespräsidenten einen Bundeskanzler wählen (Art. 63 Abs. 3 GG). Hierbei können mehrere Wahlgänge stattfinden. Der mit absoluter Mehrheit Gewählte und die von ihm vorgeschlagenen Minister sind vom Bundespräsidenten zu ernennen.

633 Wenn innerhalb dieser Frist eine Wahl nicht zustande kommt, findet alsbald ein neuer Wahlgang statt, bei dem derjenige gewählt ist, der die meisten Stimmen erhält. In diesem Falle ist also eine relative Mehrheit ausreichend. Erreicht der Gewählte in diesem Wahlgang eine absolute Mehrheit, so muß der Bundespräsident ihn ernennen. Im anderen Falle hat er ihn entweder zu ernennen oder den Bundestag aufzulösen (Art. 63 Abs. 4 GG). Nur wenn der Bundespräsident von seinem

Auflösungsrecht keinen Gebrauch macht, besteht damit nach dem Grundgesetz die Möglichkeit der Bildung einer Minderheitsregierung, die dann – ähnlich wie nach Art. 53 f. WRV – vom Bundestag toleriert werden kann.

2. Amtsdauer

Das Grundgesetz normiert keine Amtsperiode der Bundesregierung. Doch endet **634** das Amt des Bundeskanzlers und der Bundesminister in jedem Falle mit dem Zusammentritt eines neuen Bundestages (Art. 69 Abs. 2 GG). Schon vor diesem Zeitpunkt endet die Amtsdauer der Bundesregierung, wenn der Bundestag dem Bundeskanzler das Mißtrauen ausspricht. Der Gefahr, daß dies durch eine unechte, nur im Negativen einige Mehrheit geschieht, sucht das Grundgesetz durch die Neuerung zu begegnen, daß das *Mißtrauensvotum des Bundestages* ein „konstruktives" sein muß: der Bundestag kann dem Bundeskanzler das Mißtrauen nur dadurch aussprechen, daß er mit der Mehrheit seiner Mitglieder einen Nachfolger wählt und den Bundespräsidenten ersucht, den Bundeskanzler zu entlassen (Art. 67 Abs. 1 GG). Mit der Entlassung des Bundeskanzlers endet auch das Amt der Bundesminister (Art. 69 Abs. 2 GG), die vom Bundespräsidenten zu entlassen sind (Art. 64 Abs. 1 GG).

Die Bedingungen und die Wirkungsweise des parlamentarischen Regierungssystems werden freilich verkannt, wenn diese Neuerung, verbreiteter Ansicht entsprechend, als ein wesentlicher Fortschritt in der Gewährleistung stabiler Regierungsverhältnisse betrachtet wird. Darüber hinaus wird auch die bisherige Entwicklung der Bundesrepublik falsch gedeutet, wenn die Stabilität ihrer Regierungsverhältnisse als ein Resultat des Art. 67 GG angesehen wird. Denn Art. 67 GG schließt zwar den Sturz der Bundesregierung durch eine parlamentarische Mehrheit aus, die ihrerseits nicht bereit oder in der Lage ist, zur Regierungsmehrheit zu werden. Er schließt es jedoch nicht aus, daß eine Minderheitsregierung in der Demokratie zu politischer Machtlosigkeit verurteilt ist; und er kann die Angewiesenheit der Regierung auf die Verabschiedung der notwendigen Gesetze durch das Parlament nicht aufheben. Die Lage einer Minderheitsregierung unter der Geltung des Art. 67 GG unterscheidet sich daher nur der Form, nicht der Sache nach von der einer gestürzten, ihre Geschäfte bis zum Zustandekommen einer neuen Regierung weiterführenden Regierung[3]. Gewiß kann Art. 67 GG auf die Bildung „positiver" Mehrheiten hinwirken. Aber die Krisenlage, deren Eintritt er verhindern soll, kann durch die Lösung des konstruktiven Mißtrauensvotums weder aufgehalten noch beseitigt, wohl aber dadurch, daß an den Symptomen statt an der Wurzel des Übels kuriert wird, perpetuiert werden. Stabile Regierungen sind in der parlamentarischen Demokratie eine Frage eindeutiger und sicherer Parlamentsmehrheiten, auf die alles ankommt, und soweit es hierfür überhaupt verfassungsrechtliche Hilfen gibt, liegen diese in der Gestaltung des Wahlrechts. Fehlt es an solchen Mehrheiten, so ist der Versuch, sie durch Auflösung des Parlaments **635**

---

3 *E. Friesenhahn*, Parlament und Regierung im modernen Staat, VVDStRL 16 (1958) S. 61 f.

und Neuwahlen zu gewinnen, noch immer der beste verfassungsrechtliche Notbehelf.

636 Diese Möglichkeit läßt Art. 68 GG offen. Der Bundeskanzler kann den Antrag stellen, ihm das Vertrauen auszusprechen. Findet dieser Antrag nicht die Zustimmung der Mehrheit der Mitglieder des Bundestages, so kann der Bundespräsident auf Vorschlag des Bundeskanzlers den Bundestag binnen 21 Tagen auflösen, sofern nicht der Bundestag in der Zwischenzeit – unter dem Druck der drohenden Auflösung – mit der Mehrheit seiner Mitglieder einen anderen Bundeskanzler wählt. Kommt jedoch eine solche Mehrheit nicht zustande und wird der Bundestag auch nicht aufgelöst, so bleibt die Bundesregierung auch in diesem Falle als Minderheitsregierung im Amt. Das Grundgesetz schafft dann die Möglichkeit einer Verabschiedung der notwendigen Gesetze auf der Grundlage des Gesetzgebungsnotstandes (unten Rdn. 726 f.), aber es vermag damit die Notwendigkeit der Auflösung des Bundestages nur hinauszuschieben. Wenn es deshalb den Ausweg des Präsidialsystems der letzten Jahre der Weimarer Republik versperrt, so bleibt es doch auf halbem Wege stehen, weil es durch die Ermessensbestimmungen der Art. 63 Abs. 4 Satz 3 und 68 Abs. 1 Satz 1 GG und durch das Institut des Gesetzgebungsnotstandes einen anderen nicht gangbaren Ausweg zu öffnen sucht, anstatt solche Auswege gerade zu verschließen, dem Parlament die volle Verantwortung aufzubürden und dadurch einen Zwang zur Verständigung auszulösen.

Art. 63 Abs. 4 und Art. 68 GG zielen nach dem Urteil des Bundesverfassungsgerichts vom 16. 2. 1983 vorrangig darauf ab, Regierungsfähigkeit herzustellen, zu gewinnen oder zu erhalten, und zwar mit dem amtierenden Bundestag. Eine Auslegung dahin, daß Art. 68 GG einem Bundeskanzler, dessen ausreichende Mehrheit im Bundestag außer Zweifel steht, gestatte, sich zum geeignet erscheinenden Zeitpunkt die Vertrauensfrage negativ beantworten zu lassen, um die Auflösung des Bundestages herbeizuführen, würde dem Sinn des Art. 68 GG nicht gerecht. Voraussetzung einer zulässigen Auflösung des Bundestages ist vielmehr eine politische Lage der Instabilität zwischen Bundeskanzler und Bundestag, in der der Bundeskanzler der stetigen parlamentarischen Unterstützung durch die Mehrheit des Bundestages nicht sicher sein kann[4].

637 Wenn der Bundestag nur dem Bundeskanzler das Mißtrauen aussprechen kann, so bedeutet das nicht, daß die *Bundesminister* dem Parlament nicht verantwortlich seien. Allerdings kann der Bundestag einen einzelnen Minister rechtlich nicht zum Rücktritt zwingen. Im Rahmen des politischen Zusammenspiels von Parlament und Regierung hat er jedoch genügend Mittel, diese Verantwortung geltend zu machen, bis hin zu der Möglichkeit, einem Bundesminister die Mißbilligung des Bundestages auszusprechen oder den Bundeskanzler zu ersuchen, dem Bundespräsidenten die Entlassung des Ministers vorzuschlagen. Auch ohne einen solchen Anstoß kann der Bundeskanzler jederzeit dem Bundespräsidenten die Entlassung eines Ministers vorschlagen (Art. 64 Abs. 1 GG), wobei der Bundespräsident auch diesem Vorschlag nachkommen muß. Endlich läßt das Grundgesetz einem freiwilligen Rücktritt der ganzen Bundesregierung, des Bundeskanzlers oder

---

4 BVerfGE 62, 1 (36 ff., bes. 42 f.). Daß diese Voraussetzung im Falle der Auflösung des 9. Deutschen Bundestages bestanden habe, wird in der Entscheidung angenommen (a. a. O. S. 51 ff.). Vgl. demgegenüber die abw. Meinungen a. a. O. S. 66, 70 ff., 108 ff.

einzelner Bundesminister Raum, freilich mit der Verpflichtung, die Geschäfte auf Ersuchen bis zur Ernennung der Nachfolger weiterzuführen (Art. 69 Abs. 3 GG). Mit jeder Erledigung des Amtes des Bundeskanzlers endet auch das Amt der Bundesminister (Art. 69 Abs. 2 GG).

III. Organisation und Aufgabenverteilung

Für die Wahrnehmung der Aufgaben der Bundesregierung ist von maßgebender Bedeutung Art. 65 GG. Soweit nicht das Grundgesetz selbst (z. B. Art. 37, 76 Abs. 1, 86, 65 a) oder Bundesgesetze eine besondere Regelung enthalten, normiert er in Grundzügen, welche Befugnisse der Bundesregierung als Kollegium und welche ihren Mitgliedern zukommen. Eine nähere Ausgestaltung enthält die Geschäftsordnung. Neben diesen rechtlichen Regelungen hängen das Gewicht der Bundesregierung im ganzen und die Verteilung der Gewichte innerhalb der Regierung weithin von persönlichen und politischen Faktoren sowie von der Bedeutung der einzelnen Ressorts ab; namentlich bei Koalitionsregierungen kommt der (gelegentlich außerhalb des Rahmens der Regierung, etwa in einem Koalitionsausschuß, herbeigeführten) Verständigung zwischen den Partnern ausschlaggebende Bedeutung zu. Im folgenden ist nur auf die Grundlinien der rechtlichen Regelung einzugehen. **638**

Sie besteht nach Art. 65 GG in einer Kombination von monokratischen und kollegialen Elementen, nämlich dem *Kanzlerprinzip* (Satz 1 und 4), dem *Ressortprinzip* (Satz 2) und dem *Kabinetts-(Kollegial-)Prinzip* (Satz 3 und 4). Diese Prinzipien begrenzen sich gegenseitig; sie lassen dadurch schwierige Zuordnungsprobleme entstehen[5]. **639**

1. Der Bundeskanzler

Das Grundgesetz konstituiert nach einer häufig gebrauchten Charakterisierung eine „Kanzlerdemokratie". In der Tat hat es die Position des Bundeskanzlers gegenüber der des Reichskanzlers nach der Weimarer Reichsverfassung gestärkt. Doch gehen die Annäherungen an ein Präsidialsystem wie dasjenige der Vereinigten Staaten oder Frankreichs weniger weit als in den ersten Jahren der Bundesrepublik unter dem Eindruck der Kanzlerschaft Adenauers angenommen worden ist[6]. **640**

Die hervorgehobene verfassungsrechtliche Position des Bundeskanzlers beruht einmal auf seinem *Kabinettsbildungsrecht*. Er wählt die Minister aus und macht den für den Bundespräsidenten verbindlichen Vorschlag ihrer Ernennung und Entlassung (Art. 64 Abs. 1 GG); dem Bundestag kommt in beiden Richtungen ein un- **641**

---

5 Vgl. dazu und zum folgenden *J. Kölble*, Ist Artikel 65 GG (Ressortprinzip im Rahmen von Kanzlerrichtlinien und Kabinettsentscheidungen) überholt? DÖV 1973, 1 ff.; *N. Achterberg*, Innere Ordnung der Bundesregierung, HdBStR II, § 52; *V. Busse*, Bundeskanzleramt und Bundesregierung. Aufgaben, Organisation, Arbeitsweise (1994) S. 43 ff.

6 Etwa *W. Hennis*, Richtlinienkompetenz und Regierungstechnik (1964), S. 8, 10 ff.

mittelbarer Einfluß nicht zu, was freilich die Notwendigkeit eventueller politischer Rücksichtnahmen nicht ausschließt. Der Bundeskanzler entscheidet ferner über die Zahl der Minister sowie – vorbehaltlich ausdrücklicher Regelungen des Grundgesetzes (etwa Art. 65 a, 112) – über die Festlegung und Abgrenzung ihrer Geschäftsbereiche (vgl. auch § 9 GOBReg.).

642 Zum anderen ist der Angelpunkt der hervorgehobenen Stellung des Bundeskanzlers seine Kompetenz, die *Richtlinien der Politik* im Sinne der Ausfüllung fähiger und bedürftiger Leitlinien zu bestimmen (Art. 65 Satz 1 GG). Diese können auch Grundsatzfragen der Regierungsorganisation umfassen; sie dürfen dagegen nicht die Gestalt von Einzelweisungen annehmen, und die Befugnis zu ihrem Erlaß ermöglicht keinen „Durchgriff" in die einzelnen Ressorts. An sie sind sowohl die Bundesminister bei der Leitung ihrer Ressorts als auch das Kabinett bei Kollegialbeschlüssen gebunden[7]. Schließlich *leitet* der Bundeskanzler nach Art. 65 Satz 4 GG die *Geschäfte der Bundesregierung*.

2. Die Bundesminister

643 a) Im Rahmen der vom Bundeskanzler bestimmten Richtlinien der Politik leitet jeder Bundesminister seinen Geschäftsbereich *selbständig und in eigener Verantwortung* (Art. 65 Satz 2 GG)[8]. In der Erfüllung dieser Aufgabe ist er parlamentarisch verantwortlich; dadurch jedoch, daß das Grundgesetz zwischen ihn und den Bundestag den Bundeskanzler schaltet, gewinnt er größere Selbständigkeit gegenüber dem Bundestag, während gleichzeitig seine Abhängigkeit vom Bundeskanzler erhöht und seine Bindung an die Richtlinien des Kanzlers verstärkt wird. Nicht ausgeschlossen ist die Ernennung von Bundesministern ohne Geschäftsbereich, eine Möglichkeit, der gegenüber bisher der Weg der Ernennung von Ministern für Sonderaufgaben der Vorzug gegeben worden ist. – Den Ministern können zu ihrer Unterstützung Abgeordnete als *Parlamentarische Staatssekretäre* beigegeben werden[9].

644 Von der Bindung an die Richtlinien des Bundeskanzlers und die Kollegialentscheidungen des Kabinetts abgesehen, muß dem einzelnen Bundesminister ein substantieller Teil der Funktionen der Bundesregierung zu selbständiger Leitung und Entscheidung unter eigener Verantwortung überlassen bleiben. Er ist innerhalb seines Geschäftsbereichs grundsätzlich Inhaber der höchsten Entscheidungsgewalt und Weisungsbefugnis; ihm steht sowohl die Organisationsgewalt (vgl. unten IV) als auch die Letztentscheidung in Personalangelegenheiten zu. In dieser Bedeutung ist das Ressortprinzip des Art. 65 Satz 2 GG Grundlage einer selbständigen Machtposition der einzelnen Bundesminister, die in der Praxis der Regierungsar-

---

7 Vgl. §§ 1–4, 12 GOBReg. *Kölble* (Anm. 5) S. 8 f.; *Hennis* (Anm. 6) S. 13 ff.

8 Vgl. dazu *K. Kröger*, Die Ministerverantwortlichkeit in der Verfassungsordnung der Bundesrepublik Deutschland (1972) bes. S. 74 ff.

9 Gesetz über die Rechtsverhältnisse der Parlamentarischen Staatssekretäre vom 24. 7. 1974 (BGBl. I S. 1538).

beit eine wesentliche Rolle spielt und geeignet ist, ressortübergreifende Planung und Koordinierung nicht unwesentlich zu erschweren.

b) Einzelnen Ministern sind durch die Verfassung besondere Kompetenzen zuge- 645
wiesen. Hierher gehört zunächst der Stellvertreter des Bundeskanzlers (Art. 69 Abs. 1 GG), der bei Verhinderung des Bundeskanzlers auch dessen Richtlinienkompetenz wahrnimmt, ohne gleichzeitig in die besondere Verantwortlichkeit des Bundeskanzlers gegenüber dem Bundestage einzutreten, so daß der Bundestag dem stellvertretenden Bundeskanzler nicht das Mißtrauen aussprechen kann. Dem Bundesfinanzminister obliegt die Überwachung des Haushalts der einzelnen Bundesministerien; überplanmäßige und außerplanmäßige Ausgaben bedürfen seiner Zustimmung (Art. 112 GG)[10]. Der Bundesminister für Verteidigung hat die Befehls- und Kommandogewalt über die Streitkräfte (Art. 65 a GG).

Nach § 26 GOBReg. kann darüber hinaus der Bundesfinanzminister gegen Beschlüsse der 646
Bundesregierung in Fragen von finanzieller Bedeutung Widerspruch erheben; über diesen kann die Bundesregierung nur in erneuter Abstimmung mit der Mehrheit sämtlicher Bundesminister und der Stimme des Bundeskanzlers hinweggehen. Entsprechendes gilt, wenn die Bundesminister der Justiz oder des Innern gegen einen Gesetz- oder Verordnungsentwurf oder eine Maßnahme der Bundesregierung wegen ihrer Unvereinbarkeit mit geltendem Recht Widerspruch erheben.

3. Das Bundeskabinett

Abgesehen von Beschlüssen, die im Grundgesetz oder in Bundesgesetzen der 647
Bundesregierung als Kollegium vorbehalten sind, obliegt dem Bundeskabinett der Beschluß über die Geschäftsordnung (Art. 65 Satz 4 GG) sowie die Entscheidung bei Meinungsverschiedenheiten zwischen den Bundesministern (Art. 65 Satz 3 GG – vgl. dazu §§ 15 ff. GOBReg.). Es hat die Befugnis, im Rahmen der Richtlinien des Bundeskanzlers die ressortübergreifenden Struktur- und Funktionsprinzipien der Regierungsorganisation zu bestimmen und dabei in gewissen Grenzen auch auf die Binnenstruktur der Bundesministerien einzuwirken (vgl. auch unten IV)[11]. Soweit eine Aufgabe nach Verfassung oder Gesetz der Bundesregierung als Kollegium zusteht (z. B. die Einbringung einer Gesetzesvorlage), hat das Bundeskabinett die Befugnis einer Frühkoordinierung einschließlich der Regelung der interministeriellen Kooperation; im besonderen kann es für die beteiligten Ressortminister verbindliche Grundsatzbeschlüsse fassen, die freilich deren verfassungsrechtlich gewährleisteten Entscheidungsspielraum angemessen zu berücksichtigen haben[12].

---

10 Vgl. dazu BVerfGE 45, 1 (34 ff.).
11 *Kölble* (Anm. 5) S. 11.
12 *Kölble* (Anm. 5) S. 9 f. Zur Arbeit des Bundskabinetts: *Busse* (Anm. 5) S. 72 ff., dort auch zu den Kabinettsausschüssen und sonstigen Koordinierungsgremien (S. 88 ff.).

4. Reformerwägungen

648 Die Frage, die sich in der Gegenwart stellt, ist die, ob die Bundesregierung auf der Grundlage der hier dargestellten organisatorischen Regelungen in der Lage ist, ihre Aufgaben wirksam wahrzunehmen. Das gilt einmal für die *Aufgabenverteilung und Koordination innerhalb der Bundesregierung.* Unter modernen Bedingungen beschränkt sich die Regierungsverantwortung nicht mehr nur darauf, neben der Vorbereitung rechtlicher Ordnungen von Fall zu Fall auf Störungen oder neu auftretende Bedürfnisse zu reagieren, sondern es geht mehr und mehr um aktive und umfassende Zukunftsgestaltung. Dies macht vorausschauende politische Planung notwendig (oben Rdn. 501), die ohne Berücksichtigung der Problemzusammenhänge zwischen der Festlegung der Ziele und ihrer Prioritäten, der Bestimmung und der Durchführung der Aufgaben sowie der verfügbaren Ressourcen und damit ohne umfassende Koordination und Kooperation nicht möglich ist. Ähnliches gilt für die *innerministerielle Organisation,* die in ihrer überkommenen Struktur den heutigen und künftigen Anforderungen nur noch bedingt gerecht zu werden vermag. Unter beiden Aspekten sind deshalb Möglichkeiten und Wege einer Regierungsreform geprüft worden, zu denen auch die Verlagerung von Verwaltungsaufgaben der Ministerien auf nachgeordnete Behörden sowie die Einführung moderner Planungs- und Managementmethoden gehören[13].

IV. Kompetenzen

649 Auch die Kompetenzen der Bundesregierung sind nur zum Teil ausdrücklich im Grundgesetz normiert, und zwar hauptsächlich dort, wo sie sich nicht schon aus der verfassungsmäßig vorausgesetzten Gesamtaufgabe der Bundesregierung ergeben. Diese Gesamtaufgabe und die elastischen Grenzen, die ihr gezogen sind, die Mitwirkung der Bundesregierung bei der Gesetzgebung und ihr Verordnungsrecht wurden bereits dargestellt. Weitere Befugnisse der Bundesregierung betreffen ihr Zusammenwirken mit dem Bundestag und dem Bundesrat, das Bund-Länder-Verhältnis und die bundeseigene Verwaltung.

650 Ein bedeutsames Recht der Bundesregierung gegenüber *Bundestag und Bundesrat* normiert Art. 113 GG, der ausgabenerhöhende oder neue Ausgaben in sich schließende oder Einnahmen vermindernde Gesetze von der Zustimmung der Bundesregierung abhängig macht. Schon zuvor kann die Bundesregierung verlangen, daß der Bundestag die Beschlußfassung über solche Gesetze aussetzt, oder, falls er schon entschieden hat, erneut Beschluß faßt; nur unter einer dieser Voraussetzungen kann sie nach Zustandekommen des Gesetzes ihre Zustimmung versa-

---

13 Vgl. dazu etwa *R. Mayntz, F. Scharpf* (Hrsg.), Planungsorganisation. Die Diskussion um die Reform von Regierung und Verwaltung des Bundes (1973); *U. Scheuner,* Zur Entwicklung der politischen Planung in der Bundesrepublik, in: Im Dienst an Recht und Staat, Festschrift für W. Weber zum 70. Geburtstag (1974) S. 370 ff.; *J. Kölble,* Grundprobleme einer Reform der Minsterialverwaltung, Zeitschrift für Politik 1970, S. 127 ff.; *R. Wahl,* Probleme der Ministerialorganisation, Der Staat 13 (1974) S. 383 ff. m. w. N.; *H. Karehnke,* Verkleinerung von Bundesministerien? DVBl. 1974, 801 ff.; *ders.,* Zur Reform der Bundesregierung und der Bundesverwaltung, DÖV 1974, 115 ff.; *Busse* (Anm. 5) S. 67 ff., dort auch zu der künftigen Struktur der Bundesregierung nach Herstellung der deutschen Einheit und den Hauptstadtentscheidungen für Berlin. – Die Berichte der Projektgruppe Regierungs- und Verwaltungsreform beim Bundesminister des Innern sind nicht veröffentlicht.

gen. In merkwürdiger Umkehrung früherer Verhältnisse, unter denen das Parlament sich eine sparsame Haushaltsführung angelegen sein ließ, ist es damit nunmehr Sache der Regierung, gegebenenfalls einem allzu ausgabenfreudigen Parlament Zügel anzulegen. Freilich hat sich diese neue Variante der Gewaltenbalancierung bisher als wenig wirksam erwiesen, da in der Bundesregierung und in der Bundestagsmehrheit die gleichen politischen Kräfte verkörpert sind. Doch enthält sie in der Hand einer zu entschiedener Führung entschlossenen Bundesregierung eine Kompetenz von wesentlicher Tragweite. – Ein ähnliches Zustimmungserfordernis gilt für Angelegenheiten der Europäischen Union, in denen die Auffassung des Bundesrates maßgeblich zu berücksichtigen ist und die für den Bund zu Ausgabeerhöhungen oder Einnahmeminderungen führen können (Art. 23 Abs. 5 Satz 3 GG).

Dem Zusammenwirken der Bundesregierung mit dem Bundestag und dem Bundesrat dient ferner das Recht der Mitglieder der Bundesregierung, an den Verhandlungen dieser beiden Organe sowie ihrer Ausschüsse teilzunehmen (Art. 43 Abs. 2, 53 GG). Sie müssen hierbei jederzeit gehört werden[14] und haben auf diese Weise nicht nur die Möglichkeit, sich über die Arbeit des Bundestages und des Bundesrates zu informieren, sondern auch das Recht, ihre Auffassungen darzulegen.   651

Im Verhältnis von *Bund und Ländern* kommen der Bundesregierung – überwiegend freilich unter maßgeblicher Beteiligung des Bundesrates – Direktions- und Aufsichtsbefugnisse gegenüber den Landesverwaltungen zu. Im Rahmen der Ausführung von Bundesgesetzen in landeseigener Verwaltung oder im Auftrag des Bundes kann sie mit Zustimmung des Bundesrates allgemeine Verwaltungsvorschriften erlassen (Art. 84 Abs. 2, 85 Abs. 2, 108 Abs. 7 GG). Sie hat – regelmäßig gegenüber den obersten Landesbehörden – begrenzte Weisungsbefugnisse (Art. 84 Abs. 5, 85 Abs. 3, 108 Abs. 3 Satz 2 GG) und führt die Bundesaufsicht über die Ausführung der Bundesgesetze durch die Länder, soweit dies in landeseigener Verwaltung geschieht, wiederum unter maßgeblicher Beteiligung des Bundesrates (Art. 84 Abs. 3, 4 GG). Wenn die durch diese Vorschriften begründeten Einwirkungsmöglichkeiten nicht ausreichen, ist die Bundesregierung das Organ, dem die ultima ratio des Bundeszwangs oder der Bundesintervention in die Hand gegeben ist. Im ersten Falle ist sie an die Zustimmung des Bundesrates gebunden; im zweiten müssen ihre Anordnungen jederzeit auf Verlangen des Bundesrates aufgehoben werden (Art. 37, 91 Abs. 2 GG).   652

Im Gegensatz zu den abschließend und einzeln normierten Befugnissen der Bundesregierung gegenüber den Landesverwaltungen besteht gegenüber der (unmittelbaren) *Bundesverwaltung* eine verfassungsrechtlich nicht ausdrücklich normierte umfassende Leitungsbefugnis der Bundesminister. Diese wird umschlossen von der *Organisationsgewalt* der Bundesregierung[15], kraft deren die Bundesregierung oder ein einzelner Minister alle diejenigen organisatorischen und Ver-   653

---

14 Vgl. dazu BVerfGE 10, 4 (17 ff.).
15 Dazu *E. W. Böckenförde*, Die Organisationsgewalt im Bereich der Regierung. Eine Untersuchung zum Staatsrecht der Bundesrepublik Deutschland (1964).

fahrensregelungen zu treffen haben, die zur Wahrnehmung ihrer Aufgaben erforderlich sind, wozu auch, aber nicht ausschließlich, der Erlaß von allgemeinen Verwaltungsvorschriften für die Ausführung der Bundesgesetze in unmittelbarer oder mittelbarer Bundesverwaltung sowie die Regelung der Einrichtung der Behörden gehören (Art. 86 GG).

654 Allerdings ist die Organisationsgewalt der Bundesregierung zugunsten der gesetzgebenden Körperschaften begrenzt. Art. 87 Abs. 1 Satz 2 und Abs. 3 GG behält die Errichtung von bestimmten Behörden und von bundesunmittelbaren Körperschaften und Anstalten des öffentlichen Rechts ausschließlich dem Gesetzgeber vor. Stets können ferner die Fragen der Verwaltungsorganisation und des Verwaltungsverfahrens durch Gesetz geregelt werden, dem dann der Vorrang gegenüber Regelungen der Bundesregierung zukommt. Schließlich findet die Organisationsgewalt der Regierung eine – in ihrem Verlauf unsichere – Grenze dort, wo die Regelung von Zuständigkeit und Verfahren der Behörden auch ohne speziellen verfassungsrechtlichen Vorbehalt eines Gesetzes bedarf[16]. Doch behält die Organisationsgewalt der Bundesregierung auch angesichts dieser Grenzen ihre Bedeutung, die sich namentlich auf dem Gebiete gesetzesfreier Bundesverwaltung entfaltet[17].

§ 18   Bundespräsident

I. Verfassungsrechtliche Stellung

655 Noch stärker als in den Bestimmungen über die Bundesregierung zeigt sich die *Differenz von Weimarer Reichsverfassung und Bonner Grundgesetz* in der Regelung der verfassungsrechtlichen Stellung des Präsidenten. Die Weimarer Reichsverfassung hatte, das Organisationsschema der konstitutionellen Monarchie demokratisch variierend, den aus unmittelbarer Volkswahl hervorgegangenen Reichspräsidenten fast gänzlich unabhängig neben den Reichstag gestellt und sich bemüht, ihn durch eine lange (siebenjährige) Amtsperiode und weitreichende Zuständigkeiten neben und gegenüber dem Reichstag zum zweiten tragenden Pfeiler der konstitutionellen Ordnung zu machen. Das Grundgesetz geht unter dem Eindruck der Entwicklung der Weimarer Republik von dieser dualistischen Konstruktion ab. Es weist dem durch eine parlamentarische Körperschaft gewählten Bundespräsidenten nur noch eng begrenzte Kompetenzen zu und versagt ihm eine selbständige und maßgebende Teilhabe an der obersten Staatsleitung. Wenn es damit gegenüber der Weimarer Reichsverfassung den Bereich parlamentarisch nicht verantwortlicher Exekutive entscheidend einengt, so bedeutet das keine „Entmachtung der Exekutive", sondern nur eine Verlagerung des Schwergewichts der Exekutivmacht auf die Bundesregierung und besonders den Bundeskanzler, die

---

16 Vgl. dazu *Böckenförde* (Anm. 15) S. 89 ff.
17 *A. Köttgen*, Die Organisationsgewalt, VVDStRL 16 (1958) S. 107 f.

weit mehr in der Konsequenz der parlamentarischen Demokratie liegt als die Weimarer Lösung – freilich die volle Konsequenz des Verzichts auf ein „Staatsoberhaupt" nicht zieht.

Die *Aufgabe des Bundespräsidenten* besteht daher nach dem Grundgesetz kaum **656** in aktiver Gestaltung[1]. Er ist, wie gezeigt, das Organ, in dem sich die Funktion der Regierung in ihrer Seite der Sichtbarmachung und Erhaltung staatlicher Einheit mit besonderer Deutlichkeit verkörpert (oben Rdn. 535). Diese Einheit hat er nach außen und nach innen zu repräsentieren. Als ihrem Wahrer kommt ihm die Rolle einer neutralen Kraft zu, deren Wirksamkeit allerdings mehr eine Frage persönlicher Autorität als eine solche verfassungsrechtlicher Kompetenzen ist.

Dieser Aufgabe entspricht der besondere verfassungsrechtliche *Status des Bundes-* **657** *präsidenten*[2]. Er ist oberstes Staatsorgan, das von Weisungen anderer Organe unabhängig ist und keinerlei Aufsicht unterliegt; demgemäß nimmt er eine haushalts-, dienst- und besoldungsrechtliche Sonderstellung ein. Um seine Neutralität zu gewährleisten, verbietet ihm Art. 55 Abs. 1 GG die Zugehörigkeit zu der Regierung oder einer gesetzgebenden Körperschaft des Bundes oder eines Landes. Die Ausübung eines anderen besoldeten Amtes, eines Gewerbes oder eines Berufs sowie die Mitgliedschaft in der Leitung oder dem Aufsichtsrate eines auf Erwerb gerichteten Unternehmens sind ihm versagt (Art. 55 Abs. 2 GG). Ebenso wie die Abgeordneten des Bundestages genießt er das Recht der Immunität (Art. 60 Abs. 4 GG).

II. Wahl und Amtsdauer

Der Bundespräsident wird von der *Bundesversammlung* gewählt, einem Gremi- **658** um, das aus den Mitgliedern des Bundestages und einer gleichen Zahl von Mitgliedern besteht, die von den Landtagen nach den Grundsätzen der Verhältniswahl gewählt worden sind (Art. 54 Abs. 1 Satz 1 und Abs. 3 GG)[3]. Wählbar ist jeder Deutsche, der das aktive Wahlrecht besitzt und das 40. Lebensjahr vollendet hat (Art. 54 Abs. 1 Satz 2 GG). Zur Wahl ist die Mehrheit der Stimmen der Mitglieder der Bundesversammlung erforderlich. Wird diese in zwei Wahlgängen nicht erreicht, so entscheidet in einem dritten Wahlgang die relative Mehrheit: gewählt ist, wer die meisten Stimmen auf sich vereinigt (Art. 54 Abs. 6 GG). Eine Wiederwahl ist nur einmal zulässig (Art. 54 Abs. 2 Satz 2 GG).

Das Amt des Bundespräsidenten dauert *fünf Jahre* (Art. 54 Abs. 2 Satz 1 GG). Es **659** beginnt mit dem Ablauf der Amtszeit des Vorgängers, jedoch nicht vor Eingang der Annahmeerklärung des Gewählten beim Präsidenten des Bundestages (§ 10 des Gesetzes über die Wahl des Bundespräsidenten). Eine vorzeitige Beendigung

---

1 Vgl. dazu *U. Scheuner*, Das Amt des Bundespräsidenten als Aufgabe verfassungsrechtlicher Gestaltung (1966).
2 Dazu *K. Schlaich*, Der Status des Bundespräsidenten, HdBStR II, § 48.
3 Ges. über die Wahl des Bundespräsidenten durch die Bundesversammlung vom 25. 4. 1959 (BGBl. I S. 230). *K. Schlaich*, Die Bundesversammlung und die Wahl des Bundespräsidenten, HdBStR II, § 47.

kennt das Grundgesetz, abgesehen von den nicht normierten Fällen einer Erledigung durch Rücktritt, Verlust der deutschen Staatsangehörigkeit oder der Fähigkeit, öffentliche Ämter zu bekleiden, nur im Falle der Anklage des Bundespräsidenten vor dem Bundesverfassungsgericht (Art. 61 GG). Während das traditionelle Institut der Ministeranklage sich im Grundgesetz nicht mehr findet, ist dieses durch Art. 59 WRV geschaffene Institut beibehalten. Praktische Bedeutung kommt ihm angesichts der begrenzten verfassungsrechtlichen Kompetenzen des Bundespräsidenten kaum zu.

660 Im Falle der *Verhinderung des Bundespräsidenten* oder bei vorzeitiger Erledigung seines Amtes werden seine Befugnisse durch den Präsidenten des Bundesrates wahrgenommen (Art. 57 GG).

III. Kompetenzen

661 Durch die Kompetenzregelung des Grundgesetzes sind dem Bundespräsidenten wesentliche Kompetenzen, die die Weimarer Reichsverfassung dem Reichspräsidenten anvertraut hatte, gänzlich entzogen. Der Oberbefehl über die Streitkräfte steht nach Art. 65 a GG im Frieden dem Bundesminister für Verteidigung, nach Art. 115 b GG im Kriege dem Bundeskanzler zu; der Bundeszwang liegt heute in den Händen von Bundesregierung und Bundesrat (Art. 37 GG); und die Diktaturgewalt des Reichspräsidenten, die diesen zur zeitweiligen Außerkraftsetzung bestimmter Grundrechte und zum Erlaß von Notverordnungen berechtigt hatte (Art. 48 Abs. 2 WRV), ist im Grundgesetz entfallen.

662 Im Verhältnis zur Weimarer Reichsverfassung wesentlich verkürzt sind die Befugnisse des Bundespräsidenten gegenüber dem *Bundestag und der Bundesregierung*. Sein Recht zur Auflösung des Bundestages ist auf die beiden Fälle der Art. 63 Abs. 4 Satz 3 und 68 Abs. 1 Satz 1 GG beschränkt, und sein Einfluß auf die Bildung und die Amtsdauer der Bundesregierung erschöpft sich in dem Vorschlagsrecht des Art. 63 Abs. 1 GG, in der Ermessensentscheidung des Art. 63 Abs. 4 Satz 3 GG und in seinem Recht zur Parlamentsauflösung nach Art. 68 Abs. 1 Satz 1 GG, das zu Neuwahlen und mit dem Zusammentritt des neuen Bundestages zum Ende der Amtsperiode der Bundesregierung führt.

663 Erhalten geblieben sind im Grundgesetz die Mitwirkung des Präsidenten bei der *Gesetzgebung* durch Ausfertigung und Verkündung der Gesetze (Art. 82 Abs. 1 GG) und einige seiner traditionellen Kompetenzen im Bereich der *vollziehenden Gewalt*. Hierher gehört namentlich die völkerrechtliche Vertretung des Bundes, die den Abschluß der Verträge mit auswärtigen Staaten, die Beglaubigung und den Empfang der Gesandten umfaßt (Art. 59 Abs. 1 GG); diese Kompetenz ist auf die formelle Seite der Vertretung der Bundesrepublik im Völkerrechtsverkehr beschränkt, während die Außenpolitik selbst Sache der Bundesregierung und in der Bestimmung der Richtlinien Sache des Bundeskanzlers bleibt, die hierbei im Rahmen des Art. 59 Abs. 2 GG an die Mitwirkung der gesetzgebenden Körperschaften gebunden sind (oben Rdn. 534) und die der parlamentarischen Kontrolle unter-

liegen. Soweit gesetzlich nichts anderes bestimmt ist, ernennt und entläßt der Bundespräsident die Bundesrichter, die Bundesbeamten, die Offiziere und Unteroffiziere. Er übt im Einzelfalle für den Bund das Begnadigungsrecht aus. Beide Befugnisse kann er auf andere Behörden übertragen (Art. 60 Abs. 1–3 GG).

Gegenüber der Kompetenzregelung der Weimarer Reichsverfassung neu ist schließlich die Befugnis des Bundespräsidenten, mit Zustimmung des Bundesrates den *Gesetzgebungsnotstand* zu erklären (Art. 81 Abs. 1 GG). **664**

Alle Anordnungen und Verfügungen, die der Bundespräsident in Ausübung dieser Kompetenzen trifft, bedürfen zu ihrer Gültigkeit der *Gegenzeichnung* durch den Bundeskanzler oder den zuständigen Bundesminister[4]; ausgenommen sind die Ernennung und Entlassung des Bundeskanzlers, die Auflösung des Bundestages gemäß Art. 63 GG und das Ersuchen gemäß Art. 69 Abs. 3 GG (Art. 58 GG). Auf diese Weise wird der Bundespräsident an die Mitwirkung der Bundesregierung gebunden. Der gegenzeichnende Bundeskanzler oder Bundesminister übernimmt für den Akt des Bundespräsidenten die politische Verantwortung gegenüber dem Bundestag, ohne damit indessen die eigene Verantwortung des Bundespräsidenten – die nur im Wege der Präsidentenanklage geltend gemacht werden kann – aufzuheben. **665**

In der Frage, ob dem Bundespräsidenten bei der Wahrnehmung seiner Kompetenzen ein *Prüfungsrecht* zusteht, auf Grund dessen er z. B. berechtigt wäre, die Ausfertigung eines Gesetzes, das er für verfassungswidrig, oder die Ernennung eines Ministers, den er für politisch untragbar hält, zu verweigern[5], ist es notwendig, sich von dem Vorbild des Reichspräsidenten der Weimarer Reichsverfassung und den seiner Stellung zugrundeliegenden Vorstellungen der konstitutionellen Monarchie zu lösen. Das Grundgesetz verlangt eine andere Beurteilung, weil es die politische Leitung und Verantwortung, wenn auch nicht bis zur letzten Konsequenz, eindeutig bei Parlament und Regierung, und hier namentlich beim Bundeskanzler, konzentriert und weil es durch den Ausbau der Verfassungsgerichtsbarkeit für die autoritative Entscheidung über die Verfassungswidrigkeit staatlicher Akte, im besonderen die Verwerfung verfassungswidriger Gesetze, eine alleinige Zuständigkeit des Bundesverfassungsgerichts begründet – ohne damit die übrigen staatlichen Organe von ihrer Pflicht zu recht- und verfassungsmäßigem Handeln zu entbinden. Im Blick hierauf ist eine Prüfungsbefugnis des Bundespräsidenten nicht schlechthin ausgeschlossen. Wohl aber ist eine restriktive Interpretation geboten. **666**

Da der Bundespräsident sein Amt nur im Rahmen des geltenden Rechts ausüben darf, kommt ihm auch nach dem Grundgesetz eine *rechtliche Prüfungsbefugnis* zu. Er kann daher vor der Ausfertigung eines Gesetzes (Art. 82 GG) prüfen, ob das Gesetz formell und materiell verfassungsmäßig ist. Ebenso kann er beim Abschluß völkerrechtlicher Verträge (Art. 59 Abs. 1 Satz 2 GG) und bei der Ernennung oder Entlassung von Bundesministern (Art. 64 Abs. 1 GG), Bundesrichtern, Bundesbeamten, Offizieren und Unteroffizieren (Art. 60 Abs. 1 GG) prüfen, ob dem Abschluß oder der Ernennung rechtliche Hindernisse **667**

---

4 Nach § 29 GOBReg. haben bei Gesetzen der Bundeskanzler *und* der zuständige Ressortminister gegenzuzeichnen.

5 Vgl. dazu etwa *F. Schack*, Die Prüfungszuständigkeit des Bundespräsidenten bei der Ausfertigung der Gesetze, AöR 89 (1964) S. 88 ff.; *E. Friesenhahn*, Zum Prüfungsrecht des Bundespräsidenten, in: Die moderne Demokratie und ihr Recht, Festschrift für G. Leibholz zum 65. Geburtstag (1966), 2. Bd. S. 679 ff.; *E. Menzel*, Ermessensfreiheit des Bundespräsidenten bei der Ernennung der Bundesminister? DÖV 1965, S. 591 ff.; *W. Heyde*, Zum Umfang der materiellen Prüfungskompetenz des Bundespräsidenten, DÖV 1971, 797 ff., jeweils m. w. Nachw. des Streitstandes.

im Wege stehen. Weigert er sich auf Grund einer solchen Prüfung, die Ausfertigung, den Abschluß eines Vertrages oder die Ernennung vorzunehmen, so kann nach Art. 93 Abs. 1 Nr. 1 GG, §§ 13 Nr. 5, 63 ff. BVerfGG eine Entscheidung des Bundesverfassungsgerichts herbeigeführt werden, so daß die Entscheidung des Bundespräsidenten nicht endgültig ist – weshalb der Frage seiner rechtlichen Prüfungsbefugnis in der Regel größere praktische Tragweite kaum zukommt.

668 Anders verhält es sich mit der *sachlichen Prüfungsbefugnis* des Bundespräsidenten. Eine solche besteht unstreitig nicht für Gesetze, für die Ernennung des Bundeskanzlers (Art. 63 Abs. 2 Satz 2, Abs. 4 Satz 2 und 3 GG) und der Bundesverfassungsrichter (Art. 94 Abs. 1 Satz 2 GG); hier sind die Entscheidungen des Bundestages und des Bundesrates für den Bundespräsidenten bindend. In gleicher Weise ist der Bundespräsident beim Abschluß völkerrechtlicher Verträge und bei der Ernennung oder Entlassung von Bundesministern gebunden, weil die Bestimmung der Richtlinien der Politik dem Bundeskanzler zusteht (Art. 65 Satz 1 GG). Es kann insbesondere nicht angenommen werden, daß dem Bundespräsidenten, dessen Wunsch für die Wahl des Bundeskanzlers der Bundestag nicht einmal zu berücksichtigen braucht, auf dem Umweg über eine Ermessensentscheidung bei der Ernennung der Bundesminister ein Einfluß auf die Bildung der Bundesregierung zukommen soll, der zu einem Konflikt zwischen ihm und dem Bundeskanzler führen müßte[6]. Nichts anderes kann endlich auch für die Ernennungen oder Entlassungen des Art. 60 Abs. 1 GG gelten, zumal das Grundgesetz für sie eine gesetzliche Regelung zuläßt, die sogar das Ernennungs- und Entlassungsrecht selbst auf andere Stellen überträgt. Zwar treten hier die Aspekte der dem Bundespräsidenten vorenthaltenen politischen Gesamtleitung weniger hervor. Aber sie sind gleichwohl vorhanden, weil sich die Personalpolitik nicht von ihnen isolieren läßt. Da jene Leitung Sache der Regierung ist, hat diese auch die alleinige Entscheidungskompetenz. Mißgriffe der Regierung zu korrigieren und die Verantwortlichkeit hierfür geltend zu machen, ist in der parlamentarischen Demokratie des Grundgesetzes Sache des Parlaments, nicht des Präsidenten. Deshalb sind auch hier alle Anknüpfungen an die Rechtslage der konstitutionellen Monarchie verfehlt[7].

§ 19   Bundesverfassungsgericht

I. Verfassungsrechtliche Stellung, Zusammensetzung und Wahl

669 Einen – begrenzten – Anteil an der obersten Staatsleitung hat endlich auch das Bundesverfassungsgericht. Denn seine Entscheidungen betreffen, wie gezeigt, nicht das Detail gesetzlich normierter Lebensverhältnisse, sondern den verfassungsrechtlich geordneten Bereich politischer Einheitsbildung, politischer Gesamtleitung und politischer Willensbildung (oben Rdn. 566). Sie binden alle anderen staatlichen Organe, auch die gesetzgebenden Körperschaften. Deshalb ist das Bundesverfassungsgericht den vom Grundgesetz konstituierten obersten Staats-

---

6 *E. Friesenhahn*, Parlament und Regierung im modernen Staat, VVDStRL 16 (1958) S. 47 f.

7 Zum ganzen: *H. Maurer*, Hat der Bundespräsient ein politisches Mitspracherecht? DÖV 1966, 665 ff.; *E. Küchenhoff*, Präsentationskapitulation des Bundeskanzlers gegenüber dem Bundespräsidenten, DÖV 1966, 675 ff.; *K. H. Friauf*, Zur Prüfungszuständigkeit des Bundespräsidenten bei der Ausfertigung der Bundesgesetze, in: Festschrift für Carl Carstens (1984) S. 545 ff., *F. E. Schnapp*, Ist der Bundespräsident verpflichtet, verfassungsmäßige Gesetze auszufertigen? JuS 1995, 286 ff.

organen zuzurechnen, und deshalb ist auch sein Status von der verfassungsrechtlichen Stellung der übrigen Gerichte abgehoben.

Das Bundesverfassungsgericht ist ein allen übrigen Verfassungsorganen[1] gegenüber selbständiger und unabhängiger Gerichtshof des Bundes (§ 1 BVerfGG). Die Gleichrangigkeit seiner Stellung neben den anderen obersten Bundesorganen und ihre Besonderheit gegenüber derjenigen anderer Gerichte findet auch darin Ausdruck, daß die Verwaltung des Bundesverfassungsgerichts verselbständigt ist und nicht der Leitung eines Ministeriums untersteht, daß das Bundesverfassungsgericht einen selbständigen Einzelplan im Haushaltsplan des Bundes hat, daß die Rechtsstellung seiner Richter abweichend von derjenigen der übrigen Richter geregelt ist (vgl. §§ 3 ff., 98 ff. BVerfGG und § 69 DRiG) und daß entsprechend der Regelung für Bundestag und Bundesrat der Präsident des Bundesverfassungsgerichts oberste Dienstbehörde und Dienstvorgesetzter der Beamten und Angestellten des Bundesverfassungsgerichts ist[2]. **670**

Die *Zusammensetzung* des Bundesverfassungsgerichts regelt das Grundgesetz selbst nur in der knappen Bestimmung des Art. 94 Abs. 1, während alles weitere nach Art. 94 Abs. 2 GG der Regelung durch Bundesgesetz überlassen bleibt. Diese ist im Gesetz über das Bundesverfassungsgericht getroffen. Das Bundesverfassungsgericht gliedert sich danach in zwei Senate mit je 8 Mitgliedern (§ 2 BVerfGG). Es besteht aus Bundesrichtern und anderen Mitgliedern (Art. 94 Abs. 1 Satz 1 GG); drei Richter jedes Senats werden aus der Zahl der Richter an den obersten Gerichtshöfen des Bundes gewählt (§ 2 Abs. 3 BVerfGG). Die Amtszeit der Richter dauert einheitlich zwölf Jahre, längstens bis zur Altersgrenze; eine Wiederwahl ist ausgeschlossen (§ 4 Abs. 1 und 2 BVerfGG). Alle Bundesverfassungsrichter müssen das 40. Lebensjahr vollendet haben, das passive Wahlrecht zum Bundestag und die Befähigung zum Richteramt besitzen (§ 3 Abs. 1 und 3 BVerfGG). Sie dürfen weder dem Bundestag, dem Bundesrat, der Bundesregierung noch entsprechenden Organen eines Landes angehören (Art. 94 Abs. 1 Satz 3 GG, § 3 Abs. 3 BVerfGG) und dürfen mit ihrer richterlichen Tätigkeit keine andere berufliche Tätigkeit verbinden als die eines Lehrers des Rechts an einer deutschen Hochschule (§ 3 Abs. 4 BVerfGG). **671**

Der Einfluß des Bundestages und des Bundesrates auf das Bundesverfassungsgericht beschränkt sich auf die *Wahl der Richter*[3]. Diese werden nach Art. 94 Abs. 1 Satz 2 GG je zur Hälfte vom Bundestag und vom Bundesrat gewählt. Während die Wahl durch den Bundesrat eine unmittelbare ist, werden die vom Bundestag zu berufenden Richter in mittelbarer Wahl durch einen vom Bundestag nach den Regeln der Verhältniswahl gewählten Wahlmännerausschuß gewählt, der aus zwölf Mitgliedern des Bundestages besteht. In beiden Gremien bedarf es zur Wahl einer Zweidrittelmehrheit (§§ 6 f. BVerfGG). Der Präsident des Bundesverfassungsge- **672**

---

1 Zu diesem – unklaren – Begriff: BVerfGE 8, 104 (114 f.).

2 Hierzu näher: *G. Leibholz*, Der Status des Bundesverfassungsgerichts, in: Das Bundesverfassungsgericht (1963) S. 80 ff.; *K. Stern*, Das Staatsrecht der Bundesrepublik Deutschland II (1980) S. 341 ff.

3 Dazu *K. Kröger*, Richterwahl, in: Bundesverfassungsgericht und Grundgesetz (1976) I, S. 76 ff.; *W. K. Geck*, Wahl und Status der Bundesverfassungsrichter, HdBStR II, § 55.

richts und sein Stellvertreter werden im Wechsel vom Bundestag und vom Bundesrat gewählt (§ 9 BVerfGG).

II. Kompetenzen

673 Das Grundgesetz regelt nicht abschließend die Kompetenzen des Bundesverfassungsgerichts; es läßt in Art. 93 Abs. 2 Raum für eine Erweiterung seiner Aufgaben durch einfache Bundesgesetze[4]. Die im Grundgesetz normierten Kompetenzen – die miteinander konkurrieren können – faßt § 13 BVerfGG in einem Katalog zusammen. Die Zuständigkeit der beiden Senate richtet sich nach § 14 BVerfGG. In ihrer Gesamtheit gehen diese Kompetenzen über den herkömmlichen Rahmen verfassungsgerichtlicher Zuständigkeit wesentlich hinaus. Es ist diese Weite, die die gesteigerte Bedeutung der Verfassungsgerichtsbarkeit in der verfassungsmäßigen Ordnung des Grundgesetzes begründet, die freilich zugleich auch die Problematik der Verfassungsgerichtsbarkeit, besonders die Fragen ihrer Grenzen, mit gesteigerter Schärfe hervortreten läßt.

674 Weder das Grundgesetz noch das Bundesverfassungsgerichtsgesetz verwenden den Begriff der *Verfassungsstreitigkeit*, der für die Abgrenzung der Kompetenzen von Verfassungsgerichten und anderen Gerichten von Bedeutung ist. Er bezeichnet diejenigen verfassungsrechtlichen Streitigkeiten, in denen oberste Staatsorgane des Bundes oder der Länder als Parteien eines Streitverhältnisses einander gegenüberstehen[5], ist also durch die verfassungsrechtliche Stellung der Beteiligten, nicht nur durch den Gegenstand des Streits bestimmt. Die Entscheidung von Verfassungsstreitigkeiten ist den Gerichtsbarkeiten der Art. 95 und 96 GG versagt (vgl. insbes. § 40 Abs. 1 VwGO).

1. Bundesstaatsrechtliche Streitigkeiten

675 An den herkömmlichen Rahmen der Verfassungsgerichtsbarkeit knüpft das Grundgesetz bei der Begründung der Kompetenzen des Bundesverfassungsgerichts zur Entscheidung bundesstaatlicher Streitigkeiten an[6].

676 Das Bundesverfassungsgericht entscheidet verfassungsrechtliche Streitigkeiten zwischen Bund und Ländern oder zwischen verschiedenen Ländern, die *Meinungsverschiedenheiten über Rechte und Pflichten des Bundes und der Länder* zum Gegenstand haben (Art. 93 Abs. 1 Nr. 3 GG, §§ 13 Nr. 7, 68 ff. BVerfGG). Im besonderen gilt dies für Steitigkeiten, die im Zusammenhang mit der Ausführung von Bundesrecht durch die Länder und der Ausübung der Bundesaufsicht entstehen; dabei kann das Bundesverfassungsgericht im Falle des Art. 84 Abs. 4 GG

---

4 Gesamtdarstellungen der Zuständigkeiten und des Verfahrens bei *Chr. Pestalozza*, Verfassungsprozeßrecht (3. Aufl. 1991); *E. Benda–E. Klein*, Lehrbuch des Verfassungsprozeßrechts (1991); *H. Simon*, Verfassungsgerichtsbarkeit, HdBVerfR, § 34 Rdn. 17 ff.; *K. Schlaich*, Das Bundesverfassungsgericht (3. Aufl. 1994); *W. Löwer*, Zuständigkeit und Verfahren des Bundesverfassungsgerichts, HdBStR II, § 56; *Stern* (Anm. 2) S. 975 ff.; *ders.*, Bonner Kommentar, Art. 93, 100 GG.
5 BVerfGE 2, 143 (151 f.). Vgl. auch BVerfGE 27, 241 (246) m. w. Nachw.
6 Dazu *W. Leisner*, Der Bund-Länder-Streit vor dem Bundesverfassungsgericht, in: Bundesverfassungsgericht (Anm. 3) I, S. 260 ff.; BVerfGE 81, 310 (329) m. w. Nachw.

erst nach dem Beschluß des Bundesrates, ob das Land das Recht verletzt hat, und nur gegen diesen Beschluß angerufen werden[7]. Während die Befugnis zur Entscheidung von Streitigkeiten zwischen den Ländern bisher kaum praktische Bedeutung erlangt hat, spielt die Kompetenz zur Streitentscheidung zwischen Bund und Ländern eine nicht unwesentliche Rolle. Der Eigenart heutiger Bundesstaatlichkeit entspricht es, wenn diese Bedeutung weniger im Bereich der echten föderativen Streitigkeiten liegt als in der Möglichkeit, Streitigkeiten zwischen politischen Richtungen innerhalb des Gesamtstaates in der Form der föderativen Streitigkeit verfassungsgerichtlich auszutragen.

Weiterhin entscheidet das Bundesverfassungsgericht *andere öffentlich-rechtliche*   677
Streitigkeiten zwischen Bund und Ländern, zwischen verschiedenen Ländern oder innerhalb eines Landes, soweit nicht ein anderer Rechtsweg gegeben ist (Art. 93 Abs. 1 Nr. 4 GG, §§ 13 Nr. 8, 71 f. BVerfGG). Da diese Zuständigkeit nur eine subsidiäre ist, gewinnt sie angesichts der weitreichenden Zuständigkeiten der übrigen Gerichtsbarkeiten, besonders der Verwaltungsgerichtsbarkeit, im wesentlichen nur dort Bedeutung, wo für verfassungsrechtliche Streitigkeiten innerhalb eines Landes keine oder nur eine begrenzte anderweitige Zuständigkeit begründet ist[8]. In ähnlicher Weise hat das Bundesverfassungsgericht *Verfassungsstreitigkeiten innerhalb eines Landes* zu entscheiden, wenn sie ihm durch Landesgesetz ausdrücklich zugewiesen sind (Art. 99 GG, §§ 13 Nr. 10, 73 ff. BVerfGG); von dieser Möglichkeit hat nur die Verfassung von Schleswig-Holstein Gebrauch gemacht (Art. 44).

Schließlich gehört zur Kompetenz des Bundesverfassungsgerichts im Bereich der   678
bundesstaatlichen Ordnung die Entscheidung über die förmliche und sachliche Vereinbarkeit von Landesrecht mit dem Grundgesetz oder sonstigem Bundesrecht (Art. 93 Abs. 1 Nr. 2 GG, §§ 13 Nr. 6, 76 ff. BVerfGG). Insoweit hat das Bundesverfassungsgericht im Normenkontrollverfahren zu entscheiden (unten Rdn. 681, 688), eine Aufgabe, die bereits über die herkömmlichen Zuständigkeiten der Verfassungsgerichtsbarkeit hinausgeht. Gleiches gilt für die durch das 42. Änderungsgesetz zum Grundgesetz eingeführte Bestimmung des Art. 93 Abs. 1 Nr. 2 a GG. Nach dieser entscheidet das Bundesverfassungsgericht auf Antrag des Bundesrates, einer Landesregierung oder der Volksvertretung eines Landes, ob ein Gesetz den Voraussetzungen des Art. 72 Abs. 2 GG entspricht.

---

7 Das Bundesverfassungsgericht will diese Zwischenschaltung freilich auf die *verwaltungsmäßige* Ausführung von Bundesgesetzen beschränken: BVerfGE 6, 309 (329).
8 BVerfGE 4, 375 (377); 10, 331 f.; 62, 194 (199 ff.); 75, 34 (39). Zur Beschränkung des Begriffs „öffentlich-rechtliche" Streitigkeiten auf den von „verfassungsrechtlichen" Streitigkeiten durch das Bundesverfassungsgericht vgl. BVerfGE 27, 241 (245 ff.). *K.-G. Zierlein*, Die Ersatzzuständigkeit des Bundesverfassungsgerichts in landesverfassungsrechtlichen Organstreitigkeiten, AöR 118 (1993) S. 66 ff.

2. Organstreitigkeiten

679 Über den herkömmlichen Rahmen der Verfassungsgerichtsbarkeit hinaus gehen auch die weiteren Zuständigkeiten des Bundesverfassungsgerichts. Hierher gehört zunächst die Zuständigkeit zur Entscheidung über die Auslegung des Grundgesetzes aus Anlaß von Streitigkeiten über den Umfang der Rechte und Pflichten eines obersten Bundesorgans oder anderer Beteiligter, die durch das Grundgesetz oder die Geschäftsordnung eines obersten Bundesorgans mit eigenen Rechten ausgestattet sind (Art. 93 Abs. 1 Nr. 1 GG, §§ 13 Nr. 5, 63 f. BVerfGG – „Organstreitigkeiten")[9]. Auf der Grundlage dieser Kompetenz hat das Bundesverfassungsgericht nicht nur Verfassungsstreitigkeiten zwischen Bundestag, Bundesrat, Bundesregierung und Bundespräsident zu entscheiden; sondern die Erweiterung der Antragsberechtigung auf andere, mit eigenen Rechten ausgestattete Beteiligte gibt auch den einzelnen Abgeordneten[10], den Bundestagsfraktionen[11] und den politischen Parteien[12] – dagegen nicht den jeweiligen Mehrheiten oder Minderheiten des Bundestages[13] – die Möglichkeit, das Bundesverfassungsgericht anzurufen. Freilich ist dies nur möglich, wenn die antragstellenden Organe oder Beteiligten geltend machen können, daß sie oder das Organ, dem sie angehören, durch eine Maßnahme oder Unterlassung des Antragsgegners in ihren durch das Grundgesetz übertragenen Rechten und Pflichten verletzt oder unmittelbar gefährdet seien (§ 64 Abs. 1 BVerfGG). Art. 93 Abs. 1 Nr. 1 GG gibt daher nicht schlechthin die Möglichkeit, über jede verfassungswidrige oder verfassungsrechtlich zweifelhafte Maßnahme oder Unterlassung eines obersten Bundesorgans oder eines anderen Beteiligten eine verfassungsgerichtliche Entscheidung herbeizuführen; doch ist die Kompetenz des Bundesverfassungsgerichts zur Entscheidung von Organstreitigkeiten auch in dieser Beschränkung durch das Erfordernis eines Rechtsschutzinteresses von großer Tragweite. Da sie, namentlich in Gestalt des Antragsrechts der Fraktionen, die Position der Minderheiten verstärkt, bewirkt sie zu einem wesentlichen Teil jene Einschaltung der Verfassungsgerichtsbarkeit in das System der Gewaltenbalancierung, die die verfassungsmäßige Ordnung des Grundgesetzes kennzeichnet.

3. Normenkontrolle

680 Normenkontrolle ist die Prüfung der Vereinbarkeit einer Norm mit einer höherrangigen Norm. Sie kann entweder „abstrakt", losgelöst von einem zu entscheidenden Einzelfall, vorgenommen werden oder „konkret", d. h. im Zusammenhang mit einem Einzelfall, für dessen Entscheidung es auf die Gültigkeit der zu prüfenden Norm ankommt.

---

9 Dazu *D. Lorenz*, Der Organstreit vor dem Bundesverfassungsgericht, in: Bundesverfassungsgericht (Anm. 3) I, S. 275 ff.
10 BVerfGE 10, 3 (10 f.); 60, 374 (379); 62, 1 (31 f.) m. w. Nachw.
11 BVerfGE 1, 372 (378); 2, 143 (159 f.); 2, 347 (365 f.); 45, 1 (28 ff.) m. w. Nachw.; 68, 1 (63). Gleiches gilt für Gruppen im Sinne des § 10 Abs. 4 GOBT: BVerfGE 84, 304 (318).
12 BVerfGE 44, 125 (136 f.); 60, 53 (61 f.); 73, 1 (27 ff.); 73, 40 (65 ff.); 74, 44 (48 f.) jeweils m. w. Nachw.
13 BVerfGE 2, 143 (161 f.).

a) Im Verfahren der *abstrakten Normenkontrolle* hat das Bundesverfassungsge- **681** richt auf Antrag der Bundesregierung, einer Landesregierung oder eines Drittels der Mitglieder des Bundestages zu entscheiden, wenn Meinungsverschiedenheiten oder Zweifel über die förmliche und sachliche Vereinbarkeit von Bundesrecht oder Landesrecht mit dem Grundgesetz oder über die Vereinbarkeit von Landesrecht mit sonstigem Bundesrecht bestehen (Art. 93 Abs. 1 Nr. 2 GG, §§ 13 Nr. 6, 76 ff. BVerfGG)[14]. Seiner Prüfung unterliegen Rechtsnormen aller Art: Bundesgesetze – auch wenn es sich um „Vertragsgesetze", d. h. Zustimmungsgesetze zu völkerrechtlichen Verträgen oder Staatsverträgen[15] oder das Haushaltsgesetz[16] handelt –, Landesgesetze, Rechtsverordnungen[17] des Bundes- und des Landesrechts, ohne Rücksicht darauf, ob es sich um Rechtsnormen handelt, die nach Inkrafttreten des Grundgesetzes erlassen worden sind, oder um solche, die aus der Zeit vor Inkrafttreten des Grundgesetzes stammen und gemäß Art. 123 ff. GG als Bundesoder Landesrecht weitergelten[18]. Nicht eindeutig vom Wortlaut des Art. 93 Abs. 1 Nr. 2 GG gedeckt erscheint die Befugnis des Bundesverfassungsgerichts, Rechtsverordnungen des Bundes auf ihre Vereinbarkeit mit Bundesgesetzen zu prüfen. Doch kann nicht angenommen werden, daß lediglich dieser Fall von der Prüfungsbefugnis des Bundesverfassungsgerichts ausgenommen sein soll; § 76 BVerfGG bezieht daher auch ihn in die Antragsbefugnis ein. Der Antrag auf abstrakte Normenkontrolle ist nur zulässig, wenn ein Antragsberechtigter Bundes-oder Landesrecht wegen seiner Unvereinbarkeit mit dem Grundgesetz oder sonstigem Bundesrecht für nichtig oder wenn er es für gültig hält, nachdem ein Gericht, eine Verwaltungsbehörde oder ein Organ des Bundes oder eines Landes das Recht als unvereinbar mit dem Grundgesetz oder sonstigem Bundesrecht nicht angewendet hat (§ 76 BVerfGG).

b) Kommt dem Bundesverfassungsgericht im Rahmen der abstrakten Normenkon- **682** trolle ein umfassendes Prüfungs- und Verwerfungsmonopol zu, so beschränkt sich sein Monopol im Rahmen der *konkreten Normenkontrolle* auf die Verwerfung von Rechtsnormen. Jedes Gericht, das einen Einzelfall zu entscheiden hat, ist wegen seiner Bindung an Verfassung und Gesetz zur Prüfung verpflichtet, ob die Rechtsnormen, auf die es für die Entscheidung des Falles ankommt, gültig sind. Dieses *richterliche Prüfungsrecht*, das in seiner Ausdehnung auf Gesetze unter der Geltung der Weimarer Verfassung lebhaft umstritten war, ist heute in Art. 100 GG vorausgesetzt, zugleich jedoch eingeschränkt: das Gericht darf prinzipiell nur dann selbst entscheiden, wenn es zu dem Ergebnis gelangt, daß die anzuwendende Rechtsnorm gültig sei. Hält es dagegen ein Gesetz, auf dessen Gültigkeit es bei

---

14 Dazu *H. Söhn*, Die abstrakte Normenkontrolle, in: Bundesverfassungsgericht (Anm. 3) I, S. 292 ff.
15 BVerfGE 1, 396 (411 ff.); 4, 157 (162); 12, 205 (220 f.); vgl. auch BVerfGE 63, 131 (140). – Hier ist die Kontrolle des Gerichts sogar schon vor der Ausfertigung und Verkündung zulässig, wenn das Verfahren in den gesetzgebenden Körperschaften abgeschlossen ist, um zu vermeiden, daß völkerrechtliche Verpflichtungen in Widerspruch zu innerstaatlichem Recht eingegangen werden: BVerfGE 1, 396 (411 ff.).
16 BVerfGE 20, 56 (89 ff.). Zur Vorlagefähigkeit im Verfahren der konkreten Normenkontrolle: BVerfGE 38, 121 (125 ff.).
17 BVerfGE 2, 307 (312), st. Rspr.
18 BVerfGE 2, 124 (131).

der Entscheidung ankommt, für verfassungswidrig, so hat es das Verfahren auszusetzen und – je nachdem, ob es sich um eine Verletzung der Landesverfassung oder des Grundgesetzes handelt – die Entscheidung des Landes- oder des Bundesverfassungsgerichts einzuholen, letzteres auch dann, wenn es sich um die Verletzung des Grundgesetzes durch Landesrecht oder die Unvereinbarkeit eines Landesgesetzes mit einem Bundesgesetz handelt (Art. 100 Abs. 1 GG). Das Verfahren vor dem Bundesverfassungsgericht richtet sich nach §§ 13 Nr. 11, 80 ff. BVerfGG[19].

683 Das Bundesverfassungsgericht mißt sich in den Verfahren der abstrakten und der konkreten Normenkontrolle eine unterschiedliche Funktion zu[20]. Bei der abstrakten Normenkontrolle erblickt es seine Aufgabe darin, „Hüter der Verfassung" zu sein, während diese Aufgabe bei der konkreten Normenkontrolle zurücktreten und die Funktion des Bundesverfassungsgerichts darauf beschränkt sein soll zu verhüten, daß jedes einzelne Gericht sich über den Willen des Bundes- oder Landes*gesetzgebers* hinwegsetzen kann. Die Auffassung, daß Art. 100 Abs. 1 GG im Gegensatz zu Art. 93 Abs. 1 Nr. 2 GG primär dem Schutz des Gesetzgebers vor dem Richter diene, führt das Bundesverfassungsgericht zu zwei wesentlichen Folgerungen.

684 Die erste betrifft die Verwerfung von *Rechtsverordnungen*. Da das negative Entscheidungsmonopol des Bundesverfassungsgerichts im Rahmen der konkreten Normenkontrolle nach der Auffassung des Gerichts auf Bundes- und Landesgesetze beschränkt ist, können Rechtsverordnungen von jedem Gericht wegen Verfassungswidrigkeit oder wegen Unvereinbarkeit mit Bundesrecht außer Anwendung gelassen werden; eine Vorlage gemäß Art. 100 Abs. 1 GG ist unzulässig. Die Gefahr, daß diese Lösung zu Rechtsunsicherheit und Rechtszersplitterung führen könne, erscheint dem Gericht gering, weil stets die Möglichkeit bestehe, Rechtsverordnungen im Wege der abstrakten Normenkontrolle seiner Prüfung zugänglich zu machen. Art. 100 Abs. 1 GG erfasse daher nur Gesetze „in formellem Sinne", einschließlich der im Gesetzgebungsnotstand nach Art. 81 GG erlassenen Gesetze[21].

685 Die zweite Folgerung betrifft *vorkonstitutionelle Bundes- und Landesgesetze.* Auch hier hat nach Auffassung des Bundesverfassungsgerichts jedes Gericht selbständig die Rechtsfrage zu entscheiden, ob die vor Inkrafttreten des Grundgesetzes erlassenen Gesetze mit dem Grundgesetz vereinbar seien oder nicht; denn die Entscheidung über die Unvereinbarkeit vorkonstitutionellen Rechts mit dem Grundgesetz lasse die Autorität der gesetzgebenden Gewalt unberührt[22]. Eine Ausnahme läßt das Bundesverfassungsgericht freilich für diejenigen vorkonstitutionellen Normen gelten, die der Gesetzgeber nach Inkrafttreten des Grundgesetzes „in seinen Willen aufgenommen" hat; dies müsse jeweils ermittelt werden[23] und sei dann anzunehmen, wenn sich ein Bestätigungswille aus dem Inhalt des Gesetzes selbst oder – bei Gesetzesänderungen – auch aus dem engen sachlichen Zusammenhang zwischen unveränderten und geänderten Normen objektiv erschließen lasse[24].

---

19 Dazu *K. A. Bettermann,* Die konkrete Normenkontrolle und sonstige Gerichtsvorlagen, in: Bundesverfassungsgericht (Anm. 3) I, S. 323 ff. Aus der Rechtsprechung, die in neuerer Zeit zu einer strengeren Prüfung der Zulässigkeit von Vorlagen tendiert, vgl. etwa BVerfGE 62, 223 (229); 69, 185 (187); 78, 1 (5); 79, 240 (243 f.); 79, 245 (248 f.); 83, 111 (116); 86, 71 (76 f.); 88, 187 (194 f.), jeweils m. w. Nachw.

20 BVerfGE 1, 184 (195 ff.), st. Rspr.

21 BVerfGE 1, 184 (189 ff.), st. Rspr. Vgl. auch BVerfGE 19, 282 (287 f.); 23, 276 (286); 48, 40 (45), jeweils m. w. Nachw.

22 BVerfGE 2, 124 (129 ff.), st. Rspr. Vgl. auch BVerfGE 11, 126 (129 ff.) m. w. Nachw.

23 BVerfGE 6, 45 (65), st. Rspr. Vgl. noch BVerfGE 70, 126 (129).

24 BVerfGE 11, 126 (131), st. Rspr. Zur Bedeutung des Zeitmoments für diese Annahme: BVerfGE 63, 181 (188).

Diese Rechtsprechung des Bundesverfassungsgerichts kann sich darauf berufen, daß der **686** Wortlaut des Art. 100 Abs. 1 GG in der Frage der Einbeziehung von Rechtsverordnungen keinen sicheren Aufschluß vermittelt[25]. Ebensowenig läßt sich die unterschiedliche Ausgestaltung von abstrakter und konkreter Normenkontrolle übersehen. Diese findet indessen ihren Grund darin, daß es sich im einen Falle um alleinige und unmittelbare Kontrolle der Norm, im anderen Falle um eine Inzidentkontrolle handelt; sie enthält kein Argument für einen geringeren Umfang des negativen Entscheidungsmonopols des Bundesverfassungsgerichts im Rahmen des konkreten Normenkontrollverfahrens. Die funktionell-rechtliche Argumentation, auf die das Gericht zurückgreift, leidet daran, daß das Gericht seine Aufgabe künstlich aufspaltet. Warum es im einen Falle weniger „Hüter der Verfassung" sein soll als im anderen, ist nicht zu erkennen. Gewiß soll die Konzentration der Befugnis zur Verwerfung von Gesetzen auf die Verfassungsgerichte davor bewahren, daß jedes einzelne Gericht sich über die Gesetze hinwegsetzen kann. Aber das ist eine Frage der Rechtsklarheit und Rechtsgewißheit, nicht der Mehrung oder Minderung der Autorität des Gesetzgebers, die ohnehin kaum davon abhängt, welches Gericht seine Entscheidung für nichtig erklären darf, ebensowenig des Willens des historischen Gesetzgebers, auf den es – auch nach der Rechtsprechung des Bundesverfassungsgerichts[26] – nicht entscheidend ankommt und der darum auch keine Differenzierung zwischen nach- und vorkonstitutionellen Gesetzen begründen kann. Unter dem Aspekt der Rechtsklarheit und Rechtsgewißheit spricht wenig für eine Ausklammerung von vorkonstitutionellen Gesetzen und (vor- und nachkonstitutionellen) Verordnungen, sondern alles für ihre Einbeziehung in das negative Entscheidungsmonopol des Art. 100 Abs. 1 GG, und eine funktionellrechtliche Betrachtungsweise hätte weniger von der formalen Unterschiedlichkeit der zu prüfenden Norm auszugehen als von der einheitlichen Aufgabe des Bundesverfassungsgerichts, die durch Art. 100 Abs. 1 GG der Eigenart der Inzidentkontrolle entsprechend nur dahin modifiziert wird, daß es bei der Bejahung der Gültigkeit der anzuwendenden Normen durch das erkennende Gericht notwendig sein Bewenden haben muß.

Im Wege der konkreten Normenkontrolle hat das Bundesverfassungsgericht fer- **687** ner zu entscheiden, wenn in einem Rechtsstreit zweifelhaft geworden ist, ob eine *Regel des Völkerrechts* Bestandteil des Bundesrechts ist und ob sie unmittelbar Rechte und Pflichten für den Einzelnen erzeugt (Art. 100 Abs. 2 GG, §§ 13 Nr. 12, 83 f. BVerfGG)[27]. Endlich kann es in einem dem Normenkontrollverfahren ähnlichen Verfahren in der Frage des *Fortgeltens von Recht als Bundesrecht* angerufen werden (Art. 126 GG, §§ 13 Nr. 14, 86 ff. BVerfGG)[28].

c) Kommt das Bundesverfassungsgericht im Verfahren der abstrakten oder konkre- **688** ten Normenkontrolle zu der Überzeugung, daß die geprüfte Norm mit höherrangigem Recht unvereinbar ist, so erklärt es die Norm *für nichtig* (§ 78 Satz 1 BVerfGG). Diese Entscheidung hat Gesetzeskraft (§ 31 Abs. 2 BVerfGG)[29]. Sie wirkt grundsätzlich ex tunc und hat daher zur Folge, daß alle Gerichtsurteile, Rechtsverordnungen und Verwaltungsakte, die auf der Grundlage der nichtigen Normen ergangen sind, aber auch Wahlen, die nach einem später für nichtig erklär-

25 BVerfGE 1, 184 (189 ff.).
26 BVerfGE 1, 299 (312); 11, 126 (129 ff.).
27 Vgl. dazu BVerfGE 23, 288 (315 ff.); 75, 1 (11 ff.). Zur Ausdehnung der Kontrollkompetenz des Gerichts auf Normen des Europäischen Gemeinschaftsrechts vgl. oben Rdn. 108.
28 Vgl. dazu BVerfGE 28, 119 (132 ff.).
29 Doch hindern § 31 BVerfGG und die Rechtskraft normverwerfender verfassungsgerichtlicher Entscheidungen den Gesetzgeber nicht, eine inhaltsgleiche oder inhaltsähnliche Neuregelung zu beschließen: BVerfGE 77, 84 (103 f.).

ten Gesetz stattgefunden haben, nunmehr der Rechtsgrundlage entbehren. Die vielfältigen Probleme, die sich hieraus ergeben, hat das Bundesverfassungsgerichtsgesetz in § 79 nur zu einem Teil und nur in Ansätzen gelöst[30]. Gegen rechtskräftige Strafurteile, die auf einer mit dem Grundgesetz für unvereinbar oder nichtig erklärten Norm beruhen, ist hiernach die Wiederaufnahme zulässig. Im übrigen bleiben vorbehaltlich einer besonderen gesetzlichen Regelung die nicht mehr anfechtbaren Entscheidungen, die auf der Grundlage einer für nichtig erklärten Norm ergangen sind, unberührt, doch ist die Vollstreckung aus einer solchen Entscheidung unzulässig; Ansprüche aus ungerechtfertigter Bereicherung sind ausgeschlossen.

4. Sonstige Kompetenzen

689 Unter den sonstigen Kompetenzen des Bundesverfassungsgerichts steht an Bedeutung weit voran die zur Entscheidung von Verfassungsbeschwerden (Art. 93 Abs. 1 Nr. 4 a GG, § 13 Nr. 8 a, §§ 90 ff. BVerfGG – oben Rdn. 340 ff.). Zur Sicherung gegen einen Mißbrauch von Sanktionsmöglichkeiten, die das Grundgesetz zum *Schutze des Staates und der Verfassung* geschaffen hat, ist dem Bundesverfassungsgericht ferner die Entscheidung in diesen Fällen anvertraut. Hierher gehören das Verbot politischer Parteien (Art. 21 Abs. 2 GG, §§ 13 Nr. 2, 43 ff. BVerfGG) und der Ausspruch der Verwirkung von Grundrechten (Art. 18 GG, §§ 13 Nr. 1, 36 ff. BVerfGG). Das Bundesverfassungsgericht entscheidet über die Anklage des Bundespräsidenten durch den Bundestag oder den Bundesrat und kann im Falle der Verurteilung auf Amtsverlust erkennen (Art. 61 GG, §§ 13 Nr. 4, 49 ff. BVerfGG). Es entscheidet schließlich auch über Richteranklagen (Art. 98 Abs. 2 und 5 GG, §§ 13 Nr. 9, 58 ff. BVerfGG); hier kann es auf Antrag des Bundestages mit Zweidrittelmehrheit anordnen, daß ein Richter, der im Amt oder außerhalb seines Amtes gegen die Grundsätze des Grundgesetzes oder die verfassungsmäßige Ordnung eines Landes verstoßen hat, in ein anderes Amt oder in den Ruhestand zu versetzen oder, im Falle eines vorsätzlichen Verstoßes, zu entlassen ist.

690 Eine letzte Gruppe vom Kompetenzen läßt sich keinem einheitlichen Sachbereich zurechnen. Dem Bundesverfassungsgericht obliegt die Entscheidung über Beschwerden gegen Entscheidungen des Bundestages im *Wahlprüfungsverfahren* (Art. 41 GG, §§ 13 Nr. 3, 48 BVerfGG, §§ 1, 15 Abs. 3, 18 des Wahlprüfungsgesetzes vom 12. 3. 1951 [BGBl. I S. 166]). In ähnlicher Weise ist es nach dem Gesetz über das Verfahren bei Volksentscheid, Volksbegehren und Volksbefragung

---

30 Vgl. dazu z. B. BVerfGE 11, 61 (63); 15, 309 (311 f.); 20, 230 (235 ff.) m. w. Nachw.; 32, 387 (389 f.). Wegen der Konsequenzen einer Entscheidung nach § 78 BVerfGG beschränkt sich das Gericht oft darauf, eine mit höherrangigem Recht unvereinbare Norm für mit dem Grundgesetz unvereinbar zu erklären. Z. B. BVerfGE 33, 303 (347 f.); 34, 9 (43 f.); 45, 376 (377); 82, 126 (154 ff.); 91, 389 (404 f.). Zu den Wirkungen einer solchen Entscheidung: BVerfGE 87, 114 (135 ff.) m. w. Nachw. Aus der Lit.: *H. Maurer*, Zur Verfassungswidrigkeitserklärung von Gesetzen, in: Im Dienst an Recht und Staat, Festschrift für *W. Weber* (1974) S. 345 ff.; *Chr. Moench*, Verfassungswidriges Gesetz und Normenkontrolle (1977); *J. Ipsen*, Rechtsfolgen der Verfassungswidrigkeit von Norm und Einzelakt (1980).

nach Artikel 29 Abs. 6 des Grundgesetzes vom 30. 7. 1979 (BGBl. I S. 1317) zur Entscheidung über Beschwerden gegen Entscheidungen des Bundestages zuständig. Im Interesse der *Einheitlichkeit der Auslegung des Grundgesetzes* hat endlich ein Landesverfassungsgericht, das von einer Entscheidung des Bundesverfassungsgerichts oder des Verfassungsgerichts eines anderen Landes abweichen will, die Entscheidung des Bundesverfassungsgerichts einzuholen (Art. 100 Abs. 3 GG, §§ 13, Nr. 13, 85 BVerfGG).

4. Abschnitt: Schutz der Verfassung

§ 20 Überblick

691 Verfassungsrecht muß nicht nur die Gewähr seiner Durchsetzung, sondern auch die Gewähr seines Bestandes in sich selbst tragen. Dies schließt die Aufgabe ein, die Verfassung im Rahmen des Möglichen gegen Gefährdungen oder gegen eine Beseitigung zu sichern; der Schutz der Verfassung gilt zugleich dem Bestand des Staates, der als Verfassungsstaat nur im verfassungsmäßig geordneten politischen Prozeß existent wird und erhalten werden kann. Diesem Schutz dienen diejenigen Einrichtungen, die die Verfassung gegen Angriffe von außen und innen, gegen verfassungsfeindliche Bestrebungen von „oben" oder „unten" und gegen ihre innere Funktionsunfähigkeit sichern sollen[1].

692 Freilich verbürgen die auf diese Weise geschaffenen institutionellen Sicherungen keinen absoluten Schutz. Der Bestand der Verfassung ist in erster Linie eine Frage ihrer *normativen Kraft.* Je mehr die verfassungsmäßige Ordnung den Gegebenheiten der geschichtlichen Situation entspricht, je größer die Bereitschaft ist, die Inhalte der Verfassung als verbindlich anzuerkennen und je fester die Entschlossenheit ist, diese Inhalte auch gegen Widerstände zu aktualisieren, desto eher und sicherer werden jene Gefährdungen vermieden oder abgewehrt werden können. Wo der grundsätzliche Konsens, auf dem die normative Kraft der Verfassung letztlich beruht, fehlt oder wegfällt, verliert die Verfassung die Grundlage ihrer Lebenskraft und Wirksamkeit und vermögen institutionelle Sicherungen allein nicht mehr zu helfen.

693 Das bedeutet nicht, daß institutionelle Sicherungen des Bestandes der Verfassung überflüssig wären, wohl aber, daß die Aufgabe des Verfassungsschutzes primär in der Stärkung der normativen Kraft der Verfassung liegt und daß die Bedeutung jener Sicherungen nicht überschätzt werden darf. Diese ist um so größer, je mehr eine Sicherung selbsttätig wirkt.

694 Das gilt vor allem für die *konstruktiven Sicherungen*[2], wie sie in denjenigen organisatorischen und verfahrensmäßigen Regelungen der Verfassung enthalten sind, die verhindern sollen, daß die Offenheit der Verfassung durch wechselnde Zielsetzungen ausschließende und dem Wirken unterschiedlicher Kräfte nicht mehr zugängliche Geschlossenheit ersetzt werden kann, namentlich in der Zuordnung und Balancierung der Gewalten. Dagegen können Mittel des *präventiven oder repres-*

---

1 *U. Scheuner*, Der Verfassungsschutz im Bonner Grundgesetz, in: Um Recht und Gerechtigkeit, Festgabe für Erich Kaufmann zu seinem 70. Geburtstag (1950) S. 321. Zur Problematik ferner: *K. Stern*, Das Staatsrecht der Bundesrepublik Deutschland I (2. Aufl. 1984) S. 176 ff.; *E. Denninger* und *H. H. Klein*, Verfassungstreue und Schutz der Verfassung, VVDStRL 37 (1979) S. 8 ff., 53 ff.
2 *Scheuner* (Anm. 1) S. 326.

siven Verfassungsschutzes[3], wie etwa die Verwirkung von Grundrechten, das Verbot politischer Parteien oder das politische Strafrecht, den Bestand der Verfassung und ihre tatsächliche Geltung im Leben des Gemeinwesens nur in engen Grenzen gewährleisten. Sie bewirken lediglich, daß bestimmte Kräfte um den Preis einer Einschränkung der politischen Freiheit aus dem politischen Prozeß ausgeschaltet und in die Illegalität gedrängt werden. Sie stärken nicht die Lebenskraft der Verfassung, die auf Zustimmung und freier Aktualisierung, nicht auf Verboten und Zwangsmaßnahmen beruht, und tragen die Tendenz in sich, die Sicherung der Verfassung und des durch sie konstituierten Staates mehr in einem gut funktionierenden Überwachungs- und Abwehrsystem als in der Legitimität und Integrationsfähigkeit der Grundprinzipien der Verfassung zu suchen, auf der der Bestand der Verfassung in erster Linie beruht. Wenn daher diese Form des Verfassungsschutzes mit der Formel von der „streitbaren Demokratie" begründet wird, so darf dabei nicht übersehen werden, daß die Substanz freiheitlicher Demokratie sich prinzipiell nicht durch Verkürzung von Freiheit sichern läßt[4]. – Anders stellt sich die Problematik wiederum im Falle eines Ausnahmezustandes, für dessen Bewältigung eine normative Regelung unerläßlich ist.

Unter dem Eindruck der Erfahrungen der Weimarer Republik haben die Schöpfer **695** des Grundgesetzes dem Schutz der Verfassung ihr besonderes Augenmerk zugewendet. Die konstruktiven Sicherungen, die sie dem überkommenen Bestand hinzugefügt haben, sind gekennzeichnet durch den Versuch, einer Aushöhlung der Grundrechte durch übermäßige Ausnutzung der Gesetzesvorbehalte zu wehren (Art. 19 Abs. 2 GG), durch die stärkere Einschaltung der rechtsprechenden Gewalt in das Zusammenwirken und die Kontrolle der staatlichen Gewalten, durch den Ausschluß von Verfassungsdurchbrechungen (Art. 79 Abs. 1 Satz 1 GG) und die Begrenzung von Verfassungsänderungen (Art. 79 Abs. 3 GG). Weit über den überkommenen Rahmen hinaus gehen auch die präventiven und repressiven Sicherungen. Zu ihnen gehören die Verwirkung von Grundrechten (Art. 18 GG), die Verbotsmöglichkeit politischer Parteien (Art. 21 Abs. 2 GG), die Treueklausel des Art. 5 Abs. 3 Satz 2 GG, die Präsidenten- und Richteranklage (Art. 61, 98 Abs. 2 GG), die Einrichtung einer Bundesoberbehörde zur Sammlung und Auswertung von Unterlagen für Zwecke des Verfassungsschutzes (Art. 87 Abs. 1 Satz 2 GG) neben den Verfassungsschutzämtern der Länder[5], nicht zuletzt auch das politische Strafrecht, das nur für eine Übergangszeit und nur zu einem Teil in das Grundgesetz Aufnahme gefunden hatte (Art. 143 GG alter Fassung) und heute in den §§ 80 ff. StGB geregelt ist. Neu ist schließlich das Institut des Gesetzgebungsnotstandes (Art. 81 GG). Der Ausnahmezustand hat in der Novelle vom 24. 6. 1968 eine umfassende verfassungsrechtliche Regelung erfahren.

---

3 *Scheuner* (Anm. 1) S. 326.
4 Nicht unbedenklich Entscheidungen des Bundesverfassungsgerichts, in denen der Gedanke der „streitbaren Demokratie" mehrfach als Auslegungsprinzip erscheint, ohne daß zugleich die Frage nach dem Preis dieser Streitbarkeit gestellt würde: BVerfGE 28, 36 (48 f.); 28, 51 (55); 30, 1 (19 f.) – vgl. aber das Minderheitsvotum ebd. S. 45.
5 Ges. über die Zusammenarbeit des Bundes und der Länder in Angelegenheiten des Verfassungsschutzes und über das Bundesamt für Verfassungsschutz (Bundesverfassungsschutzgesetz – BVerfSchG –) vom 20. 12. 1990 (BGBl. I S. 2954).

696 Von diesen Regelungen wurde ein wesentlicher Teil bereits behandelt. Die folgende Darstellung verzichtet auf eine Erörterung des politischen Strafrechts[6]. Sie beschränkt sich auf die konstruktiven Sicherungen des Ausschlusses von Verfassungsdurchbrechungen und der Begrenzung von Verfassungsänderungen sowie auf die präventiven und repressiven Sicherungen der Verwirkung von Grundrechten, des Verbots politischer Parteien, des Gesetzgebungsnotstandes und des Ausnahmezustandes.

§ 21 Ausschluß von Verfassungsdurchbrechungen und Begrenzung von Verfassungsänderungen

697 Die Verfassung als rechtliche Grundordnung des Gemeinwesens kann teilweise oder sogar gänzlich gegenstandslos gemacht werden, wenn sie durchbrochen (oben Rdn. 39) oder im Wege der „Verfassungsänderung" beseitigt und durch eine andere ersetzt wird. Beide Möglichkeiten haben in der Geschichte der Weimarer Reichsverfassung eine wesentliche Rolle gespielt. Verfassungsdurchbrechungen wurden von der staatlichen Praxis wie von der überwiegenden Auffassung in der Verfassungsrechtslehre als zulässig betrachtet. Ebenso gab es nach der herrschenden Auffassung keine materiellen Grenzen der Verfassungsänderung; sofern nur die Voraussetzung der erforderlichen qualifizierten Mehrheiten erfüllt war, konnten durch verfassungsänderndes Gesetz „Verfassungsänderungen jeder Art bewirkt werden: nicht nur minder bedeutsame, mehr durch technische als durch politische Erwägungen bedingte, sondern bedeutsame, einschließlich solcher, die sich auf die rechtliche Natur des Reichsganzen (Bundesstaat), die Zuständigkeitsverteilung zwischen Reich und Ländern, die Staats- und Regierungsform des Reichs und der Länder (Republik, Demokratie, Wahlrecht, Parlamentarismus, Volksentscheid, Volksbegehren) und andere prinzipielle Fragen (Grundrechte!) beziehen"[1]. Mit dieser „streng juristischen", von allen, namentlich politischen, Inhalten scheinbar absehenden Lehre hat der damalige formalistische Positivismus dazu beigetragen, daß die Weimarer Reichsverfassung durch das nationalsozialistische Regime in den Formen scheinbarer Legalität beseitigt werden konnte. – Das Grundgesetz sucht einer Wiederholung zu wehren, indem es Verfassungsdurchbrechungen ausschließt und Änderungen der Verfassung Grenzen zieht.

---

6 Vgl. §§ 80 ff. StGB; dazu *Dreher-Tröndle*, Strafgesetzbuch (47. Aufl. 1995) Anm. zu §§ 80 ff. – Zur verfassungsrechtlichen Problematik: *A. Arndt*, Landesverrat (1966); *H. Copic*, Grundgesetz und politisches Strafrecht neuer Art (1967). – Zum Problem der politischen Justiz grundsätzlich: *O. Kirchheimer*, Politische Justiz, Verwendung juristischer Verfahrensmöglichkeiten zu politischen Zwecken (1965).

1 *G. Anschütz*, Die Verfassung des Deutschen Reichs (14. Aufl. 1933, Neudruck 1960) Anm. 3 zu Art. 76 in Auseinandersetzung mit der namentlich von *Triepel, Bilfinger* und *C. Schmitt* vertretenen Gegenansicht.

I. Ausschluß von Verfassungsdurchbrechungen

Das Grundgesetz kann nur durch ein Gesetz geändert werden, das den Wortlaut des Grundgesetzes ausdrücklich ändert oder ergänzt (Art. 79 Abs. 1 Satz 1 GG). Mit dieser Bestimmung soll der Primat des geschriebenen Verfassungsrechts gesichert werden, der seinerseits die allgemeine und umfassende Gültigkeit der Verfassung voraussetzt, ohne die sie nicht rechtliche Grundordnung des Gemeinwesens sein kann. Der Bestand des geltenden Verfassungsrechts soll sich aus der Verfassungsurkunde selbst ergeben; jeder soll ohne Schwierigkeiten erkennen können, was de constitutione lata gilt[2].

Deshalb ist es unzulässig, die Verfassung im Einzelfalle beiseite zu schieben, **698** auch wenn dies mit den für Verfassungsänderungen erforderlichen Mehrheiten geschieht, während die Verfassung im übrigen fortgilt. Manipulationen solcher Art würden zur Entstehung einer Nebenverfassung führen, die die Verfassung, auch wenn sie sie formal unangetastet ließe, der Sache nach innerlich aushöhlen müßte. Dies wäre um so gefährlicher, als es nicht offenen Ausdruck fände und jene Aushöhlung daher für den Bürger kaum erkennbar wäre. Der Primat und die stabilisierende Wirkung der geschriebenen Verfassung, die Rechtsklarheit und die Rechtsgewißheit, die sie schafft, wären preisgegeben zugunsten der Zulassung eines notwendig immer unübersehbarer werdenden Konglomerats von Abweichungen, die oft das Licht demokratischer Öffentlichkeit zu scheuen haben, die die Verfassung entwerten müßten und daher mit ihrem Wesen unvereinbar wären.

Dem klaren Verbot des Art. 79 Abs. 1 Satz 1 GG ist durch die Novelle vom 26. März 1954 die unklare Sonderregelung des Art. 79 Abs. 1 Satz 2 GG hinzugefügt worden. Danach genügt bei bestimmten völkerrechtlichen Verträgen zur Klarstellung, daß die Bestimmungen des Grundgesetzes dem Abschluß der Verträge nicht entgegenstehen, eine Ergänzung des Wortlauts des Grundgesetzes, die sich auf diese Klarstellung beschränkt. Auf diese Weise ist 1954 die Verfassungsmäßigkeit der Bonner und Pariser Verträge von 1952, die den Anlaß dieser Sonderregelung gebildet hatten, in dem durch die Novelle vom 24. 6. 1968 wieder aufgehobenen Art. 142 a GG „klargestellt" worden.

Art. 79 Abs. 1 Satz 2 GG ist entweder überflüssig oder verfassungswidrig. In keinem Falle **699** kann er verfassungswidrige Verträge zu verfassungsmäßigen machen. Denn wenn die Verträge dem Grundgesetz nicht entgegenstehen, ist eine Klarstellung ihrer Verfassungsmäßigkeit nicht nötig. Wenn es zweifelhaft ist, ob sie dem Grundgesetz entgegenstehen, kann der Gesetzgeber sich die Verfassungsmäßigkeit der Vertragsgesetze nicht selbst bestätigen und auf diese Weise das Bundesverfassungsgericht binden, dem die autoritative Entscheidung dieser Frage nach der Kompetenzordnung des Grundgesetzes allein obliegt; da mit einem solchen Akt das Prinzip der Gewaltenteilung verletzt wird, ist dies auch nicht mit den Mitteln der Verfassungsänderung möglich (Art. 79 Abs. 3 GG). Wenn es sich endlich bei der „Klarstellung" in Wahrheit um eine verschleierte Verfassungsdurchbrechung handelt – und zwar nicht nur die Durchbrechung einer einzelnen Bestimmung, sondern aller verfassungsmäßigen Schranken, die einem der in Art. 79 Abs. 1 Satz 2 GG genannten Verträge entge-

---

2 Vgl. dazu H. *Ehmke*, Verfassungsänderung und Verfassungsdurchbrechung, AöR 79 (1953/54) S. 396 f.

genstehen –, dann wird diese auch nicht dadurch verfassungsmäßig, daß der verfassungsändernde Gesetzgeber sich hierzu selbst ermächtigt hat. Eine solche Selbstermächtigung ist verfassungswidrig[3]. Könnte nämlich das Verbot der Verfassungsdurchbrechung im Wege der Verfassungsänderung beiseite geschoben werden, dann wäre es gegenstandslos. Die Politik erhielte den Vorrang vor dem Verfassungsrecht, und das, was die Verfassung für das Leben des Gemeinwesens unentbehrlich macht: ihre rationalisierende, stabilisierende und freiheitssichernde Wirkung, wäre aufgehoben. Eben dies ist es, was das Grundgesetz nach den Erfahrungen der Vergangenheit vermeiden will [4].

II. Begrenzung von Verfassungsänderungen

700 Eine Änderung des Grundgesetzes (oben Rdn. 39), durch welche die Gliederung des Bundes in Länder, die grundsätzliche Mitwirkung der Länder bei der Gesetzgebung des Bundes oder die in Art. 1 und 20 niedergelegten Grundsätze berührt werden, ist unzulässig (Art. 79 Abs. 3 GG). Dieser Satz läßt keinen Zweifel daran, daß Verfassungsänderungen, die den materiellen Kern der Verfassung betreffen, nach dem Grundgesetz ausgeschlossen sind; er spricht ferner ein Verbot der Beseitigung der bundesstaatlichen Grundlagen des Grundgesetzes aus[5].

701 Der Einwand, daß eine solche Begrenzung nicht mehr sein könne als ein untauglicher Versuch, künftige Generationen an Legitimitätsvorstellungen zu binden, die möglicherweise nicht mehr die ihrigen sind, würde der Begrenzung eine Bedeutung beilegen, die sie nicht beansprucht. Gewiß: keine Verfassung kann durch ein Verbot bestimmter Verfassungsänderungen am Leben erhalten werden, wenn sie ihre normative Kraft verloren hat. Aber ebensowenig vermag sie ihre Aufgabe zu erfüllen, wenn sie im vollen Umfang zur Disposition einer Zweidrittelmehrheit gestellt wird; in diesem Falle wird der Änderungsartikel zum Kern der Verfassung: das einzige, was feststeht, ist, daß alles abgeändert oder beseitigt werden kann. Rechtliche Grundordnung des Gemeinwesens – nicht nur der jeweilige Wille einer Zweidrittelmehrheit – kann die Verfassung nur sein, wenn sie inhaltliche und verfahrensmäßige Fixierungen vornimmt und diese als absolut setzt. Die Geschichte kann über solche „endgültige" Setzung hinweggehen. Aber das liegt im Wesen geschichtlichen Rechts, das niemals mehr anstreben und bewirken kann als die *Erhaltung der Kontinuität im geschichtlichen Wandel*. Dieser Aufgabe dienen

---

3 *Ehmke* (Anm. 2) S. 401.

4 Nach dem Urteil des Bundesverfassungsgerichts vom 23. 4. 1991 enthält die Einfügung des Art. 143 Abs. 3 in das Grundgesetz keine mit Art. 79 Abs. 1 Satz 1 GG unvereinbare Durchbrechung des Grundgesetzes: der Text, auf den Art. 143 Abs. 3 verweise (Art. 41 EV mit Durchführungsvorschriften), enthalte weder eine in die Zukunft wirkende Änderung der Eigentumsgarantie noch von Art. 14 Abs. 3 GG abweichende Enteignungsvorschriften. Es handle sich vielmehr um eine Übergangsregelung, mit der bestimmt werde, inwieweit bereits vor der Erstreckung des Grundgesetzes auf das Beitrittsgebiet entstandene Sachverhalte am Grundgesetz zu messen seien. In einem solchen Falle reiche es aus, wenn der verfassungsändernde Gesetzgeber im Text den Tatbestand konkret bezeichne, der nach Inkrafttreten des Grundgesetzes unberührt bleiben solle (BVerfGE 84, 90 (119), vgl. auch oben Rdn. 98.

5 Zu dieser teils deklaratorischen, teil konstitutiven Bedeutung des Art. 79 Abs. 3 GG vgl. *H. Ehmke*, Grenzen der Verfassungsänderung (1953) S. 99 ff. Zur Gesamtproblematik eingehend: *B.-O. Bryde*, Verfassungsentwicklung (1982) S. 224, bes. S. 235 ff.

die Offenheit der Verfassung und, wo diese Offenheit eine Anpassung an den Wandel geschichtlicher Lagen nicht mehr ermöglicht, die Ermächtigung des verfassungsändernden Gesetzgebers, die Verfassung mit qualifizierter Mehrheit zu ändern oder zu ergänzen. Ihr dient auch das Verbot, die Identität der Verfassung und mit ihr die Kontinuität der rechtlichen Grundordnung des Gemeinwesens aufzuheben. Die Verfassung trägt das ihr Mögliche zur Erhaltung jener Kontinuität bei, indem sie verhindert, daß ein Selbstmord der rechtsstaatlichen Demokratie in Formen der Legalität vollzogen werden kann.

Das Grundgesetz ermächtigt deshalb den verfassungsändernden Gesetzgeber nur   **702**
zur Änderung, nicht aber zur Aufhebung oder Beseitigung der Verfassung [6]. Diese Begrenzung enthält nicht nur das Verbot, das Grundgesetz als Ganzes zu beseitigen. Sie schließt auch jede „Verfassungsänderung" aus, die die Identität der geschichtlich-konkreten Ordnung, die das Grundgesetz begründet, aufheben würde. Dies wäre der Fall bei einer Änderung des materialen Kerns der Verfassung, d. h. der Grundelemente der demokratischen und rechtsstaatlichen Ordnung des Grundgesetzes.

Die (deklaratorische) Umschreibung dieses Kerns und das (konstitutive) Verbot   **703**
einer Beseitigung der Grundlagen der bundesstaatlichen Ordnung in Art. 79 Abs. 3 GG bezeichnen die hiernach bestehenden Grenzen einer Verfassungsänderung nicht mit voller Deutlichkeit. Sicher wären die Grundsätze der Art. 1 und 20 GG „berührt", wenn Art. 1 GG aufgehoben, die Monarchie eingeführt, alle Wahlen abgeschafft oder die Aufgabe der rechtsprechenden Gewalt auf Organe der Exekutive übertragen werden sollte. In weniger evidenten Fällen ist die Frage dagegen nicht ohne weiteres zu beantworten, weil die Gestalt der demokratischen, rechtsstaatlichen und bundesstaatlichen Ordnung des Grundgesetzes sich erst aus dem Zusammenhang einer Fülle von Einzelbestimmungen ergibt und es darauf ankommt, inwieweit diese Bestimmungen für jenen Kern von solcher Bedeutung sind, daß sie dem Änderungsverbot unterfallen. Es bedarf also einer Differenzierung [7], die hier nur in Grundzügen entwickelt werden kann.

Zu den konstituierenden Elementen der demokratischen und rechtsstaatlichen   **704**
Ordnung des Grundgesetzes gehören zunächst die überwiegende Mehrzahl der den materialen Gehalt der verfassungsmäßigen Ordnung weithin bestimmenden *Grundrechte* (oben Rdn. 293 ff.) und der Grundsatz der *Gewaltenteilung* als das tragende organisatorische Prinzip der Verfassung (oben Rdn. 497 ff.). Im Blick auf die Grundrechte kann nur vordergründige Betrachtung lediglich den Grundsatz des Art. 1 GG als Grenze einer Verfassungsänderung ansehen. In gleicher

---

[6] BVerfGE 30, 1 (24); vgl. auch BVerfGE 84, 90 (120 f.).

[7] Allgemeine, losgelöst von der konkreten Problemlage entwickelte Formeln können demgegenüber die Tragweite des Änderungsverbotes nicht erschließen. Wenn das Bundesverfassungsgericht aus Art. 79 Abs. 3 GG als einer „Ausnahmevorschrift" die Notwendigkeit herleitet, die *Einschränkung* der Bindung des verfassungsändernden Gesetzgebers besonders ernst zu nehmen und betont, diese Ausnahmevorschrift dürfte „jedenfalls nicht dazu führen, daß der Gesetzgeber gehindert wird, durch verfassungsänderndes Gesetz auch elementare Verfassungsgrundsätze systemimmanent zu modifizieren" (BVerfGE 30, 1 [25]), so ist eine solche Formel eher geeignet, die Grenzen von Verfassungsänderungen zu verflüchtigen als sie klar zu bestimmen.

Weise sind die Grundrechte der Freiheit der Person, der Freizügigkeit, des Post- und Fernmeldegeheimnisses, der Unverletzlichkeit der Wohnung, der Glaubens- und Gewissensfreiheit, der Meinungs-, Versammlungs- und Vereinigungsfreiheit und der Berufsfreiheit jedenfalls in ihrem „Wesensgehalt" einer Änderung entzogen. Dasselbe gilt für den Gleichheitssatz und die Gewährleistungen der Ehe, der Familie und des Eigentums [8], die alle die Gestalt heutiger, geschichtlich-konkreter Ordnung so maßgeblich prägen, daß ihre Beseitigung diese Ordnung selbst aufheben würde.

705 Ferner bilden den materialen Kern der Verfassung alle diejenigen inhaltlichen und verfahrensmäßigen Voraussetzungen der *demokratischen Ordnung* des Grundgesetzes, die neben den Grundrechten die Legitimation der Herrschaft durch die Mehrheit des Volkes, die gleiche Chance und den Schutz der Minderheiten, den freien und offenen politischen Prozeß der Demokratie gewährleisten (oben Rdn. 145 ff.). Zu ihnen gehören die zeitliche Begrenzung der Legitimation der Organe politischer Gesamtleitung und Willensbildung, die Wahlrechtsgrundsätze des Art. 38 Abs. 1 GG, die Mitwirkung der Parteien bei der politischen Willensbildung, das Mehrparteienprinzip, die Gründungsfreiheit und die Chancengleichheit der politischen Parteien, die parlamentarische Kontrolle und das Recht auf parlamentarische Opposition[9] sowie das Budgetrecht des Parlaments. In gleicher Weise sind die Grundlagen der *rechtsstaatlichen Ordnung* des Grundgesetzes (oben Rdn. 192 ff.) einer Verfassungsänderung entzogen, im besonderen die Bindung aller staatlichen Gewalten an die verfassungsmäßige Ordnung, die Bindung der vollziehenden und rechtsprechenden Gewalt an Gesetz und Recht (Art. 20 Abs. 3 GG), die Rechtsgrundsätze, die die rechtsstaatliche Ordnung gewährleistet, und das Sozialstaatsprinzip.

706 Insgesamt deckt sich damit der einer Verfassungsänderung entzogene materiale Kern des Grundgesetzes mit dem, was Art. 18, 21 Abs. 2 und 91 Abs. 1 GG als „freiheitliche demokratische Grundordnung" bezeichnen und vorbeugend gegen Beeinträchtigungen anderer Art zu schützen suchen. Der Schutz des materialen Kerns schließt auch die Beseitigung solcher Einzelbestimmungen aus, die nicht aus dem Gefüge des Ganzen herausgebrochen werden können, ohne das Ganze selbst in seiner Grundsubstanz zu verändern. Hinzu treten kraft der positiven Bestimmung des Art. 79 Abs. 3 GG die Grundlagen der *bundesstaatlichen Ordnung* als Grenzen einer Verfassungsänderung[10]. Diese Grenzen bestimmen sich nach dem sachlichen Zweck und den Funktionen der durch das Grundgesetz konstituierten Bundesstaatlichkeit (oben Rdn. 223 ff.), deren Erhaltung die Erhaltung der Länder als Zentren demokratisch legitimer Entscheidung voraussetzt. Art. 79 Abs. 3 GG schützt jedoch nicht die Länder in ihrem heutigen Bestand (vgl. Art. 29 GG); er enthält auch keine Bestandsgarantie des Bundesrates, sondern läßt auch eine Verfassungsänderung zu, die die Mitwirkung der Länder bei der Bundesgesetzgebung durch ein anderes Organ, etwa einen Senat, aktualisiert.

---

8 Vgl. dazu *Ehmke* (Anm. 5) S. 103.

9 *Ehmke* (Anm. 5) S. 112 ff.

10 Vgl. dazu BVerfGE 34, 9 (19 ff.). *K. Hesse*, Bundesstaatsreform und Grenzen der Verfassungsänderung, AöR 98 (1973) S. 5 ff.

Endlich ist *Art. 79 GG selbst* in seinen wesentlichen Bestandteilen einer Verfas- **707**
sungsänderung entzogen, und zwar nicht nur in seinem Abs. 1 Satz 1, sondern
auch in dem Erfordernis qualifizierter Mehrheiten des Abs. 2; doch ist eine Änderung der für Verfassungsänderungen vorgeschriebenen Mehrheit nicht schlechthin ausgeschlossen[11]. Vor allem darf Art. 79 Abs. 3 GG nicht dadurch gegenstandslos gemacht werden, daß er selbst im Wege der Verfassungsänderung beseitigt wird. – Nach Art. 146 GG a. F. standen alle diese Änderungsverbote unter
dem Vorbehalt des Inkrafttretens einer neuen Verfassung. Diese Bestimmung ist
gegenstandslos geworden, da die Einheit Deutschlands durch den Beitritt der
DDR nach Art. 23 Satz 2 a. F. GG hergestellt worden ist (oben Rdn. 95). Art. 146
GG n. F. kann, gleichgültig wie er ausgelegt wird (vgl. oben Rdn. 99 f.), von den
Änderungsverboten des Art. 79 Abs. 3 GG nicht befreien, weil er vom verfassungs*ändernden* Gesetzgeber beschlossen worden ist, dem eine derartige Regelung versagt war.

Durch Beschlüsse vom 8. 10. 1970 und 22. 2. 1973 hatte der Bundestag auf der Grundlage **708**
des § 74 a a. F. GOBT eine Enquetekommission Verfassungsreform eingesetzt. Der Auftrag dieser Kommission richtete sich nicht auf eine Totalrevision des Grundgesetzes, sondern auf die Frage etwa erforderlicher Anpassungen unter Wahrung der Prinzipien des
Grundgesetzes. Zu größeren Änderungen hat die Arbeit der Kommission nicht geführt[12].
Ebensowenig haben die auf der Basis von Art. 5 EV von der Gemeinsamen Verfassungskommission empfohlenen künftigen Änderungen oder Ergänzungen des Grundgesetzes wesentliche Änderungen zur Folge gehabt (vgl. oben Rdn. 100).

Gleichwohl werden Praxis und Wissenschaft sich in verstärktem Maße der Verfassungspolitik zuwenden müssen, wenn das Grundgesetz seine Aufgabe auch unter den veränderten Bedingungen der Zukunft erfüllen soll. Dabei werden die Bemühungen um Verfassungsrefor-
men, die dies ermöglichen sollen, sich nicht nur auf die Behebung augenblicklich praktisch-
technischer Schwierigkeiten beschränken dürfen. Es wird vor allem darauf ankommen, tiefergehende Problemveränderungen und Infragestellungen, wie sie oben zu einem Teil ange-
deutet wurden (Rdn. 162 ff.; 214, 234, 298, 395, 443, 575), zu erkennen, zu analysieren und
bei der Entwicklung neuer Lösungen zu berücksichtigen[13]. Diese Fragen stehen nicht speziell „im Zusammenhang mit der deutschen Einigung" (Art. 5 EV). Die Aufgabe, die sich
mit ihnen stellt, ist mithin eine längerfristige, bei der die Notwendigkeit einer Abstimmung
mit dem Fortgang der europäischen Integration eine wesentliche Rolle spielen wird (vgl.
oben Rdn. 109, 113).

---

11 *Ehmke* (Anm. 5) S. 127 f.
12 Vgl. den Schlußbericht, BT-Drucks. 7/5924 und die Würdigungen durch *R. Wahl,* Empfehlungen
    zur Verfassungsreform, AöR 103 (1978) S. 477 ff. und *R. Grawert,* Zur Verfassungsreform, Der
    Staat 18 (1979) S. 229 ff.
13 Vgl. dazu *D. Grimm,* Verfassungsfunktion und Grundgesetzreform, AöR 97 (1972) S. 489 ff.

§ 22   Sicherungen der „freiheitlichen demokratischen Grundordnung"

I. Verwirkung von Grundrechten

709   Da Grundrechte allgemein gelten, können sich auch die Gegner der Verfassung auf sie berufen. Der Gefahr, daß auf diese Weise grundrechtliche Freiheiten zu einem Kampf genutzt werden, dessen Ziel in der Beseitigung der Grundlagen der Verfassung und mit ihnen der grundrechtlichen Freiheiten besteht, sucht das Grundgesetz durch die Bestimmung des Art. 18 zu begegnen. Wer die Meinungsfreiheit, die Lehrfreiheit, die Versammlungs- oder Vereinigungsfreiheit, das Brief-, Post- und Fernmeldegeheimnis, das Eigentum oder das Asylrecht zum Kampf gegen die freiheitliche demokratische Grundordnung mißbraucht, verwirkt diese Grundrechte. Grundrechte sollen nur ihrem Geiste gemäß, nicht ihrem Geiste zuwider gebraucht werden.

710   Mit diesem Gedanken ist die dem präventiven oder repressiven Verfassungsschutz eigene Problematik verbunden (oben Rdn. 694); er führt darüber hinaus zu der Notwendigkeit einer Unterscheidung zwischen legitimer, durch die Grundrechte geschützter Opposition und illegitimer Opposition, die sich der Formen der Legalität bedient, um verfassungsfeindliche Ziele zu verwirklichen. Diese Unterscheidung muß auf der Grundlage eines höchst unbestimmten Tatbestandes getroffen werden. Es kommt darauf an, ob die durch die Grundrechte prinzipiell geschützte Opposition auf dem gemeinsamen Boden der „freiheitlichen demokratischen Grundordnung" steht oder nicht, eine Frage, die um so schwerer zu entscheiden sein kann, als verfassungsfeindliche Gruppen in der Regel bemüht sein werden, ihre Ziele demokratisch zu tarnen. Die herrschende Gruppe kann das in die Versuchung führen, mißliebigen Gegnern verfassungsfeindliche Absichten zu unterschieben, um sich auf diese Weise unbequemer Opposition zu entledigen: der Mißbrauchstatbestand des Art. 18 GG kann seinerseits mißbraucht werden. Allen diesen Schwierigkeiten und Gefahren sucht das Grundgesetz dadurch zu begegnen, daß es der Kautele des Art. 18 Satz 1 die Kautele des Art. 18 Satz 2 hinzufügt. Über die Verwirkung von Grundrechten hat allein das Bundesverfassungsgericht zu entscheiden. Dieses Monopol darf auch nicht dadurch gegenstandslos gemacht werden, daß der Gesetzgeber Tatbestände schafft, deren Rechtsfolge der Verwirkung von Grundrechten gleichkommt[1].

711   Der Ausspruch der Verwirkung durch das Bundesverfassungsgericht *setzt voraus*, daß eines oder mehrere der in Art. 18 GG bezeichneten Grundrechte zum Kampf gegen die freiheitliche demokratische Grundordnung gebraucht werden und dadurch eine ernsthafte Gefahr für die freiheitliche demokratische Grundordnung

---

1 BVerfGE 10, 118 (122 ff.). Doch soll dies, ebenso wie das Verbot des Ausspruchs solcher Rechtsfolgen durch andere Stellen als das Bundesverfassungsgericht, jedenfalls dann nicht gelten, wenn es sich um einen Verstoß gegen ein Parteiverbot gem. Art. 21 Abs. 2 GG handelt: BVerfGE 25, 88 (95 ff.). Zum Verhältnis von Art. 18 und Art. 21 Abs. 2 GG vgl. auch BVerfGE 25, 44 (59 f.).

entsteht². Art. 18 Satz 1 GG enthält keinen besonderen Mißbrauchstatbestand, der aus dem von der Verfassung vorausgesetzten Gebrauch des Grundrechts als dessen Gegenteil entwickelt werden müßte. Ebensowenig kommt es auf Verschulden an. Die Tragweite des Art. 18 GG hängt allein von dem Begriff der „freiheitlichen demokratischen Grundordnung" ab. Dieser bezeichnet, wie gezeigt, diejenigen Elemente der demokratischen und der mit ihr eng verbundenen rechtsstaatlichen Ordnung des Grundgesetzes, die den Grundcharakter der verfassungsmäßigen Ordnung des Grundgesetzes bestimmen und deren durch Art. 18 GG zu schützendes Fundament bilden (oben Rdn. 128, 706).

Die Entscheidung des Bundesverfassungsgericht *wirkt konstitutiv*. Erst wenn das **712** Bundesverfassungsgericht die Verwirkung ausgesprochen hat, können sich die Betroffenen nicht mehr auf die verwirkten Grundrechte berufen. Von diesem Zeitpunkt an entfällt für sie der Schutz der verwirkten Grundrechte. Doch wird hierdurch der allgemeine Vorbehalt des Gesetzes nicht berührt, so daß bei einem Vorgehen gegen die Betroffenen zwar nicht die verwirkten Grundrechte im Wege stehen, wohl aber eine gesetzliche Grundlage erforderlich ist. Diese kann durch eine Anordnung des Bundesverfassungsgerichts ersetzt werden, die dem Betroffenen nach Art und Dauer genau bezeichnete Beschränkungen auferlegt, soweit sie nicht andere als die verwirkten Grundrechte beeinträchtigen (§ 39 Abs. 1 Satz 3 und 4 BVerfGG). Zugleich kann das Gericht den Betroffenen für die Dauer der Verwirkung das aktive und passive Wahlrecht sowie die Fähigkeit zur Bekleidung öffentlicher Ämter aberkennen; im Falle der Verwirkung von Grundrechten durch juristische Personen kann es deren Auflösung anordnen (§ 39 Abs. 2 BVerfGG).

Praktische Bedeutung hat die Verwirkung von Grundrechten bisher nicht erlangt³. **713** Solange das politische Strafrecht und der Vollzug eines Parteiverbots sehr viel einfachere und wirksamere Möglichkeiten zur Ausschaltung verfassungsfeindlicher Kräfte bieten, wird sie diese Bedeutung auch kaum gewinnen.

II. Parteiverbot

Von ungleich größerer Bedeutung für den präventiven Verfassungsschutz ist die in **714** Art. 21 Abs. 2 GG geschaffene Möglichkeit, verfassungsfeindliche Parteien zu verbieten. Namentlich diese Bestimmung verdankt ihre Einführung den Erfahrungen der Weimarer Republik, in der das Anwachsen radikaler verfassungsfeindlicher Parteien seit 1930 zur Krise geführt hatte, und die schließlich der stärksten

---

2 BVerfGE 38, 23 (24 f.).
3 Zu den bisher zwei Anträgen, die das Bundesverfassungsgericht zurückgewiesen hat, vgl. BVerfGE 11, 282 f.; 38, 23 ff. Zwei weitere Anträge hat die Bundesregierung am 9. 12. 1992 gestellt. Zur Gesamtproblematik: *H. U. Gallwas*, Der Mißbrauch von Grundrechten (1967) S. 118 ff.; *W. Schmitt Glaeser*, Mißbrauch und Verwirkung von Grundrechten im politischen Meinungskampf. Eine Untersuchung über die Verfassungsschutzbestimmung des Art. 18 GG und ihr Verhältnis zum einfachen Recht, insbesondere zum politischen Strafrecht (1968); *D. D. Hartmann*, Verwirkung von Grundrechten, AöR 95 (1970) S. 567 ff. Aus neuester Zeit: *H. Butzer* und *M. Clever*, Grundrechtsverwirkung nach Art. 18 GG: Doch eine Waffe gegen politische Extremisten? DÖV 1994, 637 ff.

dieser Parteien erlegen ist. Verfassungsfeindliche Parteien sollen deshalb frühzeitig ausgeschaltet werden können; das freie Spiel der politischen Kräfte in der Demokratie soll dort eine Grenze finden, wo deren Gegner mit den Mitteln der Demokratie die Demokratie zu beseitigen suchen: das Grundgesetz sucht dieses Problem der Grenzen freiheitlicher Demokratie im Sinne seiner Entscheidung für eine „streitbare Demokratie" zu lösen[4].

715 Dies liegt in der Konsequenz der demokratischen Ordnung des Grundgesetzes, die keine Ordnung eines uneingeschränkten Relativismus ist, sondern auf bestimmten Inhalten beruht, die ihre Offenheit für unterschiedliche politische Richtungen bedingen und begrenzen (oben Rdn. 160). Deshalb sind politische Zielsetzungen, deren Verwirklichung die Identität der demokratischen Ordnung des Grundgesetzes aufheben und diese in ein anderes Regierungssystem verwandeln würde, verfassungswidrig, und deshalb schafft das Grundgesetz die Möglichkeit, politische Kräfte, welche solche Ziele verfolgen, auszuschalten. Freilich vermag auch dieses Mittel des Schutzes der Verfassung die demokratische Ordnung des Grundgesetzes nur abzuschirmen; es kann deren Legitimität nicht erhalten oder verstärken. Die äußere Sicherung der freiheitlichen Demokratie, die es ermöglicht, muß darüber hinaus mit dem Preis einer Verkürzung politischer Freiheit, d. h. aber einer Grundvoraussetzung dieser Demokratie erkauft werden; sie trägt die Gefahr einer Verengung des Parteiensystems in sich, das nicht mehr allen politischen Strömungen eine Heimstatt zu bieten vermag, die etablierten verfassungsmäßigen Parteien der Konfrontation mit „Außenseitern" enthebt und darum in diesen Parteien zu einem Rückgang politischen Lebens, einem Verlust von Impulsen, Energien und Dynamik führen kann[5]. Daher ist eine restriktive Auslegung des Art. 21 Abs. 2 GG geboten.

716 Auch bei dem Verbot politischer Parteien bestehen ähnliche Schwierigkeiten und Gefahren wie bei der Verwirkung von Grundrechten[6]. Ihnen kommt um so größeres Gewicht zu, als es sich bei den Parteien um die bestimmenden Kräfte des politischen Prozesses handelt. Das Grundgesetz regelt deshalb das Verbot von Parteien anders als das Verbot von sonstigen Vereinigungen. Es faßt in Art. 21 Abs. 2 die Voraussetzungen des Verbots enger als in Art. 9 Abs. 2; und es entzieht die politischen Parteien dem Zugriff der gesetzgebenden und vollziehenden Gewalt, indem es den Ausspruch der Verfassungswidrigkeit allein dem Bundesverfassungsgericht vorbehält. Dieses *Parteienprivileg*, das eine Anwendung des Art. 9 Abs. 2 GG auf Parteien ausschließt[7], beschränkt sich nicht auf den Bestand der Parteiorganisation. Es umfaßt auch die mit allgemein erlaubten Mitteln arbeitende parteioffizielle Tätigkeit der Funktionäre und Anhänger einer Partei, ohne die die Partei

---

4 BVerfGE 5, 85 (139). Vgl. oben Rdn. 694.
5 Dazu und zu der Grundaporie des Parteiverbotes: daß unbedeutende verfassungsfeindliche Parteien zu verbieten unter Aspekten des Verfassungsschutzes überflüssig, mächtige verfassungsfeindliche Parteien zu verbieten dagegen wenig erfolgversprechend ist, vgl. *R. Schuster*, Relegalisierung der KPD oder Illegalisierung der NPD? Zur politischen und rechtlichen Problematik von Parteiverboten, Zeitschr. f. Politik 15 (1968) S. 417 ff.
6 Vgl. dazu *H. Ridder*, Aktuelle Rechtsfragen des KPD-Verbotes (1966) S. 40 ff.
7 BVerfGE 2, 1 (13); 12, 296 (304); 17, 155 (166).

handlungsunfähig und ihre Privilegierung gegenstandslos wäre[8]. Dagegen erstreckt es sich nicht auf die selbständigen Nebenorganisationen einer Partei, für die Art. 9 GG gilt[9].

Die *Voraussetzungen eines Parteiverbotes* sind – freilich nur wenig – genauer um- **717** schrieben als die der Verwirkung von Grundrechten. Eine Partei ist verfassungswidrig und kann durch das Bundesverfassungsgericht verboten werden, wenn sie darauf ausgeht, den Bestand der Bundesrepublik zu gefährden oder die freiheitliche demokratische Grundordnung zu beeinträchtigen oder zu beseitigen (Art. 21 Abs. 2 Satz 1 GG). Darin wird der präventive Charakter des Parteiverbotes mit besonderer Deutlichkeit sichtbar. Soll freilich das Verbot einer Partei politische Freiheit nicht mehr als notwendig beeinträchtigen, so darf es nicht schon dann ausgesprochen werden, wenn der politische Kurs der Partei „dauernd tendenziell auf die Bekämpfung der freiheitlichen demokratischen Grundordnung gerichtet ist" und in Handlungen so weit Ausdruck gefunden hat, daß dieser Kampf als „planvoll verfolgtes politisches Vorgehen … erkennbar wird"[10]. Vielmehr bedarf es einer konkreten Gefahr der „Beeinträchtigung" oder „Beseitigung" der freiheitlichen demokratischen Grundordnung. Die Bestrebungen der Partei müssen sich gegen die elementaren Verfassungsgrundsätze richten, über die mindestens sich alle Parteien einig sein müssen, wenn der vom Grundgesetz konstituierte Typus der Demokratie überhaupt sinnvoll funktionieren soll, während die Ablehnung einzelner Bestimmungen oder ganzer Institutionen des Grundgesetzes die Verfassungswidrigkeit einer Partei noch nicht begründen kann[11]. Ob dieser Tatbestand gegeben ist, ist anhand der Ziele der Partei[12] oder des Verhaltens ihrer Anhänger (nicht nur ihrer Mitglieder) zu ermitteln. Ein Indiz für die Verfassungsfeindlichkeit kann sich hier auch aus der inneren Ordnung der Partei ergeben: „Erreicht die Abkehr von demokratischen Organisationsgrundsätzen einen solchen Grad, daß sie nur als Ausdruck einer grundsätzlich demokratiefeindlichen Haltung erklärbar ist, so kann, namentlich wenn auch andere Umstände diese Einstellung der Partei bestätigen, der Tatbestand des Art. 21 Abs. 2 GG erfüllt sein"[13].

Die *Entscheidung* des Bundesverfassungsgerichts, daß eine Partei verfassungs- **718** widrig sei, *wirkt konstitutiv*[14]. Erst von diesem Zeitpunkt an kann gegen die Partei vorgegangen werden, und dieses Vorgehen darf auch nicht an Tatbestände anknüpfen, die vor dem Spruch des Bundesverfassungsgerichts liegen[15]. Mit der Feststellung der Verfassungswidrigkeit ist die Auflösung der Partei und das Verbot, eine

---

8 BVerfGE 12, 296 (305 ff.); 47, 130 (139 ff.); 47, 198 (228 ff.), jeweils m. w. Nachw.; vgl. demgegenüber aber BVerfGE 39, 334 (357 ff.) und die abw. Meinung ebd. S. 378 ff. („Radikalenerlaß"). Zu den umstrittenen Fragen der Tragweite des Entscheidungsvorbehalts des Bundesverfassungsgerichts: *D. Lorenz*, Verfassungwidrige Parteien und Entscheidungsmonopol des Bundesverfassungsgerichts, AöR 101 (1976) S. 1 ff.; *W. Schmidt*, Das Parteienprivileg zwischen Legalität und Opportunität, DÖV 1978, 468 ff.
9 BVerfGE 2, 1 (78); 5, 85 (392).
10 BVerfGE 5, 85 (142).
11 BVerfGE 5, 85 (140 f.).
12 Vgl. dazu BVerfGE 5, 85 (143 f.).
13 BVerfGE 2, 1 (14).
14 BVerfGE 12, 296 (304 f.); 13, 46 (52); 13, 123 (126).
15 BVerfGE 12, 296 (306 f.); im Gegensatz zu BGHZ 31, 1 (3 f.).

Ersatzorganisation zu schaffen, zu verbinden; außerdem kann das Bundesverfassungsgericht auf Einziehung des Vermögens der Partei erkennen (§ 46 Abs. 3 BVerfGG). Sofern das Gericht keine besonderen Anordnungen über die Vollstreckung trifft (§ 35 BVerfGG), obliegt der Vollzug der Entscheidung den nach § 32 des Parteiengesetzes zuständigen Behörden[16]. Diese haben im Rahmen der Gesetze alle Maßnahmen zu treffen, die zur Vollstreckung des Urteils und etwaiger zusätzlicher Vollstreckungsregelungen des Bundesverfassungsgerichts erforderlich sind[17]. Ersatzorganisationen der verbotenen Partei[18] unterliegen dem unmittelbaren Zugriff der vollziehenden Gewalt (§ 33 Abs. 3 ParteienG – eine Ausnahme in § 33 Abs. 2); sie können sich auf Art. 9 GG und vollends auf Art. 21 Abs. 2 GG nicht berufen[19]. Da der Charakter einer Vereinigung oder einer Partei als Ersatzorganisation nicht immer zweifelsfrei festzustellen ist, entsteht durch diese Regelung die Gefahr, daß die Exekutive insoweit die Grenze zwischen legitimer und illegitimer Opposition zieht, mag diese Grenzziehung auch unter dem Vorbehalt verwaltungs- und schließlich verfassungsgerichtlicher Nachprüfung stehen. Nach der Rechtsprechung des Bundesverfassungsgericht führt schließlich das Parteiverbot zum automatischen Mandatsverlust für alle Abgeordneten der aufgelösten Partei[20].

§ 23   Gesetzgebungsnotstand und Recht des Ausnahmezustandes (Notstandsrecht)

719   Art. 18 und 21 Abs. 2 GG sind auf die Abwehr von Bestrebungen „von unten" beschränkt, die geeignet sind, den Bestand der Verfassung von innen her zu gefährden. Ihre Reichweite umfaßt nicht Gefährdungen des Staates und der Verfassung von außen und nicht deren Sicherung gegen innere Ausnahmelagen, die über einen Mißbrauch von Grundrechten oder das Wirken einer verfassungsfeindlichen Partei hinausgehen oder die mit diesen Tatbeständen nichts zu tun haben. Gefährdungen oder Beeinträchtigungen dieser Art können zu einer Verfassungsstörung oder einem Staatsnotstand führen. Ihrer Abwehr dienen das Institut des Gesetzgebungsnotstandes und eine Reihe von Einrichtungen, die dem Recht des Ausnahmezustandes zuzurechnen sind. Für die Einsicht in die Problematik und die Wirksamkeit dieser Einrichtungen ist die Unterscheidung von echtem Ausnahmezustand und Verfassungsstörungen von grundlegender Bedeutung.

---

16 In den beiden bisherigen Verfahren nach Art. 21 Abs. 2 GG hat das Bundesverfassungsgericht die Innenminister der Länder mit der Vollstreckung beauftragt (BVerfGE 2, 1 [78 f.]; 5, 85 [393]; 6, 300 [308 f.]). Zur Zulässigkeit einer Beschwerde an das Bundesverfassungsgericht gegen Vollzugsakte vgl. BVerfGE 2, 139 (141 ff.).
17 Vgl. für die beiden bisherigen Verfahren BVerfGE 2, 1 (78 f.); 5, 85 (393).
18 Zum Begriff vgl. § 33 Abs. 1 ParteiG und BVerfGE 6, 300 (307 f.); 16, 4 (5 f.).
19 BVerfGE 16, 4 (5 ff.) m. w. Nach.
20 BVerfGE 2, 1 (72 ff.). Vgl. dazu oben Rdn. 601.

I. Ausnahmezustand und Verfassungsstörung

1. Begriff und Eigenart

Ein echter *Ausnahmezustand* oder, wie die heute vorwiegend verwendete Bezeichnung lautet, „Staatsnotstand" entsteht bei allen ernsthaften Gefahren für den Bestand des Staates oder die öffentliche Sicherheit und Ordnung, die nicht auf den normalen von der Verfassung vorgesehenen Wegen beseitigt werden können, sondern deren Abwehr oder Beseitigung nur mit *exzeptionellen Mitteln* möglich ist. Dieser Begriffsbestimmung entsprechend können einen Ausnahmezustand im eigentlichen Sinne nur solche Gefahren begründen, die dem Bestand des Staates oder der öffentlichen Sicherheit und Ordnung aus der äußeren Lebenssphäre drohen, im besonderen die traditionellen Fälle Krieg und Aufruhr, darüber hinaus aber auch solche Ausnahmelagen, die im Zeichen wachsender Abhängigkeit von der öffentlichen Daseinsvorsorge sowie der heutigen weltpolitischen und weltwirtschaftlichen Verflechtungen ebenfalls zu einer ernsthaften Gefahr führen können, namentlich schwere Versorgungskrisen.

Demgegenüber beruht die *Verfassungsstörung*[1] auf gänzlich anderen Voraussetzungen. Ihr Kennzeichen ist nicht eine Gefährdung des Staats- und Verfassungslebens durch solche äußeren Einflüsse; sondern sie bezeichnet die staatsrechtlich abnorme Lage, die entsteht, wenn ein oberstes Staatsorgan aus Gründen, die bei ihm selbst oder bei einem anderen Organ liegen, außerstande ist, seine ihm verfassungsmäßig zugewiesenen Funktionen wahrzunehmen und wenn es damit funktionsunfähig wird. Das bekannteste Beispiel hierfür ist die Selbstausschaltung des parlamentarischen Gesetzgebers in den letzten Jahren der Weimarer Republik, die sich daraus ergab, daß das Parlament zu einer positiven Mehrheitsbildung nicht mehr imstande war, dies besonders, nachdem die extremen Flügelparteien (NSDAP und KPD), die sich nur in der Ablehnung der Regierungspolitik einig waren, bei den Reichstagswahlen von 1932 mehr als die Hälfte der Mandate gewonnen hatten. Zwar kann auch eine solche Störung den Bestand von Staat und Verfassung empfindlich beeinträchtigen oder ihn sogar in Frage stellen. Aber der entscheidende Unterschied zum eigentlichen Ausnahmezustand besteht darin, daß es hier nicht unmöglich ist, die abnorme Lage mit verfassungsmäßigen Mitteln zu beseitigen. Es kommt im Gegenteil gerade darauf an, die ordentliche Verfassung nicht nur in ihren Buchstaben, sondern auch in ihrem Sinn zu respektieren. Zudem sind Maßnahmen einer Ausnahmegewalt ungeeignet, einer Verfassungsstörung wirksam zu begegnen. Denn sie können allenfalls deren Folge, niemals aber das Übel selbst beseitigen. Maßnahmen gegen den Herd der Störung zu ergreifen, würde bedeuten, daß die Ausnahmegewalt die Verfassung ändern müßte. Da sie jedoch nur die Aufgabe haben kann, die Verfassung zu schützen, zu erhalten oder wiederherzustellen, würde das zu einem unlösbaren Widerspruch führen. Die Verfassungsstörung hat darum mit dem Ausnahmezustand im eigentlichen Sinne nichts gemein, auch wenn es Fälle geben kann, in denen beide gleichzeitig auftre-

720

721

---

1 *J. Heckel*, Diktatur, Notverordnungsrecht, Staatsnotstand, AöR NF 22 (1932) S. 275; *E. Klein*, Funktionsstörungen in der Staatsorganisation, HdBStR VII, § 168 Rdn. 2 f.

ten. Wie verhängnisvoll eine Ineinssetzung werden kann, haben die letzten Jahre der Weimarer Republik gezeigt.

722 Es ist deshalb verfehlt, wenn eine Verfassung institutionelle Aushilfen gegen Verfassungsstörungen bereithält. Solche Aushilfen sind nicht nur ungeeignet, den Gefährdungen, in denen sie weiterhelfen sollen, wirksam zu begegnen, sondern sie wecken auch den Anschein, als gäbe es im Falle einer Verfassungsstörung andere Auswege als den der Respektierung der ordentlichen Verfassung. Fehlen dagegen derartige Auswege, so gibt es keine Flucht aus der Verantwortung und wird der Zwang zur Verständigung, auf die alles ankommt, verstärkt.

2. Die Aufgabe des Rechts des Ausnahmezustandes

723 Um so unentbehrlicher sind institutionelle Hilfen zur Bewältigung eines Ausnahmezustandes. Die Verfassung soll sich nicht nur in normalen Zeiten, sondern auch in Not- und Krisenlagen bewähren. Trifft sie für die Bewältigung solcher Lagen keine Vorsorge, so bleibt den verantwortlichen Organen im entscheidenden Augenblick keine andere Möglichkeit als die, sich über die Verfassung hinwegzusetzen. Das läßt sich vielleicht mit einem über- oder außerkonstitutionellen ungeschriebenen Notrecht rechtfertigen. Aber der Primat der geschriebenen Verfassung, ihre Stabilität und ihr Ansehen werden hier nicht geschützt, sondern sie müssen den faktischen Notwendigkeiten zum Opfer gebracht werden. Da das ungeschriebene Notrecht keine klaren Kompetenzen begründet und eindeutiger Grenzen entbehrt, bleibt es die Frage, wie von hier aus in die Bahnen des geschriebenen Rechts zurückzufinden ist[2]. Die Verfassung muß daher einerseits die Möglichkeit schaffen, den im einzelnen nur schwer vorauszubestimmenden Ausnahmelagen, die sich mit den normalen verfassungsrechtlichen Mitteln nicht bewältigen lassen, im Wege des Rechts zu begegnen; sie muß anderseits dagegen sichern, daß die Machtkonzentration, die der Ausnahmezustand erfordert, nicht über die Dauer der Ausnahmelage hinaus aufrechterhalten und dazu mißbraucht wird, die normale verfassungsmäßige Ordnung zu beseitigen. Um diesen Notwendigkeiten optimal gerecht zu werden, bedarf das Recht des Ausnahmezustandes einer Gestaltung, die sowohl in ihren Kompetenzregelungen wie in ihren Sicherungen von der Normalstruktur verfassungsrechtlicher Institute wesentlich abweicht.

724 Das Maß dieser Abweichungen wird bestimmt durch die Aufgabe, so schnell wie möglich den normalen Verfassungszustand und die Voraussetzungen seiner Geltung wiederherzustellen. Diese *Zielsetzung* ist maßgebend für die Verfassungsmäßigkeit der im Ausnahmezustand getroffenen außerordentlichen Maßnahmen. Sie bestimmt deren Inhalt: soweit die Wiederherstellung der normalen verfassungsmäßigen Ordnung es erfordert, müssen alle Mittel, dürfen aber auch nur diejenigen Mittel eingesetzt werden, die zur Beseitigung der Störung erforderlich sind. Sie

---

2 Dazu und zum folgenden näher: *K. Hesse*, Grundfragen einer verfassungsmäßigen Normierung des Ausnahmezustandes, JZ 1960, 105 ff.; aus neuerer Zeit: *E.-W. Böckenförde*, Der verdrängte Ausnahmezustand, NJW 1978, 1881 ff. – Eingehend dargestellt und gewürdigt wird das gesamte Notstandsrecht von *K. Stern*, Das Staatsrecht der Bundesrepublik Deutschland II (1980) S. 1285 ff.

zieht den Maßnahmen der Ausnahmegewalt zugleich ihre Grenzen: eine exzeptionelle Maßnahme ist nur insoweit zulässig, als sie jener Wiederherstellung dient und dem Grundsatz der Verhältnismäßigkeit entspricht. Soweit dies zur Wiederherstellung der Normallage unerläßlich ist – und nur insoweit – müssen daher im Ausnahmezustand die der Normallage eigentümlichen Bindungen der öffentlichen Gewalt entfallen, insbesondere die einzelner Grundrechte, der Gewaltenteilung und des bundesstaatlichen Prinzips. Im Blick auf das Ziel der Notmaßnahmen liegt darin keine Verletzung der normalen Verfassung, sondern eine notwendige Ergänzung und Verstärkung: die Verfassung wird in Teilen suspendiert, um ihre uneingeschränkte Geltung wiederherstellen zu können.

Dieser Problemlage entspricht eine *Ermächtigung* zu Ausnahmemaßnahmen nur **725** dann, wenn sie strikt auf einen echten Ausnahmezustand beschränkt ist, für diesen Fall aber alle notwendigen Maßnahmen umfaßt; Inhalt und Grenzen der Ermächtigung können sich dabei nicht aus tatbestandsmäßiger Umschreibung ergeben, sondern aus dem ihr zugrundeliegenden Auftrag und dem Grundsatz der Verhältnismäßigkeit. Ebenso bedürfen die Sicherungen gegen einen Mißbrauch der Ausnahmegewalt einer Ausgestaltung, die, ohne die Wirkung notwendiger Ausnahmemaßnahmen zu beeinträchtigen, den Verzicht auf tatbestandsmäßige Regelung durch verstärkten Einsatz anderer Mittel so weit wie möglich ausgleicht. Diese Mittel liegen namentlich in einer klaren Regelung von Beginn und Ende des Ausnahmezustandes und in verstärkter Kontrolle der Ausnahmegewalt.

II. Der Gesetzgebungsnotstand

Für den Fall einer Verfassungsstörung sucht das Grundgesetz durch das Institut **726** des Gesetzgebungsnotstands (Art. 81) Vorsorge zu treffen[3]. Art. 81 GG knüpft an Art. 68 GG an. Findet ein Antrag des Bundeskanzlers, ihm das Vertrauen auszusprechen, nicht die Zustimmung der Mehrheit der Mitglieder des Bundestages und löst der Bundespräsident daraufhin den Bundestag nicht auf, so tritt der abnorme Fall einer Minderheitsregierung ein, die sich einer Mehrheitsopposition im Bundestag gegenübersieht. Das verfassungsmäßig vorausgesetzte Zusammenwirken von Parlament und Regierung ist gestört, eine Lage, wie sie für die letzten Jahre der Weimarer Republik kennzeichnend gewesen ist.

Wenn in dieser Lage der Bundestag eine Gesetzesvorlage der Bundesregierung ab- **727** lehnt, obwohl die Bundesregierung sie als dringlich bezeichnet hat, so kann der Bundespräsident mit Zustimmung des Bundesrats den Gesetzgebungsnotstand erklären. Das gleiche gilt, wenn die Gesetzesvorlage abgelehnt worden ist, obwohl der Bundeskanzler mit ihr den Antrag des Art. 68 GG verbunden hatte (Art. 81 Abs. 1 GG). Lehnt der Bundestag nach dieser Erklärung die Vorlage erneut ab, gibt er ihr eine für die Bundesregierung unannehmbare Fassung oder verabschiedet er das Gesetz nicht innerhalb von vier Wochen, so wird er ausgeschaltet: das Gesetz gilt als zustandegekommen, wenn der Bundesrat ihm zustimmt (Art. 81

---

3 Dazu *Klein* (Anm. 1) § 168 Rdn. 31 ff.; *Stern* (Anm. 2) S. 1369.

Abs. 2 GG). Auch jede andere vom Bundestag abgelehnte Gesetzesvorlage kann während der Amtszeit eines Bundeskanzlers auf diese Weise verabschiedet werden; ausgenommen sollen nur verfassungsändernde Gesetze oder Gesetze sein, die das Grundgesetz ganz oder teilweise außer Kraft setzen (Art. 81 Abs. 3 und 4 GG).

Dies alles gilt jedoch nur für die Dauer von sechs Monaten (Art. 81 Abs. 3 GG). Was nach Ablauf dieser Frist zu geschehen hat, sagt das Grundgesetz nicht; doch kann kein Zweifel daran bestehen, daß nunmehr nur noch das zu tun übrig bleibt, was sogleich hätte geschehen müssen: die Auflösung des Bundestages und die Ausschreibung von Neuwahlen. Das einzige, was sich mit Art. 81 GG erreichen läßt, ist also eine Verlängerung der politischen Krise, gegen deren Folgen er sichern soll. Mittel einer wirksamen Abhilfe enthält er nicht.

III. Entstehung und Bestand der neuen Notstandsregelungen

728 Eine umfassende Normierung des Rechts des Ausnahmezustandes ist bei der Schaffung des Grundgesetzes unterblieben. Sie war zunächst auch insoweit entbehrlich, als Ausnahmebefugnisse zu den Vorbehaltsrechten der Besatzungsmächte gehörten und daher deutscher Verfügung entzogen waren. So beschränkte sich das Grundgesetz ursprünglich auf begrenzte Regelungen für einen inneren Notstand (Art. 37, 91 a. F.). Weitergehende Befugnisse wurden dann durch die Verteidigungsnovelle vom 19. 3. 1956 begründet.

729 Auf der Grundlage dieser Kompetenzen sind in jüngerer Zeit eine Reihe *einfacher Notstandsgesetze* erlassen worden. Hierher gehören das Bundesleistungsgesetz in der Fassung vom 27. 9. 1961 (BGBl. I S. 1769), das Gesetz über den Zivilschutz, nunmehr in der Fassung vom 9. 8. 1976 (BGBl. I S. 2109), das Ernährungssicherstellungsgesetz i. d. F. vom 27. 8. 1990 (BGBl. I S. 1802), das Wirtschaftssicherstellungsgesetz i. d. F. vom 3. 10. 1968 (BGBl. I S. 1069), das Verkehrssicherstellungsgesetz i. d. F. vom 8. 10. 1968 (BGBl. I S. 1082), das Wassersicherstellungsgesetz vom 24. 8. 1965 (BGBl. I S. 1225), das Gesetz über das Zivilschutzkorps vom 12. 8. 1965 (BGBl. I S. 782) und das Schutzbaugesetz vom 9. 9. 1965 (BGBl. I S. 1232) – alle mit späteren Änderungen.

730 Das 17. Gesetz zur Ergänzung des Grundgesetzes vom 24. 6. 1968 (BGBl. I S. 709) hat dem Grundgesetz das Kernstück der neueren Notstandsgesetzgebung eingefügt[4] und damit die Verfassungslage in der Bundesrepublik einschneidend verändert.

Der dem Gesetz zugrundeliegende Regierungsentwurf fußte weitgehend auf den Ergebnissen der Beratungen im 4. Deutschen Bundestag; er verarbeitete die Ergebnisse von Fühlungnahmen der Bundesregierung mit den Parteien, Vertretern des Bundesrates, den Innenministern der Länder sowie Vertretern der Gewerkschaften und suchte die Erfahrungen der im Oktober 1966 im NATO-Rahmen abgehaltenen Stabsübung FALLEX 66 zu berücksichtigen. Der Entwurf wurde im Bundestag in entscheidenden Punkten verändert oder ergänzt, namentlich durch die in

---

4 Zur Entstehung vgl. BVerfGE 90, 286 (294 ff.).

letzter Minute beschlossene Einführung eines Widerstandsrechts. Er war trotz prinzipieller Einigkeit innerhalb der „Großen Koalition" von CDU/CSU und SPD bis zuletzt heiß umstritten. Namentlich die Gewerkschaften haben ihn mit Entschiedenheit abgelehnt; sie haben ihren Widerstand jedoch schließlich angesichts der Entscheidung der Mehrheitsparteien aufgegeben.

Auf der Grundlage dieser Verfassungsergänzung sind weitere einfache Notstands-   731
gesetze in Kraft gesetzt worden, und zwar das Gesetz über die Erweiterung des Katastrophenschutzes vom 9. 7. 1968 (BGBl. I S. 776) und das Arbeitssicherstellungsgesetz vom 9. 7. 1968 (BGBl. I S. 787)[5]. – Das Gesetz zur Beschränkung des Brief-, Post- und Fernmeldegeheimnisses vom 13. 8. 1968 (BGBl. I S. 949) beruht zwar ebenfalls auf der Verfassungsergänzung vom 24. 6. 1968; es enthält jedoch nicht Notstandsrecht, sondern Recht, das in der Normallage angewendet wird.

Insgesamt hat die neuere Notstandsgesetzgebung 28 Verfassungsartikel einge-   732
fügt, geändert oder gestrichen. Die einfachen Notstandsgesetze der Jahre 1965 und 1968 enthalten rund 300, z. T. außerordentlich umfangreiche, Paragraphen. Nicht nur dieses Volumen, sondern auch die komplizierte Gesetzestechnik – u. a. vielfältige Verweisungen – erschweren es, ein zuverlässiges Bild der Rechtslage zu gewinnen. Die folgende Darstellung muß sich auf Grundzüge beschränken.

Obwohl dies in der systematischen Anordnung nicht eindeutig hervortritt, sind sachlich Bestimmungen für die Fälle eines äußeren und eines inneren Notstandes sowie Regelungen zu unterscheiden, die zwar im Rahmen der Notstandsgesetzgebung ergangen sind, die aber nicht oder nur bedingt Notstandsrecht enthalten.

IV. Äußerer Notstand

Der Übergang zum Recht des äußeren Notstandes ist – in unterschiedlichem Um-   733
fang – nicht nur im Verteidigungsfall, sondern auch schon in einem Spannungsfall sowie im Rahmen der Bündnisklausel des Art. 80a Abs. 3 GG möglich.

1. Der Verteidigungsfall

Der Verteidigungsfall ist gegeben, wenn das Bundesgebiet mit Waffengewalt an-   734
gegriffen wird oder wenn ein solcher Angriff unmittelbar droht[6]. Er bedarf grundsätzlich der Feststellung durch Bundestag und Bundesrat, für die im Bundestag eine Mehrheit von zwei Dritteln der abgegebenen Stimmen, mindestens die der Mehrheit der Mitglieder erforderlich ist, und der Verkündung durch den Bundespräsidenten (Art. 115a Abs. 1 und 3 GG). Ist der Bundestag nicht imstande, die Feststellung zu treffen, so ist dies Sache des „Gemeinsamen Ausschusses", eines

---

5 Beide mit späteren Änderungen. Bekanntmachung der Neufassung des Gesetzes über die Erweiterung des Katastrophenschutzes vom 14. 2. 1990 (BGBl. I S. 229).
6 Dazu *W. Graf Vitzthum*, Der Spannungs-und der Verteidigungsfall, HdBStR VII, § 170 Rdn. 29 ff.; *Stern* (Anm. 2) S. 1389 ff.

Gremiums, das zu zwei Dritteln aus vom Bundestag im Stärkeverhältnis der Fraktionen bestimmten Abgeordneten des Bundestages und zu einem Drittel aus den Vertretern je eines Landes im Bundesrat besteht (Art. 53 a Abs. 1 GG). Kann auch der Gemeinsame Ausschuß nicht in Aktion treten, so gilt die Feststellung als getroffen und zu dem Zeitpunkt verkündet, in dem der Angriff begonnen hat (Art. 115 a Abs. 2 und 4 GG).

Mit der Verkündung des Verteidigungsfalles geht die Befehls- und Kommandogewalt über die Streitkräfte auf den Bundeskanzler über (Art. 115 b GG). Unter Beachtung des Grundsatzes der Verhältnismäßigkeit (oben Rdn. 724) dürfen die für den Verteidigungsfall vorgesehenen Bestimmungen des Notstandsrechts angewendet werden.

735 Zu diesen gehört zunächst die Befugnis der Streitkräfte, zivile Objekte zu schützen und Aufgaben der Verkehrsregelung wahrzunehmen (Art. 87 a Abs. 3 GG). Der Bundesgrenzschutz kann im ganzen Bundesgebiet eingesetzt werden (Art. 115 f Abs. 1 Nr. 1 GG).

736 Darüber hinaus werden einschneidende Veränderungen gegenüber der verfassungsrechtlichen Normallage möglich. Diese betreffen einmal die *bundesstaatliche Ordnung*, die durch eine Konzentration der Kompetenzen beim Bund in weiten Teilen suspendiert wird. Der Bund hat „für den Verteidigungsfall" (also auch schon vor dessen Eintritt), das Recht der konkurrierenden Gesetzgebung auch auf Gebieten, die zur Gesetzgebungszuständigkeit der Länder gehören – wobei diese Gesetze in jedem Falle der Zustimmung des Bundesrates bedürfen (Art. 115 c Abs. 1 GG). Der Bundesgesetzgeber kann die Verwaltung und das Finanzwesen des Bundes und der Länder abweichend von den Abschnitten VIII, VIII a und X des Grundgesetzes regeln (Art. 115 c Abs. 3 GG). Die Bundesregierung ist befugt, außer der Bundesverwaltung auch den Stellen der vollziehenden Gewalt der Länder Weisungen zu erteilen (Art. 115 f Abs. 1 Nr. 2 GG).

737 Ferner kann im Verteidigungsfall das normale *Verfahren der Bundesgesetzgebung* vereinfacht und beschleunigt werden. Gesetzesvorlagen, die die Bundesregierung als dringlich bezeichnet, sind gleichzeitig mit der Einbringung beim Bundestage dem Bundesrat zuzuleiten. Beide haben die Vorlage unverzüglich gemeinsam zu beraten; das Verfahren vor dem Vermittlungsausschuß und das Einspruchsrecht des Bundesrates bei nicht zustimmungsbedürftigen Gesetzen (vgl. oben Rdn. 516 ff.) entfallen (Art. 115 d Abs. 2 GG). Kann ein Gesetz nicht oder nicht rechtzeitig nach Art. 82 GG verkündet werden, so ist es in anderer Weise, etwa durch den Rundfunk oder die Presse, zu verkünden; die Verkündung im Bundesgesetzblatt ist nachzuholen, sobald die Umstände es zulassen (Art. 115 d Abs. 3 GG).

738 Stehen dem rechtzeitigen Zusammentreten des Bundestages unüberwindliche Hindernisse entgegen oder ist dieser nicht beschlußfähig, so hat der *Gemeinsame Ausschuß* nach entsprechender Feststellung die Stellung von Bundestag und Bundesrat; er nimmt deren Rechte einheitlich wahr (Art. 115 e Abs. 1 GG). Er kann nicht nur Gesetze erlassen, sondern auch einen neuen Bundeskanzler wählen und mit einer Mehrheit von zwei Dritteln seiner Mitglieder das Recht des konstruktiven Mißtrauensvotums ausüben (Art. 115 h Abs. 2 GG).

Ein Notverordnungsrecht der Bundesregierung ist nicht vorgesehen. Es wird aller- **739** dings weitgehend ersetzt durch die *Ermächtigungen,* die die im Rahmen der einfachen Notstandsgesetzgebung ergangenen Sicherstellungsgesetze (oben Rdn. 729, 731) enthalten und die das Kernstück dieser Gesetze bilden. In diesen werden zwar die Befugnisse der Bundesregierung zum Erlaß (einfacher) Rechtsverordnungen katalogmäßig aufgeführt, so daß der Anschein begrenzter, mit Art. 80 Abs. 1 Satz 2 GG vereinbarer Rechtsetzungsdelegation entstehen kann; aber zusammengenommen sind die Ermächtigungen so umfassend, daß sie zur Deckung des militärischen und zivilen Bedarfs die Möglichkeit nahezu totaler Regelung des Wirtschaftslebens geben. Die Verordnungen können schon vor dem Verteidigungsfall erlassen werden. Sie sind mit seinem Eintritt ohne weitere Feststellung anwendbar (Art. 80 a Abs. 1 GG).

Weiterhin können im Verteidigungsfall eine Reihe von *Grundrechten* über das **740** nach der normalen Verfassung zulässige Maß hinaus beschränkt werden. Dies gilt namentlich für das Grundrecht, Beruf, Arbeitsplatz und Ausbildungsstätte frei zu wählen (Art. 12 Abs. 1 GG). Wehrpflichtige können in Arbeitsverhältnissen, Frauen zu Dienstleistungen im zivilen Sanitäts- und Heilwesen sowie in der ortsfesten militärischen Lazarettorganisation verpflichtet werden, falls der Bedarf nicht auf freiwilliger Grundlage gedeckt werden kann (Art. 12 a Abs. 3 und 4 GG). Unter der gleichen Voraussetzung kann ein Verbot ausgesprochen werden, den Arbeitsplatz zu wechseln oder aufzugeben (Art. 12 a Abs. 2 GG). Doch dürfen sich Maßnahmen dieser Art nicht gegen arbeitsrechtliche Streiks richten (Art. 9 Abs. 3 Satz 3 GG). Bei Enteignungen ist abweichend von Art. 14 Abs. 3 Satz 2 GG eine vorläufige Regelung der Entschädigung zulässig (Art. 115 c Abs. 2 Nr. 1 GG). Schließlich können bei Freiheitsentziehungen die Fristen, innerhalb deren die festgenommenen Personen dem Richter vorgeführt werden müssen, abweichend von Art. 104 Abs. 2 GG bis zu 4 Tagen verlängert werden (Art. 115 c Abs. 2 Nr. 2 GG). Die Regelungen hierfür kann der Bundesgesetzgeber schon vor Eintritt des Verteidigungsfalles treffen („für den Verteidigungsfall"). – Weitere Ermächtigungen zu Grundrechtsbeschränkungen, die über das nach der Normalverfassung zulässige Maß hinausgehen, enthält das neuere Notstandsrecht nicht; im besonderen sind keine zusätzlichen Beschränkungen der Meinungs-, Presse-, Versammlungs- und Vereinigungsfreiheit vorgesehen. Doch kann nach den einfachen Notstandsgesetzen auf der Grundlage der schon bisher bestehenden Beschränkungsvorbehalte eine Reihe von Grundrechten weiter eingeschränkt werden als in der Normallage. Dies gilt besonders für die Grundrechte der Freizügigkeit und der Unverletzlichkeit der Wohnung (vgl. Art. 17 a Abs. 2 GG).

So kann z. B. nach § 12 des Katastrophenschutzgesetzes zum Schutz vor Gefahren und Schäden, die der Zivilbevölkerung durch Angriffswaffen drohen, angeordnet werden, daß der gewöhnliche Aufenthaltsort nur mit Erlaubnis verlassen werden darf oder können Bewohner bestimmter Gebiete vorübergehend in anderen Gebieten untergebracht werden.

Endlich treten im Verteidigungszustand im Rahmen einiger einfacher Notstands- **741** gesetze wesentliche *Rechtsmittelbeschränkungen* ein. Zu diesen gehört besonders der Ausschluß der Berufung gegen ein Urteil und der Beschwerde gegen eine andere Entscheidung des Verwaltungsgerichts[7].

742 Bei einem *Ausfall der zuständigen Bundesorgane* sind die Landesregierungen oder die von ihnen bestimmten Behörden oder Beauftragten für ihren Zuständigkeitsbereich befugt, den Bundesgrenzschutz einzusetzen und den Behörden der Bundes- und Landesverwaltung Weisungen zu erteilen (Art. 115 i Abs. 1 GG). Während des Verteidigungsfalles ablaufende *Wahlperioden* des Bundestages und der Landtage enden 6 Monate nach Beendigung des Verteidigungsfalles. In ähnlicher Weise werden ablaufende *Amtsperioden* des Bundespräsidenten und der Mitglieder des Bundesverfassungsgerichts verlängert. Eine *Auflösung des Bundestages* ist für die Dauer des Verteidigungsfalles ausgeschlossen (Art. 115 h Abs. 1 und 3 GG).

743 Die *Sicherungen gegen Mißbrauch oder gegen eine Perpetuierung* der im Verteidigungsfall getroffenen Regelungen oder Maßnahmen bestehen in folgendem:

Für Gesetze des Gemeinsamen Ausschusses, für Rechtsverordnungen, die aufgrund solcher Gesetze ergangen sind, und für Gesetze, die von den Art. 91 a, 91 b, 104 a, 106 und 107 GG abweichende Regelungen enthalten, ist eine Befristung vorgesehen; diese Normierungen treten spätestens 6 Monate nach Beendigung des Verteidigungsfalles bzw. mit dem Ende des zweiten Rechnungsjahres, das auf die Beendigung des Verteidigungsfalles folgt, außer Kraft (Art. 115 k Abs. 2 und 3 GG). Der Bundestag hat ferner das Recht, mit Zustimmung des Bundesrates Gesetze des Gemeinsamen Ausschusses aufzuheben oder die Aufhebung sonstiger Maßnahmen des Gemeinsamen Ausschusses oder der Bundesregierung zu verlangen (Art. 115 l Abs. 1 GG). Schließlich kann der Bundestag mit Zustimmung des Bundesrates jederzeit den Verteidigungsfall für beendet erklären (Art. 115 l Abs. 2 GG). – Eine nachträgliche Prüfung der getroffenen Notmaßnahmen durch den Bundestag, verbunden mit dem Erfordernis ausdrücklicher Billigung oder Verwerfung, ist nirgends vorgeschrieben.

Neben der politischen Kontrolle durch die gesetzgebenden Körperschaften bleibt die richterliche Kontrolle durch das Bundesverfassungsgericht erhalten; sie wird ausdrücklich verfassungsrechtlich gewährleistet (Art. 115 g GG). Doch darf ihre Wirksamkeit nicht allzu hoch veranschlagt werden, da sie von einem Antrag abhängig ist und die einschlägigen Normierungen so unbestimmt und weit gefaßt sind, daß das Gericht den politischen Instanzen nur bei schweren und evidenten Verstößen entgegentreten kann.

---

7 § 12 des Wirtschafts-, § 20 des Ernährungs-, § 23 des Verkehrs-, § 23 des Wassersicherstellungsgesetzes. Nach § 27 Abs. 2 des Arbeitssicherstellungsgesetzes haben Widerspruch und Anfechtungsklage gegen Maßnahmen, die auf der Grundlage dieses Gesetzes getroffen worden sind, keine aufschiebende Wirkung.

2. Der Spannungsfall und die weiteren Fälle des Art. 80 a Abs. 1 GG

a) Was ein „Spannungsfall" [8] ist, ist nirgends normativ festgelegt. Eine – unsiche- 744
re – Umgrenzung läßt sich nur der Wortbedeutung des Begriffs und dem sachlichen Zusammenhang entnehmen, in den er gestellt ist. Danach setzt er eine Lage
erhöhter internationaler Spannungen voraus, die die Herstellung erhöhter Verteidi-
gungsbereitschaft erforderlich macht – der unmittelbar drohende Angriff mit Waffengewalt begründet bereits den „Verteidigungsfall" (oben 1.). Auch der Spannungsfall bedarf besonderer Feststellung, und zwar nur durch den Bundestag; notwendig ist eine Zweidrittelmehrheit (Art. 80 a Abs. 1 GG). Mit dieser Feststellung
wird bereits in größerem Umfang die Anwendung von Notstandsrecht zulässig,
im besonderen der Bestimmungen über Dienstverpflichtungen (Art. 12 a Abs. 5
GG) und ein Verbot, den Arbeitsplatz aufzugeben oder zu wechseln (Art. 12 a
Abs. 6 GG), der Bestimmungen über den Einsatz der Bundeswehr zum zivilen Ob-
jektschutz und zur Verkehrsregelung (Art. 87 a Abs. 3 GG) sowie derjenigen aufgrund der Sicherstellungsgesetze erlassenen Rechtsverordnungen der Bundesregierung (vgl. oben 1.), die nur nach Maßgabe des Art. 80 a GG angewendet werden dürfen.

An *Sicherungen und Kontrollen* ist lediglich das Recht des Bundestages vorgese- 745
hen, die Aufhebung von Maßnahmen zu verlangen, die aufgrund der anwendbar
gewordenen Rechtsvorschriften ergangen sind (Art. 80 a Abs. 2 GG); Befristun-
gen und eine Pflicht des Parlaments, jene Maßnahmen entweder positiv zu billi-
gen oder zu verwerfen, fehlen. Auch hier bleibt die gerichtliche Kontrolle durch
das Bundesverfassungsgericht erhalten. – Über die Beendigung des Spannungsfalles schweigt das Grundgesetz; doch muß entsprechend der Regelung für den Verteidigungsfall angenommen werden, daß der Bundestag den Spannungsfall jederzeit mit einfacher Mehrheit für beendet erklären kann.

b) Die schwache Schranke, die die normative Voraussetzung „Spannungsfall" vor 746
den Übergang zum Notstandsrecht zieht, scheint zu entfallen, wenn der Bundestag – ohne den Spannungsfall festzustellen – der Anwendung von Notstandsrecht
besonders zugestimmt hat (Art. 80 a Abs. 1 GG). Auf der Grundlage einer mit
Zweidrittelmehrheit erteilten besonderen Zustimmung können Dienstverpflichtungen begründet und Verbote erlassen werden, den Arbeitsplatz zu wechseln
oder aufzugeben (Art. 12 a Abs. 5 und 6 GG); im übrigen, namentlich für die Anwendung von im Rahmen der Sicherstellungsgesetze erlassenen Rechtsverordnungen der Bundesregierung (oben a), genügt eine Zustimmung mit einfacher Mehrheit. Der Bundestag kann die Aufhebung der getroffenen Maßnahmen verlangen
(Art. 80 a Abs. 2 GG).

Der Sinn dieser Regelung kann nur darin gesehen werden, daß sie dem Bundestag 747
die Möglichkeit geben soll, in einem Spannungsfall die spektakuläre Feststellung
des Spannungsfalles zu vermeiden und sich zunächst mit kleineren Einzelschritten
zu begnügen. Deshalb bedeutet es einen Mißbrauch, wenn von der Möglichkeit „besonderer Zustimmung" mit einfacher Mehrheit nur deshalb Gebrauch gemacht

---

8 Dazu *Graf Vitzthum* (Anm. 6) § 170 Rdn. 5 ff.; *Stern* (Anm. 2) S. 1434 ff.

wird, weil die qualifizierte Mehrheit für die Feststellung des Spannungsfalles nicht zustandezubringen wäre. Und deshalb dürfen auch die „besonderen Zustimmungen" des Art. 80 a Abs. 1 GG nur unter den tatsächlichen Voraussetzungen eines Spannungsfalles erteilt werden; sie schaffen nicht, wie es den Anschein haben könnte, die verfassungsrechtliche Möglichkeit einer Anwendung von Notstandsrecht, wenn gar keine Notlage vorliegt. Dies wäre zugleich mit dem das gesamte Notstandsrecht beherrschenden Grundsatz der Verhältnismäßigkeit unvereinbar.

748 c) Ist hier der Übergang zum Notstandsrecht immerhin noch an die Zustimmung des Bundestages geknüpft, so entfällt auch diese Schranke, wenn die Anwendung von Notstandsrecht nicht an die Feststellung des Spannungsfalles oder eine „besondere Zustimmung" geknüpft ist. Dem Bundestag bleibt nämlich auch weiterhin die Möglichkeit, *Notstandsrecht* zu schaffen, das *ohne seine vorherige Zustimmung* angewendet werden kann (Art. 80 a Abs. 1 Satz 1 GG); die Entscheidung über den Übergang zum Notstandsrecht ist hier – ohne nähere verfassungsrechtliche Fixierung ihrer Voraussetzungen – der Exekutive anheimgegeben. Doch ist diese nicht etwa frei. Sie darf Notstandsrecht, dessen Anwendung nicht an die Voraussetzungen des Art. 80 a Abs. 1 GG gebunden ist, nach allgemeinen Grundsätzen des Notstandsrechts (oben Rdn. 724) nur in einer Ausnahmesituation, also mindestens einem „Spannungsfall" anwenden, dessen Bewältigung mit den Vorschriften der normalen rechtlichen Ordnung nicht möglich ist.

3. Die Bündnisklausel des Art. 80 a Abs. 3 GG

749 In allen bisher dargestellten Fällen eines äußeren Notstandes setzt die Anwendung von Notstandsrecht zumindest die Ausnahmelage eines „Spannungsfalles" voraus – auch wenn Art. 80 a Abs. 1 GG dies nicht deutlich zum Ausdruck bringt. Demgegenüber entfallen die Bindungen des Art. 80 a Abs. 1 GG, wenn und soweit ein Beschluß vorliegt, „der von einem internationalen Organ im Rahmen eines Bündnisvertrages mit Zustimmung der Bundesregierung gefaßt wird" (Art. 80 a Abs. 3 Satz 1 GG). In diesem Fall kann die Bundesregierung ohne vorherige Zustimmung des Bundestages und ohne an weitere normative Voraussetzungen gebunden zu sein diejenigen Notstandsbestimmungen anwenden, die sie sonst nur nach Feststellung des Spannungsfalles, mit besonderer Zustimmung des Bundestages oder doch wenigstens unter der tatsächlichen Voraussetzung eines Spannungsfalles (oben 2 c) anwenden dürfte. Allerdings gilt das nicht für den Einsatz der Streitkräfte im Innern (Art. 87 a Abs. 3 GG) sowie für Dienstverpflichtungen und Verbote, den Arbeitsplatz zu wechseln, weil diese vor dem Verteidigungsfall *nur* nach Maßgabe des Art. 80 a Abs. 1 GG angeordnet werden dürfen (Art. 12 a Abs. 5 Satz 1, Abs. 6 Satz 2 GG). Und es ist der Bundesregierung durch Art. 80 a Abs. 3 Satz 1 GG verfassungsrechtlich verwehrt, über den ihre Entscheidung auslösenden Beschluß des internationalen Organs hinauszugehen. Darin liegt eine gewisse, wenn auch andersartige Sicherung.

750 Die Einführung dieser Klausel, bei der vor allem an die Einfügung der Bundesrepublik in die NATO zu denken ist, wurde damit begründet, daß die Erfüllung völ-

kerrechtlicher Verpflichtungen der Bundesrepublik nicht von der Zustimmung des Parlaments abhängig gemacht werden und daß ein solches Zustimmungserfordernis ihre Bündnisfähigkeit beeinträchtigen könne[9].

Rechtlich verhält es sich indessen für den vorerst allein in Betracht kommenden Nordatlantik-Vertrag anders. Der Vertrag begründet keine völkerrechtlichen Pflichten zu konkreten Notstandsmaßnahmen, sondern überläßt die Entscheidung über sie den nach innerstaatlichem Recht zuständigen Organen der Mitgliedstaaten. Art. 5 Abs. 1 des Vertrages verpflichtet die Parteien im Falle eines bewaffneten Angriffs – vollends in einem früheren Stadium –zu einer Beistandsleistung, bei der „jede von ihnen unverzüglich für sich und im Zusammenwirken mit den anderen Parteien die Maßnahmen, einschließlich der Anwendung von Waffengewalt, trifft, die sie für erforderlich erachtet, um die Sicherheit des nordatlantischen Gebiets wiederherzustellen und zu erhalten". Die nationale Zuständigkeit zur Entscheidung über die erforderlichen Maßnahmen wird auch in Art. 11 Satz 1 des Vertrages hervorgehoben, nach dem der Vertrag von den Parteien „in Übereinstimmung mit ihren verfassungsmäßigen Verfahren ... durchzuführen" ist. Infolgedessen haben die Beschlüsse des NATO-Rates nur den Charakter von Empfehlungen und kann keine Rede davon sein, daß der Vertrag eine Beteiligung der Parlamente der Mitgliedstaaten an der Entscheidung über die zu treffenden Maßnahmen ausschließe[10].

Soweit Notstandsrecht im Rahmen der Bündnisklausel des Art. 80 a Abs. 3 Satz 1 **751** GG angewendet worden ist, bedarf es für das Verlangen der Aufhebung der getroffenen Maßnahmen, anders als im Spannungsfall, der Stimmen der Mehrheit der Mitglieder des Bundestages (Art. 80 a Abs. 3 Satz 2 GG) – eine Paradoxie insofern, als die Aufhebung einfacher Notstandsgesetze, auf die jene Maßnahmen zurückgehen, mit einfacher Mehrheit möglich wäre.

4. Einzelne Vorbereitungsmaßnahmen für Fälle eines äußeren Notstandes

Schon vor Eintreten eines äußeren Notstandes können Verpflichtungen zur Teil- **752** nahme an Ausbildungsveranstaltungen begründet werden (Art. 12 a Abs. 5 Satz 2 GG). Der Bundesgesetzgeber und die Bundesregierung dürfen, wie gezeigt, zahlreiche Regelungen für den äußeren Notstand schon vor Eintritt des Verteidigungsfalles treffen; doch dürfen diese Regelungen erst im Falle eines äußeren Notstandes angewendet werden. Zur „Vorbereitung ihres Vollzuges" sollen allerdings Bundesgesetze, für deren Erlaß der Bund außerhalb des Verteidigungszustandes keine Kompetenz hat, sowie von der normalen Rechtslage abweichende Entschädigungsregelungen bei Enteignungen schon vor Eintritt des Verteidigungsfalles angewendet werden können (Art. 115 c Abs. 4 GG), eine Regelung, für die eine plausible Erklärung sich nicht finden läßt. Der Bericht des Rechtsausschusses begründet sie damit, daß zur „rein verwaltungsinternen, organisatorischen Vorbereitung des Vollzuges" jener Bundesgesetze deren Anwendung ausnahmsweise schon vor Eintritt des Verteidigungsfalles möglich sein müsse; der Staatsbürger werde davon nicht betroffen.

---

9 Schriftlicher Bericht des Rechtsausschusses, BTDrucks. V/2873 S. 12.
10 Dazu und zu der Gesamtproblematik des Art. 80a Abs. 3 GG: *K. Ipsen,* Die Bündnisklausel der Notstandsverfassung (Art. 80a Abs. 3 GG), AöR 94 (1969) S. 554 ff., bes. S. 560 ff. *Graf Vitzthum* (Anm. 6) § 170 Rdn. 26 ff.; *Stern* (Anm. 2) S. 1445 ff.

Damit ist indessen nicht gesagt, warum es einer verfassungsrechtlichen Normierung bedurfte, die das nicht zum Ausdruck bringt – im üblichen juristischen Sprachgebrauch bedeutet „Anwenden" von Gesetzen einen Vorgang mit Außenwirkung. Davon abgesehen ist schwer vorstellbar, warum zur Vorbereitung des Vollzugs eine „Anwendung" notwendig sein soll.

Da die Bestimmung Notstandsrecht enthält, darf auch sie jedenfalls nicht dahin interpretiert werden, daß sie eine Anwendung der in ihr aufgeführten Regelung mit Wirkung gegenüber dem Staatsbürger in Fällen ermöglicht, in denen keine Notstandslage besteht.

V. Innerer Notstand

753   Einen inneren Notstand begründen Naturkatastrophen und besonders schwere Unglücksfälle sowie drohende Gefahren für den Bestand oder die freiheitliche demokratische Grundordnung des Bundes oder eines Landes[11]. In beiden Fällen ist eine Feststellung und Verkündung des Notstands nicht vorgesehen.

1. Hilfe bei Naturkatastrophen und besonders schweren Unglücksfällen

754   Die verfassungsrechtlichen Regelungen für die Hilfe bei Naturkatastrophen und besonders schweren Unglücksfällen sind im systematischen Zusammenhang mit der Pflicht zur Rechts- und Amtshilfe getroffen (Art. 35 Abs. 2 und 3 GG). Danach können die Länder Polizeikräfte anderer Länder, Kräfte und Einrichtungen anderer Verwaltungen sowie des Bundesgrenzschutzes und der Streitkräfte anfordern. Soweit die Gefahr über das Gebiet eines Landes hinausreicht, kann die Bundesregierung den Landesregierungen die Weisung erteilen, Polizeikräfte anderer Ländern zur Verfügung zu stellen, sowie Einheiten des Bundesgrenzschutzes und der Streitkräfte zur Unterstützung der Polizeikräfte einsetzen. Diese Maßnahmen sind auf Verlangen des Bundesrates, spätestens alsbald nach Beseitigung der Gefahr, aufzuheben.

2. Die Abwehr drohender Gefahren für die freiheitliche demokratische Grundordnung

755   Die Abwehr einer drohenden Gefahr für den Bestand oder die freiheitliche demokratische Grundordnung des Bundes oder eines Landes obliegt zunächst den Ländern, die zu diesem Zwecke Polizeikräfte anderer Länder sowie Kräfte und Einrichtungen anderer Verwaltungen und des Bundesgrenzschutzes anfordern können (Art. 91 Abs. 1 GG)[12]. Wenn das Land, in dem die Gefahr droht, nicht selbst

---

11 Dazu E. *Klein*, Der innere Notstand, HdBStR VII, § 169; *Stern* (Anm. 2) S. 1455 ff.

12 Auch wenn ein innerer Notstand nicht besteht, kann ein Land nach dem durch das 31. Änderungsgesetz zum Grundgesetz vom 28. 7. 1972 (BGBl. I S. 1395) eingefügten Art. 35 Abs. 2 Satz 1 GG in Fällen von besonderer Bedeutung zum Schutz der öffentlichen Sicherheit oder Ordnung Kräfte und Einrichtungen des Bundesgrenzschutzes anfordern, wenn die Polizei ohne diese Unterstützung eine Aufgabe nicht oder nur unter erheblichen Schwierigkeiten erfüllen könnte.

zur Bekämpfung der Gefahr bereit oder in der Lage ist, kann die Bundesregierung die Polizei in diesem Lande und die Polizeikräfte anderer Länder ihren Weisungen unterstellen und Einheiten des Bundesgrenzschutzes einsetzen; sie hat diese Maßnahmen nach Beseitigung der Gefahr oder auf Verlangen des Bundesrates aufzuheben (Art. 91 Abs. 2 Satz 1 und 2 GG). Reichen die Polizeikräfte und der Bundesgrenzschutz nicht aus, kann sie zum Schutz von zivilen Objekten und zur Bekämpfung organisierter und militärisch bewaffneter Aufständischer Streitkräfte einsetzen; der Einsatz ist einzustellen, wenn der Bundestag oder der Bundesrat es verlangen (Art. 87 a Abs. 4 GG). Bei einer Gefahr, die sich auf ein weiteres Gebiet als das eines Landes erstreckt, kann die Bundesregierung endlich den Landesregierungen, soweit es zur wirksamen Bekämpfung erforderlich ist, Weisungen erteilen (Art. 91 Abs. 2 Satz 3 GG).

Alle Maßnahmen im Rahmen des inneren Notstandes dürfen sich nicht gegen Arbeitskämpfe zur Wahrung und Förderung der Arbeits- und Wirtschaftsbedingungen richten (Art. 9 Abs. 3 Satz 3 GG). Soweit erforderlich, kann im inneren Notstand das Grundrecht der Freizügigkeit eingeschränkt werden (Art. 11 Abs. 2 GG). **756**

VI. Das Widerstandsrecht des Art. 20 Abs. 4 GG

Als äußerstes und letztes Mittel der Verteidigung der freiheitlichen demokratischen Grundordnung des Grundgesetzes hat der verfassungsändernde Gesetzgeber im Zusammenhang mit der Notstandsgesetzgebung ein Widerstandsrecht in das Grundgesetz aufgenommen: gegen jeden, der es unternimmt, diese Ordnung zu beseitigen, haben alle Deutschen das Recht zum Widerstand, wenn andere Abhilfe nicht möglich ist (Art. 20 Abs. 4). Die Tragweite dieser Bestimmung ist in den gesetzgebenden Körperschaften kaum erörtert worden. Im Bundestag wurde auf die weit zurückreichende Geschichte des Widerstandsrechts verwiesen, das als überpositives Recht nunmehr auch positiv-rechtlich normiert werden sollte. **757**

Art. 20 Abs. 4 GG umfaßt nicht nur den Widerstand gegen eine unrechtmäßige Beseitigung der Verfassung durch Inhaber staatlicher Gewalt („Staatsstreich von oben"), sondern auch durch revolutionäre Kräfte, die die staatliche Gewalt an sich bringen wollen („Staatsstreich von unten"). Er normiert also sowohl ein Widerstandsrecht gegen staatliche Gewalten als auch ein Widerstandsrecht von Bürgern gegen Bürger. Da dieses das *„Unternehmen"* einer Beseitigung der geschützten Ordnung voraussetzt, ist Widerstand auch gegen den Versuch einer solchen Beseitigung erlaubt, während bloße Vorbereitungshandlungen nicht ausreichen. Er ist nur zulässig gegen eine Beseitigung derjenigen Bestandteile der Verfassung, die, in Art. 20 Abs. 1–3 GG bezeichnet, die *„freiheitliche demokratische Grundordnung"* des Grundgesetzes konstituieren und durch Art. 79 Abs. 3 GG jeder Verfassungsänderung entzogen sind (oben Rdn. 700 ff.) [13] – nicht etwa schon gegen jede Verfassungs- oder Rechtswidrigkeit; vollends enthält Art. 20 Abs. 4 GG keinen **758**

---

[13] *J. Isensee*, Das legalisierte Widerstandsrecht (1969) S. 14; *H. Schneider*, Widerstand im Rechtsstaat (1969) S. 14; *R. Dolzer*, Der Widerstandsfall, HdBStR VII, § 171; *Stern* (Anm. 2) S. 1488 ff.

Rechtstitel für Aktionen, die mit der Verteidigung der freiheitlichen demokratischen Grundordnung des Grundgesetzes gegen verfassungsfeindliche Bestrebungen nichts zu tun haben. Da es in einer Widerstandslage keine Instanz gibt, die autoritativ entscheiden könnte, ob die Voraussetzung eines Unternehmens der Beseitigung dieser Ordnung wirklich vorliegt[14], muß dieses Unternehmen *offenkundig* sein[15].

759 Wenn weiterhin Widerstand nur im Falle der *Unmöglichkeit anderer Abhilfe* geleistet werden darf, so führt das im Falle des „Staatsstreichs von unten" dazu, daß ein Widerstandsrecht erst entsteht, wenn selbst die Notstandskompetenzen des Grundgesetzes nicht mehr ausreichen, einer verfassungsfeindlichen Aktion wirksam zu begegnen. Im Falle des „Staatsstreichs von oben" ist diese Voraussetzung dagegen von vornherein erfüllt.

760 Trotz seiner tatbestandsmäßigen Umschreibung ermöglicht Art. 20 Abs. 4 GG keine klare Bestimmung der Fälle zulässigen Widerstands. Im Zeitalter der perfektionierten Techniken einer „kalten" Revolution werden die Lagen, die er voraussetzt, schwerlich in voller Reinheit eintreten und erkennbar sein. Nicht besser steht es mit der Klausel der Unmöglichkeit anderer Abhilfe. Wird sie dahin ausgelegt, daß sie nicht die Fälle betreffe, in denen die staatlichen Gewalten zur Abhilfe zwar in der Lage, aber nicht bereit sind, dann wird das Widerstandsrecht für einen der wichtigsten Fälle, nämlich denjenigen der Unterstützung oder gar Inszenierung „spontaner" Aktionen durch Revolutionäre „von oben", verneint. Wird dagegen die Unmöglichkeit anderer Abhilfe auch darin erblickt, daß die staatlichen Gewalten zum Einschreiten nicht bereit sind, dann ist der Selbstjustiz Tür und Tor geöffnet. Zudem kann es im konkreten Fall durchaus zweifelhaft sein, ob „anderweitige Abhilfe" möglich ist oder nicht. Ganz abgesehen von allen diesen Schwierigkeiten ist nicht zu erkennen, was mit der Positivierung des Art. 20 Abs. 4 GG gewonnen sein soll: bleibt der Angriff auf die freiheitliche demokratische Grundordnung erfolglos, so bedarf es keiner nachträglichen, über die bisher schon geltenden Grundsätze der Staatsnothilfe hinausgehenden Rechtfertigung ihrer Verteidigung; ist er erfolgreich, so werden Widerstandshandlungen nicht mehr an Art. 20 Abs. 4 GG gemessen werden[16]. Stattdessen trägt die Bestimmung die Gefahr in sich, daß sie dazu benutzt wird, rechtswidrige Aktionen mit dem Schein rechtsstaatlicher Legalität zu umgeben und damit einen inneren Notstand auszulösen oder zu verschärfen, gegen dessen Gefahren sie nach den Vorstellungen ihrer Schöpfer gerade sichern sollte. Deshalb muß Art. 20 Abs. 4 GG so restriktiv wie möglich interpretiert werden.

761 Wenn der verfassungsändernde Gesetzgeber dieses Recht in den Art. 20 GG eingefügt hat, dessen Grundsätze nach Art. 79 Abs. 3 GG jeder Verfassungsänderung entzogen sind, so bedeutet das nicht, daß das Widerstandsrecht des Art. 20 Abs. 4 GG im Wege der Verfassungsänderung nicht mehr geändert oder aufgehoben werden dürfe[17]. Art. 79 Abs. 3 GG schließt bereits seinem Wortlaut nach nur Ände-

---

14 Die durch Art. 93 Abs. 1 Nr. 4 a GG eingefügte Möglichkeit, das Widerstandsrecht im Wege der Verfassungsbeschwerde geltend zu machen, kann praktische Bedeutung nur für die *nachträgliche* Entscheidung der Frage erlangen, ob konkrete Widerstandshandlungen gerechtfertigt waren oder nicht.

15 *Isensee* (Anm. 13) S. 23 f. m. w. Nachw.; *Schneider* (Anm. 13) S. 17 f. Vgl. auch BVerfGE 5, 85 (377).

16 Vgl. dazu auch *Isensee* (Anm. 13) S. 97 ff.; *Schneider* (Anm. 13) S. 19 f.; *F. v. Peter*, Bemerkungen zum Widerstandsrecht des Art. 20 Abs. 4 GG, DÖV 1968, 721.

17 So aber ausdrücklich der Abg. *Dr. Stammberger* bei der zweiten Lesung im Bundestag: Sten. Ber. V S. 9363.

rungen des Grundgesetzes aus, welche die *Grundsätze* des Art. 20 GG, d. h. die dort aufgeführten fundamentalen Strukturprinzipien der verfassungsmäßigen Ordnung des Grundgesetzes berühren. Zu diesen gehört das Widerstandsrecht nicht; es ist auch nicht konstituierendes Element der demokratischen und rechtsstaatlichen Ordnung des Grundgesetzes, die in ihrem materialen Kern jeder Verfassungsänderung entzogen ist (vgl. oben Rdn. 702 ff.). Vor allem kann jedoch der verfassungs*ändernde* Gesetzgeber seine Entscheidungen künftiger Änderung nicht entziehen, mag er eine neue Bestimmung redaktionell in einen der unabänderlichen Fundamentalartikel des Grundgesetzes einfügen oder sie ausdrücklich für unabänderlich erklären. Denn die Grenzen einer Verfassungsänderung stehen nicht zu seiner Disposition. Die Positivierung dieser Grenzen in Art. 79 Abs. 3 GG würde um jeden Sinn gebracht, wenn sie nicht auf die historisch einmalige, die gesamte Geltungsdauer der verfassungsmäßigen Ordnung des Grundgesetzes umfassende ursprüngliche Normierung beschränkt bliebe. Ebensowenig wie dem verfassungsändernden Gesetzgeber eine Beseitigung oder Änderung des Art. 79 Abs. 3 GG selbst gestattet ist (oben Rdn. 707), dürfen deshalb die dort bezeichneten Grenzen einer Verfassungsänderung, sei es im einengenden oder ausdehnenden Sinne, verschoben werden.

VII. Probleme und Gefahren

Jede Notstandsgesetzgebung birgt unvermeidlich Probleme und Gefahren in sich. **762** Die Aufgabe besteht darin, das Optimum zu finden, das die Gefahren auf das mögliche Minimum reduziert. Dies ist der neueren Notstandsgesetzgebung trotz wesentlicher Verbesserungen gegenüber den früheren Entwürfen nicht gelungen. Sie läßt zwar die politisch bedeutsamsten Grundrechte ungeschmälert. Sie gibt die Entscheidungen über den Notstand und im Notstand nicht gänzlich der Exekutive anheim. Sie enthält jedoch auch vermeidbare Mängel, die folgenschwere Wirkungen nach sich ziehen können.

Um unter den Belastungen einer ernsthaften Notlage funktionsfähig zu sein, muß **763** Notstandsrecht in besonderem Maße den Anforderungen der *Rechtsklarheit, der Verständlichkeit und Übersichtlichkeit* genügen. Die neuere Notstandsgesetzgebung entspricht diesen Anforderungen nicht. Sie verzichtet auf die Vorteile einer Beschränkung auf wenige Notstandsbestimmungen von generalklauselartiger Weite, ohne deren Nachteile zu vermeiden. Da trotz detaillierter Regelung alle notwendigen Maßnahmen ermöglicht werden sollten, ist für fast jede Regel mindestens eine Ausnahme vorgesehen. Dadurch und durch die komplizierende Gesetzestechnik ist das heutige Notstandsrecht zu einem Normenkomplex angewachsen, in dem der Anschein rechtsstaatlicher Bestimmtheit und Begrenztheit mit dem Verlust rechtsstaatlicher Klarheit und Übersichtlichkeit erkauft wird und dessen Praktikabilität im Notstandsfalle ernsthaften Zweifeln unterliegt.

Es hängt damit zusammen, wenn die neuere Notstandsgesetzgebung nicht die **764** Möglichkeit bietet, Ausnahmelage und Normallage klar auseinander zu halten.

315

Sie hat das zentrale Organ der freiheitlichen Demokratie, das Parlament, in der Notstandslage weitgehend ausgeschaltet. Sie hat auf Sicherungen und Kontrollen verzichtet, die, ohne die Effektivität der Notmaßnahmen zu beeinträchtigen, möglich gewesen wären. Damit kann sie in die Versuchung führen, „Notstände" zu behaupten, wo gar keine Notlage besteht, oder sie gar zu inszenieren und sich auf diese Weise den Bindungen der verfassungsmäßigen Ordnung zu entziehen, deren Schutz das Notstandsrecht dienen soll.

765 Notstandsrecht führt zur Machtkonzentration. Deshalb kommt es entscheidend darauf an, daß Ausnahmebefugnisse strikt auf echte Ausnahmezustände beschränkt werden und die Möglichkeit schleichender Übergänge ausgeschaltet wird. Zwar sind die Zeiten, in denen ein Krieg förmlich erklärt wurde, wahrscheinlich für immer vorbei; der moderne Krieg entwickelt sich aus an- und abschwellenden Krisenlagen, und es geht darum, rechtzeitig vorbereitet zu sein, weil die Entscheidung möglicherweise bereits in den ersten Stunden fällt. Werden aber dieser Situation wegen Notstandsregelungen geschaffen, die unmerkbare Übergänge zulassen, dann wird damit eine Vorverlegung des Notstandes ermöglicht, die nicht mehr an klare und kontrollierbare Voraussetzungen gebunden ist und unvermeidlich die Gefahr einer Eskalation in sich trägt.

766 Die *unscharfe Trennung von Ausnahmelage und Normallage* zeigt sich bereits in der systematischen Anordnung der neuen Verfassungsbestimmungen für den Notstand; sie sind von den Regelungen des Grundgesetzes für die Normallage nicht deutlich abgehoben – etwa durch Zusammenfassung in einem eigenen Abschnitt –, sondern in das ganze Grundgesetz eingestreut. Sachlich bestehen vor dem eigentlichen äußeren Notstandsfall, dem bewaffneten Angriff auf das Bundesgebiet, vielfältige gleitende Übergänge vom Bündnis- über den nicht definierten Spannungs-Fall und die ihm gleichzustellenden Notstandslagen bis zum unmittelbar bevorstehenden Angriff, der bereits als Verteidigungsfall bezeichnet wird (oben Rdn. 733 ff.). Die Gefahren unbestimmter oder gänzlich fehlender normativer Voraussetzungen hätten sich mindern lassen, wenn mit größerer Entschiedenheit an den Erfordernissen der Feststellung durch das Parlament und der Verkündung des Notstands festgehalten worden wäre. Aber durch die zur „Vorbereitung des Vollzuges" mögliche Anwendung von Notstandsrecht (Art. 115 c Abs. 4 GG), die Möglichkeit, Notstandsrecht zu schaffen, dessen Anwendung nicht der vorherigen Zustimmung des Parlaments unterliegt, die „besondere Zustimmung" und die Bündnisklausel (Art. 80 a Abs. 1 und 3 GG) wird auch diese Grenzmarke weitgehend entwertet. Im Falle des inneren Notstandes fehlt sie ganz, obwohl bei einer ernstlichen Gefährdung der freiheitlichen demokratischen Grundordnung einer Feststellung durch das Parlament und einer Verkündung nichts im Wege stehen würde.

767 Auch davon abgesehen beschränkt die neue Notstandsgesetzgebung die *Funktionen des Parlaments* mehr, als die Notwendigkeit der Sache dies fordert. Das Recht des Bundestages – weithin sogar nur mit Zustimmung des Bundesrates –, im äußeren und inneren Notstand die Aufhebung der von der Exekutive getroffenen Maßnahmen zu verlangen, ist ein unzureichender Ausgleich. Es ist wirkunglos, wenn

vollendete Tatsachen geschaffen sind. Da von der Möglichkeit einer Befristung der Notmaßnahmen der Bundesregierung außer dem eng begrenzten Fall des Art. 115 k Abs. 2 GG kein Gebrauch gemacht worden ist, bleiben diese Maßnahmen bestehen, wenn der Bundestag sein Recht nicht ausübt. Allgemein macht es die Beschränkung auf ein bloßes Aufhebungsrecht dem Parlament möglich, wie in der Weimarer Zeit seine Kontrollaufgabe nicht wahrzunehmen und sich seiner Verantwortung zu entziehen. Eine Pflicht des Bundestages, die Notmaßnahmen der Bundesregierung und des Gemeinsamen Ausschusses bei frühester Gelegenheit zu überprüfen und sie entweder positiv zu bestätigen oder zu verwerfen, würde dem einen Riegel vorgeschoben, eine effektivere Kontrolle gewährleistet und eine stärkere Sicherung bedeutet haben.

Schwerwiegenden Bedenken begegnet es endlich, wenn Art. 87 a Abs. 4 GG im **768** Falle einer Gefahr für die freiheitliche demokratische Grundordnung einen *bewaffneten Einsatz der Streitkräfte* ermöglicht, ohne dessen Voraussetzungen näher zu begrenzen.

Soweit es sich darum handelt, gut organisierten und ausgerüsteten Terrorgruppen entgegenzutreten, vor allem lebenswichtige Industrieanlagen, Versorgungsanlagen u. ä. gegen Anschläge solcher Gruppen zu schützen, sind äußerste Notlagen denkbar, in denen die Polizei dieser Aufgaben nicht Herr zu werden vermag und in denen der Einsatz der Streitkräfte das geeignete Mittel ist, die öffentliche Sicherheit wiederherzustellen und die freiheitliche demokratische Grundordnung des Grundgesetzes zu schützen. Allerdings werden jene Gruppen in aller Regel von außen unterstützt und dirigiert werden, so daß solche Fälle sich einem äußeren Notstand zumindest annähern.

Ganz anders verhält es sich bei echten politischen Unruhen. Hier macht das Grundgesetz, indem es ein Verbot verfassungswidriger Parteien und Vereinigungen vorsieht, bereits weitgehende Vorbeugung möglich. Kommt es gleichwohl zu einem Aufstand von solchem Ausmaß, daß die Gesamtheit der Polizeikräfte seiner nicht mehr Herr zu werden vermag, dann zeigt sich darin ein Verlust der Substanz freiheitlicher Demokratie, der durch den Einsatz von Militär schwerlich wettzumachen ist. Freiheitliche demokratische Grundordnung lebt davon, daß sie von einer genügend großen Zahl von Bürgern bejaht und getragen wird; verliert sie diesen Rückhalt, so fällt jene Grundvoraussetzung dahin und läßt sich Demokratie als *freiheitliche* Demokratie weder erhalten noch wiederherstellen. Das, was im Wege militärischen Einsatzes „wiederhergestellt" wird, kann in aller Regel nur eine Militärdiktatur oder eine Diktatur der Kräfte sein, die über den Einsatz der Streitkräfte verfügen, mag es sich dabei auch um eine Mehrheitsgruppe handeln. Indem das Grundgesetz in Art. 87 a Abs. 4 Mittel zu einer solchen Lösung bereitstellt, gefährdet es seinen eigenen Bestand, anstatt ihn zu schützen; denn es eröffnet der Durchsetzung eines anderen Regierungssystems als desjenigen der freiheitlichen Demokratie die Möglichkeit, sich mit dem Schein der Legalität zu umgeben.

Verzeichnis der Artikel des Grundgesetzes

Die halbfett gedruckten Randnummern bezeichnen Hauptfundstellen

Sachverzeichnis

Die Zahlen bezeichnen die jeweiligen Randnummern